CHARLIE CHAPLIN

一生想过浪漫生活

卓别林

鲍荻夫 著

三

时代文艺出版社

卓别林

作　　者：鲍荻夫
责任编辑：张秀枫
出　　版：时代文艺出版社
　　　　　（长春市泰来街 1825 号 邮编：130062 电话：86012927）
发　　行：时代文艺出版社
印　　刷：三河市灵山装订厂
开　　本：787×1092 毫米　32 开
字　　数：750 千字
印　　张：35
版　　次：2011 年 5 月第 2 版
印　　次：2011 年 5 月第 2 版第 3 次印刷

书　　号：ISBN 978-7-5387-1064-9
定　　价：208. 60 元（全 7 册）

在他第一天到制片厂的时候,孙奈特就说过,"我们没有电影剧本,我们想到了什么笑料。就随着故事的自然发展演下去。"

正是孙奈特的这句话,丰富了他的想象。

孙奈特没有文化。这一点又和卓别林相同。

孙奈特相信自己的趣味。卓别林也养成了这种习惯。

孙奈特的那种工作方法方式是正确的,这就奠定了卓别林的信心。

卓别林对拍电影情有独钟,这是他拿拍电影与演戏对比后,才产生的。

他从前演戏,每一天的工作都很呆板,缺少变化,每天晚上的演出都重复着老一套,舞台上的动作一经排练好后,就固定下来了,难得有机会独出心裁,加以改变。在戏院里,唯一能促使演员提高演技的,是一出戏演得很成功,或者是一出戏演失败了。演成功了,就证明那样的演技好;演得失败了,就证明,那样子演技不能再用,要加以改进。

拍电影就不同了。这一部片子和那一部片子完全不一样,可不能重复,也不应该重复,每一部片子都是新的。当然,拍电影正因为每一部片子都应该是新的,所以给人有一种冒险的感觉,也正是这种冒险的感觉才更富有刺激性。拍电影比起演戏来更加自由。

孙奈特不断的对卓别林提出一些素材或是启发。

"你认为根据这个笑料拍一部片子好吗？"

孙奈特在提供素材之后，往往这样说。有时候也说：

"闹市区里大马路上发大水了。"

这些话，往往就成为卓别林拍电影的启发。

正是因为拍电影不受拘束，给卓别林增添了乐趣，也激发了他的想象力和创造力。

他认为拍电影的自由性，也就提供了容易性。不象研究文学，不象从事写作。拍电影只需要想到一件事，然后就可以环绕着这件事去找笑料，并随着它的发展编出一套故事来。

卓别林的天才，卓别林的聪明，许许多多的笑料随手拈来。

比如他在《他的史前生活》一片中，他一出场就找了一个俏头。

他出场时，象前人那样打扮，披着一张熊皮，举目看了看四面的景色，然后从熊皮上拔下一些毛，装在他的烟斗里。单是根据这一点，已经可以编出一篇有关前人的故事，展开一系列爱情，对抗，斗争和追逐等情节。他们在基斯顿拍电影，采用的就是这个方法。

那个时代，不仅基斯顿滑稽影片公司拍的片子是短小的，缺乏故事情节，而且以逗观众笑为主，很少有新的东西。

卓别林却想在拍片中加入一些新的成分，不仅仅是逗观众笑。他早有了这个想法，但是，他这个想法之所以最后成为他的计划，而且付诸实施，却是受到了一个意外的启示。

那是他拍一部新影片，叫《新看门人》的时候。这出戏中有那么一场，演的是经理开除了"看门人"（由卓别林扮演），他恳求经理发发慈悲，请求把他留下来继续工作，他当时做出了哀求的手势，表示他家里人多，有好几个小孩……。

当时，在制片厂里有一个名叫罗兰·达文波特的老女演员站在一边观看。在排练中，卓别林无意中看了她一眼，他不由得大吃一惊，他本来是在摹拟伤感的表情，但是这位老女演员却哭起来了。

卓别林不明所以，就停下了。

"我知道你这是在逗观众乐。"达文波特抹着眼睛说，"可是我看了忍不住就要哭。"

正是达文波特的表现，证实了卓别林已经有过想法：尽管是喜剧，能够逗人笑，同样也能够惹人哭。

后来，他拍的影片中也确实惹人流过同情的，伤感的泪。

男人是女人的一半，同样，女人也是男人的一半，世界上，动物与植物有雄也有雌，相互间谁也离不开谁。在人群里，也是这样。男与女互相间都有吸引力，互相间又都起着调解作用。

在基斯顿电影制片厂里也一样。不仅有男性的粗犷，也有女性的温柔，这种女性的温柔就调解了男性的粗犷。

在卓别林看来，电影制片厂里正是因为有了玛蓓尔·瑙尔芒，制片厂才会吸引人。这就是异性相吸的道理。

玛蓓尔长得非常漂亮，双眼皮的大眼睛，长长的眼睫毛，不住地扇动着。丰满的嘴唇，嘴角边又微微翘起，一副幽默和种种妖憨的神态，令人见了不仅是多看几眼，而是那双眼睛就不愿离开她。她性情温柔，总是那样轻松愉快，而为人又善良和蔼，慷慨大方。

制片厂里有个女服装管理员，由于她家境不佳，她的一个小孩子在家里无人照顾，既无钱请保姆，又不能送到幼儿班去，只好带到厂里来，一边工作还要一边照顾孩子。玛蓓尔见了，当那服装管理员忙着的时候,她就帮助照管那个孩子,她很有耐心,所以那个孩子也愿意找她。对此事,全制片厂的人都夸奖她。

由于她为人随和,随便一个临时演员或一个摄影师,都爱和她开个小玩笑。她是厂里的一颗明珠,全厂的人几乎没有一个不喜欢她的。

卓别林当然也喜欢她,她也喜欢卓别林,但是,她对卓别林就像一个妹妹喜欢哥哥那样。卓别林则不同了,他另有目的。不过因为玛蓓尔钟情于孙奈特,卓别林也只能徒叹奈何了。

卓别林、孙奈特和玛蓓尔三个人经常在一起。他们三个人在一起吃饭,吃完饭,孙奈特一个人在旅馆休息室里打盹儿,卓别林和玛蓓尔就一起去电影院或咖啡厅里消磨一个小时,然后回去再唤醒孙奈特,一起回去。

外人见了这种情形,见卓别林与玛蓓尔这样亲近,不免会背后议论,认为他们会做出一些风流的事情来。但是,事实上他们之间什么事情也没有发生,她们也不过是要好的朋友而已。

但是,有一次。

那是卓别林、玛蓓尔和阿巴克尔在旧金山一家戏院里演义务戏。

他们三个人的戏演的都很成功,所以那天晚上大家都很高兴。临走时,三个人已到了外面的车上,玛蓓尔却想起来,她把衣服忘记在化妆室里了,她叫卓别林同她一起去取。阿巴克尔和其他几个人在车上等着他们。

他们二人走进化妆室,室内只有他们两个人,这时的玛蓓尔容光焕发,艳丽动人,当卓别林把披肩搭在她肩上的时候,吻了她。玛蓓尔也吻了卓别林。如果不是外面的人在等着他们,他们也许会做出什么事情来的。

后来,卓别林找到了一个机会,他有意续成这件好事。

玛蓓尔却拒绝了。

"不可以,查利。"她嘻嘻地笑着,推拒着说,"我们俩不合适。我不是属于你这一类型的,你也不是属于我这一类型的。"

卓别林的又一次恋爱流产了,但是他们还是好朋友。

卓别林在基斯顿制片厂中,另外还有一个恋人,她就是珀姬·碧尔斯(pege·Bayles)。

他是在进厂三个星期之后才看到这位姑娘的。因为她患了感冒,不曾去厂里。

珀姬·碧尔丝长得特别俏丽,细巧妍美的面庞,白腻似雪的颈项,娇娆迷人的姿态。卓别林第一次见到她,就被她迷住了,几乎不能自持。

后来,他们两个人就恋爱上了。卓别林万分高兴,一时间心花怒放。那些日子里,每天早晨去上班,他只想要见到她,恨不得一步跨到厂里。待见到了珀姬,他连头发根都是快乐的。

每逢星期日,卓别林到珀姬父母亲住的公寓里去看她。有时相约着到郊区去散步,两个人躺在草地上,望着蓝天、白云,享受着青年人应得到的快乐。

有时,他们就在珀姬的房间里会晤。每天晚上他们都缠绵一番,两个人海誓山盟。

卓别林在那些日子里,心里总是甜丝丝的。他总是在心里说:"珀姬是爱我的。"有了珀姬的爱,他工作起来非常卖力,也非常顺利。

但是,好事多磨,珀姬一再拒绝他,到后来他失望了,只好放弃了她。

那时候,卓别林并不想和任何人结婚,不过,象他那样随心所欲,也是过于冒险的。

在他的心目中有一个不太清晰的,模糊的形象,但是他所遇见的女人却没有一个与那个形象相符。

就在卓别林与玛蓓尔想续好事而未能如愿的时候,他遇见了美国大财阀,以投机起家,拥有大量珠宝首饰的"金刚钻大王吉姆·布雷迪。"

这时候,好莱坞还在成长中,金刚钻大王吉姆来到了洛杉矶。

和吉姆一同来的还有多莉孪生姊妹和她们的丈夫。

金刚钻大王吉姆花钱是不计数的,请一次客大把大把的花钱。

在亚历山德里亚酒馆里的一次宴会上。来了许多客人。客人们当中有多莉孪生姊妹和她们的丈夫卡洛塔·蒙特里,萨拉·伯恩哈特配演的男主角卢·泰勒金,麦克·孙奈特,玛蓓尔·瑙尔芒,布兰奇·斯威特,纳特·古德温以及其他一些人。

多莉姊妹长得美丽动人,因为是孪生,所以长相一模一样。她们姊妹俩同他们的丈夫和金刚钻大王吉姆·布雷迪,几乎是形影不离,他们之间的关系,外人无法弄清楚。

这次宴会让卓别林大开眼界。这倒不是因为他见到多莉孪生姊妹,他见到的美女多了。而是他见到了金刚钻大王吉姆·布雷迪。

金刚钻大王吉姆是一个很独特的美国式人物,但是,看上去却象是一个性情温和的英国佬。

让卓别林吃惊的不是金钢钻大王的为人,而是他的衣着。

金刚钻大王吉姆的袖口上和衬衫胸前的钮扣都是金刚钻,

每一颗钻石比一枚先令还要大。

真是名副其实的金刚钻大王。

过了几天,他们又在纳特·古德温的水上酒馆里吃饭。这一次金刚钻大王吉姆戴的是一套翡翠装饰,每一块翡翠足足有一个小火柴盒那么大。

卓别林以为那些翡翠全是假的,他戴了这些假翡翠不过是为了开玩笑。正好,他们坐在同桌。

"布雷迪先生,您这些翡翠全是真的吗?"

卓别林天真地这样问。

布雷迪听了卓别林的话,不以为侮,他和蔼地道,

"这些都是真的。"

"可是……。"卓别林有些惊奇地道:"这简直叫人不能相信嘛。"

金刚钻大王吉姆笑了。

"如果你要看美丽的翡翠,瞧这儿。"

他说着话,揭起了他的背心。

卓别林的眼睛立即瞪大了。

吉姆的身上挂了一条大小象昆斯伯里侯爵锦标带那么宽的带子,上面缀满了许多大翡翠,这样大的翡翠,卓别林还从来没看见过——珠宝首饰店也没有这么大的翡翠。

卓别林连声称赞。

"我共有十套宝石,每天晚上都要戴上一套不同的。"

金刚钻大王这样说,他的神情是十分得意地。

这一年是 1914 年,卓别林二十五岁,他热爱自己的工作,不仅仅是因为他的事业一帆风顺,而且因为这项工作,他认为十分有趣,因为使他有机会见许多美丽的女电影明星。如玛丽·壁

克馥,布兰奇·斯威特,米里亚姆·库珀,克拉拉·金布尔·场,绀许姊妹。这些人,一个个全是天姿国色,面对着这些美女,使他如身历仙境。这些美丽的女明星曾经有一个时期迷恋过卓别林。但是,他既没有向这些美丽的女明星求婚,也没有一个主动提出来要嫁给他。

卓别林还参加过托马斯·英斯(Tomas·lns)的宴会。

托马斯·英斯的电影制片厂设在北圣英尼卡,面临太平洋,又是个旷野。宴会就设在制片厂里。

那是一些非常迷人的夜晚,喝着鸡尾酒,跳着舞——年轻的小伙子搂着美丽的姑娘,在露天舞池中翩翩起舞,那如泣如诉的轻音乐声,加上那轻轻拍打着海岸的浪涛声,不喝酒也要醉的。卓别林在每一次这样的宴会上都留恋不已。

基斯顿电影制片厂拍片的速度是相当快的。它一个星期就可以拍成一部影片,每拍一部笑片,很少有超过一个星期的。拍摄一部达到正片应有长度的影片,从来也没有超过三个星期的。有一次卓别林拍了一部影片,仅仅用了一个下午的时间,就完成了,这个短片名叫《二十分钟的爱情》。就是这个用一下午时间拍出来的一部片子,在上映时,观众的笑声始终不绝。《面色如炸药》是最能卖座的短片,拍时只用了九天的工夫,但因为用去了一千八百元钱,由于超过了基斯顿拍笑片预算的规定数目,卓别林的那二十五元津贴被扣除了。

孙奈特对这样上座率高的好影片,有他的打算。

"要捞回本钱只有一个办法,那就是把它当作两大本影片放映。"

后来,他们真采取了这个办法。还真有效,头一年里就卖了十三万多元。

基斯顿拍电影一直是在日光下拍摄。他们之所以看中了加利福尼亚那个地方，据说那里一年中有九个月是阳光充足的，就是在弧光灯问世以后，基斯顿也不用，因为灯光闪烁，不及日光清楚，再加上布置那些灯也太费时间。如果用弧光灯，一个下午还不够布置灯的，又怎能拍出一部片子来呢。

这时候，卓别林自编自导自演又能卖座的影片已拍出了好几部，其中有《二十分钟的爱情》、《面包师和炸药》、《牙医师》和《舞台工作人员》等。

在这段时期里，卓别林还与人合拍了一部正片。他的合作者是美国著名电影女明星玛丽·德蕾丝勒和玛蓓尔。和玛丽合作他感到很愉快，但是，他认为那部片子没有什么出色之处。后来，他又开始导演自己的影片。

也就在这时候，卓别林的哥哥西德尼·卓别林带着妻子从英国来到了美国，找到卓别林。

卓别林当晚请西德尼一起出去吃饭。

在吃饭的时候，卓别林问及了他拍的影片在英国放映的情况。

"你看过我拍的片子吗？"

"不仅看过，还是在放映室看的。"西德尼说，"在没看到你拍的笑片以前，我去向影片经纪人打听什么时候放映那些片子，后来，我说出了我是你的哥哥，他们就把我请进去了，请我看了三部你拍的片子，嘿，我一个人坐在放映室里，笑得就像一个傻子似的。"

"英国的观众有什么反应？"

卓别林又问。

"你的名字还没在广告上出现，就有许多人知道你了。许多游艺场的演员还兴冲冲地告诉我,说他们看到了一位新成名的美国电影丑角。"

"你看了那些,有什么想法?"

卓别林愿与哥哥分享他的快乐。

西德尼并不表示惊奇。

"我早知道你会一举成名的。"

他信心十足地说。

"你想来美国干什么工作?"

卓别林问。

"当然是演戏。不过,要能拍电影那是再好不过了。"

西德尼看着弟弟满怀希望地说。

"让我试试看。"

第二天,卓别林带着西德尼去找麦克·孙奈特先生。他先作介绍。

"孙奈特先生,这是我哥哥西德尼·卓别林,以前在英国时演过轻歌舞剧,也在卡诺戏班演过丑角。"卓别林并未吹嘘。"此次来美国,也有意加入基斯顿制片厂演丑角。"

大概是因为卓别林这个姓已经很吃香了,所以孙奈特当即答应,并立即与西德尼签订了一年的合同,每星期二百元薪水。这比卓别林当时的报酬还多出二十五美元。西德尼当然心满意足。

卓别林也很高兴。

卓别林在洛杉矶市体育俱乐部的最上面一层楼租了一间大房间。房租很便宜,每星期付十二元钱,就可以享受俱乐部里的一切设备,包括很考究的健身房和游泳池,服务也非常周到。房间很幽静,里面还有一架钢琴和一部分藏书。隔壁邻居住的是市内最大一家商店——五月百货商店的老板莫斯·汉伯格。

每星期只要花上七十五元钱,就能过奢侈的生活,包括时常请朋友喝酒,偶尔还请客吃饭。

这些都是借了孙奈特先生的光。

麦克·孙奈特先生是洛杉矶体育俱乐部的会员,他可以把临时会员证赠送给自己的朋友。卓别林就得到一张他送的会员证,所以才能住到体育俱乐部的楼上去。

洛杉矶市体育俱乐部是一个聚会的好场所,市内所有单身汉和生意人,都把那里当作聚会的好地方。

俱乐部相当考究,二楼上有一个大餐厅,还有几间娱乐室,此外还设有一个酒吧间,太太小姐们晚上都愿意到那儿去玩。

俱乐部里充满了友谊的气氛。那时候第一次世界大战已经打起来了,但是俱乐部的气氛也没有被打乱。

当然,人们在俱乐部里也议论战争。大家都认为战争很快就会结束,决不会超过六个月。当听到吉钦纳勋爵的预言,说这一仗要打上四年,许多人都认为那是荒诞不经之谈。许多演艺界的朋友听到宣战的消息,不但不担忧而且倒挺高兴,他们说,这下子好了,我们可以扮演德国人了。更多的人都在说,英国人和法国人联起手来,在六个月内就会把德国人打得落花流水,胜利是不成问题的。那时候战争还没有进入激烈阶段,加利福尼亚州又离战场相当遥远,所以人们不把才开始不久的第一次世界性大战放在心上。

就在第一次世界大战爆发不久,孙奈特来请卓别林。

“查利,”孙奈特亲热地说,“如果你愿意继续在基斯顿工作下去,我们是很愿意你留下来。咱们可把合同续订下去,可以订得长一些。不知你有什么意见、什么条件?”

卓别林已知道他拍的片子深受观众的喜爱,此时应该要个好价了。况且他也知道,这种好景不会长久的,如果按照这样拍影片,再用不上一年,自己那点儿存货——指他在以前的生活积累的笑料,就可能折腾光了,所以不能错过这个好机会。一定得来个狮子大开口。

"我要每星期一千元的薪水。"

卓别林的语气坚定,似乎胸有成竹,没有商量的余地。

麦克·孙奈特听了,似乎被吓住了,瞪着眼睛盯住卓别林,口张着忘了闭上。过了一会儿,才恢复过来。

"可是,你知道,连我还拿不到这个数目的。"

"我知道。"卓别林仍然镇静如常,而且很有把握地说下去:"但是,如果电影海报上印上了你的名字,观众可不会象看到我的名字那样排队买票呀。"

"也许是这样,不过,"孙奈特这时似乎又恢复了原来的状态,"如果没有我们制片厂这个组织的支持,你也会完蛋的。"接着,他稍提高了点声音,警告道:"你总该知道福特·斯特林的下场吧?"

麦克·孙奈特说福特·斯特林的下场是因为福特·斯特林离开基斯顿之后,混得不太好,还不如在基斯顿的时候。他这是让卓别林看看前车之鉴。

卓别林并没被孙奈特吓住,他也不以福特·斯特林的失败为教训,他是胸有成竹的。

"我拍一部笑片,只需要一个公园,一个警察,一个漂亮姑娘。"

他说的并非言过其实。他有几部影片就是仅仅靠这几样搭配出来的,而且最能卖座。

麦克·孙奈特也知道卓别林说的是事实，因为他了解卓别林每一部片子的拍摄过程以及卖座的情况。

"这个嘛，关于你提出的数目，我自己作不了主，还要和凯塞尔与鲍曼等商量一下，你听候回信吧。"

不久，凯塞尔和鲍曼的复电到了，孙奈特来找卓别林。

"查利，"孙奈特仍是平常那样亲切地叫着。"我和凯塞尔先生、鲍曼先生商量过了，我们一致的意见是这样的，咱们原订的合同还有四个月才满期，现在，我们取消了原来的合同，从这个星期起，每星期给你五百元，一年后加到七百元，两年后再加到一千五百元，这样，通算下来，你平均每星期也可以拿到一千元了。"

麦克·孙奈特和凯塞尔以及鲍曼商量的这个办法，如果卓别林在基斯顿连续干下去，在四年内，不！只要三年多，他的薪水平均每星期是可以达到千元的。这是他们的如意算盘，因为这样至少可以订四年合同，这四年内卓别林就无法再提出加薪的事了。

可是，卓别林并不比孙奈特、凯塞尔和鲍曼等人笨，他岂能察觉不到他们的用意。不过他没有明说。

"麦克，"卓别林又像平常一样，用开玩笑的口气道："如果你们把这个顺序颠倒一下，第一年是一千五百元，第二年是七百元，第三年是五百元，那我就同意了。"

"可这是多么奇怪的办法呀。"

孙奈特不明白卓别林为什么这样说。

卓别林却回答道：

"这个办法与你们的打算不合是吧？但你们会明白我为什么这样提的。"

会谈就算破裂了。

此后,他们再没提关于续订合同这件事。

一个星期,又一个星期过去了。

一个月,又一个月过去了。

卓别林与基斯顿签订合同,再有一个月就要期满了,在这期间,并没有其他影片公司来邀请他。他的心情开始紧张起来,他有点慌了。难道孙奈特已经知道了这种情况?他知道无人邀请卓别林,所以他才耐心地,不动声色地等待着。

往常,当卓别林拍完了一部影片之后,他会立即跑来找他,总是拍拍卓别林的肩头,亲切的笑着,说一句:"明天就开始下一部吧。"可是,自从续订合同的谈判没有成功之后,他不但不再提续订合同的事,最近一个时期也不来催他拍影片了。这事反常。

卓别林已经两个星期没有拍片子,这是他有意引起孙奈特的注意,让孙奈特主动来找他。可是,孙奈特更能沉住气,竟然没来找他,有时见了面,孙奈特只是客气地点点头,脸上冷冰冰的,既不提有关合同的事,也不催他拍片子。

形势对卓别林似乎挺不利。但是,他并没有因此而失去信心,他在想,如果其他制片厂来邀我,我也决不会按照孙奈特、凯塞尔和鲍曼的决定去签那分合同。他打算自己一个人干。他有信心,认为自己完全能够独立工作。编、导、演自己给基斯顿制片厂已干过多次了,洗印、剪接他也全学会了。至于资金,他认为问题也不大,因为他签过领料单,知道所用设备不多。在签第一张领料单时,他就曾经起过有朝一日自己经营一个制片厂的念头。现在已是逼上梁山了。

他既打定了自己干的主意,打算找哥哥西德尼合伙干。一来资金雄厚些,二来兄弟同心,而且西德尼也是个不错的演员,只要兄弟二人同心合力,一定会搞出一个象样的制片厂,也一定会拍出很能叫座的片子来。

西德尼自从加入基斯顿影片公司,已经拍了好几部很能卖座的影片。有一部片子叫《潜艇海盗》,西德尼在片子中使出了各色各样的摄影技巧,这部片子在世界各地打破了卖座纪录,

卓别林找到了西德尼。

"哥哥,你听我说,我们两来合伙办一个影片公司吧。"

"什么?"西德尼以为自己听错了。"你说什么?开办影片公司?你不是在开玩笑吧?"

"不是开玩笑,我是认真的。"卓别林一板正经地说。

"你真是异想天开,咱们从哪儿弄那么多钱啊?"西德尼一边说一边摇着头,他是一百个不赞成。

"用不了多少钱。"卓别林胸有成竹地道,"咱们只要有一架摄影机,再加上一片场地就行了。"

西德尼对弟弟的合伙要求不愿考虑,他思想很保守。

"不,不行,这样干太冒险了。"他又说出了自己的打算,"象现在这样干不是挺好吗?象这样的高薪,我生平还从来不曾领过,我不打算放弃。"他不但自己不愿放弃,也劝弟弟不要放弃。

"你还记得,当初你在卡诺先生的戏班里,每星期才领七十五美元吗?我听说孙奈特先生已答应你,每星期长到五百美元,一年后给七百美元,两年后给一千五百美元。这样的高薪我听都没听说过,你为何还不赶快去签合同呢?我劝你也该知足了。"

"不!"卓别林坚持道。"我不会让基斯顿用一条长绳子来捆住我的。"

兄弟二人没有谈拢。

　　卓别林在找西德尼之前,认为一定会谈成的,他连公司的名字都想好了,就叫兄弟影片公司。

　　西德尼不干,他还是没有灰心,他已打定主意,等到他与基斯顿的合同满期,他就用他仅有的钱自己经营一个影片公司,他也认为自己能干好。

　　其实,卓别林已经在影坛上红起来了,就是他那一身装束已成了他本人的代号,只要看见那身装束,观众就认定那就是卓别林,那身装束的卓别林的每一个动作,都得到观众的喜爱,他的一举一动,一挥手,挥动手杖,抬一抬礼帽,弹一弹手指,刷一下衣服,涮涮手指,吃完一顿残汤剩饭,还在洗手间里斯斯文文地洗洗手指……全是观众所喜爱的。

　　红起来的卓别林怎么会没有影片公司来邀他呢。

　　有一天——合同还未满期。环球影片公司的卡尔·莱姆勒打电话找卓别林。

　　“卓别林先生。”对方在电话里说,“我们愿意购买您拍的影片,每一英尺胶片,我们愿付一角二分钱。”

　　这个价不算低,可是,卓别林没有自己的设备不能自己拍片。而在环球影片公司里拍片,也还存在许多问题,如场地呀、摄影师呀,配角呀,道具呀等等,能否及时、准确? 能否在一星期内拍八千英尺? 是没有把握的。所以他没有答应,他提出了自己的打算。

　　“我不打算以英尺胶片来计周薪,我愿意挣每星期固定的薪水。”

　　“那么,您每星期的薪水该是多少呢?”对方在探询。

　　“每星期一千元。”

　　“这个……再谈吧。”

环球公司再没打来电话,这场谈判也就没有成功。

过了几天,大约是五六天的样子。一个名叫杰斯·罗宾斯的年轻人来找卓别林,他开门见山地说:

"卓别林先生,我是代表埃山奈影片公司来的,您可愿意到我们的公司工作吗?"

"这要看条件了。"

卓别林端起了架子。

"我听说您卓别林先生要在签订合同之前先分到一万元的红利,周薪要一千二百五十元,是这样吗?"

其实,卓别林从来就没有想到过要一万元红利的事,想不到罗宾斯却先提出来了。当然,这对卓别林来说倒起了个启发作用,此后,他就记住要红利这件事。至于周薪一千二百五十元,他也从未对外人说起来他这个要求。他向孙奈特要求周薪一千元尚未如愿哩。

那么罗宾斯又是从哪儿听来的消息呢?

事实上,这是观众的议论与猜测。

卓别林与孙奈特的续订合同谈判没有成功这件事逐渐的传开了,传来传去就传走了样儿。

卓别林提出周薪一千元,孙奈特等人商量的结果答应两年后给一千五百元的周薪,这种事实,传到后来,就成了一千元与一个五百元相加除以二,等于一千二百五十元,这就是周薪一千二百五十元的由来,那么一万元红利又是怎么回事呢?这是想当然的观众给加上去的。传说时,说孙奈特已答应每星期给卓别林一千二百五十元,听的人就问、谈妥了没有?说的人回答没妥。问为什么?他就想当然编出了卓别林要求在签订合同之前先分到一万元红利。罗宾斯听来的就是这些。

　　"是的。"卓别林平静地回答,就像这个要求是他提出来的。

　　"看来,这传说是真的了。"

　　罗宾斯说出了他的消息来源。

　　"是真的。"卓别林不动声色地回答。

　　那天晚上,卓别林请罗宾斯吃饭。他是想把这件事定下来,因为这个条件比他向孙奈特提出的要优厚多了。

　　罗宾斯是代表埃山奈影片公司的 G·M·安德森先生来的。

　　G·M·安德森先生因为专拍西部片子,扮牛仔布朗科·比利,所以他得了个绰号就叫布朗科·比利,他是乔治·K·斯普尔先生的合伙人。

　　"关于周薪一千二百五十元的条件,我可以代表安德森先生答应。"罗宾斯说,"不过,关于签订合同前要先分到一万元红利的事,我可作不了主。"

　　卓别林此时已对埃山奈影片公司 G·M·安德森先生的打算估计了个八九不离十。他耸了耸肩膀。

　　"看来,他们这些人都在高价拉角儿,不过,他们价钱都喊得挺高,可就是不肯拿出现款来。"

　　罗宾斯想了想,道:

　　"这样吧,我去给安德森先生挂个电话,将您的条件说给他听。卓别林先生,其他条件没问题了吧,不就是差一万元红利的事吗?"

　　"是的。其他条件都可以,不过,这一万元红利要先付。"

　　卓别林以不容讨价还价的口气说。

　　"好! 卓别林先生您稍等,我这就往旧金山挂电话,我给安德森先生谈红利的事,请等待。"

过了一会儿。

罗宾斯喜气洋洋地回到桌上来。

"一切都谈妥了，明天你就可以分到你的一万元红利。"

卓别林可是大喜过望。不但周薪已高过了他向孙奈特索取而孙奈特又未答应的，而且还可先拿到一万元红利，这个数目不小啊，仅这一万元就是他在卡诺戏班薪水的多少倍呀。他算了算，这一万元他在卡诺戏班要干两年又三十个星期才挣得到。

事情好像不太顺利。

第二天早晨，罗宾斯给卓别林送来一张六百元的支票。

"这一点钱您先拿着。安德森明天就到洛杉矶来，付现款一万元的事由他来处理。"

第二天，安德森果然来了。他与卓别林谈得很高兴，他似乎很满意。但是，他也没有立即拿出一万元来。

"你放心。"安德森笑着道，"等咱们到了芝加哥，付一万元现款的事，就会由我的合伙人斯普尔先生办妥的。"

卓别林虽然对此事有点怀疑，但他仍旧很乐观。一万元现款红利的事不致有什么变化，因为不仅是罗宾斯谈过了，安德森本人也说过了，所以他也就放心了。

他还要在基斯顿工作两个星期，他必须拍完他的最后一部影片《他的史前生活》，工作是紧张的，因为他老惦记去埃山奈公司的事，还惦记着他就要离开的基斯顿影片公司的往事，所以很难集中思想。到后来，这部影片终于拍好了。

他在基斯顿工作了一年，一共拍了三十五部片子，其中有二十多部——大约二十二三部吧，是他自己导演的。在这三十五部片子里，最著名的就是《好事多磨》，有的译成《蒂丽的恋爱史》，有的译成《蒂丽的神气情史》。

《好事多磨》一片共有六大本，是卓别林自编自导又主演的。这是他生平第一部故事长片，片里不止有打打闹闹，而且还有上流社会的场面，在他拍的影片里这是新鲜东西，即使在整个基斯顿影片公司也是新鲜东西。

他这一年拍的片子，都是喜剧，也就是所谓的"笑片"。这些"笑片"里，有讽刺，有嘲笑，有幽默，也有抒情。在拍电影技术上，他也从生疏、进步到熟练，在他的作品中时时流露出匠心独运的地方。

那时候，"好莱坞"电影界的开山演员们，都在把舞台技巧搬上银幕，卓别林却开始运用动作和哑剧来发展情节和喜剧路子，而且能很好的把握住影片的节奏。

第九章　创建辉煌

　　1915 年,他创建了人生艺术的辉煌;年薪 76 万美元,每部片酬 120 万美元,外加 15 万美元的红利,金钱滚滚而来……名信片、玩具、书皮都印着他的丑角肖象;他去纽约,崇拜他的观众踩倒了警察,连市长也跟着挤起来,迫使纽约的警察局长拍来电报,请他改换个火车站偷偷下来。

卓别林就要离开基斯顿制片厂了。因为合同明天就满期了。他今天是最后一天在这里工作了。

他在这里虽然只工作了一年,却有些依依不舍,因为他已经和孙奈特以及全厂的同事有了感情。他没有勇气去向大家道别,他害怕相互间那种难分难舍的场面。他走的很简单,星期六晚上,他做完了他在基斯顿拍的最后一部影片《他的史前生活》的剪接工作。然后,一个人回到了旅馆,星期一早晨他就去会见了安德森,于是,他和安德森启程赴旧金山。

他们到达旧金山时,安德森新买的一辆梅塞德斯牌汽车正在那里等着他们。他们只停下来在圣弗朗西斯旅馆里吃了午饭,然后就直奔奈尔斯。

安德森在奈尔斯设了一个小小的电影制片厂,专为埃山奈公司拍摄安德森的牛仔比利西部电影。

奈尔斯座落在沿铁路线的地方,从旧金山乘汽车到那里只需一个小时。奈尔斯是一个只有四百人口的小镇。居民多从事种紫花苜蓿和养牲口。

电影制片厂座落在一片空地中央，离市镇大约四英里路。那是一所非常简陋的制片厂，卓别林一见那个制片厂，心都冷了，看上去让人感到十分丧气。它的屋顶是用玻璃铺的，夏天在那里面工作，肯定热得让人难受。

"这里是比较差，但是，芝加哥的制片厂会使您满意的，那地方拍笑片的设备也比较好些。"

他们只在奈尔斯呆了一个小时。安德森利用这个时间和他的工作人员处理了一些事务，然后他们离开了奈尔斯，再返回到旧金山，在旧金山又乘上火车，赶赴芝加哥。

在火车上，安德森就像一个大哥照顾小弟弟那样照看卓别林，每到了站头，他都要下车去买一些杂志、报纸、糖果和水果来。

卓别林很喜欢安德森，他大约有四十岁的样子，对人腼腆，不多说话，但他又有一种特别迷人地方。当谈到公事时，他总是满不在乎地说："不用担心，这件事会办妥的。"他不大跟人交谈，好像神思恍惚，其实，他这个人骨子里是很精明的。卓别林也觉察出了这点。

这一次，他们在火车上还有了一个奇遇，也算是他们这次旅程上的一个小插曲吧。他们在火车上遇到了三个人。先是在餐车里，卓别林就注意到了他们。三个人中有两个人外表很神气，但是另一个人与他们显得不大配称，那一个是服装朴素，样子粗鲁的人。

卓别林见他们三个人在一起进餐，就觉得有些奇怪。他想，那个很神气的人大概是工程师，而另一个显得落落寡欢的人大概是个干粗活的工人。

当卓别林和安德森用完餐回到他们的包房时，三个人中的一个——那个外表神气的一个，走进了他们的包房。他作了自我介绍。

"我是圣路易斯的警察局长。我认识这位 G·M·安德森先生，他就是布朗科·比利。"

警察局长是个身材矮胖，性情快活的人，脸上带着笑，不断地眨巴眼睛，人似乎很随和。

"你们这是从哪儿来？"安德森问道，"又到哪儿去？"

"我和地方检察官正把一名罪犯从圣康坦监狱押回到圣路易斯去行绞刑。"

安德森点点头，表示知道了。卓别林因为不了解对方，又不知道他的来意不便插话。

警察局长又说下去。

"我想，你们也许愿意知道这件事情的经过吧，我可以介绍给你们听。"接着他就讲这件案情。"这个家伙叫安思索，圣路易斯的警察逮捕了他，他请求警察准许他去自己房里，在箱子里拿几件衣服，当他在箱子里找东西的时候，突然抽出一支枪，打死了那个警察，然后逃到加州（加利福尼亚州）。后来，他在那里深夜行窃，当场被捕，被判了三年徒刑。他刑满出狱的时候，地方检察官和我已经在那儿等着他了。这是一件蓄意谋杀案件——我们要处他一个绞刑。"

安德森和卓别林有兴趣的听着，没有插话，警察局长这才说明来意。

"因为我们单独留下罪犯一个人，你们二位可否请到我们的包房坐坐，见见那位地方检察官。"

卓别林与安德森旅途无事,又很寂寞,两个人又是拍电影的,他们并不想见什么地方检察官,却想去看一看那个将被处以绞刑的犯人。

安德森看了一眼卓别林,意思是征求他的意见。

卓别林点点头,表示同意。

所以二人跟着警察局长到了他们的包房。

警察局长介绍了检察官,然后道;

"请坐。"

地方检察官是个比较严肃的人。警察局长却是个爱说的人。他转身对犯人。

"这就是汉克,我们送他回圣路易斯,那儿有点麻烦事等着他哩。"

汉克看上去有五十岁的样子,是个身高六尺的大汉。他对警察局长的话报以冷笑。他却和安德森握手。

"我看见您好多次了,布朗科·比利,说真的,您那样开枪,那样拦路抢劫,我从来没见过比您演得更好的了。"

汉克又握着卓别林的手。

"我对您知道的极少,我在圣康坦待了三年了。"

"外面发生了许多事情,你都不知道啊。"

警察局长又这样笑着说了一句。

在这个场合里,大家虽然谈笑风生,但是却让人感到有一种令人难以忍受的紧张气氛。在这种情况下,卓别林不知道该说什么话,他只好淡淡地笑着,他只听警察局长在谈话。

"这是一个强横霸道的世界呀!"布朗科·比利说。

"是呀。"警察局长又接过话头来,"可是,我们要使强横霸道得好一点儿。"他转脸对着汉克又接下去说:"汉克是说这个意思。"

"当然。"汉克粗声大气地说。

警察局长开始讲他的道理。

"汉克一走出圣康坦，我就这样对他说了嘛。我说，如果他对我们规规矩矩，我们也会对他客客气气。我们不愿意用手铐，不愿意多麻烦，现在我们只给戴了一副脚镣。"

"一副脚镣？"卓别林不明白，他问："那是什么呀？"

"你连脚镣都没见过吗？"

警察局长似乎觉得卓别林是少见了。他又转对汉克道。

"镣起你的裤腿来，汉克，让他见识见识。"

汉克撩起了裤腿。

卓别林真的看到了——第一次看到了脚镣，是一副镀了镍的脚镣。大约有五英寸长，三英寸厚，总有四十镑重，很伏贴的套在汉克的脚踝上。

从这件刑具，大家又谈到了最新式的脚镣。

"这是一种特制的脚镣。"警察局长解释道："它里面围上一层橡皮衬垫，犯人戴上可以舒适一点。"

"他睡觉也戴着那个东西吗？"卓别林问道。

"那就要看情形了。"

警察局长说时，还轻蔑地看了看汉克的表情，但没有再说下去。

汉克阴郁地一笑。

他们的谈话又扯到了关于汉克被捕的经过情况。

警察对此作了说明。

"我们常和各地的监狱交换情报。我们看到了汉克的照片和指印，我们断定，这个汉克就是我们辑捕归案的人。所以，我们就在汉克要出狱的那一天,赶到了圣康坦监狱的大门口。"

他说到这里看了一眼他的同事地方检察官,检察官没有说什么,只是以点头来表示是那样了。

"不是吗?"警察局长眨巴着小眼睛,瞅着汉克又说下去:"我们在对街等着他。不大一会儿,汉克走出了监狱的边门。"警察局长说到这里,用手指往鼻子旁边抹了一下,向汉克狡猾地指了指,露出了阴冷的笑脸,慢条斯理地接着说:"我——看——那就是——我们要找的那个人!"

卓别林与安德森呆呆地听着。

警察局长又说下去。

"我们与汉克约法三章:如果他对我们规规距距,我们就对他客客气气。我们带他去早餐,请吃热狗、火腿蛋。喏,他现在乘的是头等车。这要比带着手铐、脚镣受苦好多了。"

汉克笑了笑,嘴里嘟囔道:"如果我存心要跑的话,在引渡的时候,我是可以拒捕的。"

警察局长向他冷冷地看了一眼。

"那样对你不会有多大好处的,汉克,那样只不过是稍微多耽误一点时间。象这样舒舒服服地坐头等车,不是很好吗?何必自讨苦吃。"

警察局长的话说得很慢,但是,他却露出了胜利者的神情。

"我想——是更好吧。"汉克有些迟疑地说。

火车快要驶进汉克去的目的地了。他谈起了圣路易斯的监狱。他的口吻流露出一种无可奈何的神情。

"我在想,"他带着冷笑的样子说,"那些黑猩猩(美国术语指强盗)看袋鼠在法庭(指囚犯在监狱中举行的模拟法庭)上受审,会怎样跟我开玩笑呀!大概,他们会捞走了我所有的烟草和香烟哩。"

他好像不是在谈他自己,似乎在说另外一个与他不相干人的似的。

卓别林对于警察局长和地方检察官对汉克的优待,却感到似乎象一个斗牛士怜爱他即将杀死的那头牛一样。

他们要下车了。那天是除夕,所以警察局长和地方检查官,在向卓别林与安德森道别时,都祝他们新年快乐。

汉克也和卓别林与安德森握手道别。

"世上没有不散的筵席。再见。"

安德森也说了"再见"两个字。

卓别林也说了"再见"。但是,他似乎预感到不可能再见了。但是,他认为象汉克那样犯罪似乎不值得,见他戴着沉甸甸的脚镣一跛一拐地下了车,他又希望汉克能逢凶化吉。

其实,汉克未能"化吉"而是一直逢凶,直到最后被绞死。

卓别林与安德森到了芝加哥。电影制片厂的经理专程来迎接他们,但是,那个斯普尔先生却没有来。

"斯普尔先生有事到外地去了。"制片厂经理说,"要等到年假以后才会回来。"

当时,卓别林对于斯普尔先生的不在并不当成一回事。因为电影制片厂也在放年假,也得在新年以后才有事情可做。

安德森将卓别林请到家里去,共度除夕之夜。

过了元旦,安德森先生将启程去加利福尼亚州。他对卓别林说:

"请放心,斯普尔先生一回来,就会把所有的事情都给你办妥,包括给你的一万元红利。"

卓别林并不怀疑安德森的话。所以,年假过后他就到电影制片厂去了。

电影制片厂设在工业区里,那儿从前很可能是一所仓库。他到了制片厂,仍然没见到斯普尔先生。关于如何安排卓别林的工作也没留下什么话。他问了几个高级职员。

"斯普尔先生还没回来吗?"

"大概是吧。"

"那么,关于安排我工作的事,他留下过什么话?"

"这——不清楚。"

得到这样的回答,卓别林感到事情有点蹊跷,他已猜到这些人可能知道斯普尔先生的去向,只是不肯说,或者是不敢说出事情的真相罢了。但是,他并不为这件事担心,他很有把握,也很自信,只要他能拍出一部好影片来,所有的问题都会迎刃而解。于是,他又找到经理。

"我要开始工作了。"

"很好。"

经理的回答似乎很高兴。但是,卓别林并不想分析经理高兴什么。

"我是否可以获得厂内工作人员的全部合作? 并全权使用厂里的一切设备?"卓别林问道。

"当然可以,安德森先生已经明确地吩咐过了。"

经理仍然用高兴的口气说。

"你可以到二楼去找剧本组的露爱娜·帕森斯小姐,她会给您一个剧本。"

"剧本嘛,我从来不用人家的。"卓别林爽快地说,"我自个儿编。"

卓别林对这个制片厂的各项工作都不满意。

斯普尔先生不露面,好多人对所有的事情好像都不大清楚,工作人员的作风死气沉沉,那副样子好像是银行职员,而拿着领料单到处走来走去,那样儿又有些象信托公司的管事——总之,他们办事的派头给人留下的印象很深,但是,拍出来的片子却不如此。

楼上办公室里,各组的房间被隔成许多象出纳员坐的小阁子。

这种气氛完全不利于搞创作。

每天一到六点钟,到了下班的时间了,哪怕是一场戏正拍到一半儿,电灯扭熄了,所有的人全拍拍屁股回家了。

这算什么工作方式?

第二天早晨,卓别林到了调配组。

"我想要组织一个班底。"他口气冷冷地说:"是不是可以派给我几个这会儿没有其他工作的演员?"

"请您自己挑选吧。"演员调配组的工作人员领着卓别林去看他们认为可能是合适的人选。

卓别林逐个看去,当看到一个生了一双斗鸡眼的人时,他见这个人似乎能一些玩意儿。

"您,贵姓?"

"我吗——?"他拉长了声调,自我介绍,"斗鸡眼,彭·斗平(Ben·Turbin)。"

"他暂时还没有分派色角。"演员调配组的人员说。

"我就选他了。"

"愿意为您效劳,卖命的合作。"斗鸡眼是个丑角演员中的姣姣者。

"我还需要一个担任女主角的演员。"

卓别林说。

演员调配组的人员又领地去选女演员。

他看了几个，都不满意，后来，看到了一个相当漂亮又年轻的姑娘，是公司新录用的，还没有分派什么角色。

卓别林认为这个姑娘还可以，于是就想试试她的天赋，看看她够不够一个当喜剧演员的资格。结果令他大失所望。

这个姑娘对卓别林的问话，就像一个痴呆的人一样，没有一点喜剧演员应有的敏捷，也没有一点幽默感，他只好把这个女演员打发走了。

这个年轻漂亮的女演员就是格露丽亚·史璜荪。她非常热爱拍电影的工作，但是，她不喜欢拍那些打打闹闹的笑片，诚心不和卓别林合作，所以才装出那个样子。后来，过了许多年，格露丽亚·史璜荪才对卓别林说出当时不和他合作的姑娘就是她。

当时，埃山奈电影公司的大明星弗朗西斯·X·布什曼看出了卓别林对制片厂工作人员的作法不满意。

"卓别林先生，不管你对这个电影制片厂怎样看法吧。"他说，"相对而言，它还是好的。"

"然而，它并不好。"卓别林俏皮地回答。"我也不喜欢'相对而言'这个词儿。"

"这里可是最早的一家电影制片厂，有一些电影制片厂还不如这里。"

弗朗西斯·X·布什曼在解释。

事实上，这个厂令卓别林越来越不满意了。他要看样片，他们让他看原来的底片，为的是要节省制正片的费用。

"还是请你们把正片拿出来，我要看的是正片。"

卓别林坚持自己的意见。

工作人员听了，一个个哭丧着脸，连高级职员也是这个样子，好像卓别林要让他们立刻破产似的。

这个厂子的最大毛病，也可以说是致命的弱点，是固步自封，他们老是沾沾自喜，容易满足于过去的成绩。因为他们是最早拍电影的一家制片厂，仗着自己拥有专利权，可以进行垄断，根本不考虑电影的质量，不考虑要拍出好的电影来。虽然其他的电影公司正在制出更好的影片，向埃山奈的专利权挑战，而埃山奈自己仍旧那样自鸣得意，不求上进。每到星期一早晨分配电影剧本时，随随便便的，那样儿就像是在发纸牌一样。

卓别林来到埃山奈公司拍的第一部电影《他的新行业》，已经快要拍完了，时间已过去了两个星期。但是，斯普尔先生仍然没有回来。他没有拿到那早该拿到的一万元红利，也没有领到薪水。他就此很看不起斯普尔这个人。

他找到了那些高级职员，质问他们：

"这位斯普尔先生跑到哪儿去了？"

被质问的人立刻感到很窘。

"我们不知道啊。"

"难道斯普尔先生一向是这样子办事吗？"卓别林用鄙视的口吻说，"这样的人还配当什么负责人？岂有此理！"

那些高级职员，一个个面红耳赤，不敢回答一句话。

斯普尔终于露面了。他主动找到了卓别林。

斯普尔长得高大肥胖，说话的口气非常柔和，长相看上去似乎很漂亮，但是，他面色苍白，皮肤松弛，突出的上嘴唇翘在下嘴唇上边，这就破坏了他的容貌。所以让人无法说他漂亮。

他见到了卓别林连声赔礼道歉。

"对不起,对不起,卓别林先生,一点杂事缠住了身,让您久等了。"

卓别林可不买他的帐,他不客气地提出来有关大事。

"你们埃山奈公司答应我先拿到的一万元红利,安德森先生说你会办妥的,可是你先生却躲起来不露面。还有,我已工作两个星期,可是却未领到一分钱的薪水,你们这叫什么工作?"

"有这种事吗?"

斯普尔故作吃惊的样子。

"我在走之前,已关照过工作人员,叫他们把所有的事情都给您办妥,我虽然没有看到合同,但是,我以为办事人员是知道。他们办事太拖拉了。"

他还故意表示对办事人员不满。

卓别林已看出来他这是在撒谎,说的全是鬼话,他很生气,当即讥讽嘲笑斯普尔。

"你害怕些什么呢? 如果高兴的话,你现在仍旧可取消你的合同嘛——实际上,我认为你们已经撕毁了合同。"

"如果您这样想,那我感到很遗憾,但是,查利,您总知道,我们是一个信誉卓著的公司,是一向遵守我们的合同的。"斯普尔亲切又像诚恳地道。

"可是,这一次你们就没有遵守合同。"卓别林打断了他的话。

"我们此刻就处理这件事。"他连忙笑着道。

"这我倒不急。"卓别林讥讽的道,口角挂着冷笑。

斯普尔始终笑脸相陪。

这到底是怎么回事?

原来斯普尔以前从来未听到过查尔斯·卓别林这个人的名字。当他听说安德森和卓别林签订了为期一年的合同,薪水定为每星期一千二百五十美元,还要先分到手一万元的红利,他立即给安德森拍了一封措词强烈的电报,质问安德森是不是发了疯?他又听说安德森之所以与卓别林订合同,只是听了杰斯·罗宾斯的推荐,完全是一次投机,他为此就更加担心了。当时,他雇用的那些笑片演员,待遇最好的,每星期也只发七十五美元,而他们所拍出来的笑片都很难收回成本来,因此,当他得知安德森与卓别林将同来芝加哥,而且安德森已答应了卓别林,到了芝加哥,就要先付一万元的红利,所以他在安德森与卓别林到达之前先离开芝加哥,打算躲一阵子再说。

当斯普尔刚一回来,和几个朋友在一家大饭店里吃饭,他没想到,那几个朋友都向他道喜,祝贺他卓别林加入了他的公司。并且,以前从来也没有过那么多的报界人士涌到埃山奈电影制片厂的办事处采访,而且,采访的就是查利·卓别林一人。这已使他感到吃惊。他于是就想到要做一次试验。他给了一个小侍者二角五分钱的小费,叫他在饭店里找到卓别林。小侍者在饭店里叫喊:

"查利·卓别林先生有人找。"

这一来,饭店里立即骚动起来,立即有人去问小侍者,许多人聚在一起,都要看一看卓别林,到后来真是一片欢腾。这说明卓别林是非常受观众欢迎的人。这是第一件令他斯普尔吃惊的事。

第二件事发生在影片交易所里,当时斯普尔不在,后来他才知道,卓别林还没有开始拍电影,卓别林的影片已经预订了六十五拷贝,这是以前从来未有过的事。等到卓别林的影片刚拍完,公司已经售出了一百三十五拷贝,而且订货单还在不断地涌进来。公司立即提高售价,原来每一英尺售价一角三分,提高到每一英尺售价二角五分。

斯普尔知道了这些,他又怎能不连连地向卓别林赔礼道歉呢?万一撕毁了合同——而且又错在他斯普尔,那么他又用什么去赚钱呢?

斯普尔与安德森的埃山奈电影公司因为有了卓别林而名声鹊起。

为此,斯普尔尽力的想尽了一切办法来安慰卓别林,害怕他万一撕毁了合同。

但是,卓别林由于斯普尔的迟迟不露面,而见了面又鬼话连篇,很看不起他,尽管斯普尔处处想讨卓别林的欢心,而卓别林就是和他热乎不起来。

当他拍的第一部片子《他的新行业》拍摄完毕,他对斯普尔提出了他打算离开芝加哥。

"斯普尔先生,我不高兴在芝加哥工作,如果您要想收到好的效果,让我能拍出令观众喜爱的片子,应当设法让我到加利福尼亚(州)去。"

斯普尔连忙应道。

"我们愿意尽一切力量使你高兴。你喜欢到奈尔斯去吗?"

卓别林并不喜欢奈尔斯,因为他看过之后,觉得环境、条件都不太好,但是,他很喜欢安德森,他认为安德森为人好,比斯普尔强过了许多倍,他讨厌斯普尔这个人,所以决定去奈尔斯。

"好吧,我就去奈尔斯。"

布朗科·比利的西部影片,全部都是在奈尔斯拍的,那些影片每部都是一本长的,他一天就可以拍好一部。他有七个情节,总是只用这七个情节颠过来倒过去重复地拍片子,最后,他从这些影片中赚了几百万美元。他的工作不是经常的。有时候,他会在一个星期内拍上七部一大本的西部影片,然后接连休假六个星期。

奈尔斯电影制片厂的周围,建造了好几所当地样式的小平房,都是给布朗科·比利的公司的职工建造的职工住宅,还有一所大平房,那是布朗科·比利造来给自己住的。

布朗科·比利对卓别林的到来很高兴,他对卓别林说:

"如果你高兴的话,查利,可以和我合住一所房子。"

卓别林听了布朗科·比利的话挺高兴,布朗科·比利拥有百万家财,在芝加哥他妻子住的豪华住宅曾招待过他,那么,今后在奈尔斯住在一起,那种生活比起在芝加哥不会差到哪里去。所以,他很愉快地答应了。

"谢谢!这正是我所想而不好意思开口的。"

卓别林很喜欢地说。

"没什么,我也很愿意和你住在一起。"

布朗科·比利也高兴地说。

傍晚,卓别林随着布朗科·比利走进那所大平房。布朗科·比利打开电灯。

卓别林四下一看,不由得大吃一惊。这么大的一所平房,竟是那么空洞冷落。

他那房间里,只摆着一张旧铁床,床头上空悬着一个电灯泡,再看房内的其他家具,只有一张摇摇晃晃的桌子和一把椅子——大概是因为年头多了,都是很旧的东西。靠近床边是一个木箱,上面摆着一个铜烟灰盘,里面满满的装着烟蒂。

布朗科·比利似乎未发现卓别林吃惊的样子,又将他领进另一间屋子。

"查利,你就住在这里吧。"

卓别林一看,与布朗科·比利的那间屋子一模一样,连旧铁床、旧桌子、旧椅子也是一样的,只是少了一个木箱及箱子上的烟灰盘。

"来!查利,这里是浴室。"

布朗科·比利又将卓别林领到浴室。

睡前,卓别林又到了浴室,打算洗个澡,然后再睡觉。

他拿起一只壶,在浴盆龙头下接满了一壶水,然后倒在马桶箱里,这才有水冲下来。

夜间,卓别林躺在床上,暗想,这样简陋的不能再简陋的、类似贫民区的住宅,竟然是拥有几百万家财的牛仔——G·M·安德森的住宅,如果不是亲眼所见,他自己也不会信这是真的。

安德森似乎是一个怪人。虽然他是一位百万富翁,但是,他从来没想到要过舒适的生活,他心目中的快乐,只不过是买几辆豪华的汽车,捧几个职业拳击手,多开设一家戏院,演出几场音乐喜剧而已。他不在奈尔斯拍电影的时候,多数时间是去旧金山,住租价低廉的小旅馆。饮食也不是那么讲究的。

他这个人脾气古怪,性情诡秘,喜怒无常,好动不好静,同时他喜欢过孤独的生活,虽然他有漂亮的妻子和女儿住在芝加哥,但是,他却很少去看她们,他们分开居住,各自过活。

尽管生活条件好,工作还是要做的,他从芝加哥到了奈尔斯,制片厂换了,他必须重新再组织一个工作班子。这就是说,他要选好一个令人满意的摄影师,一个能合得来又得力的副导演,组成一个固定的班底。可是在奈尔斯要组成一个像样的班底可太困难了,因为这里可供选择的人太少了。

在奈尔斯,除了安德森的牛仔演员班另外还有一个班子,那是一个性质很特别的,专拍笑片的班子,每逢安德森不拍电影的时候,这个班子就继续拍戏,以便维持开销。

固定班子里有十二个演员,那些人多数是演牛仔的。卓别林需要物色一个漂亮的姑娘来担任女主角。他急于工作,虽然他还没有编好剧本,却已经吩咐工作人员在搭一个很考究的咖啡馆的布景。卓别林就有这样一分天才,每当他才思枯竭的时候,一个咖啡馆的场面往往就会使他想出笑料或者是剧情。

趁工作人员搭布景的时间,卓别林和安德森去了旧金山。他打算在安德森的音乐喜剧班里那些跳舞的姑娘当中,找一个担任女主角的演员。

那些姑娘虽然很会演戏,但是却不适于拍电影。卓别林正为此发愁。一个在安德森的片子中演牛仔的年轻漂亮的演员,德裔美国人,叫卡尔·斯特劳斯的却提供了一个线索。

"我看见一个姑娘,她人很漂亮,看样子,能适合拍电影。"

"她叫什么名? 住在哪里?"

"我并不认识这个姑娘,我是在希尔街塔特咖啡馆里看见她的。咖啡馆的老板也许会知道她的姓名、住址。"

"走! 去找塔特。"安德森说。

于是,由斯特劳斯领路,安德森,卓别林三人到希尔街的塔特咖啡馆。

安德森说明来意,斯特劳斯又说明了姑娘的特征。

"哦!"塔特笑道:"我和那姑娘挺熟,她叫艾娜·卜雯斯(Edna·Purviance),是从内华达州洛夫洛克来的,现在她和她已经出嫁的姐姐住在一起。"

塔特确实知道得比较清楚。

安德森问清了艾娜·卜雯斯的住址,立即派人去和她联系,约她在弗朗西斯旅馆见面。

艾娜·卜雯斯来了,她不仅是漂亮,可以说很美,长身玉肤,金发粉面,楚楚动人,但是,在会面时,卓别林却发现她显得忧郁严肃。

原来,她以前进过大学,读的是商业课程。最近她刚经历一次恋爱纠纷。

这是一个安静、沉默的姑娘,长着一双水汪汪的大眼睛,一口整齐洁白的牙齿,一个小巧的嘴,处处惹人爱。

卓别林见她严肃,怀疑她是不是会演戏,是不是有幽默感。但是,他见艾娜·卜雯斯这样美丽,认为她至少也可以在他拍的笑片中起到一些点缀的作用,所以,他决定聘请她。

艾娜·卜雯斯听说卓别林答应请她拍电影,似乎在忧郁的面孔上还绽出了一丝笑意。

第二天,他们与艾娜·卜雯斯一同到了奈尔斯。

令卓别林不满意的是,咖啡馆的场面还没有布置完,工作人员把布景搭得很粗糙难看。这个电影制片厂在工艺方面显然是不够水平的。他吩咐工作人员再把布景作一些修改,他自己则思索剧情。

他决定这部片子就叫《夜游》——要演一个酒鬼在夜间怎样去寻欢作乐——单凭这些材料,他就可以开始拍一部片子了。他又令工作人员在夜总会里添了一个冷饮柜。想利用这冷饮柜来找些笑料。

斗鸡眼彭·斗平被指定在这个戏里担任配角——他是接到了电报,从芝加哥赶来的,今天刚到。

开机的前一天,安德森戏班里的一个演员请卓别林去吃夜宵。他们一行大约有二十人,艾娜,卜雯斯小姐也在内。

这个夜宵招待得很简单,大家只喝了啤酒,吃了三明治。

吃完了夜宵,有的人在玩牌,有些人则坐下来闲聊。后来,大家谈到了催眠术。卓别林为了开个玩笑,就吹牛。

"我能在六十秒钟之内,使屋子里任何一个人被催眠过去。"他说得活灵活现,"去年,我在查斯顿影片公司,试验过许多次,百发百中。"

接着,他还举了一个例子,随便编了个人名,说真的只用六十秒钟,就把他催得入睡了。

"如果我不是为了拍电影,完全可以开个诊所,专治失眠症。"

卓别林一本正经地说。

在场的人大多数信以为真。但是,艾娜·卡雯斯不相信。

她大笑起来——卓别林是第一次见她这样笑,她的笑也很美。

"这可是胡说,谁也无法把我催眠过去。"

"你呀,正是一个最为理想的对象。我和你打十块钱的赌,我能在六十秒钟之内,叫你昏睡过去。"

卓别林面部严肃地说。

"好吧。"艾娜说:"我就和你赌。"

"当心呀"。卓别林警告说,"如果你以后觉得不舒服,可别怪我呀——当然,也不会很严重。"

卓别林吓唬她,想叫她不敢赌。但是她主意拿得很稳。

一个女同坐劝阻她:"瞧你真傻气,怎么让他给你施催眠术呢?"

艾娜不为所动,她很冷静地说:"我还是要赌。"

"好极了。"卓别林见吓与劝均无作用,他只好装模作样地"幽"一回"默"了。"艾娜,你要把背紧贴着墙站好,和其他的人离开远一点儿,这样我可以使你聚精会神。"

艾娜照卓别林的话做了,露出毫不介意的微笑。

这时候,屋子里所有的人,都注意看着卓别林表演催眠术。

"哪一个来计时间?"卓别林又装模作样地说。

"别忘了。"艾娜说:"你要在六十秒钟之内叫我睡着啊。"

"你要在六十秒钟之内完全失去知觉。"卓别林煞有介事地说。

"开始!"计时间的人发令。

卓别林又装模作样的,做了两三个手势,两眼紧盯住艾娜的眼睛。接着,他就凑到艾娜跟前,用别人听不见的声音,悄悄地说:"装假的。"然后又做了几个手势,口中念念有词地叨咕:"你要失去知觉了,你已经在失去知觉,失去知觉……

这时候,卓别林朝后退。

艾娜开始摇晃。卓别林立刻抱住了她,看热闹的人当中有人吃惊地喊叫:

"真灵验呀!"

"太奇妙了!"

"快来人!"卓别林叫道,"快来人帮我把她放在榻上。"

立刻过来两个人,帮卓别林把艾娜抬到榻上去。

艾娜"醒"过来了,她装出一副迷茫的神情。

"我感到很疲劳。"

这件小事引起了卓别林对艾娜的重视与好感,并且使他相信,艾娜是富有幽默感的。虽然他完全可以赢得这一场打赌,向大家证明她是对的,但是,为了玩笑,她很大方的放弃了她应得的彩头，而假装被催眠过去。

卓别林在奈尔斯拍完了《夜游》两本，又拍了《赛拳》两本，《公园里》一本，《私奔》一本，共四部笑片，但是这里的制片厂设备不佳，卓别林总感到不满意，不能安心工作，他不打算再在这里拍电影，于是，他找到安德森。

"安德森先生，我不打算在奈尔斯拍片子了，想去洛杉矶，在那里拍笑片，他们可以提供更好的设备。"

"很好。"安德森当即一口答应了。

安德森已发现奈尔斯制片厂太小，人手又缺，不够让三个班子同时拍戏的。而卓别林又几乎就垄断了奈尔斯制片厂，因为一切事情都得给卓别林让路，所以他也认为应该给卓别林一个更好的拍片条件。

经过协商，埃山奈公司在洛杉矶中心博伊尔高地租借了一个小制片厂，专供卓别林使用。

卓别林在博伊尔开始拍的第一部片子，也是他到埃山奈来后拍的第六部片子《浪人》（'The Tramp'）也有译成《流浪汉》的。这个片子，卓别林的风格又有了巨大的变化，在他的片子里出现了悲怆凄凉的暗流。这个流浪汉是一个饱受社会冷落的人物，他没有朋友，没有工作，没有栖身之地，是一个"永远的流民"。其实，他在基斯顿拍《新看门人》的时候，已经有了这方面的尝试。

正在这个时候，洛杉矶又来了两个新近从事电影这一行业的两个年轻人，他们一个叫哈尔·罗奇（Hain·Lochy），另一人叫哈罗德·罗克（Harold·Lleyd），他们也是租借制片厂的。

哈罗德·罗克，人们叫他大眼镜罗克，他原也是个喜剧电影演员，后来创办了罗克电影公司。

当时,喜剧演员中,象大眼镜罗克,冷面笑星裴斯·开登(Buster·Keaton)以及给卓别林当配角的斗鸡眼彭·斗平等人,都能使他们的观众哄堂大笑,但是,与卓别林相比,所差的就不是一筹了。

卓别林每拍出一部片子,它的市价就随着上涨一次。于是埃山奈公司提出了一个空前未有的条件,凡是放映卓别林所拍的片子的戏院,如果放映一部长达两本的片子,每天至少要付五十元的租金。这样计算下来,埃山奈公司在卓别林拍出的每一部影片上就可以预付五万元以上的租金。

这个情况,卓别林还不知道。

一天晚上,卓别林已经回到了他当时所住的旅馆——斯托尔。这是一家中等旅馆,但因为是新开设的,所以房间很舒适,服务也周到。他到旅馆不久,就接到了洛杉矶《考察家报》打来的电话。

“我们收到了从纽约发来的一封电报,让我们转告卓别林先生。”

“请问,电文是什么?”

卓别林不知是谁发的电报,为什么不发给他本人,却发给了《考察家报》。

“请听好。”对方在电话里说,“纽约来的电报电文如下:

愿出二万五千元,请卓别林来纽约马戏场登台,每晚十五分钟,为期两周。此举并不防碍其正式工作。”

“谢谢!”卓别林对着话筒说。

卓别林立刻挂电话到旧金山,找 G·M·安德森。那时已经很晚了,电话打不通。直到清晨三点钟才找到安德森。

卓别林在电话里,对安德森讲了纽约打来电报的内容,并且提出了自己的打算与安排：

"我是否可以离开两星期，去赚那两万五千元？你听着，我不会误了工作。我可以在去纽约的火车上把剧本编好，到了那边就把影片拍好。"

"查利，听我说，请不要去纽约。如果你给埃山奈再拍一部长达两本的笑片，由公司偿付你那二万五千元。"安德森诚恳地道，"请你等着我，明天我就去洛杉矶，把二万五千元给你，再签订一份新的协议。"

卓别林只能等安德森来了再说了。

卓别林卧室里的窗子正对着楼梯井。如果在屋子里大声说话，所有的屋子都会发出回声。当他与安德森通电话时，由于电话不清楚，他不得不把几句话大声的叫喊几遍："两星期净赚二万五千元，我不愿放弃这个好机会呀！"

他的话音落了，这时候楼上的一扇窗子打开了，他听见一个人在大声喊道："别废话啦，睡你的觉去吧，你这个混蛋！"

当时，卓别林急于谈正事，虽然对那个人的叫喊很恼火，但怕误了正事，他一言未发。等他打完了电话，熄了灯，又回到床上睡下，突然想起来刚才楼上那个人的叫骂，于是，他又从床上爬起来，推开了窗子，向上边大喊了一句："去你妈的！"才又重新回到床上去睡。

第二天安德森来到了洛杉矶，真的给卓别林带来了一张二万五千元的支票。

卓别林的运气真好，那个邀他去纽约登台的马戏场，在两星期后倒闭了。

卓别林自从来到洛杉矶拍片子，心里痛快多了。虽然博伊尔高地附近是贫民区，但是，那里离他哥哥西德尼住的地方很近,到了晚上没事的时候,他常去看他哥哥西德尼。

西德尼仍旧在基斯顿,他和基斯顿订的合同要比卓别林和埃山奈公司的合同早一个月满期。

"我不打算在基斯顿干了。等合同一满期,我不打算续订合同了。"

西德尼对卓别林说。

卓别林不知哥哥的用意。

"怎么,你也想到埃山奈来吗?"

"不!我打算用全部时间代你管事。你的声望越来越高,你每拍一部新片子,声望就随着提高了一级。"

卓别林已知道他在洛杉矶的观众中是深受欢迎的。凡是他拍出的片子,上演时,观众都排成长队买票。但是,他还不知道在其他地方受到观众欢迎的程度。

其实,此时的卓别林不仅在洛杉矶,在纽约,在芝加哥,甚至在英国、法国、意大利……均大受观众的欢迎。他已是全美国名气最大最响的人物了。是人们最欢迎的笑星了。

有许许多多的孩子,只要大人答应他在星期六能看一场卓别林的笑片,孩子则答应一个礼拜都乖。

他的面孔和他的画像到处都是——汽球上是,明信片上是,歌舞班里出现他,小玩具中间也有他。

在纽约、在芝加哥等地,所有的百货公司和药铺里都在出售模仿卓别林所扮演的角色制成的玩具和肖像。

齐格菲歌舞团的姑娘们,都演卓别林的节目,她们也不顾难看,都贴上小胡子,戴上圆顶帽,穿上大皮鞋和肥裤子,唱一支歌,叫《那双查利·卓别林的脚》。

各式各样兜揽广告的建议,让西德尼与卓别林应接不暇。

要做广告的东西太多了,其中有书籍、衣服、蜡烛、玩具、香烟、牙膏、香皂……等等。

影迷的信件象雪片一样飞来,堆了一堆又一堆,复信已成了问题。

"必须答复所有的每一封来信。"西德尼说道,"哪怕是多出一笔开销,也得另添一位秘书。"

西德尼的话很对,卓别林也认为不应该冷落观众的心。自己虽已成名,却不能也不应该骄傲自大,当然同意哥哥的意见了。

西德尼向安德森提出了建议。

"公司里除了照常发行影片以外,还可以出售查利的照片,不能让那些电影院的老板去单独赚这些钱。"

安德森立即采纳了西德尼的建议。

埃山奈公司虽然把卓别林的影片成百上千的拷贝卖了出去,但都是按照老方式的销售经营方法。

西德尼又提出了建议。

"应当根据戏院座位的多少,向那些更大的影院按比率增加定价。"

如果采用这个方法,每一部卓别林拍的片子就可以多得十万元以上。

安德森却认为这办法行不通。

"这个怕办不到。"他面有难色地道,"因为这样就违反了整个电影托拉斯的设计,影响到六千家戏院利益。而这些戏院购买影片的规则与方法又都是不可变更的。很少电影院老板是肯按照这种条件付款的。"他又加了一句:"在我或斯普尔当然都愿意按您提出的办法去做。"

后来,《电影先驱报》上发表了一项声明,说埃山奈公司已取消了原来出售影片的办法,将根据每家戏院座位的多少。按比率向其增加定价。

这正是西德尼的建议。

正如西德尼所预言的,《电影先驱报》上说,埃山奈公司可以从卓别林出的每一部片子多卖十万元。

这条新闻,给卓别林提了个醒。他想,他每星期只拿一千二百五十元,编剧、导演、演出全由他一个人包办了,这点报酬少得可怜。他不能不作出一点表示。他立即开始抱怨。。"我的工作太紧张,也太累了,以后得轻快一些,再拍一部影片就需要更多的时候了。"

但从他与埃山奈订了一年合同,他每两三个星期就拍好了一部笑片。他自己既然已放出了风,说要延长拍片的时间,这对埃山奈可是大大的不利。卓别林已成了他们的摇钱树,现在这棵摇钱树,要放慢了"摇"的速度,非同小可。

芝加哥的斯普尔听到了卓别林因诉苦而放出的风,连忙搭火车赶到洛杉矶。立即来找卓别林。

"查利,"斯普尔亲切地道,"我们也发觉了合同中每星期给你一千二百五十元是太少了,但是,现在合同未满期,我们不便改动合同。这样吧,你每拍好一部片子,由公司另外给你一万元红利,作为额外奖金。"

这样,卓别林精神好起来了。他当然同意了斯普尔提出的办法。他也就不再抱怨了。

就在这个时候,D·W·格里菲斯拍好了他的成名巨作《一个国家的诞生》,一跃而成为一位杰出的电影导演。毫无疑问,他是拍无声片的天才。他所拍的影片虽然带有情节剧的特点,而且有时失之于夸张和荒唐，但总是能独创一格，所以连卓别林也认为他所拍的每一部影片都是值得一看的。

卓别林对地密尔（Diemil）开头拍的几部片子，如《轻歌齐唱》和根据法国小说家梅里美所写的一篇小说改编的《嘉尔曼》，认为可以有发展。但是，自从《男女之间》以下，卓别林已看出他的作品一直脱离不开闺阁裙钗的小圈子。他的《嘉尔曼》（叙述吉普赛姑娘恋爱惨死的故事）给卓别林留下了很深的印象。因此，他拍了一部大本的影片取笑嘉尔曼，戏名也叫《嘉尔曼》，一共两大本。那是他给埃山奈拍的最后一部片子。

可是，在卓别林离埃山奈以后，埃山奈公司竟把卓别林已经剪去的片断又搜集起来，加了进去，将影片延长为四大本——这样可以多卖一倍的钱。

这件事把卓别林气得病了两天。

埃山奈的作法是要钱不要脸，是很不光彩的行为。但是，这件事也给了卓别林一个教训。从那以后，他在每一份合同上都规定：凡是他已经摄制好的片子，公司不得对其作任何删节，增添或篡改。

卓别林与埃山奈所订的一年期的合同行将满期了。斯普尔又连忙赶到了洛杉矶。他又立即找到卓别林。

"查利，"斯普尔喜滋滋地道，"我给你带来了好到了极点的一项建设。"

"请您说吧。"

"咱们另订一个合同，这个合同不按星期或年等时间来订，而是按你制片数量来订。"

斯普尔仍是满面春风的样子。

卓别林并无什么特殊的表情，自从当初斯普尔迟迟不露面，见了面之后又鬼话连篇,卓别林就对他有许多不满,看不起他这个人,所以他很平静地让斯普尔接着说下去。

"请道其详。"

"是这样的你听我说。"斯普尔笑眯眯地看着卓别林又说下去:"你给我拍十二部每部两大本的影片,我付给你三十五万美元的报酬。制片所需的一切费用全由我支付。"他说完又加了一句:"怎么样?查利,这个合同够优厚的了吧?你该满意吧?"

"你的主意是不错的,不过,"卓别林面无表情,平静地说:"在签订任何合同之前,你要当场先付给我十五万美元的红利。"

"你——这个——"斯普尔听了卓别林的话气得说不出话来。

"这么说,你是不同意了?"

卓别林口角挂上了冷笑。

二人的谈话就此结束。

合同满期了,卓别林给埃山奈公司在这一年之中共拍了十四部片子,其中除了《公园里》和《在海滨》各是一本之外,其余都是二大本,而最后一部《嘉尔曼》初拍二大本,在卓别林离埃山奈之后,他们竟将卓别林剪掉的部分又搜集起来,延长为四大本。

卓别林在埃山奈公司出来之后,又将怎么办呢?此刻的卓别林,已不是一年前的他了,他已没有了紧张的心情了。但是,今后他……

此时,西德尼已是卓别林的管事,他去了纽约,在逐个考虑那些邀请卓别林的电影公司所提出的待遇。

卓别林则在结束《嘉尔曼》的拍摄工作。

当时,他住在圣莫尼卡海滨的一所房子里。晚上,他有时候在圣莫尼卡码头尽头纳特·古德温(Nat·Goodvin)开的那家餐馆里吃饭。

纳特·古德温被公认为是美国舞台上一位最成功的演员，也是擅演音乐喜剧的丑角。他演莎士比亚的戏和现代音乐喜剧，都曾名噪一时。以前，他是亨利·欧文爵士的朋友，堪称为莫逆之交。他先后曾结婚八次，每一个妻子都以艳名著称。他的第五个妻子名叫玛克馨·艾丽奥特，他给玛克馨起了一个非常令人奇怪的绰号，叫"罗马元老院议员"。古德温对卓别林说过："罗马元老院议员长的很美，而且也非常聪明。"纳特·古德温性情和蔼，很有修养，并富有幽默感，不过，他这时年事已高，不再登台演出了。卓别林虽然从没有看过他演的戏，但是却已久闻他的大名，对他十分钦佩。

卓别林和纳特·古德温也成了莫逆之交。在那些秋日峭寒的黄昏，他们经常在一起散步，沿着荒凉的海滨人行道漫步走着。天气萧瑟愁人，卓别林因为即将离开这里激动不已。

"你和埃山奈没有续订合同？"古德温问道。

"是的。我很不喜欢斯普尔这个人。"卓别林说，接着，他讲了他初与埃山奈签订合同后，到了芝加哥，斯普尔躲起来不露面的事。又讲了这一年中斯普尔是如何由躲而转变为捧与哄的事情。

"那么。"古德温沉静地问道："你打算去哪个电影公司呢？"

"现在还未定下来，我哥哥西德尼正在纽约考虑这个问题。所以等我拍完了《嘉尔曼》，合同也到期了，我将立即去纽约。"

卓别林如实说明。

"查利，记住我的话，你已经取得了很大的成功，将来的生活是美好的，只要你知道怎样待人接物。"

纳特·古德温象一个长兄那样，叮嘱卓别林。

"你到了纽约,可不要走进百老汇大街,不要和观众见面。有许多成了名的演员都犯了这个错儿,那就是:他们喜欢出头露面,好听人家的称赞——这样只会毁灭了他们给观众造成的印象。"

纳特·古德温声音洪亮,语重心长地说着。

"到处都会有人邀请你,但是,你可千万别接受那些邀请。选择一两个人做朋友也就够了,其余的,就让他们成为你想象中的人吧。有许多红演员,都错以为应当接受社交上所有的邀请。"

说到这里,纳特·古德温神情变得忧郁了。他又说下去。

"约翰·德鲁(John·Daru)就是前车之鉴。他是在描写上层社会的喜剧中扮演丑角,他受到上层社会的欢迎,去到所有人的家里做客,结果是人家都不上他的戏院里去了。他们可以在自己家的客厅里看到他。你已经迷住了一般观众,而如果你要想继续迷住他们,你就得离开他们远一点儿。"

这些话,对卓别林是有益的忠告。

这是个秋日的黄昏,他们沿着荒凉寂寞的海滨散步。纳特·古德温的话,听起来是美妙的,也是令人忧愁的。

纳特的事业已经结束,而卓别林的事业则是刚刚开始。

卓别林终于结束了《嘉尔曼》的拍摄工作,他立即收拾了一下,提了一个小提包,走出他的化妆室,直接搭六点钟开往纽约的火车走了。他没有去向 G·M·安德森告别,也没有向纳特·古德温辞行,径自走了。

事先他已经给西德尼拍了一个电报,告诉他动身和抵达的时间。

卓别林坐的是一列慢车,它要走五天才能到。他一个人坐在一间统车座里——那时候,他不化上妆,是不会被人认出来的。

火车走的是南面的一条路线,要经过得克萨斯州的阿马里洛,火车将在下午七点钟到达那里。卓别林打算去刮脸,但是,已经有几个乘客在盥洗室里,所以他只好等着。结果,火车已驶近阿马里洛,他仍穿着一身衬衫衬裤。后来,火车缓缓地开进了车站,突然被沸腾的人群围住了。他从盥洗室里的窗子偷偷向外张望,只看见车站的四周挤满了一大群人,乱哄哄的挤着,又在说着什么,柱子上挂着横幅,悬着旗帜,站台上摆了几张长桌,桌子上摆着茶点。这个样子,好像是在举行庆祝会,欢迎或者是欢送本地的什么重要人物。卓别林认为与己无关,于是,他就把肥皂沫涂在脸上,想接下去刮脸。

但是,在外面的喧闹声更响了,后来他听清了,有人在大声问:"他在哪?"接着就有人冲进了那一节车厢,许多人在过道里跑来跑去,这时,又有人大声地叫喊:

"他在哪儿? 查利·卓别林呢?"

"什么事情?"

卓别林不明白拥上车上来的人找他干什么,所以随口答应。

"我们代表得克萨斯州阿马里洛市长和所有崇拜的观众,请您和我们一起喝点儿冷饮,吃点儿点心。"

卓别林被惊呆了。怎么? 这一切难道就是为了我吗? 他忙不迭地说:

"我不能去呀。瞧我这副样儿!"他的脸上仍挂着满脸的肥皂沫。

"哦,没关系,查利。只要穿上一件晨衣就行了。这就去和大伙儿见见面吧。"那个代表又说。

　　既是盛情难却,这些拥上车来的人也不容他推却。可是,他却一点思想准备也没有。他也不顾想别的,也没有时间去想,因为拥上车来的人在恭敬地等着他。

　　卓别林只好慌慌忙忙地洗干净了脸,也没什么时间去管只剩了一半的胡子,忙扯过一件上衣穿上,打了一条领带,一面扣上衣的扣子,一面匆忙走下车。

　　人们在欢呼。

　　呼喊声是什么无法听清,似乎只有两个字能分辨出来,就是"查利"。

　　市长很费力地发表演说:"卓别林先生,我代表阿马里洛所有崇拜你的观众——。"

　　市长无法再说下去了,他的声音不断地被欢呼声淹没了。

　　他又重头开始说:"卓别林先生,我代表阿马里洛所有崇拜您的观众——。"

　　市长又无法说下去了,这次不仅是欢呼声,而是拥向前来的人群,把市长一直推到了卓别林身边,然后,又把他们俩都挤到了火车旁边。

　　这时,市长已忘了他的演说词,他只想到了他们的安全问题。

　　市长大声叫着:"退一退!"

　　群众似乎没听见他喊什么,也许是听见了却不愿听,所以仍然向前挤。

　　"退后呀!"有不少警察,一面大声喊着一面在人群中向卓别林这里挤过来——他们是来保护卓别林。

　　市长对欢迎一事已经失去兴趣。他用微带粗鲁的口气对警察和卓别林说:"好吧,查利,让咱们结束了这件事,你就可以回到车上去了。"

市长想结束这件事,群众可不干。他们虽然不断地问前挤,却又不挤卓别林。对市长他们可不在乎。

卓别林终于被"代表"推到了长桌跟前。

这时候,大伙儿竟安静下来了。

市长此时才能够发表他的欢迎词。他用一个匙子在桌上敲了几下。

"卓别林先生,您的得克萨斯州阿马里洛的朋友们,为了表示感谢您带给他们的一切快乐,请您跟我们一块儿吃点三明治和可口可乐。"

市长致完了欢迎词,对卓别林说:

"卓别林先生,请您对崇拜您的观众说几句话吧。"

"查利,对我们说几句话吧!"先是附近的人群这样喊着,接着,远处的人也这样喊着。

"请您站到桌子上去说吧!"市长道,"您的朋友都想看一看您。"

市长这句话又坏了。在长桌周围的人又由近到远的喊叫起来。

"查利,站到桌上去吧,让我们看看你!看看你。"

"查利,我们是您的朋友,站到桌子上看看我们这些朋友吧!"

卓别林只好登上了桌子。他并无思想准备,他也过于激动了。他几时见过这样激动人心的场面呢?他不是国家总统,也不是什么当地的重要人物,他不过是一个演员,或者还可以说他仅是一个编剧兼导演又兼演员的一个小人物。他有些激动地说:

"我很高兴来到阿马里洛,我感谢大家的盛情,对这样激动人心的盛大的欢迎感到万分的惊喜,我毕生不会忘记这件事。祝大家笑口常开,永远快乐。"

群众又欢呼起来。

市长请卓别林就座。

卓别林坐定后,有些奇怪地问市民。

"你们怎么会知道我的行踪?"

"我们是通过电报生知道的。"市长解释道,"您拍往纽约的电报,首先发到阿马里洛,再中转到堪萨斯城,芝加哥,然后才转到纽约。那些电报生知道了您的行止,就将消息透露给报馆了。"

尽管卓别林已知道观众喜欢他拍出的影片,却未料到观众对他是这样喜欢,又是这样热情。他暗自下了决心,他要用毕生的精力,让他的观众永远快乐,他要拍更多的片子,给他的观众带去快乐。

他回到火车上,懒洋洋地在自己的位上坐下来。整个火车厢里一阵骚动,所有的乘客,不论是男的,女的,还是老人,小孩,都拥向这里来看他,对他笑着,后来的人直嚷嚷:"你们已看了一阵子了,该让我们看一眼了。"小孩子则从大人的大腿处挤过来看。他们也一直咧着嘴笑。

车站上的人根本没散去,有许多人在车窗外面看,看不见卓别林的人,仍在看着火车。

火车还没开,已有电报送到了卓别林手上。还不止一份。

有一份电报的电文是:

欢迎,查利,我们堪萨斯城居民。

恭候大驾。

另一份电报电文是：

　　已备下轿车，供您抵达芝加哥转车之用。

还有一份电报的电文是：

　　可否下榻布莱克斯通旅馆，我们已做好了恭迎的

准备。

一个国家的元首、皇帝、国王、总统、首相、总理……出行时，也许有人迎送，有他的专车，有高级旅馆。但是，绝对不会有人主动地，自发地发给他这样的电报，也不会自发地组成迎送队伍。

火车驶出阿马里洛，站台上的人，车周围的人，一齐喊着，尽管车轮声与喊声交织在一起，听不清人们喊什么，但也可以猜到一定是祝福的话。卓别林将头伸出车窗，对欢送的人笑着，一直到看不见了，不知群众何时散去。

火车驶近萨斯城，人们沿铁道旁边站着，一面欢呼，一面挥动他们的帽子。有多少人？无法数得清。

堪萨斯城的大火车站，被人群挤得水泄不通。火车刚一停下，群众就拥到了火车跟前。许多警察，尽管不断地吆喝，但是，他们已无法控制那些从外边不断涌过来的人群。

有一个聪明人，想出了一个好主意，事前备了一个梯子，此刻将梯子靠火车支好，请卓别林爬上火车车厢顶去和观众见面。这个主意不错。卓别林能看见人山人海似的群众，群众也全能看见他。

卓别林又把他在阿马里洛说过的话重复了一遍，只不过把阿马里洛改成了堪萨斯城。

卓别林刚回到车上坐下，又送来了几份电报。这些电报是邀请他去参观一些学校和其他一些机构。他把电报塞进手提包

里,准备到达纽约后再去答复。

从堪萨斯城到芝加哥,一路上又都是人,他们站在铁路旁边或者站在空地上,车过时,他们向卓别林招手。

对群众这样的热情,他忽然有了一个另外的想法。如果演了一两出胡打乱闹的喜剧就能引起这样的轰动,那么,在那些知名人士中,也许就不去干招摇撞骗的事情。这一点,应该引起自己的重视。应该真正的用心思,拍出真正的喜剧来,不应该是胡乱哄骗观众。

火车到了芝加哥,卓别林要到另一个火车站去转车,人群在出口处夹道欢呼,果然有一辆轿车就在出口处等着。观众欢呼着,看着他上了那辆轿车。

卓别林被送到布莱克斯通旅馆,那里已经给他定下了一套房间,他在去纽约前,在此略作休息。

在布莱克斯通旅馆,他还收到了纽约警察局发来的电报。电文是:

请在一百二十五号街车站下车,不要象原先安排的那样去中央大火车站,等在那儿的人太多,很难维持好秩序。

卓别林没想到美国各个大城市——也有中小城市对他是这样热爱,连警察局长都担心人太多,难以维持秩序。他听信了警察局长的话。一是不能让警察局长所有在车站值班的警察为难,二是他听取了纳特·古德温的忠告,少与群众见面,少出风头。所以他在第一百二十五号街车站下了火车。

西德尼也得到警察局长的通知,在这里等候查利。

卓别林一走出出口,西德尼立即走过来,小声说:“快上车,如果有人认出你来就走不了了。”

兄弟二人连亲热都顾不得了。

卓别林连忙钻进了西德尼驾来的一辆轿车。

在车上西德尼仍压低了声音说话。

"你猜怎么着?"他微笑着说,"人群一大早就聚集在火车站了。"

"我的行止也是因拍给你的那封电报透露出去的吗?"

卓别林问,他想起了阿马里洛市长说过的话。

"可不是嘛。"西德尼不敢高声,好像怕外人听见似的。"报馆的消息特灵通了,自从你离开了洛杉矶,报馆每天都发布新闻简报,报告你的行踪。"

西德尼从提包里取出一些报纸,递到卓别林面前。

"你自己看看吗!"

卓别林翻开一张报纸,上面用大黑体字印着:"他已来到本市。"另一行的标题是:"查利在隐蔽中"!

西德尼又提起了工作的事。

"我已经和互助影片公司谈妥,他们给的报酬还可以,每一年的薪金是六十七万美元,每星期付一万美元,等经过体检合格,在签署合同的时候,先付十五万美元的红利。这样可以吧?"

"很好。"

卓别林满意地答道。

"我已约好律师吃午饭,今天一个下午都不得闲。"西德尼说,"我在广场饭店给你定了一套房间,我这就把你送到那里去。明天早晨我再来看你。"

西德尼将查利送进预定的房间,又开车走了。

当天下午,卓别林走出了旅馆,在马路上到处溜达。看看那些店铺的橱窗,又有时在街道拐角处,漫无目的地停了下来站一会儿。

他正是飞黄腾达的时候——再看，一身打扮得整整齐齐，银行里有存款，衣袋里有钱，但是，此时却无处可去。象现在这样，有什么方法去认识社会上那些有趣的人物呢？

他在想，社会上所有的人都认识我，可是，我却不认识他们。

他有心事，却又不愿向任何人透露。他感到了孤单、可怜，被一种莫明的忧郁情绪困扰着。他想起了在基斯顿的时候，一个很红的演员对他说过："现在咱们的目的可达到了，查利，你说对吗？"

"那么，他又达到了什么呢？"是呀，他卓别林的目的达到了吗？

这时，他又想起了纳特·古德温的忠告："不要走近百老汇大街。"

他不想走近百老汇大街，去那里他又去找谁呢？那里没有他的朋友，对他来说，百老汇大街只是一片沙漠。

他胜利了，一些电影制片厂都在用高薪来拉他。可是，此刻他想要会见一些明友，让朋友们来分享他的快乐。他不是没有朋友，在纽约，在伦敦，在其他地方，都有他的朋友。现在他不需要观众的捧场。他需要另一类的观众——朋友。不是一般的朋友，是亲密的朋友。

他又想起了海蒂·凯莉（Hetty·Kelly）。他此刻很想见到海蒂·凯利。自从演电影以来，已经两年了，再没有听到她的消息。他想，如果海蒂知道了他拍电影的事，并且知道观众对他的热爱，她的反应一定会很有趣。

对！找海蒂去。

海蒂是卓别林的第一个恋人，他仍然未忘掉她。

那时候，海蒂和她的姐姐弗兰克·古尔德夫人住在纽约。

卓别林记得她姐姐住在五马路八百三十四号,他就向那里走了过去。他来到了八百三十四号,他停下来,看着那幢房子,他不知道此时海蒂是不是在里面,但是,他没有勇气进去看她。他想,也许海蒂会走出来吧。那样,他就可以象无意似地"邂逅相逢"。他在八百三十四号的大门前,走过来又走过去,半个小时过去了,但是,没有一个人从那幢房子里走出来,也没有一个人走进去。他无可奈何的叹口气,离开了那里。

他敢于顶撞美丽动人的玛蓓尔·瑙尔芒,并罢演,他敢于吻瑙尔芒,并要求与之发生……他敢于顶撞、嘲讽腰缠万贯的他的老板斯普尔,他敢于在斯托尔旅馆,对那个骂他"混蛋"的人回骂一句"去你妈的",他有许多"敢",却不"敢"进入五马路八百三十四号去找海蒂。

他离开了那里,到了哥仑布圆形广场的蔡尔兹餐馆里,点了一个烤饼和一个咖啡。女侍者漫不经心地招待他。后来,卓别林叫他添一快黄油。那个女侍者认出了他。

"您,就是那位笑星查利!"

女侍者的话,惊动了附近的人。于是一传十、十传百,餐馆里所有的人,包括所有就餐的人,厨房里的厨师,洗碗的,摘菜的伙计,一个个都围过来看他。

卓别林很不好意思,最后,他不得不在宾馆里三层外三层的一大群人中挤出了一条路,出了门,立刻搭上一辆路过的出租汽车逃走了。

接连两天,他在纽约到处散步,但是没有遇见一个熟人。他此刻情绪很不稳定,一会儿快乐、兴奋,这是想到了已有的成功与未来的光明前景;一会儿又抑郁,寡欢,这是他感到了孤独无伴。

这时,保险公司的医师已经给他作过了体格检查,只等结果了。

过了几天。西德尼喜气洋洋地来到了旅馆里。

"一切都解决了,你的体检及格了。"

接着就是办理签署合同的例行手续。

签完了合同,互助公司的代表将十五万美元的支票送给了卓别林。

这个动人的场面被拍了照片。

可惜,那时还没有录像技术。

那天晚上,在纽约时报广场上,电灯广告绕过纽约时报大厦映出了新闻。新闻标题:"卓别林与互助影片公司签订了年薪六十七万美元合同。"

卓别林夹在一群人当中,看了这条新闻。

群众看了这条新闻,议论纷纷,更多人说的似乎是可以看到更可笑的好片子了。

卓别林站在那里毫不介意,仿佛那广告登的是别人的事,与他无关。

还好,可能因为是在夜间,还没有一个人认出卓别林来。

一时发生的事情太多了,他的情感已消耗殆尽了。

他突然又想起了海蒂,他在问:"如果海蒂此刻也在这里,她会有什么样的反应呢?"

第十章　广交名流

　　艺术大师、政客、商界巨子,许多都成了他的朋友,好莱坞人才荟萃;在好莱坞旅馆,著名演员费莉说请俄国芭蕾舞明星帕芙洛娃吃饭,要他作陪,他应约前往。他兴奋地闲聊了半小时后,奇怪,为什么不见一个客人到来? 他想入非非……,原来那请柬是三个月前的;后来他终于见到了帕芙洛娃,他用不成文的中国话盛赞她,把一块餐巾罩在这位俄国美人头上,更热情地、不停地吻着她。

卓别林还没有去互助影片公司工作,他感到百无聊赖。

有一天,正在五马路上走着,他很想见到海蒂·凯利,但是没有,却碰到了一个熟人,她正是美丽的英国喜剧名演员乔茜·柯琳丝。

"哦!"柯琳丝亲切地打招呼,"你一个人在这儿干什么呀?"

卓别林正在感到烦闷无聊,但是他没有说出心里话。他很想请她吃饭,说他一个人很寂寞,他却不好意思出口,他只能撒谎了。

"我正要去和几个朋友共进午餐。"

他笑着说。说完了又觉得很惭愧,他觉得自己好像有什么不检点的行为被人发现了似的。

卓别林虽然具备了一切交友的条件,他年轻,有钱,有名气,但是，他在纽约却感到了孤寂，一个人四下彷徨。

　　孤单、寂寞是可厌的。而卓别林正是感到了孤单、寂寞，总有一种忧郁的感觉，他觉得自己不能吸引别人的注意和兴趣，并为此感到羞怯，大概每个人，尤其是青年人或多或少都有过这样的感觉。其实，他拍的片子已吸引了千百万计的观众，但是，他此刻尚未开始工作，又没有一个伴侣，所以才有了孤单的感觉。他只不过缺少一个知音——异性的知音。

　　就在这同一天下午。他在大都会歌剧院附近溜达，碰见了大卫·贝拉斯科的女婿，莫里斯·格斯特。

　　以前，他在洛杉矶见过格斯特。这个格斯特是以当"黄牛"倒卖戏票起家的。这一行生意，在卓别林初到纽约的那段时期里是非常风行的。（所谓当"黄牛"，就是买了戏院里最好的戏票，然后站在戏院门口兜售，用来谋利，也就是票贩子）。格斯特后来积了几个钱，又以承包戏院而成了暴发户，尤其是以上演马克斯·莱因哈特导演的那一出场面伟大的《奇迹》赚了很多钱。

　　格斯特的那副长相是属于斯拉夫类型的，白皙的面孔，腰子型的大眼睛，大嘴叉，厚嘴唇，看上去有点儿象芬版图书上奥斯卡·王尔德的画像。他很容易激动，对人说话的时候，简直有点儿象是盛气凌人的样子。

　　"真见鬼，你这一向到哪儿去了？"格斯特大声粗气地叫道。还未等卓别林回答他的问题，他接着又叫起来："你这家伙，真见鬼，你为什么不来看我呀？"

　　"我这会儿正在散步。"

　　卓别林向他解释道。

　　"这可是见鬼，你不会一个人散步的。这会儿你到底上哪儿去？"

他仍粗声大气地叫着。

卓别林委婉地在向他说。

"真的。我不上哪儿去,只是出来透一透新鲜空气。"

"跟我来!"

格斯特说了这句话,把卓别林朝着他走的方向扭转了身,然后紧紧勾住卓别林的一条胳膊,他这是怕卓别林逃开。

"走!我去把你介绍给一位真正有价值的人——是一位你应当和他交朋友的人。走!"

"你要我上哪儿去呀?"

卓别林不想去,急忙问道。

"让你去会一会我的朋友卡鲁索。"

卓别林想摆脱格斯特抓着他的那只手,但是毫无作用,他把卓别林拉得紧紧的——真象是在绑票。

"我真的不想去,我要去散步,去吸收一点新鲜空气。"

卓别林又口头推辞着。

"卡鲁卡和杰拉尔丁·发娜今儿有一出白日戏,他们俩合演《嘉尔曼》。"

"可是我——。"

卓别林仍不想去。

"怎么?"格斯拉仍紧紧拉住卓别林又说下去:"我的上帝,你总不至于害怕呀!瞧卡鲁索这个人真可爱——也和你一样朴素,富有人情味儿。他看见了你,要快活死了,他一定在想象,你是一个什么样的人物?"

"你听我说,我要去吸点新鲜空气。不愿去见那些名人。"

"哦,这对你比吸新鲜空气可更有意思。"

卓别林挣不脱,再三解释也没用。他拉着卓别林,进了大都会歌剧院,穿过了休息室,匆匆忙忙沿着过道走向有两个空位子的地方。

"你坐在那儿。"格斯特放低了声音说,"我等到休息时间再来。"他说完这句话,就沿着过道走开了,转瞬间已不见了踪影。

卓别林到了此时,已不好再走开了。只好坐在这里欣赏一下意大利著名男高音歌剧演员与美国女高音歌剧演员合演的《嘉尔曼》了。

台上响起了音乐。

卓别林以前听过几次《嘉尔曼》的音乐,但是,这次他听了似乎有点不大象。他看了一眼手中的节目单,没错呀,今天是星期三,这一天安排的戏是《嘉尔曼》呀。但是,台上奏的却是另一个曲调。卓别林听来也很熟悉,它更象是《里戈莱托》呀。卓别林被闹糊涂了。这一幕结束前的大约两分钟,格斯特悄悄走过来了,坐在卓别林身边。

"这演的是《嘉尔曼》吗?"卓别林小声问。

"是呀!"格斯特回答。"你没拿到节目单吗?"

格斯特一把夺过节目单。

"可不是",他悄声说。"卡鲁卡和杰拉尔丁·发娜合演星期三的戏,《嘉尔曼》——瞧这上面!"

幕降落了,格斯特拉着卓别林,沿着一排座位走到通向后台的边门。

几个穿软底靴的人正在那里换布景,卓别林总觉得他老是妨碍他们的工作,有点儿不好意思。他觉得那儿的气氛有些扑朔迷离的样子。他在这里发现了一个人。他身体瘦长,神情严肃,胡子翘起着,他一双敏锐的眼睛从高处睨着卓别林。他站在舞台中央,布景在他身边移来移去,他露出了一副担心的神气,显然,他是一个前台管事或是舞台监督。

"加蒂·卡萨札先生,我的老朋友,你好啊?"

格斯特说着话向他伸出了手。

加蒂·卡萨扎跟他握了握手,却做了一个表示轻蔑的手势,然后又嘟囔了几句什么。

这时,格斯特转向对着卓别林。

"你猜对了,演的不是《嘉尔曼》,是《里戈莱托》。杰拉尔丁·发那在演出前最后一分钟请假,他着凉下。"他又转身对着加蒂·卡萨扎:"这一位是查利·卓别林。我这会儿领他去会卡鲁索,也许可以鼓起他的兴致来,你和我们一块儿去吧,加蒂·卡萨扎。"

加蒂·卡萨扎哭丧着脸摇了摇头。

"他的化妆室在哪儿?"格斯特又问道。

加蒂·卡萨扎唤那舞台管事:"你领他们去卡鲁索先生的化妆室。"

"格斯特,这时候去打扰卡鲁索是不是不太方便?"

"你别傻气了。"格斯特回答。

于是,他们沿着过道,向卡鲁索的化妆室摸索过去。

"是谁把灯关闭了?"舞台管事说,"请二位等一等,让我去找开关。"

"你听我说,"格斯特扯了卓别林一下,"有人在等着我哩,我可得先走一步了。"

"这时候你不能走开呀!"卓别林连忙说道。

"会有人照应你的。"

还没等卓别林答话,格斯特已经走开了。卓别林被留在黑暗中。

舞台管事擦亮了一根火柴。

"我们到了。"他说着话,接着就敲敲门。

只听见一个意大利口音的人在里面吼了一声。

舞台管事用意大利语回答。卓别林不懂意大利语,只听明白了最后说的是"查利·卓别林"。

又听见里面一声吼。

"听我说,"卓别林小声对舞台管事说:"我还是下次再来吧。"

"不!不!"舞台管事没有让卓别林走开,他好像把带领卓别林来见卡鲁索,当成了一件工作任务来完成似的。他将虚掩的门轻轻开了一条缝。

屋里面有一个上了妆的人在向外面黑暗里看。

舞台管事仍用意大利语说了几句。卓别林只听明白了其中有自己的名字。他的语气中,似乎有些烦恼、急躁的意味,大概是怕不能完成他的使命吧。

"哦!"上了妆的人只"哦"了一声,随便关上了门。瞬间,又打开门。"请进来吧!

里面的人一定是卡鲁索了,舞台管事为完成使命而精神振作,他一伸手,愉快的说了个"请"字。意思是让卓别林先走进屋。

卓别林也不客气,走进屋里。

卡鲁索正坐在化妆台前,背对着门,面向一面镜子在修剪他的小胡子。

"啊,先生。"舞台管事高兴地介绍道:"我很荣幸向您介绍电影界的卡鲁索——查利·卓别林先生。"

卡鲁索对着镜子点了点头,继续修剪他的小胡子。

最后，卡鲁索站起来，一面束腰中的带子，一面仔细打量着卓别林。"你演得很红了，对吗？你挣了很多钱。"

"是啊。"卓别林笑着回答。

"你肯定十分快乐。"

"可不是嘛，十分快乐。"

卓别林说着话看了舞台管事一眼。

"那可好。"卡鲁索露出了笑容，似乎高兴了。他只说了这三个字，不再说下去，也不再问什么，那是在暗示卓别林他们可以走了。

卓别林已看出了卡鲁索的意思，他站起来，向卡鲁索笑了笑。

"再见，卡鲁索先生，我可不能错过了斗牛的一场。"

"那是《嘉尔曼》里的一场，现在演的是《里戈莱托》。"卡鲁索说着，和卓别林握手。

"哦，对，可不是，哈哈。"卓别林是故意说错了的。

卓别林在纽约玩了几天，心里总有一种失落感。尽管他可以尽情的玩，享受这花花世界中他愿意享受的东西，但是，总有一种不满足。他缺什么？金钱、声望、年纪又轻……似乎不缺什么了，但是，他总有些放不开的心事。他不想再在纽约玩下去了，他要工作，对，他应该工作，他所需要的正是工作。他要去履行合同，他要给他的观众拿出新的片子来，他要给他的观众带来快乐。

他回到了洛杉矶，他在当地最豪华的大旅馆里——即坐落在五马路与大马路拐角上的亚历山德里亚大饭店开了一套豪华的房间。

这家旅馆的建筑是欧洲十八世纪流行的，以纤巧浮华著称的洛可可式的建筑。休息室里有云面柱和水晶枝形挂灯,大厅当中铺着那条近似神话的"百万金元地毯"——那个大笔电影买卖成交的地方——人们之所以开玩笑,给它题上这样一个名字,一半是因为那些专爱传播小道新闻或俨然以电影赞助者自居的人,常常站在那条地毯上,满口里谈的都是数以万计的金元。

亚伯拉罕森就是在那条地毯上发了大财的。他租借了电影制片厂的一片场地,雇用了几个失业的演员,出售根据州权用低价拍摄的便宜影片,一般人都管这种影片叫"贫民区"影片,(意思是指独立自主经营,拍摄廉价影片的小制片厂荟集的地区)。原哥仑比亚影片公司经理哈利·科恩就是拍摄这种贫民区影片起家的。

亚伯拉森罕是一位现实主义者,他自己公开承认,他自己并不喜爱艺术。拍摄影片就是为了赚钱。他说话俄国口音很重,导演影片时,老是向女主角吆喝:"好,从屁股后边走上场。"(意思是从后边走上场)。或者是说:"这会儿你到镜子跟前去,照一照你自己。嗳呀!我并不美嘛,现在,混搅他二十尺吧。"(意思是,要用自己临时穿插的动作,拍二十英尺长的影片)女主角则往往是一个胸部丰满的年轻娘们,穿的是光着脖子的宽大衣服,露出了大片的胸部。亚伯拉罕森老是叫他面对着摄影机,有时候是弯下腰来系她的鞋带,有时候是摇一只摇篮,也有时候是抚摩一条狗。

亚伯拉罕森就这样赚了二百万美元,然后,很聪明地趁早洗手不干了。

锡德·格劳曼被百万金元地毯从旧金山吸来,在洛杉矶谈判修建他那所造价百万美元的大戏院。后来,洛杉矶日趋繁荣,锡德也就成了豪富。他做起广告来异想天开,但也真有他独到的办法,是他人所想不到的。有一次,他让两辆汽车在全市里飞跑,车上人互相对开空枪,车后边挂着一个牌子,牌子上面的广告写的是:"格劳曼百万金元大戏院献映《地狱》,"此举轰动了整个洛杉矶市。

锡德·格劳曼还发明了一些小玩意儿。他想出了一个奇怪的主意,他让好莱坞的明星,在他的中国戏院外边湿水泥地上留下他们的手、脚印迹。不知是什么原因,影星们群起效尤。后来,这件事竟变成几乎和接受奥斯卡金像奖一样重要,一样光荣了。

卓别林住进亚历山德里亚旅馆的头一天。旅馆管事交给他一封信,信是莫德·费莉(MaudFari)写来的。费莉是一位名演员,曾同亨利·欧文爵士和威廉·吉勒特合演过戏,在戏里担任女主角。

她写给卓别林的信,大意是,她星期三在好莱坞旅馆请帕芙洛娃小姐吃饭,请他出席作陪。

卓别林看过信非常高兴,虽然以前不曾见过这位费莉小姐,但是,他在伦敦时,到处都可看到印着她的相片的明信片,对这位小姐的笑貌一向是倾慕的。

赴宴的前一天,卓别林叫秘书打电话问一下,如果不是便饭,他就要打黑领带。

秘书电话打过去了。

"您是哪一位?"费莉小姐在电话中问道。

"我是卓别林先生的秘书,他过来陪您用饭,星期三晚上——。"

费莉小姐仿佛觉得秘书问的话有点奇怪,什么便饭?她说:"哦,是的,当然是便饭。"

卓别林他自己仔细打扮一番,驱车去好莱坞旅馆。

费莉小姐已经在好莱坞旅馆的走廊上等着卓别林。

她仍是那样的美丽。

两个人寒暄过后,在客厅上坐下来。东拉西扯的谈起来。

半个小时过去了,卓别林感到奇怪,怎么了,为什么其他的客人一个也没到?弄不明白这是怎么回事。

最后,还是费莉小姐说话了。

"我们进去吃饭好吗?"

开饭了,其他的客人仍未到,就连帕芙洛娃小姐也没到。真不可思议。桌子上只有他们两个人。

费莉小姐仍是那么美丽动人,同时又非常缄默,卓别林隔着饭桌瞅着她,心里在猜测,她这样单独约他来会晤究竟是为了什么?一时间,卓别林的脑海中闪过了一些荒唐的遐想,也可以说是想入非非。她单独邀我一个人,又说是陪帕芙洛娃吃饭,可是,帕芙洛娃根本就没来而又以帕芙洛娃为借口,这到底是……难道是……卓别林的脑海里一些荒唐的念头在不住地往复地转着。

看样子,费莉小姐似乎并未觉察出卓别林那些不可告人的念头。

卓别林觉得自己应该主动些,不能让一个小姐先开口啊!所以他开始进行有意地试探。

"这真有趣。"卓别林由于心里快乐,兴致很高地说:"单是咱们两个人吃饭!"

费莉小姐不知卓别林为什么说出这样的话,她有些茫然,只是一笑,未说出什么话来。

"饭后咱们作点儿什么有趣儿的游戏吧。"卓别林仍兴冲冲地说:"到夜总会去,或者,作点儿什么别的事情。"

费莉小姐微露出惊讶的神情,迟疑了一下:

"今儿晚上恐怕我得早点儿休息,因为明儿早晨我就要开始排演《马克佩斯》了。"

卓别林的试探遭到了意外的挫折,他完全被弄糊涂了。怎么?单独邀我一个人来,就是为了默默的吃这一顿饭吗?这有什么意义呢?不可解。

幸好,第一道菜上来了。两个人一时默默地吃着。

费莉小姐似乎觉察出这件事情有点不对头,因为昨天卓别林的秘书打电话问到吃饭的事,她就感到了奇怪,因为她并未约卓别林来吃饭。

卓别林也感到事情有点儿不对头,信上既然说是陪帕芙洛娃吃饭,今天其他客人不到还可有解释,那么帕芙洛娃不到场,就不可解了,另外看样子费莉小姐似乎并没有什么不可告人的话单独对他说。

还是费莉小姐先打破了寂寞,她迟疑了一下。

"我怕,今天晚上您会感到相当沉闷哩。"

"不!非常有趣。"

卓别林装作愉快地说。

"可惜,三个月前我请帕芙洛娃吃饭,那一次您没来。我知道您认识她。现在才晓得,原来您当时在纽约。"

费莉还不知道误会的根由,她这样说仅是为了打破这沉闷的空气。

"对不起。"

卓别林说着话,连忙取出了费莉小姐的信,他看完了后面的日期,接着又把信递给了费莉小姐。

"您瞧。"卓别林大笑起来,"我迟到了三个月。"

在1919年的洛杉矶,可以看到美国西部拓荒者与实业界巨头时代的结束,当时,卓别林还曾受到过许多次这一类人物的款待。

其中有一位就是威廉·安·克拉克(William·An·Clark)。这位拥有数百万家财的铁路巨头和铜矿大王,是一个业余音乐家,他每年都要捐给交响乐团十五万美元,自己在该团的第二小提琴组里客串表演。

"死谷苏格兰佬"是一个诡秘莫测的人物,他性情很懒,长得肥头大耳,戴一顶十加全帽,穿一件红衬衫和一套粗蓝斜纹布工作服,每天晚上在斯普林街一带地下室酒馆和夜总会里滥设宴会,挥金如土,赏起侍者们来,都是百元钞票。过了一晌,他销声匿迹了,再过了大约一个月,他又出现了,又开宴会了,接连着好些年,他一直过着这样的生活。谁也不知道他的钱是哪儿来的。有人传说他在死谷(指美国阿马哥萨沙漠。位于加利福尼亚州东部与内华达州南部,低于海面二百八十二英尺,俗称死谷)里有一个秘密矿,就试探跟踪他,但是,他总是甩开了那些企图尾随他的人,直到现在也没有一个人能探出他的秘密。后来,他在死谷沙漠里造了一座巨大的城堡,那个奇怪的建筑物,耗费了他五十多万美元。他死于1940年。城堡今日仍留在那里,但是在烈日的照耀下已逐渐地废了。

还有一个是在洛杉矶郊外闹市区东北帕萨迪娜的克兰妮·贾英夫人,她拥有四千万美元的家财,是一个热心的社会主义者,她曾经为许多无政府主义者,社会主义者和世界产业工会会员支付律师辩护费。

那时候格伦·柯蒂斯正在给孙纳特拍电影,表演了飞行绝技,同时,他在筹措资本,准备创办现在规模巨大的柯蒂斯飞机制造工业。

阿·彼季安尼尼当时还在经营两家小银行,它们后来发展成为美国最大的金融机构之一——美国银行。

霍华德·付斯的父亲是现代油钻的发明人,霍华德继承了父亲的巨额财产,从事制造飞机。这样他就将自己的产业增加了许多倍。他是一个脾气古怪的人,平时住在一间三等小旅馆的房间里,一般很少露面,总是在电话中处理与指挥他那庞大的企业。他兴之所至,还拍一些电影,有些影片,如由已故的琼·哈洛主演的《地狱天使》等,曾经风靡一时。

在那些日子里,卓别林的日常娱乐是广泛的。有时去弗农体育馆看星期五晚场杰克·多伊尔的拳赛,有时去奥尔菲姆戏院看星期一夜场的轻歌舞剧,有时去摩罗斯科戏院看星期四固定戏班演出日戏,偶尔也去克卢思音乐厅听交响乐。

卓别林还常去洛杉矶体育俱乐部。那里是当地上流社会人士和商界巨子、文化界名流集中的地方。他们一般都在喝鸡尾酒时候去那里聚会,在那里就好像到了外国租界里一样。

卓别林在洛杉矶体育俱乐部里认识了一个年轻人,他叫范伦铁诺,他是一个在电影里扮演小配角的一名小演员。他来到好莱坞是想来碰碰运气,但是并不顺利。他常常坐在俱乐部的那间娱乐室里,显得孤单寂寞。

此后,大约有一年的时间,卓别林没有见到范伦铁诺。可是,就在这一年的时间里,他一跃而成为大明星。

当卓别林再次见到他的时候,他一开始还有点腼腆,有些拘束。

"自从我上次和你见面以后,你已经成为大名鼎鼎的人物了。"卓别林笑着对范伦铁诺说。

他听了大笑起来。此后,他就不感到拘束了,和卓别林很亲热地交谈起来。

范伦铁诺总是带着那么一副忧郁的神气。成名以后,他并不自大,反而显得更加谦虚。他人很聪明,并且大度安详,毫不虚荣,他对妇女有一种极大极强的诱惑力,但和她们的关系都维持得不好。女人一经嫁了他,就会做出一些对不起他的事情。有一次,婚后不久,他的妻子就和洗片室里的一个工作人员发生了关系,两个人常躲到暗室里去。

没有谁比范伦铁诺更能吸引妇女的了,也没有谁比他更会上妇女的当的了。

卓别林来洛杉矶,是准备工作的,他要履行他那六十七万美元的合同了。

代表互助影片公司处理一切事务的考尔菲尔德先生,在好莱坞中心区租了一个电影制片厂。

卓别林则组织了一个阵容很坚强的小班子,其中包括艾娜·卜雯斯,埃里克·坝贝尔,亨利,伯格曼,艾伯特·奥斯订,苏埃德·培根,约翰·兰德,弗兰克·乔·科尔曼,利奥·怀特等人,于是,他很有把握地开始工作。

卓别林给互助影片公司拍的第一部片子叫《百货公司巡视员》,这个片子拍得很成功。影片里有一个百货公司的场面,他设计了一个自动楼梯,他在这个自动楼梯上大演其追赶打闹的动作,当然,这样子会增加了许多可笑的动作镜头,定会吸引观众。

后来,孙奈特先生看了这部影片,他说:"咳!咱们怎么就没想到要用一个自动楼梯呢?"

卓别林想到了，别人没有想到，这就是他的天才。

此后，他就开始快速度的工作，每个月拍完一部两大本的笑片。《百货公司巡视员》拍成以后，接着又拍了《救火员》、《无赖汉》、《午夜一点钟》、《伯爵》、《当铺》、《拍电影》、《溜冰》、《安乐街》、《治病》、《移民》、《越狱》等，一共十二部笑片。

拍完了这十二部笑片，一共只花了大约十六个月的时间，在这个时期中，还有他伤风感冒以及其他小事故停拍的日子。这个速度是相当快的了，何况，他的每一部片子又都是成功之作。这样的工作速度，这样高质量的片子，放在别个人身上，是难以完成的，而且，每一部片子，卓别林还要从构思剧本开始。

当然，卓别林的工作也不是一帆风顺的，剧中的笑料，构思情节也不可能是信手拈来那样容易。

有时候，剧中情节他感到不容易解决了，他总是暂时停止工作，去竭力思索，或在化妆室里搜索枯肠，来回踱步，或者接连几个小时，坐在布景后面，想办法解决那个问题。

每逢这个时候，不论是管事，或工作人员或演员，只要他们瞧着卓别林，他就会感到很难堪。尤其是互助影片公司的总理一切事务的考尔菲尔德先生，卓别林最怕见到他了。因为互助影片公司要负责担负制片费用，由考尔菲尔德监视制片的进度。

卓别林总是远远地看到考尔菲尔德先生穿过那片场地。他只要一看见考尔菲尔德先生的身影，他就在猜想考尔菲尔德会在想些什么。

"一点儿东西也没拍出来，可是影片总开销倒是增加了不少。"

尽管考尔菲尔德从未这样说过。卓别林还是这样猜想。

卓别林有个特点，他在思索问题的时候，不喜欢有人在他身旁,也不愿意有人在旁边为他着急。他也将这个意思暗示给考尔菲尔德先生。

考尔菲尔德先生还是个知趣的人,他从不来催促卓别林赶进度。

每逢他白白地泡了一天,什么也没有思考成熟的时候,在卓别林离开制片厂的时候,他总是故意地,又装做偶然地遇见卓别林。

考尔菲尔德先生这时则装出了很轻松的样子,和卓别林打招呼,然后才象漫不经意地问一句。

"思路来了吗?"

"糟透了! 我大概是完蛋了,我什么也想不出来。"

卓别林带点忧愁的样子说:

"别着急,思路会来的。"

考尔菲尔德总是这样安慰卓别林,而且还在脸上挂出了微笑。

卓别林明白,考尔菲尔德的笑是装出来的。

卓别林为了拍出真正的高质量的片子,他从来不马虎从事,往往一个念头想出来了,经过推敲,又放弃了。直到他认为满意为止。

有时候,他陷入绝望的境地,感到了思路完全断了。每逢这时候,他就到各处去看,看布景,看道具,想从这些东西上面找点线索……

有时候,他的灵感来了,思路清晰了,解决问题的办法突然呈现出来,仿佛在云石地板上扫去了一层积灰,就在那儿发现了他一直寻找的美丽的镶嵌花纹,一切紧张立即消失。

这时,制片厂里立即活跃起来,考尔菲尔德先生也立即发出了真实的笑声。

卓别林在拍摄这十二部影片的时候,在他的这个小班子里,从来不曾有人受过伤。凡是激烈的追打的场面,都象练舞蹈那样经过了仔细认真的排练。打耳光子等动作全是假的。不论场面上有多么混乱,每个人都知道自己应做的动作,一切都是配准了时间的。拍摄影片时出了工伤事故是不可宽恕的。因为影片中所有的形象,包括狂风、暴雨、地震、沉船、巨变等等,都是可以作假的。

摄制所有这些影片时,只出过一次事故。那一次事故是在拍《安乐街》的时候发生的。当时,卓别林把一盏街灯向那个"恶棍"的头上拍下去,要用煤气熏他,可是,未想到灯罩倒下来,锋利的铁边正落在卓别林的鼻梁上,砸破了鼻梁,后来,医生给他缝了两针。这是唯一的一次事故,而且发生在卓别林自己身上。

卓别林在给互助影片公司拍电影的那些日子,是他一生工作中最愉快的时间。那年他二十七岁,心情轻松,无忧无虑,有着无限美妙的前景。人们对他都很友好,生活过得有趣,他自己认为不久就可成为百万富翁,这一切都令人心情愉快。金钱不断地涌进他的钱柜。他每星期就可领到一万元的薪水,也已经积累到四十万了,再过几天,他的身价将是五十万了。他有些不敢相信这一切是真的,可这又是活生生的事实。

他在卡诺戏班的时候,每星期只拿七十五元,可现在却是每星期一万元——还不止一万元,除了红利,每年七十六万呀。每年才五十二个星期呀。

美国大财阀 J·P·摩根的朋友玛克馨·艾丽奥特有一次对卓别林说。

"金钱是一件应该忘记的东西。"

卓别林却不这样认为。

"但是,它也是一件值得我们记忆的东西。"

卓别林已经是一个出人头地的人了。他似乎生活在另一个世界里。当时,凡是遇见他的人,都对他笑逐颜开。他虽然是一个暴发户,但是,他的意见总会受到人家认真的考虑。有些人,虽然刚刚和他认识,已经愿意和他做最亲密的朋友,象亲属一样关心他的问题。当然,那些愿意和卓别林亲近的人,愿意和他做真正的朋友,有的是看到卓别林成了名人,想借他的光,拉他们一把,使自己也小有名气,有的是见卓别林有了钱,有了地位,趋炎附势,溜溜拍拍,借他的大树乘阴凉。有的则是因为他平易近人,乐于和他交往。总之,愿意和他亲近的人,形形色色,什么样的人都有。

卓别林又有个不同的地方,他喜欢交朋友,就像他喜欢听音乐一样——必须是在他有兴致的时候才喜欢它。正因为他这样,所以他随心所欲的与人交往,以致有时候他会感到孤独寂寞。

卓别林和互助影片公司的合同将要满期了。今后,何去何从?

西德尼——他早已不演戏了,一直代弟弟查利管事。走进了卓别林在体育俱乐部的卧室里,他很高兴。

"喂!查利,你现在已属于百万富翁阶级了。"

"嗯!哼,那可太美了。"

卓别林刚刚洗完澡,腰里围着一条毛巾,在屋子里走来走去,边走还边拉着小提琴,奏的是《霍夫曼故事》。

"我刚给你谈好了一笔交易,替第一国家影片公司拍八部两大本的笑片,酬劳是一百二十万美元。"

“嗯，哼，不错。”

卓别林有点儿装腔作势，似乎对一百二十万美元并不动心。

西德尼突然大笑。

“我永远记得你这个样子，屁股上围着一条毛巾，手里拉着小提琴。听到我签订了一百二十万美元的合同，你竟是这样的反应啊？”

卓别林之所以没有吃惊，也没有狂喜，不是他不想挣这笔钱。他在基斯顿影片公司，一年拍了三十五部片子，每周的报酬才一百七十五美元。他给埃山奈影片公司拍了十四部片子，每周的薪水才是一千二百五十美元。他给互助影片公司拍的片子，一年拍了十二部，每部都是两大本，一年也才挣了七十六万美元。这次，第一国家影片公司，仅要八部，每部两大本的片子报酬竟是一百二十万美元，他能不想挣吗？他能不愿挣吗？不是，而是他想到了，这笔钱不容易挣。不过，他当然也不会放弃，还是要挣的。他已把拍电影当成了终生的事业，他要拍一辈子电影，他不想再去干其他事业了。

尽管卓别林有了钱，他已经有了一笔为数不少的钱，但是，这些钱并没有改变他的生活方式。他虽然已经习惯于拥有这些财富，但是，还不曾习惯于使用这些财富。他挣到了神话似的这笔钱——但是它仅代表一些数字，实际上，他还不曾看到它。所以，他想，他应该做出一件什么事情来，用以表明他确实拥有这些钱。于是，他聘了一个秘书，雇了一个仆人，买了一辆汽车，用了一个车夫。

卓别林买汽车还有点戏剧性。

有一天，他走过一家汽车样子间，看到了一辆七座的“汽机”牌汽车。当时，那算是美国最考究的汽车了。它是那样的华丽，简直不象是出售的,而是用来供大家参观的。但是,他走进了那家店。

"这车卖多少钱?"

"四千九百元。"

"我要这辆车。"

卓别林毫不加考虑地说。

那个店主吃了一惊。他不知出于什么用心,试图再拖延一下,不准备就这样立即成交。

"您不要看看机器吗?"

"看不看都是一样——我不懂得这玩意儿。"

卓别林说着,又用大拇指揿了一下那个轮胎。表示自己有点儿内行。

这样,这笔交易做成了,经过很简单,他只要在一张纸上签上自己的名字,这辆汽车就属于他的了。

卓别林在这个期间失去了一次发大财的好机会。

在那个时期,投资的机会很多。

卓别林一心扑在拍电影的事业上,对怎样投资完全是一个外行,西德尼在这方面却比他强多了。因为关于经济方面的术语,西德尼都很熟悉,知道什么是帐面价值,资本利润,优先股和普通股,甲乙两类定额,可兑换的股票和公债,工业信托人,以及储蓄银行依法可以用来投资的证券等等。卓别林都是一窍不通。

当时,洛杉矶有一个房地产经纪人怂恿卓别林与他合伙,每人投资二十五万美元,在洛杉矶谷地买下大片土地。可惜,一心扑在艺术事业上——拍电影上的卓别林对此没有兴趣。

后来就是那片谷地发现了石油,成为加利福尼亚州的最富的地区之一。如果卓别林真的拿出二十五万美元的话,那么,他的投资本利可以达到五千万美元。那他就不是百万富翁,而成为千万富翁了。但是,卓别林从未对此后悔。即使在以后提起这件事的时候,他也毫不惋惜,没有一丝后悔的神情。

好莱坞已成为拍摄电影的大本营,许多知名人士,都到这里来参观那些电影制片厂。来的这些名人当中有:澳大利亚女高音歌剧演员内莉·梅尔芭夫人(这是艺名,原名是海伦·帕斯特·米切尔),有俄罗斯钢琴演奏家、作曲家利奥波德·戈道斯基,有波兰钢琴演奏家、作曲家伊格纳西·扬·巴德莱夫斯基,有俄罗斯芭蕾舞演员、作曲家瓦斯拉夫·尼克斯基和俄罗斯著名芭蕾舞演员帕芙洛娃。

巴德莱夫斯基很有一股迷人的魅力。但同时又有一种庸俗的气味,一种过分的自高自大,骄傲自满的神态。他的外表给人一种深刻的印象。头发很长,斜搭在嘴唇上边的胡子里显出几分严肃,下巴上那撮小胡子给人一种感觉,觉察出他是一个爱虚荣的人。在每次他开演奏会的时候,大厅里的灯光暗淡下来,气象阴郁森严,令人感到一种不明朗也不明亮,觉得这里似乎不是一个演奏会的大厅,而是在教堂里似的。他刚要在琴凳上坐下时,会让人想象到,有人会抽掉他屁股下的凳子,他一定摔个仰八叉。

在第一次世界大战期间,卓别林在纽约的里茨旅馆遇见他。卓别林向他热情地打过招呼,又问他。

"您是否准备在纽约开一次演奏会?"

他摆了一副富官贵人的架子。

"在为敝国政府公务外出期间,我是不举行演奏会的。"

后来,也就是1919年,伊格纳西·扬·巴德莱夫斯基当了波兰总理兼外交部长。他舍艺从政,就他本人来说是愿意在政治舞台上一显身手,但是,外人却认为他是降低了身份。

卓别林这样认为,法国的内阁总里乔治·邦雅曼·克里孟梭就当着巴德莱夫斯基的面这样说过。

那是在第一次世界大战结束之后,那是战胜国——纽约及参战国,以战胜国的资格,在凡尔赛宫召开巴黎和会,签订凡尔赛和约的时候,克里孟梭对巴德莱夫斯基说:"象您这样一位天才艺术家,怎么会不惜降低身份,搞起政治来了?"

与巴德莱夫斯基相反,利奥波德·戈道斯基这位伟大的钢琴家,身材矮小,圆圆的脸上老是堆满了笑,却显得那么朴实和幽默。他去洛杉矶开完了演奏会,在当地租了一所房子住下。卓别林时常去看他,每逢星期日卓别林就去戈道斯基的住所里去听他练琴,而且卓别林对戈道斯基那双特别小又特别灵活的手指,能弹奏出那么美妙的音符来,是十分欣赏的,他往往一面听一面看。

尼克斯基和他的俄罗斯巴蕾舞剧团的演员也来洛杉矶电影制片厂参观。他是一个神情严肃的人,但他的长相却甚为漂亮,高高的颧骨,一双忧郁的眼睛,那副样子就好像是一个俗家打扮的僧侣。

当时,卓别林正在拍《治病》。尼克斯基坐在摄影机后边看着《治病》中的一场戏。本来这是一场逗笑的戏,就连卓别林自己也认为这场戏很能逗笑,但是,尼克斯基却一直板着脸,面孔上无一丝笑容,凡是看这场戏的人,包括卓别林班子的演员,工作人员以及俄罗斯芭蕾舞团的所有来制片厂参观的人都在笑,唯独有尼克斯基的脸色却显出了忧郁的神情。在参观完了,临走前,他走过来和卓别林握手,也只是淡淡地说了一句。

"我非常欣赏您的演技。我还可以来参观吗?"

"非常欢迎。"

卓别林笑着回答。

尼克斯基却仍无一丝笑容。

此后,两天里,尼克斯基又是那样愁眉苦脸的来到制片厂,看卓别林排戏。

在最后那天,卓别林告诉摄影师。

"今天排戏,不要在摄影机里装上胶片。"

"不装胶片?"

摄影师被弄糊涂了,拍电影不在摄影机里装胶片,不是白忙活吗?所以他不解地反问一问。

"是的,不装胶片。"卓别林故作忧郁的样子。

"这是怎么回事?为了什么?"

摄影师要知道卓别林的用意。

"您想啊,今天那位不会笑的钢琴大师还要来参观,他那百年不乐的脸子,要影响咱们演员的情绪,肯定做不好逗笑的动作。咱们只能白白浪费这一天的工夫了,不过,就算是排练吧。"

卓别林只能这样自我解嘲,因为一天的时间,在他拍戏的时候也是相当宝贵了。

尼克斯基连续看了三天卓别林拍的电影,每次他又都很真诚地赞扬他几句。

最后这天,临别时又说。

"您的喜剧是芭蕾舞型的,您是一位天才的舞蹈家。"

其实,卓别林还从没有看过俄罗斯芭蕾舞团的芭蕾舞,其他芭蕾舞剧团的也没看过。

机会来了,就在那个周末,俄罗斯芭蕾舞剧团邀请卓别林去看他们剧团的一场午后演出。

卓别林到了戏院,俄罗斯芭蕾舞剧团的领班贾季列夫来欢迎他。

贾季列夫是一个精力充沛,热情洋溢的人。

"很抱歉!"贾季列夫陪着笑说道:"今天演出的节目,恐怕您不太喜欢。我想您一定喜欢看《牧神的午后》那个节目。"他说到这里,又转过身去对他的经理说:"告诉尼克斯基,休息后,咱们演《牧神的午后》给夏尔洛看吧。"

流浪汉夏尔洛是卓别林在埃山奈影片公司拍的片子《流浪汉》中的男主角,卓别林扮演戏剧中的流浪汉夏尔洛,那以后,法国人对卓别林不再叫查利·卓别林,而是亲切地叫他夏尔洛。

贾季列夫说对了,卓别林确实想看《牧神的午后》,但是,他听了贾季列夫的话,还是客气了两句。

"我还没看过芭蕾舞剧,对芭蕾舞剧我是个外行,无论演什么,我都喜欢,我是来学习的。"

第一场芭蕾舞演的是根据阿拉伯民间故事改编的《山鲁佶德》。卓别林对这个戏不大满意,因为戏中的动作太多了,而舞蹈又太少了,同时,里姆斯基·科尔萨科夫的音乐又是那么多的重复。

接下来是尼克斯基跳双人舞,他一出场,卓别林只觉得浑身一震,就像触了电一样。他暗暗赞道:"天才,天才的舞蹈家。"卓别林的认识不错。尼克斯基确实是一位天才的舞蹈家。他象是一位仙人,他的舞蹈,具有一种催眠的力量,他那种忧郁的表情给人一种超凡出世之感,每一个动作都充满了诗意,每一次跳跃都会引起人们的离奇的幻想。

尼克斯基已经关照贾季列夫,在休息时间把卓别林领到他的化妆室去。

卓别林随着贾季列夫走进尼克斯基的化妆室。

卓别林进了化妆室,却一句话都说不上来了。他认识到,对于伟大的艺术,用任何语言也不能表示出他的欣赏,用"美妙"、"出类"、"技高"、"超群"或是"太好了"、"真好"、"不错"等等词语都无法表达他的感受。卓别林此刻真的明白了"妙不可言"这句话的真正内涵。他只默默地坐在他的化妆室里,留神地看着镜子里那张奇怪地脸,看他在颊上画绿色的圈儿,装扮成牧神。

尼克斯基似乎不善于应酬,他只和卓别林谈一些有关拍电影片子等一类无关紧要的话。

卓别林也只能简单地回答。

休息时间结束,催场铃响了。

卓别林怕误了尼克斯基的演出,他从座位上站起来。

"我该回到我的位子上去了。"

"别走,别走!还早着呢。"

尼克斯基真诚地留客。

这时,有人敲门。

"尼克斯基先生,序乐奏完了。"

卓别林怕尼克斯基误了出场,有些着急地又从座位上站起来。

尼克斯基看出了卓别林着急的神情,他说:"没关系,时间还多着呢。"

卓别林有点惊奇,他不明白,尼克斯基为什么要这么做?

"您瞧,我还是回到座位上去吧。"

"不,不!让他们再奏一次序乐。"

最后,贾季列夫冲进了化妆室。

"上场吧,上场吧,尼克斯基先生,观众们已经在鼓掌了。"

"让他们等着好了,这样更有趣。"

尼其斯基说,接着,他又问了卓别林一些无关紧要的话。

卓别林自己却觉得很尴尬,他不能让贾季列夫以及其他的人感觉到尼克斯基误场是因为他的缘故。

"我可真得回到我的座位上去了。"

他说完这句话,真的走出了化妆室,脚步是匆忙的,那样子好像急于需要出场的是他而不是尼克斯基。

在《牧神的午后》中,尼其斯基的演技是空前的——他从未演过这么高的技巧,也是绝后的——那以后,他再也未见过这么高的演技。他所创造的那个神奇的世界,那些在美丽的树林阴影中出现的悲哀的幽灵,再有他在这个神秘的气氛中四下倘佯的热情与忧郁之神,所有这一切的情趣,他好像毫不费力,只用了几个简单的手势就表达出来了。

六个月以后,尼克斯基疯了。

据说,那一天下午,在他的化妆室里,他还是那样让观众们等着他出台,他已经微露出精神失常的迹象。此后,真的精神失常了。

一个天才的艺术家,一颗极度敏感的心灵,开始离开了这个被战争残酷地破坏了的人间,进入了他梦想的世界。

卓别林和帕芙洛娃(帕芙洛娃的朋友都亲切地叫她帕芙)相识,是在帕芙洛娃来到好莱坞,为环球影片公司拍一部新片子的时候。那以后他们成了知己好友。

任何一门艺术,达到崇高境界的人是罕见的。帕芙洛娃就是达到那种境界的一位罕见的艺人。她的表演总是深深地感动了所有的观众。她那艺术虽然闪耀着灿烂的光辉,但同时又具有一种既淡泊、又鲜艳的色彩,她娇柔得就像一片玫瑰花瓣儿一样。她舞蹈时的每一个动作都恰恰保持着重心。当她走上场的时候,无论是多么愉快和媚人,但有的人看了,总是忍不住想要哭。

可惜,旧式摄影机的速度无法拍出她舞蹈中抒情的趣味,因此,她那伟大的艺术失传了。

有一次,为了表示感谢,俄国领事馆设宴招待帕芙洛娃,邀请卓别林出席。

那是一次国际友人的集会,来宾中有俄国人,有法国人,有英国人,也有美国人,场面是很隆重的。

来宾们在席上一再祝酒,发表讲话。有的人说法语,有的人说俄语。卓别林知道,英国来宾被请发言的只有他一个人。在卓别林发言之前,一位教授用俄语发言,他盛赞帕芙洛娃的艺术。他一时热泪盈眶,随即走到帕芙洛娃跟前,热情地吻帕芙洛娃。

卓别林在想,以下他无论如何讨好,总是难以出色的了,因为好听的词儿已经让以前发言的人用光了。再袭用那些陈词滥调,无异于炒冷饭,就如同煤灰渣子一样了,绝不会有什么新鲜感,让人听了如同嚼蜡一样了。他已打定了主意。于是,他站来说:

"由于我的英语不足以形容帕芙洛娃艺术的伟大。我要用中国话来讲,那个东方古老的文明大国,词汇是丰富的。不过我学的不精,我用的词也不及中国用词的万分之一。"

接下去,他就胡乱地说了一通不成话的中文。也仿效那位教授,把声音越提越高。

来宾中大概没有一个人懂中国话,他们全静静地听着,并无一个人露出嘲讽的表情。

最后,他也走到帕芙洛娃跟前,把一块餐巾罩在他和帕芙洛娃的头上。比教授更热情地不停地吻着帕芙洛娃。

来宾们哄堂大笑,立即打破了席上严肃的气氛。

卓别林去奥尔菲姆歌剧院去看法国著名女演员萨拉·伯恩哈特的演出。因为这位著名演员年事已高,已经到了她艺术生涯将结束之时,所以卓别林对她的演技无法作出正确的评价。

但是,另一个也是年事已高的女演员的演出与萨拉·伯恩哈特就不同了。她就是,意大利著名悲剧女演员埃莉奥诺娜·杜斯。

杜斯来洛杉矶演出,也是她年纪衰老,舞台生涯行将结束之际。但是,这并没有使她那天才的艺术光辉暗淡下去。

那次陪她演出的是一个搭配得非常整齐的意大利班底。一个漂亮的青年男演员在杜斯出场前已作了非常出色的表演。成功的占据了舞台中心。

卓别林看这个青年演员的表演,却替杜斯担心,她要怎样演出才能胜过这个青年人精湛的演技呢?

这时候,从舞台左边,杜斯毫不引人注意地穿过一条拱道走出场。她在一架大钢琴上的一篮白菊花后面站住,开始很悠闲地重新整理那些花朵。大厅中飘过了轻微的惊叹声,卓别林立即将目光离开那个年轻的演员,转移到杜斯身上。

这时,杜斯既不看那个年轻的演员,也不理会其他角色,只管安静地整理那些花朵,同时,又把她带来的几朵花添了进去。她把花整理好了,慢慢地走到斜对面舞台外角,坐在炉边一张安乐椅上,望着壁炉的火焰。有一次,也只有那一次,她望了望那年轻人,于是,一切人类的智慧与精神的苦痛都在那一顾盼中流露出来。然后,她继续聆听,一面烤着手——那是一双多么美丽和灵敏的手啊。

男演员说了一篇热情洋溢的话,随后,她一面瞧着那一炉火,一面侃侃而谈。

她谈话时,毫无一般演员那种娇揉造作的姿态,她的声音仿佛是从悲哀的热情的余烬中发出来的。

卓别林不懂意大利语,听不懂她说的是一些什么话。但是,他意识到,他面对着的是一位他从来也未曾见过的最伟大的演员。

英国著名女演员康斯坦斯·科莉尔也来到了好莱坞。她是接受了三角影片公司的邀请,和赫伯特·比尔博姆·特里爵士来合拍电影。她将在莎士比亚悲剧《马克佩斯》一剧中扮演女主角马克佩斯夫人。以前,她也曾和特里爵士合演过戏,也是担任女主角。

卓别林还是小孩子的时候,就有好多次在皇帝戏院的顶层楼座看过科莉尔演的戏。对她在《不朽城》一剧中的表情,以及在《奥立弗·退斯特》剧中扮演的南茜(《奥立弗·退斯特》是用狄更斯的同名小说改编的,南茜是该剧中强盗比尔·赛克斯的情妇)的演技,钦佩到了极点。他很想结识这样一位艺术家。

有一天,卓别林正在利维餐馆里用餐,侍者将一张条子送到卓别林桌子上。条子上写的是:

卓别林先生,请您到我的桌上来见见面,好吗?

后面的落款是:"康斯坦斯·科莉尔。"

卓别林立即很高兴地过去了。

自从那次会见以后,他们成了好友,他们交情始终如一。

康斯坦斯·科莉尔秉性忠厚,一向以赤诚待人,并且热爱生活,她还喜欢给人家介绍朋友。卓别林与赫伯特结交就是她介绍的。

"我给你们介绍一个年轻朋友。"康斯坦斯说:"他叫道格拉斯·范明克,你和他有许多共同之处。"

对于特里爵士,卓别林更是崇拜。他在十四岁的时候,就看过特里演出的许多出拿手好戏。他认为赫伯特·比尔博姆·特里爵士是英国戏剧界的一位巨擘,也是技术最精湛的一位演员,他不但能激发观众的思想,还能掌握他们的情绪。他演《奥立弗·退斯特》中的犹太窝贼头子费金,又是招人好笑,又是令人害怕。他能很容易地造成一种几乎令人难以忍受的紧张气氛。他只用一只烤面包的叉,玩笑般地轻轻戳一下费金窃贼集团中的一个小扒手小沃穴,观众们看了就会毛骨悚然。特里对人物的构思设想,永远精辟过人。他在以英国作家乔治·迪莫尔里小说改编的《特里尔比》一剧中扮演匈牙利音乐家斯文加利,就使观众相信真有这样一个古怪人物,并且能使这个人物具有幽默与诗意。

剧评家说特里过分强调独特风格。这话也对。但是特里会很有效地利用这些独特风格。

他的演技是十分现代化的。他在演莎士比亚的名剧《裘力斯·凯撒》中的马克·安东尼时,对马克·安东尼这一角色的理解也是独出心裁的。在该剧第三幕第二场——即殡葬一场中,马克·安东尼因凯撒被刺,他要鼓动罗马市民反对布鲁特斯。他在演出时,不是按照一般习惯那样,向一群罗马市民慷慨陈词,大声疾呼,而是透出了冷漠和轻蔑,并不把那些人放在眼里,只是随随便便地说上一席话。

卓别林对特里的崇拜是虔诚的,说五体投地也不过分。

当康斯坦斯打电话说,单邀请赫伯特爵士和他的女儿艾里斯吃饭,请他出席作陪,他听了非常兴奋。

康斯坦斯还告诉卓别林,在亚历山德里亚旅馆特里的房间里会面。

卓别林故意晚一点儿去,希望康斯坦斯会先到那儿,这样,他就可以不至感到过分的紧张。

卓别林还是失算了,当他到达时,康斯坦斯尚未到。

赫伯特爵士却叫卓别林进他的房间里去。

"啊,进来,卓别林。"赫伯特爵士说,"我从康斯坦斯那里久闻大名。"

房间里,除了他以外,还有影片导演约翰·爱默生。

他向卓别林介绍了爱默生。

"我们刚才正在研究《马克佩斯》里的几场布景。"

他向卓别林解释。

不一会儿,爱默生走了。卓别林忽然感到羞涩。

"很抱歉,让您等着。"

赫伯特爵士坐在卓别林对面一张安乐椅里,热情地与卓别林谈话。

"我们刚才在讨论怎样为女巫那一场戏加强效果。"

"哦——嗯——。"卓别林不知所措,结结巴巴地应答。

"我想,如果是在汽球上挂些薄纱,让它们飘在空中,那一场戏的效果会更好的,您以为怎样?"

"哦——哦——啊……太妙了!"

卓别林仍感到不自然。

赫伯特爵士可能发觉卓别林的拘束,他不再往下说了,他看了看卓别林,笑着问道:

"您的事业非常顺利,对吗?"

"我,这算不了什么。"卓别林含糊不清地说,好像是在道歉。

"可是,现在您是举世闻名的了! 兵士们还唱您的歌哩。"

"有这样的事吗?"卓别林假装不知道,反问了一句。

赫伯特爵士又看了看卓别林——卓别林看不出来,他似乎脸上露出了怀疑的神情。接着,他站起来了。

"康斯坦斯怎么还不来? 我去打个电话,问问她有什么事情? 现在让你见见我的女儿艾里斯吧。"

赫伯特说完了话走出屋去。

此刻,卓别林才舒了一口气。以为一会儿就会来一个小姑娘。他用不着拘束了,他虽然在艺术上还是个"学徒",水平很低,和一个孩子——何况还是个小姑娘,总可以和她谈谈学校啦,电影啦,还可以谈得来的。

就在这时候,一个身材修长的姑娘走进了房间。她拿着一只长烟嘴,声音宏亮低沉地向卓别林问好。

"您好,卓别林先生,我大概是世界上唯一一个不曾看过您电影的人吧。"

卓别林没想到来的是个大姑娘,他听了艾里斯的话,惶窘地笑着点了点头,却没想出说一句恰当的话。他的灵感,他的那些俏皮话,不知为什么,他一句也说不出来了。

艾里斯长得象个斯堪的纳维亚人,金色短发,小翘鼻子,一双浅蓝色的眼睛,那年她刚十八岁,样子非常吸引人,带有五月市(伦敦海德公园东面的贵族住宅区)那种浮华的气息,她十五岁那年就已经出版了一本诗集。

"康斯坦斯老是谈到您。"她笑着说,并看着卓别林。

卓别林又惶窘地笑着点了点头。

艾里斯虽然年轻,比卓别林小了近十岁,却很健谈。

卓别林却无论如何也找不到要说的话题。所以,他只能对艾里斯的话,简短的回答两三个字。

后来,赫伯特爵士回来了,又带来一个令卓别林更为不愿听到的消息。

"康斯坦斯因为要试戏装,不能来了,我们不要等她吃饭了。"

卓别林听了心里咯噔一下子,他要和两个陌生人在一起,这一晚可怎么过呀?一个是比自己不知要高过多少的艺术大师,另一个却又是一个陌生的姑娘,而且还是写诗的姑娘。他心里十分着急,可是,又没有补救的方法。康斯坦斯不来了,其他的朋友也不会来的。

"卓别林,走!咱们吃饭去吧。"

赫伯特爵士客气地说。

艾里斯也客气地伸手并说了声:"请,卓别林先生。"

卓别林惶惑地说了声:"谢谢!请!"再也没有说话。

他默默地跟着赫伯特爵士父女,走出了房间,又默默地走进了电梯,默默地步入餐厅,在桌子跟前坐下,那个样子,不象是好友聚会,好像是刚送完了殡从墓地回来一样。

赫伯特和艾里斯竭力找话说,但是,卓别林总是想不起适当的话来说,最后,他们父女二人再也找不到适合的话题了,三个人就只好往椅背上一靠,四处打量这间餐厅的情况了。

卓别林只盼望快点上菜,他认为吃菜的时候可以减轻点儿或缓和点儿他极度紧张的情绪。

赫伯特爵士可能感到就这样坐着,似乎冷淡了卓别林。他先和艾里斯交淡了几句,然后就说起了法国南部,罗马和萨尔茨堡等等。

"卓别林,你到法国南部去过吗?"

赫伯特爵士这样问。

卓别林表示遗憾地摇摇头,只说了两个字:"没有。"

赫伯特爵士又问。他是想引导卓别林多说话。

"你看过马克斯·莱因哈特导演的戏吗?"

卓别林又摇摇说:"没有。"

这时候赫伯特爵士看了看卓别林,说,"我看,您应当出去旅行。"

"是的。"卓别林答道,"可是,我现在根本没有闲暇时间去旅行。"

"是吗?"

赫伯特爵士似乎怕冷场,才接过卓别林的话头。

不知什么原因?卓别林忽然想起了他要说的话。

"你瞧,赫伯特爵士,我的成功来得太突然了。我简直没时间跟上它,但是,早在我十四岁,还是个孩子的时候,我就看到您演斯文加利,演费金,演安东尼,演福尔斯塔夫(莎士比业历史剧《亨利四世》和喜剧《温莎的风流娘儿们》中的一个富有机智,爱说大话,似是又胆小如鼠的胖子),有的我看过好多次。"卓别林的口齿也伶俐了,说话也顺畅了,话也多了,他又说下去,"打那时候起,您就成了我崇拜的偶像。我没法想象您下了台是什么样儿。您是一位传奇式的人物。今天晚上,我能和您一起在洛杉矶吃饭,这件事令我太激动了。"

赫伯特爵士被卓别林这真诚的毫不作做的话感动了。

"真的呀!"他重复说:"真的呀!您这样说,令我太高兴了。"

从这天晚上开始,他们就成了知己好友。

赫伯特爵士有时候去看望卓别林。于是,卓别林就与赫伯特爵士和艾里斯三个人共进晚餐。

有时候康斯坦斯也来了,他们就一起去维克多嚣俄餐馆,一边喝咖啡,一边听那缠绵悱恻的室内音乐。

卓别林自从康斯坦斯介绍他认识了道格拉斯·范朋克以后,他从康斯坦斯口中又听到了许多有关道格拉斯·范朋克的一些琐事。

康斯坦斯对卓别林描绘道格拉斯·范朋克是个有才华,有风趣的人。说他不但个性富有吸引力,而且还是一位茶余饭后谈笑风生的人。

那时候,卓别林并不喜欢那些才华外露的年轻人——其实他也不老,他也是个年轻人,尤其不喜欢在茶余饭后喋喋不休的人。

有一天,几个人约好,在道格拉斯家里聚餐。

那天晚上聚餐的经过富有戏剧性,尤其是这些戏剧性的事就发生在卓别林与道格拉斯·范朋克身上。

卓别林不想去参加这次聚餐会,他对康斯坦斯说身体有些不舒服。

康斯坦斯是发起人,所以她一再要求卓别林必须到场。卓别林不好意思拂了康斯坦斯的面子,所以,他又决定假装头疼,准备早些离开那里。

范朋克那天也感到很紧张,所以他一听到门铃响,就连忙跑进地下室去,那里有一张弹子球台,他就打起弹子来。

还是康斯坦斯,他既从地下室找出来范朋克,又留住了卓别林。

结果,这次聚餐会皆大欢喜。

就从这天晚间开始,卓别林和范朋克两个人成了朋友,而且做了一辈子亲密的朋友。

卓别林与道路拉斯成为知己好友,对他的了解就深了。他认为,道格拉斯之所以能赢得观众们的同情与喜爱,决不是出于偶然的,他在那些电影里体现的精神,那种乐观心情和必胜信念;都是十分投合美国人的趣味的,也可以说是投合世界各国人的趣味的。他具有一种不平凡的吸引力与风趣、以及一种真挚的又是童稚的热情,并以这一切感染了观众。

卓别林还发现他是一个绝对诚实的人,他竟然敢于亲口说也就是当着几个朋友的面,承认自己喜欢做一个势利小人,他还说,凡是在某种事业上成功的人,对他都有吸引力。

尽管道格拉斯已经成为一个非常走红的人物,但是,他总是称赞别人的才能,而对自己的成就则表示很谦虚,他就对卓别林说过。

"你和玛丽·毕克复是真正的天才,而我只是小有才能而已。"

实际上,却不是这样,道格拉斯是有创造力的,也是有气魄的,他确实是一个天才。

道格拉斯为了拍摄《罗宾汉》,特地僻了一片场地,占地十英亩,在上面建了城堡,城堡上面是巨大的堞口,外面是吊桥,比真正的城堡还要大得多。他来找卓别林去看他的城堡。

"伟大呀,"卓别林板着脸说:"要是我的一部笑片里用这个布景开场,那该有多么美呀,放下吊桥来,然后,我抱出我的猫儿,再把牛奶拿了进去。"

"送你用好了。"道格拉斯开玩笑似的说。

道格拉斯的朋友中,形形色色的人都有,从牛仔起,一直到国王,而他对这些人都有兴趣。

在他的朋友中有个叫查理·麦克的人,是他演牛仔的朋友。

这个查理·麦克是个油嘴滑舌,废话连篇的家伙。

有一次,卓别林与道格拉斯,康斯坦斯等人正在吃饭,查理·麦克在门道里装腔作势地说:"瞧,你这个地方,可真不错呀,道格拉斯。"

查理·麦克走进餐厅,东张西望了一阵子,又发表"高见"了。

"可惜呀,从桌子跟前到壁炉那儿太远了,吐痰不方便呀。"

接着,他就蹲下身子来,又讲起他的妻子。

"我的那一位呀,控诉我,对她虐啊——待,她要和我离啊——婚。我就对法官说:'法官先生呀,讲到虐啊——待,我整个儿身体也斗不过那个女人的一个小手指头呀。再说呀——无论是哪个家伙,放起枪来谁也比不过那个娘儿们,她呀,能叫我在我们家那棵老树后面跳来跳去,东躲西藏,到后来呀,你能透过树的窟窿眼儿看到树的另一面!你们说,是谁虐待谁呀,法官呀,公断呀!'"

卓别林感觉到,查理这个家伙,说的那套滑稽之谈,是在到这里来之前,曾经在家里排练过的。

就是这样一个无聊的家伙,道格拉斯对他也非常感兴趣。

道格拉斯的住宅,以前是给猎人住的,那是一栋相当寒碜的二层楼的房子,盖在一片丘陵地上,在洛杉矶西南郊区,叫贝弗利希尔斯山,现在已是好莱坞电影演员和电影导演住宅的集中地,那时候则是布满了残枝败叶,枯梗断枝的荒凉地带,四周是一片荒凉贫瘠的丘陵地。碱质的土壤和小艾树散发着强烈的辛辣气味。人闻了嗓子里干燥,鼻孔里发酸。

在那个年代,贝弗利希斯山看上去象是一片荒没的地产投资区。条条小路隐没在旷野中,空旷的街道上只看到一些电灯柱子和白色灯罩,多数的灯罩已经残缺,都被客栈里的醉汉开枪击碎了。

道格拉斯是第一个在贝弗利希尔斯定居的电影明星。他时常就请卓别林到他家里去度周末。深夜里睡在床上就可听到那些成群结队的野犬去垃圾箱里抢食时的嗥叫。那声音仿佛是有人在敲响一些小钟,那嗥声凄厉可怕。

平时,经常有那么两三个配角演员住在道格拉斯那儿。这些人中有给他写电影脚本的汤姆·杰拉、前奥林匹克运动健将卡尔,另外还有两个牛仔。

卓别林与道格拉斯的关系就像法国小说家在《三个火枪手》中描写的三个火枪手那样,甘苦与共,誓同生死。

每逢星期日早晨,道格拉斯总要事先准备好一队牧童骑的马。他和卓别林天不亮就起身,骑马越过山地去看日出。马童拴好了马,生起了营火,准备好咖啡,烘饼和咸肉。他们在看日出时,道格拉斯总是高谈阔论,而卓别林则总是在一边开玩笑,埋怨夜里没睡好,说一看日出最好的是需要有女性相伴才是最佳的时刻。

不过,尽管没有女伴,他们还认为清晨骑马出游,还是富有浪漫色彩。

他们俩还常常为了马而争论。

"马通人性。"道格拉斯说:"你对它好,它对你也好。"

"不!"卓别林故意与道格拉斯唱反调,"马是下贱的,笨拙的,也是个倔强的家伙。"

"查利,你没听见义马救主的故事吗?"道格拉斯反问。

"那是故事,不是真事,我的范朋克先生。"

卓别林仍然反驳道格拉斯。其实他也知道马是可以驯服的。

那时候,道格拉斯和他的第一个妻子离了婚。每天晚上他都要请一些朋友去他家吃饭,其中必有正在和他狂恋的玛丽·毕克复。他们俩对恋爱的事也曾经有所警惕,卓别林则常常劝他们不要结婚。

"你们同居就可以了,何必一定要有结婚的形式呢?人又何必要受形式的拘束呢?自由一些不是更好吗?"

"不!"道格拉斯首先就不同意。

"我们不能违反大家都遵守的规矩做惊世骇俗的事。"

毕克复也同意道格拉斯的意见。

大概是正因为卓别林竭力反对的缘故,道格拉斯在和玛丽结婚的时候,请了所有的朋友,单单没有请卓别林。

在那些日子里,卓别林和道格拉斯两个人还侈谈哲学。

卓别林认为:"人生是空虚的。"

道格拉斯则是宿命论:"我们的生命是上天注定的,我们的一生是负有重大责任的。"

一天,他们争论起来。

那是一个很热的夏夜,他们两个人爬上了一个大水塔顶,坐在那儿谈天,一面欣赏贝弗利希尔斯荒野中瑰丽的景色。月亮晶莹灿亮,群星闪耀着神秘的光辉。

卓别林首先提了个话题。

"人生是没有理由可以解释的。"

"你看。"

道格拉斯热情而又激动地说,并伸出一只手向天体划了一个弧形。

"看那月亮,再看那千千万万的星!世间之所以有这一切美丽的景色,肯定存在着一些理由吧。这一定是为了要完成一种命运,这一定是为了达到一个美丽的目的,你和我就是实现这一目的的一分子呀!"

说到这里,道格拉斯转过身来对着卓别林,突然间兴奋起来。

"上天为什么会赋予你这种才能?让你利用影片这一种美妙的工具,让全世界千千万万的人都看到了你?"

卓别林立即给予反驳。

"又为什么把这工具送给了路易斯·伯特·梅耶和华纳兄弟影片公司?"

道格拉斯听了大笑起来。他被卓别林问住了。

路易斯·伯特·梅耶和杰克·L·华纳两个人都是电影制片商。这与卓别林的身分、地位、处境根本不能相提并论。

道格拉斯那样醉心于浪漫情调,简直到了不可救药的程度。

卓别林到他那里去度周末,有时候清晨两三点钟,他睡得正香,突然被闹声吵醒,他爬起来,到窗前去看,只见一个夏威夷乐队,在浓雾迷漫的草地上,向玛丽·毕克复奏小夜曲,那情景是很动人的。然而,除非是你亲眼目睹,否则你不会相信这是真的。

正是因为道格拉斯这些孩子气的性情,所以大家才都觉得他可爱。

道格拉斯还爱玩耍作乐。他养了许多狼狗和警犬,出去时,就让它们蹲在他那辆"卡迪拉克"牌敞蓬汽车的后座上。他就是喜欢这一类东西。

好莱坞很快就变成了作家、演员和其他一些知识分子的圣地。许多知名的作家，从世界各地来到这里。这些人中有加拿大新闻记者、小说家、戏剧作家、诗人吉尔伯特·帕克爵士；有英国小说家威廉·约翰·洛克；有美国小说家雷克斯·埃村伍德·比奇；有美国小说家约瑟夫·赫格谢默；有英国小说家、剧作家、小品文作者威廉·萨姆塞特·英姆；有美国作家、银行家古伟纳尔·莫里斯，还有西班牙新闻记者、短篇小说作家维森特·布拉斯科·拿瓦斯；英国小说家艾莉诺·格杖以及美国小说与小品文作家伊迪斯·沃顿和美国小说家查尔斯·吉尔曼诺里斯的妻子，也是个小说家的凯思林·诺里斯，以及其他许多人。

萨姆塞特·英姆从来没有住在好莱坞写文章，但是，他写的许多电影故事极受好莱坞的欢迎。有一次他在好莱坞住了几个星期，然后去南海群岛，在那里写出了一些精彩的短篇小说。后来，在一次宴席上，他给卓别林和道格拉斯讲了一段故事——也就是《莎娣·河普森》那篇故事。

"这篇故事是根据真人真事写的。"

萨姆塞特·英姆对卓别林和道格拉斯说："不过我改了个名而已。"

后来，《汤普森小姐》（即《莎娣汤普森》的原来的篇名）被改编成剧本《雨》。

卓别林认为《雨》是一个最完美的剧本。他对道格拉斯和萨姆塞特·英姆说：

"戴维森牧师和他的妻子，都是形象非常生动的人物，他们比莎娣·汤普森更为有趣。如果戴维森牧师一角能由特里爵士扮演，那部电影一定会非常精彩，特里爵士会把这个角色演得既文雅，又冷酷、油滑、可怕的。"

　　在好莱坞有一家所谓好莱坞旅馆,那是所什么样的旅馆啊,房子低矮,设备简陋,样子又好像仓库似的。凡是走进旅馆的人,都会茫然失措,以为自己走错了地方。但是,就是这样不象样子的旅馆却租金昂贵。这好像有些奇怪。

　　说穿了一点不奇怪。因为从洛杉矶通往好莱坞的公路几乎无法通行,而一般文坛名流又都要住在那些电影制片厂附近。所以这所旅馆一跃而享有盛名,那情形就像一个穷困的村姑继承了一大笔遗产一样,喜出望外。

　　艾莉诺·格杖在那家旅馆里包了两间卧房,把一间作为起居室,她把一些枕头包上浅色的布铺在床上,这样那张床看上去就像是一张沙发。她就在这间屋子里招待客人。

　　卓别林第一次见到艾莉诺,是她宴请十个客人的那一次。

　　在所有宴请的客人中,卓别林是第一个到达的。

　　艾莉诺双手捧住卓别林的脸,目不转睛地注视着他说:"啊,让我仔细看看你。多么奇怪呀! 我还以为你的眼睛是褐色的呢! 没想到完全是蓝的呀!"

　　当时,卓别林被弄得很不好意思,后来,他就觉得艾莉诺很可爱了。

　　客人到了,他们去餐厅之前,一起在她的房间里喝鸡尾酒,纵情畅谈。

　　艾莉诺是一位英国上流社会的典型人物,然而她那部小说《三星期》却震撼了爱德华七世的英国社会。

　　小说中的主角保罗是一个很有教养的年轻英国人,他和一位王后有过一段风流事件,王后先是爱过他,后来才嫁了那个年老的国王。王后生的那个小太子,实际上是保罗的儿子。

　　艾莉诺的另一间屋子里,也就是她的卧室,四壁挂满了第一次世界大战中年轻英国军官的照片,她向那些照片一挥手说:"瞧,这些都是我的保罗呀。"

这话,是艾莉诺对卓别林一个人说的,因为那时屋子里只有他们两个人。

艾莉诺很喜欢她的魔术。

记得有一天下午,当时,大家都在玛丽·毕克复的房间里。玛丽·毕克复说她感到很疲劳,但是又睡不着。

"这好办,我给你施催眠术。"艾莉诺热心地说,"喔,你们指给我看哪一面是北方?"

说着话,她把一个手指轻轻地放在玛丽的额头上,重复地说着:"现在,她睡熟了。"

卓别林知道道格拉斯悄悄地走过去看,看了看玛丽,她的眼睫毛还在微微颤动。显然,根本没睡。

过了两天,玛丽告诉卓别林。

"我当时不得不假装睡熟了,而且还坚持了一个多小时。"

"坚持那么久?"

卓别林反问,他认为没有必要。

"你又何必呢? 不是活受罪吗?"

"不行啊。"玛丽说,"你们大概走开了,可是艾莉诺一直留在我跟前守着我,我不得不找点罪受。"

一般人都以为艾莉诺容易激动。卓别林却认为她是最冷静的。然而,她对电影恋爱故事的设想,却天真得象一个小姑娘一样。她说:

"女人总是把睫毛偎在情人的面颊上,或者是在虎皮毯上做出一副愁怨的神态。"

艾莉诺给好莱坞写的三部曲,在时间上一部比一部更短促。

第一部叫《三星期》,第二部叫《他的一小时》,第三部叫《她的片刻》。

《她的片刻》含意微妙。

故事里讲到一位大家闺秀(由格露丽亚·史簧荪扮演),她即将出嫁,但她要嫁的那个男人并不是她所喜爱的。当时,她们俩在热带森林里建立了一个观察哨。有一天,她独自骑马出去,由于对植物学很感兴趣,所以她下了马去仔细看一朵罕见的花儿。她刚向花俯下身子,一条极毒的蝮蛇突然窜了出来,对准她的胸部咬了一口,格露丽亚捂着胸口狂喊,那个她真正喜欢的男人(由漂亮的汤米·米恩扮演)恰巧在附近走过,听见了她的喊声赶快从丛林中跑出来。

"发生了什么事?"

格露丽亚指了指毒蛇。

"我被它咬伤了。"

"咬了哪里?"

她指了指自己的胸部。

"那是最毒的东西呀!"汤米说,他当然指的是那条毒蛇。"快!必须急救!一刻也不能耽误!"

一般都是用止血带的办法,即用一条手帕缚在被咬伤处的周围,以阻止毒汁进入血液循环,然后再治疗。但是,此刻什么条件也没有,这里离医生住的地方有好多里路。根本无法立即送往医生那里去,而格露丽亚又必须急救。

汤米突然抱起了她,扒掉了她的衬衫,露出了她光艳白皙的肩膀,然后把她扭转了身,以免被摄影机照得不太雅观,接着,就俯身凑向她,用口去吮那毒汁,边吮边吐。由于这样的吮吸治疗,佳人得救了,就嫁给了他。

第十一章　风流好莱坞

　　在好莱坞,他创建了集编剧、导演、演员为一身的自己的制片厂:"我需要不停地创造,我离不开事业,但我更需爱情和性欲!"卓别林坦荡地说。那美丽迷人的艾娜·卜雯斯却离他而去了……

　　卓别林与互助影片公司的合同期满了,他要开始为第一国家影片公司工作了。但是,他还没有一个制片厂。于是他决定在好莱坞买地,自己建一个制片厂。他买的那片地位置在落日街和拉布雷亚街的拐角上,房子很好,共有十间,五英亩地上种了柠檬树、桔树和桃树。他建造了一个设备齐全的电影制片厂,包括冲洗间、剪接间、摄影棚和办公室。

　　趁着建造电影制片厂的时候,他和艾娜·卜雯斯去檀香山旅行。

　　卓别林和艾娜·卜雯斯相识在 1915 年。那时,他为了要找一个扮演他拍的片子中的女主角。那时候,他对埃山奈影片公司安德森的轻歌舞剧班的那些姑娘全不满意,后来,还是塔特咖啡馆老板帮助他找到了艾娜·卜雯斯。

　　艾娜·卜雯斯,不但长得美丽,而且还很幽默。当她与卓别林相识不久,卓别林吹牛说会施催眠术,艾娜·卜雯斯偏不信,卓别林以她为试验对象,不料艾娜·卜雯斯竟宁肯不要彩头,配合卓别林,圆了卓别林催眠术有效的谎言。

自从卓别林选中了艾娜·卜雯斯,他们就在一起工作了。

卓别林在埃山奈工作时,他们在一起,后来,卓别林又到了互助影片公司工作,他又把艾娜·卜雯斯带到互助影片公司。

自从艾娜·卜雯斯在卓别林身边工作,她就在洛杉矶体育俱乐部附近租了一个公寓。几乎每天晚上,都要由卓别林陪着她去俱乐部吃饭。

艾娜·卜雯斯是一个美丽的姑娘,卓别林与她朝夕相处,当然动情。而艾娜·卜雯斯也有了意思,只是尚未谈到嫁娶的事。

夏威夷在那个年代里是一个美丽的岛屿,风景秀丽,又有菠萝、甘蔗以及其他许多各国特产的水果、花草。但是,卓别林一想到这里离大陆二千英里,就感到闷闷不乐,他好像被封闭在一朵莲花里了,有一种幽闭恐怖症的离奇感觉,老是想着要回到大陆去,所以他和艾娜·卜雯斯只在那里休息一个月就回到了洛杉矶。

卓别林和艾娜·卜雯斯可以说是形影不离了。他们一起去参加所有红十字会安排的游园庆祝活动。在这种社交广泛的场合里,艾娜·卜雯斯常常会犯醋劲儿,而且会用一种委婉的暗示方法降这醋劲儿表现出来。如果有女人——尤其是年轻漂亮的女人注意到卓别林,艾娜·卜雯斯就会立即离开那里,接着就有人来通知他,说艾娜·卜雯斯晕倒了,现在要他立刻去,他当然就立刻赶了去,这样,卓别林整晚上就得陪着她了。

有一次,一位漂亮的女主人特意为卓别林举行一次游园会,她陪着卓别林从这一个交际花跟前又走到那一个交际花跟前,最后,又把他领进了凉亭。只过了片刻工夫,又有人来通知卓别林,说艾娜·卜雯斯晕倒了。

一个美丽的姑娘在晕倒后醒过来的时候,总是找他,这令卓别林很得意。但是,这种习惯性的晕倒,逐渐让他感到有些烦恼。他怎能不烦恼,只要一有漂亮的年轻的女人接近卓别林她就"晕倒",不用说明,这"晕倒"的习惯完全是假装出来的。

这种情况并没有永远继续下去。艾娜·卜雯斯习惯"晕倒"的假戏该收场了。

那也是一次宴会。

范妮·沃德举行宴会,那次赴宴的人中,有许多年轻美丽的姑娘,卓别林当然得与这些人周旋。奇怪的是,这天晚上并没有人来通知他说艾娜·卜雯斯晕倒了,卓别林还暗自庆幸。

第二天,卓别林才知道了前一天晚上发生事情的真相。那是范妮·沃德特意告诉他的。

"艾娜·卜雯斯昨天在宴会后晕倒了你知道吗?"

"是吗?"卓别林奇怪了,"可是没有人来通知我呀。"

"她没有找你,怎么会有人通知你。"

"没有找我?"

卓别林似乎更奇怪了。

"艾娜·卜雯斯确实晕倒了,她醒过来后,却唤着汤米·米恩的名字。"

"有这样的事?"卓别林不敢相信这是真的。

"是的。"范妮·沃德诚恳地道:"我知道你对艾娜很痴情,可我不愿意看到你受到别人的愚弄。"

"那个汤米·米恩可就是那个派拉蒙影片公司的漂亮的大个儿,我认识他。"

卓别林不愿相信,又不能不信。范妮·沃德绝对不会说谎,而且汤米·米恩又是实有其人。

卓别林感到自尊心受到了严重的打击,大为恼火。他当时本想和艾娜·卜雯斯一刀两断,但是,他想到了他们两个人要好的日子,想到了他们俩结束了这样相好关系后的空虚、孤单、寂寞……真是思绪万千。

当晚,他吃饭不香,晚间在床上翻来覆去的难以入睡。

第二天,卓别林已无心工作,他为艾娜·卜雯斯与汤米·米恩的事而心烦。中午,他再也沉不住气了,打电话给艾娜,卜雯斯。

卓别林本想大发脾气或说挖苦的话,但是,他克制住了自己,他不能因此失掉自己的自尊心,他转而讥讽的态度,以开玩笑的口吻来谈昨天发生的事情。

"听说,你在范妮·沃德的宴会上晕倒以后,醒过来的时候,喊错了人?你的记性也太差了,我叫查利·卓别林,而你却喊汤米·米恩,这可真是个天大的笑话。"

尽管卓别林手拿电话听筒,根本看不见艾娜·卜雯斯的表现,但他察觉出来她有点儿发窘。

"你胡说些什么啊?"

卓别林希望她说根本没这回事。可是艾娜·卜雯斯没有否认,却反问。

"这些混话是谁告诉你的?"

"不管是谁告诉我的,反正都是一样的。不过,我以为,你总应当重视我,不至于公开地玩弄我。"

卓别林仍能把持住自己,没有大喊大叫,也没口出不逊。

艾娜·卜雯斯此刻大概已镇定下来了,平静地说。

"这是有人在造谣,你不该听信别人的闲话。"

她反而倒搭一扒。

卓别林听了她的话,自己感到象是受了人家的愚弄,他装出了冷漠的口气，故意要使她难堪。

"你也不用和我装模作样。你爱怎么做就怎么做吧，反正你又没和我结婚。只要你对工作认真负责，其他的事情如何，我没有权利过问。"

"你说得对，象这一类事情不应该影响我们在工作上的合作。尽管我们之间不能谈嫁娶之事，我们还可以做个朋友，永远做朋友。"

卓别林听了艾娜·卜雯斯的话心里很不是滋味，感到很痛苦，他又有些后悔了，悔不该提出来和她分手，不该说出"她怎么做就怎么做"的话。他们终究是已经好了几年了，他不敢想象艾娜·卜雯斯离开他，他还怎么工作下去，还怎么生活下去。

不错，在这以前，他对艾娜有些看法，有点儿信不过她，也厌烦她经常以"晕倒"来表现她的醋劲儿，可是，现在真的要和她分手，自己心里怎么也不能平静下来，心烦意乱。

在电话里已谈了近一个小时了。艾娜·卜雯斯似乎有点不耐烦了。

卓别林考虑再三，他还要与艾娜·卜雯斯言归于好，可是，该怎么说呢？总不能说自己完全错了，是错怪了她，请她原谅等等，这话他无论如何也说不出口，但是怎样才能和好呢？最后，他终于找到了一个借口，可以缓和一下双方对立的不调和的矛盾。

"艾娜，你听我说，今晚咱们共进晚餐，把这件事说个清楚，好吗？"

"这个……。"艾娜·卜雯斯迟疑的说了两个字，似乎她不愿意。

"怎么样？不要这个那个的了，还是不要让我失望了。"

"不过……。"

艾娜仍没有爽快地答应。

最后,卓别林用了近乎哀求的口吻再次要求她。

"艾娜,难道咱们这么多年的友情你也不顾了吗？咱们在此以前总还是相好过的,这你也不顾了吗？真的让我失望地放下话筒吗？"

"好吧。"

艾娜·卜雯斯似乎是怜悯,也许是真的忆起了他们此前的相处,总算同意了。

"你等我,我晚上六点钟准时到你那里去。"

艾娜·卜雯斯也许是考虑到以后她还要与卓别林在一起工作。所以,在晚间,当卓别林到达她的寓所里的时候,她已煎好了火腿蛋,又热情地迎接卓别林。

两个人在一起共进晚餐。

但是,在吃饭的时候,似乎不象以前那样的热乎了。不过,两个人谁也没有提起在范妮·沃德宴会上曾经发生过的事情。

这样。两个人总算和解了。

卓别林不再烦躁了,也不再心烦意乱了,第二天已可以工作了。然而,关于艾娜·卜雯斯在范妮·沃德家发生的事,象一片阴影一样,笼罩着他。他虽然再三告诫自己,不要想那件事,但是,不行,那个他虽未亲眼目睹的事,象魔鬼一样在缠着他,让他无论如何也摆脱不掉。他试着用"有关汤米·米恩的事仅是谣言"的想法,也不管用。

有时候他又责怪自己,是不是自己对艾娜·卜雯斯有些冷落,她又是个爱吃醋的人。不行,一点没用。

有时候,他又在考虑,是不是和艾娜·卜雯斯用快刀斩乱麻的手段,干脆一刀两断呢?

他总拿不定主意。

大约过了三个星期的样子。卓别林刚要离开制片厂,迎面碰见了艾娜·卜雯斯——她是到厂里来领薪水的,和她同行的是一个高大的男人,那个男人不是别人,正是派拉蒙影片公司的汤米·米恩,也就是在艾莉诺的电影剧本《她的片刻》中扮演男主人公的那个人。

卓别林一愣。

艾娜·卜雯斯首先打招呼。

“你认识汤米·米恩吗?”

她一定是心情愉快,所以脸上挂着心满意足的笑容,声音清脆的笑着说。

卓别林脑子里一片空白,但立刻反应过来了,范妮·沃德的话是真的,并不是谣言,此刻,他心中酸、甜、苦、辣俱全,辨不出是什么滋味,但有一点是明白的——汤米·米恩就在艾娜·卜雯斯身边,而且可以完全肯定,两个人相好了,一定也不是一天了。不过,他是个男子汉,他是一个真正的男子汉,此刻不能不当一次硬汉子。所以,他装成毫不在乎的样子,脸上故作平静。

“当然认识。”他说了这句话,伸出手去和汤米·米恩握手。而且他的手还用点儿力,并非敷衍的样子。

“你好,汤米·米恩。”卓别林首先向对方问好。

汤米·米恩似乎有点不好意思,脸上红了一下,显出了不太自然。

他们彼此间说了两句话。

艾娜·卜雯斯与汤米·米恩双双地离开了制片厂。

卓别林目送着艾娜·卜雯斯的背影。他的眼睛虽然在看着她,脑海里却非常混乱,几种不同的想法上下翻滚着。

这三个星期中,他也曾试图想过,艾娜与汤米的事也许是谣言,艾娜是爱我的,我们终究是好了三四年了,那不过是自己的希望,其实,他早已相信范妮·沃德是真心地告诉他,不要使他被人愚弄。他不过是在欺骗自己罢了。

三个星期来,他内疚过、自责过,但是,那全是自己的一片痴情。结果,自己还是被艾娜·卜雯斯愚弄了。自己并不承认自己绝顶聪明,但也知道自己不是笨蛋,可是,事实证明,自己确实是笨而又笨。

事实证明,艾娜·卜雯斯与汤米·米恩的相好,决不是三个星期前在范妮·沃德宴会上开始的,但是,自己却一直被蒙在鼓里。

愤怒吗? 不! 没有任何理由,也没有那个必要,别说艾娜没有嫁给自己,即使已经嫁了,那么,她又去和别人相好,和别人偷偷摸摸的在一起,给自己带上一顶绿帽子,做别人的情妇又能怎样呢? 也不过分手罢了。他此刻突然想起了德国哲学家康德说过的一句话:生气是拿别人的错误来惩罚自己。这话很对,他反复回味这句话。是啊,就这件事来说,错误在艾娜身上,那么自己气得暴跳,气得心跳加快,气得血压升高,气得吃不下饭,睡不着觉,受苦遭罪的是自己,这不是在惩罚自己吗?

要奋起,要斗争,不能因为一个艾娜·卜雯斯的背叛就消沉下去。天涯何处无芳草? 芳草会有的,美丽的姑娘会有的,忠于爱情的姑娘也会有的。

人生就是一场斗争,人活着就要斗争下去,永远不会停止。爱情上失败了,那么还有事业。尽管自己在事业上已有了一些成就,但那仅代表过去,自己还要继续努力,还要继续斗争,获得更大的成功。要保持自己男子汉的尊严,要珍惜自己的名誉。要在工作中获得快乐与安慰。工作! 斗争!

这次,事情明朗化,反倒跟上次传言后的心情不同了。

上次,卓别林听了范妮·沃德的话以后是痛苦,是伤心,一直心烦意乱。但是,现在自己亲眼目睹了,而且艾娜也用事实"供认不讳",他反倒平静下来了。他把全部精力都投入到了工作中去。

但他的工作是非常辛苦的,他要自编故事——那是没有写成文字的电影脚本,他要自己当导演,还要当故事中的主要角色,所以,他每拍完一部片子,都已是精疲力尽了。

这时,没有异性陪伴,心情有些沉闷,需要在床上躺上一天,一直睡到黄昏才起床,然后,一个人出去闹游。这时,他又感到了孤独、寂寞,但他并不去想与艾娜那些快乐的日子。他此时什么也不想,头脑似乎已经麻木。他在市区里到处溜达,茫然地看着那些店铺的橱窗。

不过,他确是个异人,是个天才,脑力恢复得也快,常常是在第二天早晨,在驱车去电影制片厂的途中,精神又开始振奋起来,他的头脑又活跃起来。

往往是他脑子里的主意还没有想好,就开始吩咐搭布景,在布置那些场景的时候,美术导演常常来问他一些细节。他就信口开河的向他详细说明,门该开在什么地方,拱道又设在什么地方。他这种方法已是老方式了,当初他在基斯顿电影公司的时候,一年之内拍了三十五部片子,也多是用这种方式拍出来,他的许多笑片,也都是在毫无办法的情况下开始拍摄的。

有时候,他的神经紧张得就好像是一股拧紧了的绳子,急需松弛一下。每逢这时候,他就出去玩一晚上,什么也不去想,这样很有益。他从来不用喝酒来刺激,他认为在工作的时候,任何刺激,哪怕是极轻微的刺激都会妨碍他的清新思路。他认为要构思和导演好的一部片子,头脑的灵敏是最最重要的。

卓别林是人不是神,他也有七情六欲。他也有情欲,也要过性生活。不过,他大部分的精力全投入在工作中了。他的周围有许多年轻美丽的妙龄女郎,但是,他这个人对工作认真,把工作看成是高过一切的,当然也包括工作要高过情欲。即使偶尔兴之所至,但由于生活安排的不巧,这方面的对象不是供过于求,就是稀罕难得。他非常赞赏巴尔扎克(Balzac de)说过的一句话:一夜的欢娱,等于损失了他小说中整整一章的内容。所以,他相信一夜的欢娱,等于损失了电影制片厂中整整一天的工作。

因此,他最感兴趣的不是性生活,在他的生活中,最感兴趣的还是创作,还是他所创造的影片中的一个活生生的人。

当然,卓别林正在青年,也不可能没有一点性欲的要求,不过,他不是没有节制的去做罢了。

卓别林在自己建造的新制片厂里,拍摄的第一部影片是《狗的生涯》,这是他给第一国家影片公司拍的三部曲的第一部(另两部是《从军梦》和《阳光山村》)。

故事里把一条狗的生活和一个流浪汉的生活做了对比,含有深刻的讽刺意味。这一中心思想形成了故事的结构,而他就围绕着这一结构穿插了各种笑料和打闹动作。他开始从结构的意义上去构思一部笑片,并且注意它那结构的形式。前一组镜头连续写出了下一组镜头,而所有各组连续的镜头又结合成为一个整体,这就构成了一个完整的故事。

第一组镜头里,是从一群打架的狗当中救出了一条狗。在第二组镜头里,是从一个跳舞厅里救出了一个姑娘,而那个姑娘过的也是"狗的生活"。还有其他许多镜头,它们都是按照事情发展的逻辑顺序联系着的。这些打闹的笑片,虽然都很简单明了,但其中却包含着许多思想和新鲜玩艺。如果笑料不合乎剧情发展的逻辑,那么,不管这笑料是多么有趣和招笑,他也决不会采用它们。不是单纯的逗人一笑就完了,而是要符合剧情,而且这剧情总要让观众在笑中体会到一点什么。

《狗的生涯》可以说是卓别林一部自传性的片子。这部片子里的布景达到了一个新的高度。它描写一个无名城市的贫民窟,荒凉无人的街道,不知通向什么地方,许多广场荒废着空无人迹。篱栅处处破烂不堪,给人一种凄凉、冷落、贫穷、无望的感觉。

《狗的生涯》又一次地描写他不幸的童年,可是,他并非只告诉观众这只是他一个人的不幸,而是一切人类的普遍不幸。片子中的笑料不少,是一部喜剧片,但是在片子里许多引人发笑的地方,在观众们笑过之后,他们一定会有所感想,全片自始至终一直响着悲剧的调子,这就是人们在笑着的时候,认识到了人世间还有许多值得哭的事情。

这也正是卓别林拍的片子深刻的内涵的表现。

笑片是要人笑的,但是,不应该仅仅是让观众一笑就完了。

这也是他在电影艺术上——包括编写剧本、导演、演出已经成熟的标志。在他的创作生活上达到一个新的高峰。

他在拍电影这一行业中,更加熟练了,但是,他也知道艺无止境,他在不断地给自己提高标准。这不止是要保持他的好名誉,而是要给观众一些更新的,更有意义的东西,所以,他不断地在电影艺术上多下功夫,他的制片态度更加严肃,更加认真了。

他决不轻易拍片,而是要再三的思考,反复的推敲。他辛辛苦苦地工作,批评他自己,批评每一件事情,也批评他周围的每一个人。对于一个场面或一个镜头,往往是拍了又拍,拍了又拍。拍成两千英尺满意的片子,他却不惜花费几万尺的胶片,直到满意为止。

卓别林在基斯顿电影制片厂的时候,他导演的流浪汉的动作是比较自由的,不大受到故事情节的约束。那时候,他创造的流浪汉头脑还不大活跃——只是根据他的本能进行活动,而本能也是孩子对衣食住这些最基本的要求。但是,随着一部又一部新的笑片的问世,流浪汉的成分就变得更加复杂了。片子中人物的个性充满了感情。而这样就出现了一个问题,因为流浪汉既有了个性,有了复杂的感情,而那些打闹的动作就受到了限制,所有打闹,逗笑既要符合剧情,又要符合流浪汉的个性与感情。不能让笑料游离于剧情之外,不能单纯地去逗笑。

卓别林的这个认识是绝对正确的,所有的打闹动作与笑料需要绝对地符合流浪汉的心理。

随着时间的推移,卓别林的拍片技术不断地发展、提高,他所拍笑片的自由就受到了限制。

有人认为卓别林早期在基斯顿拍的片子比后来的还好。

一个影迷给卓别林写信说:

"当时观众被你牵着鼻子走,而现在你却被观众牵着鼻子走。"

这位影迷是单纯从一个"笑"字上去认识卓别林拍的片子。是的,卓别林早期的片子,尤其是在基斯顿时代拍的片子,可以说"笑话百出",观众看了电影笑声不断。但是,那些片子,也仅仅是逗笑。除了逗笑之外,再也没有别的了。而那位影迷的信也正是说明了卓别林在电影艺术中的进步与提高。

即使是卓别林那些早期的影片，他也在追求一个基调。而他所追求的基调往往是受了音乐的启发。

他在 1917 年给互助影片公司拍的《移民》所定的基调，就是受了一支叫《格伦迪太太》那支古老歌曲的启发。那曲调在凄凉中透出了亲切，这样，使他想到了两个孤苦无依的人在愁苦无奈的日子里结婚。

那个故事讲的是流浪汉夏洛（由卓别林扮演，这也是法国人把查利·卓别林亲切的叫做夏洛的由来）长途赴美，在本国无法生活下去，到美国去求生活。他在三等舱里遇到了母女二人，她们也和夏洛一样，孤苦伶仃。大家抵达纽约后分手了。后来，夏洛又遇见了那个姑娘，但这次只剩下她一个人了，这姑娘也和夏洛一样穷困潦倒。他们坐下来谈话时，姑娘无意中取出了一块镶黑边的手帕，这暗示她的母亲已经去世了。最后，他们两个人在愁苦无奈的情况下结为夫妇。

尽管《移民》也是一部笑片，观众看了也会不住的笑，但是有许多地方，观众在笑声中也认识了这个社会还有穷困，还有无家可归，穷愁潦倒的人。

在影片中还有这样一个镜头：

一群难民，他们象沙丁鱼一样，挤在一只船上，船快要在纽约靠岸了，他们都争先挤到船边去，想瞻仰一下"北美合众国"那个令人向往的"福地"的风光，可是，他们刚刚看了一眼纽约港口的那座自由女神像，就全部被海关人员用绳子隔开来，然后送到囚禁移民的艾利斯岛去了。这就是社会的现实。

一些简单的小调，也可使卓别林想出了另一些笑片，他给基斯顿公司拍过一部《二十分钟的爱情》的笑片，是以公园为背景，里面有许多粗鲁的动作和打打闹闹的场面,还出现了警察和保姆,而卓别林则在他们当中穿插逗笑。这部影片是配合了1914年流行的二步舞曲《芥末太多了》的调子编成的。

这样的例子还有很多,《奥维莱特拉》那支歌,给他后来写的《城市之光》提供了基调,《而在表的日子》又给《淘金记》提供了基调。

早在1916年,卓别林对故事片有过许多设想。有一部影片讲的是去月球旅行,看到月球上正在举行奥林匹克运动会的滑稽场面,还可以利用引力定律演出来许多有趣的玩意儿。这部影片可以嘲笑文化进步。他当时还设想了一台进餐的机器,想有一顶可以记录人的思想的无线电帽子,他是怎样戴上了这顶帽子,被介绍给月球上的人的风骚的妻子,于是,由此闹出了种种笑话。后来,他在拍《摩登时代》里用上了那台进餐机器。

有些记者曾问卓别林:"你是怎样给影片想出了那些笑料的?"

卓别林当时说:"我无法回答,我的答复也许令你们不满意。但是事实上,许多年来,我发现那些笑料是由于强烈的愿望产生的。我不断地在想,在观察,在发现,这样,我的头脑就像一个瞭望台,经常注意那些可能刺激想象的事物——如听到音乐,看到落日,都可以从现象中想到一个主意。"

记者们对他这个回答确实不满意,但是,他确实是这样做的,他的那些笑料——许多都是一般人不曾想到,也确实是这样子想出来的。

记者们让他谈得具体一些。

"我的意思是说,应该先选择一个可以刺激的主题,然后将它引伸和发展,如果不能进一步去发展,那么就立刻丢开它,然后再去选另一个主题。从积累中进行精简，去其糟粕，取其精华，这样就可以找到所需要的题材了。

记者们要求他举一个例子。

他想了想，道："我试着举一个例子，也许这例子并不能令各位满意。"

记者们要求他说出来。

"比如，在为某人举行葬礼的时候，一些亲朋好友都神情严肃的聚集在死者的遗体周围，进行祈祷，向遗体告别。就在要举行仪式的时候，一个迟到的人匆匆赶了进来，他匆忙地走近他的座位，恰巧那个座位上放了一顶另一位吊唁者的大礼帽，他并没有细看，慌忙中一屁股坐下去，正好坐在那顶大礼帽上，他已发觉自己坐在了一件东西上，他站起来，拿起那顶已坐瘪了的礼帽，故作神情严肃，默默表示歉意，将那顶压扁了的礼帽还给了他的主人。主人接过帽子默然表示懊恼，继续去听祈祷，那个闯了祸的迟到者也在表情严肃的听祈祷。于是，那片刻的庄严就显得滑稽可笑了。"他说到这里，看了看发问的记者们，又道："这就是我从一个葬礼上的一个迟到者身上，想出来的东西。"

记者们默然。

是的，一般人是无法从一个迟到参加葬礼人的身上想出这些来的。道具也不过是一顶礼帽——人们哪一天都可以看见礼帽，许多人也都参加过亲友的葬礼，但是，却无论如何，也不会想出来这个点子。

卓别林的天才就在于他不断地用脑去构思，不断地想。

他曾经对人讲过他的体会：

人的思想是从哪里来的？他认为那是经过不断努力苦苦思索，直到令人发狂的程度而产生的。而在苦思的时候，必须能够长期地忍受痛苦,并且满怀热情。他还认为,这样做很不容易,如果有人认为他随随便便就可找到笑料,那是不了解他的情况。他曾认为,如果一个单纯的笑料,只想逗人笑也许并不难,但是要与剧情结合起来,符合剧中人的个性与处境就相当难了。

不过,他又认为每一个初具雏形的笑料,要将其发展成为一部笑片,还必须经过合理的归纳。

当初,也就是他初涉足电影事业的时候,他虽然演过一些滑稽戏,也演得不错,但是对拍电影他还是个学徒工,他和他的同事们几乎三天两头都在谈论"惊奇和紧张的成分。"

卓别林曾经与一些好友探讨过人类的行为。他认为,人类的行为,以及这些行为与人生却同样是难以说明的。不过,他说过,除了性别与婴儿精神病,独自构思设想的那神那力是由于隔代遗传来的。他又说过:"我无需参考图书,就可以知道,人生主要是由矛盾和痛苦组成的。所以,几乎是不知不觉的,我插科打诨时都会以此作为根据。我编制笑剧的方法很简单,那就是,如何使几个角色招惹了麻烦,然后再把他们从麻烦中解脱出来,如此而已。"

卓别林对于幽默有他自己的见解。他曾说过:"幽默与笑料并不相同。幽默是更加微妙的东西。"

他曾与友人共同探讨过这个问题。

马克斯·伊斯曼,是个美国作家,他当过编辑,他写过《幽默的意义》一书,书中对幽默进行了分析,他得出的结论是:"幽默来自具有玩笑性质的痛苦。人类赋有虐待狂,他们会欣赏各种形式的痛苦,观众喜欢设身处地代人受苦——儿童玩印第安人游戏就是如此,他们喜欢假装遭到射击,以此来体验死亡的痛苦。"

卓别林认为马克思·伊斯曼说的话对，但他却认为，马克斯·伊斯曼的话更近于分析戏剧，而不是分析幽默。所以他说："虽然这二者几乎是相同的，但又有不同。"

他这个认识是对的，戏剧中可以有幽默，但幽默并非就是戏剧。

他提出关于幽默的见解：

"所谓幽默，就是在我们看来是正常的行为中，觉察出细微的差别。换一句话说，通过幽默，我们在恰似正常的现象中看出了不正常的现象，在貌似重要的事物中看出了不重要的事物。幽默还增强了我们生存的意义，保持了我们清醒的头脑，由于幽默，我们在变幻无常的人生中可以较大受到打击。幽默促进了我们调和的意识，同时让我们看到，那些夸大事态严重性的话中隐含有荒谬可笑的成分。"

关于幽默的定义，尚没有一个完整的肯定的说法，有人认为"幽默"就是"有趣或可笑而意味深长的。"

但是，笔者认为卓别林的最后一句话是最为中肯的，而且比起马克斯·伊斯曼的见解要中肯得多。也可以说马克斯·伊斯曼的结论是不对的，完全错误的。

不过，卓别林关于人的行为以及人生的看法与认识是不对的。

其实，他的笑料是由苦思所得，或由一些事与物的触发所得，全不是什么隔代遗传，而是从社会实践中得来的，他之所以能拍出那么多的，有独到之处的笑片来，和他的经历，见多识广是分不开的。不过，因为他没有读过马克思（Marx）的经典著作，不能做出总结性的认识罢了。因为他忽视了"实践"的意义。

无论是如何异想天开的想法，都是从亲身经历，或是亲眼所见,亲耳所听中得来的。

卓别林未认识到这一点。举个小例子,卓别林扮演的角色,在一个贵妇人脚上绊了一下,他转身对贵妇人抬了抬帽子——表示道歉,接着他又被痰盂绊了一下,他转身对痰盂抬了抬帽子,表示歉意,这当然是可笑的。但是,他之所以想出了对痰盂道歉的由来,正是因为他已经向贵妇人道过歉了,如果没有"碰了人而表示歉意"这样的实践、耳闻或目睹,他无论如何也想不出向痰盂道歉的笑料来。

人类的发明创造也无一不是如此。因为见了鸟的飞翔才发明了飞机,因为看见了水蒸汽能推动壶盖才发明了蒸汽机……所以,卓别林的这一点认识是完全不对的。

第十二章　和平使者

　　"战争算什么东西!"他忽然想拍《从军梦》了;他要讽刺、嘲笑第一次世界大战这场非正义战争。有位法官说:"你的片子我之所以爱看,是小人物打败了大人物的尊严。人最不体面的部位是屁股,即使是总统就职典礼那样隆重,你照准他的屁股踢一脚,他那神秘的气氛也就消失了。"法官又感慨地说:"屁股是个羞人的地方啊!"

　　第一次世界大战刚刚爆发的时候,许多人都认为最多打几个月就会结束的。因为战争会造成令人恐怖的大量人员伤亡,所以人们也一定会要求早日结束这场战争。结束这种令人恐怖的野蛮行为。卓别林也是这样认为的。

　　关于第一次世界大战爆发的原因,卓别林只是听人说,是因为奥匈帝国的皇太子弗朗西斯·斐迪南的被杀而引起的。

　　他听说是弗朗西斯·斐迪南带领他的妻子去波斯尼亚首府萨拉热窝参观奥匈军队在那里举行的陆军演习,此举引起了塞尔维亚人的强烈不满,因为斐迪南一直主张吞并塞尔维亚,而军事演习又被安排在塞尔维亚人居住的,正被奥匈帝国强行占领的波斯尼亚,真是欺人太甚,所以一个塞尔维亚青年普林西比,刺杀了斐迪南,由此引起了奥匈帝国对塞尔维亚宣战。接着就乱套了。

俄国支持塞尔维亚,宣布全国总动员,德国向俄国宣战,又对法国宣战,英国对德国,奥匈向俄国宣战。

这样就形成了两个集团。

奥匈帝国与德国是同盟国,就称他们为同盟国集团,俄国、英国、法国就组成了协约国集团,其后,日本对德宣战,土耳其则参加了同盟国方面。

卓别林虽远离战场,他还是反对这场战争的。

美国政府在世界大战爆发的第二年,也就是 1915 年,美国总统威尔逊(Wilson)还宣称:"不屑于作战"。于是,在美国就编出了《我养孩子,不要他当兵》的歌曲。

但是,这支歌曲仅唱了不长的时间,1915 年 5 月 7 日,美国商船"卢西塔尼亚号"被德国潜艇击沉。

这时,在美国人们又唱起了《在战场上》那支与《我养孩子,不要他当兵》截然不同的歌。

不过,这时候美国政府并没有对德国宣战,他还与协约国方面大做特做军火生意。

卓别林在加利福尼亚州,他们那里闻不到火药味,也没有战争压力,供应并不缺乏,物品也不需要配给。人们为红十字会组织了游园活动和其他宴会,一片太平盛世的景象。

在一次盛宴上,有一位阔太太,为了要在十分豪华的筵席上坐在卓别林身边,而向红十字会捐了二万美元。

到了 1917 年 4 月 6 日,美国才借口德国击沉了商船"卢西塔尼亚"号事件向德国宣战。美国总统威尔逊打出了"使民主政治在世界上安存"的骗人旗号。

卓别林对美国总统威尔逊那句骗人的鬼话并不赞成,他说:"有人说,发动这场战争,是为了要在全世界奠定民主的基础。

虽然有些人更少有作战的需要,但大伙同样受到损害,这种'民主',也是够凄惨的,千百万人倒下后,才突出了'民主'这个词儿。"

美国对德宣战后,到了1918年,已经发动过两次自由公债募购运动。卓别林同玛丽·毕克复和道格拉斯·范朋克都被邀请去参加在华盛顿正式动员的第三次自由公债募购运动。

这时候,卓别林给第一国家影片公司拍的第一部片子《狗的生涯》,已经接近完成。由于必须在发动公债募购运动的同时放映这部影片,所以,他接连三天三夜没睡,忙着剪接片子。待剪接工作完毕,已是筋疲力尽了。上了火车后,卓别林在火车上整整睡了两天。醒来后,三个人就开始写演讲稿。

"我从来未在大庭广众之下发表过什么演讲,此刻我不知该怎么办。"卓别林有些担心地说:"万一讲砸了……。"

"不要紧,我们可以先练习一下。"道格拉斯道,"我们先试着向那些在车站上欢送我们的人讲几次,到了正式场合的时候,我们就已经练熟了。这就像演戏排练一样。"

"嗯,这个办法可行。"玛丽·毕克复首先赞成。

后来,火车在一个什么站上停下了,有很多人聚集在那辆观景车后面。道格拉斯当即介绍了玛丽·毕克复,她发表了一篇简短的演说。

"由笑星查利·卓别林先生发表讲话。"

道格拉斯这样介绍着。

但是,卓别林刚开始讲话,火车就开动了,他没有停下,还是照样讲,车离开人群越来越远,他讲得就更加流利了,后来,那群人影变得更小了,卓别林演讲的信心加强了。

到了华盛顿,他们三个人都象什么大人物似的列队经过大街,最后抵达演讲地点——足球场,在那里发表了他们的第一次演讲。

讲台是用一些粗制木板临时搭起来的,上面悬着旗帜,挂了横幅。一些陆海军代表站在台下,其中有一个身材高大漂亮的年轻人,站在卓别林身边。于是二人就交谈起来。

卓别林告诉那位年轻人。

"我以前从来不曾作过演讲,所以现在很紧张。"

"没什么可怕的。"那个年轻人信心十足地说,"想到啥您就说啥,叫他们买公债,可别说笑话。"

"这一点您不用担心。"卓别林反而去安慰他。

过了一会儿,听到主持开会的人介绍卓别林发表演说。

于是,卓别林学着道路拉斯·范朋克的姿势跳上了台。一开口,就像开机关枪似的,一口不停地说了下去。

"德国人已经到了你们的大门口!我们必须拦住他们!只要你们买自由公债,我们就能够拦住他们!记住了,每买一份公债,你就救活了一个士兵——一位母亲的儿子——就可以早日打胜这一仗。"

他说得又快又兴奋,由于他过于激动了,一不小心竟从台上滑了下来,他拉住了玛丽·德雷丝勒,两个人一起栽在那位年轻漂亮的朋友头上。

当时,那个年轻人任海军部次长,他就是富兰克林·德兰诺·罗斯福(Franklin·Delenno·Rooseveit)。

正式仪式结束后,他们按照预定程序去白宫会见威尔逊总统。

卓别林此刻又是兴奋又是紧张。他们被请进了白宫里的非正式会客厅——绿厅。忽然,门开了,来的不是总统,而是一位秘书,他兴冲冲地说:"请排成一列,向前一步走!"

接着,总统进来了。

玛丽·毕克复第一个开口说:"群众的热情令人十分满意,总统先生,我相信公债募购运动会顺利成功。"

"运动确实是成功的,会成功的……"卓别林语无伦次地插嘴说。

总统露出了迷惑的神情,向卓别林瞥了一眼。接着,他就说了一个参议员的笑话。

这个笑话是讲一位阁员怎样喜欢他的威士忌。

许多人都笑了,卓别林也只得随众咧了咧嘴。其实,那个故事并没有一点儿可笑的地方。

然后,大家退出了绿厅。

动员募购公债的宣传活动的参加者,共分成了几个分支,到美国各地去,道格拉斯·范朋克和玛丽·毕克复选的是北方几个州,卓别林因为自己还没有去过美国的南方,所以他选了南方的几个州去推销公债。和卓别林一道的是作家和肖像画家罗布·瓦格纳——他是从洛杉矶把这位朋友邀来的。

他们到了北卡罗来纳州的一个城市里,那儿的接待委员会主席是一位巨商,他后来告诉卓别林:

"我曾经叫我的十个儿子在火车站把准备好了的奶油蛋糕扔在你的脸上,但是,后来看见你们在下车时,随从人员很多,才临时改变了主意。"

就是这位先生,后来又请卓别林等赴宴,有几位美国将军也都去了,其中有一位休·伦诺克斯·斯科特将军,显然很讨厌这个商人。他在筵席上用开玩笑的口吻说了一句:

"瞧,咱们这位主人跟一根香蕉有什么两样?"

这时,席上的空气显得有点儿紧张了。

那个商人脸上变了颜色。

斯科特将军故作未见,他又说下去:"好,你们可以剥香蕉皮嘛。"

卓别林在佐治亚州遇到了一位典型的南方绅士。这个人是公债募购委员会的负责人亨肖法官。

卓别林在到达那里之前,曾接到过这位亨肖法官的一封信。

卓别林先生:

您到达奥古斯塔之日,正是您的生日,我们准备在城中的俱乐部里为您祝寿,盼望您能高兴。

卓别林已经很疲劳,想到又要参加一次的盛大宴会,又将和许多人进行应酬,实在不感兴趣。所以他写了封回信,婉言谢绝了。

卓别林他们每次抵达火车站,都有成千上万的人欢迎他们,并且有当地的铜管乐队奏乐,但是。到了奥古斯塔,欢迎他们的只有亨肖法官一个人,穿着一件黑色麻绸外衣,戴了一顶已被太阳晒黄了的旧巴拿马草帽。他对人文静有礼。

互相介绍后,亨肖法官一摆手,赶过来一辆老式的四轮马车。

他们上了车,默默地坐了一会儿。亨肖法官发表了他的宏论:

"卓别林先生,我之所以爱看你拍的笑片,就是因为你掌握了一些基本原理——你知道,一个人身体上最不体面的部分就是屁股,这一点在你的笑片中已被证实了。哪怕是一位仪表堂堂的绅士,只要你对着他的屁股踢上一脚,那么,他的庄严就完蛋了。即使是总统就职大典那样隆重庄严的场面,但只要你从总统后面走过去,对准他的屁股踢上一脚,那庄严的气氛就被打破了。”

卓别林与罗布·瓦格纳无法交谈,也无法评价这位亨肖法官的宏论。只能缄口不言。

马车在阳光下急驰。

亨肖法官侧转了头,怪模怪样又自言自语地说:“毫无疑问,屁股是一个羞人的地方啊。”

后来,卓别林用胳膊碰了碰罗布·瓦格纳,悄声说:“他们是要这么给我过生日呀。”

给卓别林过生日和开会被安排在同一天进行。

地点在高尔夫球俱乐部。这里的环境很幽静,美丽、高大的树木把影子投在碧绿的草坪上,给四周增添了一种宁静、和谧的美。

亨肖法官另外又请了三个人。

“对不起卓别林先生,很抱歉,您的生日宴会是小了点。因为我太自私,喜欢单独和你们在一起,不愿让更多的人分享这份快乐。”

他们只有六个人,围着一张圆桌坐在阳台上,桌子上放着一个点亮了蜡烛的生日蛋糕。

法官在细嚼一些芹菜,他那炯炯发亮的眼睛向卓别林和罗布·瓦格纳看了看,又发表意见。

“我不知道,你们可能在奥古斯塔推销很多公债吗?”

法官见无人接他的话。其实他的话卓别林、罗布·瓦格纳无法回答,谁能知道推销多少公债?

他又说下去。

“我不大会安排这一类事情。但是,我相信本地人都知道你们来了。"

"这里的环境很好,风景优美。"卓别林确实喜欢这环境。

"是呀!"亨肖法官说:"可惜,就是少了一样东西——薄荷露。"

他指的是酒。把酒和糖、薄荷混合在一起,加威士忌或白兰地就叫薄荷露。

在座的人从他这句话谈到了禁酒的可能性,又谈到了禁酒的利与弊。

"根据医学报告,"罗布·瓦格纳说,"禁酒是益于公众健康的。医学杂志上说,如果禁止喝威士忌,患胃溃疡的病人就会减少。"

法官听了罗布的话,露出了不高兴的神气。

"你不能从胃口角度来评价威士忌,威士忌是灵魂的粮食。"

法官似乎不愿与罗布争辩关于禁酒的利与害,他立即扭过身来对着卓别林。

"查利,今天是你二十九岁的生日,你还没结婚吧?"

"没结婚。"卓别林说完大笑起来,他反问:"你结婚了吗?"

"没结婚呀,"法官闷闷不乐的叹口气,又说下去:"经过我审理的离婚案件也太多了。但是……"他叹了一口气又道:"如果我现在年轻的话,我是要结婚的,过单身汉生活太冷清了。不过,我又是个赞成离婚的人。我相信,在佐泊亚州,人们对我这个法官是最有意见的。如果夫妻两个人不愿意在一起生活下去,我是不去勉强他们的。"

稍停,罗布·瓦格纳看了看他的表。

"如果是八点钟开会,"他说,"咱们该赶快去了。"

"时间多着呢。"亨肖法官很悠闲地细嚼着他的芹菜,不在乎地说:"咱们还是聊聊吧,我就是喜欢闲聊。"

在去会场的途中,他们穿过了一个小小的公园。公园里至少有二十多座参议员的塑像,他们那副神气活现的样子挺招人笑的。有的把一只手背在后面,把另一只手叉在腰里,那手里还拿着个卷轴儿。有的挺胸叠肚,扬起一只右手。似乎在发表演讲,因为口是张着的。

"他们这些人完全可以扮演法官刚才谈到笑片中的被踢屁股的配角。"卓别林开玩笑地说。

"可不是吗,"法官打着哈哈说:"看上去,他们都是一些了不起的大好佬哩。"

亨肖法官还曾把卓别林与罗布·瓦格纳请到他的家里去。

他的住宅是一幢美丽的老式佐治亚房子,据说"华盛顿还真的在这儿睡过觉",里面摆着美国十八世纪古色古香的陈设。

"多么美呀!"

卓别林由衷地赞叹着房子以及摆设。

"是呀,"法官点点头。"可惜呀,这里只是少了一位太太,就像一个珠宝箱子一样空着啊。所以,别耽误得太晚了啊,查利。"

在南方各地,他们还访问了好几个军事训练营,在那里看到的是许多愁苦的面孔。

卓别林和罗布·瓦格纳广告做得热闹,布置得也很得法,他们的宣传以及他们都受到人民的欢迎,尤其是卓别林,每到一处无论大人还是小孩,不论男人还是女人都热烈欢迎他,所以他这次南方之行,竟卖了好几百万元的公债。

他们的最后一站是纽约,在这里他们和道格拉斯·范朋克、玛丽·毕克复会师了——这是他们约定的。

他们在纽约华尔街国库分库外边举行了一次公债募集运

动,这是他们这次公债募集活动中的最高潮,他们这一次,合集共卖了二百万美元以上的公债。

当时的纽约的情景是令人沮丧的。到处都可以感觉到军国主义的魔影,人们被战争的氛围笼罩着,这情形是无法避免的。这时候的美国人,仿佛是用同一个模型铸出来的,只知道服从命令,首先信仰的就是战争。

卓别林从旅馆十二层的窗子里,看到那些军乐队,沿着麦迪逊大街走过去,仿佛是在穿过阴森的峡谷。铜管乐勉强奏出了轻快的曲调。但是,那声音听上去是忧郁的,让人听了不是振奋而是凄凉,他们在路上走着,似乎是有气无力,走向炮台公园,然后上船,远渡重洋,到万里外的战场上去。

似乎那些人不是走向战场而是走向一个不可知的墓地。那情形就像在给亲人送葬。

这样的气氛,阴凉、凄凉、痛苦、悲伤。然后,就在这样的气氛中,卓别林无意中发现了一次有一点儿幽默的情趣,也是个笑料。

当时,有七个军乐队要穿过鲍尔公园去接受纽约市长检阅。

美国剧作家威尔逊·迈菲纳佩着一颗引人注目的徽章,站在运动场外面,他拦住了每一队军乐队,关照他们在经过市长所在的大看台时,要奏国歌。

按照美国的有关规定,在乐队奏国歌时,所有在场的人——上自总统,下至每一个平民百姓都要起立。

威尔逊·迈菲纳的关照起了作用,当军乐队经过市长所在的大看台,奏起了国歌,市长本人及所有在看台上的人一致起立。国歌奏完了,军乐队过去了,市长等人坐下,第二个军乐队又过来了,又奏起了国歌,市长等人又再一次起立。

起立,坐下,再起立,再坐下。如是者四次。

威尔逊·迈菲纳只得连忙去通知乐队,别再奏国歌了。

卓别林在纽约住在里茨旅馆里。不料未等他返回洛杉矶,玛丽·多梦来到了纽约,当她听说卓别林此时也在纽约,就住在里茨旅馆里的时候,立即就给卓别林写了一封信,邀他到她的公寓里去吃饭,信是这样写的:

亲爱的查利:

　　我的公寓在爱丽舍田园大街(麦迪逊克街)附近,我们可以在这里吃晚饭,或者是去马克西姆(侨民大饭店)。饭后,如果你高兴地话,我们可以乘车去森林(中央公园)一带兜风……

卓别林收到信,大喜过望,他急匆匆地赶到了玛丽·多梦的公寓里。

但是,他们并没有到任何地方去,两个人在玛丽·多梦的寓所里很安静地吃了一顿饭。

这以前,也就是在卓别林离开洛杉矶,参加第三次自由公债募购运动之前,他曾在洛杉矶见到了玛丽·多梦,她那次是去好莱坞,给派拉蒙影片公司拍电影的。

她在见到卓别林以前,就最喜欢看卓别林的电影,有一次,她对康斯坦斯·科莉尔说:"我到了好莱坞只会见一个人,那就是查利·卓别林。"她连做梦也没想到这个卓别林还是她的老相识,就是在十年前和她在伦敦的约克公爵戏院合演过戏的那个查尔斯·卓别林——她早将那个查尔斯忘掉了。

那次,卓别林和玛丽·多梦的会面确实有戏剧性,那情景就像是在演一出浪漫戏的第二幕。

康斯坦斯只知道玛丽·多梦不认识卓别林——事实上是玛

丽·多梦忘记了。她给双方作了介绍。

在康斯坦斯介绍完后,卓别林首先笑着对玛丽·多梦道。

"其实,我们以前是见过面的呀。那时候,你使我很伤心,我在偷偷地爱你呀。"

玛丽仍然和从前一样美丽,戴着长柄眼镜,看着卓别林。

"瞧,我多么兴奋呀。"

她这时确实很高兴,满面春风。

"我就是《福尔摩斯》中的小佣人比利呀。"

卓别林向她说明。

"是吗? 比利·卓别林,查利,比利·卓别林……。"

玛丽·多梦高兴地反复念叨着,她的笑容一直挂在脸上。

"没想到,我真没想到,卓别林就是比利。"

后来,他们在花园里进晚餐,那是一个炎热的下午。在阳光下他们又谈起来。

"玛丽,你可知道,在约克公爵戏院的时候,我在暗地里爱着你,那时候我是多么苦恼吗?"

玛丽·多梦静静地听着。其他人也没有一个人知道卓别林这段单相思的故事,也都静静地听着。

"我每天都算准了你离开化妆室的时间,"卓别林又说下去。"然后就在楼梯上等着,打算和你见一面看看你,而且还假装是偶然相遇,再结结巴巴地说出一句"晚上好"。

"唉!"玛丽·多梦叹了一声,"我不记得了。那时候,我还把你当成一个小孩子,却不知道你人小鬼大、小小年纪就恋爱上了。"

他们谈得很投机。谈起了伦敦,又谈起了巴黎。

玛丽·多梦很爱巴黎,于是他们又谈起了巴黎的街头小酒店、咖啡屋,谈到了著名的大饭店马克西姆,谈起了爱丽舍田园大街……。

第三次自由公债募购运动结束了。卓别林又回到了洛杉矶,仍住进了体育俱乐部。又开始考虑工作。

他拍摄《狗的生涯》一片花了较长的时间,也花了更多的钱,已超出了他原来的预算。但是他对此并不担心,因为到了他与第一国家影片公司的合同行将期满的时候,这一切都可以扯平的。

他现在需要的是拍片子的题材,他考虑了再三,后来,他忽然想到了,为什么不拍一部以这场战争——第一次世界大战为题材的笑片呢?他要讽刺、嘲笑这场不义的战争。他把这个主意讲给几个朋友听。但是,他的几个朋友听了之后都摇头不赞成。

"这个时候拿战争开玩笑是非常危险的呀。"

地密尔这样警告他。

但是,危险也罢,不危险也罢,他自己想出的这个主意激起了他极大的兴趣,就什么也不顾了。

他计划将《从军梦》拍成五大本。开头是"家庭生活",中间是"战争经过",结尾是"大摆筵席",席上所有的首脑一起向他祝贺,因为他单枪匹马捣了德皇父子。协约国各国元首都在凡尔赛举行盛大宴会向他致敬,许多政界人士,社会名流,一一致词,盛赞他的伟大的不朽的功劳。

扮演夏洛的查利却懒洋洋地,在桌上旁若无人地大喝香槟,直等到宴会上最显赫的客人也来请他讲话时,他才站起来说了几句话。

就在他醉醺醺地演说的时候,英国国王偷偷地剪下这个英雄的一颗钮扣,留作纪念……。

后来,他醒了,原来这一切不过是他在兵营里做的一场好梦。

上面仅是最初的《从军梦》的雏形。后来,战争前面和后面的几段都被删掉了,筵席的一切始终就没有开拍。但是,开头的一段"家庭生活"是曾经拍出来的。

笑片里采用了暗示的手法。

观众们看到夏洛(仍由卓别林扮演)领着他的四个孩子一路走回家去。有一阵子,夏洛离开了孩子们,然后一个人走了回去,他一面走着,一面擦着嘴并打着嗝儿。他刚走到家里,影片上立刻就出现了一个煎锅,锅子砸在他的脑袋上,他的妻子没露面,但是,厨房里的一根绳子上挂了一件肥大的女衬衫,这暗示着他妻子的身体有多么胖。

在第二段里,夏洛去接受入伍的体格检查,按照吩咐他把衣服脱得精光。他看见一个斜角玻璃门上面印着"弗朗塞斯医师"的名字。这时,里面映出了一个走来开门的人影,他以为那是一个女的,就逃进另一扇门,可是他一下子发现自己到了许多用玻璃隔开的办公室的迷宫中,那里有许多女职员在忙着办公。一个女职员刚一抬头,他已闪到一张桌子后边,但这一来又在另一个女职员面前丑态毕露,最后是逃进另一扇门,跑进更多用玻璃隔开的办公室,离他原先的地方越来越远,直到最后,发现自己到了一个阳台上,赤条条地对着下边一条人群熙熙攘攘的大马路。这一段虽然拍了出来,后来不曾采用,又剪掉了。

他最后认为,夏洛最好还是当一个没有背景和来历不明的人,所以,当夏洛在银幕上一出现,他已经是到了军队里,这样就无法拍他的家与社会情况了。

　　《从军梦》是在沸腾的热浪中拍摄的。在一棵伪装的树里面拍戏(有一段戏,他就是这样拍的),实在不是一种享受,卓别林不喜欢拍外景,他认为在外面拍电影容易分心,演员的精力不易集中。他认为在外面,他集中起来的注意力和已激起的热情,都会被一阵风给吹散了。

　　这是他的一个特点。

　　《从军梦》一片花费了很长的时间才拍完了。但是,他对这部片子很不满意。而制片厂里的其他人全是看卓别林的脸色行事,卓别林亲口说出了《从军梦》不是上乘的好片子,其他的人就一致说这部片子不好。

　　甚至有人说,这部片子白费了许多时间,白搭了许多钱。

　　《从军梦》剪裁后只剩下三大本。

　　《从军梦》是卓别林早期的又一部杰作,与《狗的生涯》一样的好。

　　这部片子是 1918 年拍成的。是写实与狂想奇妙地结合。

　　在《狗的生涯》里,卓别林同情的是穷人,因为他自己也是穷人。在《从军梦》里,他表现了对军人的同情,因为他自己就是军人。

　　《从军梦》是一部喜剧片子,但是,在片子里却绝没有胡闹的场面。

　　在《从军梦》里,夏洛是一个孤独的小兵,没有朋友,也没有情人,他受苦,他傻,可也自得其乐。

　　观众们看见他下操时,他的那双大皮靴永远跟他捣乱。

　　还可以看见他在战壕里摇摇摆摆的样子,他肩负着命运的重担:鹊嘴锄、圆锹、背包、一个大捕鼠扣、一个乾酪磨子,还有其他许多军营里的零碎东西。

他是一切小兵的代表。

他痛恨军队里的权威，那个军曹训了他一顿，他一定要让捕鼠扣夹住那个军曹的手指。这是无声的反抗。

下大雨了，他的情形更狼狈，他只好去想大城市里的那些酒店。可是幻想完了，大雨还是在下着。

他收不到家信——他的家究竟在哪儿呢？邮件到了，他狂奔过去，可是只看到人家收到信，却没有他的份儿。在这个世界上，他是个孤独的人，他属于一个精神的荒原，快乐离他很远，受苦是他的命。他从另一个小兵的肩头偷看那个人的家信，信上说，那小兵做了父亲，有了个儿子，他高兴得不得了。可是，他忽然又垂头丧气了，因为他没有家，也不可能当父亲，不可能有儿子，他回到了捕鼠扣旁边去，啃一口干酪打发日子。

这些都不过是前奏曲，他永远奉命上火线，幸好，也永远是福星高照，得胜归来——是个福兵。

现在他又奉命爬出去了，当观众们再次看见他的时候，他正押着一大群德国兵回来。他的上司军曹问他：

"你小子是怎么俘虏住他们的？"

他回答得非常爽快。

"我包围了他们。"

夏洛讨厌战壕，可是战壕却是他最熟悉的世界，他在那个世界里成就很多，也很动人。

《从军梦》的剧情发展，有些象中国放爆竹的节奏，一声爆竹响了，你却不知道下一个爆竹几时开花。

夏洛在战壕里随心所欲，一切又得心应手，敌人的子弹从他头上飞过，他用来点香烟，或是让子弹打开啤酒瓶子。他在战壕里尽情享乐。

《从军梦》是一部喜剧片,是发生在几乎不开玩笑的情况下的喜剧。它到现在仍然是关于第一次世界大战的最严肃,最富于想象力的片子。

夏洛钻出了战壕,在森林里表演了一段奇妙的舞蹈。他化妆成一棵树,在德国人面前跑来跑去,在快要被发现的时候,他又完全不动了。那棵矮树看上去不象夏洛,走动时也不象夏洛,没有了小胡子,没有了礼帽,也没那手杖,可是它却是十足的夏洛。

这些森林里的场面,是这部片子最神奇的镜头。

在这些森林场面之后,片里的情节更热闹了。这就像中国人在放爆竹一样,一个接一个连下去,一个比一个更响亮——镜头一个比一个更精彩。

后来,夏洛穿上了德军制服,俘虏了德皇和皇太子,他扬扬得意地穿过协约国军的防线,他的快活也跟爆竹的轰鸣一样。

在这以前,他东藏西躲,看见了大队的德国军队,也遇见了一个美丽的法国少女,他还得到一个古怪的德国人的帮忙,他又看见协约国军人把帽子抛向天空,表示狂欢。

现在,他俘虏了德皇父子,终于把这场残酷的战争胜利地结束了。

事情本应该这样,事实却不是这样。

他醒了,原来这一切不过是他在兵营里做的一场好梦。

如果说《狗的生涯》中表现与暴露了贫穷,也描绘了和平生活的幸福。那么《从军梦》则暴露与表现了战争,也告诉人们要祈求和平,盼望和平。

《从军梦》到处流露着卓别林所特有的风格,有情趣,有讽刺,有讽嘲,还有悲愤。

就是这么好的一部片子,卓别林自己却不满意。

儒勒·凡尔那由于多次投稿,均被退回来,没有人肯印他写的小说,他恢心了,打算将全部手稿投进壁炉,付之一炬。还是他的夫人一句话,挽救了那些手稿,也"创造"了一个幻想小说家。

那么是谁来挽救《从军梦》呢?是道格拉斯·范朋克。

道格拉斯·范朋克要看《从军梦》,他陪同一个朋友来了。

"我很失望,"卓别林对道格拉斯说,"我真想把它扔进垃圾箱里去。"

"先看看再说。"道格拉斯笑着说。

"想往垃圾箱里扔,过几天也不迟。"

只有他们三个人坐在放映室里看试片。

影片刚放出几个镜头,道格拉斯·范朋克就纵声大笑,笑声只有在咳嗽的当儿才略停了停。与他同来的朋友,起初只是小声笑着,后来,也大声笑起来了。

片子放映完了,他们一起走到外面的日光底下。

卓别林这时才发现,道格拉斯·范朋克笑出的眼泪痕迹仍在,还没有干。

"你真的觉得它有那样的好笑吗?"卓别林有点怀疑的看着道格拉斯,他是相信道格拉斯的理解能力。但是,自己对这部片子不满意呀,而道格拉斯却大笑不止。当然是片中打动了道格拉斯,他决不会是装出来的笑。他是自己的好友,也决不会用这种方式来骗自己,况且他也不可能装出这个样子来。但是,自己不满意呀,制片厂的其他人也没有一个说此片有可取的地方啊,所以他才有此一问。

道格拉斯没有回答卓别林的问题。他转过身去,面对着他的朋友。

"你猜他打算怎样？他要把他扔到垃圾箱里去呀！"

道格拉斯对片子的评价，只说了这样一句话。

道格拉斯是个内行的看客。他的笑声与最后一句话，鼓励了卓别林，也奠定了卓别林的信心。

《从军梦》的拷贝送到了第一国家影片公司，立即在各影院上映。上映后轰动了全国，它成为大战期间士兵最爱看的一部影片。

卓别林慎重的，精益求精的工作态度，使《从军梦》的拍摄工作时间又超出了他预定的时间，且成本也比《狗的生涯》花费的更多。他一心一意要拍出好的影片来，他想，应该找到第一国家影片公司给一些补助，有了好片，他们的票房收入必须高。况且事实证明也是这样。自从他加入这家公司，它的生意十分兴隆，又添了一些制片人和其他影星，他们每拍一部片子，公司给他们二十五万美元，外加百分之五十的红利。这些影星拍出的影片成本比卓别林的低，因为它更容易摄制，当然，它的票房价值比卓别林的更低。

卓别林去找第一国家影片公司经理 D·威廉斯谈这事。

"这样的事要提出来由董事们讨论。"

"我的要求并不高。"卓别林说，只要足够补偿我拍片子的额外开销就行了。

"你拍的片子超过预算多少？"威廉斯问道。

"拍《狗的生涯》超过了近一万美元，拍《从军梦》超过了近一万五千美元。今后，如果还追求高质量的片子，大概还会超过预算。但是，决不会再大于这个数字的。"

其实，卓别林的要求并不高，数目也不大，这比起他拍的片子与他们聘请的外人拍的片子来已经低得多了,何况他拍出的片子的收入大大高于别人给他们拍的片子。

"一星期内,董事们要在洛杉矶开会。"威廉斯说,"你可以自己和他们当面谈一谈。"

第一国家影片公司的董事们开会的时候,威廉斯把卓别林请到会场,他说明了原因,让卓别林自己讲一讲情况:

"我需要增加一些补贴,因为我拍的片子超过了我的预算。超过预算的原因是我为了拍出好的片子,我花费的时间和钱都多,有时,为了拍好一个更好的镜头或更好的场面,我不惜浪费人力、物力拍了又拍,我拍的片子,有时只用上二千英尺,可是我却废弃了几万尺的胶片。我想,我的要求并不过分。即使我是一个司机,我也可以要求汽车公司提高我的工资。"

卓别林的话合情合理。

本来嘛,如果拍片时,粗制滥造,不求质量,他一个星期就可以拍出一部片子来。如果不计较片子的质量,那么,用拍《狗的生涯》或《从军梦》的时间与花费的金钱,他可以拍出不象样的片子十部八部或十几部来。

但是,那些董事多是电影院的老板,都是些粗俗的商人,在他们的眼里,影片只是一些论尺码计价的商品,他们所想的只是往自己腰包里装钱。他们听了卓别林的话,都不开口。钱已经进入他们的腰包,再往外掏,那无异于割他们的肉。没有一个肯的。

后来,他们的发言人着急了。

"你瞧,查利,这是已经谈好了的交易。"他说,"你既然已经签订了合同,我们认为,你就要履行合同。"

卓别林当即干脆的回答:"我可以在两个月内,交出另外那六部影片,如果你们愿意要那种片子的话。"

他说的是真话,在两个月内,他完全可以拍出六部片子来,但是,片子的质量、票房价值、上座率可就不好说了。

"那就听你的便了,查利。"说话的声音很沉重。

"我要求贴补我一点儿钱。"卓别林把一点儿说得很重,因为确实是一点儿,这些钱在卖票的时候,它可以捞回来。他接着说:"只是为了要保持我拍出影片的水平。你们这样漠不关心,这说明你们既不懂人的心理,也缺乏远见。要知道,你们这会儿不是在买卖香肠,是在对待一个人的工作热情问题。"

没有人说话。他们只有一个主意,不论说多少,说什么,要他们拿出一文钱来比登天还难。不管卓别林说什么,也不可能打动他们。他无法理解这些人的态度。他有些奇怪了,难道他们不顾票房价值? 不怕他拍一些粗制滥造的六部影片送给他们? 他们是怎么想的? 难道认为我为了顾全自己已有的声誉不可能用粗糙的片子来塞责? 在当时,卓别林已被全国公认为是最能卖座的演员。

卓别林无法弄懂这些唯利是图的人是什么心态。

西德尼却从得到的消息中有了解释。

"我相信,这件事多少和这一次电影业的开会有关系。"西德尼听了卓别林讲的这件事后说:"谣传所有的电影制片公司要组成一个托拉斯。"

卓别林想了想道:"这谣传很可能是真的。否则那些老板不会不考虑票房价值的,他们才不考虑我的声誉呢。"

第二天,西德尼见到了道格拉斯·范朋克和玛丽·毕克复。他们也很着急,因为他们的合同即将期满,但是派拉蒙影片公司并不提起续订合同的事。

西德尼对他们说了他听来的消息。

"嗯,你的消息很有用,这些迹象说明电影制片公司很有可能组成一个托拉斯。"道格拉斯赞同的道,"用以控制电影界的著名演员,操纵这些演员的命运。"

"我们该怎么办?"玛丽·毕克复征求大家的意见。

"我们最好是请一位侦探去侦察一下,弄清这件事情的内幕。"卓别林道。

"好主意。"道格拉斯首先赞同。

大家意见一致,都同意去雇用一个侦探去侦察。

后来,他们请了一位非常机灵能干又姿色动人的女侦探。

不久,就有一家资本相当雄厚的电影制片公司的总经理约她幽会。

根据这位侦探的报告,卓别林他们大致了解到这次侦察的经过及主要内容。

这个侦探在亚历山德里亚旅馆的副总室里遇见了这个人,就朝他笑了笑,然后托词认错了人。那天晚上,这位经理就约她吃饭。

这位经理很会花言巧语,并且也是一个急色儿,她接连陪他出去了三个晚上,每次都用诺言笼络,再用托辞避开了他。就在这三个晚上,她已全部探听清楚了影片业中的动态。这位经理和他的同事正要联合所有的电影制片公司,组成一个资本四千万美元的托拉斯,和美国所有的电影院老板签订一份为期五年的合同,从而对他们进行操纵。那个经理还告诉她,他们打算把电影建立在一个合理的商业基础上,再不容许一伙疯狂的演员去操纵,不能让他们(那些疯狂的演员)坐享巨额的薪金。这就是那位侦探侦察到的主要内容,而卓别林他们知道这些材料就够了。

他们四个人看完了这份报告,又把报告给 D·W·格里菲斯和比尔·S·哈特看了。他们的反应和卓别林他们一样。

西德尼提出了他的打算。

"如果我们向电影院老板宣布,说要成立我们自己的电影制片公司,准备在公开市场上出售自己的影片,保持独立的身份我们就可以挫败他们组成的托拉斯计划。"

"妙!"道格拉斯首先赞成。"此计甚妙。"他伸出了大拇指,又往下说:"不是说大话,我们几个人可以代表电影业中最能卖座的演员。如果我们自己出售我们拍的片子,那么全国电影院的老板,没有一个去和他们签订合同,别说是五年,一年也签不成。他们还组织什么托拉斯?这些混蛋,想控制我们,操纵我们的命运,想只用两个小钱,就让我们去为他们卖命,他们打的如意算盘,我们让他们的好梦不能实现。"

"对!"D·W·格里菲斯道,"只要我们这些人不去参加他们的托拉斯,他们的这项计划毫无意义。"

西德尼道:"是啊,你们几位,可以说是电影界最卖座的影星,没有了你们,他们的托拉斯就组织不成。那些电影院的老板一旦知道你们不去他们那里,即使他们组成了托拉斯,这些电影院的老板也没有一个人去和他们签订合同的。"

"咱们该怎么去宣布呢?"比尔·S·哈特道,"去报界登个声明?"

"大家看这样行吗?"西德尼提出了他的打算,"在他们开会的前一天晚上,咱们一起去亚历山德里亚大餐厅里去吃饭,再以你们几位的名义邀请几位记者来,然后向报界发表声明怎么样?"

大家一致赞成,就这样决定了。

那一天晚上,卓别林同玛丽·毕克复、D·W·格里菲斯、比尔·S·哈特和格拉斯·范朋克等,一起坐在亚历山德里亚的大餐厅里,围坐在一个桌子上。他们全是英国电影界最知名的演员,全是观众欢迎的演员,那影响是够刺激的了。餐厅里所有人的目光全注视这张桌子。

J·D·威廉斯做梦也没想到会有这种事情发生,他第一个先进来吃饭,一看见卓别林等几个人在一起,一句话也没说,慌忙退出去了。

其他影片公司经理,一个个走到门口,向里面望了望,又匆匆忙忙的象狗一样逃开了。

卓别林与道格拉斯等人却坐在那儿,旁若无人似的大谈其生意经。一边还在台布上随便画一些巨额数字。

每当一个影片公司经理走进餐厅,道格拉斯就胡言乱语一气。

"这些天,卷心菜对大花生,干货对猪肉,它们起了很大的作用呀。"

D·W·格里菲斯悄声向卓别林说:

"道格拉斯怎么了? 疯了吗?"

"不是。"卓别林轻轻摇头,也小声对 D·W·格里菲斯说。

"他是在调侃那些大经理呀。"

不一会儿工夫,已经有六七个新闻记者——还全是美国一些大报的记者,坐到了卓别林他们的桌子上,把他们的谈话摘录下来。

他们几个人联合发表了一个声明:

我们准备成立一家联美公司,以便保护我们的独立,对抗那将组成的托拉斯。

第二天,有几家大报,把这个消息当作头条新闻登出来了。

就在这条新闻登出的当天,好几家电影制片公司的经理全主动找上门来,对卓别林等人说,他情愿辞去他的现任职务,来担任他们公司的经理,他宁愿领最低的薪水,只要能够在新公司里分享红利就可以了。

卓别林他们最初的打算,不过是以此来阻止那些电影院老板和计划中的托拉斯签订为期五年的合同而已。但是,看到有了这样的反应,他们就决定把原订的计划进行到底,于是,联美电影制片公司就这样成立了。

在那些情愿辞去现任职务,加入联美电影制片公司的经理当中,有一位是原任派拉蒙影片公司的创办人和经理阿道夫·朱科尔。

这个朱科尔是一个性情活泼,身材矮小,态度和蔼可亲的人。他的一副长相和那满腔热情,都和拿破仑很相似。在谈生意时,他的话极为生动,很有说服力。他也是主动找上门来的。几句寒暄的客气话说过之后,提出了他的要求。

"你们呀,"他说话时,一口匈牙利口音。"你们完全有权利充分享受你们应得的利益。因为你们是艺人嘛!你们在从事创作!因为有了你们才会有人来看电影,难道不是这样吗?"

"谢谢夸奖,电影不是一个人的事业,那是许多人智慧的结果。我们当演员的不过是其中的一个角色罢了。"卓别林客气地道,"象摄影师呀,配角演员呀,甚至管服装的,管道具的,制做布号的等等。他们之中的每一个人也献出了智慧,缺一不可的。"

"我认为,"朱科尔又说下去,"你们即将成立的公司,是电影业中阵营最坚强的,如果……如果呀,"他加重了语气说:"它经营得法的话。要是一方面有你们在动脑筋,另一方面有我来出主意,那该有多么美呀!"

他就这样谈他的理想和信念,娓娓动听地说着,他还提起了关于成立电影制片托拉斯的事。

"是的,我们曾经计划合并电影院和制片厂,组成一个电影托拉斯。我说的是真的,现在,我愿意放弃这一切,包括我自己的派拉蒙制片公司,来加入你们的联美公司,成为你们的一伙。"

他说话的口气透出了稳重和亲切。

"你们竟然把我当作你们的敌人,可我是你们的朋友呀——是艺人的朋友呀!要知道,是我把第一个电影理想化的呀!是谁清除了那些肮脏的五分钱的电影院(指门票五分钱的小电影院)?是谁给你们添设了那些舒适的座位?是我给你们建造了那些大戏院,提高了票价,这样,你们才能够靠拍电影赚大钱的呀!可是你们这些人反而要把我钉在十字架上!"

朱科尔既是一位伟大的演员,又是一位不寻常的商人,他建立了全世界规模最大的轮回上演电影院。但是,他要合股加入卓别林他们所创办的联美电影制片公司的事,始终没有谈成功。

关于成立联美影片公司的事,卓别林他们既已决定了,就打算付诸实现,他们在玛丽·毕克复家里开了一次会。

每一个人出席时,都带了一位律师和一位经理。

到会的人很多,所以大家发表意见时,就像是举行一次公开演讲一样。

卓别林此时,已是电影界及观众公认的第一笑星——全世界也这样的认为。他拍电影,从编剧、导演到演出,可以找到或想到了那么多的笑料,可以无拘束的逗乐所有的观众,但是,在这样的场合发言却一直很紧张。

但是,玛丽·毕克复在法律和商业方面,精明的程度,令卓别林吃惊。她热悉这方面所有的专门用语:什么叫分期偿还债券,什么叫红利后改股等等。她知道所有公司的条例,说第七页第一节第二十七条和法律是不一致的,还冷静地指出了第二节

第二十四条是和另一条重复或抵触的。在这种情况下,她不仅令卓别林惊讶,而且更使他伤心,他没想到"美国的甜姐儿"竟会是这个样子。有一句话,卓别林永远不会忘记。她在向代表们庄严致词时说:"诸位先生们,我们理合……。"

卓别林听了大笑起来,当即学着她的口吻不禁重复说:"我们理合! 我们理合!"

那时候,玛丽·毕克复不但以美丽出名,而且以精于经商见称。

卓别林还记得当初玛蓓尔·瑙尔芒第一次把她介绍给他的时候说过:"这一位是海蒂·格林,她又叫玛丽·毕克复。"

海蒂·格林是世界上最富的妇女之一,她精明干练,经商致富,她所赚的钱,在一亿美元以上。

卓别林参加这些业务性的会议,不过是虚应故事而已,一切都靠他的哥哥西德尼。几年来,西德尼在商业方面和玛丽·毕克复同样老练。

道格拉斯虽然显出了一副满不在意的神气,但是,实际上他比在场的任何人都精明。他们的一些律师在争论一些法律专门名词时,他只管象一个小学生似的在一边玩笑,但是,等到宣读那些公司条例时,他就连一个逗号也不漏过了。

过了不到六个月,玛丽·毕克复和道格拉斯已经开始给新成立的联美影片公司拍电影了。

卓别林则还得给第一国家影片公司拍完六部笑片。

第一国家影片公司对卓别林那样不讲情面,使他们非常恼火,这样就妨碍了他的工作进展。他愿意出价收购他订立的合同,并贴给他们十万美元的利润,但是,公司拒绝了。没办法,他只能履行合同,再替第一国家影片公司拍完六部笑片。

第十三章　失败婚姻

> 哈里斯是个美丽得令人心旌摇动的姑娘,她拼命追求卓别林,主动献身,卓别林并没想要她;一个偶然,一个玩笑,打动了卓别林的虚荣心,于是,她"怀孕"了……。他第一次婚姻是以失败而告终的。

1917 年下半年的一天,卓别林刚要离开体育俱乐部,电话铃响了。如果卓别林早离开这里几分钟,那么他的生活道路将是另一个样子,正是这个电话,改变了他的生活道路。

电话是米高梅电影的股东之一,美国电影制片商塞缪尔·高尔德温打来的。问卓别林是否高兴到他的海滨别墅去游泳。卓别林接受了这一邀请。

那是一个爽朗而宁静的下午。美丽的奥莉芙·托马斯以及其他许多漂亮的姑娘都在那里。后来,一个叫米尔德莱·哈里斯的姑娘来了,她是由一位哈姆先生陪同着来的。

卓别林见这个哈里斯姑娘长得很俏丽,有人说,这姑娘那时候正在热恋埃利奥特·德克斯特。那天,埃利奥特也在那里。卓别林注意到,哈里斯整个下午老是盯着埃利奥特,但是,埃利奥特却不大理会她。此后,卓别林就没有再去注意哈里斯,把她丢在脑后了。

天晚了,大家也玩得兴尽了,都要走了。

"卓别林先生,我可以搭你的车到市区吗?"

米尔德莱·哈里斯这样问卓别林，接着她又解释这么做的原因。

"我和陪我来的朋友吵了嘴,他已经先走了。"

这没有什么不可以的,反正车里装得下,闲着也是闲着,何况又是这样一个年轻俏丽的姑娘呢? 爱美原是人的天性,和美好的东西在一块儿,总是令人愉快,何况这美丽的且又是一个活生生的姑娘呢。

"在下乐意效劳。"卓别林弯下身子笑着道,"小姐请!"他伸出一只手打开车门,又伸手一躬身,手心向上,作出了一个请的姿式。

"谢谢!"俏丽的米尔德莱一笑,露出了一口整齐洁白的牙齿。

在车里,卓别林逗米尔德莱。

"也许你的朋友是吃埃利奥特·德克斯特的醋了吧?"

米尔德莱对此没有辩解。

"埃利奥特在我的心目中是一位了不起的人物。"

这好像承认了。不过,卓别林认为,米尔德莱这样天真说说笑话,大概是出于女性的一种本能,是有点炫耀,为了要使人家对她发生兴趣。

"埃利奥特可是艳福不浅啊!"

卓别林漫不经心地说。

两个人在车里一句接一句地聊了起来。

"我原先在菲利普斯·斯莫利夫人手下工作,现在又到了派利蒙影片公司拍电影。"

米尔德莱介绍自己的工作情况。

"如果你高兴的话,可以到我的制片厂来工作。"

"真的吗？"

米尔德莱扭转脸看着卓别林。

"我非常乐意与您合作，只要您不嫌我太笨。等到我和派拉蒙的合同期满就过来。"

她似乎很高兴，两只眼睛长长的睫毛不住地捐动着。

"哪儿的话。"

卓别林又在逗她了。

"您到了我的手下？与我合作，不怕埃利奥特吃醋吗？"

"您弄错了。"

米尔德莱似乎在坦白地说。

"我崇拜埃利奥特并不是已经爱上了他，而且我们并无来往。"

"是吗？"

卓别林仍漫不经心地说。

"那么是我错了。"

他们就这样东一句西一句的闲聊着。

卓别林把米尔德莱送到了她的寓所。

卓别林代替她打开了车门，却没有下车，坐在位子上道："再见。"

米尔德莱下了车，又将头伸进车门。

"我们能再见吗？"

"当然能。我们住在洛杉矶，会时常见面的。"

米尔德莱给卓别林的印象不坏，认为她是一个娇憨的姑娘。

卓别林回到了体育俱乐部，感到一阵轻松。因为他喜欢一个人清静一会儿。但是，他在屋子里还没清静到五分钟，电话铃响了。

电话是哈里斯小姐打来的。

卓别林从仆人兼管家汤姆·哈林顿手中接过话简，互通了姓名。

"请问，哈里斯小姐，您有什么事吗？"

"我没什么事。"哈里斯天真地说，"我就是要知道你这会儿在干什么？"

卓别林感到奇怪，他和这位哈里斯小姐今天仅是第一次见面，而且又仅仅是在汽车里交谈了几句，她好像把这个第一次见面的男人当作一个知己相识，并且是知情知趣的人了，这个态度不好理解。但是，他还是以实相告。

"我正准备在房间里吃晚饭，饭后，再上床去看一会儿书。"

"哦！"她语气中似乎有些伤感。"我可以知道你在看一本什么书吗？"没等卓别林回答，她又说下去："你住的房间什么样子啊？"她仍不等卓别林回话，接着说："我可以想象得到，你的房间一定很舒适。吃过饭，躺在床上，手捧一本书，看一阵子，然后就很舒服的在被窝里睡上一个好觉，还可以做个好梦。我说得对吗？"

这种无聊的谈话，卓别林感到很有趣，于是，他不知不觉地，象谈情说爱一样，跟哈里斯聊下去。

"我的房间还可以，满舒服的。我正在读查理·狄更斯（Charles·Dickens）的著作。"

"我什么时候再和你见面啊？"

哈里斯热情地问。

"会有机会的。我说过，我们同在洛杉矶，总会有机会见面的。"

"现在可以吗？"

"现在?"卓别林似乎没反应过来,"现在"一词是什么意思?

"是呀,就是现在。"

话筒里传来哈里斯着急的口吻。

"这么说,你是要抛弃埃利奥特了,这不应该呀。"

卓别林用开玩笑的口吻说。

"我已经向您说过了,我保证,我说的是实话,我与埃利奥特从无来往,你该相信我,我发誓,我没有说一句谎言。我并没有想着埃利奥特。"

卓别林不能不信了。

"我相信你的话,我这就派车去接你,到我这里来共进晚餐好吗?"

"这是我很高兴地事,只是我不好开口罢了。"

哈里斯在话筒里高兴的说。

尽管卓别林看不见哈里斯的表情,但是他想象得出来,她一定又张开了嘴,露出了那整齐洁白的牙齿,那双长长的睫毛也一定在不住地捐动。

哈里斯来了,二人共进晚餐。

这天晚上,卓别林仔细地看着她,发现她十分漂亮,但是,她的漂亮并没激起他在一个漂亮姑娘身边往往会产生的那种热情。

哈里斯的双眼不住地在卓别林脸上、身上溜来溜去,可能是她对卓别林产生了肉体之爱,这在她的那双眼睛可以看得出来,她在企盼肉体之爱,性的结合,但是,卓别林没有那方面的想法,所以,他故作不知,也不在那方面用语言试探,也不进行挑逗。

从这天晚上以后,卓别林就把哈里斯忘掉了。

不料,过了几天以后,汤姆·哈林顿告诉卓别林。

"昨天晚间,哈里斯小姐打来电话,我见您已经睡了,她又说没有什么要紧事,我就没有惊动您。"

"喏,她不会有什么大事来电话"。

卓别林漫不经心地说。

汤姆·哈林顿从不多说一句话,今天他却多说了一句话。

"汽车夫告诉我,说您从塞缪尔·高尔德温家里回来时,陪了一位他从来也未见过的有那么美的姑娘,就是这位哈里斯小姐吧?"

汤姆·哈林顿的这句话挑动了卓别林的虚荣心。

汤姆·哈林顿服侍卓别林,是出于一个偶然的机会。

以前,他是替卓别林的朋友伯特·克拉克管服装的,也兼做一些其他杂事。伯特·克拉克原来在英国轻歌舞团里演丑角,后来进了基斯顿影片公司。他钢琴弹得非常好,但做事却又缺乏主见,不务实际。有一次,他劝卓别林与他合伙出版音乐书籍。于是,他们就在闹区一个办公大厦的三层楼上租了一间屋子,把两首拙劣的歌和卓别林编的曲子印了两千本,然后等候顾客来买。这件事做得很有趣,也很傻气。他们印的书,一共只卖出了三本,一本是由美国作曲家查尔斯·卡德曼买去的,另外两本是由两个下楼时无意中走过他们办事处的人买去的。

克拉克叫哈林顿照管那个办事处,但一个月后克拉克回纽约了,那个办事处也就关闭了,可是汤姆·哈林顿却留了下来。他说他愿意象侍候克拉克那样侍候他。没想到汤姆·哈林顿会告诉他,克拉克从来没给他工资,只每星期贴给他七八元的生活费,好在他是一位素食主义者,所以平时只喝茶、吃面包、黄油和土豆。这些话使卓别林感到惊讶,于是,他补发给汤姆·哈林顿在音乐出版公司工作期间应得的全部薪水,而从那以后,汤姆·

哈林顿就开始给卓别林打杂，做侍仆、管家还兼任着秘书。

汤姆·哈林顿性情和顺，看上去从来不显才，样子有些古怪。脸长得象天主教方洛会创始人圣弗朗西斯，在仁慈中透出一个持戒修行者的神气，薄薄的嘴唇，高高的额角，一双眼睛对世人流露出忧郁和冷静。他生活相当散漫，带有一点神秘味儿。他祖先是爱尔兰人，本人出生于纽约东区，但看来他是更适合于进修道院，而不是干这既琐碎而又多变化的电影工作的。

他每天早晨把收到的信件和报纸都送到体育俱乐部来，然后给卓别林准备早餐。有时候什么话也不说，就在主人床头上留下书，有些书的作者，卓别林并未听说过，如原籍爱尔兰人，后又加入日本籍的小说作家小泉八云和美国小说家、剧作家弗兰克·哈里斯的作品等等。由于汤姆·哈林顿的推荐，卓别林读了苏格兰律师兼作家詹姆斯·博斯韦尔写的《约翰生博士传记》。

"这一本是晚上看了就可以睡着的书。"汤姆·哈林顿是笑着说了这样的话，卓别林才读了的。

当卓别林吃早饭的时候，他有一种使你不会觉察出他在你身边的本领。

如果主人不回他话，汤姆·哈林顿是从不多嘴的。

他已成为卓别林的生活中不可缺少的人物。要做什么事情，只要主人吩咐一声，他总是点一下头，应答一声，那件事情就办妥了。

正是这样，汤姆·哈林顿只多说了一句话，就改变了卓别林生活的轨道，那就是他说出了卓别林车夫曾经说哈里斯的美，是他从来没见过的。

卓别林的虚荣心就在这里，不是说哈里斯的美是世上少有的吗？因为汽车夫从来没见过，当然是少有的了，既然这样，他就要征服这个"美"姑娘，占有这个"美"姑娘。

从汤姆·哈林顿说过那句话以后，卓别林与哈里斯就粘在一块了。

就在汤姆·哈林顿说过那句话的当天，卓别林给哈里斯挂电话，邀她共进晚餐。

哈里斯已经好几天没有见到卓别林了，挂电话找，得到的回答是不在，甚至在晚上十点钟来电话，都是尚未回来，有时得到的回答是已经睡下了。今天，她感到可能是吉星高照，卓别林打来电话邀她共进晚餐了，岂能不高兴，她立即非常愉快的接受了邀请。

也就是在这天晚上，哈里斯的目的达到了。

在吃饭的时候，哈里斯的眼睛里又有了他们第一次共进晚餐时出现过的眼神，卓别林明白，那是要求爱的信号。他没有立即用信号回答。

想不到，哈里斯不仅用眼睛发出了求爱的信号，而且用嘴明确的递出了求爱的信号。

"查利，你一个人睡觉不感到孤单吗？"

一个姑娘说出这样的话来，再明白不过了。

卓别林既然已有了占有这"美"姑娘的打算，就不必故作清高了。

"岂止是孤单。"卓别林也看着哈里斯在说，"这寂寞、冷清也让人难以忍受，而且是缺少温暖的孤单，寂寞与冷清啊！"

"温暖会有的，就看是不是去寻找。"

"我何尝不找。只是很难找到称心如意的呀。"

卓别林在明显地表态了。

两个人一句接一句地在聊着，只差明白地说了。

晚餐后。卓别林坐在沙发上，又用手拍了拍他身边的沙发。

"坐下来，咱们说会儿话。"

哈里斯正有此意，不料卓别林先说出来了，她一屁股坐在卓别林身边。

是心理作用还是生理作用？卓别林没有仔细去分析。

他只觉得从米尔德莱·哈里斯身上放射出一种香气，是什么香？是香皂？香粉？还是香水？也许都不是。

"你身上有一股诱人的香气。"

"是吗？我自己并不觉得。是哪里有香气？"

米尔德莱扬起脸在问。

"我也分辨不清。"

"是鼻子，是我的鼻子。"米尔德莱挑逗地说，"不信你就用鼻子嗅一下试试看，我说的不会错。"

她说着话扬起脸来，那是明摆着的事情，她是在送给卓别林去闻。

卓别林是过来人，他什么不明白，他一伸手把米尔德莱搂在怀里。

米尔德莱顺从地躺在卓别林怀中，闭上了眼睛。

CHARLIE CHAPLIN

一生想过浪漫生活

卓别林

鲍狄夫 ◉ 著

四

时代文艺出版社

卓别林

作　　者:鲍荻夫

责任编辑:张秀枫

出　　版:时代文艺出版社

　　　　　(长春市泰来街 1825 号 邮编:130062 电话:86012927)

发　　行:时代文艺出版社

印　　刷:三河市灵山装订厂

开　　本:787×1092 毫米　32 开

字　　数:750 千字

印　　张:35

版　　次:2011 年 5 月第 2 版

印　　次:2011 年 5 月第 2 版第 3 次印刷

书　　号:ISBN 978-7-5387-1064-9

定　　价:208.60 元(全 7 册)

卓别林一刻也不稍待,低下头去,将嘴唇扣在米尔德莱的樱唇上,疯狂地吻着,吻着。

卓别林在抚摸着。

有许多人都说某个男子是急色儿,他们又哪里知道女人中也有急色儿,米尔德莱就是其中的一个。

当卓别林的嘴刚离开米尔德莱的樱唇,米尔德莱低声提出来:

"查利我们到床上去吧。"

她不仅是说,而且有了行动。

她扯了卓别林一下,自己从卓别林怀中坐起来。然后站起身来,又扯了卓别林一下。

卓别林也趁势站起来了。

米尔德莱自己先走向床边。自己立即宽衣解带。全身脱得赤条条地,一个布丝也没有,然后跳上床,扯过一床被单盖在自己身上。

从这天开始,他们共进晚餐,同赴舞会,花前月下,海滨沙滩,米尔德莱的寓所,卓别林的公寓,就成了他们两个人的幽会之所。

卓别林在热恋中,仍不忘记工作。

他还欠了第一国家公司六部影片,他要去努力完成,他要工作。

但是,米尔德莱就不同了,她虽然也是个电影演员,但她并不把工作看得那么主要,从类型上说她是属于要把恋人挂在自己的裤腰带上的那种型号的女人。所以她一天见不到卓别林也不行。如果有一天她见不到卓别林,她总要不停地挂电话,往制片厂挂,往家里挂,搅得卓别林一刻不得安宁。后来,他给他身边工作的人下了个命令,只要是米尔德莱的电话,只告诉她说卓别林不在。即使是这样,每个星期之中,卓别林至少还要用两个或三个晚上去陪米尔德莱。因为米尔德莱在用电话找不到他的时候,竟然采用了"御驾亲征"的办法,一个大活人找上门来,所以卓别林就不得不抽出时间来陪她。

卓别林对米尔德莱一天不拉的缠着他有些厌烦。而米尔德莱则不同,她希望卓别林每天每夜都陪她。

那一天,已经是 1918 年的 10 月了。米尔德莱与卓别林又一次的做爱之后,她告诉卓别林。

"我怀孕了。怎么办?"

卓别林一惊。这事还能怎么办?只有一个办法——结婚。

其实,卓别林并不想结婚。

这一年卓别林已经二十九岁了。他迟迟没有结婚,有许多人不明白。要钱有钱,要地位有地位,要名声有名声,年轻漂亮女人围着他转,追他的女人不止一个,可他为什么不结婚呢?

有人猜测说,这是他仍念念不忘他初恋的情人——海蒂·凯利。

到底是不是这样?谁也不是卓别林肚子里的蛔虫,人们又没有发明可以记录人的思想的机器,他本人又未对外说过,所以,任何人也无法得知真情。但卓别林没有结婚却是事实。

这时,米尔德莱既然已经有孕,而她肚子里的孩子又是卓别林的,无论从社会道德上说,或是从卓别林个人的人格上说,他责无旁贷,只有娶米尔德莱为妻是唯一的办法了,因为米尔德莱既不是一个妓女也不是暗娼。还有什么可说的。

米尔德莱听卓别林说要和她结婚,她可是骑毛驴吃包子——乐颠了馅了。

卓别林决定和米尔德莱结婚,完全是责任感与社会道德在支配,就他本人来说是不打算这样做的。所以,他决定结婚时一点高兴的意思也没有。

第二天,当汤姆·哈林顿给卓别林送来早餐时,卓别林漫不在意地告诉他。

"我要结婚了。"

汤姆·哈林顿听了,连眼睛都没有眨一下。

"哪一天?"他冷静地问道。

"今儿是星期几"?

"星期二。"

"那么,就在星期五吧。"

卓别林说话时,眼睛盯在报纸上,连头也没有抬一下。那样子就好像在说"把门关上"一样。

"我想,是哈里斯小姐吧。"汤姆·哈里顿的话也不带任何表情与感情,声音平静。

"是呀。"

"您戒指准备好了吗?"汤姆·哈林顿仍是毫无感情地说。

"没有。最好你给我准备一只,把所有要办的手续都办好——记住,此事可别声张出去。"

汤姆·哈林顿点点头。他这个人即使心里想到什么,嘴里也不轻易地说出来。比如,卓别林结婚,这是一件大喜事,那么主人为什么不注意这件事？为什么不声张？为什么不告知亲朋好友——他知道主人的亲朋好友很多，如果大操大办，那么来参加婚礼的人一定会有很多，恐怕不亚于一个国家总统在举行婚礼。又比如说新房该如何布置。该添置一些什么新房的用品等等。

其实，他心里明白，卓别林对这桩婚姻并不满意，他不明白卓别林为什么要米尔德莱。他已见过这个姑娘多次，在他看来，他们不般配，不合适，不会结婚，但偏偏又结婚了——他不知道米尔德莱已经怀孕的事。

他决不多嘴。从这天开始，他再未与主人提及这件事，卓别林不提，他是决不先开口的。

但是，他却把应该办的事全都办得妥妥当当的了。

按照汤姆·哈林顿的安排，结婚仪式定在星期五晚上八点钟举行。

那一天，卓别林在电影制片厂里工作到晚上七点半钟，汤姆·哈林顿悄悄地走到摄影场上，小声儿告诉卓别林：

"别忘了，您八点钟有一个约会。"

他说"有一个约会"而不说"结婚"，这是严格遵守卓别林那"可别声张出去"的叮嘱。

卓别林立即明白了，他心情抑郁地卸了装，汤姆·哈林顿帮着他穿好了衣服。

在上汽车之前，他们两个人不说一句话。上了汽车，汤姆·哈林顿才告诉卓别林。

"您在本地登记员斯帕克斯先生家里和哈里斯小姐会齐。"

他们到达那里，米尔德莱已经在大厅里等着了。

在进去的时候，米尔德莱露出了忧郁的微笑，卓别林不知为什么,突然有一种特殊的想法,他为米尔德莱感到难过。

米尔德莱穿了一套很朴素的深灰色衣服,看来非常漂亮。

汤姆·哈林顿赶快笨手笨脚地把一只戒指塞到卓别林手里。

这时,斯帕克斯先生走进来了,他是一个身材瘦小,和蔼可亲的人。

"哦,查利,你的这位秘书可真行啊,我在半小时前才知道,原来结婚的人是你呀。"

斯帕克斯先生把他们让进了另一间屋子里。

这个婚礼简单得不能再简单了。在场的只有新郎卓别林,新娘米尔德莱,登记员斯帕克斯。

在美国,登记员主管不举行仪式的结婚登记。

这三个人是缺一不可的。如果说有多余的人,那么只能算汤姆·哈林顿了,可这一切又都是他安排的。

卓别林在登记员的授意下,把汤姆·哈林顿交给他的那个戒指,套在米尔德莱的手指上。

这样,婚礼就结束了。卓别林与米尔德莱就成为夫妻了。

卓别林刚迈步要走。只听见斯帕克斯先生说道:

"查利,别忘了吻你的新娘"。

"哦!"卓别林笑道,"知道啦。"

这时,卓别林的情绪很复杂,他觉得这一举动有一些类似儿戏。他又似乎觉得这一举动是织成了一张网,而他自己就套进了这张网里面了。

他在反问,难道这是真的,真的与米尔德莱结婚了。这是一个缺乏重要基础的结合呀!

然而,他又在安慰自己,我很久就需要一个妻子,米尔德莱又是这样年轻,美貌,她才不满十九岁,而自己年已二十九岁了,比她整整大了十岁,也许可以生活得美满幸福。

第二天早晨,卓别林心事重重地到电影制片厂去了。

艾娜·卜雯斯已经在那里,并且他已看到了登载卓别林先生与哈里斯小姐结婚的消息。当卓别林走过艾娜的化妆室时,艾娜走到门口,亲切地说:

"恭喜你,查利。"

"谢谢!"

卓别林说完,一步未停直接走进了自己的化妆室。

见到了艾娜,令卓别林感到很尴尬。

尽管卓别林结婚没有告诉道格拉斯,他还是与这位好友谈起了米尔德莱·哈里斯的情况。

"米尔德莱似乎不太聪明。"

"那有什么关系,你娶的是妻子,又不是娶个老师。"他又笑着加上一句:"难道你打算娶一个万全宝书吗?"

卓别林认为道格拉斯说的对,他要获得知识可以到图书管去查找。

然而,卓别林总是有些担心,结了婚会不会影响自己的工作呢?虽然米尔德莱年轻貌美,但是,难道因此就应当成天厮守着她吗?需要这样做吗?这样做值得吗?工作又该怎么办?

他真不知道该怎么办才好。

卓别林又想,他以前虽不曾和米尔德莱恋爱过,但是,如今既已和她结了婚,就应该去爱她,要使婚后的生活过得幸福美满。

在米尔德莱方面却不这样想。在她的眼里,结婚只不过是一次历险,它应当象在美女比赛中名列第一那样富有刺激。这种事情有点象她在一些小说里看到过的那些玩意儿。她是缺乏现实感的。

卓别林试着和米尔德莱谈一下他们今后的计划,但是她根本听不进去,她仍处于一种眩惑失措的状态中。

他们结婚的第二天,米高梅公司的路易斯·伯·梅耶就来找米尔德莱谈判,要和她签订一份合同,约定以五万美元的代价,邀她在一年内拍六部电影。

卓别林劝她不要签那份合同。

“如果你打算继续拍电影,我能够让你拍一部片子就挣到五万元。”

米尔德莱微笑着点头。她的微笑也很美,真正象文艺复兴时代名画家达·芬奇画的那幅《蒙娜丽莎》的微笑一样。

但是,她尽管点头了,最后,还是签了那份合同。

米尔德莱这样先点头同意,后来却又一意孤行,对卓别林说的话一点也听不进去,让卓别林大伤脑筋,对她这种做法毫无办法。

卓别林既生米尔德莱的气,又对梅耶非常恼火。他们结婚证书上的墨迹未干,梅耶就来挟制米尔德莱签合同。

大约过了一个月,米尔德莱和米高梅公司发生了纠纷。米尔德莱要卓别林去找梅耶谈判解决。

“我在任何情况下都不会去见梅耶的。”卓别林不满地说,“他上次挟制你签合同我就对他很恼火。”

“可是,我已邀请梅耶来我家里吃晚饭的呀。”

“他来了我也不会和他谈判的。”

“你不见他?”米尔德莱似乎胸有成竹地说,“用不上一刻钟他就到了,你能不见他?”

米尔德莱的语气中似乎有调侃的味道,而且又是这样一意孤行,既然要自己的老公与梅耶谈判,事前不说商量,也没有打个招呼,却自作主张的就邀梅耶来了,卓别林大为生气。他再也按捺不住怒火,已气愤到了极点。

"如果你让他到这儿来,我就要给他一个没脸。。

卓别林这句话刚说完,门铃响了。他就像一只兔予似的跑向隔壁的那间玻璃棚暖房里,但那间暖房里没有别的门能通向外面。

卓别林在那里躲了一段很长的时间,他那个急呀,就好像这时间没完没了。

米尔德莱和梅耶则坐在住室里谈生意经,他们坐的地方离卓别林也只有几尺远的距离,他觉得梅耶似乎已知道他躲在那里,因为从他的话中可以听出来一种做作和夸大的口气。

经过一阵沉默,梅耶问到了他。

"卓别林先生几时可以回来?"

"他在制片厂里很忙,今天大概不会回来了。"

米尔德莱不得不说谎了。

卓别林听到了起立的声音,他很紧张唯恐梅耶走进暖房里来,他已做好了准备,如果梅耶真的走进来,他就说他在这里睡着了。

还好,梅耶没有走进暖房的打算,他是要走了。

米尔德莱在留梅耶吃晚饭。

卓别林又担心了,如果真留下来吃晚饭,他又要在这里受罪。

还好,梅耶在推辞,客气了几句,告辞走了。

就在这段日子里,世界大战的战场上发生了变化。

先是在美国对德宣战后,战事日趋激烈,欧洲各地正在进行残酷的屠杀和尽情的破坏。在训练营里,人们学习怎样用刺刀进攻,怎样吆喝,怎样冲锋,怎样用刺刀扎进敌人的肚子,而刺刀如果卡在了敌人的胯里,又怎样向他肚子里开一枪,把刀拔出来,歇斯底里喊几声。

逃避兵役的人要被判处五年徒刑,每个人都得随身携带着他的入伍登记证。便衣已成为可耻的服装,年轻人几乎都穿上了军服,一个人如果不穿军服,可能人家就要看他的入伍登记证,或者妇女就会送给他一根白羽毛。

尾巴间有白羽毛的鸡属下品,白羽毛象征怯懦,表示轻蔑。

有一些报纸提出了批评,指责卓别林不曾参军——可笑的批评,另一些报纸则为他辩解,说他拍笑片比当兵更为需要。

美国军队到达法国时,新兵缺乏作战经验,却要立即参战。他们不听那些已经血战了三年的英法战士的忠告,全凭血气之勇投入战斗,结果是死了成千上万的人,接连几个星期,传来的消息令人沮丧,报上刊出了大量美军伤亡人员的姓名。

此后几个月,战事进入沉寂时期,美国士兵和其他协约国的军队,都在战壕中坚守阵地,在泥污血泊中度过苦难的日子。

最后协约军开始推进。

1918 年 3 月,列宁(Vladimirllyich Lllyaney)领导的苏维埃国家与德国先是签订停战协定,此时又签订了布列斯特——立托夫斯克和约,苏维埃政府退出了战争。

1918 年的下半年,保加利亚士兵爆发了反战运动,大批士兵逃往后方,在途中士兵开始组织起来,选出自己的指挥员,他们在腊多米尔宣布成立共和国,向索非亚挺进,保加利亚政府被吓得惊慌失措,9 月 29 日被迫投降。

土耳其也支撑不住，于 10 月 31 日宣布停战。

奥匈帝国四分五裂，捷克人，霍尔瓦齐亚人，塞尔维亚人，斯洛文尼亚人和匈牙利人相继宣布独立。士兵纷纷从前线战场跑回家，10 月底水兵起义，奥匈帝国打不下去了，11 月 3 日宣布投降。

德国也是内外交困，11 月 3 日—4 日德国北部海军基地基尔的水兵起义，9 日，柏林的工人和士兵在斯巴达反同盟领导下举行总罢工和起义。德皇威廉二世逃往荷兰，11 月 11 日德国投降。

这些消息相继传来，报纸上登出黑体字大标题：

德皇出亡荷兰！

再后来，头版整个篇幅刊出了几个字：

停战协定签字！

消息传来，卓别林正在体育俱乐部自己的房间里，瞬息间，下面的马路上乱成了一片，汽车揿喇叭，工厂里鸣汽笛，军号开始狂吼，整天整夜吵个不停，人们都快活得象发了疯一样——有的唱歌，有的跳舞，有的拥抱，有的接吻，有的调情。和平终于来到了。

生活中没有了战争，人们就好像突然从牢狱中释放出来一样。人们因为长期受到那种训练，以致以后几个月仍旧一直担心忘了带入伍登记证。不管胜利意味着什么，协约国终于胜利了。卓别林认为，是否已赢得了和平，仍旧不能肯定。只有一件事可以肯定，那就是，以前人们所熟悉的事将不会维持原样了，因为那个时代已经过去了。再有，那个时代所谓基本的礼节已经消失了——然而，他认为礼节在任何时代里都不是一个什么了不起的东西。

卓别林和米尔德莱结婚以后,才知道所谓的怀孕完全是一场虚惊,是根本没有的事。卓别林不想去考虑米尔德莱为什么要说谎。因为他把精力完全放在拍电影上了。其实,米尔德莱之所以谎称怀了孕,根本目的就是想和卓别林结婚。

结婚后过了几个月,卓别林才拍完了《阳光山村》。这是一部三大本的笑片,拍摄的过程,用卓别林的话来说:"就像拔牙一样痛苦。"

《阳光山村》是卓别林拍的三部曲里的第三部。夏洛从火线上回来了。因为世界大战已经结束了,他复员了,他现在是在一个农庄上做帮工,这正是他想干的工作。他很快活。他的东家是很凶恶的,不是个善良之辈。他开了一家兼营的旅馆,这样夏洛既要放牛,又要在旅馆里打打杂。他跟东家的关系永远搞不好。

他的工作相当的繁重,连睡觉的时间也没有,但是,夏洛一天到晚一直在想办法节省精力。当年,夏洛在战场上完成过许多节省精力的奇迹。现在,他把牛奶直接挤进咖啡壶里也很省事。

在这个影片中,艾娜·卜雯斯扮演的角色是夏洛的最大安慰。他一看见这个少女的脸就如梦如痴,热情奔放。要是在倒白糖的时候看见她,他就会目不转睛一直倒下去,直到她走开才住手。要是在放牛的时候在十字路口碰上她,他会让牛胡奔乱跑,也舍不得不看她,牛已经都跑到草地上去了,他还在看着,眼睛里流露出一股柔情。

牛已经跑了,他才把它们赶回来。他着急,他心慌,他觉得对付德国俘虏没有这么艰难。太阳快落山了,这些牛再不弄回林里来,就都会跑光的。他望着太阳,眼睛看花了,他把一个胖子当成一条母牛,抓住他的膊子直盯盯的看,想看清楚这是不是他走失了的牛。

最后,他总算把牛群赶到一块儿了,他骑上一条牛的光背上,住村里走,他洋洋得意,不提防,一跤跌进山溪里,做起梦来。

在这部《阳光山村》里,卓别林发掘了夏天的迷人之处。

第一本的一开头,观众们会看见一个宁静的山村,村里的小教堂的尖塔高耸入云,一片和平安谧的景象。

片子的第二本就开始叙述夏洛的梦境,他这场梦精彩极了。

他跌在山溪里,昏过去了,醒来时,看见四个美女,穿着古希腊的薄纱衣服在草地上跳舞,那里正是他的牛群先前游荡的地方。他折下一朵菊花,又把头发弄成两只角。他现在真的是希腊神话中的牧羊神了。他开始玩起花朵来,他跟那四个少女一块跳舞。他跳得好极了。这一段跳舞仿佛是一次神圣的礼仪。跳完舞。这些少女又请他坐在花床上。都向他笑,都对他表示了好感,他简直是飘飘欲仙了。

卓别林在《阳光山村》这部片子里,跳了很好的一段芭蕾舞,轻松、潇洒。镜头忽然开朗,让人望见了天堂的远景。这些对于观众都是难忘的。

这部片子里的跳舞没有别的目的。他跳舞,因为天堂里任何一个人都在跳舞,不需要什么理由。舞跳完了,他的梦也就做完了,又是他那个凶恶的东家把他拖了回去。

在《阳光山村》最后一段映出时,观众们会看见这个小山村里来了一个陌生人,是城里的阔佬。这个人的出现,使夏洛大为不安,他怕这个人抢走他偷偷热恋着的情人。他辛辛苦苦去采了一束鲜花,走到艾娜·卜雯斯的窗子下面,这时,他却发现这个乡下的大姑娘也为着那个城里人而心花怒放了。

他一气之下,扔掉了那束采来的鲜花,也学起那个城里人的派头来,他用纸做成背心和袖头,用旧袜子做鞋套。他的手杖不是象牙头子,却是削得光光的一块蜡烛,他大摇大摆的走到艾娜·卜雯斯面前去,想气她一场,也气一气那个城里人,结果又招来一场嘲笑。艾娜·卜雯斯真的再也不理他了。

他很气愤,不想活了,想还不如让那城里人的汽车压死算了,他的东家却跑来把他一脚踢醒,他才发觉又在做梦。

那城里来的阔佬,修好了汽车,正要走了,夏洛送他上汽车,得到一笔小费,艾娜这个乡下大姑娘又被他去追求了。现在他才明白,他一肚子不快活,都是因为他缺乏信心,从此以后应该好自为之,加紧苦追不舍。

卓别林在《狗的生涯》、《从军梦》、《阳光山村》这三部片子里,很朴实地表现三种生活。在《狗的生涯》里,描写了贫穷,在《从军梦》里描写了大兵,在《阳光山村》里描写了小乡村。在这三部作品中,他对主角充满了同情。这些片子里都有一种抒情诗的美。

但是,最富于田园诗意的还是《阳光山村》,尤其是在第二本里的那段卓别林跳的芭蕾舞和那段森林仙女的跳舞。

这部片子在欧洲放映时,很受法国批评家们赞美,他们一致称道卓别林的诗情画意。法国著名批评家法鲁克·德鲁等人都把那段梦景比做法国风景画家柯乐(Corol)的画。这些精彩的场面,在后来美国的电影界也有过不小的影响。

这部片子之所以拍摄得吃力,主要是卓别林婚后生活的影响。他拍完了《阳光山村》已经是精疲力竭了。

尽管他在结婚时并不愉快,但是,他认为既然与米尔德莱结了婚,就应该全身心地去爱她,使婚后的生活美满幸福。正因为他抱着这样的宗旨,所以逐渐对米尔德莱有了感情,但是,两个人始终说不到一块儿去。两个人许许多多的不同终究无法调和。卓别林无论如何也摸不清米尔德莱的心理。她的性格说不上是下贱,但是行动又总是那样鬼鬼祟祟,令人恼火。他只知道米尔德莱满脑子里装的都是虚荣和糊涂想法。她好像是很容易兴奋激动,老是羡慕新的物品,象什么衣服啦,化妆品啦,鞋子啦,披肩啦……等等。

他们结婚后一年,生了一个孩子,这个孩子畸形,出生三天就夭折了。从此,他们的婚后生活就毫无乐趣,两个人虽然住在一幢房子里,但是彼此却又难得见上一面,因为两个人都忙于拍电影。家里成了一个凄凉冷落的地方。有时侯,米尔德莱一离开家就是一个星期,连一句话也不给卓别林留下,他看见米尔德莱房间的门敞开着,才知道她走了。

卓别林在这种情况下,为了调剂一下精神,有时候就到奥尔菲姆戏院去消遣。有一次,就是在这种古怪心情的支配下,又到了奥尔菲姆戏院,但是,他却发现了一个天才。

他看到了一个古怪的舞蹈演员——他并没有什么出色的地方,但是,在一幕演完之后,他领了一个大约四岁的孩子出来,和他一起鞠躬谢幕。孩子跟着父亲鞠完了躬,忽然跳了几个有趣的舞步,又用懂事的眼光看了看观众,向大家摆了摆手,然后跑到后台去,观众们大声喝彩,于是,孩子只得再一次走上场,这次他又跳了一个别的样式的舞蹈。如果是另一个孩子,这些做作也许会是令人讨厌的,但是这个孩子很逗人爱,他的一举一动让人们看了都觉得有趣,不论他怎么做,这小家伙都表现出一种可爱的个性。

卓别林也连声称赞,这时有人对卓别林说,"他叫贾克·

柯根。"

卓别林没弄清,到底是那个跳舞的演员叫贾克·柯根还是那个小孩子叫贾克·柯根,不过他没有问。

过了几天,卓别林又想起了在奥尔菲姆戏院看到的那个小家伙,当时,他坐在摄影场上,班子里的演员也都在。他正搜索枯肠,思索下一部影片该拍什么才好。

每次逢到卓别林在找不到要拍的电影题材的时候,他常常坐在一班演员的跟前,因为他们的形象,反应或一个什么举动,往往可以启发他的思路。

那一天,他无精打采,思想迟钝,虽然班子里的人都向他客气地陪着笑,但是,他知道自己的头脑已经不听使唤,他漫无目标的胡思乱想,于是又谈到了他在奥尔菲姆戏院里看到的演出,谈到了那个小孩儿贾克·柯根,说他是怎样走上了台,他和他父亲鞠躬谢幕,又是怎样跳舞,观众又是怎样地欢迎……。

这时,有一个人说:

"我看今天的早报上登载,说是贾克·柯根被罗斯科·阿巴克尔邀去拍一部电影,并且已经签订了合同。"

卓别林一听到了这条新闻,就像触了电一样。

"我的天呀,我怎么就没想呢?"卓别林不由得自言自语。

"想到什么?"一个人在问。

"拍电影啊。"卓别林来了兴致,开始讲起来。

"让这个小贾克·柯根来拍电影,由他就可以找到许多许多的镜头,可以拍出来一部好戏。"

卓别林思想飞快的转着,镜头已思考出来了。

"你们可曾想到,戏中的流浪汉夏洛应该是一个装配玻璃的,小孩子在街上到处去砸碎玻璃窗子,于是,流浪汉就来装配玻璃,孩子和流浪汉在一起生活,那该多么有趣,那可以串出来各种各样离奇的事情呀!"

卓别林就在那儿坐了一整天,编排电影故事,描写一幕又一幕的剧情。

班里的演员都侧过脸去看着他,都觉得奇怪,心里在想,机会都已经错过去了,他这样做不是在白费劲吗?

卓别林却未想到这一点,一连几个小时,一直在设想种种动作和一些场面,后来,他忽然醒悟了。

他又自言自语地说着。

"唉,晚了,想这些还有什么用了? 那个阿巴克尔已经和他签订了合同,并且,大概他也和我想到了同样的念头。瞧,我有多么笨,为什么早没想到这一点呢?"

那天,整个下午和晚上,他想过来又想过去,仍然是想关于那个孩子拍电影的种种可能。

第二天,卓别林仍旧闷闷不乐。他召集所有的演员去排戏。但是,他根本就想不到要排什么戏。根本无戏可排,他就和全班的演员无精打采的坐在露天场地上。

"另外物色一个孩子不是也一样吗,何必一棵树上吊死人呢?"

一个演员明白卓别林一心仍在那个孩子身上,这样提议。

当即又有人补充建议。

"要不就去找一个黑人孩子,也许会更有趣一些。"

卓别林谁也不看,听了他们的意见,摇了摇头。

"要找一个象贾克·柯根那样有个性的小孩子是十分困难的。一百、一千、一万个中也找不到一个呀!"

大约在十一点钟,他们的宣传员卡莱尔·罗宾逊神情激动,兴匆匆又气喘吁吁地赶到了摄影场。

"跟阿巴克尔签订合同的不是小贾克·柯根,那是他的爸爸老贾克·柯根呀!"

这可是个天大的好消息。

卓别林一下子从椅子上跳起来,迫不及待地发布命令。

"快! 打电话给他父亲,叫他立刻到这儿来,这件事十分重要!"

这一条消息惊动了制片厂里所有的人,因为他们都知道卓别林想找这个孩子来拍一部好电影。有一些演员走过来,拍拍他的肩,他们都喜形于色。

办公室里的职员听到了这个消息,也都跑到摄影场上来向他祝贺。

但是,卓别林想到了,他还未曾和贾克·柯根签订合同,而那个阿巴克尔也很可能有这个念头,于是,他关照卡莱尔·罗宾逊:

"你打电话的时候要当心,绝对不要提到孩子的事。啊,对了,在他父亲没来到这儿以前,连对这位老人都不要提起,你只对他说,有非常紧急的事情,我们必须在半小时以内立刻见到他。如果他不能离开制片厂,我们就到那儿去找他。"说完,他又一次叮咛:"记住,在他来这儿之前,什么事都别告诉他。"

去打电话的卡莱尔·罗宾逊很快回来了。卓别林立即问道,

"他怎么说? 他几时能来? 是不是立刻就来? 他能离开制片厂吗? 还是……。"

一连串的问号。

"他不在电影制片厂里。"卡莱尔·罗宾逊说。

"去找,立刻去找。"

卓别林又迫不及待派出办事的人去找老贾克·柯根。

派出去的人没回来,卓别林急得象热锅上的蚂蚁一样,坐不安,站不宁,不住地走来走去,不住地注视着门口,心烦意乱,一句话也不说。

这样子,过了两个小时。

最后,贾克·柯根的父亲比利终于来了。他露出了惊奇和迷惑的神情。直盯着卓别林在看。

卓别林一把拉住了他的胳膊。

"他会一鸣惊人的——这可是从来不曾有过的大事! 只要他拍这一部片子! 他能拍好,一定能拍好!"

他没头没尾的说了一堆话。

老柯根摸不着头脑,发愣地看着卓别林,又转脸看看周围的人,周围的人都在微笑,看样子卓别林不象疯子,可是为什么说了这些让人摸不着头脑的话呢?

"这件事会给你的儿子一个飞煌腾达的机会!"

卓别林又高兴地说。

"我儿子?"

"是呀,你的儿子,只要你让我把他留下来拍这一部影片。"

此刻,老柯根才明白了。

"啊,你尽管把这个小坏蛋留下来好了。"他说。

贾克·柯根成了卓别林班子里的演员——年龄最小的演员。

卓别林认为,小孩和小狗是电影里最好的演员。他说"你把一个刚满周岁的婴儿放在浴缸里,旁边摆上一块肥皂,这时候,只要他去抓起那块肥皂,就会引起人们哄堂大笑。所有的小孩,或多或少都有那么一点天才,问题在于你如何想办法使他们将其表现出来。"

贾克·柯根来到卓别林身边,他们两个很快就成了忘年交的好朋友。

卓别林就有这样的本领,他能让每一个孩子都喜欢他。

贾克·柯根和卓别林交友之后,卓别林就对他传授哑剧的基本规则,贾克则很快就学会了它们。他已经能够使情感配合动作,使动作配合情感,而且能够一次又一次地重复表演,始终让人感到那是很自然的。

这个时期有声电影尚未问世,所有的电影全是无声的影片,与哑剧是一模一样的,是用动作来表现情感。

卓别林已想好了题材,准备拍《寻子遇仙记》,也有译成《弃婴传》或译作《红孩儿》的。

在《寻子遇仙记》的一场里,有这样的场面,孩子准备扔一块石头,去砸碎一扇窗子。一个警察从孩子背后偷偷地走了过来。孩子把手举起来,一只手向后扬,准备扔那块石头,这时,孩子的手触到了警察的衣服。孩子抬头望了望警察,就戏耍般的把石头抛到空中,再把它接在手里,然后天真地丢掉了石头,慢腾腾地走开几步,忽然飞也似的逃跑了。

卓别林先做了这一个镜头的动作,让贾克·柯根留心地看着他。

"你要特别注意这一点。"

卓别林叮嘱贾克·柯根。

"你先拿起一块石头,然后望了望那扇窗子,接着,你准备扔那块石头,你把手举起来向后扬,但是,你的手触到了警察的衣服——你触到了他的钮扣,这时候你抬起头来看,发现那是一个警察,你闹着玩似的把石头抛向空中,接着你丢掉了那块石头,你再漫不在意地走开几步,忽然拔起脚来飞跑了。”

贾克·柯根把那个镜头的动作排练了三四次,最后,他很准确地学会了那些动作,他的情感和那些动作配合起来了。也可以说,是动作激发了他的情感。那是贾克·柯根演得最为精彩的一个镜头,也是整部影片的高潮。

当然,并不是所有的镜头都是很容易拍好的,比较简单的镜头,反而会使贾克·柯根感到困难。因为简单的镜头反倒是难拍的。

有一次,卓别林要贾克很自然地吊在一扇门上荡着玩儿,但是,由于他当时心里没有任何念头,他就开始显得做作,很不自然,卓别林只好把这个镜头放弃了。

一个演员,如果思想不在活动,这时候他就不容易表演得自然。

在拍电影时,听的神态是最不容易表演的,业余演员往往会装出了过分注意的神气。

贾克·柯根只要思想在活动,他的表演总是精彩的。

贾克的父亲和阿巴克尔签的合同不久满期,所以他可以到卓别林的制片厂里来陪他的儿子了。后来,他在鸡毛旅店的一场戏里扮演了那个扒手。

有时候,贾克的父亲对卓别林也有些帮助。有一场戏里,两个贫民习艺所里的工作人员,要从夏洛(当然是卓别林扮演)身边把贾克杀死,这时候,卓别林要他很逼真的表演哭。卓别林向他讲了各式各样的伤心故事,但是,贾克都会儿正是非常顽皮和高兴,他们等了他一个小时,他就是不哭。

“瞧我来叫他哭。”

老柯根这样说。

"可千万别吓坏孩子的?"

卓别林感到很不过意,这样叮咛着。

"哦,不会的,不会的。"

贾克那会儿正玩得高兴,卓别林没有勇气留在那儿看他父亲怎样叫他哭,于是他就走回他的化妆室。

过了一会儿,他就听到了贾克号淘大哭起来。

"这会儿他完全准备好了。"贾克的父亲找到卓别林说。

那一场拍的是,卓别林把孩子从贫民习艺所里的工作人员手里救出来。孩子哽哽咽咽地哭着,卓别林抱着他,吻他。

拍完了这个镜头,卓别林问老柯根,

"你是怎样把他惹哭呀?"

"我只对他说,如果他不哭,他们就要把他从制片厂里带走,真的送他进贫民习艺所里去了。"

卓别林转过身去,把贾克抱在怀里安慰他,他脸上的眼泪还没有干。

"他们不会把你带走的。"

"我知道。"他小声儿说,"爸爸是哄我的。"

短篇小说作家古韦纳尔·莫里斯写过很多电影剧本,他常常邀请卓别林去他家里作客。古韦纳尔是一个风趣横溢情感丰富的人。一些朋友都亲切地称他"古书"。

有一次,卓别林对他说到了《寻子遇仙记》这出戏将采取的形式,也就是闹剧与感情剧结合拍的形式。

古韦纳尔却提出了不同意见。

"那样是不行的。形式必须是单纯的,它要么就是闹剧,要么就是正经戏,你不必把二者混杂在一起,因为那样一来,你剧中的某一部就无法演了。"

他们就这个问题争论了很久。

"从闹剧过渡到感情剧,这只是一个如何表达情感和细心安排场次的问题。"卓别林是经验谈,因为他这样做了,而且已经成功了。

"形式都是由人创造的,如果艺术家想象出了一个世界,并且坚信有这样一个世界,那么,不论其中成分多么复杂,人们会相信它是真实的。"

这是卓别林的认识,他只是凭了直觉并没有理论根据。但是,他是对的。

以前人们只演讽刺剧,滑稽剧,情节剧,现实主义戏剧,自然主义戏剧和幻想剧,把纯闹剧与感情剧相结合作为前提的《寻子遇仙记》可以说是一个创新之举。卓别林这样认识也这样做了,而且他成功了。

卓别林给《寻子遇仙记》做剪接工作时,七岁的国际少年象棋锦标赛冠军塞缪尔·雷谢夫斯基来参观他的制片厂。他将在体育俱乐部作表演赛,他一个人和二十个大人同时对弈,其中包括加里福尼亚州国际象棋锦标赛冠军格里菲斯博士。

塞缪尔·雷谢夫斯基一张苍白瘦削的小脸,总显得很紧张,他在看人的时候,一双大眼睛象挑战似的向你瞪着。事先有人告诉卓别林,说这个塞缪尔·雷谢夫斯基,爱发脾气,容易激动,一般是不大肯跟别人握手的。

一同来的那个干事,给他们作了介绍,说了几句话,那个塞缪尔就站在那儿默默地看着卓别林。

卓别林则继续做剪接工作,检看一卷卷胶片、

过了一会儿,卓别林转过身去。

"你爱吃桃子吗?"卓别林说。

"爱吃呀。"那个孩子说。

"那可好,我们花园里的一棵桃树上结满了桃子,你可以爬上去采一些——也给我采一只来。"

卓别林在引逗塞缪尔说话,因为他还有些拘束。

他听了卓别林的话笑了,脸上放出了光。

"哦,好啊。"他问:"那棵桃树在哪儿?"

"卡莱尔会领你去的。"

卓别林指的是他们制片厂的宣传员。

一刻钟以后,卡莱尔领着塞缪尔回来了。他兴高采烈,手里拿着几个桃子,进屋后就将一个大桃子送到卓别林面前。

"好吃吗?"

卓别林问他。

"我还没吃。它一定好吃。"

"吃吧,吃吧!"

卓别林笑着对孩子说。

这一下子,塞缪尔就觉得卓别林很亲近,他不再拘束了。

这一来,他们就成了朋友。

塞缪尔一下子吃了两个桃子,他问卓别林。

"你会下棋吗?"

"不会,一点都不懂。"卓别林承认。

"让我来教你。"

塞缪尔已经不拘束了。

"今儿晚上你来看我下棋,我同时和二十个大人比赛。"

他有些得意洋洋的样子。

"我是要去的。"卓别林说,"等你比赛完了,我请你吃饭,给你庆功。"

"好吧,让我早点儿结束。"

比赛场地就在体育俱乐部,参加比赛的人都似乎有些紧张,那是二十个中年人,他们的对手却是个七岁的孩子。

二十张桌子摆成"U"字形。每张桌子后面都坐着一个大人,而这个七岁的孩子则是在"U"字形的空档里走来走去,从一个对手面前再走向另一个对手面前,孩子似乎并不紧张,因为他仍是原来的样子,一双大眼睛仍在瞪着。不过,他似乎是精神相当集中,什么也不看,每走到一张桌前,只看一眼棋局,立即就走一步,然后又移到另一张桌前去。

三百多个观众,一排排坐在大厅里的两旁,鸦雀无声,看着一个小孩和许多严肃认真的大人在勾心斗角,观众中不少行家里手,他们似在琢磨棋局的变化或是其中的奥秘。

塞缪尔的棋艺确实很高,卓别林虽不懂如何下国际象棋,但是他看得出来。那个孩子到了桌前,只看一眼,并不加思索,立即就走出一步。而坐在桌子后面的大人,则往往是在孩子走出了一步,又移到另一张桌前之后,他们却眉头紧锁,不住的摇头咂嘴,迟迟不敢动棋子。

尽管如此,卓别林还是替那孩子担心,因为他看出来,那孩子的小脸蛋儿一会儿鲜红,一会儿又煞白,他知道,这孩子在健康方面是付出了代价的。

卓别林已看到塞缪尔一连串就将倒了八个对手。

他每将倒一个大人,观众们就不住地大笑,不住地喝彩。

后来,那孩子在格里菲斯的桌前,仔细地看了看。

观众们此时都屏声静气,似乎替那孩子担心。那孩子才七岁,而格里菲斯却是象棋冠军。

　　忽然，那孩子走了一步，然后转过身来，他看见卓别林，他露出了笑容，又摆了摆手，那意思是表示再过一会儿棋赛就可以结束了。

　　他又赢了几个对手。二十个大人中，已有十九个败下阵去，全被孩子赢了。他又走到格里菲斯跟前。

　　博士仍在用心思考。

　　"你还没走吗？"孩子似乎有些不耐烦了。

　　博士摇摇头。

　　"那么走吧，快点儿。"

　　格里菲斯笑了。

　　那孩子恶狠狠地瞪了一眼。

　　"你倒想赢我了？"孩子似乎胸有成竹的样子，又说下去："你如果这么走，我就这么应，你如果那么走，我就那么应。"他很快地一连串说出了以下七八步棋的走法与应招。"我们尽可以在这儿缠上一个晚上，所以，就让我们比成和局吧。"

　　博士听孩子一连说出了以下的七八步棋，他连想都没想到，而且他已想出的三步棋，孩子又都说个正着，看起来别说取胜，要想保住不败似乎也很难，所以他只好同意了。

　　这天晚间，卓别林请塞缪尔吃饭，两人都挺愉快。

　　卓别林和米尔德莱的关系一天不如一天了。

　　他们之间相差得太远了。据接近他们夫妻的知情人说。他们之所以合不来，要怪米尔德莱，这个年纪轻轻的妻子，见识太浅，对她见多识广的丈夫，根本无法了解。她总想把他留在身边，做个平平常常，百依百顺的丈夫，她对卓别林在工作上的热情缺乏了解与认识。

　　米尔德莱不仅是多少天在外面，不回家食宿，而且还有了一些桃色新闻。卓别林的一些朋友都知道了,只瞒住卓别林一个人。

有时候,在星期日,卓别林偶尔遇到米尔德莱,如果正赶上她刚要出门,而卓别林是刚从外面回来。她总是向卓别林敷衍几句,不是说她要去和绀许姊妹共度周末,就是陪哪一个女友去某地办某事,说完扬长而去。如果她看不见卓别林,干脆连个条子也不留下,只顾走开。

有一天,卓别林到道格拉斯·范朋克家里去度周末,因为他已一多个星期未见到米尔德莱了(此时,道格拉斯·范朋克已经和玛丽·毕克复结婚了)。

道格拉斯·范朋克觉得如果再不将有关米尔德莱的事告诉卓别林,就对不起朋友了。于是,他将有关米尔德莱的那些流言蜚语一件一件讲给了好友听,最后他问卓别林:

"我想,这你应该知道。"

其实,道格拉斯说的那些事,卓别林确实不知道。他听了之后,根本不打算去核实它们,他认为没有必要。但是,他在听了之后却感到很郁闷,他没有对道格拉斯说什么。

后来,他又遇见了米尔德莱,他就直截了当的将道格拉斯告诉他的那些事,一件一件的质问米尔德莱。

米尔德莱听了卓别林质问,冷冷地漫不在意地否认。

"都是没有的事。"

她既不害羞也不愤怒,就好像此事与她不相关。

卓别林也不再追问。

过了一会儿,卓别林提出问题。

"可是,咱们总不能这样生活下去呀?这也不象个家嘛。你每次出去,一连几天几夜不归,找你也找不到,也不知道你在什么地方。"

事实真是这样，米尔德莱自知理亏，所以未言语。

"这样的生活，对你对我又有什么意思呢？夫妻之间本应该快乐的生活下去，可是，咱们俩在一起还有快乐吗？"

米尔德莱沉默着，不知她在想些什么，只是不开口。

卓别林有点不高兴，又说下去。

"这个家似乎成了你的旅馆，不！连旅馆也不如，你就是住进旅馆，临走时还要向旅馆的侍者打个招呼，可是，你说来就来，说走就走，应该这样吗？"他停了停，看了米尔德莱一眼，见她仍然是一副漫不经心的样子，不觉又增加了对她的不满。"外面一些人说的那些，你不承认，我也不想追究，可是你自己听了不觉得有些不好意思吗？"

卓别林看米尔德莱，见她的脸似乎红了一下，旋即又平静了。好像不在乎的意思，卓别林的心全冷了，他压下了怒气，冷冷地道：

"咱们该结束这样的夫妻生活了。"

米尔德莱沉默了一会儿，又冷冷地看了卓别林一眼。

"你打算怎么办？"

她的话不带一点儿感情，似乎无动于衷。

卓别林见她那个样子，觉得只能彻底决裂了。

"我……我以为——我们应当离婚。"

他缓缓地心平气和地说，心里却在猜想，不知道她会有什么反应？

但是，米尔德莱不回答，仍在沉默，她头低着似在想什么。

卓别林认为，分手是不可避免了。没有挽回的余地了。

"我想，离了婚我们俩都可以生活得幸福一些。你年纪还轻,还有你的前途。当然,这件事我们可以客客气气地解决。你可以让你的律师去找我的律师,这样,你有什么要求,可以提出来商量。"

"我只要有足够的钱,可以照顾我母亲。"米尔德莱说着,看了卓别林一眼,语气中仍没有任何感情。

"要不,就让咱们俩相互谈一下吧。"

卓别林试探地问了一句。

她思索了一会儿,然后才作出了决定:"我想,我还是去找我的律师。"

"很好。"卓别林说,"暂时,你仍旧可以住在这里。我回到体育俱乐部里去住。"

"可以。"米尔德莱仍不带任何感情地说,语气是那样地冷,"你可以向法院申诉,说我对你精神虐待。"

"嗯! 可以。"

"但是,你,我都不要向新闻界提起这件事,"

卓别林摆出了道儿,也提出了要求。

"可以。"

米尔德莱仍只说了"可以"两个字。

他的本意是花几个钱,和平地解决这件事,不让报界知道。因为那些新闻记者是专门探听"名人"的隐私。此时,他已是全美国,甚至全世界"知名"的人物了,所以他不愿意让新闻界事先知道他和米尔德莱离婚的事。等办完了离婚手续,让他们随便谈去吧。

第二天早晨,汤姆·哈林顿把卓别林的东西搬到了体育俱乐部。

这件事,卓别林做错了。这样一来,有关他与米尔德莱离婚的谣言很快的传播开了,记者们开始打电话问米尔德莱,他们也去俱乐部找卓别林。

卓别林却躲开了记者,既不接见他们,也不在报上发声明。

但是,米尔德莱却在报纸的第一版上大肆攻击卓别林,说卓别林怎样遗弃了她,又对她怎样精神虐待,总之,卓别林已是一个世界上"最坏的丈夫",所以,她要求离婚⋯⋯。

卓别林对此很生气,他去找米尔德莱。

"我们已经约好,都不接见记者,也不在报上发表声明。"他带着怒意在质问她。"可是,你却不遵守诺言,自己单独接见了记者,你难道这样做的时候问心无愧吗?"

米尔德莱进行解释。

"起初,我拒绝接见任何记者,可是他们有人说,你已经在报上发表了一篇措词强烈的声明,我才接见记者的。"

"这是有些人在别有用心的挑拨离间,他们是让我们互相仇视,互相攻击,他们则在一边看热闹,我们不能上他们的当。这你应该明白。"

对卓别林的话,米尔德莱没有立即予以回答。

卓别林见米尔德莱的样子又说下去。

"你应该明白,我不是不能攻击你,我是不想攻击你,外面许多人对你的议论就是最好的材料,恐怕那些话并非谣言吧?这一点你想过吗?"

"好了。"米尔德莱偷看了卓别林一眼,"你放心好了,今后我再不接见记者,也不在报上发表声明了。"

"我记住你亲口说的话。"

卓别林仍不接见记者,也不发表声明,对米尔德莱的那些不轨行为只字不提,他是说话算数的。

但是,米尔德莱却违背了诺言,又在对新闻记者发表谈话了。

卓别林也不屑再去问她,只催自己的律师与米尔德莱的律师去接触、洽谈。

按着加利福尼亚的夫妻共有财产法的规定,米尔德莱应当获得二万五千美元的赡养费。米尔德莱的律师提出了这一点。卓别林的律师与卓别林提及此事。

"您去找米尔德莱的律师。"卓别林说,"我给米尔德莱十万美元,从此一刀两断。"

"他们会满意的。"律师说,"这个数目已是他们提出的四倍了。"

米尔德莱真的满意了。

到了签字的这一天。

卓别林、米尔德莱及双方的律师全到场了。

卓别林满以为可以彻底摆脱了烦恼,可以卸去了肩上的重担与心理上的压抑,可以轻松一下了——因为结婚以来,他就没有因婚姻而快乐过,米尔德莱从没有给过他温暖与安慰,他从米尔德莱处得来的只是烦恼与压抑。

事与愿违,米尔德莱拒绝签字。

卓别林与律师都大为奇怪。

"请问,还有条款不清楚吗,米尔德莱·哈里斯小姐?"

卓别林的律师不解地问。

"如果有什么条件,可以再商量,"

这事连米尔德莱的律师也不知内幕,他发愣地看着米尔德莱。

"米尔德莱小姐,"她的律师觉得这称呼不准确,因为离婚协议书在未经过双方签字之前,米尔德莱还应该算是卓别林夫人,而不是哈里斯小姐。"这是……为……?"

"不为什么,"米尔德莱板着脸。"我就是不能签字!"说完这句话,连她自己的律师也不招呼,竟自走了。

卓别林与他的律师都不明所以。

"这事透着奇怪,已经谈好了的,而且当时米尔德莱·哈里斯还似乎非常满意,此时变卦,一定有背景。"

卓别林也有同感。

果然,不几天就得到了证实。

原来第一国家影片公司在捣乱。

原来,为了《寻子遇仙记》这部片子,卓别林和第一国家影片公司发生了纠葛。《寻子遇仙记》是一部七大本的长故事片,但是第一国家影片公司却要把这部片子当作三部各两本长的笑片。这样一来《寻子遇仙记》一片拍好后,他们只需付给卓别林四十万又五千美元。为了拍这部片子,卓别林已花了将近五十万美元,费去了十八个月的工夫。所以,卓别林明确的告诉第一国家影片公司,如果要我同意你们提出的办法,除非是地狱冻了冰(西方人认为地狱里永远燃烧着硫磺的烈焰——当然不可能冻冰)。

双方坚持不下。很有可能诉讼法律,但是,就法律的观点看,第一国家影片公司是不会打赢这场官司的。他们当然也知自己方面无法打赢官司,所以,他们打算利用米尔德莱的影响,企图把《寻子遇仙记》扣押下来。

这时候,卓别林还没有剪接好这部片子,他本能地想到第一国家影片公司和米尔德莱一伙,必定来干扰他的剪接工作,当然是第一国家影片公司把米尔德莱当枪使了。必须离开这里。

　　卓别林想到了就行动,他当即出发去盐湖城,随身带了两个工作人员和四十多万英尺影片。也就是五百卷影片。

　　他们下榻在盐湖城旅馆,在几间卧室里摊开了全部的影片,利用所有的家具——架子、五斗橱、抽屉——把一卷卷胶片放在它们上面。在旅馆里存放危险易燃品是违法的,所以这些事还得偷偷地去做——胶片是易燃品。就是在这样的条件下,他们进行剪片工作。他们要整理二千多个镜头,尽管它们都编了号码,但有的时候,他们偶而也会弄错了其中的一个,于是他们就得接连几个小时在床上,床下,浴室里等处到处寻找。他们不顾种种恼人的困难,又缺乏应有的设备,但好像出了奇迹,他们终于完成了剪接工作。

　　现在关键的时间到了,他要向观众试片了,这是一项可怕的,既痛苦又担心的考验。

　　在检看这些片子的时候,卓别林只用了一架小剪接放映机,由这架放映机器放映在浴巾上的电影只有明信片那样大小。幸亏他以前在制片厂看过映在普通银幕上的样片,但是,现在他仍旧很担心,他对这十八个月工作心中是没数的。

　　外面的人虽然还没看过这部影片,但是制片厂里的工作人员是早已看过了。卓别林本人及他身边的几个人更是在接片机上看了无数遍,所以他觉得影片似乎不及初看时那样招笑有趣了。卓别林自己安慰自己,这大概是看惯了,最初的热情已经冷淡下来了。

　　但是,他自己拿不准。

　　后来,他决定给这部影片进行一次严格的考验。事先不宣传,不公布,经当地一家戏院里安排了一次试演。

那是一家很大的影院,观众坐满了四分之三的座儿。卓别林提心吊胆地坐在那里,等着影片放映。

卓别林突然产生一种错觉:也许,这些观众无论看什么样的我演的影片,都不会感到满意了吧? 由此,他对自己的判断力又产生了怀疑:观众能喜欢看这样的笑片吗? 能够接受它吗? 也许是自己原来的估计错了,也许这次尝试全部失败了,也许,结果让观众们看得莫名奇妙。想到这里,他感到很难受,心想,一个喜剧演员对喜剧的看法,有时候竟然会是完全错误的。

忽然间,卓别林心中震动了一下,只看见银幕上映出了嵌在花边框子里的这样几个字:"查利·卓别林最新影片《寻子遇仙记》"。

观众中发出了惊讶地欢呼,其间还夹杂着掌声。

听到了笑声与掌声,卓别林不但没有立即轻松,倒反而担心了,观众们期望得太好,看下去也许会感到失望。

前面的几个镜头是介绍剧情的,演得缓慢而严肃,卓别林本人紧张得难受。一个母亲抛弃了她的婴儿,她把自己的孩子放在一辆轿车里,强盗又偷走了汽车,最后把婴儿丢在一个垃圾箱边。这时候,由卓别林扮演的夏洛出场了,仍然是流浪汉夏洛,仍然是肥裤子,大皮鞋,小上衣,小帽子,小胡子的装扮。台下立即发出了笑声。

卓别林出现后,得心应手的演下去。夏洛发现了婴儿,收养了他。观众们看到夏洛那个用旧麻布袋改做的吊床,纵声大笑;看到夏洛用壶嘴上套着橡皮奶头的茶壶给孩子喂奶,观众为之哄堂。看到夏洛在一张旧藤椅上挖一个洞,把一只尿盆放在它底下,观众更是狂笑起来——实际上,自从夏洛在影片中——银幕上出现时起,观众就开始发出了笑声,始终笑声就未停过,而且越笑越厉害，就像发了疯似的。

《寻子遇仙记》是一部笑片，但这部笑片里却充满了悲与喜的交织。

如果说《大卫·科波菲尔》是狄更斯的自传；如果说《在人间》和《我的大学》是高尔基（Golgi）的自传的话，那么《寻子遇仙记》就是卓别林的自传。

当然，卓别林不是私生子，也没有被生母遗弃，但是，片中那个流浪儿——即由贾克·柯根（Jackie·Coogan）扮演的那个苦难的童年，他对母亲的热爱，母亲病了他所感到的痛苦，进入贫民习艺所的穷困和不安，都由这个流浪儿的经历重现出来。在片里重现了生活在伦敦贫民窟的卓别林的童年。

卓别林慧眼识珠。贾克·柯根确是个天才的儿童演员。这孩子的每一个动作都是卓别林创造出来的，在许多情形下，这孩子就是卓别林的化身。

这部片子，跟卓别林所有自成一格的作品一样，它的情节发展中又包含着又一个平行的故事。贾克·柯根饰演的这个孩子演得好极了，他显然就是查利·卓别林自己，因此，观众们在这部片子里看见了两个查利·卓别林——一个是成年的查利——夏洛，一个是孩子的查利——贾克·柯根。他们两个人都具有动人心弦的不可多见的气质。

卓别林把贾克·柯根训练与培养成为一个艺术家。这部片子上映后，贾克·柯根已被公认为是一个不可多得的天才的童星，这是与卓别林分不开的。

贾克·柯根曾红极一时，他聪明极了，许多感情流露的镜头，他都演得极好。

在片子的结尾处，夏洛与这个小流浪儿同甘共苦彼此无法分离,可是,流浪汉夏洛的老对头——警察又闯进他们的生活里来了。打破了夏洛的好梦。

孩子又千方百计的回到了他母亲的怀抱。当年那个抛弃孩子的妇人——年轻的女郎,此时已成了一个著名的歌星,又发大财了。

孩子能回到亲生母亲的怀抱,这当然令夏洛高兴,但是,他和孩子已有了感情,自然有些难分难舍。但是,出现了意外的惊喜,发觉孩子的母亲也愿意收留他这个好心肠的流浪汉。夏洛不禁喜从悲来。这是一个极为动人的场面。他怀疑,他迷惘,他渐渐相信,他脸上慢慢露出了笑容……这些情感变化实在太使人感动了,因为夏洛也是个孤苦的人,他也需要人间的温暖,需要母亲的抚慰。

卓别林爱孩子,可是,他又怕孩子,孩子们事事直截了当,单纯朴实,常常使他感觉到成年人的短处;他常常觉得很难跟孩子们简单随便的谈话。可是自从他选中了贾克·柯根之后,他对这个孩子爱护备至,正是由于他在现实生活中爱一切孩子,当然对贾克·柯根的感情也是真实的。所以贾克·柯根也爱卓别林,两个人之间的关系甚于亲生父子的关系,两个人之间发生了真正的爱。

卓别林曾对朋友说过,他与贾克·柯根在一起的这段时间,是他生平中最愉快的日子。

《寻子遇仙记》中有悲哀,有泪也有欢乐与笑。卓别林在这部片子里运用了他对喜剧和悲剧的丰富经验,使它成为一部极动人的片子。

卓别林拍《寻子遇仙记》一片的时候,正是他跟米尔德莱·哈里斯闹离婚的时候,但是,他并未因为离婚的事而影响拍片的质量,当然,在时间方面又确实浪费了许多。

卓别林每拍一片,都抱定一个宗旨,宁肯一尺不拍,也不让一个镜头令观众失望。在《寻子遇仙记》中,有一个镜头放映出来只不过一分钟,可是,他却拍两个星期,用掉了五万英尺胶片,这也可见他慎重工作的程度了。

《寻子遇仙记》在全世界上映后,深受观众欢迎,人们都认为这是卓别林最好的影片之一,若干年后,人们仍喜爱这部片子。

这是卓别林艺术生涯中的又一次胜利。

《寻子遇仙记》也可以说是《狗的生涯》的进一步发挥。这种流浪情调的双重表现固然增加了片子的喜剧情,同时也增加了它的凄凉感。

观众们看过片子后,认为那个贾克·柯根就是卓别林的化身,也让观众看见了自己失去的童年。

卓别林试过了新片,心里有底了,而且剪接工作已经结束了,于是收拾好东西,离开了盐湖城,但是,他没有回到洛杉矶而是去了美国东部——纽约。

他到了纽约后,住进了里茨旅馆,躲藏在自己的房间里不敢出来。因为第一国家影片公司为了要利用米尔德莱的离婚诉讼案来扣押影片,所以就怂恿那些递传票的法警来扰乱卓别林。接连三天,这些法警守在旅馆的休息室里,他在房间里感到非常气愤。

根据美国法律,象离婚诉讼案一类的传票要递交被告本人,而旅馆则不允许这些法警在旅馆内到处乱闯,只能守在休息室里,而卓别林为了躲避法警,也不能任意走出去,因为接到了传票,就必须到庭,而这也正好中了第一国家影片公司所设的牢笼计。

后来,弗兰克·哈里斯邀请卓别林到他家里去吃晚饭,卓别林决定去吃饭,也好解脱一点儿忧闷。他借了他嫂子的衣服罩在他衣服的外面,脸上蒙了一条绸纱巾,扭扭摆摆的穿过了休息室,出了门,坐上了一辆过路的汽车。在车里他脱掉了女人的衣服,直奔弗兰克·哈里斯的家。

卓别林对这位弗兰克·哈里斯甚为崇拜,因为他读过弗兰克·哈里斯写的书,很是钦佩。弗兰克经济上经常发生困难。他编的期刊《皮尔逊杂志》,每两星期就要发生一次停刊的危险。有一次,他刊出了一则呼吁社会赞助的启事。卓别林捐赠给他一笔款子,他为了表示感谢,赠给卓别林两卷他自己写的《奥斯卡·王尔德传》并在书里写了这样几句:

赠查利·卓别林——

　　您是少数与我素昧平生但慷慨解囊助我的读者之一,您那罕有的幽默艺术常常使我倾倒,因为我认为,凡是使我们欢笑的人,总比那些使我们悲泣的人更应受到尊敬。

　　　　　　　　　　您的朋友

　　　　　　　　　　弗兰克·哈里斯

谨赠其自存本。

　　　　　　　　　　一九一九年八月

　　"我只赞扬和钦佩那些含着泪谈人世间真理的作家。"

　　　　　　　　　　引布莱斯·帕斯卡语。

这天晚上,卓别林是第一次会见弗兰克·哈里斯。

他是位身材矮胖的人,气宇轩昂,五官端正,威武有神,两撇翘起的大胡子,叫人看了有点不大自在。他说话时嗓音低沉洪亮,让人听了清楚明了。当时,他已六十七岁,他那年轻美貌,一头红发的太太,对他很是体贴。

弗兰克虽然是一位社会主义者,但是他却非常崇拜那个被人称之为"铁血宰相"的俾斯麦。

这可确实有点矛盾。奥托·菲尔斯特冯·俾斯麦·舍恩豪森,在担任普鲁士王国首相和德意志帝国宰相时,曾推行"铁血政策",颁布了《反社会者特别法》。本应是社会主义者弗兰克的对头,相反,他却学俾斯麦在德意志帝国国会里那样断断续续用德语回答李卜克内西的话,模拟得十分逼真。

卓别林暗想,弗兰克·哈里斯可以成为一位杰出的演员。

他们的谈话一直到第二天凌晨四点钟,主要是弗兰克·哈里斯一人在说。

天还没亮,卓别林决定转到另一个旅馆去住,因为他担心,法警仍在里茨旅馆守候着他。但是,纽约所有的旅馆全部客满。汽车兜了一个多小时,竟未找到一家旅馆。

最后,那个样子好像粗野,年纪在四十岁左右的车夫,向卓别林转过身来。

"我说,这么晚您是找不到旅馆的。您还是到我家里去住一夜,到明儿早晨再走吧。"

卓别林有点儿犹豫。

"别担心,我的老婆和孩子也会欢迎您去的。"

卓别林一想这样也好,这样总可以躲开那些法警的干扰。

"多谢你的好意。你,大概还不认识我。我叫查尔斯·卓别林。"

卓别林作了自我介绍。

"您就是夏洛?"

汽车夫吃了一惊，旋即笑起来。

"太好了，您就是电影里的流浪汉夏洛，您不说出来，我可没认出来。这样，我老婆知道了一定会很高兴的。"

车夫把车开到布朗克斯区，这是一个人口稠密的地方，一排排的房子都是褐色石头砌的。他们走进了其中的一幢，里面陈设很简单，但是收拾得洁净无尘。他把卓别林领进一间后房，房里摆着一张大床，那时，床上正睡着一个十一二岁的孩子——那可能是他的儿子。

"请等一等。"

车夫说着托起那个熟睡的孩子，把他放在床边上，孩子仍旧酣睡着。这时，他又转过身来。

"你睡在里边吧。"

卓别林见车夫竭诚招待，深受感动，他不好再推辞，也不能再犹豫。车夫给了他一件睡衣，他很小心的爬到床里边，生怕惊醒了那个孩子。

卓别林躺在床上，却未合上眼。

后来，那个男孩子醒了，他从床上起来，穿上了衣服。

卓别林眯着眼睛看着他，只见他随便地向卓别林望了一眼，并没有作出什么反应，就离开了屋子。

过了会儿，男孩子同一个八九岁的小姑娘——那显然是他的妹妹，悄悄地走进来，卓别林仍假装睡熟了。只见他们在朝床上的卓别林看着，张大了眼睛，露出了兴奋的神情。小姑娘用一只手捂住了自己的嘴，不让自己笑出声来，然后两个人悄悄地一起走开了。

不一会儿，从走道里传来了悄悄的低语声。后来他又听见汽车夫压低了声音说了几句什么。接着，他就轻轻地推开了房门,大概是想看看客人是否醒了。

卓别林这时睁开眼,表示他醒了。

"您洗澡的东西我们都准备好了。"他说,"浴室在楼梯口那儿。"他拿进来一件浴衣,一双拖鞋和一条毛巾。"早餐您要吃什么。"

"什么都行。"卓别林觉得这样麻烦人家很不过意。

"火腿蛋、土司、咖啡、随您爱吃什么!"

"太好了。"

他们把时间算得很准,卓别林洗漱完毕,汽车夫的妻子已经把热气腾腾的早餐端到了前面房间里。

房子里的家具不多,只摆着一张餐桌,一张安乐椅和一张榻,壁炉架上和榻边的墙上挂了几张嵌在镜框里的合家欢。他一个人单独吃着早餐。这时候,外面围了一大群人,有孩子也有大人。

"他们已经知道您到这儿来了。"汽车夫的妻子端来咖啡笑着说。

汽车夫走进来了,他显得很紧张。

"瞧呀!"他说,"屋子外边已经站了一大群人,现在人越聚越多了,要是那些孩子能看一看您,他们就会散去的,否则报馆里的人找来,那样,您就苦了。"

"让孩子们进来好了。"卓别林对着车夫笑着说。

于是,孩子们走进来,在桌子四周站满了,都咯咯地笑着。

卓别林只顾喝咖啡。

汽车夫在外面不停地说:"进去好了,可别闹腾,排好了队,一次进去两个。"

这时,走进来一个神情紧张严肃的妇女,样子很年轻,她仔细地端详着卓别林,接着就哭出了声。

"不对,这不是他。我还以为是他呢?"她呜咽着说。

原来,是一个朋友含糊的告诉她:"你猜来的是谁? 是你再也不会想到的一个人呀。"随后她就叫人领进来看,她错以为是那个在战争中失了踪的她的兄弟此时回来了。

卓别林决定回里茨旅馆,也不管它有没有法院的传票来送给他。因为象现在这个样子,他也无法躲开那些法警以及新闻记者,反而会成为记者们最佳的新闻报道材料。

哪知,他回到里茨旅馆,并没有遇到送传票的法警,却收到了他的律师从加利福尼亚州拍来的电报:

问题已全部解决。米尔德莱已申请离婚。

第二天,汽车夫和他的妻子打扮得整整齐齐地来看卓别林。

汽车夫告诉卓别林:

"报馆里的记者一直缠着我,要我给星期日报上写一篇特写,描写您在我家里过夜的经过。"他郑重地说,"可是,在没得到您的许可以前,我是什么也不会告诉他们的。"

他的语气是坚决、肯定的。

"你去写好了。"卓别林说。

卓别林与米尔德莱离婚一事总算解决了,她还是接受了卓别林主动给她的十万美元赡养费——如果上法院的话,她只能拿到二万五千美元。这时是 1920 年 11 月。从 1918 年 10 月,他们结婚,至今已两年了。

后来,米尔德莱退出了电影界,改演歌舞剧,1944 年病死,那时年仅四十三岁,一个不幸的结局。

第十四章　博采群芳

他也有才思枯竭的时候,但他一看道具,或看配角
演员的一个动作,就能触发他的灵感,获得新的题材和
构思;旧布景残片,监狱的门,钢琴,液压机……,忽然,
他眼睛一亮,他瞥见了一套高尔夫球棒,有啦! 新片里
这杆球说不定又打进了哪位美貌女郎的情门!

卓别林与米尔德莱办完了离婚手续。第一国家影片公司想
通过米尔德莱扣押《寻子遇仙记》一片的阴谋破产了,他们只好
找卓别林本人来谈判了。

第一国家影片公司的那些先生嘛,用卓别林的话来说全都
是见了人低头哈腰,说话时含着骨头露出肉的。

第一国家影片公司的一位副经理叫戈登,他是美国东部各
州许多戏院的大老板。

“卓别林先生,你开个价吧。”戈登先生说。

“一百五十万美元。”卓别林用斩钉截铁的口气说。

“你开口讨价一百五十万,可是我们连影片还没有看到呢。”

“你说的对。”卓别林看了戈登一眼,又说下去:“要看影片容
易得很,放给你们看就是。”

于是,双方议妥,当天晚间放映《寻子遇仙记》给第一国家影
片公司的那些大人先生们看。

地点就在试片室。当第一国家影片公司的那些大人先生们

来到试片室时,卓别林已经让工作人员把一切都准备好了。

那天晚上的气氛很冷落。第一国家影片公司的二十五位戏院老板,鱼贯进入试片室,那样儿好像是验尸官要举行一次验尸似的。他们这些人一个个阴沉着脸,就像是有人借了他们的稻米,还给他们的是稻壳一样。用卓别林的话来说,他们全是怀疑一切的,没有风趣的,毫无同情心的。

待这些投有风趣的人坐下来后,放映影片了,片头的字幕是:

一部笑中也许含着泪的影片。

"字幕不坏吗。"戈登先生说。

他说这句话的意思,好像是为了表示慷慨大方。

经过上次在盐湖城试片,卓别林对《寻子遇仙记》一片多少有点儿信心。但是,影片放映还不到一半,他的那点儿信心,就开始动摇了:上次试片时,观众看了发出狂笑的地方,这次却听到一两声冷笑。

他哪里知道,这些脑满肠肥的老板,是故意这么做的,他们的目的就是想压低影片的价钱,以便他们把更多的钱揣进自己的腰包里。

影片放映完了,电灯亮了。随后,这些酒囊饭袋,伸了伸懒腰,眨了眨眼睛,都不谈影片,却开始闲扯起一些与影片不相干的闲事。

"今天的晚饭,你打算怎么吃呀?哈里。"

"我带老婆去广场饭店,饭后我们去看齐格菲歌舞剧。"

"我听说那戏演得还不错呢。"

"你高兴一块儿去吗?"

"不行,今儿晚上我就得离开纽约,我要回去参加我儿子的毕业典礼。"

听他们这样东拉西扯的闲扯，卓别林的神经紧张到了极点。最后，他直截了当地问他们。

"请问，你们看了片子觉得怎么样，诸位先生们?"

有几个人很自然的欠了欠身子，另一些人低下了头。

戈登显然是他们的代言人。这时，他开始慢腾腾地在地上踱来踱去。他是一个身材魁梧，肥胖结实的人，有着猫头鹰般的圆脸，下巴颏的肉胖得叠成一叠，大嘴叉，厚嘴唇，戴着一副厚玻璃眼镜，眼睛后面是一双凸出眼珠的蛤蟆眼。

"这个吗，查利。"他慢条斯理地说，"我还得和我的几个同事碰一碰头。"

"这我知道。"卓别林插了一句，又问："可是，你们几位看过影片之后，觉得这部片子怎么样?"

他迟疑了一下，咧开大嘴一笑。

"查利，我们到这儿来，是为了买这部片子，不是为了来说我们多么喜欢它。"

他这句话一出口，就有一两个人大声地笑了。

这时，卓别林已看穿了这些先生们的阴谋。他们想通过米尔德莱扣押片子未能得逞，现在又想用贬低片子的鬼魅伎俩来压低片子的价值。他对戈登的话甚为不满，他立即针锋相对：

"我不会因为谁喜欢这部影片，就要你们多出几个钱!"

戈登犹豫了一下。

"老实说，我原来指望它还能有一些玩意儿。"

"你指望它有些什么?"

卓别林立即反问。

"这个吗——"戈登拉长了声调："查利，要卖一百五十万——嗯,它还缺少那种声势。"

"怎么着? 你要伦敦大桥凭空塌下来吗? 抑或是要天塌下来?"

卓别林硬邦邦的顶了回去。

"不是这个意思,可是,要卖一百五十万……。"

他变成了一条假嗓子,声音嘶哑了。

卓别林不耐烦了,他不想再和这些东西扯皮了。

"我说,先生们,我讨的价钱就是这么多,要不要随你们的便。"

经理 J·D·威廉斯打圆场、和稀泥了,他走过来敷衍卓别林。

"查利,我认为片子很精彩,它有人情味儿,是与众不同的。"

他伸出一只手,在卓别林肩上轻轻拍了两下。

"你千万要耐心,咱们好商量嘛!"

"没有什么好商量的。"

卓别林斩钉截铁地说。他已看出来这些扯皮专家,其目的不过是想压低价钱,而且又是这样不公平地对待他,他也就用不着对他们客气了。

"我给你一个星期的时间作出决定。"

"只一个星期吗?"

J·D·威廉斯问。

"是的。"卓别林冷下脸用不能商量的口吻说:"多一天我也不等。到时候,你们可别怨我查利不讲义气。这是你们逼的。我有片子,不怕卖不出钱来。"

最后,他又补充告诉他们:"这个片子我已经找一些观众审查过了,观众们也许比你们更懂得片子的价钱。"

这些大人先生们见这一贬低片子的阴谋又未得逞,只好低头认输,还不到三天,他们就派人找卓别林的律师了。

卓别林的律师征得卓别林的同意,当即与第一国家影片公司拟好了协议:等第一国家影片公司赚回了自己的一百五十万美元,卓别林将获得百分之五十的红利。全部根据租用五年的办法,五年期满,也和卓别林拍的其他影片一样,片子的主权仍归卓别林所有。

《寻子遇仙记》上映后,发行极好,票房收入很高,第一国家影片公司赚了二百五十多万美元。

有人说无债一身轻。卓别林离了婚又卸掉了业务重担,心里轻松多了。

最近几星期,卓别林一直过着离群索居的生活,除了旅馆房间的四壁,他一无所见。他的一些朋友读了那篇他在汽车司机家借宿的报道,都来看望他了,于是他又开始过那种自由自在、无拘无束的愉快生活了。

慷慨好客的纽约上流社会,对卓别林另眼相看,殷勤备至。这是有原因的。今天的卓别林已经不是当年在伦敦东区贫民窟时的卓别林了;已不再是那个饥一顿饱一顿,吃了上顿没下顿的卓别林了;不是那个母亲进了疯人院,哥哥在海外无消息,穷苦无依的流浪儿了。

今天卓别林的大名不仅美国人妇孺皆知,而且全世界妇孺皆知。如果有人问,现在的美国总统是谁? 如果问到小孩子,可能问了一百个有九十九个回答不知道;但是,如果问那个电影中的穿着肥大的裤子,一双大皮鞋,一顶礼帽,一件小上衣,长着(粘着)一撮小胡子的人是谁? 那么,大概连六七岁的小孩子也知道,那是查利。

今天的卓别林虽然与美国的十大财团不能相比,但也是腰缠万金的富翁了。

金钱、名誉、地位全有了的卓别林,纽约的上流社会岂能不对他"慷慨"?岂能不对他"殷勤"?

纽约的上流社会,对这位戴着艺术家、著名影星桂冠的卓别林,岂能不当成贵客来"待"?招待得岂能不"备至"?

是《时尚》和《繁华世界》的主编弗兰克·克劳宁希尔德把卓别林引进了纽约的花花世界。而这两个杂志的老板兼发行人孔代·纳斯特,则为卓别林举行了最为豪华的宴会。

纳斯特住在麦迪逊大街一所很大的工作室公寓里,经常在他家里聚会的有头等的艺人和知名的豪富,还有齐格菲歌舞团中的尖儿,其中包括娇艳的奥莉芙·托马斯和美丽的多洛尔姊妹。

卓别林已成了纽约上流社会的名人,在他住的里茨旅馆里,他几乎是每天每时都会遇到一些令他兴奋的事情,邀请他的电话铃声不断地响。听吧,全是一些令人愉快的事。

"喂,查利,您愿意和我一起度一个愉快的周末吗?"

"卓别林先生,您高兴去看马戏吗?"

"查利·来吧!咱们共进晚餐。"

"卓别林先生,请……"

"查利,来吧……"

这些邀请,有的是同吃午饭,有的是共进晚餐,有的是夜半安饮,还有的竞相邀请他吃早餐。有的是邀他看轻歌舞剧,有的是邀他看马戏,有的是邀他游泳,有的是……,他每天参加这些社会活动的节目除了睡觉之外,把其余的所有时间排的满满的。

卓别林天天出入于豪华宅第或乡间别墅之间,他每天是应酬,只要他愿意,每天都有人陪他,请他。他此刻也正有闲情逸致,所以得以遍访纽约上流社会。他这时又有意深入到被称为美国的波希米亚的格林威治林了。

卓别林看到,有许多喜剧演员、丑角和唱伤感性流行歌曲的歌手,他们一旦名声鹊起,就会想到要提高自己的文化水平,于是往往会如饥似渴地追求知识。这一类的学生,常常会遇到一些意料不到的教师,这些老师当中有裁缝,有卖雪茄烟的工人,有赛拳师,有堂倌,也有汽车司机。

卓别林也不例外。在追求知识方面,他和那些人也是志同道合的。自从演轻舞剧以来,他就已经感到自己知识的贫乏,所以就开始读书了。他已经看了好多书,只是不曾精读。他看书看得很慢,并且是随便地浏览。一经熟悉了一个作家的风格和主题思想,他就会对他失去了兴趣。他曾经逐字逐句的阅读了希腊史学家普鲁塔克所写的《传记》共五卷,尽管这位史学家所写的《传记》为莎士比亚的剧作提供了大量的题材,但是,卓别林却觉得并没有在那些书里得到什么启发,他认为是白白花费了那么多时间。他读书是很认真的,有些书他是重复地读。这些年来,他还读过了柏拉图(Plato)、洛克(Locke)和康德(Kant)等古今哲学家的作品。还看过了伯顿(Burton)写的《解忧》。说起他读这部书,还有个小小的故事。

有一个演杂技的小丑,他说话时一口布鲁克林"狄斯"、"德姆"和"多斯"等方言。是他向卓别林推荐了伯顿写的《解忧》。

"卓别林先生,您该读一读伯顿的《解忧》,那是本好书。"他说。

"是吗?我还真没读过。"

"值得一读的。不但是莎士比亚,就连萨姆·约翰生也受到了伯顿的影响。不过，您遇到有拉丁文的地方，尽可以跳过去。"

卓别林这样旁搜零拾，也确实积累了不少自己需要的知识。

有一次，他在格林威治林一个朋友的家里，谈到没法找到精确的词语来表达自己的思想。

"普通的词典不顶用。"卓别林对大家说，"应该编辑一套系统的方法，把表达抽象和具体意思的字，根据词典编辑分类法分类排列，然后按照归纳和演绎的程序找到适当的词语，来表达你的思想。那样就方便多了。"

"有这样一本书，"在座的一个黑人汽车司机说，"彼得·麦克·罗杰特编的《英语词典》就是这样一本书。"

卓别林还记得，在亚历山德里亚旅馆里，有一个侍者，每给卓别林上一道菜，就要背诵一句他所爱好的卡尔·马克思或者是威廉·布莱克的名句。

在格林威治林，卓别林会见了历史学家、小品文和小说作家沃尔根·弗兰克，诗人哈特·克兰，《群众》杂志主编马克斯·伊斯曼，以及曾任纽约港口监督的名律师达德利·菲尔德·马隆和他那位热心于参政运动的太太玛格丽特·福斯特。

有一次，他到克里斯酒店吃午餐，在那里遇到了好几个普罗文斯顿演员；当时，他们也常去那里吃饭。因为他们正在排练青年剧作家尤金·奥尼尔（Engene O'Neill）的新剧作《琼斯皇》，他去参观了他们的剧院，他看到了那是一个马房式的建筑，大小也象可以容纳六百匹马的马房的样子。

就是这位《琼斯皇》的作者尤金·奥尼尔在1943年成了卓别林的岳父。

不久，卓别林与他的同龄人沃尔多·弗兰克相识了。

沃尔多·弗兰克在1919年出版了他的散文集《我们的美

国》。卓别林仔细地阅读了这本书,文中有一篇论马克·吐温的文章写得很深刻,对这位作家作了很深刻的分析。而且,也正是沃尔多·弗兰克第一个很认真地写了介绍卓别林的文章。后来,他们成了极要好的朋友。

沃尔多·弗兰克既是一位神秘主义者,又是一位历史学家,还是一位名记者,他具有很敏锐的洞察力,能窥测到美洲——北美洲和南美洲的灵魂深处。

卓别林和沃尔多一起在格林威治林度过了许多有趣的晚上。通过沃尔多,他又认识了哈特·克兰。以后,他就常常和哈特在林中沃尔多的那套小公寓里共进晚餐,有时候,一直谈到第二天早餐的时候。那些谈话都是非常引人入胜的讨论会,他们三个人也曾殚思竭虑地,对自己的思想作出微妙的分析。

据沃尔多·弗兰克的介绍,卓别林知道了哈特·克兰的一些情况。

哈特·克兰的父亲是一个百万富翁糖厂主,他为了要儿子继承他的事业,就不给儿子钱,以此迫使他放弃写诗,而哈特·克兰却爱诗如命,他宁肯挨饿也不放弃写诗。他比卓别林整整小了十岁,生活却穷困潦倒。他的名著《桥》是一首长诗,以布鲁克林大桥作为美国的象征。

卓别林听不懂现代诗,更谈不上欣赏现代诗了。但是,哈特·克兰的《桥》他却读了,觉得那首诗写的瑰异生动,感情洋溢,充满了刻骨的悲哀和鲜明的形象,然而,又似乎太尖酸锋利了。也许这尖酸锋利是出于哈特·克兰的本性吧,可是,哈特·克兰本人又是一个柔和可亲的人,好像是不一致。

他们在一起的时候,也曾讨论过写诗的目的。

"诗是写给世人的一封情书。"

这是卓别林说的。

"那也只是世上极小的一部分人啊。"

哈特·克兰伤心地说，

在谈到卓别林的剧作时，哈特·克兰说："查利，你的作品继承了希腊喜剧的传统。"

"我是曾经下过一番工夫去读希腊喜剧大师阿里斯托芬的英译本，但是，我怎么也无法把它读完。"

"查利，还是多读好，那样会对你有启发的。"哈特·克兰认真地说。"阿里斯托芬被誉为喜剧之父，并非是过誉之词，"

后来，哈特·克兰获得了古根海姆奖学金，但是，很可惜为时已晚，多年的穷苦落魄，他已经染上了酗酒和放荡的恶习。在他三十三岁那年，搭乘一艘客轮从墨西哥回美国的途中，跳海自杀了。一个天才的诗人结束了他短短的一生。

在哈特·克兰自杀的前几年，他曾赠给卓别林一本短诗，诗名叫《白房子》，是博奈与莉夫莱特公司出版的。他在扉页上题写着：

给查利·卓别林，纪念《寻子遇仙记》。

哈特·克兰赠

一九二八年一月二十日

其中有一首诗，题名为《卓别林风格》。全诗是：

我们随遇而安吧，感到满足吧，

因为，偶然仍可获得一些安慰；

虽然，安慰是来得那样偶然啊，

有如一些难以救穷的偶来之物。

这社会对我们仍然是相当地可爱：

有人在台阶上发现了一只小饿猫。

就让它从纷乱的街上得到庇护，

让它投入他那温暖的怀抱。

我们一面向旁边躲闪，一面对着那狞笑，

与命运之神进行搏斗，看他无情的手指，

缓缓地向我们翻那破烂的生死簿，

在他目光斜视下，我们显得多么天真，

同时，又感到多么惊讶！

然而那些俏式的觔斗并非虚假，

同样，再有那弯曲手杖的旋舞，

要我们感到悲哀，这并不困难。

我们可以不理你，但无奈啊，有着这颗心！

如果这颗心仍活着，怎么能将我们？

戏引起了嬉笑，但我们看到：

那些凄凉的胡同里的月色，

使那可笑的垃圾箱变得圣洁。

而在欢笑声中，在追求圣迹时，

荒寂中我们听到一个小猫在叫。

达德利·菲尔德·马隆在格林威治林举行了一次盛大的宴会。那次赴会的有荷兰实业家简·布瓦塞万，马克斯·伊斯曼，以及其他一些客人。卓别林特别注意一个样子显得十分紧张和容易激动的人，听人家都管他叫"乔治"（卓别林始终也不知道他的真实姓名）。后来，有人说，保加利亚国王很宠幸这个人，曾经资助他在索非亚大学读书。但是，后来这个人推翻了赞助他的王室，成为一个共产党，侨居美国，参加了世界产业工会，最后被判了二十年徒刑。他坐了两年牢后，上诉申请重审获准，现在是在保释中。

那一天"乔治"参加猜字游戏,大家都看着他表演。

这时,达德利·菲尔德·马隆悄声儿告诉卓别林。

"他这场官司是不会打赢的了。"

乔治模仿萨拉·白尔娜,把一块台布包在头上,大家看了都哈哈大笑。但是,卓别林却在想,他此刻这样愉快,却难免要回到监狱里去,再尝十八年铁窗滋味。

这是一次很少有的狂欢之夜。大家玩得都很高兴。在大家散去之际,乔治在后面叫住了卓别林。

"你急什么呀,查利?干嘛这么早就回去呀?"

卓别林把他拉到一边,一时不知该说什么是好。

"有什么事情我可以为你效劳的吗?"卓别林悄声问。他此时很同情这个"乔治",很想帮他一下,可是又不知怎么帮他,又帮他做什么。

乔治对卓别林摆了摆手,仿佛是挥开一个什么念头,然后紧紧握住他的手,感情激动地说:"不用为我担心,查利。我没事儿。"

卓别林本来打算再在纽约多待一个时期,但是,他又不得不回到洛杉矶去,因为他还要为第一国家影片公司拍完合同中规定的影片,以便早日给自己成立的联美公司工作。

他在纽约过惯了那种自由,轻松,非常有趣的生活,现在又回到了加利福尼亚州,就感到很无聊。接下来他还要为第一国家影片公司拍完四部各两本长的笑片(原合同规定共拍八部各两本的笑片,他已拍完了《狗的生涯》三本、《买公债》半卷本、《从军梦》三本、《阳光山村》三本、《寻子遇仙记》六本)。看来,这是一件艰巨得无法完成的工作。此后,接连好几天,他又坐在制片厂里,恢复了苦思冥想的习惯。他认为,思考与拉小提琴或弹钢琴都一样,也是需要每天都练习的。他以为在纽约的那些日子,因为没有去思想,所以,此时觉得已经荒疏了。

卓别林在纽约的一段时间,恣意享受那花样翻新的生活,现在竟一时间无法改变过来了。所以他决定先出去玩一玩。于是,一同到圣卡塔利娜岛去钓几天鱼。

圣卡塔利娜岛可以说是钓鱼者的天堂,它会吸引很多的钓鱼者到这里来。岛上的那个宁静古老的鱼村——阿瓦龙林开设了两家小旅馆,专供钓鱼的人住。一年四季都有很多人到岛上来钓鱼。每逢到了金枪鱼的汛期,在那儿连一条船也不容易租到。

金枪鱼的讯期,也是岛上最热闹的时期,每天一大早就会听见有人喊:"鱼游过来了!"

于是,极目望去,尽是一条条重达三十磅到三百磅的金枪鱼,破浪逆流前进。宁静的旅馆里立即变得热闹欢腾,游客们连走着穿衣服都来不及,如果运气好,事先已经租到了一条鱼船,这时就会跌跌撞撞地连忙抢上船去,一边走一边扣裤子的钮扣。如果事先没有租到一条船,此时,只能站在岸边"望鱼兴叹"了。

有一次,卓别林和塞西尔医生在午饭前就钓到了八条金枪鱼。每一条鱼有三十多磅重。但是,这些鱼往往是突然出现,随即又突然消失。于是,他们又像平时那样钓着鱼。有时候,他们用风筝钓金枪鱼,把风筝系在钓线上,吊着一条作为钓饵的飞鱼,让那条飞鱼在水面上拍溅着。

这样钓鱼很富有刺激性,因为可以看到那些金枪鱼互相冲击,在钓饵周围掀起一圈浪沫,然后追着钓饵游过去两三百英尺。

在圣卡塔利娜岛捕获的旗鱼,每条重达一百磅到六百磅。

钓这种鱼的方法比较精巧。钓丝是活泛的,旗鱼轻轻的叼住了钓饵——一条小青花鱼或者是一条飞鱼,然后带着鱼饵游出去约一百米远。接着它停下来了,然后钓者也把船停下,等上一会儿,让旗鱼有时间吞食鱼饵,这时,他们就慢慢地用卷线框子拽它,直到钓丝被绷紧了。随后,他们就对旗鱼猛扯上两三下子,这时候,有趣的玩意儿就开始了。旗鱼游出去一百多米远,卷线框子发出尖厉的声音,随后鱼停下来,他们赶快把线卷起,否则它就会象一条棉线似的断了。因为鱼在逃走的时候,突然改变了方向,水的阻力就会把钓丝绷断了。随后,鱼开始向水面上蹿,有时蹿出来二十多次,多的时候可以蹿到四十次以上,它把脑袋摆得象个哈巴狗似的。最后,它潜入海底。这时候钓者就要把它提升到水面上来,这个工作是很吃力的。卓别林曾捕获到一条重一百七十六镑的旗鱼,他只用了二十六分钟,就把那条大旗鱼拉上来了。

在圣卡塔利娜岛上,卓别林过了一段宁静而愉快的日子。清晨,空气清新,海面平静,山村也是静悄悄的,只有他们乘的那条船,因为是汽艇,它发出懒洋洋的喷气声。他和塞西尔医生两个人,手持着钓竿,坐在船尾打盹儿,大海上弥漫着雾气,天也与无际的长空融合成一片。在静寂中,除了汽艇的喷气声,还能听到海鸥的啼唤。

塞西尔医生是一位神经外科圣手,他在这方面的技术已达到出神入化神奇的境地。卓别林知道他许多病人的病史,有一个小孩子脑子里生了一个瘤,每天会晕厥二十次,已经逐渐变得痴呆了。但是,经过塞西尔给他动过手术,脑子里的瘤取出来了,他完全恢复了健康,后来书读得很好。

然而塞西尔医生却又有些犯"傻",他作为一个医生却对演戏入了迷。卓别林之所以和他成为莫逆之交,正是因为他酷爱戏剧。

"塞西尔,"卓别林问他,"你是医生,救死扶伤,治病救人是你的天职,为什么这样迷恋演戏呢?"

"查利,你是演员,你该知道,戏剧能鼓舞人的灵魂。"

"不! 行医才是鼓舞人的工作。"卓别林又举了例子。

"你能使一个语无伦次的白痴,变成一个领悟非凡的好学生,还有什么事比这更具有戏剧性呢?"

"不! 那只需要知道某些神经纤维在哪儿就行了。"塞西尔一本正经地说:"可是演戏是一种精神的体验,它能丰富你的灵魂呀。"

"你为什么还要研究神经外科呢? 而没有去演戏呢?"

卓别林以为他无法回答了。

"查利,你来找我了,是吗? 你还不知道,神经外科这一行富有戏剧性。"

塞西尔医生常常到帕萨迪纳的票房戏院里扮演配角,后来,卓别林在拍《摩登时代》的片子时,他还扮演了那位探监的牧师。

卓别林从圣卡塔利娜岛钓鱼回来,获得一个好消息。他母亲的病情好转,健康已有了进步。这时候,大战已经结束了。他决定把他的母亲接到洛杉矶来住。于是他派汤姆去英国接他的母亲。

乘船时,要对旅客进行登记,汤姆给她起了一个名字。

在航程中,莉莉·哈莱的精神正常。她每天晚上在大餐厅里吃饭,白天里参加甲板上举行的游戏。

船抵纽约时,卓别林与哥哥西德尼同去接她。她一眼就认出了两个儿子,但是,她并没有激动,而是很安详地叫着:"查利,西德尼。"

她对别人也很和蔼。如果不知内情的人,是不会看出来她患过精神错乱的病的。因为她和一般人没有什么不一样。

后来,移民局的主管人员招呼她。

"啊、啊,是卓别林夫人呀! 我真高兴! 原来您就是我们大名鼎鼎的查利的母亲。"

"是呀。"她亲切地说,"原来你就是耶稣基督呀。"

那位移民局的首长露出了好奇的神情,他迟疑了一下,望了望汤姆,然后很有礼貌地说:

"请您到那边去等一会好吗? 卓别林夫人。"

汤姆知道这件事麻烦了,露出了焦急的神色,他看着卓别林。

卓别林也有些焦急,但是,此时只能听天由命了。

办完了例行手续,移民局总算很优待,在不必依赖政府生活的条件下,发给了她每年一次转期的居住证。

移民局那位长官这样优待,大概是因为对卓别林这位大名鼎鼎的明星的特殊照顾吧。

卓别林已经十年没有见到母亲了,这时,他看母亲似乎只是老了些,人并不太瘦,也不怎么憔悴。

卓别林与哥哥西德尼陪着母亲上了大车,一直坐到帕萨迪纳站下车,这里离洛杉矶很近。

他们哥俩在海边找了一所房子,这里离查尔斯住处很近。雇了一对夫妇替母亲料理家务,还请了一位训练有素的看护侍候她。给她买了一辆汽车。

卓别林哥俩常去看望母亲。晚上大家在一起作些娱乐。白天里,她喜欢乘她自己的汽车出去游览和野餐。有时候,她到制片厂去,卓别林就放映一些他拍的笑片给她看。

《寻子遇仙记》在纽约上演后,盛况空前,贾克·柯根也因演《寻子遇仙记》而成了红极一时的童星,正象卓别林预言的那样。在卓别林派人把老柯根找来的时候,卓别林就对他说过:"这次来会给你儿子一个飞黄腾达的机会。"

贾克·柯根在演《寻子遇仙记》成名以后,他拍电影一共挣了四万多美元。

卓别林没有去纽约,他留在加利福尼亚,每天都收到许多赞扬这部影片的剪报。《寻子遇仙记》已被评为第一流的艺术作品。

虽然《寻子遇仙记》风靡一时,但是卓别林麻烦事仍未结束,他还欠着第一国家影片公司四部影片。

卓别林自己的事够多了,可是美国报纸上的谣言也来添乱。

一天,西德尼来找弟弟,把一张报纸放在卓别林面前。

"看看吧,查利。"

卓别林取过报纸一看,上面是说,卓别林人变了,成名了,忘了亲娘,亲娘从英国来了,他却将娘扔在外面,不接回自己家里去住。

"这些混蛋!"卓别林气愤地骂道。"简直是在造谣,我们难道不愿意和母亲住在一起吗?还不是因为母亲有病,让她住在一个清静的地方。"

"他们那些人是唯恐天下不乱的。"西德尼平静地道,"我起初一看见这一消息也非常生气,气得骂了他们一顿。可是,后来一想,咱门问心无愧,他们爱嚼舌头就让他们嚼去好了。"西德尼又转了话题,"我想,这是因为成了名的缘故,如果你是一个一无所有的人,或是一个星期只挣四镑的小演员或是一个平民百姓,即使你真的不养母亲,那些混蛋也不写一个字的报道。即使有人写了,报纸也不会刊登。"西德尼又用手指了一下报纸:"你看见了,这上面只提到查利·卓别林,为啥不提西德尼·卓别林呢? 还不是因为我不出名,提出了也没有人知道西德尼是何许人,也没人看。"

这时,卓别林也冷静下来了。

"唉!"他叹了一口气,又说:"人怕出名猪怕壮。猪肥了就要被杀了,人出了名就成了众矢之的。我们把母亲安置在山塔蒙尼卡,还不就是因为那里清静,对她老人家养病有利。"

"把这事丢开吧。最起码,我们周围的人知道咱们的用心,你的朋友,同事也知道咱们的用心。任凭那些混蛋爱怎么说就怎么说好了。全当是狗放屁。"

"只能这样了。"卓别林苦笑道,"难道咱们还上法庭去上诉,告他们一个诬陷之罪吗? 我又哪里有时间和那些人去扯皮呢?"

卓别林还在想给第一国家影片公司拍一部什么片子。

每当他才思力竭的时候,就到道具室或去看一些配角演员或工作人员。因为往往一件不起眼的道具或者一个动作、一句话都会触发他的灵感从而找到新题材。

这天,他又来到了道具室。希望能在这里发现一件打开思路的东西。这里有些什么? 一块旧布景剩下来的断片,一扇监狱门,一架钢琴,或者还有一架轧液机。忽然,他看见了一套高尔夫球棒。

"有啦。"卓别林的思路被打开了,流浪汉高尔夫球——《休闲阶级》。

故事的情节很简单。

流浪汉夏洛(卓别林扮演)要尽量去享受贵人的种种乐趣,

他到南方去避寒,但他不是坐在火车上面——因为他无钱去买票,而是藏在火车肚底里。他玩高尔夫球用的球,都是他从高尔夫球场上拾来的。在一次化妆舞会上,他一身流浪汉的打扮,混在许多有钱人当中,和一个美丽的姑娘有了感情。经过一次很有浪漫情趣但并不顺心如意的事件,他终于从群情愤慨的客人中逃之夭夭,又走上了流浪汉的道路。

故事上来就开始了。

在演其中一场的时候,由于喷灯出了故障,发生了一件小小的事故。喷灯的热气透了卓别林穿的棉衣裤,于是,他又添加了一层石棉。这本来不算事,他也没有把这当回事。

不料,卓别林的宣传员卡莱尔·罗宾逊却认为这件事是做宣传广告的好机会,就向报界报道了这件事。

卡莱尔的好心却办了件坏事。

报上登出了新闻,说是卓别林的身上、脸上及双手都受到了严重的烫伤。

其实,卡莱尔并没有说得那么严重,报纸为了耸人听闻,故意夸大其词。

卓别林看了报上的新闻大吃一惊。

接着,成万上千封的信件、电报、电话不断地送到了制片厂与卓别林的面前。信件象雪片一样飞来,一个秘书不用说写回信,光拆信、读信都来不及,电话铃声则不断,需要一千人守在电话机旁,去接这类电话。

卓别林所有的朋友,一个不落地打来电话,拍来电报询问伤情进行慰问。更多的是观众,近处的、同城的打电话来,远处的拍电报,更多的是信件,一律是询问伤情,进行慰问。

卓别林见这个情况回信是来不及的,就是再用几个秘书也不够用。电话的询问好办,当场就可说明真相,难的是来信,尤其是观众的来信,简直无法答复。卓别林只好写了声明,说明他受伤纯属谣言,他康健如恒,仍在拍电影,但是,很少有报纸登载这条声明。

更为严重的是,这个新闻竟传到了国外。

英国的空想社会主义者、作家、历史学家、社会学家赫伯特·乔治·威尔斯(Herbert·George·Welles)等许多人写来信,或拍来电报。H·G·威尔斯的信,可代表许多人的意思,信中说。

查利:

闻你受伤,我十分震惊。我一向非常欣赏你的作品。如果你今后再不能拍电影,我感到非常的遗憾。你带给观众的欢乐,观众将永远记住,我作为一个观众也会永远记住你曾经给我带来的快乐⋯⋯

祝你早日康复,更祝你重返电影的事业中。

H·G·威尔斯

一九二〇年十月十四

卓别林接到这封慰问信,立即复电,说明了真实情况,并请他转告亲朋好友说他并未受伤,美国报纸的消息,纯属谣言,不可信。

《休闲阶级》一片拍摄完毕,他又准备拍另一部两大本片子。

尽管卓别林不愿给第一国家影片公司拍片子,只是为了合同不得不拍。但是,即使在这种情况下,也不马虎从事,也不敷衍塞责,他要让自己的每一部片子都是上乘的作品。

他下一部准备拍两大本当时有关修理水管及煤气管道工人的片子,他打算嘲笑那行能赚钱的生意。

第一场,写的是夏洛(还是那个流浪汉、小兵的夏洛)和麦克·斯温从一辆大轿车里走了出来,扮演那家女主人的艾娜·卜雯斯,用丰盛的菜肴招待他们,他们大吃大喝了一顿,然后被领进一间浴室。夏洛到了浴室后,立即用一个听诊器开始工作,他把它放在地板上,去听那些水管,还在那些水管上面轻轻地敲着,那样子仿佛是一位医生在诊治病人……

影片拍到这里为止,卓别林再也无法集中思想了,他当时没想到他已疲劳到了极点,他只是觉得拍不下去了。

在两个月以前,他就一直打算回英国一趟——他一直怀念英国,而赫伯特·乔治·威尔斯的来信更使他急于去英国一次——他已经十年没回英国了,他是非常想念英国的。

他离开英国十年,收到了海蒂·凯莉的一封信。信里告诉他:

查利:

你可记得一个不懂事的小姑娘吗?

她已经长大了,不再是只会说"我不知道"的那个小姑娘了。你大概已将她完全忘掉了……

我还要告诉你,我已经结婚了,就住在波特曼广场。

如果你有一天衣锦还乡,你还会来看我吗?现在你已经是名扬四海了……

卓别林在收到这封平淡的信后,并未唤起他对海蒂·凯莉旧日的交情。在这十年里,他已经是多次出入情场。不过,他已打定主意,这回回伦敦,一定要去看看他初恋的情人——海蒂·凯莉。

卓别林关照里夫斯,暂时关闭制片厂,让工作人员休假;又吩咐汤姆收拾好他的东西,然后找到西德尼同去看母亲。

他母亲的精神很好。

母子三人共进晚餐。

晚饭后,卓别林说了要回英国去看看的话。

莉莉·哈莱却提出了另外的事。

"孩子,我一直不明白,你在这里干些什么?"

"拍电影啊。就是我在制片厂里放映给你看的那样的电影。"

英国的第一部活动电影,是在 1889 年 1 月拍成的,一个名叫弗利斯·格林(Friese Greene)的摄影师在伦敦的海德公园拍成的——那时候,电影不叫电影叫 magic box(魔术匣子),所以,莉莉·哈莱对拍电影还不太熟悉。

"那么,"莉莉·哈莱沉思着说,"你怎么这样阔气?有这样豪华的房子。"她用手指着屋子里划了一圈。"还有汽车……这些钱是哪儿来的呢?"

卓别林笑了。

"妈,这是你的儿子挣来的呀!"

"挣来的?"莉莉·哈莱不相信。她认为一个人正正当当地工作,是不会挣到这么多钱的。

"你拍电影一个星期挣五十镑?"

在她的意识中,一个星期能挣五十镑那该是个不错的演员了,应该属特邀的红角了。而且还得是满不错的红角儿呢。在她的意识里,能挣到五十镑也不会象现在这样阔气,何况儿子还不一定挣到五十镑呢。

"孩子,你即使每星期能挣五十镑也不会这样阔气呀。"

她把想到的话说出来了。

于是卓别林与西德尼又耐心地向她说明卓别林一星期能挣多少钱,而且说得很详细,从卓别林1914年入期斯顿影片公司说起,一直说到现在。从每星期挣一百七十五美元,涨到1915年在埃山奈影片公司每星期挣一千二百五十美元,而且要先得一万元红利,又讲到1916年到1917年在互助影片公司每年挣六十七万美元——一直讲到《寻子遇仙记》一部片子就挣了一百多万美元。

西德尼又讲了美元与英镑的比价。

当母亲的听呆了,她活了这多半辈子,做梦也没想到自己的儿子能赚这么多钱。

"查利,"莉莉·哈莱亲切地说,"只要你不做损人害人的事,我就放心了。咱们穷过,但从未做过害人的事,做了坏事的人耶酥基督是不会饶他的。"

西德尼又向母亲讲了卓别林拍的电影是怎样受到观众的欢迎,欢众是如何喜爱卓别林。

这一说,母子三人尽欢而散。

卓别林要回英国了。

第十五章　人间喜剧

　　他重返英国，不到三天，就收到了七万三千多封来
信，其中二万八千封是向大慈大悲的卓别林先生借钱
的；六百九十个人跟他攀亲；九个女人声称是他的母
亲；近七百人说是他的叔伯、姑婶和兄弟；七千多封是
姑娘的求爱信，内附约会地址和精心准备的、搔首弄
姿、自以为美的照片。卓别林把这些求爱信和照片都
扔到泰晤士河里去了。他说："这真是一场喜剧，可比
我演的滑稽热闹多啦！"

　　卓别林从洛杉矶起程，先到了纽约，在从纽约起程的前一天
晚上，他在爱丽舍设宴招待朋友，请了四十多位客人，其中有玛
丽·毕克复、道格拉斯·范明克和梅特林克夫人。

　　他们在席后玩起了猜字游戏。

　　猜字游戏是西方许多国家常常玩的游戏，多在晚饭，亲朋好
友多的时候。首先选一个做谜底的字，由几个客人客串几幕很
短的表演，先分别将这个字的几个音节作为表演的中心题目，再
将整个字作为中心题目，而其余的客人就根据表演来猜这是什
么字。

　　道格拉斯·范明克和玛丽·毕克复演第一幕。道格拉斯·
范明克扮一个公共汽车上的售票员，在车票上轧了一个洞。然
后递给玛丽·毕克复。表演以字的第二个音节为中心题目时，

他们打着手势做了一个拯救落水的动作，玛丽·毕克复高声呼救，道格拉斯·范明克游了过去，然后将她安全地送到岸上。

大家看完了表演，立即都喊了"范明克"。

Fairbanks（范明克）的第一个音节 Fair 与 faie（车票）近似，第二个音节 banks 的意思是河岸。

这天晚上大家都非常高兴。后来，梅特林克夫人和卓别林串演《茶花女》里死刑的一场。梅特林克夫人扮茶花女，卓别林扮亚猛。当她在卓别林怀里垂死的时候，忽然咳嗽起来，起先咳得较轻，后来越咳越重，她的咳嗽有传染性，卓别林竟然也咳嗽起来，这一来，就好像他们两个人在进行咳嗽比赛似的。众人都没有笑，最后垂死的不是茶花女梅特林克夫人，而是亚猛卓别林似乎死在茶花女梅特林克夫人的怀里。

第二早晨，卓别林几乎睡过了站，好容易才把他唤醒了。他起来洗了个澡，而且又是去他早已盼望的英国，所以过去的什么烦恼、忧郁全一扫而空。

卓别林乘的船与他第二次来美国一样仍是"奥林匹克"号，与他同船去英国的还有他的朋友剧作家、电影脚本作家，曾经写过《牧神》和《命运》的爱德华·诺布洛克。

一大群新闻记者登上了船。卓别林担心，怕他们留下来。他是不愿意和这些新闻记者作伴的。还好，后来只留下两个，其余的全随着领港的一齐走了。

最后，舱里只剩下卓别林一个人了，四面摆满了朋友们送来的一篮篮鲜花和水果。他离开英国到现在已经是十年了，上次——也就是他第二次来美国，与卡诺剧团的同事们坐的就是这条船。那时，他们坐的是二等舱。他还记得，当时船上的侍者曾经领着他们在头等舱里匆匆地兜了一圈，让他们走马观花似地见识了一下另一半乘客们的生活。当时,侍者还谈到那些一等舱里的布置有多么豪华,收的费用又是多么昂贵。可是,他现在就是一个人占了这样一个房舱去英国,这一来一往,事隔十年,人生就有这么大的变化,生活就有这样的不同。他已不再是豪华船舱的看客,已成为占有者。他自己在想,我从前在伦敦的时候,自己仅是兰贝斯一个在困苦中挣扎的,默默无闻的青年,每日里为了求得温饱在奋斗,今天,已经成名致富,仿佛此次是去伦敦观光旅游的。

出海后,仅过了几个小时,卓别林已感觉到英国的气氛。每天晚上他和爱德华·诺布洛克不去大餐厅用饭,而是在里茨酒馆吃饭。那里的酒菜都是任意点叫的,有香槟、鱼子酱、鸭肉末、松鸡和野鸡、葡萄酒、卤肉干、小烤饼等。他的空闲时间多得很,于是他每天晚上都喜欢无聊地自己打扮一番,还打起了黑领带,过着这种奢侈享乐的生活时,卓别林感到了有钱的快乐,他想,钱既是万恶之源,而它又是人人不可缺少的东西。当初,在伦敦的时候,为了几个先令,母亲日以继夜的去缝制那些衣服。他还记得,他很小的时候,母亲去赌赛马、赢了五先令,就高兴得不得了,他还是个小孩子的时候,在胡尔和金西——泰勒开的诊所里当侍应生兼做清洁工以及在斯特雷克尔文印刷厂里当童工,每星期都只挣十二先令。那时候,别说是住这样的房舱,想都没有想过,做梦也不会梦见的。那时候,只有一个希望——有饭吃——不饿肚子。

卓别林一时间感慨万千。

卓别林原以为离开了喧嚣的纽约,在船上总可以轻松一下了,没有了尘世的烦扰,哪知,他轻松不成。

在“奥林匹克”号的布告板上公布了他去伦敦的消息。就在他坐的船横渡大西洋的途中,邀请和求事的电报象雪片一样由船上的电报生送到他的桌上,而且后来是越来越多了。政府机关的、社会团体的、个人的都有。看样子,卓别林的观众对他的欢迎的狂热程度好像正在酝酿成为一场风暴。

"奥林匹克"号启航了,将渡过英吉利海峡开赴英国的南安普敦。

在南安普敦码头上,卓别林受到南安普敦市长的热烈欢迎。尽管是在早晨,还是有许许多多的人来瞻仰卓别林的风采,想看他一眼。

卓别林没有时间去多说什么,只是一个劲儿地说:"谢谢!"、"谢谢!"

尽管是在早晨,还有人送来了鲜花——那大概是前一天预备好了的。

卓别林匆匆地上了火车。火车开出了车站,终于向伦敦进发了。

海蒂,凯莉的哥哥阿瑟·凯利来到了卓别林的包房。

他们并坐在一块儿,卓别林一面看着外面的绿色田野在向后面旋转,一面找一些话和阿瑟交谈。

"我收到了海蒂的一封信,她邀我到波特曼广场她的家里吃饭。"

阿瑟用奇怪的眼光看了一下卓别林,样子好像有些发窘。

"你知道吗?海蒂已经去世了。"

卓别林大为震惊,海蒂是他此次英国之行唯一的要去会晤的故人。

但是,当时他还不能充分体会到这件事的悲哀,一时间,太多的往事却涌上心头,他以为是在梦中,那个一再说"我不知道"

的小姑娘,那个说"我喜欢你"的小姑娘,那侧幕后面的笑容,那双眼睛,那苗条的身材,那张端正的鹅蛋形脸……

火车已进入伦敦市郊。卓别林急切地向窗外眺望,但怎么也认不出掠过去的那些街道,他又是激动又是担心,战后的伦敦也许面目全非了吧。

他更加激动了,仿佛心中已经没有思念,只有期望。可期望的又是什么呢?他心绪烦乱。他无法思考,他只是漠然地望着伦敦的那些屋顶,但那并不代表现实世界。一切都是期望。

大概所有的游子,远离故乡又久未归来,一旦归来,都会有这样的心情吧。

最后,他们乘坐的火车开进了可以听见嗡嗡回声的火车站——滑铁卢车站到了。

卓别林走下火车,首先看见站台尽头挤满了被绳子拦住了的人,还有一排排的警察。闹闹哄哄,一切都显得十分紧张。卓别林太兴奋了,一时间他无法体会其他感受。

在站台上迎接他的大概都是头面人物,他们与卓别林握手,有女人送上了鲜花,警察一个个都忠于职守,把卓别林及那些头面人物围起来,向站台的一面走去。

卓别林被人拉着,又有警察围着——身前身后,左右两侧全是警察,他感觉这样子好像是被人押送一样。

卓别林不想这样的,他要满足那些热爱他的人,何况这些人也只是想亲眼看看他们的查利。

在汽车里,卓别林对奥布里说:"车一定要走威斯敏斯特桥。"

"你打算住在那儿?没有征得你的同意,没有给你预订房间。"

奥布里说明原因。

"住里茨旅馆。"

卓别林之所以选定里茨旅馆,也有点原因。因为这所高级旅馆落成时,他还是个孩子。他每次从这里门口走过时,总要向里面瞥一眼里边的金碧辉煌,那以后,他很想知道那里面到底是个什么样子。这次住进去,可谓宿愿先遂了。

小轿车经过约克路,卓别林仔细看,那些旧房屋已不见了,原先旧房屋的原地上建造起了一座新大厦。

"这个大厦……"

"那是伦敦会议大厦。"奥布里告诉卓别林。

小轿车一拐进约克路,威斯敏斯特大桥立即呈现在他的眼前。他感到那桥像是云层射出的阳光一样。它完全和以前一样,庄严的议会大厦仍然矗立在那里,它仿佛是永恒的。整个情景与他离开伦敦时完全一样。

卓别林几乎要哭出来了。

卓别林到达旅馆,由于是临时定的地方,所以里茨旅馆外面没有人,但是,他进了旅馆不久外面已聚集了一大群人,他不能辜负大伙对他的好意,他到了旅馆外面,对大家作了简短的演说。

人群仍是不断地欢呼。

后来,他在旅馆里把一切都安顿好了,打算一个人单独出去,但是成群的人仍聚集在外面,不断地高声欢呼,他不由得走到阳台上去,对着大家简短地说了几句客气话。

哪知,外面的人群散去了一帮又来一帮,卓别林不得不出去与大家见面,如是者四五次。

这种不寻常的情况,令卓别林万分感动,他体会到,他只不过是给大家拍了几部电影，就受到大家这样的爱戴，这心情难以表达。

他的房间里则坐满了他的朋友，但是，此时此刻，他无心和这些朋友拉家常，他只想一个人出去，但是，他又不能下逐客令，只好找了个借口。

"我昨晚一夜未睡，我太激动了，此刻眼皮老打架，我打算小睡一个小时，咱们晚餐时再谈如何？"

这些朋友见卓别林这样说，只好慢慢腾腾地走了。

卓别林的朋友们刚一走开，他就连忙换了衣服、乘了那运行的旧电梯，悄悄地从后门走出来。那样子很好笑，就像是一个被人缉捕的犯人。

他出了门，沿着杰明街一路走过去，雇了一辆出租汽车，经过干草市场，穿过特拉法加广场，再沿着国会街驶过威斯敏斯特大桥。

汽车拐了个弯，肯宁顿路终于到了！看见了，他看见了，就是那条路，一点儿也没改变，威斯敏斯特桥拐角那儿，还是那座救主堂，布鲁克街拐角那儿还是那个巨蛊酒店。

他让车夫在波纳尔弄三号前面不远的地方停下。他走出了汽车，向他幼年时住过的那所房子走过去时，觉得心里十分地平静，他在房子面前站了一会儿，仔细打量着这房子的周围的一切。波纳尔弄三号就在这儿，他仍是老样子，似乎没变，他突然有了点感觉，感到它就像一具枯瘦的老骷髅。他抬起头，看最上面的一层的两扇窗子，是的，就是那两扇窗子，此时紧紧地闭着，似乎它们不肯透露出一点里面的秘密，对他这个来访问它的人又似乎无动于衷。

他不能忘记？——永远也不可能忘记，就是在这两扇窗子里面,母亲曾坐在窗前,也曾对他讲着下面路上的每一个故事,也就是在这两扇窗里面,母亲身体虚弱,营养不足,最后发了疯。

"那天下午你们给我吃点东西就好了。"母亲说过的这句话,他一辈子也忘不了。那个苦难的日子,他那苦难的童年。

他伫立着。

最后,几个小孩子围过来,他只好走开了。

他走到肯宁顿路后边,也就是他从前帮那些劈柴人干活的马房巷那儿,但是,那些马房已经被一堵砖墙砌起来了,那些劈柴人也不见了。

后来,他走到肯宁顿路二百八十七号,也就是他和西德尼曾经同他们的父亲,露易丝和他们的小儿子住的那幢房子前。他抬起头来仔细地看二楼的窗子。他在心里说,这些窗子以及室内的一切,对我童年中那些困苦的日子是十分熟悉的,而现在它们却又显得那么超然物外,又是那么宁静而又神秘。

后来,他走到了肯宁顿公园,经过了那家邮局,从前,他曾在那家邮局存了六十镑钱,那是他在 1908 年以后省吃俭用攒下的,至今仍存在那里。

肯宁顿公园,虽然他已经十年没来过了,一切仍是老样子,里边仍是一片愁人的翠绿。

后来,他又走到了肯宁顿门,这里是他和海蒂第一次约会见面的地方。他在那伫立了一会儿,他在想什么?想起了他对那个丑姑娘的误会?想起了她来时候的打扮?他想起来了,海蒂说的第一句话是:"瞧!我来了。"那么自己是怎么说的?想起来了,是说"咱们叫辆车吧。"可是,海蒂不在了,这是她的哥哥阿瑟亲口说的。

卓别林思绪万千。他抬起头,看见一辆电车停下了,有几个人上了车,却没有人走下来。当年海蒂就是在电车上走下来的,也许就是这辆电车吧?唉!他轻轻叹了一口气,一切都已经过去了,不可能再唤回来了。

后来,他又走到布里克斯顿路,去看格伦肯大厦十五号,他和西德尼布置过的那套房间。这时候,他的感情已经是发泄殆尽,只剩下好奇心理了。

在归途中,他在号角酒馆里休息了一会儿,喝了一杯酒。这个酒馆从前生意兴隆的时候陈设得很华丽,红木柜台擦得闪亮,挂着光洁的镜子,设有弹子房。在那间大厅里,一些戏剧界的朋友,曾为他的父亲举行过最后一次义演。现在,号角酒馆比以前稍显陈旧,但里面的陈设还是完整的。

他走出了号角酒馆,不远处就是肯宁顿路郡议会学校,他曾在那里面读了两年书。他望了望学校里边那个运动场,四周添造了房子,它那片灰色的柏油地缩小了许多。

他在肯宁顿区四下漫步,只觉得从前在那里所遭到的一切象是一场幻梦,而后来在美国经历的那些事情才是活生生的现实。同时,他又产生了一点儿不安,心想这些穷人感到亲切的街道,会不会仍有一种魅力,能使他卓别林重新又陷入绝望的困境中呢?

卓别林到了伦敦,他想要获得一些新的经验,看到一些新的面孔。他想要利用一下他的名气。当时,他还有一个约会,那就是会见 H·G·威尔斯。以后,他就可以作一些自由安排了,于是,他希望会见另一些人。

爱德华·诺布洛克告诉他:

"我已经安排好,在加里克俱乐部设宴招待你。"

"都是一些演员、画家、作家。"卓别林开玩笑地说:"可是,那个不大公开的英国上流社会,乡间别墅里举行的宴会,宅门留客小住的应酬,我至今还不曾被邀请参加过呢?"

他这样说并不是追求势利,只是想开开眼界,他要亲眼看一看贵族生活中那个更有趣的小圈子。

加里克俱乐部成立于1831年,原为演剧而设,后来成为文人和艺术家的聚会之所。

加里克俱乐部里,油画和深色的橡木墙构成了明暗相衬的装饰,那是一个光线朦胧,气氛宁谧的地方。

卓别林在这里会见了苏格兰剧作家詹姆斯·巴里爵士,英国作家、文艺批评家E·V·卢卡斯,美国剧作家沃尔特·哈克特,英国雕塑家乔治·詹姆斯·斯兰普顿,还有英国建筑师、画家埃德温·L·勒琴斯和英国作家、戏院经理、演员斯夸尔·班克罗夫特爵士以及其他一些知名人士。

在这次宴会上虽然很沉闷,但是,那些名人给予卓别林很高的评价,使他非常感动。

那天的宴会开得并不十分成功。按常理说,这么多的名人集会时,必须创造一种亲切舒适的气氛,但是,由于那天的主要客人是一个新成名的暴发户,他无论如何也不肯在餐后发表讲话,也许就是因为缺少了这样一个节目,所以就很难形成这种气氛。雕塑家斯兰普顿在席上竭力使他的谈话听来轻松有趣,但这并不能使阴暗的加里克俱乐部发出奇光异彩,因为其他的人只顾吃他们清煮火腿和糖浆布丁。

卓别林第一次招待英国报界时,无意中说了一句:我这次回国重访在英国度过童年的那些地方,还要再尝尝清炖鳝鱼和糖浆布丁。这一来,大家都请他吃糖浆布丁,在加里克俱乐部里,在里茨饭店,在 H·G·威尔斯家里,甚至在菲利普·沙逊爵士豪华的宴会上,最后一道甜点都是糖浆布丁。

不久,宴会散了,爱德华·诺布洛克悄悄告诉他:

"詹姆斯·巴里爵士邀请我们去阿德菲弄他的寓所里喝茶。"

巴里的寓所象个画室,那是一间很大的屋子,向外面望去是景色幽美的泰晤士河。屋子当中装了一个圆火炉,烟囱管一直伸到了天花板。他把卓别林他们领到窗口。从窗子里望出去,下面是一条狭窄的小弄,对面是另一扇窗子。

"那是肖(伯纳)的卧室。"

巴里爵士一口苏格兰口音顽皮地说:"我有时候看见那里面灯光亮着,就对着那扇窗扔几粒樱桃核或者李子核。如果高兴谈话,他就会推开窗子,两个人随便扯上几句,如果无意谈话,他就不理睬我。或者扭熄了灯。我一般是扔三次,就不再扔了。"

派拉蒙影片公司准备在好莱坞拍摄《潘彼得》。他这时对巴里说:

"《潘彼得》拍成了电影,甚至会比戏更受欢迎。"

"是的,电影比戏更能表现神仙人物的环境来。我要安排一个场面,让温迪把一些仙人扫进一棵空心的树干里。"

"很妙。"卓别林赞成。

《潘彼得》是詹姆斯·巴里写的一出神话故事剧,戏中的神仙人物潘彼得与凡间的姑娘恋爱。

巴里象忽然想起,他问卓别林:

"你为什么要在《寻子遇仙记》里插进了做梦的那一段? 它打断了整个故事的连贯性。"

"那是因为我受了《吻一吻灰姑娘》的影响。"

卓别林坦率的回答。

《吻一吻灰姑娘》是詹姆斯·巴里写的一部三幕剧。

第二天,爱德华·诺布洛克和卓别林一起出去买东西,后来,他提议去访问肖伯纳(Snaw)。

"你和他约会了吗?"

"没有,咱们可以随便撞进去看看。"

于是二人来到了阿德菲弄。

四点钟,爱德华按门铃,二人正等着的时候,卓别林突然感到了有些害怕见肖伯纳,他说。

"咱们还是下次再来吧。"他说完就向街上跑去。

爱德华追上他,但是,无论爱德华怎么劝说,卓别林就是不动心。直到1931年,他有机会见到了肖伯纳。

第二天早晨,卓别林被起居室里的电话铃声惊醒,接着,他就听见他从美国带来的秘书清脆的声音:"哪一位……是威尔士亲王呀!"

当时,爱德华刚巧在那儿,他一向是自称娴熟礼仪的,于是,他接过了电话,又听见他的声音:"喂,哦,是啦。今儿晚上吗?谢谢您。"

爱德华放下电话,兴奋地向卓别林的秘书宣布:威尔士亲王请卓别林先生当天晚上赴宴。接着他就往卓别林的卧室跑去。

"这会儿别去吵醒他。"

卓别林的秘书对爱德华说。

"我的天哪,朋友,是威尔士亲王呀!"爱德华恼火地说。接着,他就滔滔不绝地大讲其英国的礼节。

过了一会儿,卓别林听见了他的卧室门把手转动的声音,他就假装是刚醒。爱德华进来,抑制着他的激动情绪,装出了冷淡的神气告诉卓别林。

"今儿晚上你一定不可以有其他的约会，威尔士亲王请你赴宴。"

卓别林也对他装出冷淡的神气。

"这件事可有点叫人为难了。我早巳约好，今晚赴 H·G·威尔斯的宴会了。这可叫我……"

卓别林还没有说完，他打断了卓别林的话，庄严的说：

"不论是威尔斯还是哈尔斯，一律打退。你要知道这是威尔士亲王的邀请呀，这是千金也买不来的光荣。"

其实，卓别林也很激动，想到要进白金汉宫，又是与亲王共同进餐，这……他忽然有了一个想法，也许是第六感官吧。

"爱德华，我想这一定是有人在跟咱们开玩笑。"

卓别林仍平静地说。

"我昨儿晚上刚在报上看到，亲王在苏格兰打猎。"

爱德华脸上露出尴尬的神气。

"要不，我还是打个电话到宫里去问问清楚吧。"

爱德华再次回来时，脸上带着一副令人莫测高深的神情，毫无表情地说："可不是，他还在苏格兰。"

那天早晨，卓别林听说他以前在基斯顿影片公司的同事，阿巴克尔胖子以杀人罪被控告。他认为这是不可能的，因为他对阿巴克尔有很深的了解。

当一些新闻记者来找卓别林，请他就此事发表意见。

"这一定是无中生有。我非常了解阿巴克尔，他是一个性格柔和而又懒散的人，他是连一只苍蝇都不肯伤害的。这样的人怎么会杀人呢。"

最后，果然阿巴克尔被宣布无罪开释。但是，这样一来他的事业被毁了,虽然在公众中恢复了名誉,但是这次严重的打击给他带来了致命的影响,过了大约不到一年他就死了。

那天下午,卓别林要到奥斯瓦德·斯托尔戏院的办公室里去会见 H·G·威尔斯,他们约好了看一部根据威尔斯写的短篇小说改编的电影。

卓别林下榻的里茨旅馆已成了人们的聚焦点。除了各报刊的新闻记者,还有演戏的、演电影的演员、导演、画家、小说家、作曲家、歌唱家、舞蹈家……,就是一般的伦敦市民中一些还没有亲眼见过卓别林一面的人,也想亲自来看一眼这位给他们带来快乐的艺术家。

里茨旅馆的大门出入的人不断,但更多的还是信件,邮局的绿衣使者成了卓别林的专差,每天不是一次两次而是多次送来给卓别林的信件。

说来几乎令人难以置信,在不到三天的时间内,卓别林竟然收到了七万三千多封来信,他只有一个秘书,不用说读信,就是拆都来不及。

卓别林不是个无情的人,他对这些来信不能置之不理。

"请你费心跑一趟,给我请几位打字员来。"

卓别林对表兄奥布里说。

"要请几位?"

奥布里问道。

"六七位吧。"

"为啥要请那么多打字员?"

奥布里有些吃惊地问道。

"你要打什么东西? 是剧本吗?"

卓别林笑了笑，道：

"此时哪还有工夫去写剧本？我是要他们帮我整理信件呀。"

"整理信件？"奥布里又是一惊。"有多少信件要用六七个人？"

"多少还说不清，你去秘书那里一看就明白了。"

卓别林笑道。

"我在伦敦长到二十多岁，除了在西德尼到船上工作以后给我写过信，从来还没收到过别人的信，这一次，一下子就来了那么多。"

"能有多少封呢？"

奥布里打破砂锅问（纹）到底。

"秘书已无法统计，大约总有 12 万封吧。"

卓别林估摸着说。

"几万封？"奥布里又是一惊。

"走！我倒要去见识一番。"

卓别林陪着奥布里到秘书房间里去看那些信件。

嘿！真多的很。秘书的房间里已堆满了信件，室内已无法令人下足，因为信件就堆放在地板上，一间大室，到处全让信件占满了，信封的颜色不一，大小不一，倒是花花绿绿的好看。

秘书正在将那些信件一摞一摞地在摞着。

卓别林与奥布里因室内无法站——如果不站在信件上的话，只能在门外边从门口往里看。

秘书听到开门声，扭头看了看来的人，对着卓别林与奥布里苦笑了笑，又去整理信件。

"奇迹。"奥布里笑道："我长这么大，还从来未见过有一个人在短短的三天时间内会收到这么多的信件,甚至也没人说起过。历史上没有,以后大概也不会有的。奇迹,真是奇迹!"

第二天。

奥布里给卓别林雇佣了七个打字员小姐,来帮助秘书拆这些信件。

卓别林又租用了两间大客房,来供七位小姐拆阅信件用。

按照卓别林的指示,秘书与七位打字员小姐拆阅、登记、分类。

八个人忙了十几天,才将这些信件整理出个头绪来。

到理清那天为止——因为信件还是不断的寄来,共收到信件七万三千一百六十六封。其中数量最多的是影迷写信的恭贺、赞颂类信件。第二类是向卓别林借钱的信件,共有二万八千三百七十一封,借钱的理由是各种各样的了:有的自称年老多病,无钱生活的,有自称手无分文而无法婚嫁,有自称勤奋好学无力求学的,有自称病魔缠身而无钱医治的,有自称生意赔本无力偿债的……,五花八门。卓别林曾随意看了一封借钱的信,信是一个自称兰贝斯贫民习艺所的学员写的,信中有这样几句话:

尊敬的大慈大悲的富有的卓别林先生大鉴:

我是一个孤儿,在这所令每一个人都不愿生活的贫民习艺所里。卓别林先生,您是过来人,一定知道这里的"苦楚"。这里不是儿童乐园,而是一个魔窟……

卓别林先生,您是我的上帝,请您大发慈悲,也只有您才有能力将我这苦难的孩子从魔窟中救出去,您是我的救星,请您发发善心吧,让我脱离苦海,也只有您才能发这个善心,因为您曾在贫民习艺所生活过,能体验到这里的日子是多么难熬……

　　我的要求并不高,您只要寄给我一百英镑就可以了。这对您来说,不过是一个微不足道的小数目,可是,这一百英镑就挽救了一个小的生命。

　　我想,慈悲的卓别林先生,您是不会见死不救的。

　　……

　　第三类是一些小姐女士们向卓别林求爱的信,这类信件竟达到三千四百二十七封之多。其中有许多附上了自己的照片,秘书及请来的打字员小姐,皆一一将照片贴在信件的空白处。

　　卓别林随意看了几张照片。嘿,真别说,他看过的几张照片,都是很漂亮的女郎,不过一个个搔首弄姿,摆出了可能是自以为美的姿势。不过,在卓别林看来,那样的故作"美"姿,反倒破坏了原来她那美的容貌,他自言自语地说:"姿势反倒破坏了她的美,可惜。"

　　卓别林看了一下分类登记表格,有的写上了约会的地点与时间。

　　第四类信件是亲属来信,共有六百九十封。卓别林先看了一下表格。亲戚可全了,有九封竟是"母亲"的信。

　　卓别林自己也笑了。自己的母亲已安居在洛杉矶,不料在伦敦又有了几个"母亲",这简直滑天下之大稽了。他倒想看看这几位冒充母亲的是何许人?他随后拿起一封,信中写道,

　　妈妈的宝贝查利:

　　你回到伦敦来,应该先来看望你的母亲我。你忙过一切应酬之后就来吧,妈妈在等着你。

　　查利,你出名了,发财了,总不致于忘了生身之母吧。你应该记得你那苦难的童年,妈妈把你带大是多么的不容易。

　　查利,你自幼就聪明伶俐,你五岁时就曾代替妈妈登台演戏,而且还得到了观众的一致喝彩。妈妈早已看出你是会有出息的,今天果然应验了妈妈的话。

　　但是,查利,你不要忘了,妈妈把你带大也是不容易的,你当然还记得兰贝斯贫民习艺所。妈妈和你、西德尼当时贫苦无依的悲惨情况……唉! 不提过去的事了。

　　查利,你当然也记得妈妈是怎样疼爱你的,我想,你不会忘记了你这个在贫穷中度过了半生的老妈妈告诉你一个好消息。妈妈已不在疯人院了。妈妈的病已完全好了,你应该高兴了,查利如果你实在忙于应酬脱不开身,暂时不能来看妈妈,妈也不怪你,你先寄来五百镑,妈妈自出院后一直到现在还欠着房东的房租……

　　卓别林不往下看了。原来这位首先称妈妈的人也是为了钱。

　　他又去看表格,嘿,亲戚可以说是非常齐全了,有伯父、伯母、叔父、婶母、姑父、姑母、舅父、舅母、姨父、姨母、表兄、表弟、表姐、表妹、堂兄、堂弟、堂姐、堂妹,还有稍远一点的亲戚,竟有父亲的表亲,母亲的表亲等等。

　　他再看表格上"目的"一栏,全写着一个词——借钱。

　　"我的这些'亲戚'全是借钱才写来信吗?"

　　卓别林问秘书。

　　"是的。他们全是要求您慷慨解囊,救他们的燃眉之急。"

　　"借钱又干什么呢?"

　　卓别林好奇地问。

　　"目的不一。"秘书答道:"有的是生活穷苦,有的是做生意无本钱,有的是为了还债,还有的是说求学,有的是说为了赡养父母……"

卓别林挥挥手,止住了秘书的话,他揣起了这张表。再看其他类,其他类的来信更杂了。有的大公司、大工厂声言本公司或本工厂濒临破产;请他入股,"以挽救实业之破产";有的是学校请他做董事长——并明白说,只需"挂董事长的名义,不参加任何会议均可"。但"请捐三千英镑,以解决经费之不足"。

卓别林不再看了。他已看出来,不论是自称的"妈妈"也好,自称的各类亲戚也好,全是为钱而来信的。

当天晚间,一些来看望卓别林的人都走了,只有表兄奥布里留下了,他拿出了那张来信的亲属登记表。

"表哥,你看一下,这里可真有咱们的亲戚吗?"

奥布里看到了九位自称母亲的名字笑了。

"这太可笑了。"

"是的,太滑稽了。"

奥布里逐名看下去,一个一个的读出声来。

"有意思。"奥布里笑道:"卓别林这个姓吃香了,竟有这么多姓卓别林的,以前我可没听说过。"

"我们卓别林家族可能成为伦敦最大的家族了。"

卓别林笑道。

"没有。"奥布里看完了名单说:"据我所知,这里面一个也不是咱们的真正亲属。"

"你猜他们来信为了什么?"

卓别林问奥布里。

"还是因为你出了名,来攀高结贵。"

"岂止是攀高结贵,全是为了向我来'借'钱。"

"简直是笑话。冒充亲戚就张口借钱,把别人都当傻瓜吗?"

"当年我和西德尼一起跟妈妈住在兰贝斯贫民习艺所的时候,没有一个人来认我是亲戚,就连那几位我真正的叔伯也不肯认——他们都有钱,现在竟然一下子出来这么多亲戚,真正可笑。"

卓别林稍停,又说下去;

"当妈妈第二次被送入疯人院,西德尼又久无消息,只剩下我一个人的时候,有时候一天只吃一顿饭,有时候一天也吃不到食物。住处倒还有,房东太太答应我在没有人来租那间小顶楼之前,让我住下去,可是,我怕房东太太报告区当局,再把我送进贫民习艺所,我宁愿睡在泰晤士河边或者别人家的屋檐下不敢回去住。那时候连一个亲戚都没有,不用说冒充亲戚,连真正的亲戚也不认我。"

奥布里听了,有些不好意思地说:

"那时候,我家也没有帮助你呀。"

"表哥,你别误会。"

卓别林歉意地说道。

"那时候你也还是小孩子,况且你们家也不富裕,我这决不是说给你听的。我说的是这个社会上世态的炎凉。正应了'贫居闹市无人问,富住深山有远亲'那两句话。那时候,我们卓别林家族中就有开大饭馆的,可是我这个小卓别林却在饿肚子。"

尽管卓别林这样说,奥布里仍有些不好意思。

卓别林当然看出来了,他另找话题了。

"表哥,你猜怎么着,竟有三千多封是小姐女士们写来的求爱信,还有许多是附上了照片的。"

"恭喜呀,你鸿鸾星照命了。"奥布里总算从尴尬中解脱出来了。

"当然,她们还写来了约会的地点和约会的时间。"

"那么多人约会,你只有学会分身术了,不然怎么去赴约呢?"

奥布里当然也是开玩笑,他明知道卓别林是不会去赴约的。因为他已看出来卓别林尽管演的是滑稽电影,但为人却是不轻佻不油滑的。

"我看了几封信的内容,这真是一出喜剧,比我演的滑稽电影还要滑稽。"

"你有时间,把信都看一遍,也许会从中找出一些故事编成电影的。"

"我哪有那么多时间去读那些无聊的信件呀。"

"共有多少封信? 统计出来没有?"奥布里问道。

"到今天为止是七万三千多封。不过更多的是前三天寄来的。"

"你打算怎样处理这些信件呢?"

奥布里问道。

"来信更多的是观众,有四万多封,好在他们并不要求回信,我打算在报纸上登一封公开信,向他们表示感谢,就不一一回信了。至于——"

卓别林想了想,又说下去:

"其余的信就不理他了。"

"应该拣几封登在报上。"

奥布里指点登记表说下去:

"这九个自称母亲的人很明显是在行骗,应该让他们在报上出出丑。"

"是的,她们当然是想骗几个钱,不过吗,她们和这些自称我的亲戚的人一样，都一定是穷人，咱们又未上当，又何必出她们的丑呢。"

"那就把这些和那些美女的照片一齐扔进泰晤士河算了。"奥布里随意地说。

"那样不太好，一来污染了泰晤士河水，满河是信封，信纸，照片太不好看，再说，那些寄照片的小姐们也不是恶意，她们的照片被扔进河里，要有许多人看见的，也不太好。"

"那你们打算怎么办？总不能打上行李带到美国去吧。"

"简单的很，一把火烧了，全变成纸灰就完了。"卓别林道。

因为卓别林在谈到他在童年的穷苦环境中，亲友无一人帮助，他本意并不是说给奥布里听，但是，他仍怕表兄有些不好意思，他提出一个新话题：

"表哥，你可知道我是怎样进入电影界的？"

奥布里不假思索地道：

"你在去美国以前，演滑稽戏就已很出名了。"

"你说的仅仅是一个条件。你还不知道，我从小就爱看电影，那时候，只要手中有买电影票的钱，我就会跑到'五分钱电影院'去看一场电影。有一次，嘿，还真滑稽，我被电影院的职员给'请'出去了。"

奥布里好奇地问道：

"你不是买票了吗？"

"票是买了，否则也进不去呀。"

"那又为了什么呢？"

奥布里不解地问道。

"和别人争吵起来了。"

"为了什么事争吵?"

"很简单的事,也是一件小事。电影银幕上有演员出场,我就看着银幕上演员嘴唇动弹学着说话,他们动嘴,我给配音,银幕上出现男人,我就学男人声,出现女人我就学女人声,出现老人我就学老人声,他们做动作,我就把动作的意思说出来,身边的观众大笑,我还觉得很好玩,有的人嫌笑声太大,就与笑的人争吵起来。电影院的职员大概是听到争吵声赶来,问清了原因,就把我轰出来了。那时候我爱电影爱得入迷了。"

"查利,你是怎样开始拍电影的?"奥布里问道。

卓别林将里夫斯接到电报的事简单说了一遍。最后说:

"他们把我的姓写成了卓福英。"

"孙奈特先生可谓'慧眼识珠'了。"奥布里说。

"也是一种机遇吧。后来我才知道。孙奈特他们的基斯顿影片公司所拍的滑稽片完全依靠的是福特·斯特林,可是,他们又对福特·斯特林有些不满。福特·斯特林举止粗野,性情暴躁,出言尖酸刻薄他在基斯顿出了名,就认为谁也代替不了他,端起架子,拿起把来,基斯顿影片公司给他的周薪已达到了五百美元,他还嫌少。当时,环球影片公司又和福特·斯特林签订了合同,福特·斯特林就要走了,基斯顿没有了台柱子,恰巧孙奈特先生和一个女演员叫玛蓓尔·恼尔芒的看过我演的《俱乐部之夜》,就选中了我来代替福特·斯特林。这不是机会凑巧吗?这才实现了我演电影的梦。"

"查利,你的片子在伦敦可是大受欢迎的。"

奥布里由衷地赞赏。

当卓别林与表兄奥布里共进晚餐的时候,又谈起了今后电影的前景。

第十六章　罗曼小史

偷情竟敢带着女情人的小儿子，带着厨师，带着帐逢、食品等，浩浩荡荡地来到海边。本想在海边舒舒服服地玩儿上一个星期，但风声还是走漏了，记者们纷纷赶来采访、拍照，这下麻烦惹大了……。卓别林和美妇薛立丹的情史至今传为佳话。

卓别林在伦敦又过了几天，他对社会交往活动的热潮已经低落了。他已经会过了伦敦的许多文人与社会名流，已经重游了他童年生活旧地。现在，他觉得没有什么事情需要做的了。不过，伦敦的群众对他的热情却不减，那些没见过他的人还想见他一面，所以，每次出门都要急急忙忙的坐上汽车，否则就会有些群众把他围起来。不过，那些群众也很可爱，他们围住卓别林并不问长问短，只是看着他笑，或者欢呼，或者简单地说一两句问候或祝福的话。

后来，他的朋友爱德华·诺布洛克又去布赖顿了，他这时突然决定整理行装，抛下伦敦的一切，启程前往巴黎。

他在多佛尔上船，在横渡多佛尔海峡（加来海峡）时遇到了很大的风浪，所乘的船被海浪玩弄着，时而抵上浪尖，时而又扔入深谷，大颠大摇，所有的旅客和船员几乎把半条性命扔在海里。卓林也遭到同样的命运，当时，他想，也许这是命运的安排，让他从国回到了英国，然后葬身在英国国土边的海里。还好，这条船没被海浪吞没,没伤一个人地抵达了法国的加来。

1909 年,他曾随卡诺剧团来过法国,那一次是到巴黎的女神剧场演出的,也是在加来登陆。

这次来与上次大不相同了。但是,他仍在被风浪颠簸的疲劳之中,没有心思去想这件事。

他在英国起程时,并没有对报界发表消息,甚至对任何人也没有讲过他的行踪,但是,当时却在加来码头聚集了相当多的人。他还以为是这些人欢迎其他什么别的人,他也无暇去想。他此时只想赶快上火车,然后好好休息一下。

哪知,当他从船舱出来,刚踏上跳板,那群人立即欢呼起来。

"夏洛万岁!"

"夏洛! 夏洛!"

"我们的夏洛!"

卓别林见了,只好打起精神,勉强地笑着,向群众挥手。

他一上岸,即有许多束鲜花送到他的手里,他只好摇着鲜花向大家致意。

岸上有人簇拥着他,这些人一边拥着他走一边说一些欢迎的话。他被人拥着到了火车站,又被拥着上火车。

火车已开动了,站台上仍有些人在大声喊着什么,向他摇手。他不好立即回到包房去,只好站在车门口,一手拉住一个铁环,一手摇着花束答谢群众的热情。直到火车加速了,看不见人群了,他才回到了包房。

车抵巴黎,这里的人更多。他已知道这是欢迎他的了。警察在群众面前布置了警戒线。

卓别林刚一走出车门。群众立即大声欢呼起来。

站台上也有些头面人物在欢迎、献花,因为人多,卓别林只能挥手向大家致意。他被那些人热情地推拥着走出了车站。车站外面欢迎他的人数不清,他们喊着、笑着、说着。卓别林听不清人们说些什么。他是不由自主的在被人推拥着前进,他只是笑着,向群众摇着手中的花束,突然,他被几个人托起来,他低头一看,抬他的人也是群众,人群在向前拥挤着,警察则在大声地叫着,推着、遮挡着。卓别林这时被人塞进了一辆汽车。

汽车周围还是人群。汽车司机不断地鸣着喇叭,象爬虫似的缓缓地前进。

汽车终于驰出了群众的包围,立即风驰电掣般地开走了。

在法国也受到这样热情的欢迎,出乎卓别林的预料,他非常激动,也非常高兴,非常兴奋。

这样的欢迎场面,他从来没见过,也没有听说过。如果是什么国王、总督、皇帝或什么国家元首,受到欢迎——那是有组织的欢迎,绝不会是自发的欢迎,似乎并不奇怪,如果从战场上凯旋归来的将军,功臣受到群众热烈的欢迎也不奇怪。可卓别林仅是个演员,有史以来,世界还没有一个演员受到观众这样热烈的欢迎。而且这欢迎还不仅是在他演电影的美国,而是在其他的国家里。卓别林又怎能不激动不高兴呢。

卓别林住进了克拉里奇旅馆。

他刚到十分钟,电话铃就响起来,这以后,电话铃声就几乎未断过。他的秘书只好守候在电话旁边。

打来的电话多是法国社会名流,或是文人、学者或哪一方面的专家,卓别林告诉秘书,只说他因为在船上遇到了风暴、在车上亦未得到休息,身体过于疲劳,对所有的邀请婉言谢绝。但是,有一个电话却与秘书纠缠起来。

那个电话是安妮·摩根(Anny·Morgan)小姐的秘书打来

的。这个电话不是邀请卓别林进餐、赴宴之类的事。而是那位秘书在电话里说,安妮·摩根小姐要见一见他。

卓别林虽未见过这位安妮·摩根小姐,但知道她是 J·P·摩根的女儿,他不想见这位小姐,他让秘书回绝。但是,安妮·摩根小姐的秘书却一再地说:她不会占用卓别林更多的时间。情不可却,卓别林只好答应了,并约定三点三刻在旅馆里与她见面。

时间到了,摩根小姐还没来,他又等了十分钟,仍不见摩根小姐到来,卓别林不再等了,他要到外面去。当他走过休息室的时候,旅馆经理追上了他,脸上露出了焦急的神气。

"安妮·摩根小姐看您来了,先生。"经理带着焦急又抱歉的神气。

卓别林心说,你着什么急? 你又有什么可抱歉的?

摩根小姐自作主张,非要见卓别林不可,已经令他扫兴,可是,现在又不按约定时间到来,更令他不高兴了。怎么? 你有了钱,就可以随意支配别人吗? 真是岂有此理,别人的时间也是宝贵的。这时,安妮·摩根小姐已经过来了,他只好礼貌地向她打招呼,然后又客气地说。

"对不起,我四点钟有个约会。"

"真的吗?"安妮·摩根小姐笑着说:"可是,我最多只耽搁您五分钟。"

卓别林望了望那钟,那时是三点五十五分。

"咱们是不是可以找个地方坐一下?"安妮·摩根小姐仍是满脸笑容。她并未因卓别林的拒绝而生气。

卓别林不好再拒绝。趁他在休息室找座位的时候,安妮·摩根小姐,真是抓紧时间,她把话立即转到了正题上。

"我这会儿正在为重建战时遭到破坏的法国募捐,如果能在特罗卡德罗举行一次游艺会,放映您的《寻子遇仙记》,同时,再请您出场,我能募到一大笔捐款。"

"您可以在游艺会上放映《寻子遇仙记》那部片子,但是我不准备出场。"卓别林拒绝了,他还在为安妮·摩根小姐的迟到不满。

"可是,要是您露一次面,就可以募很多的钱。"安妮·摩根小姐仍坚持说:"我相信,可以给您授勋。"

卓别林忽然转到了一个荒唐的念头,"授勋"?什么勋?爵位吗?勋章吗?不论哪一项都是求之不得的。于是,他两眼瞅着安妮·摩根小姐。

"您有把握吗?"

安妮·摩根小姐又笑了。

"我们只能向政府推荐。"她说,"当然,我会尽力而为的。"

卓别林又望了望钟,把手伸出去。

"真对不起,我一定要去赴约了。明天我去柏林,三天后能回来,有什么事请您通知我。"

卓别林说完,就向安妮·摩根小姐握手道别。

卓别林刚一走出旅馆就后悔了,他觉得自己太冒失了。他不该因为安妮·摩根小姐的迟到,不能因对安妮·摩根小姐的一点成见而失去这次机会。

开弓没有回头箭,话既已出口,后悔已无济于事了。

一个人进入上流社会,往往是由于一件偶然的事情促成的,而这件事情就像是燧石上溅开了一点火花,而社交活动就像那点儿火花引起了一场燎原大火,于是,这个人就"进入"了。

卓别林就曾听到两个姑娘,对他讲过她们进入上流社会的经过。这个经过有点传奇性,但却是一件真人真事,因为就是讲述者的亲身经历。

向他讲述的人是两个委内瑞拉的出身低微的姑娘。她们在一条远洋客轮上,遇见了一个洛克菲勒家族的人,这个人给他现写了一封介绍信,她们就带着这封介绍信,在纽约的上流社会里展开了社交活动。其中一位女士还告诉他,她们成功的妙诀是:从来不去向一个已婚的男子卖弄风情。结果是,纽约上流社会的一些女主人都喜欢她们,什么地方都邀请她们去——甚至还给她们物色了佳偶。

卓别林之所以进入英国上流社会也是意想不到的一件偶然事情。

有一次,他正在克拉里奇旅馆里洗澡,侍者来向他报告。

"拳击家乔治·卡庞蒂埃来了。"

卓别林答应知道了。

不料,乔治·卡庞蒂埃走进了浴室。

他们早已熟悉,乔治·卡庞蒂埃是1920年轻重量级世界冠军,在他和美国的杰克·登普西比赛之前,他和卓别林在美国的纽约见过面。此时,他们互相亲热地打招呼。然后,乔治·卡庞蒂埃悄悄地告诉卓别林。

"有一个朋友在起居室里等着我,你应该认识一下我这个朋友。他是个英国人。"最后,他又用法语补充了一句:"他在英国很有地位。"

卓别林听了卡庞蒂埃的话,心想,那就见见吧,于是,他披了一件浴衣走进了起居室。

原来乔治·卡庞蒂埃的朋友确是英国人,他就是菲利普·

沙逊爵士。

当天晚上,菲利普·沙逊爵士就请卓别林共进晚餐,同时出席的还有沙逊爵士的姊姊——当时是罗克萨维奇夫人。此后,他们的友谊一直持续了三十多年。

第二天,卓别林起程去柏林。柏林对卓别林的反应与英国的伦敦、法国的巴黎大不一样,他从火车上走下来没有欢迎的人群,也没有鲜花,甚至连一个理他的人也没有。他在柏林失去了他的地位,好像柏林没有一个人知道他。

当晚,他打算去夜总会走走。到了夜总会,不但没有人欢迎他,一个好点儿的位子也找不到。

原来柏林还没有放映他拍的影片,难怪没有人知道他了。

正在这时,一个美国军官认出了他。

这个军官看了情况很气愤,他对着夜总会的老板咆哮道。

"你真是瞎了眼,这位是什么人?你知道吗?他就是大名鼎鼎的查利,是查利,是查利·卓别林先生。他的大名全世界都知道,我们美国的、英国的、法国的以及其他许多国家的观众都喜欢他,欢迎他,爱戴他,而你们却这样冷淡他。难道你们没有看过电影?没有看过查利的《从军梦》?没有看过《狗的生涯》?没有看过《寻子遇仙记》?"

老板惶惑地赔礼,连忙让人给卓别林找了个好座位,又立即送上了酒菜。

这时,有许多人围到了他的桌前。因为他们中有的人在国外看过他的片子。

这时,有一个人突然拨开众人,挤到了卓别林桌前,象疯了一样拥抱他,狂吻他。然后,他转过身对着大家喊道:"他就是查利呀!"他不顾自己的身份,又道:"我当过英军的俘虏,在英国看过查利演的三部电影,那简直是太精彩了,我敢说,你们从来没看过那么精彩的电影。"

但是,这个俘虏的兴奋、激动并未引起人们的轰动。因为他们并没亲眼看过他演的电影。

后来,德国影星波顿·内格里发现了卓别林,她将卓别林邀请到她的桌上,共同畅谈起来。

这时,引起了一些人的注意,有许多人去仔细打量这位小矮个的演员。

这就是卓别林到柏林后的境况。

就在他到达柏林的第二天,他收到了一张神秘的便条。上面写的是:

亲爱的朋友查利:

自从在纽约达德利·菲尔德·马隆家宴会上见了您,此后我遭遇的事情太多了。现在我住在一所医院里,病得很厉害,请千万来看看我吧。您会给我带来很大的鼓舞……

写条子的人注明了医院的地址,签的名是"乔治"。卓别林手拿着条子,却想不起这个人是谁?他想了一会儿,回忆起来了,他肯定是那个保加利亚人乔治。就是那个还要回到监狱里去坐十八年牢的乔治了。以信中的口气,明明可以看出,他这是在暗示要他"照顾"。因此,他随身带上五百元钱,以便能帮"乔治"一点忙。如果不是,那么再改,或是如果他需要的数目太大,从银行电汇也来得及。

完全出乎卓别林意料。他到了医院,被领进一个宽大的房间里,里面摆了一张桌子,桌子上装有两架电话,两个身上便服穿得整齐的人招待他——后来,他才知道,这两个人是乔治的秘书。其中一个人把他请到隔壁的一个房间里,乔治躺在一张床上。

"我的朋友。"他热情地说,"你来了,真叫我高兴。我一直没忘记,你在达德利·马隆家的宴会上对我表示的同情和好意。"

还没等卓别林答话,他就冷冷地吩咐秘书几句话,那个秘书走了。

屋子里只剩下他们两个人了。

乔治没有说明他是怎样离开美国的,没有说明他的那十八年徒刑是怎样很快就解除的。

卓别林觉得不须探问。

乔治却向卓别林打听他在纽约的一些朋友,卓别林将他在离开美国时那些人的情况一一向他介绍了。

乔治很健谈,他与卓别林又谈得来,二人谈得十分投机。

但是,卓别林不知道对方的身体情况,因此次仅是第二次见面,又不便打听。这就像,读一本故事书,中间跳过去几页,故事出现了一段空白,无法前后连接起来。

"我现在担任布尔什维克政府的采购员。"乔治说明他现在的身份与任务,"这次来柏林是订购机车的钢板。"

卓别林见状,他那带来的五百元钱,又原封不动地带回去了。

卓别林走在柏林的大街上,满目凄凉,战败的气氛依然笼罩着一切。几乎在每一条街道的拐角上,都可以看到断腿缺臂士兵的悲惨景象。

战争给群众带来的苦难。

这时,安妮·摩根小姐的秘书,急着打电报来,请卓别林立即回巴黎。因为报纸上已登出了他将在特罗卡德罗宫露面的新闻。

他立即复了一封电报：

我并未答应在特罗卡德罗露面。

现在为了不对法国公众失信，我要向他们说明

真相。

不久，安妮·摩根小姐打来了电报、电文是：

来此定可受勋，已为此事筹划安排，并经过一番周

折——安妮·摩根。

卓别林接到电报后，第二天返回巴黎。他在柏林只待了

三天。

在特罗卡德罗义演的头一天晚上，他和塞茜尔·索蕾尔·

安妮·摩根以及其他几个人同坐在一个包厢里。

塞茜尔·索蕾尔凑近卓别林，悄声告诉他一个秘密。

"今儿晚上要给你授勋。"

"那太草率了。"

卓别林谦虚地说。

这时正在放映一部真实的故事影片，影片沉闷无聊，人看了

昏昏欲睡，一直到休息时间还没放映完。

最后，灯光亮了，过来两个公务员，陪着卓别林到部长的包

厢里。

好几个记者紧跟在他们身后。其中有一位认识他的美国记

者，凑近他，小声儿说："你要接受荣誉军团勋位了，小伙子。"

部长致颂词的时候，这位记者朋友又一次凑近他，小声说：

"他们骗了你，小伙子，那勋位不对，那是他们给学校教师的；你

领这个还不够光荣，你要领那个有红色绶带的，小伙子。"

实际上，记者朋友错了。卓别林自己认为，他能得到学校教

师的光荣,他感到非常快乐,非常荣幸。

奖状上写的是:

　　　　查尔斯·卓别林:戏剧家、艺人。

　　　　民众教育学士。

安妮,摩根小姐还给了他一封情文并茂的信。她首先向他表示感谢,然后又邀请他第二天去凡尔赛特里亚别墅午餐。信的最后写着:"查利,我将在那里和您见面。"

那次的宴会,可谓人才济济,来了许多形形色色的要人,也可以称之为真正的"贵"宾。其中有希腊的乔治亲王、莎拉·威尔逊夫人、塔莱朋·佩里戈尔侯爵夫人

特罗·路易斯·韦勒司令、埃尔莎·马克斯韦尔以及其他一些人。

安妮·摩根小姐带着卓别林向那些贵宾一一介绍。

卓别林是见过大场面的人,所以他很得体地与这些贵宾周旋。

第二天,他的朋友沃尔多·弗兰克和法国新戏剧运动领导人、著名演员、舞台指导、戏剧评论家雅克·科波一起来到了旅馆。

当天晚上,他们三人又一同去看马戏,在那里看到了几个很出众的丑角。然后,他们三个人又在核丁区吃了晚饭。

又过了一天,菲利普·沙逊爵士邀请他返回伦敦,参加他和罗克萨维奇勋爵和夫人举行招待英国首相大卫·芬合·乔治的宴会。

非常不巧,由于海峡上空有大雾,他所乘坐的飞机被迫在法国海岸着陆。后来,当他们到达伦敦时,已经晚了三个小时。

菲利普·沙逊爵士是一个平易近人又热情待人的人。所以

卓别林才与他成了好友。他在第一次世界大战期间,曾任大卫·芬合·乔治的秘书。他仅比卓别林大三岁,谈吐风趣,仪容秀美,但长得却象一个外国人。他是代表布赖顿和霍夫选区的下院议员,自己虽然是一位英国最富有的人,但他并不愿意闲着,他总是努力工作,使自己生活过得很有意义。

后来,他曾任航空部次长。

菲利普·沙逊爵士还是一个能体贴人的人。

当卓别林在巴黎第一次相见时,卓别林曾说过,他感到非常疲劳,并且十分紧张,需要避开一般人,好好休息一下。同时,他还埋怨说旅馆墙壁的颜色也刺激着他的神经。

当时,菲利普大笑着问他:"那么,您喜欢什么颜色的墙壁呢?"

卓别林当开玩笑似地回答:"黄色的和金色的。"

卓别林从巴黎回到伦教后,菲利普·沙逊就邀请他去他的别墅。他的别墅在英格兰东南的肯特郡利普纳。

"您到了那里,可以离开一般人,安静地休息几天。"

菲利普·沙逊爵士笑着说。

卓别林到了别墅,进入给他收拾的房间,他立即发现,房间里已经装上了色彩柔和的窗帘,是黄色的和金色的。这不能不令他感到惊讶,同时也体会到菲利普·沙逊爵士的用心良苦。他在巴黎说过的话,沙逊爵士已经牢记在心,不仅让他"离开一般人"来"安静地休息",而且连他说的玩笑话"黄色的与金色的"也铭记未忘。这样的朋友是难得的。

他想,如果萨姆塞特·英姆知道了现在菲利普对待我的情景又该有何说法呢?可惜,英姆不在这里,他还自豪地想,英姆是不配与菲利普交朋友的,大概菲利普也不肯和英姆交朋友。

菲利普的别墅收拾得华美绝伦,整个住宅装饰得富丽堂皇。

菲利普很会收拾屋子,因为他的兴趣俊雅,卓别林住的那套屋子,给他留下了深刻的印象。那里有炖在火上的暖锅,里面的汤一直保持着温暖,他夜里饿了就可以吃,用不着去呼唤人拿食品或做食品。早晨,由两个身体健壮的男仆推来一辆餐车,这个车可以称之为自动食堂,车上面有精美的美国麦片粥、炸鱼片、熏肉、鸡蛋。自动餐车一直推进房,然后推到床跟前,都是热气腾腾的,还有黄油和枫糖浆。因为卓别林有一次曾说过,他来到欧洲以后,很想吃美国的麦饼,所以车上还有美国麦饼。卓别林很高兴,他暗想,这样子真有点儿象《一千○一夜》里所描写的那样,应有尽有。

菲里普爵士有一个特点,卓别林发现他在收拾屋子时,总是把一只手插在衣袋里,摩挲着他母亲送给他的珍珠——那串珠子足有一码多长,每一颗都有大拇指那么大。他告诉卓别林:

"我随身带着它,让它们沾点儿生人气。"

"您是不是愿意和我一起去布赖顿的一所医院?"

"去探望什么人?"卓别林问。

"去探望那些在大战中患了大脑性麻痹不治之症的伤员。"

"当然。这是应该的。"

于是,二人同到了医院。

卓别林看到了那些青年人的面孔和绝望的神情,很觉痛心。他还看见一个青年人,他已经浑身麻痹,用嘴叼着一枝毛笔在画画。因为他全身只剩下这一部分还可以受大脑的指挥可以使用。还有一个人,他两手紧握着拳。看护告诉他们,他是双手握拳,必须把他麻醉过去,才能给他修剪指甲,以免指甲陷入掌心。据说,有些伤员的样子太可怕。医院管事,不让他们去看,但是,菲利普爵士还是去看了。卓别林没有勇气去看。他在想，德国的伤兵是那个样子，而英国的伤兵又是这个样子，不论是发动战争的还是应战的，双方都得到了这样惨重的损失，尤其是人。这样的战争太可怕了，也太不应该了，凡是有良知的人，都应该全力反对战争。

卓别林休息好了，又在菲利普的陪同下离开了利姆普纳，回到了伦敦，仍住在菲利普在花园的住宅。因为菲利普还要在这里举行他一年一度的四代乔治画展，为慈善事业募捐。

他的花园式的这所住宅，也是同样轩昂壮丽，宅里有一间很大的花房，里面摆满了蓝色的风信子。当卓别林第二天去那儿午餐时，风信子已经换了另一种颜色。

菲利普·沙逊爵士还陪着卓别林去参观威廉·奥彭爵士的画室，看见了一幅菲利普·沙逊的姊姊罗克萨维奇的画像，那幅画具有色彩明净之美。卓别林第一次看到威廉·奥彭，对他的印象不太好，他看奥彭装出一副拙劣和狐疑的神情，他觉得那是一种傲慢的表示。

卓别林接到了Ｈ·Ｇ·威尔斯的电话，邀他去到他乡间的住宅里住两天。

Ｈ·Ｇ·威尔斯的乡间住宅盖在华维先伯爵夫人的领地上。威尔斯夫妇和他们刚从剑桥大学回来的两个儿子都住在那里。

卓别林是下午到达的。接着，又有三十多位剑桥大学的教授到了。他们全静悄悄地坐在花园里，那样子好像在等着拍一张学校团体照。他们又全都默默地打量着卓别林。仿佛是在仔细观察一个来自另一星球来的人。

晚上，卓别林和威尔斯一家人在玩一种叫做"动物、蔬菜或矿物"的游戏,这种游戏,类似智力测验。

晚间就寝的时候,卓别林可遭罪了。屋子里很冷,被子也是冰冷的。这是他在英国度过的最寒冷的一夜。

第二天,H·G·威尔斯问卓别林:"夜里睡得好吗?"

"很好。"卓别林很有礼貌地说。

"我们的许多客人(他大概是指那些教授)却吵屋子里很冷。"

H·G·威尔斯看着卓别林的脸说。

"我不说屋子里冷,应当说冰冷。"卓别林故意这样说。

威尔斯大笑起来。

早餐后,H·G·威尔斯那位漂亮大方的太太领着卓别林去看附近的一所大教堂。

"这座教堂还是十一世纪时建造的。"威尔斯太太介绍说。

他们又和一位年老的镂版工人谈话。那老工人正在为制铜版拓几块墓碑。

有些野鹿就在屋子附近徘徊,青草是碧绿的,太阳暖洋洋的,令人觉得是在世外桃源里。

卓别林最喜欢 H·G·威尔斯的那座小书房,他朴素、典雅,外边树荫笼罩着房子,靠近窗子摆着他那桌面倾斜的老式写字台。他们就在这里谈天说地。

"我读一篇论文给你听。"

威尔斯说着就读起来。

卓别林在旁边静静地听着。

"这篇文章如何? 它是剑桥大学一位教授写的。"

"要我说实话吗?"

"当然。"

"这篇文章繁琐的文体,听起来不象现代人写的,倒象是十五世纪时那些僧侣写的。"

卓别林不客气地说。

威尔斯听了大笑。

接着,威尔斯又谈起了他自己与弗兰克·哈里斯的故事。

"我年轻时很穷苦,卖文为生。第一次写了一篇涉及四维空间的科学论文,投给几位杂志的主编,全被退回来了。最后,我收到弗兰克·哈里斯的一封信,他邀我到他的办公室去。"

"你当然是去了。"卓别林插了一句。

"是啊,我不仅是去了,"威尔斯说,"尽管我那时手头很紧,但是,为了去拜访哈里斯先生,我特意买了一顶大礼帽。可是,哈里斯一见我就说:'亏你打哪儿弄来了这么一顶帽子?又亏你怎么会想到把这样的文章投到杂志社?'他说着话,又把我那篇稿子往桌子上一扔。又数落我:'这篇文章写得太富有理智了——在这一行里,理智是没市场的!'"

"你怎么回答?"卓别林问。

"我什么也没说,只听他一个人在说。"威尔斯说了这句话笑了,又说下去:"当时我最关心的是我那顶礼帽。我早已摘下来,把它放在桌子角上。可哈里斯在谈话时,为了加重语气,不停地拍桌子,我担心他的拳头一下子拍在我的新礼帽上。"

"拍上了吗?"

"没有。"

"大概是哈里斯先生知道你太穷。"卓别林开玩笑地说:"怕拍扁了你没有钱再买。"

威尔斯又大笑。

"也许是吧。"

"稿子怎么样了?"

"他最后还是采用了,并且约我再写几篇稿子。"

"你这是因祸得福了。"

卓别林在伦敦会见的最后一个文人是《中国街之夜》的作者托马斯·伯克。伯克为人恬静而深沉,他个子长得矮小,一张脸有些象济慈的像。他老是一动不动地坐在那里,难得向对话的人看一眼,但是,他却吸引着卓别林愿意谈话。

卓别林感到他和托马斯·伯克在一起好像比和威尔斯在一起时更加舒坦自在。更愿意说说心里话,于是,他就把心底里的话全向托马斯·伯克倾吐出来。

伯克和卓别林一起去中国街和中国城(东伦敦码头区、华侨聚住之地、类似美国的唐人街)散步时,他自己一句话也不说,他让卓别林自己去了解那一带地方的情况。他们虽然在一起的时间不短,伯克却始终不讲卓别林如何,既不夸奖也不批评,真正的不褒不贬。

那以后,又过了三四年,伯克将他的半自传体笔记《雨丝风片》赠给卓别林。卓别林这才知道伯克的少年时代与他有些相似,而且也知道了他对卓别林是抱有好感的。

卓别林在离开英国回美国前的最后两天有两个节目:第一是,他去请他的表兄奥布里一家人吃饭。这不过是一种礼节性的形式,因为他与表兄奥布里没什么话可谈。席上也只不过说一些家中的琐事,介绍了他母亲的情况及西德尼一家人的情况,奥布里也介绍了几个亲友的情况。

他的第二个节目,是去看望从前他在卡诺剧团里的同事吉米·塞拉尔。如今吉米·塞拉尔是一家酒馆里的老板。他们俩到了一块儿,谈的话题先是叙谈当年他们在卡诺剧团的故事。

后来才各自谈了各人分手后的情况。

卓别林的英国之行还是如愿以偿。

威斯敏斯特大桥看过了,肯宁顿路与波纳尔弄三号也访问过了,英国的社会名流、政治家、作家、文人……全会过了。应该看的东西,要见的人全如愿以偿,而且还意外地获得了勋章,已获得法国授予的戏剧家、艺人、民众教育学士的光荣称号。

他对那些盛情款待他、表彰、赞扬他的豪富与名流没有什么留恋。他对那些在滑铁卢车站、北火车站欢迎他的英法群众的盛情难以忘怀。只有一点他感到非常遗憾,那就是,他被人硬塞进了汽车,未能让他与那些欢迎他的广大群众多见一面,哪怕是多站一会儿,或者仅说上一两句话。他认为那是践踏了群众的感情,就如同践踏了一些盛开的花朵。

在若干年后,他仍对此抱着遗憾,觉得愧对热爱他的那些观众。

此时,他该回美国去工作了。

卓别林又回到了纽约。他到达的当天傍晚,玛丽·多梦就打来了电话,邀他去共进午餐,饭后再去看演出的日戏《百合花开》。

卓别林放下电话,暗自苦笑。就是这个玛丽·多梦曾经让他一见钟情,他认为这是他有生以来见到过的世界上最美的美女。他是怎样地在偷偷地想多看她一眼,而对于玛丽·多梦对他的不大注意,他又是怎样的伤心。他想到了这些,这一切都过去了,如果是在几年前,也就是他在卡诺剧团的时候,也就是他在演《福尔摩斯》中比利的时候,如果能收到玛丽·多梦的电话,那将意味着什么? 现在……

尽管他已不恋着玛丽·多梦,但他还是去了,共同吃了饭,饭后又看了《百合花开》。但是两个人虽然谈得来,卓别林对玛丽·多梦却已经没有什么爱恋了。

过了一天,马克斯·伊斯曼又请卓别林共进晚餐。同席的还有伊斯曼的妹妹克晨斯特尔·伊斯曼,以及码头工人出身的牙买加诗人克劳德·麦凯。

卓别林不大喜欢新诗,而克里斯特尔·伊斯曼又是个语言乏味的人,所以这顿饭吃的并不太快乐。

在卓别林将离开纽约的前一天,又接到弗兰克·哈里斯的电话,约他一同去参观星星监狱。

星星监狱设在赫德森河畔的奥斯乡村内,是专门禁锢政治犯的监狱。卓别林愿意去开开眼,所以很高兴地答应了。

在途中,弗兰克·哈斯告诉卓别林:

"我正在写一本自传,但我认为写得太晚了!"他说,"我已上了年纪。"

卓别林立即想起了 H·G·威尔斯对他讲过,有关投稿、大礼帽以及弗兰克·哈里斯不住拍桌子的事。于是他大胆地说:

"上了年纪也有它的好处,可以少写一些欠慎重的话。"

"你说的有道理。"

"如果我写自传的话,"卓别林见弗兰克·哈里斯没有生气,接着说"也一定在过了六十岁以后。"

弗兰克·哈里斯来星星监狱,是为了来看望詹姆斯·约瑟夫·拉金。他是爱尔兰劳工领袖,曾经领导爱尔兰人进行反抗并组织工会,第一次世界大战期间来到了美国,被诬告为图谋推翻政府,一个不公正的法官和陪审团判了他五年徒刑,被关在星星监狱。后来,阿文·史密斯州长虽然否决并撤销了这一不公正的判决,但是,那时,吉母·拉金已经坐了好几年牢了。

他们到达监狱,立即感到有一种奇特的气氛,仿佛人类的精神到了监狱里就停止了活动。

星星监狱里那些老式的牢房,阴森得象中世纪的建筑:一些狭小的石头房间,每一间房都很挤地睡着四名到六名囚犯。

他们到达时,犯人正在院子里放风,牢房全空着,只有一个年轻人,靠着敞开的牢房门站着,露出茫然悲哀的神情。

狱吏在介绍:

"他们是新来的犯人,头一年照例住在老式牢房,以后才住进较现代的牢房。如果被判了多年徒刑,头一年也是照例住在老式牢房里。"

卓别林从那个年轻人身边走过,跨进他住的牢房。立即有一种十分难闻的腥、臊、臭夹杂在一起的味扑鼻而来,而且他也立即感到了阴森、可怕,他立即退了出来,一边退一边说:"这是不人道的。"

"你说的对!"那个年轻人悲愤地悄声说。

狱吏是个很和善的人,他又向卓别林他们解释:

"星星监狱太挤了,需要拨款建造更多的牢房。但是,政府很少会考虑到我们这个地方。没有哪一位政治家会很关心监狱里的情况。""如果少抓一些人,少判一些人不是就不挤了吗?"

卓别林想到了弗兰克·哈里斯对他说过对拉金的判决是不公正的、太冤枉了。他这样说了一句。

狱吏苦笑了笑,

"抓人,判刑都与我们无关呀。"

他们又走进行刑室。

这间老式行刑室,象一间课堂,房间狭而长,天花板很低,这样光线就显得阴暗了。里面摆了一些长凳和桌子,那是给记者们坐的。前面是一个木制构造,也就是那个行刑用的电椅,一根光溜溜的电线,从天花板下垂到椅子上空。屋子里显得很可怕。还是由于它陈设简单、缺少引人注目的东西,这就使它比狰狞的断头台更加阴森可怕,紧靠着电椅后边是一层木头隔板,死囚上过了刑,立即被抬到隔板后边,进行尸体解剖检验。

那位医生告诉卓别林他们:

"如果电椅没能够彻底解决问题,就动手术割下了尸体的脑袋。"他又补充说:"刚行刑后,脑子里的血可以热到华氏二百二十度。"

这当然是他测验过的了。

卓别林走出行刑室,觉得头昏脑胀,他强自镇定一下。

"我想看一看詹姆斯·约瑟夫·拉金可以吗?"

弗兰克·哈里斯问狱吏。

"在这里。"狱吏说:"按规定是不允许的,但是,您来了,可以当作例外来处理。"他笑了笑:"凡事都有个例外嘛,您说呢?"

"他在什么地方?"

"在制鞋车间。"狱吏说:"请随我来。"

狱吏让他们在一间小屋子里稍等,他去叫拉金。

过了一会儿,拉金来了。卓别林是头一次见到他,他是一个高大而漂亮的男子汉,身长约六尺四寸,蓝色的眼睛闪出锐利的光芒。但是,笑起来是很亲切的。

他一见到弗兰克来看他非常高兴。

弗兰克把卓别林介绍给他。

"谢谢!谢谢你们来看我。不过,我不能和二位长谈,我还得回去做工。"

“不要紧，这是我特许。”

“谢谢。”他对狱吏说，然后又转向三个人说：“如果我在工作时间被特许会客，这给其他人的心理影响是不好的。而且对狱政当局影响也不好！”

“狱中的待遇怎么样？”弗兰克问。

“狱中的生活相当不错。”

“还有什么事要我帮忙吗？你还需要些什么？”

弗兰克·哈里斯想帮助他。

“这里不少什么，我不需要什么东西，不过，我很不放心在爱尔兰的妻子和孩子，自从我入狱以后，再也没听到他们任何消息。”

“放心，这一点我会帮忙办到的。”

“那就谢谢了。”他说完又说：“真的我得回去做工了。”

他们告别了狱吏往回走。弗兰克·哈里斯心情很沉重，他说：

“我心里很难过。”

“为吉姆·拉金抱不平？”

“不仅仅是，你看，象吉姆·拉金那样勇敢豪放的人，竟会变得这样遵守监狱里的纪律。”

卓别林不愿在纽约逗留了，因为他即使再留下十天半月，每天也不会得闲，总有些人请他去，不是共进晚餐就是去看一场什么戏呀、电影呀。所以决定立即返回好莱坞。

卓别林回到好莱坞后，头一件事就是去看望母亲。

他到了山塔蒙尼卡见母亲精神很好，很愉快的样子。

“查利，你去伦敦？”

“是的，妈妈，我回伦敦看了看。”

“太好了。”母亲笑着说：“过几年我也要回伦敦去看一看。”

卓别林忽然好奇地问妈妈:"您听到了有关您儿子的这些无聊的事儿,您有些什么想法呀?"

"我不大明白,你为什么不做一些切切实实地事情,却要过演戏这种空虚的生活呢?"

"还说哩,"卓别林大笑起来,"就是因为您的缘故,我才会过演戏这种空虚的生活呀。"

莉莉·哈莱沉默了一会儿,缓缓地说:"要是你能够用你自己的才能去侍奉上帝,想一想,你能拯救多少灵魂?"

"我可能救了灵魂,"卓别林笑着说,"可是救不了穷啊。"

今天,看样子,莉莉·哈莱的精神还是正常的。但是,就在卓别林离开好莱坞去伦敦的那段时间,发生的几件事,证明她的精神还是不正常的。

头一件事是她有一天到市区里去,由看护陪同她到市里去买些料子做衣服。她突然想到一个奇怪的念头,她不肯走下车去,却叫道:

"叫店员到我这儿来。"

陪同她来的看护和卓别林的经理里夫斯太太面面相觑,不知该怎么办?

"在英国,店员总是专到你的车旁来的。"莉莉·哈莱固执地说。

后来,看护与里夫斯太太总算将她劝下了车。一个很和气的姑娘接待她们,给她们看几匹布,有一匹淡褐色的,里夫斯太太和看护小姐都觉得挺合适。

"这个颜色适合您穿。"里夫斯太太笑着说。

可是,莉莉·哈莱却不喜欢。

"不好,不好!"她用十分文雅的英国口气说:"这个颜色太素净——给我拿鲜艳点儿的。”

那个接待她们的姑娘,对这位老太太的话感到了惊讶、不解。但是,她还是照办了。

第二件事是参观鸵鸟饲养场。

那天,也是里夫斯太太与看护——看护的任务就是时时刻刻陪在莉莉·哈莱身边,时刻看护她,陪她去参观的。饲养场的饲养员知道来的是“查利”的母亲,和蔼有礼貌地招待她们,领她们去看那些孵卵室。

“这一个大约下星期就可以孵出小鸟来了。”

饲养员捧着一个鸵鸟蛋向她介绍着说。就在此时,有人找他去听电话。于是他把那只蛋随手递给看护,自己走开了。他刚走出去,莉莉·哈莱一把从看护手里夺过了那只蛋。

“还给那个可怜的鬼鸵鸟吧!”她说着话,就把那只蛋向鸵鸟栏里一扔。

“叭”的一声,那只蛋被摔碎了。

里夫斯太太和看护,不等饲养员回来,赶快拉着她离开了鸵鸟饲养场。

第三件事也可笑。

那是一个热天,太阳晒得人难受。莉莉·哈莱坚持要买一些蛋卷冰淇淋给里夫斯太太、看护和车夫吃,一下子买了许多。当汽车缓缓地驶过一个下水道的出入洞口时,一个工人从里面伸出头来,莉莉·哈莱从汽车的车窗探出了身子,叫道:“孩子,你吃一点儿蛋卷冰淇淋吧!”话未落,她已把冰淇淋向那个工人扔去,但是,她把冰淇淋却扔在那个工人的脸上。她又叫道:“喏,孩子,让你凉快凉快吧。”她说着,车已驶过洞口,她还转过身去向那个工人挥手。

上面这些事,都是里夫斯太太亲口告诉卓别林的。

"你走以后,老太太的精神一直很好,身体也很健康,上面的事只是偶而发生的。"里夫斯太太说:"我常去看望她,她也很喜欢我,她常常向我讲述你们在伦敦时候的一些琐事。她是个很风趣的老太太。她平时一点儿也不拘束,我也很喜欢和你母亲谈话。"

卓别林正准备给第一国家影片公司拍下一部片子。一件意外的事件,又让他推迟了拍片。

英国女雕塑家来到了好莱坞。这位女雕塑家名叫克莱·薛立丹(ClaiSheridan),她是邱吉尔(Churchill)的外甥女儿,她嫁的丈夫是英国剧作家理查德·卜林斯莱·薛立丹(Richard·BrinsleySheridan)的后代。理查德刚死不久。她是俄国革命后第一个去俄国的英国妇女,在那里,曾受委托为布尔什维克党领导人列宁(lenin)和托洛茨基塑了半身像。她曾发表了《从五日市到莫期科》,一时间全国为之轰动。

她在欧洲时,亦曾为许多名人塑过半身像。

她虽然是亲布尔什维克的,但她所写的书只激起了轻微的反感,因为作者是英国一位著名的贵族。美国人对她和她写的书则迷惑不解。

她在美国纽约也曾为一些名人塑像。其中有新闻记者,时事评论员赫伯特·贝阿德·斯沃普以及金融家伯纳德·曼内斯·巴鲁克等人。

她听说好莱坞萨姆·高尔德温设宴招待她,请卓别林出席作陪。

克莱·薛立丹身材颀长,一张粉白细腻的鹅蛋脸,一双桔褐色的眼睛,高鼻、红唇,非常好看。虽然她的儿子已经六岁了,但是,她还象一个少女那样迷人。

萨姆·高尔德温把卓别林安排坐在薛立丹小姐身边。于是,两个人攀谈起来。

卓别林很喜爱这位年龄虽大了些,但仍然非常美的妇女,他恭维她。

"您的美丽和您的雕塑一样受到人们的称赞。"

"是吗?"克莱·薛立丹听了卓别林的话咧开了红唇,说:"可是,在美国很难靠雕塑维持生活。"

"请您雕塑的人不是很多吗? 听说您还曾为布尔什维克党的领导人列宁塑了半身像。"

"美国的男人就不同了,他们尽可以让艺术家为他们的太太塑像,他们自己却不愿做模特儿。"

"这又是什么原因呢?"卓别林好奇地问。

"他们太害羞了。"

"我可不害羞。"卓别林说,他的双眼笑眯眯地看着薛立丹小姐。

"那么,我可以为你塑像吗?"

薛立丹小姐早已有意这样做了。

"当然。这是我求之不得的事。"卓别林笑着说。

于是,这件事就算定下来了。

卓别林在第二天就把薛立丹小姐请到家里来,把她的粗土和雕塑用的工具也搬到他的家里来。

为了让克莱·薛立丹小姐能安心工作,卓别林让汤姆·哈林顿把薛立丹小姐六岁的儿子狄克哄出去玩儿。

他们一边交谈,薛立丹一边给卓别林塑像。

卓别林在这位美丽的妇人面前,尽力炫耀自己的智力。他谈了他在基斯顿影片公司的时候,如何找到了大皮鞋、肥大的裤子、小礼帽及小紧身上衣以及那根手杖,那一小撮胡须。他讲了如何拍摄《面包和炸药》以及《蒂丽的恋爱史》、《流浪汉》、《慈父曼》以及《溜水》、《福民》,还大谈《从军梦》、《阳光山村》以及《寻子遇仙记》等等。总之,他炫耀自己的聪明,他还细讲了他是怎样想出这些故事来的。

薛立丹小姐并不嫌烦,而是听得津津有味。

当然,这或多或少影响了她的工作进度。不过,她并不因此有怨言,相反,她倒很愿意多听一些。

后来,卓别林的像终于塑成了,卓别林仔细端详着那塑像。

"这简直象是一个罪犯的头型嘛。"卓别林似笑不笑地说。

"恰巧相反。"克莱·薛立丹一本正经地回答:"这是一位天才的头型。"

卓别林哈哈大笑,于是他又提出了他自己发明的一套理论:"天才和罪犯十分近似,二者都是极端个人主义者。"

像塑完了,克莱·薛立丹并没有搬走,仍留在卓别林家里。

二人的交情已到了无话不谈的地步。

"查利,"克莱·薛立丹亲切地叫道,"自从我发表了以俄国为题的演讲,自己觉得已经被社会所抛弃了。"

"克莱,"卓别林也以亲切的口吻说话。"我看你既不是一个政治问题小册子的作家,也不是一个政治狂热者,你已经写了一本很有趣的书——《从五月市到莫斯科》,报道了俄国的情况。那么,就到此为止吧。"

"可我是靠演讲为生的。一般人都不愿意听真理,但我既然是想到了什么就说什么,那就只能是宣传真理。"

卓别林以关心的口吻说:

"你何必一定要登上政治舞台呢?这样肯定要吃亏的。"

"可是,我喜欢我那宝贝儿布尔什维克呀!"

卓别林大笑起来,重复着她的话,

"我那宝贝儿布尔什维克。"

克莱·薛立丹小姐和儿子狄克在卓别林这里生活得很快乐。

卓别林放映《寻子遇仙记》给他们看,还不断地解释一些细节。

他们的交情更深了。

于是,卓别林决定带着克莱·薛立丹以及她的小儿子狄克到野外去玩。

他们驾了一辆车,还带上一辆大货车装载着帐篷等等露宿用具,又带了一辆汽车拉着厨子。被褥呀、床垫呀、水果呀、蔬菜呀、肉呀、蛋呀、红肠呀、面包呀……应有尽有。他们这大队人马浩浩荡荡地开到海边去。

在一处人们很少到的地方,搭起了帐篷,过起了野营生活。

白天,他们换上了泳装,在海边的浅水里嬉戏——因为薛立丹小姐不会游泳,所以他也从不到深水处去。

洗够了,他们就躺在沙滩上的遮阳伞下面,吻啊,拥抱啊……

而小狄克由卓别林的秘书带着到另一处地方去玩儿。

用"乐而忘返"这四个字来形容他们两个人的心情,那是再恰当不过的了。

雕塑啊、演讲啊,克莱·薛立丹早已忘掉了。

尽管卓别林欠着第一国家电影公司的债,他暂时也忘掉了。

但是,好景不长。

一个星期后,有人发现了他们。他们先认出了卓别林,于是有许多人跑来参观。他们的用意并不想破坏卓别林的好事,只不过是想来看一看他,他们的想法与英法那些观众的想法一样,只想亲眼看一看他们热爱的查利,接着,新闻记者也闻风而至。

记者又称新闻记者,他们是专门找新闻的,听说卓别林与一个美女在这人迹罕到之处野营,这大好的新闻岂能放过。

这样一来,卓别林与克莱·薛立丹的罗曼小史只能暂告一个段落了。他们为了躲开新闻记者,不得不打道回好莱坞了。尽管他们二人均不情愿。

新闻记者到好莱坞,卓别林拒不接见。

象卓别林那样的名人,而克莱·薛立丹也是出了名的,他们之间的罗曼史记者不肯放过。但是,卓别林给他个不见面,他们求其次,找卓别林的秘书。

下面是记者与秘书的对话。

记者:"请问,查利·卓别林会和克莱·薛立丹女士结婚吗?"

秘书:"我想是不会的。"

记者:"他们不是很要好吗? 为什么不会结婚呢?"

秘书:"我想,那是因为克莱·薛立丹小姐年纪太老了,她可以做卓别林先生的母亲了。"

记者听了秘书这句话,如获至室。第二天,报纸上就用大字刊出,说查利·卓别林虽然与克莱·薛立丹很要好,但是卓别林说,"她老得满可以做他的母亲了。"

这本来是秘书说的一句玩笑话。不料却起了不小的作用。

克莱·薛立丹看见报纸后,即带着儿子小狄克从卓别林的住所里搬出去了,搬进了一家旅馆,是不告而别。

卓别林看到了报纸,又听说薛立丹小姐已搬进了旅馆,连忙找来秘书问及此事的来龙去脉。

秘书把他和记者说的玩笑话,如实地说了。卓别林并没有责备秘书,而是要他立即去旅馆向薛立丹小姐当面解释清楚,说明报纸上的谣言来源。

秘书诚惶诚恐地赶到了旅馆,再三说明,报纸上的话并非出自卓别林之口,而是他说的玩笑,并一再向克莱·薛立丹道歉,但是无济于事。

第三天,薛立丹就带着自己的儿子去纽约了。

卓别林与克莱·薛立丹的这段罗曼史就终结了。

关于卓别林与薛立丹的关系,这里还要交代几句。

克莱·薛立丹确实恋着卓别林。后来她写了一本《旅美日记》,在书里她说卓别林是个"有伟大灵魂"的人。

1931年,他们还见过面。那次见面时,克莱·薛立丹告诉卓别林说,她住在突尼斯的郊外。

卓别林问她,你为什么要住在那里呢?住在伦敦不是更好吗?

克莱·薛立丹向他解释:

"那儿比较便宜呀。"她不加思索地说:"要是住在伦敦,仅凭我那点有限的收入,在布卢姆斯伯里区我只能租两间小屋子,但是,在突尼斯我可以租一幢房子,还可以有一个美丽的花园。让小狄克在里面玩耍,还可以雇几个仆人。"

卓别林想以一些钱来帮助她,却被她婉言谢绝了。

后来,小狄克活到十九岁夭折了。这对她是一个惨重的打击。从那以后,她再也未能振作起来。后来,她皈依了天主教,还曾一度进了修道院。在卓别林看来,她并不一定是相信宗教,她只不过是为了要获得一些安慰罢了。

第十七章 人间闹剧

卓别林的未婚妻突然被绑了票！她骑马出门,马回来了人却没回来,只是有人拣到了她的手袋,卓别林为此悬赏一千美元破案。于是,警车飞驰,众说纷纭,好莱坞的山村中侦探四出,并且还派了一架飞机……。原来,这是一场有意导演的,令人哭笑不得的闹剧。

卓别林自从和米尔德莱·哈里斯离婚后,再没有结婚,这次又和克莱·薛立丹分手了。他在好莱坞工作感到了孤独。因为他只在自已的制片厂工作,难得和其他制片厂的人见面,所以也很难再交结新的朋友。只有道格拉斯·范明克和玛丽·毕克复能解除他的寂寞了。

这时候,道格拉斯·范明克和玛丽·毕克复早已结婚。他们婚后的生活十分幸福,令卓别林羡慕不已。道格拉斯重建了他原来的住宅,把家里布置得很漂亮,又添置了好几间客房。他们生活豪华,仆人招待得非常周到,菜肴烹调得非常精美,道格拉斯·范明克非常会做主人。

他在制片厂里盖了很考究的住室,化妆室旁边设有土耳其式浴室,还有一个游泳池。他就在那儿招待一些知名人士,邀他们在制片厂里进午餐,领他们参观摄影棚,看拍电影,然后请他们洗蒸汽浴和游泳。客人们浴后或是游泳完了,就随便地裹着浴巾坐在化妆室里,那个样子挺象一些罗马元老院的议员。

　　卓别林认识了许多在当时是一些声名显赫的人物，都是在道格拉斯·范明克的蒸气浴室或游泳池边认识的。

　　每当社会上那些显赫的人物去访问道格拉斯时，他总要把卓别林请去，他老把卓别林当成个宝贝似的献给客人。

　　就这样，卓别林认识了阿尔巴公爵、萨瑟兰公爵、奥斯汀·张伯伦·帕纳兰达公爵、维也纳侯爵，以及其他许多人。

　　他们例行的习惯是这样的：洗完了蒸气浴，大家在八点钟左右去到毕克范（即玛丽·毕克复和道格拉斯·范明克的新建住宅），八点半进晚餐，晚餐后再看一场电影。正因为时间排得紧紧的，所以卓别林没有机会和那些客人熟悉。但是，偶而由于道格拉斯·范明克家的应酬太忙，他就把其中的一部分客人邀到他家里去，不过，卓别林招待客人的本事比起道格拉斯·范明克夫妇可差远了，他也学不会，当然，他也不想学。

　　道格拉斯和玛丽两个人，对那些显贵人物的招待是既亲切又随便，处处都能讨到客人的喜欢。比如，他们招待那些公爵时，头一天晚上，总听到他们正式地称呼他们为"阁下"，但是，过不了多久，称呼就变了，乔治阁下就变成了"乔吉埃"，詹姆斯阁下就变成"吉米"了。叫阁下是尊敬，叫爱称当然是表示亲密了。

　　宴会上，有时候道格拉斯养的小杂种狗常常跑了出来，这时候，道格拉斯显得那么潇洒，总是叫这条小杂种狗表演一些招笑的小玩意儿，这样，就可能使原来可能令人感到拘束的气氛，立刻变得活跃起来。客人们常常齐声夸赞道格拉斯，那些女士们也在背后说他："多么可爱的人儿呀！"男人们则说他："再没有谁比他更会讨女人欢喜的了。"

　　但是，有一次道格拉斯却失败了。

　　这一次，道格拉斯也是款待有高贵的头衔，属于上流社会的人。道格拉斯为了款待这两位高贵的客人,整整花了一个星期的时间去作准备工作。

两位主宾是一对度蜜月的新婚夫妇。为了讨他们欢喜,凡是能想象得到的事情,道格拉斯都作到了。先是让他们乘了家里的游艇去圣卡塔利娜岛捕鱼,道格拉斯事先吩咐在那里杀了一头鹿,把它沉在海里去吸引鱼群,但是,这件事白废了,结果他们连一条鱼也没捕到,然后是在制片厂的场地上举行竞技表演。可是,那位纤长美丽的新娘,虽然温和有礼,但始终沉默,一点儿也不起劲,她既不开口,脸上也无一丝笑容。

每天晚上,道格拉斯都在筵席上竭力招待她,然而,尽管道格拉斯是热情洋溢,语言风趣,但他使尽了浑身解数,也没法使那位新娘从冷漠中鼓起兴致来。

到了第四天晚上,道格拉斯把卓别林拉到一边。

“她可把我难倒了,我怎么也没法引她谈话。”道格拉斯无可奈何地说。他又求救似地说:“所以,今天晚上坐席,我把她安排在和你相邻的座位上。”他说到这里,笑起来了,“我已经告诉她了,说你非常聪明有趣。”

坐席的时候,卓别林真的被安排在那位新娘旁边,二人相邻。

由于道格拉斯已把卓别林先宣传了一番,所以卓别林就座时有点担心,那情形就像是一个伞兵准备跳伞似的。他事先已想好了,要采取秘密谈话的方式。于是,他就座以后,从桌子上拿起了餐巾,然后把身子凑近那位夫人,悄悄地对她说:“鼓起兴致来吧。”

她转过身来,好像没有听清楚卓别林的话,“您说什么?”

“鼓起兴致来吧!”卓别林含混地重复了一遍。

她露出惊讶的神情反问了一句:"鼓起兴致来?"

"是呀!"卓别林回答了一句,一面把膝上的餐巾铺好,眼光不看她,只望着前面。

她沉默了一会儿,看了看卓别林。

"您为什么这样说呀?"

卓别林想,机会来了,不能错过。

"因为您非常忧郁。"还不等她回答,卓别林又说了下去:"您瞧,我是有吉卜赛血统的人,懂得这一类的事情——您是哪一个月里生的?"

"四月里。"

"这就对了,白羊座嘛,我明白了。"

她笑了,这一来,这位夫人就显得更可爱了。

"您明白什么?"她笑着问。

"这个月里,您的精、气、神都处于低潮啊。"

她思索了一会儿,低声说:"真了不起,您能看出这一点?"

"只要您有直觉能力,这是挺简单的——这会儿,您的神情很不愉快的。"

"外表上看得出来吗?"

"也许,其他的人看不出来。"

她笑了笑,接着考虑了一下,然后心事重重地说:"真奇怪,您会算出来了。可不是嘛,实际上正是这个情形。我现在非常愁闷。"

卓别林庄重地点了点头,表示同情。他说,"这是您心情最不好的一个月。"

"我感到非常郁闷,觉得没有一点儿希望了。"

"您的心情是可以理解的。"卓别林以同情的口吻说。

　　她伤心地继续说:"我真想出走——只想避开一切事务,躲开所有的人,……我情愿做任何事情——找一个工作——做一个临时电影演员,但是,这样又会使所有和我有关系的人难堪,他们的地位太高了,不可能让我做这一类的事。"

　　尽管她在讲话中用了多数人称,但是已明白,她当然是指她的丈夫。他很同情这位美丽忧郁的夫人。她丈夫一家人的地位太高了也太贵了,只想让这位美丽的妇人当个花瓶,而这美人儿却又不甘心,她要工作——大概还想当个演员,她要求生活得有意义,而家庭中——尤其是她的丈夫又不可能允许,这就是症结的所在。可是自己是没有能力帮这个忙的,那么,只能让她此时略微开心了。所以他转为严肃地劝告她。

　　"出走是没有用的,责任是永远回避不了的。生活是欲望的表现,一个人是永远不会满足的,所以,无论如何。"他加重了语气很庄重地说:"千万不要贸然行事——否则,您会为这种事懊悔一辈子的。"他又笑了:"常谈一句俗话'事要三思,免劳后悔'嘛。请原谅,我不是教训,而是忠告。"

　　"谢谢!"她以轻声说:"无论如何,这样和一个了解你的人谈一下,心里舒畅多了。"她然后忧郁地说:"我想,您这话说得对。"

　　话是开心锁,卓别林用他机智的谈话打开了这位美妇的心扉,她很愿意和卓别林谈话了。而且也说出了心底里的话。

　　这一餐饭,她似乎快活些了,吃的也比以前多一些,她和卓别林的谈话从未间断过。她问及卓别林的情况,也介绍了自己的情况。

　　饭后,卓别林为了使她开心些,对她说:"我请您看一部我演的电影,不知您是否肯赏光?"

　　她忧郁地一笑。

"那样不是太麻烦您了吗?"

"不! 只要能为您分一点点忧愁,就是我最大的快乐。"

"不知您以前是否看过我拍的电影?"

"看过,但是,太少了。我没有机会看,不过我很喜欢。"

"您喜看哪一部呢?"

"随便您,无论哪一部,我想我都会喜欢的。"

于是,卓别林把放电影的事对道格拉斯说了。

"好家伙,你真有能耐,我算佩服你了。你们俩到底说了些什么? 我看你们都快要把对方的耳朵咬下了。"

"现在的当务之急是放电影给她看。以后我再详细告诉你。"

"放映什么影片?"

"就放映《狗的生涯》吧!"

在毕克范就有小型放映室,来宾全来到放映室,听说放映卓别林拍的电影,这些达官贵人也是喜欢看,所以一个不落地全到了放映室。

影片开映了。

太阳出来了,照到了一个城市。在一片荒凉的地方,一个流浪汉(卓别林扮演的夏洛)还在篱栅边睡觉。篱栅上有个破洞,他用手绢去塞住,抵御风寒。离他不远处,有一个灰色的又破又旧的盆子,盆子旁边,睡着一条叫"小东西"的狗。篱栅的那一边,有一座卖热狗(指夹有热腊肠的面包)的摊子,一阵香气扑鼻,流浪汉醒了,他从篱栅的破洞口伸过手去,拿过一个热狗来。

他正要将热狗送进口中,准备大嚼一顿时,手举热狗已到了嘴边,却发现一个警察的脸,在篱栅那边看着他,他连忙把热狗又退过去。

警察仍然不放松他,警察从后面绕过来,流浪汉就从篱栅下面滚到街上去,警察回到街上,他又滚回来。他从篱栅里边伸出手去,把警察的两只鞋的鞋带拴在一起,又用针刺了他一下。他滚进滚出把那个警察累得筋疲力尽,他以为安然无事了,就站起来,对着警察行礼,一伸手,又碰上另一个警察的徽章,一团高兴,化为乌有。

还好,他总算带着他的“小东西”溜走了。

他跑到了职业介绍所门前去,看见有招请酿酒工人的广告,他想碰碰运气就挤进了人群,那里求职的人很多,已是挤得水泄不通。他用力地挤呀,挤呀,刚一挤到窗口,又被别人将他挤开了,他好像发疯似的,从这个窗口挤到那个窗口,总是挤不上去,片子的速度越来越加快,他像一条疯狗似地跑……,最后,总算挤到了一处窗口下,可是,就在他刚到之际,那个窗口却一下子关上了,挂出了一块牌子:缺额已满,另请高就。

流浪汉按住空肚皮呆想,一抬头,发现他的狗“小东西”找到了一块骨头,附近人家的狗成群围过来,“小东西”死死叼着骨头奔跑。

这种现象,与查利在职业介绍所时的场面极其相似。先是流浪汉抢饭碗,现在是小狗抢骨头。

这时,流浪汉出面帮助“小东西”。他参加了狗打架,他一个人和一大群狗满街大打一场,他的裤子被撕破了。但是,却为“小东西”保住了骨头。

他和“小东西”大胜而回。他们俩坐在门边。“小东西”亲切地舔着他。

查利和小狗相依为命。

他在附近找到了半瓶牛奶给“小东西”吃。“小东西”吃不进口,查利又替它把小尾巴塞进奶瓶去掏出点牛奶来吃。

他们俩跑到一个卖新鲜点心和腊肠的饮食摊去。查利跟老板攀谈起来,"小东西"乘机衔走了一串腊肠。查利也乘着老板转身之际大吃点心,狼吞虎咽。点心一个个不见了,老板大起疑心,他发觉,"小东西"正在吃肉。查利最后一次伸手偷点心,却被老板发现了,他假装作赶苍蝇才算混过去。此后,他正要下手再偷一块点心,警察又发现了他,他连忙扔下点心回头就跑。

那天晚上,查利又混进了"绿灯"咖啡店里去。他把"小东西"藏在裤子里,横冲直撞地穿过正在跳舞的男男女女,"小东西"的尾巴已从他的裤管破洞中伸出来摇摆着。他到乐队旁边站下,那"小东西"的尾巴一下下敲在鼓上,弄得鼓手莫名其妙。

这时,正有个乡下姑娘初次登台演唱,可又不受欢迎。他看见了查利,对他一笑,这一笑居然在流浪汉心中燃起了新的生命之火。那个乡下姑娘也是个孤苦伶仃的人。流浪汉立即勇气倍增,他居然请姑娘跳舞,喝酒。后来,又是给赶出了大门。他满不在乎,因为已经习惯了。

接着映《狗的生涯》第三部。

一开始,是两个流氓在咖啡店里抢了一个醉鬼的钱包,拿来埋在一处空地上。那里却正是查利的"寝室"。

接着,查利回来了,他拿"小东西"当枕头,倒头便睡。那两个流氓又回到"绿灯"咖啡店去了,其中一个看中了那个唱歌的姑娘,姑娘却不理那流氓,店老板为了讨好客人,把这个姑娘开除了,而且还不给一文工钱。姑娘无奈,只好提着箱子伏在桌上痛哭。

这时,在查利的"寝室"里,"小东西"在地上刨来刨去,想找点东西吃,却把钱包刨出来了。查利这下子交了好运。他带着钱,雄纠纠地又到"绿灯"咖啡店来。看见那姑娘在哭,又知道她被开除了,他耸耸肩,拿出钱来,决定摆摆阔气给那店老板看。可是他取出钱包后,又被那两个流氓看见了。

他不知大祸临头,正在和那个姑娘谈得很亲热,大谈他们的未来。似乎在说,咱们回乡下去,过幸福的日子。

两个流氓过来打架。

他被流氓打倒了。

那个乡下姑娘救了他。

他又回到了咖啡店,想夺回那笔财产。

那两个流氓还在咖啡店里面开怀畅饮,庆祝胜利。他费尽心机,用槌子和酒瓶打晕了那两个流氓,接着又跟咖啡店的侍者大战了一场,追追打打的最后,钱包又落在查利手里,他飞奔而去,逃之夭夭。

后来,又是一场混战,流氓和钱包的失主也参加了混战,流氓居然掏出枪来向查利开枪。

查利躲在一辆货车后面,那两个流氓向他围拢过来。情形已是万分的危急,正在这个时候,那个他的忠实的"小东西"衔着那落在地上的钱包飞也似地跑了。

后来,那两个流氓被警察捉住押走了。那个守柜台的侍者一只眼睛给打得乌黑。咖啡店里给打得一塌糊涂。

查利带着"小东西"、乡下姑娘和那个钱包扬长而去。

银幕上出现了一座小农家,美丽如画令人羡慕。

屋子里,那乡下姑娘正在壁炉边煮茶。

房子外面是一大片田野,查利头戴草帽,还在田里干活,他用手指在田地里掘着一个个小洞,在一个洞里又塞下一粒种子,一个一个地塞下去。

那乡下姑娘——已成了查利的妻子,叫他回家来。

他收拾起他的农具回到屋里。

小夫妻俩亲亲热热地高兴地生活着。

他把妻子背到壁炉前面的一个篮子旁边。他们俩亲热地看着篮子里的什么,又是亲吻,又是叹息。

镜头转过来,观众可以看看篮子里面了,那是几只小狗。

"小东西"躺在篮子里,原来是它生下的小狗,做了妈妈,好不得意。

故事结束了,灯亮了。

那些达官贵人看了,只觉得逗乐。其实,这《狗的生涯》无异于是社会下层人的生涯。

那位郁郁寡欢的美妇走到卓别林面前,说道:"谢谢你,谢谢你!"她面孔上有一丝笑容。

"见笑,见笑。"卓别林客气地道:"还想看吗?"

"很想看。"

这时,她的丈夫走过来,亲切地又是骄矜地道,"今天天晚了,明天再看吧。"

美妇没有说什么,脸上的那一丝笑容消失了。两只眼皮下垂,遮住了那双美丽的眼睛。

道格拉斯立即来打圆场。

"明天放映,明天上午就放映。"

第二天上午真的放映了,仍是卓别林的影片《寻子遇仙记》。

这也是卓别林决定的。他的打算是让那位美妇在笑中得到一点儿启示,不要做傻事——出走——因为那确实是傻事,而鼓起劲来,生活下去,会好起来的。他头一天选《狗的生涯》目的也在于此。

当片子放映完了,电灯亮起来的时候,那位美妇再一次走到卓别林面前致谢,而且还伸出手来。

卓别林事前无备,惶惑的伸出了手。美妇却用力握住了他的手。

一般贵妇人、阔小姐与男人握手都是象征性的,虚飘飘的,两只手稍一接触就算是握手了。

那美妇用美丽的双眼盯住卓别林的眼睛看了几秒钟,这就够了,她那双眼似乎在说话,似在告诉卓别林,我是身不由已,否则我不会嫁一个生活无味的人,也不会嫁在一个生活无味的家,我不是攀高结贵的人,我是愿意生活得更有趣一些的。

卓别林明白了对方目中的意思,但是,他却无力帮忙。

事后,道格拉斯又找到卓别林。

"你这家伙真正是神通广大,我费尽了心机,使用了全身力气,花费了大量时间与金钱,绞尽了脑汁,却无法令她开口说一个字。你是用了什么咒语?不但让她开了口,而且似乎谈得很热乎,她看了你的影片又是道谢又是握手,你到底有什么诀窍?"

卓别林眨了一下眼睛,耸了一下肩说道:"哪里来的诀窍?只不过是谈了一些寻常的大道理罢咧。"他得意地笑着,在道格拉斯肩上拍了一下。

卓别林还欠着第一国家影片公司的债,他还要履行他签订的合同。他想快些拍出片子来,早一天结束那份合同,他急于离开第一国家影片公司,因为这家公司的一些家伙一点也不知道体贴别人,同情人,而且目光短浅,只认得美元,其他什么都不认得。

他还欠着第一国家影片公司三部影片,他要拍完这三部片子,还是有许多困难的。他先拍了两大本的《发薪的日子》,交上了这部片子之后,那么再拍两部片子就行了。他计划中的一部笑片《朝圣者》,长短相当于一部故事片。那么,这部《朝圣者》拍成就可以当作两部片子了。这又得和第一国家影片公司打交道——进行谈判了。他最怕谈判这类事情了。别看他拍起笑片来,得心应手,对电影业这一行,可以说是一个佼佼者了,但是,要搞什么商业性的谈判他就头疼,感到大伤脑筋。

萨姆·高尔德温就曾经说过:"卓别林不配做一个生意人。"谈判的结果还不错。由于《寻子遇仙记》打破了卖座记录,第一国家影片公司一下子就赚了二百多万美元,所以卓别林提出的关于《朝圣者》作为两部片子条件,未经过什么周折就被接受了。这部《朝圣者》长达四本、作为两部各长两本的影片,对于第一国家影片公司并没有吃一丝一毫的亏。影片拍成后,公司将付给他应得的四十万美元,此外再得到他应当分到的红利。

《朝圣者》是一部讽刺美国的英国清教徒的片子。这部片子是他给第一国家影片公司拍的最后一部片子。但卓别林的艺术也已达到了高峰。他已不再是一个年轻的丑角,已是一个当时最伟大的丑角了。

卓别林和查利(夏洛)、创造者和他所创造的人物,简直分不开,都已发展到新的高峰。

卓别林了结了他与第一国家影片公司的事——合同完成了。他可以给联美公司自己的同事们拍片了。

这时候,联美影片公司又增加了一位股东。这个新股东叫约瑟夫·申克(平时他们一些人都叫他的乔——约瑟夫的昵称)还有他的妻子诺玛·塔尔梅奇。此后诺玛·塔尔梅奇拍的影片将由联美公司发行。乔·申克担任公司经理。

三年前,在联美公司成立之初,阿道夫·米科尔曾极力要求加入进来,他们终于未接纳。可是,乔·申克不论名望还是地位均不如阿道夫·米克尔,为什么反倒被接纳了呢?主要是由于道格拉斯·范明克与妻子玛丽·毕克复的全力支持。乔·申克之所以能当上了经理,并且成为联美公司中地位同等的股东,也是他们全力支持的结果。

卓别林本来是不赞成的。他虽然不知乔·申克的为人,但却认为他没有胜任经理的工作能力,不可能作出对公司应有的贡献,他的妻子诺玛·塔尔梅奇虽然也是一位相当红的影星,但是,她的票房收入则比不上玛丽或道格拉斯。

卓别林刚与第一国家影片公司完成了合同。就收到一封紧急通知,邀他出席一次讨论有关联美公司前途的事务会议。

在会上,经理先说了几句客套话,表示对公司的前途很乐观。

接着是玛丽·毕克复发言,她的表情很严肃。

"我听到一则电影业传播的消息,感到很恐慌,据说那些轮回上演的电影院即将进行合并,因此,她似乎真的恐慌的样子,又说道,"除非我们采取适当的措施,去对抗这场竞争,否则,联美的前途将是岌岌可危的。"

"只要我们拍出的影片好,能卖座,就用不着怕这种竞争。"卓别林很有信心地说。

另外几个人却投有信心,而是担心。

乔·申克也神情严肃,又似乎带点儿担心地发言:

"虽然我们公司的基础是巩固的,但是,如果为我们几个人的前途设想,就不应当单由我们几个人去承担全部风险,而应让外面的一些股份加入进来,与我们共同承担风险。"他停了停,看了大家一眼又说下去:"我已经和华尔街的狄龙——里德公司进行过接触,他们愿意投资四千万美元,向我们公司入股,分享盈利。大家看,这不很好吗?"

卓别林听了,不加思考地表态了。

"我反对华尔街和我的工作发生任何联系。我再一次说明,只要我们能够拍出精彩的影片,我们又何必去怕合并的事呢?这又有什么风险可言呢?"

乔·申克听了卓别林的话,似乎生气了,他的脸上变了几变,最后,他抑制着愤怒,用沉着的口气高姿态地说:

"我这样是为了公司着想,我们不该放弃这么好的机会。"

未等卓别林说话,玛丽·毕克复又把话接了过去。

"乔·申克的工作一向是努力的,他辛辛苦苦地工作,完全是为了我们的合同,他已经给我们的公司作出了许多贡献,这次他与狄龙——里德公司的联系工作,征集狄龙——里德公司来入股我们的联美公司,这又是给我们公司的一大贡献。"最后她又总结性似地说:"我们每一个作出的努力,都应当是建设性的。"

卓别林已从玛丽·毕克复的话中听出了她的含意,她用的是指东打西的办法,在一再强调乔·申克工作中的优点的同时,意在批评或指责卓别林不为公司着想,是十分自私的。

卓别林不是笨蛋,岂能听不出来玛丽这些话中的用意,他当即问道:

"这么说,你是同意狄龙——里德公司来我们联美入股了?"

"是的。"毕克复当即表态,"有狄龙——里德公司这个大靠山又有什么不好呢?"

"是啊,"乔·申克又接上说:"有他们来与我们共同担当风险,总比我们自己担风险好的多。"

"你们为什么一定认为我们公司有风险呢?"

卓别林扫视着众人在问。

毕克复当即反问:

"你又怎么认为一定没有风险呢?"

"片子,关键在于片子。"卓别林不甘示弱。"只要能够拍出卖座的片子,就决不会有任何风险。"

道格拉斯·范明克的话虽不激烈,但是他也站在妻子一边。

"万一,我是说万一有了风险,那么有狄龙——里德的四千万美元垫底,总比仅由我们几个人来承担风险好得多。"

卓别林似乎已经孤立了,但是,他仍坚持自己的意见。

"联美公司建立之初,就是为了和他们进行竞争的。我认为我们自己的努力,不要任何人参与,我有信心,我也愿意用我全部的所有以及全部的精力为自己的工作投资。"

"万一我们竞争不过对手,我们要倾家荡产了。"

乔·申克似乎忧心重重地说。

毕克复立即接上:

"我们的经济实力有限啊。"

"我不那么想。"卓别林仍坚持自己的意见,"首先,我们有与他们竞争的实力,因为我们拍的片子能卖座。其次,退一万步说,即使我们竞争失败了,又会怎么样呢? 即使我们现在所有的财产全赔光了——这个可能只是万分之一,我们会挨饿吗,会去行乞吗? 我卓别林初入基斯顿的时候,一个星期只拿一百七十五美元,不是也活过来了吗? 我们为什么这样的缺少信心呢?"

"信心与风险不是一码事。"乔·申克立即反驳。

"你错了。"卓别林立即批驳:"信心与风险是一件事的两个方面。"他接着又耐心地解释道:"有了信心,就能拍出精彩的影片,拍不出卖座的片子,当然就有风险了。"

大家争论是相当激烈,这已不是一般的会议而成为争辩会了。

"我可是没有信心去竞争。"乔·申克气馁地说。

"我又何尝有信心呢?"毕克复立即响应。

"我的确怕赔钱。"道格拉斯虽然换了说法,但意思还是和乔·申克、毕克复一个样。

"我是赞成狄龙——里德公司以四千万美元入股我们的联美公司。"毕克复在作最后的表态了。

乔·申克和他的妻子诺玛·诺尔梅奇、道格拉斯全一致赞成接收狄龙——里德公司的四千万美元入股。只有格里菲斯没有表态。

卓别林扫视了众人一眼,坚决地向大家声明:

"既然你们不接受我的意见,坚持要狄龙——里德公司入股,那么你们完全有权这样做。不过,我一个人退出联美公司,你们走你们的阳关道,我走我的独木桥。我是在任何时候也不会与华尔街的那些大老板合股或合作的。既然你们愿意,你们尽管去与狄龙——里德公司合作好了。"他又态度坚决地道:"从今天起,立即算清公司的帐,咱们分割清楚后,我立即从联美走人。"

卓别林态度出乎他们的意料。他们见他这样坚决,一时面面相觑,能言善辩的毕克复哑言。见风使舵的乔·申克不知该说什么好。

冷场。

最后,还是格里菲斯出来圆场。

"查利,联美公司是你领头创办的,我们怎么会让你走人呢?

我想。"他看了众人一眼,又接下去说:"大家也不会让你走的。我说句不好听的话,你如果从联美公司退出去,那个狄龙——里德公司也决不会再拿出四千万美元来我们的联美入股,他们是冲着你来的。"

他这句话说到了点子上。

尽管道格拉斯·范明克、玛丽·毕克复,以及诺玛·塔尔梅奇等人都是红影星,但是,比起卓别林来,所差的就不是一筹了。如果卓别林真的退出联美,不但狄龙——里德公司不肯入股,其他银行、财团或公司也绝对不会有人来入股,而剩下他们几个人也无力将联美公司再撑下去。

道格拉斯立即表态了。

"查利,你这家伙。我们怎么会让你走呢,我们宁肯不要狄龙——里德也要你。别说他拿出四千万,即使是四个亿,我们也不会用来换你的。"

其余的人也表态了,当然与道格拉斯一个腔调。

乔·申克是此次"事件"的"罪魁祸首"。他立即检讨。

"我保证,从今以后决不做任何破坏我们之间的友谊或影响我们联美公司协调的事。一定和大家精诚团结,把我们自己的公司办好。"

华尔街的狄龙——里德公司入股联美影片公司的计划破产了。

会议以欢乐、团结告终。

卓别林要开始为联美公司拍第一部影片了。

联美公司成立之后,因为卓别林还要给第一国家影片公司拍片子,所以,只有道格拉斯·范明克和玛丽·毕克复两个影星给联美拍片子。所以他们经常向卓别林埋怨,怪他没拍电影,说他们负担太重,尽管他们以成本百分之二十的极低代价发行他们的影片,但是公司仍负债一百万美元。现在,卓别林才有时间给联美拍片子了。当卓别林的《淘金汉》一发行,立即偿清了债务。这也可见卓别林对于联美是多么重要。

卓别林的工作一向是慎重的。他在给联美公司拍摄他的第一部片子之前,原打算让艾娜·卜雯斯担任一次女主角。自从那次卜雯斯在"叫错名"之后,他和艾娜·卜雯斯的感情已经疏远了,但是,他对艾娜·卜雯斯的事业仍很关心。然而,他经过冷静地比较与分析,他意识到艾娜·卜雯斯已经变得相当老气,而他所计划的影片中所需要的女配角则需要年轻、活泼。另外,他还想把原来他的喜剧班底更新一下,他认为一个固定的班底,对拍喜剧故事片不利。所以,他打算把班底更换得更齐全些。

他打算拍一部叫《特洛伊女人》的片子,他编剧,和艾娜合演。他们研究了许多日子,认为要拍成《特洛伊女人》,其成本要相当贵,所以,最后不得不放弃了这次计划。

后来,他又考虑,艾娜·卜雯斯演其他什么有趣的妇女。首先,他考虑到了法国那个拿破仑的妻子约瑟芬。这个约瑟芬是值得一演的。

约瑟芬的美在巴黎的上流社会是出了名的。她有一双蓝如海洋般明亮的眼睛,一双弯似新月般黛眉,一副红火欲滴的唇边溢出的微笑,都是无可挑剔的,那纤美的体态,那起伏的酥胸,尤其那一抹脸颊上的淡淡的红云,以及那伪装出来的欲说还休的羞怯之态,无一不是那么诱人,十个男人有十个要欲火中烧的。同时她的放荡也是在巴黎的上层社会出了名的,她的丈夫博阿尔内子爵死了之后,她就成了一个"风流寡妇",虽然已经年过三十了,仍然是浓妆艳抹,打扮入时,而又放荡不羁。当巴拉斯大权在握时,她就把巴拉斯拉到了自己的床上,以满足巴拉斯情欲的代价来换取她自己需要而又缺少的金钱。她用肉体来换取金钱,来满足自己继续过那优裕富足豪华的生活。就是这样一个女人,却被那个叱咤风云,后来又铁军横扫欧洲,又坐上皇帝宝座的拿破仑看见,而且是一见钟情。二十七岁的拿破仑竟然娶她为妻。这样的女人是值得拍成一部电影的。

尽管拍这部片子还需要古代服装,其成本比拍《特洛伊女人》要高出一倍,但是卓别林热情很高,他认为成本高也不成问题,因为只要片子好,收回成本是不成问题的。他有这个把握。

他因此开始了广泛的研究,首先阅读了曾任拿破仑私人秘书的路易·安托万·福维莱·德布里昂写的《回忆拿破仑·波拿巴》,以及拿破仑的仆人康斯坦写的回忆录。哪知,他越是深入的钻研约瑟芬的身世,越是被拿破仑的形象吸住了。他生于科西嘉岛,十五岁入军校,毕业后当了少尉,他读了许许多多书,而且达到了过目不忘的程度。他由少尉到中尉到上尉,由于土伦战役指挥得当,一下子被破格提升为炮兵准将,时年仅二十四岁。

他曾对他的第一个情人德茜蕾说:"我知道我有非凡的力量,我生下来就为了统治与兴建一个国家,一个世界,我是为了创造奇迹才来到人世的。"

卓别林很欣赏拿破仑的这段话。

热月政变时热月党人撤了他的职,后来当保王党将叛之际,鉴于他的军事才能,又被任命为巴黎自卫军的卫戍副官。以少胜多,打败了保王党军,被誉为"葡日将军",就是这个时候,他结识了约瑟芬并上了约瑟芬的床。并且因此丢掉了初恋的情人欧仁妮·德茜蕾。而娶了比他大六岁的风流寡妇约瑟芬。此后他

就任讨伐(侵略)意大利统帅,他曾对高大魁梧的奥热罗将军说:
"如果在战斗中您也因为我矮您一头,我会立即砍掉您的脑袋,
立刻消除这个差别。"

他率军打败了法兰西强大的敌人奥匈帝国,就在洛迪桥战
役中,拿破仑与士兵一道战斗,被士兵亲切地称为"小班长"。

当时督政府要他出兵英吉利。而他却选择了埃及,他要步
凯撒与亚历山大的后尘,他终于征服了埃及。

波拿巴·拿破仑已知约瑟芬一直在和她的野丈夫夏尔打得
火热,为了报复,他也把波利娜做为情妇。

拿破仑时刻在注意巴黎督政府的动态,当他认为时机成熟
了,立即率军回到巴黎,1799 年 11 月 10 日,他用武力为后盾当
上了法国执政府的第一执政。立即抓住了全部政权、军权。这
次行动,就是历史上的"雾月政变"。

1802 年 8 月初,他当上了终身执政,这不过是个过渡。到
了 1804 年 5 月 18 日,经过公民投票,以三百多万票赞成,二千
多票反对的选举,拿破仑圆了自己的皇帝梦,成了法兰西人的皇
帝,他用了一个稀奇古怪的帝号——拿破仑一世。这一年他四
十一岁。

卓别林越读越来劲儿,到后来想拍《约瑟芬》的念头淡泊了,
觉得《约瑟芬》的戏不好,不能将这个荡妇拍成戏,而拿破仑的形
象则变得更加鲜明了,他很想扮演拿破仑,尤其是拿破仑也是个
小矮子。他认为这个影片可以从拿破仑二十六岁时起,讲到他
怎样征服了那些沙场老将,消除了他们的嫉妒与强有力的反抗。

可惜,后来他的热情又逐渐地淡下去了,有关《拿破仑》和
《约瑟芬》的计划终于作罢了。

也就在这个时候,轰动一时的美女佩吉·霍普金斯·乔伊

斯在好莱坞露面了。

佩吉出身寒微,她是个理发匠的女儿,先后嫁了五个丈夫,她从她第五个丈夫那儿弄到手三百万美元——这是她自己亲口告诉卓别林的——却又离开了丈夫。她当年在齐格菲歌舞团当舞女的时候,是以美貌出了名的——否则五个百万富翁也不会要她。此时,佩吉虽然美貌不减当年,但是,看上去神态已略显倦怠。她直接从巴黎来,穿着一身很引人注目的黑色衣服——因为最近有一个青年人为了她而自杀了。她就这样穿着一身丧服撞进了好莱坞。

过了几天。卓别林曾有机会与佩吉单独共进晚餐。

不知出于什么目的,佩吉却与卓别林说起了"私房话"。

"查利,您不知道,我并不喜欢出风头。"她声音不高地说:"我只想嫁一个男人,生几个孩子。在我心底里,我是一个朴实的妇女。"

她这样说着,却用手整理她胳膊上带的二十克拉的钻石和翡翠镯子。平常的时候,她曾把这些称做"我的臂章"。以首饰当臂章,无疑在告诉人们,这些东西在显示她的身份。

卓别林并不怕触怒她,却问道:"既然这样,我听说你先后曾嫁了五个丈夫,而且又都是百万富翁。"他象一本正经的在说:"难道他们都不能生孩子?"

佩吉不回答,却把话题扯开了。

"查利,我告诉您一件趣事。"她似乎在谈论与她不相干的事一样说:"有一次,新婚之夜,我把自己锁在卧室里,我告诉他,他必须先从门槛缝里塞进来一张五十万美元的支票,才许他进门。"

"他照办了吗?"

"他照办了。"佩吉娇嗔中带点嘲笑的口气说:"第二天早晨,我趁他还没醒过来,我的第一件事就是去兑换了那张支票。"

"好高的代价。"卓别林开玩笑地道:"一宿五十万美元,真是闻所未闻。"

他忽然想起来,当年在法国,他遇到的那个美女,一次二十法郎。如果和佩吉比起来,简直是小巫见大巫了。

佩吉并不以卓别林的话为忤,她还说她的丈夫。

"他是一个混蛋,一个酒鬼。有一天,我把一瓶香槟对着他的脑袋就砸了一下子,他被送进了医院。"

"所以,你们俩因此就散了伙。"

"不是的。"佩吉大笑起来。"他好像挺喜欢这一招,后来更对我着了迷。"

托马斯·英斯邀卓别林和佩吉到他的游艇上去玩。

总共有他们三个人。大家坐在桌子旁边,一边喝着香槟一边闲谈。那时已是黄昏时刻,天逐渐黑下来了,佩吉手边还摆着香槟。卓别林看出来,佩吉把对他的兴趣已向着托马斯·英斯身上转移。对他好像有点儿不大耐烦了。于是,卓别林想起了她说过的话,怀疑佩吉会不会把对她丈夫的那一招用到他的头上来。

卓别林虽然喝了一点儿香槟,但头脑还很清醒,他轻轻地对佩吉说:

"佩吉,我警告你,如果你的漂亮的脑袋里转到了那个操香槟酒瓶的念头,我就要把你从船上扔下去,我会办到的,这一点你不用怀疑。"

佩吉虽然在转托马斯的念头,却无意用酒瓶去砸卓别林的头。

从那以后,卓别林就离开了佩吉的身边。

佩吉又把她的目标转移到米高梅公司的欧文·塔尔贝格身上。欧文还很年轻,有一个时期,他被这个美女弄得神魂颠倒。米高梅影片公司里盛传着他们俩将要结婚的谣言。但后来欧文的热情消失,他们俩并没有搞出什么名堂来。

就在卓别林和佩吉那一段短暂但是又离奇的交往过程中,佩吉曾讲了一段她和一位著名的法国出版商交往时的几件轶闻趣事。不料,佩吉的闲谈,却给卓别林一个启示。后来他编写《巴黎—女人》,就是由这几件趣事引发的。

在电影界,凡是红起来的影星,尤其是大红的影星,男影星的身边总少不了几个年轻美貌的女郎,同样女影星身边也有一些男人在追逐,卓别林当然不例外了。自从他红起来之后,他的名字和女人分不开了,身边总有一些女人在围着。

围着他,追逐他,纠缠他的女人各有不同的目的,有的是想和这位大红明星拉上关系,只要能让卓别林上了她的床,她就可在卓别林的提拔下,在他拍的电影中当个女主角,然后一举成名,这一类可称之为名而来;有的是见卓别林腰缠万贯,如果和卓别林上了床,那么,她的生活将立刻变样,就会要什么有什么,这一类可称为为利而来;有的是真心喜欢卓别林,不为名,不为利,只为了能和这位红明星亲热亲热,有的是……

不是吗,有一个女孩子为了想出名,竟偷偷地躲进了卓别林的卧房。

另外还有一个女人为了卓别林却发生一件不小的案件。

这个女人是个演员,名叫克莱·温莎(ClaireWindsor),她是美国堪萨斯州人,她长得很漂亮,是个身材修长的金发女郎,生得适于上镜头,又有演戏的天才,所差的是宣传,差的是知名度。

在一个酒店里,克莱·温莎见到了卓别林,她冲卓别林笑了笑,这就有人介绍他们认识。

卓别林认识的女孩子太多了,对克莱·温莎并未多加注意。

克莱·温莎却有了意外的想法,她认为如果能和大名鼎鼎的卓别林"订婚",即使不结婚,即使有名无实,那么,她的名字,仅仅作为卓别林未婚妻这一点,即可四海扬名了。

于是,就出现了一件令人哭笑不得的案子。

不久,报纸上出现了惊人的消息,说是卓别林的未婚妻被人绑架了。说她——克莱·温莎骑着马出了门,那匹马回到了骑术学校里,而她人却不见了! 有人在山脚边发现了她的手提袋!

警方发出了紧急命令,卓别林悬赏一千元寻找她。于是,警车飞驰。传说纷纭。好莱坞的山村中,侦察四出。并且还预备了一驾飞机,准备随时起飞去营救这位温莎小姐。

不多久,有人发现了这位克莱·温莎小姐,她躺在山边的树丛中,人仍在昏迷状态中,于是,被立即送进医院。她入院后,据说还不能见人,又说她是在山边坠马,受了惊恐,得了健忘症。

可是,就是温莎小姐躺着的那个地方,警方已不止一次地搜查过了。

第二天,在山边树丛中发现温莎小姐的那对年轻夫妇,跑到卓别林的摄影场来领那一千元赏金。卓别林正付钱,却被他的秘书卡莱尔·罗宾逊拦住了。他凑近卓别林身边悄声说:

"应该先和温莎小姐谈一谈再说。"

卓别林猛然醒悟。他对来领赏金那对夫妇说:

"一千元奖金不会跑掉,请你们明天来领吧。"

那对夫妇不好再说什么,走开了。

这时,卡莱尔·罗宾逊才道:

"在发现温莎小姐那一带地方,警方已不止一次地搜寻过,我也亲自去那一带找过,什么也没发现,您不觉得这事儿有点儿奇怪吗?我们还是去医院看看温莎小姐,把这件事弄清楚。"

卓别林点头称是。就在卡莱尔·罗宾逊拦他付赏金的一刹那,他也产生了许多疑问。

于是,卓别林和卡莱尔·罗宾逊二人到了医院。

温莎小姐躺在病床上,脸色苍白、形容憔悴,两眼乌黑,仍不能开口谈话。

卓别林看了她的样子,即轻声问道:

"克莱,你还记得你是怎样从马上坠下来的吗?"

克莱·温莎不回答,却用手指东划西地比划着。

卓别林看不明白她比划的意思是什么?别人也看不明白。

卡莱尔·罗宾逊却立即发现了问题,他扯了卓别林一下,往温莎小姐的马靴上指了指。

卓别林立即看出来,温莎小姐的马靴上非常地干净,一点污迹也没有。疑心大起——坠了马,又昏过去,为什么马靴上却如此干净?

罗宾逊又仔细观察,发现更大的问题,原来温莎的脸上是化了妆才显脸上苍白、眼睛乌黑一脸憔悴的。他伏在卓别林耳边,小声说了这个发现。

卓别林仔细看去,这才发现了罗宾逊不错,但是他并没有发火,却和颜悦色地问她:

"克莱,说实话吧,这是怎么回事?"

温莎小姐虽已看见了罗宾逊的举动,已有些疑心,但还想装下去,她不回答,仍然用手比划着。

"克莱!"卓别林将声音提高了八度,说道:"这里不是摄影棚,你别演戏了! 说! 这是怎么回事? 你既然坠了马,为什么马靴上如此干净? 你又为什么把自己的脸化妆成憔悴的样子?"

至此,克莱·温莎再也装不下去了。她立即从病床上坐起来。但是,未说话却先低下了头。

"查利,我错了。"她声音低低地说:"这次我被绑架是假的。不过,这不是我安心骗你。这是一个广告商人出的主意。"

"这主意不错。"卓别林平静地说。语气中没有嘲笑。"那么,你把全过程说一下,这是个很好的拍电影的题材嘛。"

"那个广告商爱上了我,他计划了这一切。报案,是他指使人干的。我在一间房的顶楼上躲了两天两夜,你们到处寻找的情景,我全看见了。后来,他认为时机到了,又让人出来'发现'我,那两个'发现'我又去领奖金的人,也是他找来的。查利,你原谅我吧。真的,我不是安心骗你,那广告商人说,我因此就能出了名。真对不起了。"

温莎小姐一副可怜的样子。

卓别林又能怎样? 他原谅了温莎小姐的此举。

这场哄动一时的"绑架案"就这样收场了。但是那广告商的计划还真有用,这次"绑架案"确实起到了宣传作用,所以,温莎小姐即因此而跨进了好莱坞的电影圈。

第十八章　再结姻缘

　　正在与德国最红影星波拉·尼加利小姐打得火热之时,卓别林突然发现一个墨西哥女孩穿着他的睡袍躺在他的床上,他汗毛竖起:"这又来个死缠的!"姑娘被劝走后,第二天服了毒。医生抢救时,她口中还呓语着卓别林的名字。但莉太·葛蕾却与众不同,她先是主动进攻,后是威逼恫吓,情场老手卓别林不得不乖乖就范。

　　卓别林开始拍摄《巴黎一妇人》了,这是他给联美公司拍的第一部影片。

　　在这部片子里,卓别林自己没有串演其中的任何一个角色,他只是导演——当然还兼着编剧。他让艾娜·卜雯斯去主演《巴黎一妇人》。

　　当时,有一些影评家,一再说无声电影无法表现剧中人的心理状态。而要想表现的话,它最多只能是通过一些明显的动作来表现人的心理状态,如"男主角把女的撤在树干上,狂热地对着她的嗓子眼儿噗哧噗哧喷气",或者是"挥动椅子,打碎笨重的东西"等等。

　　卓别林却认为无声片照样可以表现剧中人的心理状态。他在《巴黎一妇人》一片中,故意用了一些细致的动作,来描写心理状态,用以驳倒上面的那些说法,证明无声片可以描写剧中人的心理状态与心理活动。

在《巴黎一妇人》中就有这样的镜头,描写剧中人的心理状态:艾娜·卜雯斯扮演了交际花,她的一个女友,走进她的房间,给她看一本社交新闻杂志,那里面刊载了一条艾娜·卜雯斯的情人结婚的消息。艾娜冷冷地接过杂志,看了一看,连忙把它放在一边,做出一副漠不关心的样子,接着就点燃了一支香烟。但是,观众们可以看出来她是受到了刺激。她笑嘻嘻地在门口和她那位女友道别,然后匆匆地赶回去看那份杂志,情绪十分激动地读那条新闻。

又如,还有这样的镜头:艾娜·卜雯斯的女仆,在艾娜的卧室里,打开一个五斗橱,无意中让一个男人戴的硬领落在地板上,这样,观众就可以看出来女主人与片中的男主角(由阿道夫·孟郁扮演)之间的关系。

这部片子中,他用了许多这样微妙的暗示。

其实,卓别林拍的笑片,此前就有过类似的心理状态的描写,不过,以前的片子中较少,而这部片子是他第一部蓄意讽刺和描写心理的电影——无声电影。

影片受到了有鉴赏能力的观众的热烈欢迎,有眼光的影评家,也给予了好评。

此片一问世,就有了其他许多同一类型的影片问世。其中包括恩斯特·刘别千(Ernst Lubitsch)导演的《姻亲关系》,孟郁在该片中几乎是主演了同样的角色。

阿道夫·孟郁一跃而成为大明星,但是艾娜·卜雯斯的成绩却不太好。这时候有人邀请艾娜·卜雯斯去意大利拍一部影片,为期五个星期,报酬是一万美元。

艾娜·卜雯斯来找卓别林,向他讨主意,她先说了事情的情况,然后问道。

"查利,你说,我该怎么办？去还是不去？"

"应该去呀。"卓别林道："五个星期的报酬是一万美元,你在这里还拿不到这个数目。"

"可是,我不愿和你们断了关系。"她本想说"你",可是,话将出口又成了"你们"。

"这么办吧。"卓别林提出了好办法："你尽管去好了,如果在那边不能连续工作下去,还可以回来,我们照样会把你留下来和我们合作。而那一万美元照样可以拿到手。"

艾娜当然同意了。她去了意大利,拍了那部影片,结果成绩不太好,所以,她又回到了联美公司。

就在卓别林还没有拍完《巴黎一夫人》的时候,德国电影界的红明星波拉·尼加利(Pola Negri)来到了美国,她是被派拉蒙影片公司邀来拍片子的。

派拉蒙影片公司为了宣传波拉·尼加利,把广告做得过火,甚至超出了一般愚笨的广告范围,他们在报纸上虚构了一些乱七八糟的一些嫉妒和争吵的故事。

刊出的标题有：

"尼加利抢史璜荪的化妆室。"

"格拉丽亚·史璜荪给波拉·尼加利尝闭门羹。"

"尼加利同意接见史璜荪。"

报纸与派拉蒙影片公司就这样喋喋不休,又胡诌八扯地乱扯一气。

其实,这些虚构的故事,既不能怪格拉丽亚·史璜荪,也不能怪波拉·尼加利。她们一开始本来都是很要好的朋友。但是,女性离奇、曲折的故事,广告部门及新闻记者一经得知,便如获珍宝,添枝加叶,添油加醋的大加宣扬,把一点点针尖大的小事也要说成房檩粗的大事。

当时,有许多人设宴招待这位来自德国的红影星。

就在谣言纷纭的那段时间里,卓别林遇见了波拉·尼加利。

那次是卓别林去好莱坞剧场听交响音乐会。波拉·尼加利与那一伙广告公司的工作人员以及派拉蒙影片公司的董事就坐在卓别林隔壁的包厢里。

他们彼此原本是认识的。那次卓别林要到柏林去时,在夜总会曾与波拉·尼加利见过面,但是那次见面时间很短,只不过二十多分钟。

这时,波拉·尼加利一看见卓别林大声叫起来。

"查尔利伊,你怎么不给我信呀? 你一次也不来看我。难道你不知道,我是打德国赶来看你的吗?"

她是波兰人,英语说的不大好,把查利叫成了"查尔利伊"。

卓别林并不相信她的话是真心话,尤其是最后这句,但是,他还是很得意,有这样一个美丽红影星对他表示这样热情,这样亲切,不仅让他听了感到舒服,外人听了也会羡慕或者嫉妒。

尽管他们在柏林时仅是小谈了二十多分钟的话,此时,卓别林不能不回答了。他解释道:

"请原谅,我一直是太忙。"

其实,当初在柏林的邂逅相逢,卓别林对她的印象并不太深。压根儿他就没想到要给她写信。

波拉·尼加利却是热情不减。

"瞧你多么狠心呀,查尔利伊,也不打个电话来给我。我等了那么久,想要看到你的信,简直都要把我盼疯了。"她美丽的面庞上是一副热情。"你工作的地方在那儿? 把你的电话号码告诉我,我要给你打电话。"

卓别林对美丽的波拉这份热情仍不敢深信,但是,他对波拉在众多男子当中,独对他这样亲切,他多少受到了感动。而且当即告诉了她自己的地址与电话号码。他尽管不知道波拉是真心还是假意,在这样的场合,他自然感到得意,这也使他的虚荣心一时得到了满足。

过了几天,波拉·尼加利在她在贝弗利山租的房子里,又设宴请卓别林,即使按好莱坞的标准来衡量,那次的宴会也称得是盛大的。到会的人很多,尤其是来宾中有许多男明星,但是,波拉·尼加利只是一心照顾卓别林,这使他更加高兴。从这天开始他们的交往频繁了。

有时,卓别林请波拉共进晚餐。有时,波拉又请卓别林一起散步。

这时的波拉·尼加利已经与她的伯爵丈夫离了婚,是个没有了"丈夫"的、漂亮的红影星。

卓别林此时也是个"光棍"儿。

波拉·尼加利还曾对记者们说过:"她是多么盼望着再与卓别林重逢。"

于是,报纸上就刊出了"波拉与卓别林已私订终身"的话。

接连着几个星期,他们二人一起在公共场所,同时出现。所以,大家也在议论着,说他们的罗曼史在顺利地发展着,结婚只是早晚的事。

这时,卓别林在贝弗利山一处幽静的地方买下了一片空地,离他的老朋友道格拉斯·范明克和玛丽·毕克复他们的住宅不远。他在这片空地上修建起一座大房子来,这是一座方形的大瓦屋,有四十多间房子,起坐间高大宽敞,还有座大风琴,还有放映电影的设备,浴室、游泳池一应齐备,还有一座花园。

波拉·尼加利满以为她很快就可成为这个大宅院的女主人,即将搬进来住了。所以,她花了七千多元钱,叫人在园子里栽上了许多大树,因为她睡觉的时候,喜欢听树梢被风吹动时发出萧萧的声音。

这位波兰籍的德国女明星脾气挺大,同样,卓别林这位喜剧大师的火气也不小,所以两人时常斗气。

有一次,卓别林对记者说:"我太穷,没法和波拉结婚。"

波拉·尼加利也对报界发表声明,说:"我也是太穷了,不敢高攀查利·卓别林,他需要一个有钱的女人。"她还边说边流泪:"今后,我只为我的工作而活下去了,别的什么也不想了。"

可是,转眼间两个人又和好了,仍打得火热。

波拉·尼加利对人说:"查尔伊利说他爱我,没有我,他活不下去。同样,我也爱他,没有他,我也无法活。"

也就在卓别林和波加·尼加利打得火热的时候,有一个年轻的墨西哥姑娘来到了电影制片厂,她是从墨西哥一路步行到这里来找查利·卓别林的。

卓别林听说有一年轻的姑娘从墨西哥特地来找他。他也有过这方面的经验了,他已遇见过不止一次这样的事了。所以他关照他的经理:

"去好好地把她打发走。需要资助的话,给她一些钱。"

可是,没过多长时间,家里又打来电话,说有一位墨西哥姑娘坐在家门口的台阶上,专等卓别林回家。

卓别林一听,吓了一跳,汗毛都竖起来了,这可是要死缠了。他吩咐仆人:

"你去叫她离开,我暂时留在制片厂里,等她走了再回去。"

过了半小时,家里又来电话,说那位姑娘已经走了。

那天晚上,波拉·尼加利与雷诺兹医生夫妇在卓别林家共进晚餐。

卓别林向他们讲了那个墨西哥姑娘的事。

卓别林推开前门看了看,那个姑娘真的走了,再也没回来。门外面没有什么人。

于是,四个人安心地坐下来吃饭。

可是一件意外的事情发生了。他们饭刚吃到一半,一个仆人冲进了餐厅,他的脸色都白了,他急喘着气说:

"她,那个姑娘,睡在您的床上。我去收拾屋子,给您铺床,才发现她穿着您的睡衣睡在您的床上。"

卓别林慌了,无独有偶,上次已经发生过这样一回事了。他一时不知该怎么办才好。

"我去上楼见见她。"雷诺兹医生说着离开了座位,急忙上了楼。

其余的人都坐在那儿,静待事态的发展,饭当然是不吃了。

过了一会儿,雷诺兹医生从楼上下来了。

"我跟她作了一次长谈。这个姑娘年纪很轻,人也长得漂亮——谈话很有条理。我问她为什么要睡在这里?她说:'我要见卓别林先生。'我又对她说:'你这样做,会被人认为是有精神病,可能被送进疯人院。'她一点儿也不在意,她说:'我又不是疯子,我只不过是崇拜卓别林先生的艺术,所以从墨西哥远道来见他。'我又对她说:'你最好还是脱掉睡衣,穿好自己的衣服,立刻离开这儿,否则我们就要去叫警察了。'"

"我想见一见这位姑娘。"波拉·尼加利立即接过去说:"叫他下楼来,到起坐室里去。"

卓别林觉得这么做不太好,会使大家很窘。但是,还没等卓别林拿定主意,那个姑娘自己走下楼来了。

雷诺兹医生说的对,姑娘长得年轻漂亮。

雷诺兹当即道:"这位就是卓别林先生,你总算见到了吧。"

"我自己也认出来了。"姑娘既不拘束也不害羞,她瞪一双美丽的大眼睛,看着卓别林。

卓别林已是见过大风大浪的人了。此时却有点不好意思了。他无话找话地对姑娘说:

"请坐下来,一起吃点饭吧。"

"我在制片厂外面以及这里已经徘徊了一天了。"

姑娘这样说着。

大家都请她坐下一起吃饭。仆人也送来了刀、叉、勺及一份饭、菜……。

"谢谢!"姑娘坐下了,但是,她并没有狼吞虎咽,而是小口喝着牛奶。

波拉·尼加利看了看卓别林,问那个姑娘:"你是爱卓别林先生吧?"

卓别林眨了一下眼睛。

姑娘抬起头来大笑。"爱他呀!哦,没有的事,我只不过是崇拜他,因为他是一位伟大的艺人。"

波拉·尼加利又问:"我的影片你看过吗?"

"看过。"姑娘漫不经心地说。

"你觉得它们怎么样?"

"很好——但是,你不是象卓别林先生那样一位伟大的艺人。"

当时波拉很尴尬,她的表情不好意思却又无法形容。怒?

羞？恼？气？似乎是又似乎不是。她嘴角虽挂着淫笑，但样子比哭还难看。

"姑娘，你这样的举动会引起误会的。不过，总算过去了。你回墨西哥有路费吗？我可以帮你一点儿。"

"我有钱。"

"姑娘，你已如愿了，已见到卓别林先生了，是不是可以走了。如果在这里没有别的事，你应该回到你父母身边去。"

雷诺兹医生劝她说。

姑娘只喝了一杯牛奶，她站起来，又看了看卓别林。"谢谢!"她说完，对大家行个礼走了。

大家原以为一切都过去了。哪知，第二天中午，男仆又冲进了卓别林的房间，向他报告说，昨天来的那个姑娘服毒自杀了，这时候正躺在路中间。卓别林不敢怠慢，立刻给警察局挂了电话，又用救护车将她送进了医院。

第二天报纸上把这件事大肆宣传，刊出了那个姑娘在病床上的照片。

她被送入医院后，医生已用胃哪筒给她洗了胃，她正在接见新闻记者。她说她并没有服毒，只是为了以此引起人们的注意，又说她并不爱查利·卓别林，她只是想拍电影。

她出院后被交给了社会福利院照管，福利院给卓别林写了一封措词委婉的信，信中说，她不是坏人，并无恶意，要求卓别林帮助她返回墨西哥城。卓别林接信后，派人给那个姑娘送去了她回乡所需的全部路费。

卓别林和波拉·尼加利，虽然打的火热，而且持续了很长一段时间，但是，最后并没有结婚。波拉·尼加利热情奔放，象一道汹涌的激流，而卓别林则与之不同，所以，最后导致二人分道扬镳了。

首先是，波拉·尼加利给卓别林写了一个条子，条子上说，今后，咱们不必再见面了，我也不会再给你打电话了，我不会再去找你，你也别来找我了。

可是，就在那天晚上，波拉的女仆惊慌失措地打来电话，说她家小姐病得厉害，问卓别林是否可以立即去一趟？

卓别林能不去吗！他连忙赶到那里，一个哭哭啼啼的女仆将他领到客厅，波拉正躺在一张长椅里，双目紧闭，卓别林趋前问道：

"波拉，怎么样？"他见波拉似不象害病，又加了一句："要不要请大夫或送医院？"

波拉不答话。

过了一会儿，她睁开双眼，看了看卓别林，却道：

"你真狠心呀！"

卓别林真是有苦说不出，绝交信是你写的，此刻反倒怨我狠心了。但是，此刻不管她是否真的有病？既然是"因病"而要他来，他不能进行辩解，也更不能进行什么质问。他只好扮演一次卡萨诺瓦了。（此处指勾引妇女的恶棍。焦万尼·亚科普·卡萨诺瓦是意大利人，是个世界知名的骗子）他父母都是演员，他当过兵。传过教，做过琴师、魔术师、炼丹术士，漫游欧洲，出入各国宫廷，招摇撞骗，骗女人，骗金钱，又骗取了很高的职位，因而致富。他写了一篇《他的回忆录》，各国都有发行。

大约过了一天或是两天，派拉蒙影片公司的经理查利·海顿打电话来。

"卓别林先生，你给我们招来了很多麻烦，我可以和你谈一谈吗?"

"当然可以,就请到我家里来吧。"卓别林不知查利·海顿要谈什么?

于是,查利·海顿来了。他来时,已很晚了,已经是将近午夜时分了。

查利·海顿身体矮胖、容貌猥琐,卓别林认为他那幅样子,要在一家批发货栈里当个管事满相当,而不应当是一个影片公司的经理。

他一坐下来,开门见山地说:

"查利,报上登的那些谣言,把波拉给气病了。你为什么不发表一篇声明,把这些谣言平息一下?"

这样傲慢的态度,这样发号施令地说话,令卓别林很不高兴,他面无表情地反问道。

"你要我说些什么?"

大概查利·海顿也发觉了自己的态度及所说的话不当,所以他改用开玩笑的口吻以掩饰自己的窘态。

"你喜欢她,对吗,查利?"

"我认为,这一类的事情谁也管不着。"卓别林口气冷冷地回答。

"可是,我们公司已经在这个女人身上投资了一百万!报上的一些宣传给她的影响很坏。"

查利·海顿说到此,停顿了一下,他看了看卓别林,又接着说:"查利,你既然喜欢她,为什么就不娶了她呢?"

卓别林从查利·海顿的傲慢态度中,看不出有丝毫玩笑的意味。他硬梆梆地顶了回去:

"如果你以为,只是为了要保护派拉蒙公司的投资,就会和一个人结婚,那你完全想错了。"

"那你就别再和她见面吧。"查利·海顿看着卓别林说。

"这要由波拉决定。"

"只要你不再去她那里。"查利·海顿试探着说。

"当今美国法律还没有限制我的自由,我只要不去法律禁止去的地方,还没有人可以对我下这样的命令。"

"不! 不! 我是说——"海顿不知该怎么措词了。

卓别林不愿再和他扯下去,他又用玩笑地口吻说:

"我在派拉蒙公司没有股份,所以我不明白为什么应该娶她。"他又加了一句:"你说呢,海顿先生?"

卓别林和波拉·尼加利的罗曼史从此就结束了。

卓别林给联美公司的第一部影片是《巴黎一妇人》,于1923年发行。现在他又准备拍第二部片子了。他下定决心,这一部片子一定要比《寻子遇仙记》拍得更成功。接连几个星期,他一直搜肠刮肚要想出一些剧情来,他一直在提醒自己:"下一部影片一定要成为一首史诗! 一首最伟大的史诗!"可是,他却一直无法想出故事的情节来。

后来,那是一个星期天早晨,他在范明克家里度周末,早餐后,他和道格拉斯一起闲坐,看几张立体风景照片。有几张照是阿拉斯回和克朗代克河的风景,一张拍的是奇尔库特山口,一长列勘探金矿的人,正在攀越那座冻的山峦,画片背面还印了一段说明,描写这些人在艰苦环境中如何克服困难。他立即想到,这可是一个精彩题目,它可以刺激想象。果然,各种离奇的念头,各种喜剧动作从他的脑海中不断地涌现,尽管他还没有一篇完整的故事,但故事的大致轮廓已经初步地形成了。

卓别林想到了他看过的一本书——那是爱尔兰人帕特里克

·布林记的探险日记,记述的是乔治·唐钠一家人和其他移民组成一个队伍,于1846年经内华达州群山赴加利福尼亚州,中途迷路,为大雪围在内华达群山中。一百六十个拓荒者,最后生还的只有十八个人,多数人都冻饿而死。有的人为了充饥,把自己鹿皮鞋都烤了吃,有的人饿得只好吃死尸。他从这些悲惨的描写中,想到了影片中最好笑的镜头。在极度饥饿的情况下,他就把自己的皮鞋煮了吃,一面还剔出鞋上的钉子,仿佛它们是美味阉鸡的骨头,而且要津津有味大嚼那些鞋带,仿佛它们是一些美味的细面条。这样饿得要发疯时,他的同伴就把他想象成一只鸡,想要把他夹生地吃了。

卓别林由此体会到,创作一部喜剧时,悲剧的因素往往会激起嘲笑的心理。他认为这是因为嘲笑是一种反抗的态度,每到无可奈何的情况下,就必须用嘲笑的态度去反抗自然的力量,否则人们就会发疯。

卓别林在构思着他的影片。

就在这个时候,又有一个女孩子闯进了卓别林的生活。

这个女孩子来到了卓别林的制片厂,她用的名字是罗莉太·麦克美丽(Lolita·McMurry)。

卓别林对这个名字并不陌生,因为她小时候就在他早期的两部片子里演过戏。现在,她已十六岁了,长得相当象个大人了。她容貌虽然平常,却讨人欢喜,宽宽的脸,宽宽的额头'。

麦克美丽小姐最引人注意的地方是她的动物似的野劲,一切不在乎,天塌下来她也不管。她在学校功课赶不上。她似乎有点傻里傻气,看不出有什么天才。可是卓别林还是让她试试镜头。

试过镜头,卓别林认为还可以,在一些影片中演演配角还凑和了，这样，麦克美丽小姐又用莉太·葛蕾(Lita·Grell)的名字签下了与制片厂的合同，每星期的薪水是七十五美元。

莉太·葛蕾既野又爱跳跳蹦蹦的，时常嚷着"好呀!"、"好呀!"(Goodby·goodby)地走了。

从此，美国报纸上又大吹起来，说卓别林物色的新女主角多么漂亮，多么有天才，又说她"有西班牙贵族血统"。吹起来没完没了，吹得天花乱坠，吹得空天入地，不着边际。

从此，卓别林与莉太在一起的时间多了。除了工作以外其余的时间，两个人几乎是形影不离了。

莉太·葛蕾是在三月份与制片厂签下了合同。大约过了一个月左右，在四月的某一天，也不知他们两个人是谁主动，也许是全主动? 也许不是? 反正他们两个人在一个床上睡下了。当然是睡在一个被窝里了。

也许是莉太主动，因为她有一股野劲，一股天不怕地不怕的劲头。这样的女人往往会向男人首先发起冲锋的。

也许是卓别林主动，因为他很欣赏莉太的这股野劲。

有的人认为男女之间发生性关系，多是男方主动的。其实，这话并不全对。男方主动的固然挺多，可是，女方主动的也不在少数。

此后，他们在一起共进晚餐，晚餐后往往就演出了床上戏。有时共同出入许多公共场所，有时海滨沙滩，有时花前月下，有时森林草地……

就这样，他们在一起又过了几个月，忽然，有一天麦克美丽家给卓别林一个最后通牒:如果他不跟莉太·葛蕾·麦克美丽结婚，他们将要向法庭起诉。

卓别林本无意娶这位姑娘。他们的交往不过是逢场作戏。

在电影界以及其他艺术界,男女之间相好——发生肉体关系,并不是什么大不了的事。在男演员中,不单独是卓别林,其他的人和女影星发生关系的大有人在,女影星也不例外。卓别林的婚外恋也不是头一次了,和他发生关系的女人也不止莉太·葛蕾一个人了。但是,唯独卓别林不走运,他第一次结婚,娶米尔德莱为妻是非常勉强的,这次又重蹈复辙。他不能不答应,因为他确实已和莉太发生了关系,而且说不定莉太还怀了他的孩子。

其实,怀了孩子的女人不强迫男方结婚的大有人在,否则就不会有私生子了。

就这样,卓别林跟莉太在 1924 年 11 月 24 四日结婚了。

因为这次婚姻卓别林是出于迫不得已,所以,他们两个人是在墨西哥草草地结婚了,他的所有亲友一个也没请。

结婚那天,他一个人跑去钓鱼,以此来排遣他心中的不快。他们坐火车回好莱坞的时候,他一个人——只有他一个人,身边没亲友也没有朋友,呆呆地坐在车厢里,让麦克美丽一家人在餐车里大吃大喝,庆祝成功。

什么成功?又为什么要庆祝?因为他们一家人就是打算让莉太嫁给卓别林,拿卓别林当个垫脚石,从而使莉太可以成为大明星。因为那个时候的好莱坞,在许多男明星中,没有哪一个人能比得上卓别林的。今天,如愿以偿,不该庆祝吗,这不是大功告成吗?

CHARLIE CHAPLIN

一生想过浪漫生活

卓别林

鲍荻夫 ○ 著

五

时代文艺出版社

卓别林

作　　者:鲍狄夫
责任编辑:张秀枫
出　　版:时代文艺出版社
　　　　　(长春市泰来街 1825 号 邮编:130062 电话:86012927)
发　　行:时代文艺出版社
印　　刷:三河市灵山装订厂
开　　本:787×1092 毫米　32 开
字　　数:750 千字
印　　张:35
版　　次:2011 年 5 月第 2 版
印　　次:2011 年 5 月第 2 版第 3 次印刷

书　　号:ISBN 978-7-5387-1064-9
定　　价:208.60 元(全 7 册)

　　婚后，卓别林又发现莉太过于任性，无法和她合得来，甚至莉太还不如米尔德莱。但木已成舟，只能对付着过了。

　　莉太的母亲借口她女儿年轻，不会操持家务，所以她自己就搬进了卓别林的家，代他们管家。卓别林无可奈何，只好逃出家门，因此，他的家就给麦克美丽一家人及亲属霸占了。

　　婚姻不如意，并未影响卓别林的拍片工作——影响也不大。上次，米尔德莱闹离婚的时候，卓别林拍出了《寻子遇仙记》那样的上乘之作。这次，他又把全部精力投入到新片的拍摄上。他工作起来废寝忘食，一心一意，就可暂时忘掉了不愉快的婚姻给他带来的烦恼。

　　这位莉太新娘才十六岁，按照洛杉矶城的法律，她还得上学读书。卓别林只好为她聘请许多家庭教师，又为她雇用了许多仆人，让她完成学业，从此，也就不要她饰演他的新片《淘金记》一片中的女主角了。

　　卓别林给联美公司的第二部片子定名为《淘金记》。他用了几个月的时间，想出了一系列的笑片镜头，于是，他也不用剧本，就开始拍摄了，他相信从喜剧的穿插和动作中可以演出一篇故事来。当然，他这样就走了不少冤枉路，许多有趣的镜头到后来都被剪去了。其中有一组镜头，拍的是流浪汉和爱斯基摩姑娘谈爱情，姑娘教流浪汉学爱斯基摩人那样互相擦鼻子代替接吻。流浪汉要离开姑娘去找金矿时，二人依依不舍地道别，流浪汉把鼻子抵着姑娘的鼻子热情地擦着。流浪汉已经走开了,再转过身,用中指摸摸自己的鼻子,向那姑娘最后抛了一个"吻",接着又偷偷地把手指头在自己的裤子上擦了擦,因为这时候的他已有点伤风感冒了。但是,爱斯基摩人的有关那一部分,后来都被剪去了,因为它们和片中舞女的更重要的故事有了抵触。

这部新片《淘金记》的背景是在阿拉斯加,当时去实地拍摄外景相当困难,于是,他把整个制片厂的器材,人员都搬到洛矶山上去,在一万英尺高的山上开一条山路来做外景。

这部片子的女主角原拟让莉太·葛蕾担任,后来莉太与卓别林结了婚,这一角改由乔治亚·赫尔担任。

《淘金记》的外景极美,富于诗意。卓别林先取阿拉斯加一望天际的雪野来作背景,加上查利的黑影,自有一种凄凉景象,这是一部黑白片的杰作,充分发挥了摄影艺术的特点,很感动。

大自然的外景和卓别林的诗意,在这部片子里起了很大的作用。

那一望无际的白雪使人感到寂寞、永恒,感到人在大自然里的渺小。

这银色的世界衬托着查利渺小的黑影,象浮雕似的鲜明地显现在雪野上。许多戏在那间小屋里进行,那座小木屋在这黑白对比中也增加了意义。

《淘金记》开始时,是一个长长的寻金者的行列,他们正走过冰封雪掩的关山。那是1898年克朗代克发现金矿的时候。

一个孤单单的寻金者出现在山路上,他挥舞着手杖,却不知道后面跟着一只大黑熊,这个人就是查利。大黑熊进了山洞,没有危险了,查利却听见有石头落下的声音——他害怕起来,纵身一跳就一路跌下山去。

　　第二个场面又开始。这是雪野上的一座木屋。查利、大吉姆、黑拉森三个人在狂风中挣扎，情况吓人。狂风、严寒，人无处逃避，恐怖仍然没有消除。

　　这座木屋原本是黑拉森的。查利被狂风吹进木屋来，大吉姆也被狂风吹进木屋来，黑拉森不留两个人，却要把这两个不速之客赶出去。因为黑拉森有枪，查利和大吉姆不得不设法制服了黑拉森。

　　黑拉森被制服了，大吉姆又发疯了，查利又得照顾他。伸出一只胳膊过去抱住他。请他啃肉骨头，目不转睛地望着他，象对待一个小孩一样。

　　查利在狂风中的举动确是挺怪的。风越猛烈，灾祸越大，他却越快活。他想法逗大吉姆和黑拉森笑，他自己先就笑眯眯的。在蜡烛上加盐，递给他们当芹菜吃。他又耸耸肩嘲笑狂风。

　　后来，他们三个人饿得受不住了，就抽牌决定派谁出去寻找食物。抽中了黑拉森，他跑出去碰上了两个骑警，他干倒那两个人，就驾着他们的雪撬溜了。

　　风越来越大，查利和大吉姆也越来越饿，实在忍受不下去了，查利决定先煮一只皮鞋来充饥。

　　他煮菜的技术不错，他把皮鞋放在盘里，在上面倒些佐料，然后捏紧了鼻孔，磨快了小刀，把鞋面跟鞋底分开，他赶快赔笑脸把鞋底送给大吉姆，却马上被大吉姆退了回来，大吉姆要吃鞋面。查利自己吃鞋底，倒也满不在乎。

　　当观众们再看见查利的时候，他又在雪地里寻找食物。他的两只脚都用破布缠着，他剩下的一只皮鞋又下了锅。

　　他空着手回到了木屋，准备做饭。正吃着饭，大吉姆突然又发疯了，他把查利当成一只大肥鹅。于是噩梦开始了。他们两个人在木屋里追来赶去,又赶到雪地上去。

这一场戏具有悲剧效果。

他们第二天早晨又打,打来躲去,直打到大黑熊也闯进木屋。

后来,查利摇摇摆摆地闯到附近那个暴发城市,对一个酒店里的歌女一见倾心。

那歌女只向查利这边笑笑,就使大家兴奋起来,事实上,歌女并不是在向查利笑,而是在向他身后的另一个人笑。查利明白真相之后,他的痛苦之情,令人不忍目睹。查利又溜到酒吧间去,无精打采地喝着酒,他很少显得这么寂寞无聊的。

后来,他在小木屋看见歌女们在窗外玩雪球,他的寂寞才消除。也是他红运当头,一个雪球在他头上打个正着。他请这个歌女和她的女友们进木屋来玩。查利找燃料去了,歌女发觉他枕头底下有张旧相片。那是她自己的相片,她那天晚上撕破了,查利又拼拢来的。

从这时起,歌女才觉得查利也是人,他请歌女和她的女友来吃新年饭,歌女得意地笑,查利就以为她答应下来了。

查利准备款待的情景,实在精采,一举一动都令人久久不忘。

他灵巧地把一张报纸撕成一张空花台布。小心安放刀叉,轻轻地把刀叉放在桌上,那张桌子却是随时都有散架的危险。

他写好座位名片,揩去椅上的灰尘,越来越兴奋地研究放炖炉子上的鸡——一下子鸡又变成他自己了。而所请的客人却还迟迟不来。

怎么办?他只好假装说那几个女孩子来晚了,路上耽误了,他相信她们会来的。难道昨天她们没有亲口答应来吗?他疲倦地笑笑,心灰意冷,可是他又开颜一笑,他又设想她们已经来了,她们的突然到来,真使他高兴,他向那些女孩子点头,那些女孩子都坐在他身边,就像坐在国王身边一样。

为了让这些客人欢喜,他表演了他的无比精采的面包跳舞。

不过是两块面包在两把叉子上跳动,却很象两个有血有肉的人在跳舞,彼此鼓舞勇敢地活下去,这两块面包跳法国式的康康舞,侧着身子跳,又突然停下来,等待女客人们的喝采,最后是鞠躬告别……

这两块面包静静地躺在桌子上,查利却走开了,他离开了这间空空的屋子。

哪里有什么女孩子呀?——她们只出现在他的梦里。

他在那些黑暗的木屋之间胡乱跑,愁闷失意,胆怯怯地走到一扇灯火辉煌的窗前,向里面看去,那几个女孩子在跳舞,屋子里的人们正在欢庆新年的来临。

他在窗外呆呆地望着,可望而不可及。象一个人望着梦里的天堂。他看了一阵子又溜开了。这时,那个歌女记起了查利的约会,跑到木屋来,查利已不知去向。

狂风又起,把木屋吹到了悬崖边,查利和大吉姆还睡着,不知道危险。

霜雪掩住了窗口,火炉还燃烧着,直到发觉失去了平衡,他们俩人才吃了一惊。查利一下床,整个木屋都歪了。

是怎么回事?

谁也不明白,只有查利议出个道理:也许他们的肚子倾斜了,木屋则是绝对不会倾斜的。

屋顶上挂着冰柱,查利就顺手取来当饭吃。屋子还是倾斜着,观众们看见整座木屋只靠了一根绳子挂在悬崖上。查利还是满不在乎,他说:"你以为地板要翻么? 是啦,说不定啊,那又怎么办呢? 地板总是要翻的,不是么?"大吉姆承认地板是会倾斜的,可不致于这么厉害呀。

查利兴冲冲地跑到门边去。在门口,观众们只看见下面的白雪一望无垠;他们两人面前只有空气。

这场惊险的镜头真叫人魂飞魄散。

后来,他们两人总算爬上了一个小坡,这山坡陡到六十度的角度。他们得救了。

最后是一场大团圆,查利和大吉姆找到了黑拉森的金子。现在两人都成了百万富翁,正穿着皮大衣回美国,那个歌女乔治亚也在这艘船上。最后一个镜头是查利抱着乔治亚——两个狂风暴雨里的孤儿,都各有归宿了。

1925 年,对于卓别林来说是双丰收。这一年的元月 28 日,莉太·葛蕾生下他们的第一个儿子,这就是小卓别林(Charles Spencer Cha—PlinJr·);这一年的 8 月,发行《淘金记》。

《淘金记》在纽约的河滨戏院上映,卓别林去主持初映典礼。

从影片一开始,查利兴冲冲到绕过一座悬崖,不知道自己身后跟着一只熊,开始观众们狂笑鼓掌,直到散场,只听到笑声,间或还夹杂着掌声。

后来,联美公司的销售经理海勒姆·艾布拉姆斯走过来拥抱卓别林。

"查利,"海勒姆说:"我保证这部影片一共至少可以卖六百万。"

结果真的是卖了六百多万美元。

这部片子之所以卖座好,正因为它的艺术成就高,这也是卓别林自己满意的作品。许多批评家都一致推崇《淘金记》,说这是卓别林"银幕上大获胜利的时刻。"

《淘金记》里表现了一个苦命的寻金者在冰天雪地中的经历。他的哑剧动作微妙极了。他在跳舞厅里用肩头的表情,比许多演员用眼睛和嘴巴的表情更精彩。他在吃年夜饭那一段所表现的悲哀也是前所未有的。他表演了面包跳舞,这是银幕创作史上一个最难忘的杰作。

《淘金记》1942 年还配音发行,至今还是人们最喜欢的一部好片。

《淘金记》初映结束,卓别林病倒了。

他那时住在里茨旅馆。一天忽然觉得透不过气来,就慌忙打电话给一个朋友。

朋友来了,他一边喘着气一边说:"我快死了,快把我的律师找来!"

"律师?"朋友诧异的问:"你是要请一位医生吧?"

"不!不!"卓别林气喘着说道:"去找我的律师,我要立遗嘱。"

朋友听了他的话慌了,立即派人去找卓别林的律师和医生。

结果,医生找来了,律师没找来,因为他去了欧洲。

"这是因为天热的缘故。"医生说:"离开纽约,到海边去一趟,你可以在那边静养几天,呼吸海滨的空气,会有益处的。"

于是,那朋友张罗起来,半小时后,已把卓别林送到了布赖顿海滨。

在路上,卓别林竟莫名其妙地哭了。

到达海滨后,朋友把他安置到临海的一家旅馆里,占了一间前房,坐在窗口就可呼吸海滨空气。

不大工夫,在旅馆外面就聚集了许多人,他们在外面喊着:

"喂！查利！"

"你好啊,查利!"

这些人都是他的热心观众。他正在病中,不能与观众见面,只好从窗口离开,坐到里边去,免得被他们看见。

突然,外面乱了起来,有人大声叫喊:原来是一个人掉下水去了。救生员把落水的人救上来,抬到卓别林的窗下,施行急救,但是,为时已晚,他已经死了。救护车刚把他送走,又是一声惨叫,又是一个人落水了。在不到两个小时的时间内,前后有三个人落水,抬上来也放在卓别林的窗前。三个人中,后面的两个人救活了。只有头一个人死了。

这情形,更使卓别林紧张,决定还是回纽约去。

他回到纽约,又过了两天,差不多已完全好了,于是他决定立即回到加利福尼亚州去。

第十九章　离婚风波

　　美国黄色报纸竟帮助卓别林夫人莉太·葛蕾刊登
卓别林的"不光彩新闻";离婚控诉书到处发售,每份只
要价二角五分;美国法院为此离婚案竟不许卓别林演
戏,封闭制片厂,不许他动用七家银行的存款!

　　1926年3月30日,莉太·葛蕾又生下了他们的第二个儿
子。为了纪念卓别林的哥哥西德尼,取名叫西德尼·艾尔·卓
别林(Sydndy Earle Chaplin)。这小哥俩当过兵,还在卓别林的
片子《舞台春秋》主演过戏。

　　尽管卓别林与莉太·葛蕾的结婚是出于勉强,但是在婚后,
还是想使生活过得美满幸福。也尽可能做他一个丈夫应尽的责
任,不打算再出现笑话,不料,一切都无济于事,又是第一次婚姻
的再现,旧戏重演。

　　不过,从种种迹象来看,许多事情似乎是卓别林那位丈母娘
大人在指挥。许多事都是丈母娘大人从中起了重大作用。这样
的事情世上还少吗。

　　夫妻间,偶而发生口角也不是什么大不了的事,俗话说,勺
子没有不碰锅沿的。但是,在卓别林夫妻间的争吵结果就不
妙了。

　　争吵的内情许许多多,但大致只有两个方面。从当时报纸
透露的情况看,一是莉太·葛蕾对卓别林不体贴,对他的工作不

支持。卓别林更多的时间是泡在制片厂里,很少回家,而莉太对此则是每天都要说三道四,喋喋不休。

第二个方面是莉太用钱太随便,她几乎是一天不落地去上街,有时还到外地去,而每天出外,又几乎是一天不落地要买东西,发票不断地送到卓别林面前。

有一天,卓别林只说了一句:

"不必要的东西,也就是用不着的东西又何必去买呢?"

其实,卓别林并没具体说明什么东西,但他指的是鞋子。因为莉太的鞋子根本不知有多少,有的买回来只穿了一次两次就束之高阁了。有的根本还没上脚,也束之高阁了。另外还有一点,那就是,莉太给她的亲属,家族里的娘家人花去的钱太多了,更多的还是买东西花去的。

莉太听了卓别林的话,立即发怒,立即回嘴。

"我嫁了你,你难道想虐待我吗? 我花一点钱也不行吗?"

"我不是不让你花钱,钱挣来就是花的,可是,该花的花,不该花的又何必要花呢?"

"你说什么叫该花? 什么叫不该花?"

"就说这鞋子吧。"卓别林指了指桌子上的发货票:"你已有了那么多鞋子,几十年也穿不完,又何必再买呢?"

"我穿鞋子花几个钱? 你也要限制我。"

就这样也吵了一架。

一天晚上,卓别林拍了一天的电影(正拍马戏班),疲倦已极,回家来,却发现一座大房子里挤满了醉醺醺的许多客人,其中没有一个是卓别林的朋友,卓别林连坐的地方都没有。

这些客人也是"搬不倒"坐席——没有一个是稳当客,吆五喝六、唱的、闹的、笑的、喊的、叫的,他们对卓别林的回来,只当进来条狗,该怎样还是怎样,女主人对卓别林的归来也视如未见。

卓别林大为生气,也是他压不住火气,当即道"我回来了,你没看见吗?"

"你回来又怎样? 你还能管住我,不让我请客人吃饭吗?"

这话让卓别林无法接受,他从来也未限制莉太请客人来家里吃饭,但是今天闹的太不成样子了,连个下等小酒馆都不如了,他原本就不高兴,听了莉太的话,更不高兴了。

"我限制过你请客吗?"他扫视了那些醉鬼一眼,说:"你们这是什么样子?"

"什么样子? 我就喜欢这个样子! 你管得着吗?"莉太是句句顶上去。

"这是我的家,我为什么管不着?"

"这也是我的家,也就爱这么干!"

于是两个人大吵起来。

此时,那些醉鬼也不吵了,也不叫了,也不喊了,也不闹了,一个个灰溜溜地拍拍屁股走了。

随后,莉太也带着两个孩子离开了家,她回娘家去了。

这样的吵嘴已成了家常便饭,卓别林曾试着和莉太好好谈一谈,说一说心里话,交换一些互相看法,但是,总不成功,这面卓别林一张口,莉太马上顶回来。卓别林试了几次,均未能双方心平气和地交换一下意见。后来,卓别林知道不可能实现了,也就不试了。

到了1927年初,这位卓别林夫人向法庭起诉,要求离婚。她发表了一本四十二页的小册子,把卓别林骂了个狗血淋头,说他对妻子不忠实,威胁到她的生活,对孩子们没有感情,还有各式各样的"不人道"行为。

莉太还说,查利曾经称她是个"墨西哥的淘金客"。

莉太还透露,她打算在适当的时机公布不止"五个有名的电影女演员"的姓名,她们"都是跟卓别林有公、私关系的"。

"墨西哥的淘金客"这句话,卓别林确实说过。那是因为莉太乱花钱时,卓别林说:"你一个星期的花费,抵得上我一年的花费。"

当时,莉太顶了一句:"讨得起老婆,养不起老婆吗?"

"你的花费中浪费的太多了,简直象个墨西哥的淘金客。"

至于那"五个有名的电影女演员"与"卓别林有公、私关系"的话,也是有的,我们前面说过,那个时候,电影演员中的男与女有"公、私"关系的又何止一个卓别林。而莉太也把这一条当作卓别林的一条"罪证"。所谓"对妻子不忠实",以及"威胁到她的生活"等话,也是指的这一点。

莉太还说:"卓别林有一千六百万美元的财产,其中有一千万美元属于共同财产,按照加利福尼亚州的法律,做妻子的是有权平分的。"

卓别林则公开表示,这个数字太过于夸张,说他有三百万美元已经是过份了。

这场离婚官司终于闹上了法庭。

莉太,葛蕾的控诉书在到处成千上万地发卖,每份二角五分。

卓别林也不示弱,他指责莉太——他的妻子和麦克美丽一家蓄意谋财。

卓别林在报上公开申诉:"我喜欢年轻女孩,是由于她们可以引起我的做父母的感情,"他又解释:"你跟少女们在一起,可以象跟你的儿女一起那样,爱他们。我爱许多人,有些朋友我更是爱之甚深,比如说,我爱一些男朋友,也跟爱我的女朋友一样深切。"

卓别林的话,观众们理解,他的朋友更理解,但是,与卓别林为敌的人却不理解,他们是不愿理解也不想理解。

美国的妇女会开始出头了,她们起动地方政府,这样一来,卓别林的电影在一些州禁止上映。

这次的离婚纠纷比上一次他跟米尔德莱的离婚更糟。上一次他与米尔德莱·哈里斯之间还没有恶意。这次不同了。这次离婚案的指挥兼发动者是他的那位丈母娘老大人。她的原意,让莉太嫁卓别林的根本目的是拿卓别林当垫脚石,以便使莉太成为"大明星"。由于卓别林不让莉太担任《淘金记》的女主角,而改用了乔治亚·海尔。这样就使莉太失去了成名的机会,所以说,这场离婚的原因就是《淘金记》女主角的分配,从那时起,这种怨恨就埋下了,从那时起到提出离婚,可以说积怨已深。同时,这位丈母娘大人,还可能估计到,今后,莉太成名的机会可能也不会有了,所以这块"垫脚石"已经没用了。另外卓别林的腰包鼓鼓的,也不妨真的当一回"墨西哥的淘金客"。所以,她一出手就想致卓别林于死地。

莉太在1927年1月10日向法庭申请离婚。她要求法院禁止卓别林演戏,封闭卓别林的制片厂,封闭"联美影片公司",不许卓别林动用他在洛杉矶和好莱坞两地七家银行的存款。美国的法院公然准如所请。下令冻结卓别林和他的工作同人的银行存款,并且不许把卓别林的电影器材运出加利福尼亚州。

莉太此举是过于心狠毒辣,她还聘请了一大帮律师,为首的一员就是她的叔叔——一个颇有名气的职业律师。

莉太的离婚控诉书全是一派耸人听闻的责骂。美国的报纸从来就没饶过卓别林，这次岂肯轻轻放过，所以有一些报纸，连篇累牍地报道这些东西，添油加醋煽风点火、推波助澜、兴风作浪。

如果说麦克美丽一家想把卓别林致于死地，那么美国一些报纸则是打算这一次把卓别林搞垮。

卓别林的家给莉太的律师请求法院查封了。卓别林只好搬到他的哥哥西德尼家里去住。

制片厂被查封了，他进不去，他无法在工作中忘掉这些苦恼。

卓别林成了众矢之的，他的一切私人行动都变成了人们谈话的题材。他的敌人们大为痛快，他们以为卓别林这小子这一下子完蛋到底了。

这一段时期，是他一生中最为险恶的时期。

最后，无法可想，他只好暂时逃避到纽约去，借住在他的老友纳山·贝尔克(Nathan Burke)家里。纳山·贝尔克是位有名的律师。

他在纽约呆下来，静待官司的终结。好莱坞和洛杉矶的女界名流仍然闹得乌烟瘴气，一些报纸仍在喋喋不休，想把这件事闹得越大越好。

可是人们并不全站在莉太一边，在广大的观众中就不断地指责莉太，知情的人更是公断此事，指出莉太的错误，也谴责她的不择手段是毒辣的。有一些报纸在社论中就说："那些责骂卓别林的人自己就不清白"。《巴的摩尔太阳报》刊出了孟肯(H·L·Mencken)的文章，文章中明白地指出来：

"六礼拜前崇拜查利·卓别林的白痴们，现在又幸灾乐祸，得意忘形了……一场涉及男女事情的公开诉讼案，居然变成了全美国的狂欢节……。"法国文艺界、电影界的知名人士也纷纷打电报给美国的法院，提出了抗议，其中有诗人阿拉贡（Louis Aragon），有著名导演任奈·克莱（Rene Clair）等人。

1927 年 6 月 1 日，莉太和她的律师们又要求法院从速解决本案。他们并且威协说，将在法庭上公布五个女人的姓名，而且说这五个女人跟查利·卓别林有过"不寻常的关系"。

卓别林为了顾全这五个女演员的前途，不让她们牵连在这场官司里。如果真的牵扯在里面，莉太真的在法庭上公布了这五个女演员的名字，那么对自己倒无所谓，可对那五个女演员就大大的不利，她们以后别说红起来，恐怕戏也演不成了。鉴于此，他让他的律师出场，同意用金钱来解决此事。

双方的律师多次接触，几经周折，用了一个多月的时间，总算谈拢了。

1927 年 8 月 22 日，法庭审结了这个拖了七个多月的离婚诉讼案。

莉太在法庭上只站了二十分钟，就得到了六十万元赡养费。小卓别林与西德尼小兄弟俩也由莉太监护，为此，她又拿到了二十万元教育费（她可真的成了"墨西哥的淘金客"），卓别林可以去看望自己的两个儿子。

双方的律师为此案也得了许多钱。

就这样，这场轰动一时的离婚案总算解决了。卓别林则是破了财免了灾。

离婚后的莉太·葛蕾带着两个孩子到欧洲逛了一趟。她到处参加歌舞班和夜总会演出，用的招牌却是"莉太·葛蕾·卓别林（其实，离了婚的她是无权用卓别林这个姓的，她不过是因为卓别林名气大借用而已,好在卓别林并不追究,也不向法庭起诉,两相对比,善恶自分)。一共有三次盛传她与人订婚,直到1936年她才同一个人结婚,不到两年又跟另一个人结婚。

为了保管儿子教育费的问题,她跟卓别林又闹上法庭。1932年,她要让两个孩子去演电影,那时,小卓别林七岁,小西德尼六岁,卓别林不许她那样作。在第二次世界大战时期,小卓别林与小西德尼都穿过军装,二次大战后,两个人都开始上舞台演戏。

卓别林在《淘金记》发行后,又开始着手准备拍制新片《马戏班》。这个时期,正是家庭风波狂澜时期,先是不和,继之就是离婚案。在这期间,由于美国妇女会的干涉,他的片子在一些地方禁演,他曾晕倒过,在床上躺了十几天才复原,接着是家被查封,制片厂被查封,他无法工作,尤其是他的精神受到了严重的打击,身体健康最差,心境不好,身体又常常感到疲乏,但是,他还是拼命工作,排除万难,就连他的同伴们都不相信他能撑下来,这是需要很大的勇气的。但是,他还是坚持下来了,虽然几经中断,到了1927年底,终于拍成了。

卓别林自己认为《马戏班》不算好,它不如《淘金记》。

在莉太的离婚诉讼案中,由于美国一些黄色报纸的大力攻击,极尽造谣诬陷之能事,使卓别林的名誉大受损害。

《马戏班》一片于1928年1月发行,当时,他自己没有信心。哪知,发行后很成功。这在精神上给了他不少安慰。在经济上也帮了他大忙,补偿了他付给莉太·葛蕾的离婚赡养费。

在《马戏班》里,卓别林回到了《寻子遇仙记》以前的人物。他又扮演一个流浪汉,身上一文没有,流浪天涯。他碰见了一个马戏班。在一个天真无知的婴儿手头找到一点东西充饥。他闯进一个变戏法的人的帐蓬,像希腊神话里的潘多拉一样,把那些可怕东西——鸟儿、兔子、猪、鹅、汽球……等等,全部都释放了,接着又忙着收拾残局,他那种凄凉和沮丧之情,实在令人难忘。

他在这部片子里大显身手,表演了许多惊人的马戏班的武功。他被人误为是个扒手,被警察追来赶去,他遇到一头驴子,他吓得爬上了大桅杆。

他无意中的惊人的飞行表演,竟然大受观众喝彩,从而挽救了这个马戏班的声誉。马戏班才站住了脚。

最后的几个镜头,是卓别林的独创,也只有他才能创作出来。

马戏班走了,他心爱的那个女孩子也跟着走了,是让他的情敌——一个走钢丝的人——把她带走了。

查利孤伶伶地站在那儿,回味着他的伟大牺牲。

在马戏班搭帐蓬的草地上,就在他的脚边,还留下一片纸,上面有颗星星,是他心爱的那个女孩子先前佩戴过的,也是他的一场好梦的残迹,这时,他脸上的表情真是惨不忍睹。他拿起那片纸来,看了好久,忽然一挥手,扔掉它,让它飞去,他自己也向前走去,一个苦命的、寂寞的人又上路了。

《马戏班》拍完不到一个月,他又动手准备拍另一部新片子。

卓别林对母亲有着很深的感情,他一直关心着母亲的健康状况,经常去看望母亲,即使在他和莉太·葛蕾打离婚的时候,他的处境那样险恶,还是常去看望母亲。卓别林怕母亲为他担心,所以他一直把这件离婚案瞒着她。其实,他母亲对她的这件重大案件是知道的。

有一次,他去看母亲,并陪着母亲下跳棋。他母亲跳棋下得很好,虽然有时她的精神不正常,但与卓别林下跳棋总是赢的时候多。就在下跳棋的时候，忽然说："你为什么不摆脱所有这些烦恼呢？到东方去一趟，好好地玩一下。"

卓别林原以为她不知道他与莉太离婚的事，觉得她的话很奇怪，于是问道。

"妈妈，您这话是什么意思？"

"瞧报纸上老是缠着你的私生活，不知那些人是何居心？"

"您对我的私生活能知道些什么呢？"卓别林笑着问。

她耸了耸肩，"要不是你这样怕难为情，我也许能给你出一点儿主意。"

这样的谈话，母子二人只这一次，此后，他再未提起有关离婚的事。

莉莉·哈莱时常到弗利山卓别林的住宅去看她的两个孙子——小卓别林和西德尼。

她头一次去的时候，是那所大房子刚造好的时候，房子里布置得很精致，雇了不少佣人，有男仆、女仆、厨师等等。她向房子四面打量了一下，然后又从窗口远眺四里以外的太平洋。

大家都看着她，看她有什么反应。

"真舍不得打破这宁静的气氛啊！"她意味深长地说。

此时，她对儿子的成名致富已不感到惊奇，看成是理所当然的事情了。她既不问钱是怎么挣来的，也不问卓别林为什么这样阔气。

后来，有一天，只有他们母子二人在草坪上，她看着眼前的花园。

"这个花园收拾得挺好！"她对儿子夸赞道。

"我们雇了两个花匠，这些都是花匠精心侍弄的。"

莉莉·哈莱沉默了一会儿，看了儿子一眼："你一定是很有钱了。""妈妈!"卓别林笑着,带点调皮地说:"这会儿我的身价是五百万美元。"说完,看着妈妈的表情。

莉莉·哈莱若有所思地点点头,然后缓缓地说道:"但愿你身体健康,能够享受这些钱。"

她的身体一直没出什么毛病。在卓别林拍《马戏班》的时候,她病了。卓别林立即将妈妈送到了医院。经医生检查,她患了胆囊炎,几天就已好了。

过了不久,莉莉·哈莱又病了,卓别林又立即将妈妈送进了医院。

格伦代尔医院应该说在加利福尼亚州是较好的医院了,检查后,认为是胆囊炎复发,不过,一位年老的戴了一副近视镜的医生对卓别林说:

"夫人心脏很弱,还难于动手术,只能保守治疗。"

卓别林不管医生怎样治疗,他只关心母亲的安危。

"医生,"他有些焦急,但又不失礼貌地说:"我妈妈的病要紧吗?"

"卓别林先生,"老医生直言不讳地道:"不瞒您说,老夫人的病较重,但我们会尽力治疗的。"

"医生!"卓别林听说妈妈病很重,急的有些口不择言了"我妈妈有生命危险吗?"

老医生面无表情地说:"卓别林先生,老夫人的病很重。有没有生命危险现在还不能说。"

"能治好吗?"卓别林本想听到一个肯定的回答"能"!

"医生治病,"老医生仍是面无表情平静地说,"不能简单地说能治好或者不能治好。"

卓别林知道医生不会简单地回答,所以也就不再问了。

卓别林忙于工作,不能天天守在妈妈身边,他只能每天来看一趟。

妈妈的病情不见好转。

大约过了七八天,他又来到了医院,他妈妈的病情又重了,刚服下止痛药,已进入半昏迷状态。

"妈妈,查利来了。"卓别林握住了妈妈的手,轻声说。

莉莉·哈莱有气无力地握了握儿子的手,睁开了眼,要坐起来。

"我,大概是不行了。"她断续地这样说着。

卓别林知道妈妈病情很重,还是安慰妈妈:"医生说你就会好的。"

"也许会的……"莉莉·哈莱忽然改了话题:

"西德尼还没回来吗?"

这以前,西德尼去了欧洲,卓别林已经给哥哥拍去了电报,复电说,西德尼在欧洲病了,正在住院治疗,不过,病不太重,很快就会好的。卓别林不能将实情告诉妈妈,只得说谎了:

"昨天,我已给哥哥拍了电报,大概就要回来了。"

莉莉·哈莱握了握儿子的手,接着就昏昏沉沉地睡了。

第二天,卓别林还在制片厂拍《城市之光》,接到通知,说他母亲去世了。尽管他已有了思想准备。就在那位老大夫提出不能动手术的时候以及他和老大夫的对话中,他已预料到了会有这样的结果,但他却一直自己在骗自己,认为妈妈会和上次一样好起来的。这时,事实证明,他的希望落空了。不过,他还能控制自己。他立即停止了工作,卸了妆,和他的副导演兼演员哈利·克罗克(Harry Crocker)一起赶往医院。

哈利·克罗克在外面与医生谈话,卓别林一个人走进病房。

病房里空无一人——因为是特护病房,只有一个病人。卓别林站在病床看,看着妈妈的遗容。

他妈妈仰卧着,眼睛闭着,面孔上似乎带着一副烦恼的神情,仿佛是又在担心会遭到什么苦难。

卓别林看着,回忆着,妈妈的生命竟会在这光怪陆离的好莱坞结束,令她伤心的伦敦兰贝斯区离这里有七千英里之遥。他想到了兰贝斯,逐一回忆妈妈一生中奋斗的经过,她受到的折磨,她怀抱的勇气,她度过的那些悲惨的岁月,兰贝斯的贫民习艺所、疯人院,尤其是那句"那天下午你们给点东西就好了"的话,一个没有工作、没有固定收入的妈妈,带着两个不能自立的孩子过的苦日子……"他哭了,他哭得很伤心,他哭妈妈过去太苦了,他哭现在生活好了,妈妈却不在了,他哭妈妈才六十岁刚出头……

过了一个小时,卓别林才平静下来,离开了病房。

哈利·克罗克已与医生谈了卓别林夫人逝世的经过情况,正在病房外等候卓别林,见他仍在等着,觉得很过意不去。

"对不起,哈利,我伤心得有些失态了,让你等了这么久。"

"查利,我理解你的心情。"

他们二人默默地乘车回去了。

西德尼在欧洲,因病不能赶回来参加葬礼。卓别林的两个儿子小查尔斯·斯宾塞·卓别林(Charles SpencerChaplin,jr)和小西德尼·艾尔·卓别林(Sydney Earle Chaplin)都在他们的母亲那里,卓别林无法去找他们。

卓别林的同事、朋友建议将他母亲火化,以便将来将骨灰带回英国故乡。

卓别林不同意。

"火化令人恐怖,还是把妈妈葬在这绿色的大地上吧。"

所以,莉莉·哈莱就葬在了好莱坞的公墓中了。

卓别林对自己的母亲曾评论过,他在自传中写道:

我不知道可曾如实地描绘了我母亲的高贵形象。但我确实知道,她是很愉快地肩负起了自己的重任。善良和同情是她突出的品德。她虽然相信宗教,但同时又喜爱罪人,并且一直认为自己是属于他们的行列。她性格中不含有丝毫恶俗之气。她言谈中不论用什么粗鄙的语句,那些语句在文理上总是用得很恰当。尽管我们不得不过着穷苦的生活,但她使西德尼和我始终不沾染市井恶习,我们自己意识到自己不是一般的贫民,而是特殊的人物。

卓别林的拍片工作因为遭受母亲逝世的重大不幸,过于伤心,因而停顿了一段时间,但是,他以最大的勇气来对付这哀痛的事情,等到重新开始工作时,跟上次应付莉太离婚时一样,他又疯狂地紧张地工作起来,朋友们都时时地替他担忧。

就在这个时候,有声电影问世了。

有声电影的出世,使好莱坞受到了空前的恐慌,电影界发生了大革命。

自从1923年以来,华纳兄弟影片公司就在实验发音的影片。一天天不断地进展。

研究、实验,终于有了成就。华纳兄弟影片公司首先摄制出来它的第一部有声电影,就是一部古装影片。这位女主人公开始在片中悄然无语,然而却十分生动地表现了巨大的悲哀,一双忧郁的大眼睛流露出即使是莎士比亚的词藻也难以形容、难以描绘的痛苦。可就在这时候,影片中突然出现了一种新的声音,那声音像是只贝壳贴近耳朵时发出的声音。接着,那位美丽的公主就像在沙土中站起来说话："哪怕是抛弃了我女王的宝座，我也要嫁给格力戈里。"

卓别林特意来看这部有声片，他听了片子中主人公的说话，有些吃惊。在那位女主人公没说话的时候，他觉得她很可爱，听了她说出的话，觉得那样美丽动人，发出了这样难听的声音，就好像是洋绣球花，开出的花鲜艳，而且久开不败，还连续开花，但是，那气味不但不香，而且还有点难闻，这就是破坏了原来的美。

电影继续演下去，那里面的对话更加可笑，但是，这些对话不及音响效果更好笑。公主房门上的把手一扭动，那声音就好像是什么人开动了田里的一辆拖拉机，门一关上，又象是两辆装运木材的卡车互相撞上了。

因为有声影片还是个初生儿。还在不断摸索，不断改进阶段，制版人还不知道怎样控制声音，一位身披铠甲的游侠骑士，发出了铿锵的响声，那噪声好像是一个小饭店到了最忙乱的时刻，把水倒在杯子里会发出奇怪的突然升高了的声音。

卓别林看了这部电影后，他认为这样的有声电影是不会成功的，以后将不会有这样糟糕的有声电影，电影还会回到无声的默片老路上去。

但是，又过了一个月，米高梅影片公司放映了它的《轻歌曼舞》，这是一部大型音乐片，虽然内容庸俗无聊，但是上映时卖座极高。

此后，所有的电影院立刻开始争订有声影片。

无声影片的末日到了。

到了1929年前后，电影技术上引起了全面革命，使得整个电影制片业不得不接受这个革命，不然就只有关门。

有声电影出世了，结果，许多无声影片明星不得不改行转业,还有许多明星又赶紧学习发音、学念词、学唱歌以适应新的要求。

卓别林对此却另有看法。

早在他十年前回英国的时候,他在作家威尔斯(W·H·Wells)的家里,跟朋友讨论过影片上发音的问题,他当时就不赞成这个办法。他是演哑剧的,他相信无声片绝对比有声片好。他说:

"我不觉得声音是必要的,声音会毁坏电影艺术,就跟描画雕象一样煞风景。那么一来,我就要在大理石雕像的脸上擦胭脂。电影是哑剧的艺术。我们尽可以演舞台剧好了,有了声音,就没有想象的余地了。"

这时候,全好莱坞的影片公司,家家都在安装有声片的新设备,研究有声片的新技术,使演哑剧不适于演有声片的演员被开除。

卓别林对此却很惋惜。因为,那时候无声电影正在改良进步。德国著名的无声电影导演费里德里希·威廉·木尔恼已经很有效地利用了哑剧——无声片这一艺术形式,某些美国的无声片电影导演也正在开始仿效木尔恼的手法。他认为一部好的无声电影是具有世界性吸引力的,它的对象包括知识分子和下层社会。然而,他又看出哑剧——默片艺术将成为明日黄花了。但是,他并不想革命,他认为,不同类型的娱乐是可以同时并存的。

就在他开始拍《城市之光》以后。当然仍然是无声片,一位记者访问他,对有声电影的看法,他说:

"有声片吗?您尽可以说我对它深恶痛绝!有声影片是来摧毁世界上最古老的艺术——哑剧艺术的。它们毁灭了可贵的无声之美。"

他之所以继续拍他的无声片,死硬不改,他是认为自己是一个演哑剧的,在这一方面他是别具一格的,他也认为自己是首屈一指的。

他的无声片《城市之光》就是在有声影片问世以后开机的。

卓别林一向是反复琢磨之后才开拍一部片子,开拍之前往往要提二十个脚本,可见他工作的慎重,否则他也不会拍出那样精彩的片子。

《城市之光》影片取材的故事是这样的:一个小丑,由于在马戏场上出了事故而又双目失明。他有一个小女儿,是一个多病和神经质的孩子,他出院时,医生嘱咐他不要让他的女儿知道他已经失明,应当等她身体强健了再告诉他,因为怕她受不了刺激。后来小丑那样跌跌撞撞把小姑娘招得哈哈大笑,但是,这样的情节太令人伤感了。于是,小丑瞎了眼的故事就被改编成为片里面的卖花姑娘。

以下故事的次要情节,卓别林已经是酝酿了好多年了:富翁俱乐部里的两个会员有一次谈到,人们清醒时的意识是不可靠的,他们决定用河滨马路上一个睡熟了的流浪汉做一次试验。他们把流浪汉送进他们那华丽得象天堂一样的寓所里,让他恣意享受美酒,声色之乐,等他烂醉睡熟以后,再把他送回原来的地方。流浪汉醒后,还以为自己做了一场梦。他根据这一构思,想到了《城市之光》里的百万富翁,富翁沉醉的时候和流浪汉非常要好,象有多年深交的朋友,可是,他清醒之后就不认识流浪汉了。围绕着这样的主题,展开了《城市之光》的故事情节。瞎眼小丑成为卖花的盲姑娘,流浪汉在盲女郎面前假装是一个富翁。

故事情节确定了,他自己认为《城市之光》的确是一部理想的无声影片。他已下定决心,无论有什么困难也不能阻止他拍

这部片了。可是也存在着几个要解决的大问题。自从有声电影
问世以来，已有三今年头了，一般演员几乎已经忘了怎样演哑
剧。现在，那些演员只顾及谈话时间的配合，而不再顾到动作与
时间的配合了。另外一个困难，那就是需要物色一个既会装瞎
子，但又不致因此而损其美感的姑娘。有许多年轻美丽的姑娘
跑来自荐，她们抬起了头，露出了眼白，那样子让人看了难受，所
以，没有一个合格的。

后来，总算运气好，无意中碰到了一个理想中的人。

有一天，他去看一家影片公司在圣莫尼卡海滩拍电影。有
许多穿着游泳衣的漂亮姑娘，其中有一个姑娘向他挥手，他认识
那个姑娘，他以前见过她，名叫维琴尼亚·齐力尔（VIirginiaCh-
errill)。

"我什么时候可以给你拍电影啊?"齐力尔说。

他见齐力尔那婀娜匀称的身材，穿着兰色的游泳衣，虽然漂
亮，他当时并没想到请她来扮演这样一个需要着重表现心灵的
盲女郎。但是，他试过许多女演员之后，他很失望，这才想找齐
力尔来试一试镜头。

结果，完全出乎卓别林的预料，齐力尔具有那种模拟盲人的
本领。

齐力尔长得很美，适于上镜头。只不过是还缺乏演戏的经
验，但是，这一点往往反而成为一个优点，尤其是拍这种技术、动
作占首要地位的无声电影。那些富有经验的女演员有时积习太
重，而哑剧中的动作技巧又是十分机械的，这样那些老演员往往
就会感到无所适从，而经验较少或没有经验的演员反而更容易
适应那些机械的动作。尤其是齐力尔，当卓别林告诉她，一个盲
人在看人的时候，要看人的内心而不是看见一个人，她居然能按

着卓别林的意思做。

有这样一个镜头:流浪汉为了要穿过那条车辆拥挤的街道,就从一辆轿车的这面的门走进去,再从那面的门走出来。流浪汉关上车门,瞎眼的卖花姑娘听见了声音,以为他是汽车的主人,就把花儿送上去。流浪汉用他仅有的半克朗买了一束鲜花。一个不小心,他把姑娘手里的鲜花碰落在人行道上。姑娘蹲下身子,四面摸着去拾花,他指给姑娘看,但是,姑娘仍在摸索着,他忍不住自己把花拾起来,奇怪地看着姑娘。他突然明白了,原来她是看不见,于是他把花在姑娘眼前晃了晃,知道了她是盲人,这才很过意不去地把姑娘扶了起来。

整个这一场只演了七十秒钟,但是为了拍好这一场,他却花了整整五天的时间。一再地重拍。这不能怪那姑娘,主要是卓别林刻意求工,已经到了着魔的程度。

他在拍《城市之光》的那些日子,拍了一天之后,他往往去道格拉斯的制片厂里洗一个蒸气浴。道格拉斯的许多朋友——演员、导演、制片人——都聚集在那里,他们这些人在一起随意地喝着杜松子酒和汽水,再谈一些有关有声电影的事。那些听到卓别林在拍一部无声电影,多数人感到惊奇,有人说:

"你真有勇气呀。"

有人则说:

"查利,你敢与有声电影对着干,这是需要胆量的。"

以前,卓别林每拍一部电影,往往会引起一些制片人的兴趣,但是现在,那些制片人只想到要拍一些精彩的有声电影,对卓别林仍继续拍无声电影,抱着观望的态度了。

卓别林自己虽然决心拍无声电影,但是他也有了与世隔绝的感觉,担心自己走上没落的道路。

联美公司的乔·申克以前是公开表示不喜欢有声电影的，但是，随着时光的推移，有声电影不断地涌现，现在他的思想也动摇了。

"恐怕以后是它们的世界了，查利。"他说，随即又改口说："只有咱们的卓别林才能够拍出一部卖座儿的无声电影。"

他这样说，不知是真心还是有意这样恭维或有点嘲讽。

不过，卓别林听这样好听的话，却有点儿难受。因为在当时，全好莱坞所有的影片公司已经没有一家拍无声影片了。只有他一个死抱着无声电影不放。

当时，一些杂志上的一些文章，也对他拍电影的前途表示担心。

卓别林决心不改，继续拍下去。

就在他拍《城市之光》期间，股票市场狂跌。卓别林却没有受到损失。

他以前曾读过梅杰·H·道格拉斯写的《社会信贷》一书。该书分析并解释了资本主义的经济制度，他说一切利润基本来自工资。所以，失业意味着丧失利润，并使资本减少。卓别林记住了这个说法。因此，当1928年美国失业人数达到一千四百万人时，他就售出了他所有的股票和债券，把他的全部所有都变成了流动资本。

股票市场狂跌的前一天，他和美籍俄罗斯作曲家欧文·伯利共进晚餐。他对股票市场的行情很乐观。他说：

"我常去的一个酒馆里有一个女侍者把她的投资增加了一倍，不到一年就赚了四万美元。"他兴致勃勃地说："我手头上有价值几百万美元的股票，这些股票可以给我带来上百万美元的利润。查利，你要不要也做股票生意，这可是一个赚钱很快的生意？"

"欧文，"卓别林劝他说："现在已经有一千四百万人失业，股票是靠不住的，你现在出手还可有些赚头，应该全部出售，从此也不要再干了，早早洗手。"

欧文·伯利听了卓别林的话，很不高兴，他说；

"你为什么要这样低估美国的价值？这可是很不爱国的表现。"

"失业意味着什么？"卓别林说，接着，他讲了梅杰·H·道格拉斯《社会信贷》一书的理论。

"他说的不一定对。"欧文仍坚持己见。"什么失业呀、工资呀、资本呀等等，是与股票行情无关的。"

"等着看吧。"卓别林笑着放下了这句话。

"等着看。"

不用等太久了，第二天，股票市场疯狂了，一下子就暴跌了五十点。

又过了两天，欧文·伯利又来到卓别林的制片厂。

"完了，完了！一切都完了。"他一见卓别林的面，既恼丧又愧悔地连忙道，"我的财产已荡然无存，唉！"他叹了一口气又说下去："我没听你的话，这下子可吃了大亏。"

"事已过去，悔也无益。"卓别林只能这样劝慰他。

"查利，我很想知道，关于股票市场股票暴跌的消息，你是从哪儿得到的内部消息？"

"哪里来的内部消息，"卓别林笑了，"我前天不是对你说了吗，是梅杰·H·道格拉斯的《社会信贷》告诉我的。"

"唉！"欧文又叹了一口气，"我悔不该听你的话，也没相信《社会信贷》中的话，我还以为那是烂言。今日，唉！"他又叹了一口气，"悔之晚矣！"

第二十章 再创辉煌

　　一部影片赚五百万美元,卓别林再创辉煌!"那个婊子养的混蛋戏院经理我要宰了他!"卓别林大发雷霆了,可是,大名鼎鼎的文学大师肖伯纳、英国首相麦克唐纳以及丘吉尔、印度民族领袖甘地却都成了他的好朋友。

《城市之光》终于拍成了。这是 1931 年了。

　　卓别林虽然不愿把这部片子拍成有声片,怕毁了他创造出来的查利这个人物的形象,可是,片子拍成之后,他也觉得不防配上音乐。

　　卓别林本来就懂一些音乐,所以他决定由自己来为这部片子作曲配音。

　　他年轻的时候,在伦敦街头听惯了音乐,他还会拉小提琴,经过这许多年,他已经成为一个很不错的音乐家了。

　　但是,为了慎重,他花了三个月的时间学习作曲法。在这段时期,他完全浸沉在音乐王国里,就像他平常拍片时一样,一心一意地弄音乐。

　　他又请人教他音乐指挥法,他很快就学会了指挥的艺术。所以,《城市之光》里的乐曲不仅是他亲自组成的,而且是他亲自指挥乐队配音的。

　　卓别林认为,优美的音乐会给他这部笑片增添感情上的一些色彩，所以，他配上的音乐既优美又富有浪漫的色彩，他是打算以优美的音乐来衬托片中主人公流浪汉的个性。

有些改编乐曲的人很少理解这一点。他们认为在一些滑稽的笑片中应该配上一些滑稽有趣的音乐才是正确的。但是，卓别林则自己有另外的认识，他认为片中配上的音乐，不能喧宾夺主，他要让优美悦耳的音乐配合剧中人来表达感情。他认为这一点很重要。他认为黑菲利特说得很对："一部艺术作品，如果没有感情，它就是不完整的。"

有一位音乐家向卓别林炫耀，大谈其半音阶和全音阶的局限性。

"不管旋律多么美，这主要是一支即兴伴奏曲。"

卓别林当时用外行的口气打断了这位音乐家的话。

他在给一两部自己拍的影片配过音乐后，他已变成内行了。他已经能用内行的眼光去看乐队指挥的总谱，而且知道哪一支乐曲是被管弦乐队配得过于火。有时，如果他看到铜管器或木管乐器组内的音符很多，他就会说："铜管乐器奏得太杂了。"或者说："木管乐器奏得太乱了。"

他自从给《城市之光》配上乐曲以后，更对音乐产生了兴趣。所以，在他的制片厂里组成了一个十五人的交响乐队，他更愿意听由他自己谱曲的乐队奏出他的曲子来。他第一次听《城市之光》乐曲的演奏异常兴奋。

他在拍《城市之光》时，他的脾气很坏，他一连开除了两个重要工作人员，一个是跟他合作了三年的导演兼演员哈利·克罗克（Harry Crocker），另一个是在这部片子里饰演那位百万富翁的亨利·克莱武（Henry Clive）。

他之所以解雇克莱武，是因为克莱武不愿跳下冷池去。他另换了一个角色,又从头拍起,多花费了半年的时间。他选定的维琴尼亚·齐力尔(Virginia Cherrill)提任女主角,一直觉得很好,突然有一天,他又觉得齐力尔演的不尽人意,要换人来演,隔了几天,试过几个别的女演员都不行,这才仍然由齐力尔照旧演片中的女主角。

为了拍《城市之光》,卓别林用了八十多万英尺胶片,花费了两年多的时间,用去了近二百万美元(其中包括配音以及后来作广告的费用)。在配音乐时,又花了三个月的时间,用去了四万美元。

卓别林对于他自己拍出的片子常常觉得没有把握,害怕观众不喜欢,害怕观众不能接受,害怕观众对他的片子冷淡。他拍成了《从军梦》以后,自己就不满意,曾想把这部片子的胶片扔到垃圾箱里去,还是道格拉斯看过样片后,鼓励他,他才让公司发行了《从军梦》。同样,他对《城市之光》也是心里没底。事实摆在面前,这时候正是有声影片红极一时的时候,而他还要发行一部无声影片,他的担心也有道理,他担心这部《城市之光》会给他带来大的不幸。

《城市之光》配好了音乐,卓别林虽然担心,可还是急于想知道这部影片在观众中反应如何。于是,他事先也不公布,就在热闹市区的一家戏院里进行试片。

这次试片是个考验,几乎所有的人心里都没底儿。

事实又怎么样呢?

影片将要放映了,可是戏院里的座位有一半是空着的。原来这些人是来看戏的,并不是来看笑片的。

直到电影放映了一半,观众似乎才从迷茫中清醒过来,可以听到一些笑声了,但是笑声很轻。影片还没有全部演完,就有几个人影从走道中向外移过去。

卓别林用胳膊肘碰了碰他的副导演。

"他们还没看完就走了。"

"他们大概是上厕所去了。"

过了一会儿，那几个人影并未回来。

"走了。"卓别林小声说："他们一定是走了。"

"也许，"副导演小声说："再等一等看。"

卓别林不再去看电影，他只顾看着过道，等那几个人走回来。又过了几分钟后，他小声叨咕：

"他们还没回来呀！"

"有的可能是赶火车去了。"

离开戏院时，卓别林心里非常不痛快，心想两年多的时间，花费了达两百万美元，通通白搭了。

他走到外面，戏院经理站在休息室向卓别林打招呼。

"影片十分精彩呀。"他带着笑容，但接下去的那句恭维话却是寓意含混的："以后，我想看到你拍一部有声的片子，查利，全世界都在等着了。"

这意思似乎是说：这部片子不错，但是有声的更好。

卓别林只好挤出了一丝笑。

"以后吗？也许会的。"

联美公司的和制片厂的所有工作人员已经陆续走出戏院，这时，都站在人行道上。卓别林走到他们当中去。

经理里夫斯一向是很严肃的，但是，这时他却用轻松的口气说：

"我认为这部片子挺不错，要知道——如果戏院里是满座，那观众的反应是热烈的。"

副导演补充了一句:

"这些观众是来看戏的,也许他们并不爱看电影。"

卓别林勉强地点点头,接着,他又补充了一句:

"当然,有那么一两个地方,还要修剪一下。"

这时,卓别林忽然想起来,直到现在他们还没有为这部影片作推销工作。

"我们这部影片还没有向外界去进行宣传吧?"他问。

"是呀!"有人附合。

大家为此有点慌了。

"应该早些宣传的。"有人说。

其实卓别林对宣传推销影片的工作,并不十分着急,他认为凭他的名气仍会有票房价值的。

联美影片公司经理乔·申克警告卓别林,他说:

"现在可不比放映《淘金记》的时候了,一般电影院老板已不再准备给你那样的待遇。那些轮流上映的大电影院也和我们公司保持着相当的距离,都抱着观望的态度了。"

"那又怎样?"卓别林仍不在乎。

"以前,那些电影院的老板对你的每一部片子都很感兴趣,现在他们已经不那么热心了。他们的兴趣全转到有声电影方面去了。"乔·申克愁眉不展地说。

"电影院老板不愿买我的片子,我们就自己来放映。"卓别林仍怀有信心。他想,难道我这二年多的时间,二百万美元的花费全不顶用了?

"要在纽约放映咱们公司的片子是有困难的。"

乔·申克仍是闷闷不乐地说。

"困难?"卓别林不明白,他问道:"有什么困难?"

"纽约所有的电影院都已经预定出去了,我们要租电影院得排队等候。"

乔·申克似乎已是一筹莫展了。

卓别林做梦也没想到情况会这样糟,他想了想,道:

"没有电影院就租戏院,有个放映场所就行。"

"戏院倒是有一家,不过……"

乔·申克没有说完,卓别林就接过来问道:

"不过什么? 不要婆婆妈妈的,有什么问题摆出来。"

"那里一般来说,不适合放电影,再说,租金也太贵。"

"不管多少钱都要租。"

卓别林一旦下定决心,他是再也不会更改的。

"每星期七千元租金,而且还要保证连续租八个星期。"

"八千元也租。"

"可是,这钱……"

"不用公司出,我自己拿。"

"戏院的经理、出纳员、引座员、放映师、台上工作人员都需要我们出人或花钱去雇。"

"雇!"卓别林斩钉截铁地说道:"钱全由我自己拿!"

"还有电灯罩、广告费用……"

"全由我自己拿钱。还有什么? 二百万都花了,还在乎这几个小钱?"

"有钱就好办了。"

"说了半天,是哪家戏院?"

"乔治·M·科汉戏院。"

"有多少座位?"

"一千一百五十个座位。"

"就这样定下来,钱由我拿,事情由你去办!"

同时,里夫斯也和洛杉矶一家新落成的电影院谈妥了,准备在这家戏院初次献映《城市之光》。

这时,爱因斯坦夫妇也在洛杉矶,他们也要看这部影片。

卓别林第一次会见爱因斯坦是在 1926 年。

那年,爱因斯坦来加利福尼亚州是为了讲学。

卓别林接到了环球电影制片厂的卡尔·莱姆勒打来的电话,说是爱因斯坦(Einstein)要见他。

他听了电话很激动。他以为科学家和哲学家都是一些理想化的浪漫主义艺术家。他们都朝着另一个方向发挥了自己的热情。他立即去了环球电影制片厂。

他们见面后,爱因斯坦看上去象一个典型的阿尔卑斯山区的德国人,他性情愉快,对人亲切,态度安详、温和。卓别林透过爱因斯坦教授的外表,看出来他是非常容易动感情的,他认为教授那非凡的智力就是来源于这种性情。

那天晚上一齐进餐的还有教授的夫人,教授的秘书海伦妮·杜卡斯和副教授沃尔特·迈耶。

爱因斯坦夫人的英语讲得很流利,实际上要比教授说得更好。他生得肩背宽阔,精力十分充沛,显然,她因为做了这位伟大人物的太太而感到幸福,并且她也无意于掩饰她这种心情,她那高度的热情更是可爱的。

饭后,莱姆勒领大家去观看制片厂,爱因斯坦夫人将卓别林拉到一边去,小声儿对他说:"您为什么不邀请教授上您家去呢,我知道,如果只有咱们几个人有机会在一起静静地谈一谈,他一定会很高兴的。"

卓别林当然欢迎了,因为有了爱因斯坦夫人事先关照过,所以他只另外请了两个朋友作陪。

席上，爱因斯坦夫人讲起了教授发明相对论那天早晨的情景。

"博士象往常一样，穿着他的睡衣，从楼上走下来早餐，但是，那天他几乎什么东西也不吃。我还以为他不大舒服，就问他'哪儿不痛快？亲爱的'，他说：'我有一个惊人的想法。'他喝完了咖啡就走到钢琴前，开始弹琴。他时而弹几下，时而停一会儿，记下了一些什么，然后又重复说：'我有一个惊人的想法，一个绝妙的想法！'

我说：'那么，究竟是什么想法呀？你讲出来吧，别叫人打闷葫芦啦！'

他说：'这很难说，我不能把它推究出来。'

'他又继续弹琴。'爱因斯坦夫人又接着说下去：'有时记下一些什么，大约经过了半个小时，然后又回到楼上他的书房里去，他又关照我，不要让人上去打扰他。"

爱因斯坦夫人稍停了一下，看了一眼卓别林又讲下去：

"这以后，他就在楼上待了两个星期。每天，我把饭菜给他送上去。黄昏时，他出去散一会儿步，活动活动，然后又回到楼上去继续工作。"

卓别林等静静地听着，没有一个人插话，而爱因斯坦夫人也不看别的人，只偶而看看卓别林。

"一天，"爱因斯坦夫人只说了这两个字一停，"他终于从他的书房里走下来，面色很苍白。'喏，就是这个，'他对我说，一面疲倦地把两张纸放在桌上。那就是他发明的相对论。"

卓别林请的两个客人中，雷诺兹医生也懂得些物理学，卓别林正是因此才请他出席作陪的。

"教授,"雷诺兹问道:"您可曾看过邓恩写的《时间实验》?"

爱因斯坦摇摇头。

雷诺兹装模作样地说,

"邓恩提出了一条有关维数的很有趣的原理,一种叫什么……"

他说到这儿,迟疑了一下,

"一种叫什么维数的发展。"

爱因斯坦转过身,对着卓别林,带着顽皮的神气,用德语悄声说:"一种维数的发展?这是个什么玩意儿?"

后来,雷诺兹不再谈维数的问题了。他却又提出了一个新的话题。

"我从来未见过鬼。"教授微笑地道:"如果有其他十二个人同时看到了同样的现象,那么,我是会相信的。"

那个时候,在好莱坞,大家都常常议论灵魂现象,心体流露的表演也风行一时,尤其是在一些电影明星家里,经常举行灵魂学家的集会,表演实物腾空及各种心灵学现象。

卓别林对此却不感兴趣,所以他从来不去参加那些集会。但是,著名喜剧演员范妮·布莱斯对卓别林讲了一个"真事"。

"就是在那次集会上,"她一本正经地说:"我亲眼看见一张桌子从平地升起来,飘浮在屋子的空中。"她随后又补充了一句:"这是真的,我不骗你。"

卓别林对范妮的话半信半疑,此时,他提出来问爱因斯坦。他说了范妮的话,然后问道:

"教授,您见过这种现象吗?"

"从来没有。"教授轻轻摇摇头,又和蔼地一笑。

"教授,"卓别林对相对论仅是知道一点皮毛,所以他问:"您的相对论和牛顿的假设是否有抵触?"

"相对,"教授说:"它是那假设的进一步发展。"

卓别林不好冷落了教授夫人,他对教授夫人说:

"等我的一部影片放映后,我准备去欧洲逛一圈。"

"那时候,您一定要到柏林来看我们。"教授夫人说:"我们住的地方不大——教授没有很多钱,虽然洛克菲勒基金会有一百多万美元供他用来作科学研究,但是,他从来没有动用它。"

后来,卓别林去柏林,果然去拜访教授夫妇了。这是后话。

回头咱们再说爱因斯坦夫妇观看《城市之光》放映的情况。

爱因斯坦夫妇在卓别林家共进晚餐,然后,他们一起乘车去市区的戏院看电影。出乎意外的是,他们在车上看到,沿几个街区的大街上都挤满了人。人群挤碎了戏院附近商店的橱窗,警车和救护车试图驰(挤)进人群,人挨人,人挤人,万头攒动,人声嘈杂——后来,据警方粗略的估计,这个时候总共有二万五千人挤在这所戏院门前。

卓别林他们坐的车已无法开动,他们只好钻出汽车。

哪知,汽车附近的人认出了卓别林,立即有人叫喊起来:"看! 查利·卓别林!""查利"!""卓别林!"

还好,有一队警察在护卫着他们,否则他们休想走动一步。在警察的护卫下,卓别林等人才被推推搡搡地拥进了戏院的休息室。

"查利,观众对您真热情啊!"爱因斯坦夫人笑着说。

电影开始放映了。银幕上映出了导演和制片人的名字,象以往一样,观众见了查尔斯·卓别林的名字就报以掌声。

《城市之光》有一个副题叫《一个哑剧的喜剧罗曼史》。

第一个镜头出现了。

　　黑夜里，一个都市的市场上，电灯光闪出 City Lights（城市之光）两个字，渐渐淡下去，化为白昼，群众正在举行一座纪念碑的揭幕式，纪念碑上刻着这样的字句："和平繁荣，我们把这座纪念碑献给本城的人民。"碑上一共有三个塑像，一个女人坐着，两个男人站着，其中一个手拿一把军刀。揭幕典礼的主持人，鱼贯而至。

　　纪念碑揭幕了。

　　一个瘦小的流浪汉还睡在那个女人雕像膝上。

　　观众们看了立即大笑起来。

　　参加揭幕典礼名流绅士们立即大吼大叫起来，他们命令流浪汉立刻爬下来。流浪汉照办了，可是他又挂在那把军刀上了，他此时有许多精彩表演。

　　观众们已是哄堂大笑了。

　　最后，查利抱歉地举举帽子，回头走了，消失在篱栅后面。

　　卓别林听到了笑声，而且是哄堂大笑，他的担心、疑虑、恐惧已是烟消云散，试映时笼罩的阴影一扫而光。

　　当天下午，流浪汉在一个热闹的街口闲逛，他东张西望，偷看着橱窗里面的裸女模型。

　　为了逃避警察，怕被控阻街罪，在车流不断的街道上，他穿过一辆轿车。一个漂亮的卖花女，听见汽车门开了，有人下来了，以为是一个百万富翁下车，就向他兜卖一朵花。

　　查利发觉这卖花女眼睛是瞎的。他这个瘦小的流浪汉，把自己仅有的一点钱给了她，然后就跳跳蹦蹦地走开了。但是，他忘不了这个可爱的女孩子，又偷偷地溜回来，坐在她面前，她还不知道。不知道自己身边有人，浇花时，向他身上浇了许多水。

　　黄昏时分——这个盲女孩回到贫民窟的家里。她跟祖母住在一起。她打开窗子听见一个男子对他的女友吹哨子,她羡慕地向窗外的一对情人不住挥手。

晚上——河边桥下,一个百万富翁喝得酩酊大醉,他下了决心要跳水淹死。他把一根绳子拴在自己身上,又捆上一块大石头,他不想活了……

正在此时,流浪汉出现了。

这个流浪汉还在梦想着那个卖花的女郎,还在闻着他用半个克郎买来的那朵他心爱的花。他要爱,他要拯救人类。

他看见有人要自杀,赶紧跑来制止,他向醉汉说:

“明天鸟儿还要唱歌,勇敢些,活下去吧!”

这个喝醉了的百万富翁却不听人劝阻,他把那根绳子拴在他们两个人的头上——他自己却溜出去了。两个人扭来扯去,一个要寻死,一个要救命,等到那块大石头扔下河去落水的却是查利。接着,那个醉汉也跳下水去。

两个人在水里拉拉扯扯。弄了好半天,后来,两个人总算上了岸,都湿淋淋地站在河边。

这一阵冷水使醉汉清醒了一点儿,不想死了,可还是疯疯癫癫的,他请查利到他家去喝酒。

他们两个人先在家里胡闹了一阵,又到夜总会去胡闹。查利这流浪汉从未见过这种大场面,闹得笑话百出,他把菜单当作圣诗歌本,捧着大唱起来,自己点雪茄烟却老是点到百万富翁手上的,结果扔到一个邻座的女人座位上,为此又惹起一场风波。

查利吃意大利粉,却吃到挂在天花板上的花纸条。他在光滑的地板上跳舞,又闹得天翻地覆,直到精疲力竭才下台。

第二天早晨,这一对临时的“难兄难弟”才驾车回家。汽车横冲直撞,惊险已极。查利羡慕这汽车了不起,醉醺醺的百万富翁顺手就把车子送给他。

到了大公馆门口，查利看见那卖花女郎上街卖花来了，百万富翁拿钱给他，要他去买点花，查利把那卖花女郎要卖一整天的花全都买下。

查利驾着富翁送给他的汽车送卖花女郎回家。他在汽车上吻卖花女郎的手，问好以后他可不可以再送她回家。

卖花女郎说："只要您愿意，先生。"

这一下查利可乐了。

卖花女郎进门去了，查利闻着那些花又做起白日梦来。

楼上一只猫无意踏下一个小花盆，却正打在查利的头上，才惊醒了他。他又爬到窗前偷看了一下女郎房里的情形，才驾车溜走。

可是，那百万富翁一醒过来，却又是另外一个人了。

查利驾车回到富翁的公馆，富翁转眼不认人，不让查利进院。

查利的烟瘾发作了，他跳上汽车，跟着一个抽雪茄烟的人开去，等那人扔下烟屁股，他就跳下车去捡来抽。

他再一次回到富翁的公馆，百万富翁正要出门，他对查利看也不看一眼就跳上车走了，留下查利孤单单地抽他的烟屁股。

就在那一天，百万富翁又喝得大醉而归，他抱住查利，象多年不见的亲兄弟一样亲热，又特别安排一个宴会来欢迎他。在这宴会上又闹了许多笑话。

第二天早上，百万富翁醒来，转眼又不认人，他忘记了他醉后发生的事情，他呆呆地望着跟他睡在一个床上的这个陌生人，叫仆人把他赶出去，他自己忙着收拾行李去欧洲旅行。

从此，查利又流落在外面。他跑到那街角去，卖花女郎不见,他又赶到她家去,爬上窗口看看,看见她病了,又听医生说,她需要特别照顾,他决心帮助她,到外面打了个清道夫的差使,赚钱来救助那个卖花女郎。

流浪汉努力工作,殷勤照顾那卖花女郎。他给卖花女郎买了许多食物去,又给她读报听。读到一个维也纳医生可以医治盲人。卖花女郎说:

"好极了,那我就要看见你了。"

查利一听很高兴,旋即又不再做声,他害怕到那时候卖花女郎不喜欢他。

他陪着卖花女郎织毛线衣,听她说她和她的老祖母付不起房租要吃官司,他一口答应帮忙,卖花女对他感激涕零。

他回去上班,因为迟到给开除了。一个拳师碰见他,就问他愿不愿去捞点轻松钱? 这晚上,查利在拳赛场中闹了许多笑话,令人哭笑不得,结果,还是一个钱也没挣到手。

他又到街头逛来逛去,希望为那卖花女弄到一笔钱。他正逛到戏院门口,那百万富翁刚从欧洲回来,又是醉醺醺的,看见查利,又把他扶上汽车驶回家。

观众一直笑着。

卓别林也十分兴奋,他也和观众一样笑着。

就在这时候,突然发生了一件令人难以置信的事情。突然间影片在一片笑声中断了! 戏院里的灯光亮了,一个人用麦克风宣布:

"在继续放映这部精彩的笑片之前,让我们占诸位五分钟的时间,向诸位介绍一下这个美丽的新戏院的优点。"

卓别林无法相信自己的耳朵,他象发了疯一样,一下子从座位上跳起来,沿着走道飞奔过去,并大声骂道:"那个婊子养的混蛋戏院经理在哪里？我要宰了他！"

观众们都支持卓别林，大家又是跺脚，又是拍手，而那个白痴仍继续大谈戏院里种种精致的设备。但是观众却不答应，他们大声骂起来：

"混蛋，快闭上你的臭嘴！"

"住口！你这个黑乌鸦。"

骂声，喝倒彩声四起，那个白痴无法讲下去了，才住口不说下去了。

电影继续放映。

两个强盗正在富翁家里翻箱倒柜。富翁和查利回来，混战一场。查利赶走了强盗，他自己却落在刚赶来的警察手里，被误认为是强盗。此时，那富翁酒醒了，也说不认识查利。

查利失望之余，抓了钱乘机溜走。他把钱送给卖花女郎，劝她去做手术，他向她说，还要出门一趟，过些时候再来看她。

到了街口，查利被暗探抓住，又被关进监狱里。

许多个日子过去了。秋天又来到了。卖花女郎医好了眼睛，开了一个花店，她一心想再碰上她的恩人。

这时，查利也出了狱，流浪街头，一身破破烂烂。他又去老地方找卖花女郎，当然找不到。他从阴沟里拾起一朵花，又使他想起了卖花女。一些孩子用豆子枪打他。他很生气，可还是一本正经，保持着绅士的风度。一个孩子撕下他裤子口袋上的一块破布，查利骂了那孩子几句，在破布上抹一把鼻涕，又把破布折得好好的，放在他胸口的袋子里。

这些事情就发生在那花店的门前，都给卖花女郎看见了，觉得很有意思。查利回过头来，看见了卖花女，怔住了。

卖花女郎注意到他的奇怪神情，却不知道他是谁？她一面跟她的助手说笑，一面折了一朵鲜花，又拿了一个铜板去送给查利。

查利这才清醒过来，慌慌张张地回过头就要走。卖花女从花店里跑出来叫住查利。

查利迟疑不定，很难为情，他站在那里不知该走还是该留。

卖花女郎走过去，把花和铜板塞在他手里。一接触他的手，卖花女郎明白他是谁了。

"是你？"卖花女郎结结巴巴地说。

查利手上拿着她送的花，点点头，尴尬地笑笑。

卖花女郎目不转睛地看着他的，"是的，我现在看得见了。"她慢慢地说，紧紧抓住他的手。

他们两个人就这样站着，你看着我，我看着你。

银幕上这时出现了一个特写镜头：查利手上拿着那朵鲜花，一个手指放在唇边，向她苦笑。

这个镜头渐渐淡下去，查利脸上的表情是亦喜亦忧——分不清那表情是希望，还是恐惧。

观众的笑声始终没断过。这是一部笑片应有的反应。所以，卓别林认为自己又成功了。

在映到最后一场时，卓别林注意看爱因斯坦的反应，却发现他在擦眼泪。可见科学家永远是多情善感的。

第二天，卓别林也不等着看影评，立即启程去纽约。因为再过四天，《城市之光》即将首映了。

他到了纽约后，大吃一惊，他发现，这里的宣传工作没有做。报上只是刊出了一则例行的广告启事：

我们的老朋友又要和我们大家见面了。

这怎么行。他当即对联美公司的工作人员说：

"不能单凭观众对我的好感,必须向他做广告,要知道,我们是在一个戏院里初映,而这家戏院平时又是不放映电影的。还要注意一点,现在是有声片走红的时期,广告宣传更为重要"。

他当即刊登了大字广告,这广告占了报纸的半面篇幅,用同样大小的字体,每天登在纽约最大的报纸上:

查尔斯·卓别林

在《城市之光》中演出

假座科汉大戏院

每天各场连映,票价五角到一元。

报纸上的广告费花了三万美元,又用三万美元在戏院门口租了一个电气招牌。由于时间不多,他必须赶快干,于是,他整夜不睡,试验放片,决定影片的大小,矫正有差距的地方。

第二天,他又举行了记者招待会,在会上,他谈了为什么在这有声片走红的时代,还要拍一部无声片的原因。

联美公司的工作人员对卓别林自己定的票价有疑议。

有一个工作人员迟疑地问道:

"卓别林先生,现在纽约所有映头轮影片的大电影院,票价最高的是八角五分,最低的只有三角五分,它们放映的又全是有声电影,而且还有演员亲自登台。我们最高的是一元,最低的是五角,这是不是过于高了?"

另一个工作人员接上道:

"即使我们不低于他们,那么与他们一样扯平还是应该的。"

卓别林却有自己的想法,他说:

"正因为我们是无声影片,这就更需要抬高票价,如果观众愿意看这部影片,他们不会因为票价上的一元与八角五分之差而不来看的。否则,他们如果不想看,即使你票价定为六角五分,二角五分他们也不会来看的。"

卓别林说对了。不知是广告起了作用,还是卓别林的名声起了作用。自从放映了《马戏班》以后,已有三年没看到他拍的片子了,所以首映的情形非常之好,一元的票价并没"吓"住观众。

卓别林并未因首映之好而放下心来,首映不能说明一切,最重要的还是要看一般观众的反应如何。现在,正是有声片走红,一部无声片,他们还会感兴趣吗?他一直悬着这样的心事,所以半宿没睡着。但是,一大早,他的宣传员卡莱尔·罗宾逊冲进了他的卧室,兴奋地大喊:

"伙计,可真有你的呀!这一炮又打响了,从今儿早晨起,排队买票的人已经绕过了整个街区,现在交通已给阻塞了。有十几名警察在维持秩序。观众们都争先恐后地要挤到售票窗口去。你听听,他们在怎样嚷嚷!"

"票卖多了,戏院也容不下呀。"卓别林一咕噜爬起来,轻松地说。

"观众们也不在乎座位了,他们宁愿站着看,你还是到戏院里去看看吧!"

卓别林忙着梳洗,然后吩咐给他预备早餐,他一边洗漱一边问:

"告诉我,映到什么地方笑声最大?"

于是,他详细地描绘,观众们看到哪儿哈哈大笑,看到哪儿捧腹大笑,看到哪儿纵声狂笑。

"你还是自己瞧瞧去吧!"他说:"看了对你的心脏有好处。"

卓别林本不想去,却架不住他热心相劝,他只好去了。

他偷偷地溜进了戏院,果真如宣传员所言,戏院里不仅是座无虚席,所有的过道,以及座位的最后边,全站满了观众。他夹在人群后边,看了半个小时。连续不断的笑声、突然迸发的狂笑,打破了紧张的气氛。

卓别林心满意足地离开了戏院,他为了舒散自己的感情,竟然在纽约全市散步了四个小时,他有时走过科汉戏院,看见人们排成了长队,络绎不绝地绕过了那片街区。

《城市之光》又得到了一致好评,他这部新片观众看得又哭又笑,有人认为这是他的杰作,有人说"他的艺术最高峰"、"他的传世之作。"

乔治·M·科汉戏院共有一千一百五十个座位,接连着三个星期,每星期卖座八万美元。它对面派拉蒙影戏院共有三千个座位,它们放映的是一部有声影片,还有法国著名演员、歌星慕里斯·萨瓦利埃亲自登台,一个星期只卖了三万八千美元。两相对比,优劣自见。

《城市之光》一连放映了十二个星期,扣除了一些开销,净赚了四十多万美元。它之所以不再映下去,只是因为纽约轮流上映的戏院提出了要求,说它们已用高价订下这部影片,不愿这部影片轮到它们放映时已经陈旧了。

《城市之光》为卓别林只在全美国就赚回了五百万美元。

卓别林在这以后又带着这部片子周游西欧各地。第一站当然是伦敦。

他这次去伦敦,要在那里为放映《城市之光》做好准备工作。

他这次在纽约,常常会晤他的朋友拉尔夫·巴顿。

拉尔夫是《纽约客》的编辑,最近又为巴尔扎克《逗乐集》的新版本画了插图,他刚三十七岁,但是已经先后结婚五次。最近他的情绪很坏,一度企图自杀,大量吞服了什么药剂,幸被医生抢救过来了。

卓别林劝他同去欧洲，说这样换一个环境对他有好处。拉尔夫同意了。

于是他们两个人登上了"奥林匹克"号，也就是卓别林第一次回英国乘的那条船，也是他二次来美国乘的那条船。

卓别林没到达伦敦的时候，他很担心，不知道伦敦人会怎样对待他。他原来本想悄悄地回去不惊动任何人，可是，他此次来伦敦是为了主持《城市之光》的初映式，他必须为影片做些宣传工作。悄声不响是不行的。

其实，他的担心是多余的，欢迎他的人还是相当多。

这一次他住进了卡尔登旅馆，和里茨旅馆相比之下，它是一家更老的旅馆，他住进去觉得伦敦城对他更为亲切了。他住了一套十分华丽的房间。他每天走进卡尔登，就像是走进了一座金碧辉煌的宫殿。尽管他这十几年来，生活已相当富裕，但是，他仍不习惯过那种非常奢侈的生活。但是，在伦敦，能使一个人每时每刻都过着新奇有趣的生活，他认为伦敦的社会生活就像一个游艺会，早晨的第一件大事就是节目的开始了。

他从旅馆窗子向外望去，看见下面的街上贴了好多招贴画。有一幅上面是："查利仍然是他们的宠儿。"

卓别林已觉察到它的弦外之音，他不禁会意地笑了。

在一次招待会上，他闹了一个笑话。那是一群新闻记者，他们中有人问道：

"卓别林先生，您是否打算去埃里斯特里参观？"

"它在那儿？"卓别林因为没听过这个地方，才问出这样的话。

他们彼此交换了一下眼光，微微笑了笑，这才有人告诉他：

"埃尔斯特里在哈福德郡,是电影工业中心。"

说话的人没有丝毫嘲笑的意思。

卓别林有些尴尬,他勉强笑了笑,自责地道:"怪我太无知了。"

一个电影明星,又是全世界知名的大师,却不知道英国的电影工业中心。其实这并不奇怪,卓别林当时对于其他国家象法国、德国以及革命的苏联等国的电影界的事很少过问,他只一心一意在自己的制片厂里拍电影。

卓别林到伦敦的第二天,菲利普·沙逊爵士就打电话来邀他和拉夫到他的家里去吃饭,这以后,他曾去过他在花园弄的住宅,也去过他在利姆普纳的乡间别墅。还有一次是在下议院共进午餐,在议院休息室里他又见到了阿斯托子爵夫人。

过了一两天,阿斯托夫人就邀请他去圣詹姆斯广场一号午餐。

他们刚一走进客厅,就好像是走进了蒂索夫人的"群英馆"(蒂索夫人曾在伦敦展出了她的蜡制塑像,其中有名人塑像组,被称为群英馆)他看到了许多名人,其中有著名大文豪乔治·伯纳·肖(George Bernard Shaw),有著名经济学家约翰·梅纳德·凯恩斯、劳合·乔治以及其他一些名人,但这些可不是蜡像,却是活生生的人。

阿斯托夫人有过人的机智,能言善辩,又能随机应变,所以,谈话进行既活跃又有趣,但是,后来她突然被人唤走了。接下来,就是令人感到难受的沉默。幸亏肖伯纳把话说开了头,他讲了一则有关伦敦圣保罗大教堂教长英奇的有趣故事。

英奇对圣保罗的说教表示愤慨,说:"保罗歪曲了我们教主的教义,可以将其比喻为把教主倒钉在十字架上了。"

肖伯纳最和蔼惊人的地方,就是他会亲热地凑趣,使席上谈笑风生。

卓别林听到过一则有关肖伯纳的趣闻轶事。

据说,有一次,也是在一个什么宴会上,会后,大家坐下来闲谈。有一位美貌年轻又很轻佻的夫人——也许是小姐,凑到肖伯纳座位旁边,当面向肖伯纳求婚。她说:"咱们如能结婚,生下的孩子一定是最佳的,他或她一定会象你那样聪明又象我这样的美貌。"

据说肖伯纳当时的回答不但有趣、机智,而且还很幽默。他对那位夫人说:"我很担心,生下的孩子一定会象我这样丑陋,又会象你那样愚蠢。"

在午餐席上,卓别林和经济学家凯恩斯闲谈起来。卓别林有一个疑问,他向凯恩斯请教:

"我在一本英国杂志上读到一篇文章,谈的是英格兰银行在信贷方面所起的作用,文章里说:"大战期间,英格兰银行已经用空了全部黄金储备,只剩下四亿英镑外国证券,政府要向银行借五亿英镑,于是银行的主管人员就把那些证券一起搬了出来,让它们看了一下,又把它们藏进了仓库,然后向政府提供了贷款'。据说这个办法被重复了好几次。有这样的事吗?"卓别林看着凯恩斯在问。

凯恩斯点点头,道:"是这个情形。"

"可是,那些借款又是怎样偿还的呢?"卓别林很有礼貌地问道。

"还是用纸币去偿还嘛。"

午餐将近结束时,阿斯托夫人把一副喜剧演员用的假牙套在牙齿上面,模仿维多利亚时代贵夫人在骑艺俱乐部里说话。

带上了假牙,她的面部就变了形,显得十分滑稽。她激动地说:"在我们那个时代我们英国妇女带着猎犬出去打猎,多么气派,不象美国西部那些轻佻的丫头,她们骑在马背上,多么恶俗难看,我们是坐在横鞍上,跑得又稳又快,多么庄重,多么文雅。"

阿斯托夫人可以成为一位杰出的演员,她又是一位可爱的女主人。卓别林之所以有机会见到许多美国的知名人士,多是在她家认识的。因为她不止一次地宴请卓别林,并把他向那些人介绍。

午餐后,客人大都散去。阿斯托子爵领卓别林去看英国皇家学院院长、画家芒宁斯给他画的肖像。他们到了画室门口,芒宁斯不愿让他们进去,经过阿斯托子爵再三商量,他才答应了。他画的是阿斯托子爵骑在一匹猎马上,四周是一群猎犬。

卓别林见他画的不错就夸赞了几句也是恭维的话。

"这画画的维妙维肖,实在不多见。太好了。"他又拿起几张他给猎犬的动作所作的草稿,道:"这些动作是有音乐性的。"

芒宁斯高兴了,他又给卓别林看了他的另几幅速写。

过了一天,又是肖伯纳请卓别林在家共进午餐。饭后,肖伯纳把卓别林领进他的书房里。只有他们二人,阿斯托夫人和其他客人全留在起居室里。

书房俯临泰晤士河,房里窗明几净。卓别林忽然发现壁炉架上摆满了肖伯纳的著作,他对肖伯纳的著作读得很少,他象个傻子似地走近了壁炉架,惊叹道:

"啊呀!这么多呀,这全是您写的呀!"

接着,卓别林想,肖伯纳把我领到这里来,是不是要和我谈一谈他的作品?试一试我的智力呢?他这时,可真盼望有人走进来,哪怕是进来一个也好。可是,没有一个人到这里来。

　　肖伯纳不说话,卓别林一时间又找不到适当的话,屋子里静得出奇,也令人有些难受。

　　卓别林无奈,只好四面打量了一下,信口讲了几句有关房里的陈设、布置……然后,他们也回到了起居室。

　　此后,卓别林又多次会见了肖伯纳夫人。有一次,他们谈到了肖伯纳写的剧本《苹果车》。

　　"有些人对这个剧本很冷淡。"肖伯纳夫人说。她象是很不高兴。

　　卓别林也认为那个剧本算不得上乘之作,但是,他没有说出来,他只是敷衍地说:

　　"不会吧。"他这是应酬话,接下去就是谎言了:"我一直忙着拍电影,还没来得及读那个剧本。"

　　"我叫 G·B 不要再写剧本了。"肖伯纳夫人很恼火地说:"一般观众和写剧评的都不配看这些戏。"

　　请卓别林赴宴的人不断。有一次是英国首相詹姆斯·拉姆齐·麦克唐纳(Jamas Lamgi Macdonald)相请,接着是温斯顿·邱吉尔(Winston Churchill)相请。

　　卓别林和温斯顿·丘吉尔第一次会见是在玛丽昂·戴维丝的海滨住宅里。那一天大约有五十位客人,大家在舞厅和会客室之间转来转去,这时候丘吉尔由赫斯特陪着在走道里出现,注视着那些跳舞的客人。他那样子象是一时茫然失措,不知道怎样才好。肖伯纳看见了卓别林,招呼卓别林过去,介绍他们认识。

　　卓别林与赫斯特交往可要早得多了。

　　时间可以推溯到卓别林拍《淘金记》的时候。

　　有一天,埃办诺·格打电话给他,在电话中说:"亲爱的查利,你一定要见一见玛丽昂·戴维丝,她这人真可爱,她一定喜欢见你,所以请你到公使旅馆来和我们一起吃饭,饭后,咱们一起去帕萨迪纳看你的影片《有闲阶级》。”

卓别林虽然没有见过玛丽昂·戴维丝本人,但是,关于她的那些五花八门的广告是早已看到了。这一类讨厌的广告,翻开每一份赫斯特的报纸杂志,一眼就可看到。那些广告做得太过火,因此人们给玛丽昂·戴维丝编了许多笑话。有一次有人叫比阿特丽斯·李莉看洛杉矶繁密的灯火,她就开玩笑地说:

“这太美了。”比阿特丽斯说:“我想,再过一会儿,他们就会聚到一起,连缀成‘玛丽昂·戴维丝’几个大字了。”

那时候翻开一份赫斯特系的报纸,必然会看到玛丽昂的巨幅照片。但是,人们看了这些广告,反而不愿到电影院去看她的电影了。

卓别林对那些广告也有反感,他认为做广告是应该的,但不应过火。

他在见到玛丽昂之前,就看过她的电影。那是一天晚上,他在道格拉斯·范明克家里,看了玛丽昂主演的《骑士春秋》。当时,卓别林就认为玛丽昂是一位很有才能的演员,是富有风趣与魅力的,即使没有赫斯特系的报纸为她那样大吹大擂,她也有资格成为一位大明星。正因为这样,卓别林接到埃莉诺的电话就按时赶到了公使旅馆去了。

在埃莉诺·格林的席上,卓别林见玛丽昂纯朴可爱,从那时起,他们就成了知己朋友。

赫斯特与卓别林的交往与认识也差不多与认识玛丽昂的时间相同。

那是赫斯特请他去他的住宅里共进午餐。卓别林是由《剧

艺报》的主编和发行人赛姆·西尔费曼陪着去的，

赫斯特是美国有名的大财阀，是赫斯特系报纸的老板，他住在河滨环形路，他的房里布置得富丽堂皇，四壁都装着红木嵌板，墙上抠出的格子里摆着磁器。赛姆把卓别林介绍给赫斯特一家人，然后，大家坐下来吃饭。

在席上，赫斯特夫人很风趣，态度和蔼大方。赫斯特却与她相反，他老是张大了眼睛，尽让卓别林谈话。

这第一次见面，卓别林就说错了一句话：

"我第一次看见您则在美艺酒馆里，赫斯特先生。"卓别林说："您和两位女士坐在一起，当时，我的一个朋友把您指出来给我看，"

这时候，有人在桌子底下踩了卓别林的脚，显然是在警告他不要再说了，他猜那一定是赛姆·西尔费曼。

赫斯特表情滑稽地"哦"了一声。

卓别林既然已得到了警告，连忙找话自圆其说："如果不是您，那一定是一个长得和您很像的人——当然，我的朋友也没看真。"

"是呀，"赫斯特眨了眨了眼睛，嘴角挂着一丝笑，说："能有一个替身，那对你是非常方便的。"

"可不是。"卓别林忙应了一句。

还是赫斯特夫人，给卓别林解了围："是呀！"她以幽默的口气强调了一句："那对你是非常方便的。"

这件令卓别林尴尬的事总算过去了。

玛丽昂·戴维斯来到好莱坞，在赫斯特的世界影片公司摄制的电影中担任主角。她在贝费利山租了一幢房子，赫斯特将他那条二百八十英尺长的大型快船取道巴拿马运河，驶到加利福尼亚州的海面。

此后,有一个时期,电影界的人士就过着《一千零一夜》故事里的生活。玛丽昂每星期要举行两三次盛大宴会,每次邀请的客人多到上百位,其中有男演员、女演员、参议员、马球运动员、合唱班的小歌手、外国权势人物,此外还有赫斯特的经理、编辑等人员。不过,那样盛大的宴会,气氛却很奇怪,它既轻快又紧张,因为当天的晚宴是否开得愉快,都要由赫斯特的脾气来决定,他的脾气,就是象晴雨表里的水银柱来决定晴(愉快)、阴(不欢而散),而他的脾气又令人捉摸不定。

曾经发生过这样一件事。

事情就发生在玛丽昂·戴维丝租住的那幢房子里举行的宴会上。

那一天大约五十多个客人站在那儿,赫斯特阴沉着脸坐在一张高背椅上。他的编辑人员在四周围了一圈儿。玛丽昂光艳照人,她象法国交际花雷米卡夫人那样穿了一件长袍,斜倚在一张长椅上。但是,后来看见赫斯特只顾在那里办他的公事,就变得沉默起来,突然,她愤怒了,大声地叫喊:"嘿,喂!"

赫斯特抬起头来,问道:"你是在叫我吗?"

"是的! 是叫你,你过来!"玛丽昂说话时一双蓝色的大眼睛,紧瞪着赫斯特。那些编辑人员迫到了后面,屋子里空气紧张,一片静寂。

赫斯特象斯芬克斯似的坐在那儿,眼睛眯细了,脸绷得更紧了,嘴唇抿成了一条细线,手指神经质地敲着他那张宝座一般的椅子的扶手。他大概一时拿不准要不要大发雷霆。卓别林已经准备去拿帽子走人了。

这时,赫斯特忽然站起来,平静地说道:"嗯,我想我该走了。"他边说着边笨拙地向玛丽昂走去:"我的女主人,有什么吩咐啊?"

"办公事到城里去办。"玛丽昂火辣辣地说:"别在我家里办。我的客人都等着要喝酒,你赶快给他们去吩咐一下。"

"是了,是。"赫斯特一面答应着,一面怪滑稽地踅到厨房里去了。

这时,大家才舒了一口气,所有的人都放心了,大家笑了。

有一次,卓别林从洛杉矶去纽约处理一件紧急事务,中途收到赫斯特拍来的电报,邀卓别林和他一道去墨西哥,卓别林复电说他很抱歉,有事去纽约。可是,当卓别林到了堪萨斯城,赫斯特先生和两个代理人来接他了。其中一个说:

"我们来接您下去。"那人陪着笑脸说:"赫斯特先生已叫他驻纽约的律师在那里办理您的事务。"

在卓别林所认识的几个大财阀中,他看出来,只有赫斯特是挥金如土。洛克菲勒对金钱怀有道义的责任感,皮尔庞特·摩根从金钱的力量中获得鼓舞,但是,赫斯特把千百万金元毫不在意地挥霍着,就像是在花每星期的零用钱一样。

赫斯特赠给玛丽昂在圣莫尼卡的海滨住宅,简直就是一座王宫,那是由意大利请来的匠人,象征性建造在沙土上的一所乔治式建筑,占地宽三百英尺,上下分为三层,一共有七十个房间,舞厅和餐厅的墙壁都是用金箔糊就的。到处挂的是肖像画家雷诺兹·劳伦斯和其他名家的画——虽然其中也有一些是赝品。

在那间橡木嵌板的宽大的藏书室里,只要一揿电钮,一部分地板就会掀了起来,变成了放映电影的银幕。

玛丽昂的餐厅里,可以很舒服的坐五十位客人,几套很精致的客房,至少可以容二十个客人下榻。前临大海的那座花园里,辟有一个意大利式的云石游泳池,长一百多英尺。当中横跨着一座威尼斯式的云石桥。游泳池近旁是一个小酒吧兼小舞厅的建筑。

圣莫尼卡地方当局曾经打算造一个码头,供小型军舰和游艇停泊之用,这项计划获得了洛杉矶《时报》的支持。

卓别林自己也有一个小游艇,他觉得有个码头满好的。一天早晨,他们共进早餐时,他把这事对赫斯特讲了。

"这在附近一带是有伤风化的。"赫斯特气愤地说:"让那些水手们跑来向这些窗子里看,这儿被当作一个妓院了。"

不料,就因为卓别林说出了这个消息,圣莫尼卡当面再未提在这里修建码头的事。

赫斯特又是一个非常任性的人。遇到兴致好的时候,他会做出奇形怪状,挺招人笑地跳他喜欢的查尔斯顿舞,也不管人家怎样批评他。他做事从不仰承他人鼻息,只是随着自己高兴去做。

卓别林认为赫斯特是一个呆板的人,但是,他也不试图把自己扮成另一个人——他也确实是这样一个人。

有些人认为那些署名赫斯特社论,是报纸著名主笔阿瑟·布里斯班捉刀。然而布里斯班亲口告诉卓别林:

"赫斯特的社论是全国写得最漂亮的。"

有时候,赫斯特特别显出了孩子气,动不动就要恼火。

有这样一件事,卓别林记得清楚。

那是一次晚会上,大家正在挑选两组人,准备玩字谜游戏。

"你们怎么把我漏掉了?"赫斯特有些见怪地道。

杰克·吉尔伯特开玩笑地说:"这么着,咱们俩来玩一个字谜,就选'pill—box'这个字,我扮演 box,你就扮演 pill。"可是,赫斯特误会了。

pill 和 box 的意思分别是丸药和盒子，两个音节缀合成的字可解释为"碉堡"，而 pill 有时又指"讨厌的人"。

他的声音都哆嗦了。"我才不玩你那个老掉了牙的字谜哩。"他说着走出了屋子，随手砰地一声把门关上了。

赫斯特在圣西米思种了一大片庄园，占地四十万英亩，沿太平洋海岸逶迤三十英里。住宅建造在一片高地上，象座城堡似的。海拔五百英尺，离海岸四英里。别墅的主要部分由几座城堡式的建筑构成，建筑材料都是从欧洲装船运来的。房屋的正面好像是兰斯大教堂和庞大的瑞士农舍式别墅的综合体。它的周围是五所意大利式的住宅，建造在高地的边缘上，象环列在它周围的几个卫士，每一所住宅里可以住六位客人。这些房子都是按意大利式装饰的，天花板是巴罗克式的，上面雕刻的那些展开了翅膀的天使笑嘻嘻地看着人。正中的别墅里还有可供三十个客人住的房间。会客室长约九十英尺，宽约五十英尺，墙上挂着哥白林花毯，有的是真品，有的是赝品。气派轩昂华贵的大厅里，两间都摆着玩十五子游戏和打洋子球的桌子。餐厅的建筑模仿威斯敏斯特大教堂的中部，虽具体而微，但里面仍可很舒畅地坐八十位客人。宅门里一共雇用了六十个仆人。

离开别墅一段路，在听力所及的地方，是个动物园，里面养着狮子、老虎、狗熊、无尾猿、猩猩，以及各色的禽鸟和爬虫。从动物园门口到别墅之间，是一条三英里长的车道，近旁竖着布告板，上面写着："请让动物先行"几个大字。如果成对的驼鸟不愿意离开大路，那么，坐在汽车里的人就只能等着。母羊、麋鹿、野牛成群结队的在庄园附近漫游，常常阻碍着人的前进。

火车站上停着接客的汽车，如果有人乘飞机来，那儿还有一个私人飞机场。如果你是在开饭时间到达,就有仆人将你领到下榻地方休息,并告诉你:八点钟开晚饭,七点半都在大厅里举行鸡尾酒宴。

在这里娱乐的项目也不少,客人们可以游泳、骑马、打网球、玩各种各样的游戏,或者去看动物园。赫斯特有一条严格的规定:在下午六点钟之前,不用鸡尾酒款客。但是,玛丽昂会把她的朋友邀到她住的地方,偷偷地用鸡尾酒招待他们。卓别林就曾受过她这样的招待。

那里的酒菜非常精美,看那菜单,就像是查理大帝在大摆筵席,有新鲜的野味:野鸡、野鸭、松鸡、鹿肉……但是,在这样穷奢极侈的筵席上,用的却是纸制餐巾,只有赫斯特夫人在家的时候,才请客人用亚麻布餐巾。

赫斯特夫人每年一度来圣莫尼卡,但并没因此引起纠纷,她和玛丽昂内外互立两个门户,已是双方心照不宣的事情,每次当赫斯特夫人快到的时候,玛丽昂和卓别林等这些人就很小心地离开了那儿,或者回到圣莫尼卡玛丽昂的海滨住宅。

从1916年起,卓别林就认识了赫斯特夫人——米莉森特·赫斯特,而且还成了好朋友,所以,他可以来往于两个宅门之间。

有时候,米莉森特和她那些旧金山的上流社会朋友住在庄园里,就邀请卓别林去度周末。

米莉森特曾和卓别林一个人谈过有关玛丽昂的事情。

"即使没有玛丽昂。"她幽默地说:"也会有其他玛什么。"

谈到玛丽昂和赫斯特的关系,她从来不表示怨恨。

"他仍旧和往常一样,好像我们之间没有发生过什么事情,仿佛压根儿就没有玛丽昂这个人似的。"她说:"我一回到这儿,他总是显得那么亲切可爱,但就是呆不上几个小时,并且,总是来那么一套:饭吃到半当中,仆人递给他一张条子,他打了个招呼就走了。等到再回来时,他又总是那样尴尬地说,有一件要紧的事,要立刻去洛杉矶处理。我们都假装相信他的话。当然,大伙儿全都知道,他又是去会玛丽昂了。"

有一天晚饭后,卓别林陪米莉森特去园地里散步,别墅浸沉在月光里,衬着那七座山峦的蛮荒景色,显得神秘而阴森,群星的光芒刺穿了十分澄静的天空。他们立了一会儿,环顾四周美丽的景色。从动物园那面,可以偶而听到狮子发出的怒吼。大猩猩不断地尖声厉号,噪声在山顶上空回荡,那是阴森可怖的;每天黄昏,太阳一落山,猩猩就开始号叫,起初叫得还轻,后来逐渐惨厉可怕,一直叫到深夜里。

"瞧那个该死的畜生肯定是疯了。"卓别林说。

"这儿整个地方就是一个疯狂世界。你瞧啊!"米莉森特说这话时,望了望那个城堡式的别墅。"这只有疯狂的澳托想得出来呀……他还要继续去修建,不断地增添,一直造到他死的那天为止。以后,它还有什么用处呢?谁也没有财力来维修它。做旅馆吧,不合适,如果把它捐献给政府,我怀疑它对政府又有什么用途——连做学校也不配。"

米莉森特每当和卓别林谈到赫斯特时,总是透出一种慈蔼的口气,而就这他怀疑,她对赫斯特是否仍有夫妻之间的感情。她是一位善良的妇女,很能体贴别人,但是自从卓别林在政治上遭到歧视之后,她就不再理卓别林了。

有一天傍晚,玛丽昂邀卓别林去圣莫尼卡度周末,当她出来接待卓别林时,神情很紧张。

"查利,你知道吗,有一个客人在园地里走过,被人用剌刀给刺伤了。"

玛丽昂一激动就会口吃,但这一来反显得更加妩媚,那样子好像是小说中的一位落难佳人。

"我们还不……不……不知道,这是什么人干的事情。"她压低了声说:"可是 W·R 已经派了几个侦探在园地里到处搜索,作案的是一个菲律宾人,所以,W·R 吩咐,在没把这件事查清楚之前,叫所有的菲律宾人都离开庄园。"

W·R 是赫斯特的全名的亲密的简称。赫斯特的全名是 William Ramdoipn(威廉·伦道夫)。

"今儿晚餐的时候,你就可以看到他。"玛丽昂说。

晚餐时,卓别林坐在一个年轻人的对面,他的脸用绷带包扎着,只看见他炯炯闪亮的一双眼睛,以及不停地笑着时,露出的一口的牙齿。

玛丽昂用胳膊肘在桌子下边碰了碰卓别林,悄声的说:"就是他。"

这个被刺伤的人胃口挺好,不住地吃喝,好像一点儿也不曾因为受到袭击而扫了兴。有人向他打听这件事情时,他只耸了耸肩,咧开嘴笑了笑,讳莫如深,一个字也没有说。

饭后,玛丽昂领卓别林去看出事的地方。"就在那个塑像后面。"她指着一座复制的"胜利女神"云石雕像说。"瞧这儿是血迹。"

"他到那塑像后边去干什么?"卓别林怀疑地问。

"是要……要……要躲开那个人的袭……袭……袭击。"她口吃地说。

突然,那个被刺伤的客人又在夜色沉沉中出现了,他跌跌撞撞地从他们面前走过,血从他的面颊上淌下来。玛丽昂惨叫了一声,卓别林蹿了起来。一下子不知道从哪儿跑出来二十个人,把那个人团团围住。

"我又被刺伤了。"他呻吟着。

两个侦探把他抬起来,护送到他的屋子里,随即在那儿盘问他。玛丽昂也走开了。卓别林也走了。

一个小时后,卓别林在大厅里遇见了玛丽昂。

"怎么一回事?"

玛丽昂露出了疑惑的神气:"他们说,那是他自己干的事,他是一个痞子,这样做只是为了要出风头。"

当天晚上,就把这个怪客人送走了。

那些无辜的菲律宾人第二天早上又照常来上工了。

卓别林在圣莫尼卡玛丽昂的海滨住宅里见过托马斯·约翰斯通·利普生爵士。这位饶有风趣的苏格兰老人,老是长篇大论地谈话,说的是一口很有韵味的土腔。他常常回忆一些往事。

"查利,你来到美国可发迹了。"他一本正经地说:"我也是这样,我第一次来这儿,乘的是一条运牲口的船。我当时就对自个儿说:'下一次来的时候,我要坐上自己的游艇',而后来呢,我确是做到了。"

接着,他又对卓别林发牢骚:

"我经营的利普登饮料,一下子就被骗去了几百万英镑。"

那时候,卓别林和驻西班牙大使亚历山大·波洛克·穆尔以及托马斯·约翰斯通·利普登爵士在洛杉矶经常在一起出去吃饭,席上,亚历山大和托马斯爵士谈一些从前的事情,两个人你一句我一句顺口儿提到贵族的名姓,就像是随意抛香烟蒂似的,他们给卓别林的印象:贵族们一开口就是说俏皮话。

这一段时期里,卓别林常常去看赫斯特和玛丽昂,他们很好客,邀请他每星期去玛丽昂的海滨住宅度周末。卓别林很喜欢

他们过的那种豪华生活,尤其是因为道格拉斯·范明克和玛丽
·毕克复那时去欧洲,所以他常常应邀前往。

一天早晨,他和几个人共进早餐,玛丽昂在她的剧本问题上
向卓别林讨主意。但是 W·R 不喜欢听他的意见。那个电影
故事主要是谈男女平等问题。卓别林提出了自己的意见:

"一般都是由女人挑选她们的男人,男人在这方面是没法作
主的。"

W·R 的看法不同:

"哦,不对!"他说:"一向都是男人挑选女人。"

"我们以为是如此。"卓别林回答:"但是,只要一个小姑娘指
着你说:'我要那一个',于是,你就被她选去了。"

"你的想法是完全错误的。"赫斯特自信不疑地说。

"问题是,"卓别林接下去说:"她们都把技巧隐藏得非常巧
妙,因此我们就相信,那是我们在挑选。"

赫斯特冷不丁地把桌子一拍,早餐桌上的东西全被震得跳
了起来。"我说一样东西是白的。"他大声吼:"而你就偏偏要说
那是黑的!"

卓别林的脸当时微微发白,他没有大叫,正巧仆人给他端上
咖啡,他抬起头来,压住怒气说:

"请你叫人把我的东西收拾一下,再给我雇一辆车。"

说完,他一言不发,站起身来,大步走进舞厅。他憋着一肚
子气,在那儿大踏步地走来走去。不一会儿,玛丽昂来了。

"怎么了,查利?"

卓别林的声音直哆嗦:"凭他是谁,也不能那样向我吆喝。
他以为他是谁了? 是尼禄吗? 是拿破仑吗?"

玛丽昂没答话,就转过身去,很快走了出去。过了一会儿,

Ｗ·Ｒ来了，他只装作没发生任何事情的样子。

"什么事情呀，查利？"

"我是不习惯被人吆喝的，尤其是我在别人家里作客的时候。所以，我这就走。我……"他的一句话没说完，又咽下去了。

Ｗ·Ｒ想了想，接着也开始在房里来回地走。

"让咱们把这件事谈开吧。"他说，他的声音也在发抖。

卓别林跟着Ｗ·Ｒ走进了大厅，走到摆在墙凹进去的地方的一张古色古香的奇彭代尔或双人椅跟前。Ｗ·Ｒ身高六尺四寸，又长得相当胖。他在椅子里坐下了，指了指那点儿空着的地方。

"坐下吧，查利，让咱们把这件谈开。"

卓别林挨着他紧紧地挤在一起坐了下去。他不再说一句话，突然伸出了手，卓别林坐在那儿虽然无法动弹，还是挺费力地伸出了手。

两双手握在一起。

接着，Ｗ·Ｒ开始解释，他的声音仍旧颤抖着。

"你瞧，查利，我实在不喜欢玛丽昂演这个剧本……她是尊重你的意见的。你呢，又赞成她演这个剧本……嗯，大概就是由于这个缘故，我就冒犯了你。"

卓别林的气立刻消了，和他和解了。

"这是怪我不好。"他重复说了三遍这句话。

最后，他们再一次挺费力地握了手。然后，试着往起站，但是，发现他们全卡在那张奇彭代尔式椅子里，这时椅子发出了可怕的嘎吱嘎吱声。费了好大的劲，他们终于挣脱出来，那张椅子倒纹丝不动。

事后，卓别林猜想，当时，玛丽昂一离开他，就直接去找Ｗ

·R了，怪他不该那样粗暴，叫他出来道歉。

玛丽昂知道什么时候乘机进言，什么时候保持缄默，所以有时候她不开口。

"他发起脾气来，好像起了风暴。"玛丽昂说："好像打了响雷啊。"

玛丽昂性情愉快，风趣悦人。每逢 W·R 有公事去纽约，她总是把她的朋友一起邀到她在贝弗利山的住宅里（那时候海滨住宅还不曾建造）。于是，大家就举行宴会，玩字谜游戏，一直玩到午夜。接着，鲁道夫·范伦铁诺就在他家里回请，接着，卓别林也在家里宴客。

有时候，他们就包下一辆公共汽车，装满了一车子食物，再雇上一个奏六角手风琴的乐师，于是，一二十个人一起到马利布海滩，在那里升起篝火，半夜里野餐，捕石鲈鱼。

W·R 报系的专栏作家露爱娜·帕森斯，每次都由后来担任卓别林的副导演的哈里·克罗克陪同着，和他们一块儿去玩。他们每次玩，都差不多总是在凌晨四五点钟才回家。

玛丽昂对露爱娜说："这要是被 W·R 知道了，咱们俩当中准有一个被解雇的，可……可……可是，被解雇的不会是我呀。"

有一次，玛丽昂在家里举行宴会，大伙正玩得高兴，W·R 从纽约打来了电话。玛丽昂听完了电话回来，怒气不息。她气愤地道：

"你们可想得到吗？ W·R 竟然派了人来监视我呀！"

原来 W·R 在电话中读给玛丽昂听一份侦探的报告，列举了在他走了以后，玛丽昂做的一切事情，说有人看见她清晨四点钟离开了某甲家里，五点钟离开了某乙家里，等等。

后来，玛丽昂告诉卓别林，说 W·R 准备立刻回洛杉矶，把他们俩的事料理清楚。从此一刀两断。玛丽昂当然恼火，因为她只是去看了几个朋友，并不曾做任何非礼的事情。侦探报告里所列举的的确是事实，但经过一番歪曲，就给人留下错误的印象。

W·R到了堪萨斯城，拍来电报，说"已改变初衷，不拟回加州，旧地多少欢娱，往事不堪回首，现仍返纽约。"

可是，过了不久，他又拍来一份电报，说他要来洛杉矶了。

W·R一回来，所有的当事人都紧张起来。但是，(玛丽昂和他的那次会见消除了一切误会。)玛丽昂在她租的房子上层造了一个可以坐一百六十位客人的临时餐厅，收拾装潢，安装电灯，铺了一个舞池，在两天之内全部竣工。玛丽昂只要一摩擦阿拉丁的神灯，样样东西都齐备了。那天晚上，她戴了一只新的价值七万五千美元的翡翠戒指，那是W·R给她的礼物。总算很幸运，W·R对谁也没解雇。

卓别林他们在圣莫尼卡的庄园里和玛丽昂作了一回客，要换一个环境，有时候就到W·R的游艇上去度周末。泛舟到圣卡塔利娜岛，或者是去南面的圣迭戈海滩。有一回，游艇到了圣迭戈海滩，不得不把当时已经接管赫斯特世界影片公司的托马斯·哈·芙斯送下船。那一次卓别林没有去。但一同在船上的埃利诺·格林后来告诉他，说芙斯起先玩得很高兴，可是午餐时突然浑身剧痛，只得离了席。大伙儿都以为他发了胃病。但是，后来他痛得更厉害了，这才被抬上岸送进一家医院。医院发现他是发了心脏病，于是把他送回贝弗利山他的家里，他到家三星期后，心脏病复发就死了。

这时候，谣言四下传布开，说什么芙斯是被开枪打死的，赫斯特与此事有关。谣言纯属虚构，这件事卓别林知道。因为芙斯去世前两星期,赫斯特、玛丽昂和卓别林三个人一道去芙斯家里去探望过他。芙斯看到他们三个人非常高兴,他自己还说他不久就会痊愈的。

芙斯的死,打乱了赫斯特影片公司的计划,因此,这些计划只好由华纳兄弟影片公司去完成了。但是两年后,赫斯特世界影片公司并入米高梅影片公司,在米高梅的制片厂上为玛丽昂造了一所精致的平房化妆室,卓别林则叫它特里亚农。

赫斯特的报纸业务,大部分都是在这儿处理的。卓别林就曾多次看见他坐在玛丽昂的会客室当中,地下堆了二十多份报纸,他坐在椅子上综观形形色色的标题。

"那一份排得不醒目。"他指着一份报纸声音尖溜地说。

"为什么登某某人的那篇特写?"

有时候,他会拣起一本杂志,大拇指翻一翻书页,双手掂一掂它的分量。

"《红皮书》上的广告怎么了?——这一期出得挺轻吗。打个电报给雷·朗叫他马上来。"

就在这时候,刚离开摄影棚的玛丽昂来了,她打扮得花枝招展,带着一副嘲笑的神气,故意践踏着那些报纸走过来,说:"把这些破烂都给我收拾开,我的化妆室都被它们给弄糟了。"

赫斯特有时候会显得十分天真。他去看玛丽昂的影片初映,常常要邀卓别林和他同车去,汽车快要开到电影棚院门口,他就先走下了车,以免被人家看见他是和玛丽昂一起去的。但是,后来《赫斯特考察家报》和洛杉矶《时报》投入了一场政治斗争,赫斯特猛烈抨击对方,《时报》不甘示弱,最后进行了人身攻击,指责赫斯特过着双重生活,在圣莫尼卡筑有香巢,并且提到了玛丽昂。赫斯特没有在他的报纸上反驳这类攻讦,但是,后来

有一天他来找卓别林,那时,玛丽昂的母亲刚去世。他说:

"查利,戴维丝太太下葬,你可以和我一起去抬灵柩吗?"

"当然。"卓别林立即答应了。

有一次,卓别林和赫斯特去墨西哥旅行的那时候,他的第二个妻子正怀孕。十辆汽车,跟在赫斯特和玛丽昂的车后面,在崎岖的路上行进,恨得他直骂这伙人。路没法走了,他们只好放弃了原定的目的地,在一个墨西哥农民家里过夜。他们一共有二十个人,但只有两间屋子,大家为了照顾他们,把一间屋子让给了卓别林夫妇俩和埃利诺·格林睡。其他的人,有的睡在桌上,有的睡在椅子上,有的人睡在厨房,有的人则睡在鸡舍里。

卓别林他们那间屋子里的情景怪有趣的,莉太·葛蕾占了那张唯一的床,卓别林横卧在两张椅子上,埃利诺好像是去墨茨旅馆,打扮得齐齐整整,戴着帽子,蒙着面纱,带着手套,躺在一张破榻上。她象墓上雕凿的偃卧着的人像,双手交叉在胸口上,睡中始终没有改变一下这个姿势。这一点卓别林知道得最清楚,因为那天夜里他一直未合眼。第二天早晨,卓别林从眼角睨视,只见她起来时和昨天躺下时一样,发式纹丝未动,连一根头发也未乱,她皮肤白皙光润,精神焕发,就好像是走过广场旅馆的茶室一样。

赫斯特有一次带着卓别林从前的副导演哈里·克罗克一起去欧洲旅行。那时,哈里已经是赫斯特的的社交秘书了,他问我是否可以给 W·R 写一封介绍信给菲力普·沙逊爵士。

卓别林答应了。

菲利普热诚地款待 W·R 同时,他知道赫斯特多年来一直反英,就作了安排让 W·R 和威尔士亲王会面。菲利普让他们两位在他的藏书室里单独会晤。后来据他说,亲王在那里单刀直入地问赫斯特为什么要那样反英,他还说他们在那里谈两个小时,他极力使那次与亲王的会晤收到了有益的效果。

卓别林对 W·R 的反英情绪,实在无法理解,因为他在英国拥有贵重的股票,可以从这些股票中获得巨额利润。他的亲德倾向可以追溯到第一次世界大战。在那关键时刻,他和当时德国大使伯恩斯托夫伯爵之间的交往和友谊引起了舆论的强烈抨击。W·R 虽然拥有强大的势力,但也无法平息抗议。此外,他的美国外籍通讯记者卡文·冯·维井德,直到第二次世界大战即将爆发时,还经常写一些偏袒德国的文章。

赫斯特去欧洲旅行时,访问了德国并会见了希特勒。那时候人们还很少知道希特勒的那些集中营。关于集中营的消息,第一次是卓别林的朋友笠尼利尼斯·范德比尔特透露出来的。范德比尔特是个新闻记者,他找了个借口,进入了一个集中营,描写了纳粹在那里进行的种种迫害,他才透露了集中营的内幕。但是,由于那些残酷的暴行被描绘得近似荒唐,所以很少有人相信那是真的。

范德比尔特寄给卓别林一套明信片,上面印的都是希特勒发表演说时的姿势。他那张脸丑恶得可笑——他好像在拙劣地模仿卓别林的样子,一撮怪滑稽的小胡子,几绺竖起的白头发,再有那可厌的薄唇小嘴,每一张明信片上是一个不同的姿势:有一张上面,他向一群人大声疾呼,手拳曲得象两个爪子;另一张上面,一条胳膊举起另一条胳膊下垂,象一个玩板球的人,准备投球;再有一张上面,双手在前面紧握,好像是在举一个假想中的哑铃。敬礼时一只手向上挥起,引向肩后,掌心向上。卓别林看了那样子就想到要在它上面放一托盘蝻蝒盆子。他有些瞧不起这个希特勒,他认为"这是一个疯子呀!"但是,等到阿尔贝特

·爱因斯坦和托马斯·曼被迫离开德国,他才觉得希特勒这副嘴脸不是滑稽可笑,而是阴险可怖了。

卓别林与赫斯特交往多,对他的了解最多,他曾对人说过:"如果有人问我,我这一生中,什么人给我留下的印象最深刻,我应当说,那是已故的威廉·伦道夫·赫斯特。我还应当说明,虽然赫斯特有一些值得赞美的品德,但他给我的印象并不都是愉快的。在他的个性中,正是那些离奇难解的部分吸引了我,他是那样孩子气,那样精明,那样和善,那样冷酷,那样有财有势,尤其是对人那样坦率自然。如果以世俗的标准来衡量,他是我所知道的最自由的人。他所经营的企业,形形色色都有,范围庞大惊人,发行几百种刊物,经营采矿事业,在纽约拥有巨额地产,在墨西哥占有大片土地。赫斯特的秘书告诉我,他的企业总值达四亿美元——当时这是一个很大的数目了。赫斯特和玛丽昂的关系,不但在美国,即使在世界各国都被编成了故事传说着。他们俩的交往,直到赫斯特逝世为止,前后历时三十年。人们对赫斯特毁誉参半。有的人认为他真正是一个美国的爱国人士,另一些人则认为他是一个机会主义者,其兴趣所在,无非是推销他的报纸,积累他的财富,然而,他年轻的时候,他确实富有冒险精神,信仰自由主义。"

这就是卓别林对赫斯特的"盖棺论定"了。

其实,赫斯特这个人有魄力,但他的魄力是以金钱为后盾的。他不仅有自己的雄厚财产,还有他父母的财产可供他随时动用。据说有这样一件事。

有一次金融家拉塞尔·塞奇在王马路遇见了赫斯特的母亲,菲比·赫斯特。他说:"如果令郎再这样抨击华尔街,他的报纸每年要亏损一百万。"

"如果照这样亏损下去,塞奇先生,那么他的事业还可以维持八十年。"赫斯特的母亲说。

就在卓别林与赫斯特、玛丽昂交往这段时间,他还与美国女作家格特鲁德·斯坦、英国桂冠诗人约翰·梅斯菲尔德、俄国电影导演爱森斯坦会见过。

卓别林是应一个朋友的邀请,在朋友家见到格特鲁德·斯坦的。

卓别林到了朋友家,看见斯坦小姐正坐在客厅当中的一张椅子上,穿了一件花边领子的棕色衣服,双手放在膝上。卓别林觉得她的那个样子有点儿象梵高画的鲁兰夫人,不过,格特鲁德不是把红发顶在头顶拢一个髻儿,而是把剪短了的棕色头发披散着。

客人们围着她站了一圈儿,彬彬有礼地保持着相当距离。一个侍女向她悄声说了句什么,然后走近卓别林跟前;

"格特鲁德·斯坦小姐要见您。"

卓别林赶快走上前。当时,他们没有机会交谈,因为其他客人正陆续到来,等着向她介绍。

午餐时,女主人让卓别林坐在格特鲁德旁边。二人开始交谈起来,话题转到了艺术上。话的开头挺有趣。

卓别林先开了个头:

"餐厅外面的景色美极了。"

"不!"格特鲁德不赞成。"天然的都是平凡的。"

她就这个题目发表了一篇议论:

"倒是模仿的更有趣,假云要比真的更美,纳特画的落日要比任何真的天空更美,更可爱。"

其实,这些话前人已经说过,但是,卓别林出于礼貌,所以表示同意。

他又对电影发表了一套见解：

"它们太陈腐了，并且太复杂和牵强了。"

"斯坦小姐，按您的意见又该如何作才对？"

卓别林虽认为她短见，而且是说了外行话，他还是有礼貌地问道。

"在一部影片里，你最好是直接走上一条大街，拐上一个弯，再拐上一个弯，再拐上一个弯。"

卓别林觉得好笑，这简直就是她那神秘的诗句："玫瑰是玫瑰是玫瑰"的注脚，不过，他本能地克制了自己，没有把这句话说出口。

午餐桌上铺着美丽的比利时花边台布，好几位客人见了都赞不绝口。他们在谈话时，咖啡是盛在很轻的漆器杯子里端上来的，卓别林的杯子紧挨近他的袖子的地方，他的手微微一动，就把咖啡打翻在台布上。卓别林很不好意思地连连向女主人道歉。紧接着格特鲁德也打翻了她的咖啡。这时候，卓别林稍觉宽慰，因为现在"不好意思"的已不是他一个了，有了伴了。格特鲁德对这些却毫不介意。

"不要紧，它没泼翻在我衣服上。"

卓别林不由心里暗想，竟有这样的人，踩了人家的脚，抬起脚来，看自己的鞋底，还直说："没关系，你的鞋面挺干净，没脏了我的鞋底。"

英国桂冠诗人、剧作家、小说家约翰·梅斯菲尔德来参观卓别林的制片厂。他身材高大，长得很漂亮，并且对人和蔼而体贴。但是，他的这些特点，反而使卓别林感到羞怯。幸好，他不久前读了这位桂冠诗人的大作《小街上的窗子》，他很喜欢这首

诗,所以,当时他没有沉默,当着他的面,卓别林背诵了他喜爱的
那几行诗:

> 一群人在狱门口外聚集,
>
> 等着那丧钟为他们敲响,
>
> 等着去尝另一地狱的毒剂,
>
> 绝望的人啊,他们就是这样。

俄国电影导演爱森斯坦来到了好莱坞,他的随行工作人员
中有格里戈尔·亚历山德罗夫,还有一个年轻的英国人,是爱森
斯坦的朋友,叫艾佛·蒙塔古。卓别林常常看到他们在一起。
他们在他的球场上打网球,球打得很差——至少是亚历山德罗
夫打得很差。

爱森斯坦来此是为派拉蒙影片公司导演一部影片的。这时
他因为已经拍了《波将金》和《震撼世界的十天》而成名。所以派
拉蒙影片公司把他看成一棵摇钱树,想聘他导演和编剧。后来,
他编了一个很好的剧本叫《萨特的黄金》,那是根据一篇有关早
期加州有趣的文献改编的。

萨特实有其人,他的全名是约翰·奥古斯塔斯·萨特,美国
的拓荒者,也是商人,在萨克拉门托他的新拓居地发现金矿石,
引起了一八四○年淘金狂热,许多人淘金致富,而萨特却因此
破产。

剧本中并没有宣传"共产主义"的色彩,然而,由于爱森斯坦
来自俄国,后来派拉蒙影片公司就有了顾虑,最后打消了原议。

有一天,卓别林和爱森斯坦谈到了共产主义,卓别林问他:

"受了教育的无产者,在智力方面是否比得上那个时代有文
化的贵族"。

"一经受了教育,群众的智力就会变成一片富饶的新土壤。"

　　多么恰当的比喻,但是,爱森斯坦并非是无产者,他出身于俄国中产阶级工程师的家庭。

　　在第二次世界大战以后,卓别林又看到爱森斯坦导演的《伊凡雷帝》,那是所有历史片中一部登峰造极之作。他用写诗的手法解释历史——这是解释历史的一个极好的方法。卓别林认为,甚至是一些新近发生的事情也会被人任意加以歪曲,因此所谓历史只会引起他的怀疑。用诗的方法解释历史,就可以对某个时期获得一般的印象。他认为:艺术作品比史书包含了更可靠的事实和更详尽的记述。

　　回过头来再说卓别林与丘吉尔的会见。丘吉尔虽然对人很亲热,但显得有些粗鲁,赫斯特走开了一会儿,卓别林就和丘吉尔随便交谈,而客人们这时仍在他们的身边转来转去。后来,他们谈到了英国工党政府。这时,丘吉尔才振作起精神。

　　"我有一件事不理解。"卓别林说:"在英国,如果选举了社会党的政府,那并不会改变国王和王后的地位。"

　　"当然不会改变。"

　　丘吉尔在说这话的时候,他迅速的看了卓别林一眼,还露出了嘲笑和挑战的神气。

　　"我还以为社会党是反对君主制度的哩。"卓别林说。

　　丘吉尔大笑起来。"如果你是在英国,我们会因为你说这句话割下你的脑袋。"

　　过了一两天,丘吉尔邀卓别林到他住的旅馆里吃饭。卓别林到达时,那里已经坐了另外两位客人,还有他的儿子伦道夫,那是一个十六岁的漂亮小伙子,他非常喜欢说理的辩论,并且象一般主意坚定的年轻人那样,在一些问题上提出了批评。卓别林已经看出来了,温斯顿为他有了那样的儿子感到十分骄傲。

那是一次非常愉快的晚会,爷儿俩在席上随意取笑,谈了一些琐闻轶事。此后,在丘吉尔回英国之前卓别林又和丘吉尔在玛丽昂的住宅里会见过几次。

现在卓别林和拉尔夫来到伦敦,丘吉尔先生就邀请他们去查特威尔度周末。那天天气十分冷冽,他们驱车到达那里。查特威尔别墅是一所美丽老式宅子,里面陈设得很朴素,也很雅致,有着那种家庭的亲切气氛。卓别林这是第二次来到伦敦,才开始对丘吉尔有所了解,当时他是下议院一位后座议员。

卓别林了解了丘吉尔,就对他有了好的印象,他认为丘吉尔比其他多数人更会寻欢作乐。他在人生舞台上扮演了许多角色,表现出了勇气、兴趣和巨大的热情。这个世界上的有趣的事情,很少有一件被他错过了。人生对他是有趣的。他生活得很痛快,玩起来也痛快——他押了很大的赌注,并且是一个赢家。他享受了权力,但从来不曾对权力着迷。在事务繁忙的生活中,他能够挤出时间来从事他所爱好的消遣:砌砖、跑马、绘画。

卓别林在他家餐厅里看见壁炉上边挂着一幅静物油画。他走近前去仔细看,画得不错。

"这是我画的。"丘吉尔见卓别林面现赞赏之意,就这样说。

"太美了。"卓别林由衷地说:"决不比那些专业画家差。"

"这算不了什么——我在法国南部看见一个人画风景画,我就说:'我也能画',于是就画了这一幅。"

第二天早晨,他领卓别林去看他自己给查特威尔砌的砖墙。

卓别林大感惊奇,简直就是专业瓦工的手艺。

"砌砖可不是象看来那么轻而易举的事。"卓别林认真地说。

"我来教你砌,用不了五分钟你就可以学会。"

有一天晚上,席上有好几位年轻的议员,这些人都可以说是拜倒在丘吉尔的门墙之下,其中有布恩比先生(即后来的布恩比勋爵),还有布伦丹、布雷肯先生(后来也成为布雷肯勋爵)。这两位的谈吐都富有风趣。

卓别林告诉他们。

"过两天,我要会来伦敦参加圆桌会议的甘地。"

"我们把这个家伙纵容得也够了。"布雷肯激动地说:"管他什么绝食抗议,当局应当把他送进牢房,永远关在那里。除非我们拿定主意,否则就会丢了印度。"

"如果监狱能够解决问题,那倒是一个挺简单的办法。"卓别林接过话头来说:"但是,你把一个甘地关进监狱,就会有另一个甘地出现。甘地象征着印度人民的需要,除非是他们的需要得到满足,否则就会陆续产生甘地。"

丘吉尔转过身来,对着卓别林笑了笑:"你倒可以成为一位出色的工党党员。"

丘吉尔的可爱之处,就在于他能尊重和宽容别人的意见。对那些与他意见相左的人,他好像是从来不去记恨的。

布雷肯和布恩比当天晚上就回去了,第二天,卓别林和温斯顿一家人很亲密的共度假日。那是一个政局动荡不安的日子。比费布鲁克第一男爵整天连续打电话到查特威尔来,晚餐时,温斯顿几次放下刀叉离席去听电话。

当时还进行选举,国内又处于经济危机之中。

吃饭的情景很有趣。温斯顿在餐桌上大谈其政治,一家人全听着,都显得那么怡然自得。卓别林感觉到,这是他们日常生活的一部分,全家人对此已经习惯了。

"内阁大臣谈到平衡预算如何困难重重。"

丘吉尔说的时候,偷偷地看了全家人一眼,然后又看了看卓

别林,又说下去:

"说什么经费已到了拨无可拨的地步,说什么再也没有其他东西可以上税的了,因为英国人拌起他们的糖茶来已经象是在搅糖浆一样了。"

他停了下来,留下看大伙对这句话的反应。

"如果再在茶叶上征收一笔税,预算是不是可以平衡呢?"卓别林试探地问。

丘吉尔看了卓别林一眼,迟疑了一下,"可以的。"

卓别林见他虽然答复的是肯定,但他的口气却不十分肯定。

卓别林很喜欢查特威尔那种朴素的,几乎是斯巴达式的风格。丘吉尔的那间卧室是和图书室合二为一的。里边四面沿墙壁都高高地堆满了图书。有一面摆的全是国会议事录。还有许多有关拿破仑的书籍。

"这些全是有关拿破仑的书呀!"卓别林问道。

"是啊。"丘吉尔承认道:"我是十分崇拜他的。"他又转向卓别林:

"我听说,你有意思拍一部以拿破仑为主题的电影?"丘吉尔看了卓别林一眼又说下去:"你应当拍嘛——这方面有极精彩的笑片资料:有一次,拿破仑正在洗澡,他兄弟热罗姆穿着一身全线绦镶边的制服,冲到他的跟前,以为这是一个好机会,可以使拿破仑在尴尬的情况下答应他提出的要求。但是,拿破仑故意在浴缸里滑了一下,泼了他兄弟制服上一身水,然后吩咐他离开那儿。他兄弟狼狈地退了出去——那是笑片里很精彩的一个镜头呀。"

有一次,丘吉尔先生和夫人在奎格利诺酒馆午餐。温斯顿满面怒容,那样子好像是一个孩子在闹脾气。

卓别林走到桌子跟前去招呼他们。

"看样子您好像是受了什么人的气似的?"他笑着问。

"我刚在下议院里辩论来着,讨论到德国的问题,他们的言论我很不满意。"丘吉尔仍然有些怒意地说。

"这不过是一些小事嘛。"卓别林不以为然地说。

他摇了摇头,庄重地说:"不,不! 这问题非常严重,确实非常严重,决不是什么小事。"

在丘吉尔家作客后不久,卓别林见到了甘地。

事先有人来问他是否愿意去会见甘地。对甘地他是一向尊敬的,他钦佩甘地那精明的政治和钢铁般的坚强意志。但是,他又认为甘地到伦敦来是一个错误。因为到了伦敦这种环境里,他那传奇式的重要意义就会随之消失,而他那样举行宗教仪式也会贬低了自己的形象。在寒冷阴湿的英国,很不整齐地围着他那惯用的缠腰布,那个样子就显得与四周的一切很不调和。所以,他来到伦敦以后,给一些人提供了挖苦和嘲笑的资料。一个人往往是在离得你更遥远的地方,会给你更崇高的印象。

不过,卓别林是很高兴的,他愿意见一见这位被世人尊称为圣雄的政治家。

会见的地方,是在东印度码头路不远的贫民区内一幢简陋的小房子里。街上站满了人,两层楼上都挤着新闻记者和摄影记者。接见是在楼上一间大约十二英尺见方的前房内。卓别林到达时,圣雄甘地还没到,他在那里等候的时候,就开始考虑应当与圣雄谈些什么。以前,他曾经听说过圣雄入狱,怎样绝食抗议,怎样为印度人的自由进行斗争。此外,他还大略知道一些他怎样反对使用机器。

后来,圣雄到了。当他拢着他的缠腰布走下汽车时,人们都向他高声欢呼。在贫民窟区那条拥挤不堪的小街上,看见许多人欢呼簇拥着这样一个外国人,走进一幢简陋的房子,那情景确是很奇特的。他上楼,走到窗口,招手叫卓别林过去。于是他们两个人一起向下面人群挥手。

他们刚在沙发上坐下,照相机的闪光灯突然在屋子里四下照亮。卓别林坐在甘地的右边。这时,卓别林想到了必须就一个自己一无所知的问题,还要发表相当精辟的谈话,他有些局促不安,还有些担心害怕。坐在卓别林右边的是一个脾气很执拗的少妇,她不住口地向卓别林说了一大堆话,他一句也没听进去,他只是表示赞许地点头,同时,他心里在盘算着,应当向甘地谈一些什么。他明白,这第一次会见,必须由他来先开口,不能等着圣雄先说给他听。这个绕舌的少妇,给卓别林更多的思考提供了时间。

最后,一个印度女人突然用命令的口气打断了那个少妇喋喋不休的谈话:

"小姐,请你说到这儿为止,让卓别林先生和甘地谈话好吗?"

挤满了人的屋子突然静下来。圣雄那张仿佛戴着面具的脸上露出了期待的神情,卓别林立即想到,现在是整个印度都在等着他说话了。于是他亮了亮嗓子。

"我当然同情印度人奋发图强,同情他们为自由进行斗争。"他说至此话题一转:"然而,您对机器那样深恶痛绝,我有点儿想不通。"

圣雄点了点头,微微笑了笑。

卓别林又接下去说:

"无论如何,机器如果被用来为人类造福,就可以帮助打碎奴役他们的枷锁,让他们能用更少的时间去从事劳动,有更多的时间去增进知识和享受人生。"

"我明白。"甘地冷静地说:"但是,印度人要实现这些目标,就必须首先摆脱英国的统治。过去机器使我们依赖英国,我们要不再依赖他们,唯一的办法就是抵制一切机制的货物。因此,我们每一个印度人都必须纺自己的纱,织自己的布,把这看作是一件爱国的任务,这是我们向英国这样一个强大敌人进攻时应当采取的方式——当然,这方面还有其他的原因。印度的气候和英国不同,因此印度人的习惯和需要也两样。英国天气冷,这就需要努力发展一些工业,形成了复杂的经济。你们需要制造餐具工业,可我们用手指夹东西吃。所以,生活中出现了许多不同的地方。"

卓别林总算明白了,圣雄反对机器仅仅是争取自由,进行斗争的一个策略。他对圣雄有了进一步的认识。圣雄既讲求实际,又富于理想,同时具有实现这些理想的坚强意志,这使他受到了鼓舞。

"我明白了,这是您为了争取自由进行斗争的策略。"

"要实现高度独立,就必须抛弃一切不必要的东西,至于暴力,最终它必然是自取灭亡的。"

后来,屋子里其他的人都散了。

"查利。"圣雄亲切地说:"你是否高兴留下来看我们做祷告?"

"当然。"卓别林说。

甘地自己盘腿坐在地板上,另五个人和他围坐一圈儿。那是一个奇怪的景象。在伦敦贫民区中心的一间小屋子里,六个人盘着腿坐在地板上。这时熏黄的太阳很快地在屋檐后边降落。

卓别林坐在一张沙发上,看着他们恭恭敬敬地做祷告。他在想,这是多么矛盾啊,瞧这位非常讲求实际的人,具有那样精明的法律眼光,那样浑身的政治现实感,然而,这一切都仿佛消失在一片顶礼诵赞声中了。

第二十一章　漫游欧洲

在英国,邱吉尔首相亲自主持他影片的首映式,观众冒着滂沱大雨参加;在维也纳,他遇上了美女李芙士;在法国,总理白里安亲自为他主持授勋典礼,说他是"伟大的艺术家";在德国,欢迎他的人跑了几十里路,午夜赶来,政府特派了一位非常漂亮的德国女郎常陪……

《城市之光》初映的那天,下起了倾盆大雨。联美公司以及伦敦首映《城市之光》的筹备工作人员非常担心,日子既已定下来,不能再更改。又有谁会冒着这样的大雨来看一场电影呢?卓别林也担心。但是,事实完全出乎大家的预料,热心的观众竟然冒着滂沱大雨来看电影了,而且多到电影院容不下了。

卓别林与肖伯纳·阿斯特夫人坐在楼上。观众发现了他们,有人未等看电影就先鼓起掌来,而且欢呼声、笑声,可以说是全场雷动。卓别林只好与肖伯纳一同站起来向观众鞠躬致意,这一来观众更高兴了。这么说吧,从这时起,一直电影放映完了,场内的笑声、掌声就没断过。

丘吉尔也来看了《城市之光》的初映,又参加了初映后举行的宴会。在宴会上,他还发表了一篇讲话。

丘吉尔站起来,手端着酒杯,说道:

"勋爵们、女士们、先生们,现在,我要为一个人祝酒,这个人就出生在河对面(兰贝斯贫民区在泰晤士河东面),后来,他赢得了全世界的喜爱,这个人就是我们的查利·卓别林。举起酒杯来吧!"

他说到这里,把手中的酒杯高举起来。

全场的人都起立举杯。

"祝查利永远是我们的查利!"丘吉尔说完,先干了杯中酒。

大家也一起干了杯。

卓别林不能不作答词,他也学着丘吉尔的样子。

"勋爵们、女士们、先生们,我的朋友,故财政大臣——。"他无法说下去了,因为许多人在窃窃私议。

"故财政大臣,故财政大臣,我喜欢这样的说法,故财政大臣。"

一个响亮的声音压倒了众人的私议。说话的人正是丘吉尔。

卓别林立即醒悟了,于是,他接下去说:"嗯,说'前财政大臣'比较拗口。"

他的话引起哄堂大笑,这是善意的笑,并非嘲笑的笑。

丘吉尔在1924年至1929年曾担任英国财政大臣,应该用"Ex—Chancelle Of The Exchequer"但读起来比较拗口,所以卓别林改用了"Late"一词,这个词前有"前"、"旧"和"已故"等意思。

工党首相拉姆齐·麦克唐纳的儿子马尔科姆·麦克唐纳邀请卓别林和拉尔夫去会见他父亲,然后到契克斯过夜。

他们去时,在路上遇见了首相,他正在做保养身体的散步,穿着灯笼裤、戴着围巾、戴着便帽、还叼着烟斗、挂着手杖,那种神气,完全象一个乡绅,丝毫也不象一位工党领袖。卓别林一见他,就觉得他是一位地位显赫的要人,这人显然经常意识到首相的重大责任,同时,从他那高贵的气派中透出点儿幽默的趣味。

那天晚上,起先大家都感到有些拘束,但是,吃完了晚饭,大家都到历史上有名的长厅里去喝咖啡,在那里看到了克伦威尔刚死后做的面型和其他历史文物,然后一起坐下来闲谈。

卓别林对首相说:

"自从我上次回来后,英国已经有了很大的改善。1921 年,我在伦敦还看到很多穷人,一些白发苍苍的老奶奶都睡在泰晤士河堤岸上,但是,我这次来,那些老奶奶都不见了,睡在那里的流浪汉也没有了。商店里货物充沛,孩子们鞋袜穿得整整齐齐,这一切当然应该归功于工党政府。"

首相的神情高深莫测,他不开口尽让卓别林说下去。卓别林知道工党政府是社会党政府,他又问首相。

"工党政府是否有权力改变这个国家的组织?"

首相眨了眨眼睛,用幽默的口气回答道:

"它应当是能够的,然而,英国政治上有一个矛盾现象,你只要一朝权在手,立刻就会变得束手无策。"

他回忆了一下,然后说了一段他任首相后,首次进白金汉宫觐见的故事:

"当时皇帝陛下很亲切地招呼我说:'怎么,你们社会党人打算把我怎么办呀?'我当时笑了起来,对皇帝说:'当然是向陛下效忠,为国民谋福利。'"

在选举期间,阿斯托夫人邀请卓别林和拉尔夫去普利茅斯她的家里度周末,同时会见也要去那时里度周末的 T·E·劳伦斯。但是,劳伦斯临时有事,不曾赴约。后来阿斯托夫人邀他们到她的选区里去,参加在码头上的一次集会,她将在会上向一些渔民演讲。他问卓别林：

"查利,你是否可以说几句话?"

"我是支持工党的。"卓别林说。实际上,他不赞同他的政策。

"没关系嘛,"她说:"只不过是因为他们想要看看您。"

那次是在露天里举行集会。他们在一辆大卡车上讲话。她选区里的主教也来了,主教显得有点儿不大高兴。卓别林觉得他只是敷衍地招呼了他们一下。

阿斯托夫人作了简短的介绍,然后卓别林登上了卡车。

"朋友们,你们好,让我们这些百万富翁来指导你们的选举,这敢情好,但是,我们的情况是跟你们不同的。"

这时候,他忽然听见主教发出感叹:"说得好!"

他又接下去说:"阿斯托夫人和你们可能有一些共同点——至于共同点是什么?那我可不知道。我想,你们总要比我知道得更多一些,更清楚一些。"

"好极了! 非常好!"主教说。

"至于她的政纲,再有她的政历,代表这个,呃……呃……"

"这个选区的。"主教说——卓别林每次结巴,他就在旁提醒。

"阿斯托夫人的政历肯定是十分令人满意的。我知道她为人是非常和蔼可亲的,心地是极其善良的。"

卓别林没有作过竞选演说一类的事,最后他走下了卡车。

主教此时满面堆笑,热情地和卓别林握手,与初来判若两人。

拉尔夫·巴顿做出事情很古怪。

卓别林发现起坐室里的电钟停了,电线被人割断了。他把这件事告诉了他。

"是呀,是我给割断的。"拉尔夫说:"我嫌那钟滴答滴答吵得讨厌。"

卓别林听了很惊讶,感到不大痛快,但是,想到拉尔夫一向脾气古怪,也就把这件事丢开不提了。

拉尔夫离开纽约后,忧郁症看来已经痊愈。现在他决定要回美国了。

临动身前,拉尔夫问卓别林:

"查利,你是否高兴去看我的女儿?"

那是他的大女儿,是他的第一个妻子所生的,一年前做了修女,现在在哈尼克一个天主教女修道院里。拉尔夫常对卓别林提起她。说她十四岁就受到神的感召,一心要做修女,无论父母怎样劝说也没有用。他给卓别林看过她十六岁那年拍的一张照片,她的美貌立刻将卓别林吸引住了,一双乌黑的大眼睛,一个丰满而又细巧的嘴,从照片上向人亲切地微笑。

拉尔夫解释,说他们夫妇曾经带他去巴黎,多次参加舞会,出入夜总会,希望她能打消进修道院的偏念头。他们给她介绍了好些男朋友,让她到最热闹的地方去玩,她好像也感兴趣,但结果仍旧不能改变初衷。拉尔夫已有十八个月没有见到她了。现在,修女见习期满,她已正式担任圣职。

女修道院坐落在哈尼克贫民区中心,是一所阴暗的房子,他们到了那里,女修道院长接待他们,把他们让进了一间阴森森的小房间,他们在那里坐下了,不知等候了多少时候。最后,拉尔夫的女儿进来了。卓别林立时感到了一阵悲哀,因为她长得和照片上一样美丽,只是笑的时候,露出了嘴里有一边缺了两颗牙齿的地方。

当时的情景很不调合,他们三个人坐在那间阴暗愁人的小屋子里,三十七岁的父亲是一个混混沌沌的俗人,他跷着腿,吸着香烟;十九岁的女儿是一个漂亮年轻的修女,她坐在卓别林的对面。

卓别林想离开那儿。到外面的汽车里去等着,但是,拉尔夫父女二人怎么也不让他走。

她虽然外表上愉快活泼,但是,可以看出来她另有那么一种冷淡的神气。她的动作很急促,仿佛是神经过敏似的,一谈到她自己做小学教师的事,她就显得紧张。

"小孩真难教,"她说:"可是,我会习惯的。"

拉尔夫和她谈话时,一面吸着烟,目光中流露出得意的神情,虽然他不是基督教徒,但是,他似乎挺喜欢他的女儿成为一个修女。

父女俩团聚时,有着那么一种忧郁冷漠的气氛。肯定她已经在精神上经历了一场考验。尽管她是那样美丽年轻,但是,自有一种忧郁和严肃的神气。

"你们在伦敦受到大众热烈的欢迎,那种热闹的场面是少见的。"她说这话时,脸上流出了一丝笑意。

她又问拉尔夫:

"杰曼·泰尔菲最近怎样?"

她指的拉尔夫的第五个妻子。

"我们已经离婚了。"拉尔夫轻描淡写地说。

"这还用说吗。"她转过身来说着对卓别林说:"我就是不赞成爸爸娶那么多太太。"

拉尔夫和卓别林都不好意思地笑了。

"你在哈尼克还要待很久吗?"拉尔夫问道。

她心事重重地摇了摇头,说:

"教会也许要派我去中美洲,但是,去的时间和地点,他们在事先是不会让我知道的。"

"那么,你到了那儿,总可以写封信给你父亲吧?"

她犹豫了一下,道:"照规矩我们是不可以和任何人通信的。"

"连父母也不可以吗?"卓别林问。

"不可以!"她装出毫不在意的神气,接着向她父亲笑了笑。

大家沉默了一会儿。

临走的时候,她抓住了父亲的手,好半天亲切地握着它,这仿佛是出于一种天性。

他们驱车离开那儿,拉尔夫虽然仍旧装得不大介意,但是,可以看出来他很忧郁。两星期后,他在纽约寓所里自杀:躺在床上,用被子蒙着头,向自己开了一枪。

H·G·威尔斯在贝克尔街租了一所公寓房子,卓别林常常到那里去看他。他总是很忙。他用的四个女秘书一面从百科全书或技术书刊以及文献和论文中作摘记,一面进行核对。房子里的四面堆满了书籍。他告诉卓别林:

"那是我最近写的一部书——《货币分析》。"他说:"工作量是够大的。"

"看样子,我还以为大部分工作是她们做的哩。"

卓别林用嘴巴向四个女秘书一撇,开玩笑地说。

他书室四周高架子上摆了一些像大型饼干听头的箱子,上面分别标着:"传记材料"、"私人信件"、"哲学论文"、"科学资料"

等等。

饭后,来了一些朋友,其中一位是看上去还很年轻的哈罗德·约琴夫·拉斯基教授。哈罗德是一位极有才华的演说家。有一次卓别林听他在加州美国律师工会里演讲,也不用什么提纲摘记,就口若悬河地讲了一个小时。那天晚上,在 H·G·威尔斯的寓所里,哈罗德又向卓别林谈了有关社会主义哲学的一些惊人的发明。

"速度上的稍许加快,"他说:"会形成巨大的社会差别。"

卓别林不了解情况,既插不上嘴,也无法接答,就让他一个人滔滔不绝地说了下去。

大概 H·G·威尔斯想睡觉了或者不愿听了,他毫不客气地望了望几位客人,再看了看自己的表,大家明白了,这是下逐客令了,所以,大家散了。

威尔斯写的《货币分析》于 1931 年完稿。写这部书,他一共花了两年时间,看来确是很疲劳了。

卓别林问他:"现在打算做什么?"

"写另一本书。"他懒懒地笑着说。

"我的天呀。"卓别林说:"你就不准备休息一个时期,或者做一些别的事情吗?"

"有什么别的事情可做呢?"

威尔斯的寒微出身,给他留下了一些迹印,这不是从他的作品中或者外表上看出来,而是从他那过分敏感的反应上看出来。卓别林就亲眼看见了这样一件事,有一次他错发了一个"N"音,直羞得头发根都红了。想不到这样一个大人物,竟然会为这样一件小事情脸红。

有一次,他谈到一个在英国贵族家里当花匠的叔父。

"叔父最大的愿望就是让我进一家大宅门当听差。"他嘲笑着说:"要不是老天爷保佑,我也许已经当上一位二管家了。"

"查利,"有一次 H·G 问卓别林,"你是怎样对社会主义发生兴趣的?"

"我在美国时,有一次遇见了厄普顿·辛克莱,他驱车陪萨迪纳去他的家里午餐,在途中,他问我是否相信利润制度。"卓别林详细地讲起来:"我当时半开玩笑地说:'这个问题只有会计师能够回答。'那的确是一个难以解答的问题,但我,我本能地感到,他这一句话问到了点子上。就从那次以后,我就对社会主义发生了兴趣,并且不再把政治看作是历史问题,而把它看作是经济问题了。"

有一次,H·G 问卓别林:

"查利,你是否具有超感觉力?"

"有这样一件事,我讲给你听。"卓别林一本正经地说,"有一次,我和网球运动员亨利·科歇,还有另一个朋友,一起到比里亚茨的一家酒吧间里。酒吧间墙上是三个赌博的轮盘,每个轮盘上都标有'1'到'10'的号码,我当时故弄玄虚,半开玩笑地说:'我觉得自己受到了一种精神力量的支配,要去转动那三个轮盘,第一个轮盆将停在'9'上,第二个轮盘将停在'4'上,第三个将停在'7'上,接着,我转动了第一个轮盘,果然是停在'9'上了,而第二个确实停在'4'上了,第三个停在'7'上了——它的可能性是百万分之一。"

"那纯粹是出于巧合。"H·G 说。

"如果巧合的事情一再发生,那是值得研究的。"

卓别林说:

"下面我再给你讲我小时候亲身经历的事。有一次,我走过坎伯韦尔路的一家杂货铺,发现那家店铺关上了百叶窗,大白天的,这情形是罕见的,我为了好奇,就爬上窗台,向百叶窗的洞隙里望。屋子里阴暗无人,但是食品杂货却摆得好好的,地板当中是一口大货箱,我当时感到一阵恶心,就跳下窗台,继续朝前走去。过后不久,破获了一件谋财害命的案子。一个外表和蔼,年纪六十五岁,名叫埃德加·爱德华兹的老人,霸占了五家杂货铺,每次都是用窗户的平衡棒打死了原来的店主,然后霸占了他的财产。在坎伯韦尔路那家店,那口货箱中装的是最后被害者的三个尸体,达比先生,达比太太和他们的孩子。"

"这并非什么超感觉力起的作用。"威尔斯说:"日常生活中有许多巧合的事情,这原是很普通的现象,它们并不能证明什么。"

"还有一件事,也是我小时候亲身经历的。"卓别林说:"有一次,我在伦敦桥路一家酒店门口停下来,去讨一杯水喝。一个态度和蔼,留着小黑胡子的男人,给了我一杯水。不知怎的,我一时不想去喝那水。我假装着要喝,趁那人转身和另一个顾客谈话时,就放下那杯水走了。两个星期后,伦敦桥路王冠酒店老板乔治·查普曼被控用马钱子碱先后毒死了五个妻子。就在他给我水喝的那一天,最后一个被他害死的妻子正在酒楼上一间屋子里咽气。查普曼和爱德华兹后来都被绞死了。"

"巧合。"威尔斯说:"纯粹的巧合,再没有别的解释。"

他们的谈话就到这里为止。

讲到鬼神的事,卓别林亲身经历过这样的事:

他在贝费利山盖那幢大住宅的前一年,收到了一封匿名信。写信的人说他是一个千里眼,有一次在梦中看到了一幢房子,房子造在一个小山顶上,前面是一片草坪,草坪的尽头有点儿象船头那样，是尖的。

那幢房子一共有四十扇窗，还有一间天花板很高的大音乐室。他说那是一个神圣的地方。因为两千年前，印第安人曾在那块土地上杀活人祭神。又说，你永远不能让那幢房子里黑暗，否则那儿就要闹鬼，信里还说，如果遭到凶祸，那除非是你不单独待在那幢房子里，同时还要使房子永远保持光亮。

当时，他对这封信并没在意，以为那是一个骗子写来的，目的也不过是为了骗几个钱花而已，所以就把那封信当作一件好笑的事，扔到一边儿去了。过了两年，有一次，他清理书桌抽屉，又发现了那封信，又把它读了一遍。真奇怪，信里有关房子和草坪的描写完全是对的。以前，他不知道有多少窗子，这时想到去数一数。结果令他十分惊愕，那些窗子恰巧是四十扇。

卓别林不相信什么幽灵、鬼神，这次他决定作一下试验。

星期三晚上，佣人都休假，房子里空寂无人，所以他到外面去晚餐。一吃完饭，他就回到家里，走进琴房，那是一间象教堂中部那样狭长的屋子，天花板是哥特式的。他放下窗帘，扭熄了所有的电灯。然后他一路摸索着走到一张扶手椅跟前。在椅子里静悄悄地坐了至少十分钟。浓墨的黑暗刺激了他的感官，他恍惚地觉察到一些模糊的影子在他眼前飘荡，他并没吃惊，他稳坐不动，仔细地观察着，模糊的影子仍然模糊。他观察了一会儿明白了，原来是月光照进窗帘的缝隙，在一只水晶瓶上折射的光影。

他站起来把窗帘拉紧了，那些浮动的影子立即消失了。

他又在黑暗中等着，足足等了五分钟，没有任何动静。他就小声儿说："如果这儿有鬼，就请向我显灵吧。"说完，他又等了一会儿，但是仍旧毫无动静，于是他又说："有没有什么方法，可以让我交遍神明？是否可以给我一个信号，比如轻轻地拍一声，或者，不用这个方式，而是通过我的心灵，促使我说出一句什么话来，要不就吹来一阵风，表示幽灵出现了。"

他又坐了五分钟，但是，既没有吹来一阵风，也没有出现其他任何迹象。四周一片死寂。

他认为这次试验是失败了，于是他开亮了电灯。后来，他走进了起居室。窗帘不曾拉拢，月光下清楚地看出了那架钢琴。他坐下来，开始抚那些琴键。他无意中弹出了一个和弦，觉得那音很美，于是又重复弹了几次，最后乐声在整个屋子里回荡。他自问，我为什么要这样弹琴呢？也许这就是神灵的显示吧！他继续弹那个和弦。突然一道白光围在他腰里，他蓦地从钢琴前跳起来，站在那里，一颗心扑通扑通地跳得象在擂鼓一样。他镇定下来以后，开始推究其原因，钢琴是在窗边角落里的，哪里来的白光呢？难道真的是幽灵？他反复地看窗，看钢琴，一时恍然大悟，原来那是一辆从山路上驶近的汽车折射出的灯光，他却把它当作心灵的流露了。为了彻底弄清这件事情，他又在钢琴前面坐下来，又把那和弦反复弹了几次。白光再没有出现。

起居室那面尽头是一条黑暗的过道，过道那边是餐厅的门。他从眼角看见那的门开了，一个什么东西从厅里出来了，沿着黑暗的过道走过去了，那是一个矮小难看的妖怪，眼睛周围有着象小丑脸上画的那种白圈儿，一拐一拐地向琴房走了过去。他还没来得及扭转头，那妖怪已不见了。他身上一激凌，头发也竖起来，站起了身，要去追那妖怪，但是，它已走得没有踪影了。他以为那是由于自己神经紧张太过的缘故，也可能是一根睫毛在闪动构成了幻影，于是，他又去弹琴，此后，再没有出现什么迹象，他就决定去睡觉了。

他换了浴衣，走进浴室。刚开亮电灯，他就看见了那个妖怪，它正在浴缸里瞪着眼看卓别林，他一下子跳出了浴室，差点儿摔倒。妖怪在浴缸里跳了一下。浴室的门是开着的，这下子他看清了那个妖怪原来是一只臭鼬啊！原来，他从眼角里看见的就是这个小东西，只是它在楼下显得大了些。

第二天早晨，男仆把这个惊慌失措的小东西捉住，关在笼子里，后来，大家都很钟爱它。但是，有一天它逃去了。此后他们再也未看到它。

卓别林带着他的《城市之光》周游欧洲。

卓别林在离开伦敦之前，后来当了英国王乔治六世，当时还是公爵的约克公爵和他的夫人请他去赴午宴。那是一次便宴，席上只有公爵、公爵夫人、夫人的双亲，此外还有公爵夫人的兄弟——一个大约十三岁的小家伙。稍过了一会儿，菲利普·沙逊爵士也来了。餐后，公爵夫人托他俩送她的兄弟回伊登中学。这个小家伙挺安静，他紧跟着菲利普爵士和卓别林。他们到了伊登中学。两位班长陪着他们在学校附近走了一圈儿。后来，两位班长和其他几个学生请他们俩去喝茶。

他们走进了那个卖糖果和便宜茶的普通的小卖部，公爵夫人的兄弟和其他百来个伊登中学学生留在外边。他们四个人走进楼上一间很挤的小屋子里，围着一张小桌子坐下。他们招待得很周到。可是，后来问卓别要不要再来一杯茶时，他随便答应了一声，而这使他们发生了经济恐慌，因为主人的钱不够了，不得不和其他几个学生商量办法去了。

菲利普悄声对卓别林说：“恐怕是他们为了请咱们客，缺了两便士，这可怎么办呢？”

　　但是,他们终于凑齐了钱,又叫了一壶茶,他们不得不赶快给喝了,因为上课铃已经响了,他们只有一分钟时间,就要赶进校门,所以,当时那一阵是够乱的。卓别林他们进入校舍,由校长出来接,领着他们参观了雪莱(即珀西·比希——Percy Byssne Shelley)和其他许多名人刻了姓名的那座大厅。最后,校长又将他们交给两位班长,由他们领着进入全校最神圣的地方,也就是雪莱曾经住过的那间屋子。但是,他们的小朋友,即约克公爵夫人的兄弟鲍斯·莱昂仍留在外边。

　　只听见那两位年轻的东道主中的一位十分专横的口气对他说:“你来干什么?”

　　“哦,他是我们一起的。”菲利普出去打圆场,说明他是由他们从伦敦带来的。

　　“好吧。”年轻的东道主不耐烦地说:“进来吧。”

　　菲利普爵士悄声说:“他们这样准许他进来,已经是作了很大的让步,如果是另一个孩子撞进了这个圣地,那是会影响他的前途的。”

　　后来,卓别林又陪阿斯夫人去伊登中学,他才注意到该校的斯巴达式纪律。那是一个严寒的日子,天色已经十分黑暗,他们沿着灯光朦胧的棕色过道摸索着前进,看见每个房门口旁边墙上都挂着洗脚盆。最后,他们找到了那间屋子,敲了敲门。

　　阿斯托夫人的孩子,一个脸色苍白的小家伙,开了门。他的两个同学还凑在一个小壁炉跟前,就着微火烤手。那气氛确是很忧郁的。

　　阿拉托夫人说:“我想要知道,这个周末是不是可以让你回家去?”

　　那小家伙怯怯地说:“不知道。大概舍监是不会允许的。”

　　他们谈了一会儿。忽然听见叩门的声音，他们还没来得及说"请进"，只见门把手转，舍监走进来了，他是一个四十岁左右的人，身材魁梧，仪容漂亮，留着金色头发。"晚上好。"他简单地向阿斯托夫人问了一句，又对卓别林点点头。接着，他就把臂肘撑在壁炉架上，开始吸他的烟斗。

　　显然，阿斯托夫人来的不是时候，所以她解释道："我这次来，是想要知道，可不可以领这孩子回去度周末？"

　　"很抱歉，不可以。"他很不客气地回答。

　　"哦，就照顾一下吧。"阿斯托夫人仍旧和颜悦色地说："别这么固执了。"

　　"我不是固执，我只是说明事实。"

　　"可是，瞧他的脸色这么苍白。"

　　"哪里的话，他人很好嘛。"

　　他们原来坐在孩子的床上，这时阿斯托夫人站了起来，走到舍监跟前。"哦，就照顾一下嘛！"她连哄带骗地说，一面轻轻地推了推舍监。

　　卓别林常常看到，每逢她要说服乔治或其他人时，总是喜欢这样去推推他们，而往往也奏效。

　　"阿斯托夫人，"舍监说，"你这种习惯很不好，你会把人推倒的，我请你别这样。"

　　这一来，阿斯托夫人技穷了。

　　后来，不知怎的，他们把话题扯到了政治问题上，可是舍监立刻用一句简短的批评打断了他们的谈话，"英国政治之所以搞不好，就是因为女人太爱多管事。话说到这儿为止，晚安，阿斯托夫人。"接着他很随便地向他们两个人点了点头，就走出去了。

　　"瞧这个人脾气多么坏。"阿斯托夫人不满地说。

可是,她的儿子却为舍监辩护:"哦！他不坏,妈妈,实际上他人非常好。"

尽管舍监那样反对妇女,卓别林却是十分喜欢他的为人,因为他只有那么一种诚实和坦率的性格,他毫无幽默感,但是很诚恳。

卓别林已经多年没有见到他的哥哥西德尼了,他打算到尼斯去看哥哥,在他那里盘桓几天。

西德尼以前不止一次地对卓别林说过,等到有一天他攒够了二十五万美元,他就要退了。其实,他攒的钱,早已超过了这个数目。他不但是一个精明的商人,而且也是一个杰出的喜剧演员,他拍了许多能卖座儿的影片,其中包括《潜艇领航》、《鸿运高照》、《箱中人》、《查理的姑母》等等。他从这些影片中赚了不少钱。现在,正象他说的那样,他已退休了,和他妻子在尼斯安了家。

当时,费兰克·J·古尔德也住在尼斯,他听说卓别林要去那里看西德尼,就邀请他去朱安莱潘他的家里作客。卓别林答应了。

卓别林到尼斯之前,在经过巴黎时,又在巴黎停留了两天。到女神剧场去一趟。因为他听说兰开夏八童伶班正在那里演出。他要去看一看童年时代的小伙伴,去看一看杰克逊老人。

他到了女神剧场,见到了艾尔费雷德·杰克逊,他从前是剧团中的童伶之一,是老杰克逊先生的儿子。现在已是兰开夏八童伶班的领班了。他告诉卓别林,他父亲仍健在,老人虽然年龄已八十开外,仍然精神旺盛,又说,杰克逊一家已相当富裕了。现在拥有八个舞蹈班,其他的小伙们却都不在这里了。

艾尔费雷德·杰克逊又陪卓别林去看望了老杰克逊先生。老人见了卓别林很高兴，一定要留卓别林吃饭。

在席上，畅谈往事。老杰克逊先生又提起了他记得的一件事。

"查利，你还记得吗，当初，你模仿布兰斯比·威廉斯扮演的《老古玩店》里的老者，是那么像，可以说是维妙维肖。那时候，我就认为你是一个天才。"

卓别林当然记得，当时杰克逊先生在向观众介绍时，就叫他"天才儿童"。

艾尔费雷德却说："查利，你小时候给我的印象最深，你的性情是那么柔顺啊。"

《城市之光》在巴黎受到的欢迎不亚于伦敦。他来到巴黎时受到的欢迎，也和十年前一样，人们高呼着"夏洛"、"我们的夏洛"。有些观众为了能先睹为快，竟然整夜排队等候买票。

这让卓别林深为感动。

后来，卓别林到了尼斯，在和西德尼一家人盘桓了几天，又到尼斯附近的朱安莱潘费兰克·J·古尔德家里去作客。

伦敦和巴黎的激情已经消失，他需要休息了。

他正在朱安莱潘休息时，接到通知，要他到伦敦守护神戏院作一次钦命演出。卓别林没有去，他只汇去了二百英镑。哪知这一来他就触怒了当局。

报纸上以显著的位置登载：查利·卓别林冒犯皇上，藐视圣旨。

这真令人不明白。卓别林也想不到，守护神戏院经理的一张通知竟有如皇上的圣旨一样，不听该戏院经理的招呼，竟然被称为冒犯皇上，藐视圣旨。再说，他是临时接到通知，也来不及为此作好准备。真是不可理喻的事。

几个星期后,他又受到第二次抨击。

有一天,他正在网球场上等候他的搭挡,来了一个年轻人,他作了自我介绍,说是卓别林的朋友的朋友。他们彼此寒暄了几句,就交谈起来。这个年轻人很能讨人喜欢,会对人表示同情。而卓别林这个人有一个弱点,就是会对新认识的人突然发生好感,尤其是遇到这位新交又善于聆听别人的意见的人,于是,他就在许多问题上发表了意见,在谈到世界大事时,他表示悲观,说欧洲局势将导致一场战争。

"哼,下一次再打仗,可别指望我参加。"这位年轻人说。

"我认为你这样做没错。"卓别林回答。接着又发表议论:"我就是瞧不起那些专给我们带来苦难的人,我就是不爱听人家吩咐,要我们去把什么人杀死,去为什么事情送命——还要说这一切都是为了爱国。"

他们很亲切地道别,卓别林还约他第二天吃晚饭。但是,后来他没来。他做梦也没想到,和他谈话的这个人并不是什么朋友,原来他是一位新闻记者。他不过是隐瞒了身份,冒充卓别林朋友的朋友,来弄一点儿"独家新闻"。

第二天,报纸上就在显著地位刊出:"查利·卓别林不是爱国主义者!"

记者虽然是个骗子,用不高明的卑劣的手段来弄到了"新闻",但报道的却是实话。不过,卓别林当时并没想要把他个人的看法公诸报端。他之所以不是爱国主义者,那不但是由于道德或理智上的原因,而且由于他缺乏这种爱国主义者的感情。他认为,有的人在爱国主义者的幌子下杀害了六百万犹太人,这时候又怎么能容忍爱国主义? 也许有人说,那是在德国发生的事情,可是,每一个国家里都潜伏着那种杀人的组织。

卓别林明确表示:"我是不能大力鼓吹国家自豪感的。当然,如果我所在国家遭到侵略,我也和大多数人一样,也会作出最大的牺牲。但是我不能对祖国抱那种狂热的爱,因为那样只会使一个人成为纳粹,所以,我尽可以毫不在乎地放弃了它——根据我的观察,纳粹组织虽然暂时是潜伏着的,但是它们可以很快地在一个国家里活跃起来。因此,除非是我本人相信某一政治目标,否则我就不愿意为它作出任何牺牲。我不能为国家主义牺牲——我不愿为一位总统、首相或独裁者去送死。"他又认为:"爱国主义充其量也不过是由于一些地方习惯所形成的思想感情罢了,如赛马、打猎、吃约克郡布丁、美国牛肉饼和可口可乐,然而,如今这些土产都已成为全世界普及的东西了。"

过了一两天,菲利普·沙逊爵士陪着卓别林去孔苏埃洛·范德比尔特·鲍尔桑家午餐。他家住在法国南部一个很美丽的地方。座上有一位客人显得很突出,他身体瘦长,头发乌黑,留着小短胡子,样子和蔼可亲,午饭时,卓别林和他攀谈起来。当时谈到梅杰·道格拉斯写的《经济民主》一书,说他的信贷理论可以解决目前各国的经济危机。

鲍尔桑听了卓别林的话,他笑道:"我发现和查利谈话挺有趣儿,我注意到他那强烈的社会主义倾向。"

卓别林那天确实说了不少话。不过,他不了解他是和谁谈话。他只看出来,有些话,令那位身体瘦的绅士很感兴趣。因为脸上露出了笑容,闪出了光,眼睛睁得大大的,可是,后来他说的话,说到了他的主张,全是反对狭隘的爱国主义,他说那样会成为纳粹分子等,这些话又令那位绅士有些失望的神情。

后来,他才知道,他谈话的对象叫奥斯瓦尔德·莫斯利,还是位爵士,不过,他后来却当上了英国黑衫党的头子。

在法国南部,卓别林还会见了德国作家埃米尔·路德维希,他还是一位传记作家。他为拿破仑、俾士麦、巴尔扎克等人写了巨幅传记。他把拿破仑描写得很有趣,但是,由于过分注意心理分析,反而使一些叙述为之减色。

他给卓别林拍了一份电报,说他十分欣赏《城市之光》,很想要和卓别林见一面。

他们两个人在旅馆见了面。

卓别林见他长得有点象温文尔雅的奥斯·王尔德的样子,头发留得很长,丰满的嘴唇旁边有着女性的曲线美。

乍一见面,他显得非常客气,却好像有些故意做作,他递给卓别林一片月桂树叶,说:从前罗马人成了名,人家就赠给他一顶月桂树叶编的王冠。所以我送你一片月桂树叶。"

"谢谢!"卓别林说着接过了那片树叶,珍藏起来。

路德维希说了不少赞扬的话,卓别林觉得这回不是做作了。却觉出他有些羞涩的样子,原来是用这些话来掩盖。等到卓别林态度诚恳大方地和他交谈时,他才恢复正常。这时,卓别林才发现他是一个非常聪明有趣的人。

"埃米尔·路德维希先生,您写传记以什么为基本条件呢?"卓别林向他请教道。

他不加思索地答道:

"最基本的是作者本人的态度。"

"这样说来,传记是具有偏见和经过删节的记录了?"

"是的,有百分之六十五的事情是不会被提到的。"他回答:"因为那些事情牵涉到了其他的人。"

在晚餐席上,他问卓别林:

"查尔斯·卓别林先生,在您所见过的东西当中,您认为什么是最美的?"

卓别林脱口答道。

"海伦·威尔斯打网球的动作最美,不但姿势优美、动作简练,而且对异性有一种健康的吸引力。再有就是停战后不久,我看到一个新闻片镜头,拍的是一个农民在费兰德一片土地上,那片土地上面曾经死了成千上万的人。"

"我看到了一片美丽的景色。"路德维希说:"在佛罗里达海滩,太阳降落未落的时候,一辆敞蓬汽车懒洋洋地驰过,车上挤满了穿游泳衣的漂亮姑娘,其中有一个坐在后档泥板上,一条腿荡在空中,汽车在前进,她的脚趾触到了沙土,划出了一条连绵不断的迹印。"

"我也想起了一幅美丽的景色。"卓别林说,"那是在佛罗伦萨广场上。我原来打算去那里去看米开朗基罗的雕像'大卫'王像。不料,先被本文努托·切尔利尼的'珀修斯'吸引住了。那时是夜晚,广场上已经点上了灯。我看到了'珀修斯'被它那风格与形式的无法形容的美丽陶醉,我认为其他一切艺术品都黯然失色。珀修斯手里高举着墨杜萨的头,那女性在他脚底下惨痛地蜷曲着身体。'珀修斯'成为一切悲哀的象征,他使我想起了奥斯卡·王尔德的句子:'因为,每个人都会杀死他心爱的东西。'在善与恶永恒的神秘斗争中,他完成了自己应做的事情。"

"珀修斯"是根据希腊神话雕成的。珀修斯是主神的儿子,他杀死了蛇发女怪墨杜萨。

卓别林接到了阿尔巴公爵的电报,邀他去西班牙。但是,第二天,还未等他动身,报纸上都以大字标题刊出:"西班牙爆发革命。"他就不能去了。他又决定去维也纳了。

卓别林在维也纳有了艳遇。这件事也可称之为奇缘。

奇就奇在"碰"巧了。

卓别林正打算进旅馆的门,后面有人叫"查利"。他回过头来,是一位不相识的人,原来是一位普通观众,认出了他的背影,卓别林只好向他点点头,笑了笑,转过身要进门,就在他一转身,一迈步,正巧和一个刚出门的人撞上了。两个人几乎是同时出声:"对不起!"

卓别林刚看清对方是一个年轻美丽的姑娘,对方也认出了他。

"您是卓别林先生吧!"那女郎惊喜地问了一句。

卓别林点点头。他被那女郎的美吸引住了。一头柔软的金发,散披在肩上,一双长长的睫毛下是一双蓝汪汪的大眼睛,双颊是娇嫩的,白中带点粉红,更令人神荡的是她那一张红艳的小香唇,一张口露出一口白牙齿。身材修长,亭亭玉立。卓别林本想邀那姑娘谈一谈,不料姑娘先开口了。

"卓别林先生,可以冒昧地和您谈一谈吗?"

这正是卓别林求之不得的。他滑稽地躬身、伸手,笑道:"小姐,请到我的房间里吧。"

于是二人相跟着到了卓别林的那套房间里。

"请坐,小姐,您想喝点什么?"卓别林张开嘴,笑着问:"香槟、咖啡、柠檬汁还是可口可乐?"

"随便,您喜欢的我就喜欢。"这位美貌女郎不仅是花容月貌,而且是燕语莺声。说来的话,不仅是语意令卓别林听了舒服,而且那声音也清脆悦耳。

卓别林倒了两只高脚杯的香槟,将一杯送给美丽的女郎。那女郎双手接过去并说声"谢谢"。

卓别林自己坐在女郎对面的沙发上。

"请教,小姐芳名。"

"梅·李芙士。"她说了一句,喝了一口香槟,手捧着酒杯,看着卓别林,又说下去:"看了您的电影,令我拜服得五体投地。那时,我还想,您远在美国大西洋的彼岸,想见您难如上青天,今天能见到你真是我的幸运。这大概与我昨夜做的好梦有关。"

"是吗? 太巧了。"卓别林绝顶聪明,他立即编假话道:"我昨晚也作了一个好梦,所以知道今天必然会遇见小姐。"

"先生,您的梦是……"

卓别林笑着打断她的话:"请不要叫我先生,如果您高兴的话,叫我查利吧,也不要称'您'了。"

"查利,可以告诉我你梦到了什么吗?"她立即改了称呼,而且称"你"了。

"我梦见我肋间生出了翅膀,在天空遨游,正巧遇见了一位美如天仙的姑娘,也展开一双翅膀在天空遨游,于是,我们就比翼齐飞。"

卓别林编了一套假话。梅·李芙士也听出来了,他说的是假话,但是她高兴听这样的假话。

他们谈得情投意合,不知不觉两个多小时过去了。

卓别林偷着看了看自己的表,已到了吃晚饭的时候了。他站起来,诚恳地笑着对姑娘道:

"梅,"他没有称小姐。"我可以冒昧地请你共进晚餐吗?"

"查利,"姑娘也笑着站起来,"我应该略尽地主之谊,请你吃饭。"

"彼此,彼此,不必客气。"

到了餐厅,卓别林叫了不少菜,什么火腿蛋、罐烧羊尾、童子鸡、糖醋牛排、古鲁肉、糖浆布丁、五色沙拉……

　　卓别林一边吃、喝一边看着梅吃喝，他如果不是抑制自己，几乎发呆。梅吃喝也是美的。他看她那拿刀的右手小手指微微翘起，成了一个兰花指，然后，见她叉起一块童子鸡，送进小巧鲜红的口中，如果不是饿，他真可以一口不吃。

　　显然，这一餐饭两个人吃得都非常的愉快。饭后，两个人又回到了卓别林的房间去。

　　卓别林倒了两杯蛇果汁，递给梅一杯。梅端着杯子坐在一张双人沙发上，慢慢喝着。

　　几天之后卓别林才发现这位梅·李芙士是白生了一副美胎，人庸俗得很，天天缠着卓别林买东西，什么宝石戒指啦、镶宝石的纯金项链啦、貂皮大衣啦、玉镯子、宝石胸针啦……不一而足。卓别林试着与她谈点电影艺术，却是一窍不通。所以卓别林和她分手了。

　　这位捷克籍的梅小姐，在与卓别林分手后，立即公开了她的一本秘密日记。她在日记中用许多恶毒的字眼骂卓别林，说他"毫无信义"、"虚荣"、"丑鬼"，是一个"可怜的"、"走路象企鹅似的小丑"等等。

　　这不奇怪，一个卖弄风骚的女人就是这个样子。

　　卓别林与梅·李芙士分手后，维也纳没什么可留恋的了，他去了威尼斯。

　　威尼斯并不是一个大都市，它是一个水上城市，街道就是河，旅馆以及各家或店铺的门外就是河。船代替了汽车，成为必不可少的交通工具。威尼斯的景色是秀丽的，是别具一格的城市，但是，因时近秋天，已没有几个游客了，卓别林认为只有游客多了，才会使景色有活的气息，加上他才离开梅，此时只有他一个人,没有女人相伴,感到了凄凉与忧郁,连可以供消遣的东西也没有,那时候,连在星期日跳舞和听唱片也被墨索里尼禁止了。听听留声机也得偷着听。所以他无意久留。本想指定回维也纳,去找安娜,重温旧梦,却接到了总理斯蒂德·白里安的电报,叫他速去巴黎,说有重大的喜事在等着他。他不知道是什么喜事。但他却想见一见这位欧洲合众国创议者的白里安先生。

斯蒂德·白里安一见到卓别林就告诉他:

"查利,法兰西共和国要给你授勋,这次是荣誉军团勋位。"

"我感到很荣幸。"卓别林客气地道。他发现白里安先生好像身体欠佳,又有些天生的愤懑的脾气。

午宴设在巴黎《不妥协者》报发行人巴尔比先生的寓所里面。虽然卓别林不懂法语,但是,他觉得这次宴会十分有趣。

法国女诗人安娜·伊利萨伯斯·德布朗科王·诺阿朗女伯爵,是一个活泼的娇小的女人,她说得一口英语,她像一只小鸟似的,玲巧可爱。

白里安先生一见他就说:"近来我极少见到你,你这样难得来,就好像一个被人遗弃了的情妇啊。"

大家听了大笑起来。

餐后,他们陪同卓别林去爱丽舍宫,参加授勋典礼。

典礼是相当隆重的。

首先是军乐团、铜管乐、木管乐及弦乐高奏马赛曲,接着是授勋,法兰西共和国总理白里安先生,亲手将勋章——这次是红绶带的,挂在卓别林胸前。这时,军乐团奏乐,参加典礼的人,有节奏地鼓掌。此间,又授予了卓别林证书。这些过程完了,由白里安总理致贺词,他的贺词中有这样几句话:

查利·卓别林先生是一位伟大的艺术家,他的作品给法兰西民众带来了快乐,受到了民众的欢迎与爱戴。民众亲昵的称他"夏洛"。是的,他是我们大众的夏洛……。

卓别林又致答词。在他的答词中,有这样几句话:

感谢法兰西共和国及大众给我的荣誉,今后我将努力工作,拍出好的影片来,以答谢法兰西共和国政府及民众对我的期望……。

卓别林第二次来到德国的柏林,与第一次来时截然不同了。

在车站欢迎他的人到底有多少?没有人可以说出准确数字,可以用"人山人海"四个字来概括。

在站内,有德国民主政府的代表在迎接他,车站内还有军乐队,简直就像是欢迎某一个国家的国王、总统或总理、首相一样隆重。

一走出车站,只能看见全是人。这些来欢迎的人群,据说有的是从市郊外赶来的,有的竟然是赶了几十里路跑来的,有的则是为了能站在前面,亲眼看看卓别林本人,午夜就起来守候在这里。他们一见了卓别林的面孔,欢呼声、笑声响成一片,听不清他们喊的是什么,大概有不少于一百名警察在维持秩序。

卓别林此时,只能高举起在车站下车后有人献给他的花束来,向大家致意。这一次比他第一次到柏林时情况好一些,因为出站口人多,接他的汽车无法靠近,所以停在较远地方,尽管他走向汽车时很难——有十几个警察在他前边,挤着给他开道,他却可以让更多的人和他见面,比他第二次到巴黎的情况也不同。那次,欢迎他的观众,竟然冲破了警察的警戒线,跑上来和他拥抱,几乎把他"撕"碎了。最后,他被送上了汽车。

汽车开不快,不仅是街上车多,而且欢迎卓别林的人也多。

有些观众可能是已知卓别林下榻的旅馆了,他们就守候在旅馆外面。这里也是人山人海。卓别林为了满足大众的好奇,他让汽车离旅馆近百英尺外停下,他走下车来。这一来可苦了那些警察,因为观众中有许多人是买了鲜花的,向卓别林献花的人不顾命地向前挤。卓别林一只手举着花向观众致意,另一只手捧的鲜花多得捧不住了。稍远的一点地方的人,挤不过来,就把鲜花抛向卓别林。

最后,卓别林在警察围拥下,总算走进了旅馆,但是,外面的观众仍有不少人因为没有看见卓别林本人的面孔,仍不愿散去,卓别林无奈,只好请政府派来的代表稍等,他到阳台上去与观众见面。这一来更糟,观众走了一帮又来一大帮,他先后出来四次,最后一次,共在阳台上站了足有二十分钟,还是政府的代表走出来把他请进去了。

德国政府特派了一位非常漂亮的德国姑娘约克女伯爵,作为卓别林的常陪。当晚,德国政府举行了盛大的欢迎宴会。宴会上除了德皇威廉二世及总统保罗·冯·兴登堡将军以外,其他政府要人几乎全到了。

欢迎隆重盛大。但是德国却有一些报纸在攻击卓别林,报上说查尔斯·卓别林是一个外国人,德国人这样狂热地欢迎他实在可笑。当时,因为纳粹党人在国会中已经得势,这些攻击卓别林的全是纳粹报纸。不过,卓别林并不在意。

德皇的一位堂弟,很热情地陪卓别林去参观建在波茨坦镇的由腓特烈二世建造的无愁宫。

卓别林认为,所有的宫殿都是一些荒谬的建筑,是一些无所谓的炫耀。他想到了凡尔赛宫、克里姆林宫、波茨坦宫和白金汉宫,他认为这只是一些由夸大自负心理构成的东西。德皇的堂

弟说:

"无愁宫具有更美的建筑风格,它虽然小巧,却更富有人情味儿"。

卓别林看了之后,他想起了妇女的梳妆盒,感到很扫兴。

卓别林又去参观了柏林罪犯作案展览馆,看到那些照片上拍的尽是被害的、自杀的、杀人的以及形形色色的腐化堕落和人类的变态行为,只感到恐怖和烦闷,连空气也感到是有一种烦人的气味。最后,他总算离开了那幢大厦,到了外面才呼吸到新鲜的空气。

冯·富尔默博士请卓别林去他家吃饭,他是《奇迹》的作者。他在那里会见了德国许多艺术界和戏剧界的代表人物。

爱因斯坦夫妇也邀请卓别林到他们那套小小的公寓里去作客。他们在饭后一连谈了两个小时。

当时,曾经作好了安排,让卓别林与德国总统保罗·冯·兴登保将军共进晚餐。但是,由于兴登保将军临时生病,只好取消了。

卓别林又回到了法国南部。

有人问卓别林关于性的问题,甚至说要他把真话都说出来。

卓别林并不隐讳。他说:"性欲并不是人类行为中的主要因素。倒是饥寒与穷困给人的羞辱,可能更会影响一个人的心理。我的性生活和其他人一样,是周期性的,有时候,我是强烈的,有时候,也是不能令人满意的。但是我生活中,它并不是我最感兴趣的,我感兴趣的仍然是创作。然而,人类的繁殖原属于自然界的重要活动,因此,每一个男人,不论年轻或者年老,每遇见一个女人,总会估量一下他与对方之间的性的可能,而我也是一直如此的。"

他还引用了 H·G·威尔斯的话:"一天当中有那么一个时刻,你已经写完了早晨应写的稿子,复完了下午应复的信,再没有其他的事情可做了,这时候你就会感到沉闷,也就会涉及到性的问题了。"

他自己又说:"从事工作的时候,我是从来不去想到女人的,只是在拍完了电影,无事可做的时候,我才会在这方面把持不住。"

他这次来到法国南部,又是无事可做的时候了。他又"把持不住"了。因此,他在天兰海岸又认识了一个极其美丽的姑娘。这也是件很巧的事。

一天,卓别林无所事事,他只一个人来到了海边上,他不想游泳,在一露天咖啡茶座坐下来,要了一瓶冰镇香槟,慢慢吸饮,眼睛却看着海边沙滩上的一群男女,有的在太阳底下吃冰淇淋,有的从海里爬上来,用一块手帕盖上脸,躺在沙滩上晒太阳,有的在水中嬉戏。他无精打采地坐着、饮着,觉得百无聊赖。他突觉眼前一亮,一个人站在桌边。

"这里有人吗?"一句娇滴滴的话送入他的耳中,他抬头一看,是一个年轻漂亮的女郎。

"没人。"他客气地回答。

"哟!您是卓别林先生吧?"还是那个漂亮的女郎的声音。

"不错,我就是查尔斯·卓别林。"卓别林边回答,一边又多看了漂亮女郎一眼。

那个女郎在卓别林对面坐下来。

"我看过您的电影,今天真是我的幸福,亲眼见到了您。"漂亮女郎微笑着看着卓别林。

"小姐,喝一杯吧。"卓别林说着唤过侍者。

侍者递上菜谱。

女郎不再客气,点了两个菜。

"小姐,喝点什么? 酒,还是饮料?"

"随便。"

卓别林又点了两个菜,要了一瓶人头马酒。

侍者送上酒菜,打开酒瓶,给二人斟上酒然后,退下去了。

两个人边吃边喝交谈着。

女郎毫不隐讳的告诉卓别林,说她和一个埃及青年人恋爱,最近二人不欢而散,正是由于失恋的苦闷,来到海边散心。

卓别林则明白说,他一个人感到孤单无聊,也是到海边来散心解闷的。

两个人越谈越投机。饭后,两个人并肩散步,傍晚,二人又共进晚餐,餐后,卓别林将漂亮女郎领进了旅馆。

当天夜间,女郎和卓别林上了同一张床,成就了那件好事。

女郎没有职业,没有收入,由卓别林津贴她一笔钱。于是二人成了一对野鸳鸯双宿双飞,成了露水夫妻。女郎不仅容貌美丽,而且又是那么愉快,知情识趣,很会体贴人,他们的关系是暧昧的,双方心照不宣,卓别林的孤单暂时解除了,女郎也不再烦闷。卓别林得到了性欲的满足,女郎则是性与利双丰收。他们一起去俱乐部、酒馆,以及其他娱乐场所。他们一起吃饭、跳舞。时间长了,卓别林竟对她产生了感情,但他一想到还要回美国去,就有点舍不得她了。正因为卓别林不想抛弃她,也就暂时不提回美国的事了。

可是,这次的艳遇,也是好景不长,又发生了一件意外的事。

一天下午,他们在一个俱乐部里参加茶舞,女郎突然握紧了卓别林的手,原来她多次提过的她原来的那个情人——"S—"

来了。她用眼睛告诉了卓别林。

卓别林很不高兴，他不再跳了，拉着她回去。当他们快要走到旅馆的时候，女郎突然对卓别林说：

"我的手套落在俱乐部了，您先回旅馆，我自己去取。"

卓别林心里明白，她这是找的借口，可能要会那个埃及青年"S—"。但是，他没有说破，也没阻拦，点点头，什么也没说。

女郎走了，卓别林一个人回到旅馆。

两个小时过去了，女郎仍没回来，这样，他就更加断定，女郎这次去决不是为了手套。别说去取手套，即使现织手套这个时候也是够了。他已约好了几个朋友，这天晚上一同出去吃饭，时间快到了，女郎仍未回来，他决定不等了。他刚要出门，她回来了，面色苍白，头发蓬乱。

"你现在去吃饭，已经太迟了。"卓别林沉下脸，不高兴地说："被窝里舒服暖和，你还是回到那儿去吧。"

"我发誓，我真的是去取手套。"女郎解释着。

"取一付手套要两个多小时吗？"卓别林不高兴地责问道。

"真的，我到了俱乐部，一时找不见手套。真的，我没有去会"'S——'。"

"鬼才会相信你的话。"

"查利，我不该耽搁这么长时间，请原谅我这一次吧。"女郎哀求着。

"你说，你的手套掉在哪儿？又是怎样找到的？怎么一下子找了两个多小时？"

女郎无法说清楚这两个多小时所作的事，她无语。

卓别林狠狠地骂了一句脏话，一个人独自走了。

今天的晚餐是卓别林作东，但是，正因为他身边少了个漂亮的女人,他感到了孤单无聊,内心里十分痛苦。所以,他在谈话时,竭力使声音高过那如泣如诉的萨克斯管,高过夜总会里的一片吵吵闹闹的声音。以此来掩饰内心的不快。

席上,他没有吃多少东西,一个人喝了几乎有一瓶酒。

他回到旅馆,女郎不在,他心慌了,自问,难道她走了吗?难道她走的这么快吗?他又走进女郎的卧室,心上的一块石头落了地,她的衣服及一些东西仍旧在那里。过了大约十分钟,她兴冲冲地回来了。

"查利,你回来了。方才我去看了一场电影。"卓别林没有接她的话,告诉她:

"明天,我将去巴黎,现在咱们把帐算个清楚吧,从此,咱们一刀两断。"

"清帐也可以,一刀两断也可以。不过,"女郎仍在辩解:"我确实没有去找'S—',真的。"

卓别林冷淡地道:"即使我们之间还有一些情分,但是,因为你这样欺骗我,那一点情分也全被你打消了。"

"我没有,真的……。"

卓别林打断了她的话,口气也仍然是冷冷的。"你的谎话要说到什么时候?"他又编了个谎话说下去:"我曾经跟踪你,亲眼看见你和那个埃及人从俱乐部出来,又一同进入旅馆里。你又怎么说?"

卓别林的谎话诈出了她的真话。

"查利,"她哭了,"你原谅我这一回吧,我确实和 S—在一起来着。不过这是最后一次,我对主发誓,保证以后决不再和他见面。"

女郎哭得似乎很伤心。

卓别林心里的疙瘩却解不开。

这一晚，两个人没有睡在一个床上。

第二天早晨，卓别林收拾东西，准备动身时，女郎抽抽搭搭地哭起来了。卓别林的朋友上楼来说："查利，东西都已准备停当了，我在楼下等你。"

卓别林是准备搭朋友的车去巴黎。

这时，女郎咬着手指，伤心地哭着哀求卓别林："千万不要丢下我，千万……不要……丢下我呀。"

"你要我怎样呢?"卓别林冷冷地问。

"只要你把我带到巴黎，到了那儿，我保证再也不麻烦你了。"

卓别林看女郎那么一副可怜样儿，他的心软了。不过，他又告诉她：

"这样做，一路上彼此都不会愉快，而且也毫无意义，咱们到了巴黎也是要分手的。"

"只要你把我带到巴黎，这样虽麻烦你，却不会有更多的损失。到了巴黎，我保证一个人走开。"

卓别林只好同意了。于是他们三个人乘车出发了。

车刚一开时，车内气氛很忧郁，女郎默然无语，卓别林也不愿多说话，那位朋友也知道这件事的大概情况，不愿意当和事佬，所以也不多说什么。

但是，车外的景致，引起了他们的兴趣，不知不觉地对一些感兴趣的东西交谈起来，但是他们没有以前那样亲热了。

车到了巴黎，卓别林他们先将她送到一个旅馆。

那女郎走下去，回头对卓别林说：

"谢谢你为我多费了许多事，今后我们永别了。"

卓别林点点头,没有说话。

女郎又伸出手来,卓别林只好也伸出手来,两个人的手握在一起。卓别林只不过是出于礼貌,女郎却认真地握住了卓别林的手,还用了点力,又说:"再见吧,查利。"

第二天,女郎又打电话来,要求卓别林陪她去吃午饭,被拒绝了。可是,当卓别林和朋友一起走出旅馆时,看见那女郎穿着厚大衣,打扮得整整齐齐,已经在旅馆外面等候了。卓别林不好再拒绝了。于是,他们三个人一同吃了午饭。

后来,他们又去马尔松参观,那里是约瑟芬被拿破仑离弃后,度过晚年的地方。那是一所美丽的住宅,约瑟芬曾经在这里洒下了不少眼泪。那时正是萧瑟的秋天,他们的心情都很忧郁。忽然,那位女郎不见了。后来,卓别林发现她坐在花园里的一个石凳上,哭得象泪人儿一样——看样子她是受了气氛的感染。她和约瑟芬的命运似乎相同了。约瑟芬因为背着拿破仑和别的男人上床,被拿破仑遗弃,她则是背着卓别林去偷会情人,落得个与约瑟芬同样的下场。

卓别林见她那个样子,心几乎软下来,可是,他立即想到了她和那个埃及青年的事,他又立即感到了酸溜溜的。他不会饶恕一个对他不贞的女人。

于是,他们在巴黎分了手。

第二十二章　遇险日本

卓别林去日本,他感到恐怖阴森;陪同他的小野巧妙安排,多方护卫;他哪里知道,日本军国主义分子要杀掉他;杀掉一个在世界走红的美国艺术家,确能挑起日美战争!

卓别林从巴黎又回到了伦敦,他在伦敦曾多次会见威尔士亲王。

第一次会见是在比亚里茨,那是由他的朋友弗内斯子爵夫人茜尔玛·摩根介绍的。当时,卓别林和网球运动员科歇,以及另外两个朋友在一家热闹的酒馆里吃饭,亲王和弗内斯子爵夫人走进来了。

茜尔玛让侍者递了一张条子给卓别林,上边写着:"查利,饭后是否高兴和我们一起去俄罗斯俱乐部?"

卓别林当然同意了。

茜尔玛将卓别林介绍给亲王,又向卓别林介绍了威尔士亲王,彼此握手,只说了两句客气话,就一道去了俄罗斯俱乐部,到了那里,亲王殿下先叫了酒,然后起来和弗内斯子爵夫人跳舞。亲王跳完了舞,坐在卓别林身边,和他谈话。

"您当然是美国人了?"

"不,我是英国人。"

亲王露出很惊讶的神气,问道:"你在美国待了多久?"

"1910年就去了。"

"哦,"亲王点了点头,似乎在思索什么,"是战前去的吗?"

"是的。"

亲王笑了。

于是,他们就交谈起来,话题扯到了音乐上。

卓别林炫耀地说:

"俄罗斯男低音歌唱家弗多尔·伊凡诺维奇·夏里亚平将设宴招待我。"

"是吗,我也很想去。"亲王有些孩子气似地说道。

"殿下,夏里亚平对您的光临肯定会感到荣幸和快乐。"

亲王微笑,点头。

"殿下,"卓别林道:"请允许我去安排这件事。"

宴会的那天晚上,夏里亚平一家人都因亲王的光临而高兴。亲王的风度令卓别林无限的崇敬与钦佩,他先陪着夏里亚平的八十多岁的老母亲,一直到她离席去休息了,他这才过来和大家一起谈笑起来。

威尔士亲王又邀请卓别林去他在贝尔维迪尔堡的乡间别墅。那是一座古堡,经过重新修建,但其布置却很是一般。不过,他宅邸内的菜肴烹调得十分精美,而亲王又很会招待客人。他领着卓别林参观了他的宅邸,他的卧室里陈设得非常简单朴素,只在床头上挂了一张上面绣了王旗的新式大红花毯。另一个房间里的陈设令卓别林吃了一惊,那是一个红白两色的房间,房里摆了一张四根柱子的床,每根柱顶上插了三根粉红色的羽毛。这时,他才想起来,原来羽毛是亲王皇室纹床上的标志。

那天晚上,他们大家玩起了当时在美国风行的一种叫作"公评"的游戏。有人先介绍了玩法,先发给每一个客人一张卡片,卡片上面列着十个项目，包括：魅力、智力、品格、性吸引力、仪容、诚恳、幽默感、适应能力等等。先由一个客人走出去，切实地考虑了卡片上自己所有应予评定的项目，给第一个项目分别打上分数，从一分起到最多的十分。卓别林给自己批的分数是：幽默感七分、性吸引力六分、仪容六分、适应能力八分、诚恳四分。在这同时，其他的人都悄悄地给离开了屋子的那个人分项评分数。后来，被评分的人进来，读出他给自己打的分数，再由一位代言人宣读其他各人所评的分数，看两种分数是否符合。

轮到亲王时，他给自己的性吸引力评了三分，但是客人们平均评了他四分，卓别林给他评了五分，也有人只给他评了两分。在仪容项下，亲王给他自己评了六分，客人们平均给他评了八分，卓别林给他评了七分。在魅力项下，他给自己评了五分，客人们的平均分数是八分，卓别林给他评的也是八分。诚恳项下，亲王给自己打了最高分数十分，客人们的平均分数是三分半，卓别林给他评了四分，亲王很恼火，道："我认为，我所有的特点中最重要的就是诚恳。"

卓别林打算去曼彻斯特。他在小的时候曾经去过那里，在那里待了几个月。现在他闲着没事，就想再到那里去看看了。在他的记忆中，曼彻斯特是那样的凄凉冷落，但是，那里对他却具有一种浪漫色彩的吸引力。他记得那里的雾，那里的雨，从雾里、雨里似乎有一种难以捉摸的光辉，还有那兰开夏郡人家灶下的炉火，还有那纯朴的民风，总之，他并不为了什么，只是想去那里看一看，到底要看些什么，他心里并没个准谱。于是，他雇了一辆车，向北进发。

在去曼彻斯特途中，他在艾玛河畔斯特拉特福停下来，因为他以前没有到这里来过，而莎士比亚的故居就在这里，他是打算去参观一下。到达那里已是星期六的晚上,时间已经很晚了,晚饭后他出去散步,希望能找到莎士比亚的故居。四下里一片漆黑,他本无人引导,只是本能地拐了一个弯儿,沿着一条街走了下去,在一所房子外边停下来,擦亮了一根火柴,看见了一个牌子,上面有"莎士比亚故居"几个字。

卓别林暗想,这一定是被一种相互巧合的灵感引导着吧——也可能就是诗人的灵感吧,否则,自己为什么偏会走上这条街? 又为什么在这里划亮了火柴?

第二天早晨,斯特拉特福市长阿奇寿尔德·弗劳尔爵士到旅馆里来看望卓别林。然后,又陪同他去参观莎士比亚故居。

卓别林没想到,莎士比亚的故居,不过是一所乡间农舍。象莎士比亚那样一位伟大的人物,一位伟大的诗人、剧作家竟然出生在这里并在这里长大。一个农民的孩子,到了伦敦,后来成了红演员当了戏院老板,这种事情似乎还不足为奇,这样的事例是不少的。但是,这样一个人竟然会成为诗人、剧作家,又掌握了那么许多有关外国宫廷、红衣主教和帝王的知识,这可就令人无法理解了。

关于莎士比亚的作品,有些人认为莎士比亚不是真正的作者,有人认为是弗兰西斯·培根写的。培根是个散文作家,伊丽沙白女王的大法官,詹姆斯一世的掌玺大臣,1887 年,美国人唐纳利发表他在一部 1623 年版莎士比亚剧本中发现了培根的秘密文件。有人则认为莎士比亚剧作的真正作者是南安普顿伯爵亨利(赖奥·恩利),他是莎士比亚的赞助人,还有人认为真正的作者是牛津伯爵爱德华·德维乐,他本人是诗人,也是演员与诗人的赞助者。上面的三个人到底是不是真正的作者,卓别林认为无关重要,重要的是,他无法相信,这些莎士比亚的剧作会出自一个斯特拉特福的农家孩子之手。那些剧作的作者必须是一位具有贵族风度的人，才能写得出那样的作品，也只有一位出身高贵和富有才华的人，说话时才会那样完全不去注意文法。

卓别林在参观了莎士比亚故居之后，又访问了一些当地的民众。听到一些有关莎士比亚的传说。说他小时候喜欢游荡，不用功读书，偷捕鱼鸟，对许多事情抱有那种乡愚的看法。由此他就更不相信，莎士比亚在思想上会发生那样大的转变，成为最伟大的诗人。他认为在伟大的天才作品中，可以从某些地方看出作者出身是寒微的，然而，在莎士比亚的作品中，却连一点儿也找不到这一类的迹象。

总之一句话，卓别林认为象《李耳王》以及《罗密欧与朱丽叶》、《王子复仇记》等剧作绝对不是莎士比亚写的，莎士比亚写不出那样的好作品。

这可是卓别林的一个错误，尽管有人怀疑过莎士比亚剧作不是他本人所写，尽管有人列举了一些佐证，但是绝大多数的——包括研究莎士比亚剧作的专家，绝大多数的人认为莎士比亚的剧作，确是出自本人之手笺，而证据就数不胜数了。另外，卓别林认为莎士比亚出身寒微，不可能知道外国宫廷以及红衣主教和有关帝王的知识，这更是一种误解与偏见。

卓别林从斯特拉福乘汽车去曼彻斯特，下午三点钟左右到达了那里。那天是星期天，曼彻斯特市内一片沉寂，街上几乎连一个人影也没有。工厂的烟囱也不冒烟，他远远奔了来，却什么也没看到，他无精无神地又回到了汽车上，他不想在此逗留了，所以立即去了布莱克本。

去布莱克本，也是旧地重游。当年他小时候，随着剧团巡回演出《福尔摩斯》时，他到过布莱克本，他很喜欢这个城镇，那时候,他住在一家小客店里,包括膳寝,每星期付十四先令,没有演出任务时,他时常在客栈里的小弹子台上打弹子。比林顿那时候常去那里,卓别林常和他一起打弹子。比林顿却是个英国刽子手。

卓别林坐的汽车到达布莱克本时,刚五点钟,虽然天色已经昏暗了,他还是找到了他从前住过的那家小客栈。他走过去,在那儿喝了一杯酒,但是,并没有被人认出来。客栈的老板已经换了人,可是,那个他常玩的弹子台仍旧摆在那里。一切依旧,只是人换了。

后来,他一路摸黑,到了市场上,那片占地大约有三英亩的广场上黑魆魆的,最多只点了三四盏路灯。有一些人站在那里听政治演说。当时英国正处于严重的经济萧条中。他从这一群人又走到另一群人那里,听他们发表不同的意见,有的人措词尖锐激烈,有一个人在谈社会主义,另有一个人在谈共产主义,还有一个人谈"道格拉斯计划",但可惜"信贷计划"这个问题太复杂了,一般工人都听不懂。听着三三五五的人聚在一起谈话,没想到他会发现了一个思想仍旧和维多利亚女王时代那样保守的老人。他说:"英国人多年来坐吃山空,毛病就在这里,发救济金会毁灭了英国。"

卓别林听了觉得应驳他几句,他在黑暗中,尖着嗓子,插嘴说出了他的意见:"要是没有救济金,那就不成为英国了。"这时,有些人支持卓别林的意见,叫着:"说得对,说得对!"

当时英国的政治局势不容乐观,失业人数几乎已达到了四百万——这数目还在不断地增加——但是执政的工党也提不出什么与保守党不同的办法来。

卓别林又去了但尔威奇,在那里他听到了坎守安·里德先生发表的为自由党竞选的演说。他虽然谈了许多在政治上冠冕堂皇的话，但是，却没有作出任何承诺，也没有谈出什么具体措施，所以，他的话对于选民没有产生什么积极影响。当时，有一位年轻的伦敦姑娘，就坐在卓别林身边，她大声喊道：

"我们不要听这套上等人无聊的废话，你只要告诉我们，你们把四百万失业工人怎么办？我们自己就知道该不该选你的政党？"

卓别林在想，如果这个姑娘在政治上是代表下层社会的，那么工党就有希望获胜，然而，卓别林估计错了。当时任掌玺大臣的菲利普·斯诺登发表广播讲话以后，保守党大获全胜，贵族竞选斯诺登。所以后来，保守党的政府处于优势，再后来，保守党政府又在走下坡路了。

卓别林之所以遨游欧洲，纵横往返于英国、法国、奥地利、德国、意大利之间，他之所以遨游欧洲各地，遍访名胜古迹，他之所以寻找快乐，排除寂寞，是因为他心事重重。从前面的叙述，我们可以看出来，他不是那种贪图安逸，尽情享乐而置工作于不顾的人。那么，此时又为什么在欧洲到处走来走去，而不立即返回美国的好莱坞去拍下一部电影呢？根本的原因就是有声电影！

有声电影对他的冲击最大了。他时时认为是受到了挫折，失去了目标。自从有声电影发明以来，他就不知何去何从了。尽管《城市之光》的上映，对他来说是一次巨大的胜利，这部片子风靡了全世界，无论是在美国还是在欧洲，均受到了极大的欢迎，它赚的钱比当时任何一部电影赚的都多。虽然，他认为一部好的无声片更富有艺术价值，但是，他也承认有声电影更能使人物具有丰富的形象。正是因为这样，他感到自己是落伍了，如果再拍一部无声片,对他是不利的。近来,他被一种沮丧情绪所困扰,不知道他今后该怎么办。

有时候,他也考虑自己是否也可以拍一部有声电影,一想到这件事他就心里难受,他自己明白,如果他拍了有声电影无论如何也不可能达到他拍的无声电影能达到的标准。如果拍有声电影,他就必须完全抛弃他流浪汉的角色。也有人向他提出建议,可以让流浪汉说话。但,这对他来说是一件不可想象的事,因为只要流浪汉一开口,他就会变成另一个人物。再说,他创造的那个形象和他的那套破烂衣服,大皮鞋小紧身上衣,大肥裤子,小礼帽等,是和他不说话分不开的。

正是这些使他烦恼的问题,他才把假期延长下去。但是,他的内心却在不断地在催促他:"回美国去吧,回到好莱坞去吧,去开始工作吧!"

回去,着手工作,他有了这个打算,他不想再这样游荡下去了,于是结束了在英国北部的旅行,回到了伦敦的卡尔登旅馆。他准备订船票,取道纽约,返回加利福尼亚去。他在收拾东西,忽然收到了道格拉斯·范明克从瑞士东部阿尔卑斯山上的圣莫里茨林拍来的电报:

请来圣莫里茨。将为你的光临降一场瑞雪。谨此慕候。道格拉斯·范明克问好。

他刚读完电报,就听见有人胆怯怯地叩门,他以为是侍者,即道:"进来!"

他做梦也没有想到,来的人不是侍者,是他在兰天海岸结识的,又在一起双宿双飞数日的漂亮女郎,站在门外,向屋子里张望着。

他吃了一惊,也有些恼火,但最后他还忍耐下了,他冷冷地道：

"进来吧！"

女郎胆怯地小步移到屋里。

"坐吧！"卓别林的声音还是冷冷的。

女郎又无声地悄悄坐下了。

尽管卓别林对于她和那个埃及青年偷情的事仍耿耿于怀，但是，总还有那么一点旧情，尤其是她那美丽的面庞仍然楚楚动人。于是，他不再那样冷了，但也没有热起来，冷静地问道：

"你几时来到伦敦的？"

"就是您从巴黎回伦敦的那天。"女郎的声音怯怯的，似乎在说悄悄话。

"来伦敦有什么事吗？"

"没有，就是……"她没有说下去，声音仍低低的。

"就是什么？"

"……"女郎无言，只是把低着的头抬起来，看了卓别林一眼又低下去。

卓别林明白了。

"你是来找我？"

女郎点点头："您在伦敦的活动，我都知道，只是不敢来见你。"她的声音仍然很低如泣如诉："您这次从英国北部回来，大概是要回美国了，想到今后也许永远见不到你了，才大着胆子来这里见您一面。"

如此美丽的女郎，又是如此痴情，尽管她曾与埃及情人偷过情，此时，卓别林也不能不原谅她。他的心软下来了。

"你住在哪里？"

"就在附近的一家旅馆里。"

"搬过来吧。"

女郎立即高兴了。

当晚,两个人又一次重温旧梦,卓别林又一次重新享受温柔的滋味,发泄了他的郁闷,重新快乐了。

第二天,他们一道去哈罗德商店,添置一些东西,买了滑雪装备,然后,他们又在邦德街一家首饰店里,他给那女郎买了一只镯子,女郎十分高兴。他们又在卡尔登旅馆住了几天,这才一同去了圣莫里茨。

他们到了圣莫里茨,见到了道格拉斯·范明克,卓别林介绍道:

"这是我的女友。"他又把道格拉斯介绍给女郎。

道格拉斯见女郎十分美丽,不觉有点黯然。

卓别林见只有道格拉斯一个人在这里,知道玛丽·毕克复定是和他分手了。他为了不让道格拉斯伤心,所以并不问及玛丽·毕克复的事。

道格拉斯也是拍默片哑剧的圣手,这时与卓别林一样,也在为自己的前途感到为难。卓别林也知道这一点,所以,他们两个谁也不提这些事情。

在阿尔卑斯山上,看着那起伏的山峦,覆盖着洁白的雪,他们心中郁闷一扫而光。他们三个人一起学着滑雪。

卓别林更为快乐,白天学滑雪,夜间有美人相伴。此时,他又不想立即回到美国,回到好莱坞去了,他对拍片子仍然没有信心。他为此又给哥哥西德尼拍了电报要他从尼斯到这里来。

前德国王储,也就是德皇的太子,当时和卓别林他们住在同一个旅馆里。卓别林不好意思去见他,因为在他拍的《从军梦》里,德国的王储在那里面被扮成了一个丑角。有一次,他们在电梯里相遇了，卓别林只是不好意思的对他笑了笑，一句话也没说。

西德尼来了。

卓别林告诉他：

"我打算取道远东再返回加州，在远东玩几天，开开眼界。"

"你还打算拍无声片吗？"西德尼关心地问。

"还没定，只能等回去再说了。"

西德尼不再问，却道："我陪你去远东，我把你送到日本后再返回来。"

道格拉斯·范明克不打算借道远东再回美国，所以他暂时留在瑞士，卓别林和西德尼及那位女郎，他们三人动身去那不勒斯，从那里去乘船。

他们到了那不勒斯。西德尼乘那个兰天海岸的女郎不在身边，他问卓别林：

"查利，你打算带着她一道走，直接带回美国去吗？"

"不！"卓别林笑道："我与她不过是逢场作戏而已，我们的缘分快要尽了。我不想带她，她不会去的。"

"可是，她跟你……？"西德尼没有再说下去，但意思是很明显的。

卓别林跟西德尼简单说了他们相识的经过，以及她从巴黎又到了伦敦，由伦敦又到了圣莫里茨的经过。不过，他把那女郎与那个埃及青年曾经有过一次性爱的事瞒下了。

"她好像对你很痴情。"西德尼猜测着说。

"我说过，我们的缘分已尽了，等到我们乘船起程时你就知道了。"卓别林自信地说。

西德尼则半信半疑。

当天晚间,女郎和卓别林仍睡在一张床上。他们做爱完了。两个人并排躺在床上。卓别林开口了:

"我们要借道远东,然后再回美国的事你已经知道了吧?"

"知道了。"

"我们的缘分已尽了,今天这是最后一次了。"

"明天你们就走吗?"

"是的。你打算到哪里去?"

"暂时留在这里,过几天也许还要回到法国去。"

"我给你留点钱,再给你回法国的路费行吗?"

女郎没有立即表态,过了一会儿,她说:"明天就走吗?不能再多留几天吗?我虽然不能跟你去美国,我却愿意让你在此多留几天。"

"不必了。"卓别林也有些难分舍,但是,他已不打算娶她为妻,认为多留无益。所以他开玩笑地道:"还是让我们早日分手吧。这样,我们在记忆里还可留下一些美好的回忆,何必又一定要闹到不可不分的时候呢。天下没有不散的筵席,还是就此分手的好。"

女郎没有回答。这次她也没有哭,只是轻轻地幽幽地叹了一口气。

第二天,卓别林与西德尼带好了东西,雇了一辆车,与女郎一道去了那不勒斯的码头。卓别林不让她送,她坚持要送,只好依她了。

女郎一直将卓别林兄弟俩及随行的人送到了船上。直到船上敲响了钟,船上的侍者、船员高声喊着,船要开航了,而且将要撤掉跳板,那个女郎才与卓别林握手告别,她也没有哭。

船启航了,她在岸上对卓别林挥手,嘴里不知喊着什么,船远一些了，她在岸上学着卓别林扮演的流浪汉走路的样子。这是卓别林最后一次看见她，此后既未见她的面也不知道她的消息。

卓别林在那不勒斯乘坐的是一艘日本轮船。他是想去日本看一看，他之所以要去日本，是因为他看了日本作家小泉八去写的一本书，书里谈到的文化和戏剧引起了他的兴趣。

这时候，已经是 1932 年的 1 月了，船上有着刺肌裂骨的寒风，直到船抵达亚历山大港。

卓别林本想在埃及逗留几天，玩一玩，参观一下金字塔以及狮身人面像，还是西德尼劝阻了他。

在这里上来了一批旅客，其中有阿拉伯人，也有印度人——卓别林认为，这些人代表着的是另一个世界！每到日落黄昏，那些阿拉伯人就要在甲板上铺好他们的席子，朝着圣地麦加方向朗诵祷词。

船进入了阳光煦和的苏伊士河，然后进入红海。于是，他们都脱下了"北欧人的衣服"，穿上了白色的短裤和绸质的衬衫。因为轮船在亚历山大港装上了热带水果和椰子，所以，他们早餐可以吃到芒果，晚餐则可以吃到非洲椰子牛奶。有一天晚上，他们都学着日本人的习惯，在甲板上席地而坐，共进晚餐。一位船员教他们在米饭上倒一点儿茶，可以给饭增添一些香味儿。当轮船驶近下一个南方港口时，大家更兴奋了。日本船长冷静地宣布：第二天早晨，就要抵达锡兰首府科伦坡了。

锡兰这个岛国，是富有异国情调的，可是，卓别林一心去巴黎和日本，所以，他们没在这里下船，只是在船上看了看港口附近的风景。

　　他们的下一个港口是新加坡。船一到新加坡,他们就像进入了中国扬州图案盆子上描绘的那种气氛——只看见沿海一带都长着榕树。

　　新加坡给卓别林留下了深刻鲜明印象的是那些在艺池里献技的中国演员,那些中国孩子都是非常有才能的,并且是有很高的文化的,因为他们所演出的戏,都是伟大的中国诗人写的许多古代作品。演员因袭传统的形式,在一个宝塔上演出。

　　卓别林看了一出戏,那是一台连本戏,是要连台演出三个晚上的。戏里的主角是一个十五岁的姑娘,她扮演一个王子,歌唱时真有遏云裂帛的嗓音。到第三天晚上,演到了全剧的高潮。

　　卓别林不懂汉语,也听不懂中国话,但是,他认为这样反而更好。他从来也没有象这次看中国戏受到这样的感动,尤其是那最后一幕,非常的令他感动不已,他从来也没听过中国那种不调和的音乐,如泣如诉的丝弦,雷声般震响的锣鼓,还有那充军发配的年轻王子,最后退场时,用尖厉沙哑的声音唱出了一个凄凉绝望的人的悲哀。

　　过后,卓别林久久不忘这出连台戏对他的影响。那个女主角的唱腔、音量,他认为是少有的。而那种不调和的音乐也别具特色。那震耳欲聋的锣鼓响动,似乎增加了或说壮大了戏的气氛。

　　西德尼怂恿卓别林:

　　"查利,去巴厘岛玩一玩吧,那个岛是从未受到外来文化的侵染,那儿的美丽的妇女一个个都袒胸露臂。"

　　这些介绍引起了卓别林的兴趣。

　　"很好,我们这就去巴厘岛看一看。"

　　那个时期,巴厘岛既没有机场,也没有海港码头。他们是乘坐人工划的小船去那里的。

早晨他们就看到了巴厘岛，一朵朵白云萦绕着青翠的群山，看上去，那些峰峦就像是一些在海上漂浮着的小岛。

他们乘坐的船，靠近了一个旧木码头登上了岸。

他们上岸后，租了一辆车，乘车游览。他们的车绕过了一些大杂院，每个大杂院里面大约住着一二十户人家，围墙砌得很整齐，大门口装修得也很气派。他们越向前进，景色也越是绚丽，只看见一层层银光闪闪的绿色稻田，下面是蜿蜒曲折的溪流。突然，西德尼用臂肘碰了碰卓别林，沿着路边走过来一排年轻的妇女，她们的头上顶着一篮篮水果，态度大方。胸部祖露着，只在腰里围着一块花布。从那时起西德尼与卓别林二人，谁先发现了有妇女走过来，谁先用臂肘碰对方。那些妇女长得美丽动人。他们愉快地观赏美女。他们的向导是美籍土耳其人。他和车夫坐在前面。这个人很令人讨厌，因为他老是露出了一副色迷迷的神气，扭过头来看卓别林他们的反应——仿佛这是在排演一出戏给他们看似的。

巴厘有一家新建的旅馆，他们到了那里。这个旅馆的每一间起居室下边都用木板分隔开了，上边象阳台似的空着，而卧室则设在，起坐室后边，里面倒很是清洁舒适。

美国的水彩画家赫希菲尔德和他的妻子已经来到巴厘岛两个多月了。这时听说卓别林来了，就邀请他们去作客，他们的寓所以前是墨西哥画家米格尔·科瓦尔鲁比亚斯住过的。赫希菲尔德向一个巴厘的贵族租了那所房子。每星期只付十五美元租金，生活过得象贵族地主一样。吃过了晚饭，赫希菲尔德夫妇、西德尼和卓别林一起出去散步。夜色沉沉，天气闷热，没有一丝风，忽然间，看见了无数的萤火虫，大片大片的，象闪耀着青光的波浪,在稻田的上空一涌而过。从另一个方向,合着乐调旋律的节拍,传来了小铃鼓的叮咚轻鸣和大铜锣的堂堂震响。

"什么地方在舞蹈。"赫希菲尔德说,"咱们去看看。"

走过去大约二百码,看到了一群当地土著人,有的站着,有的蹲着,还有一些姑娘盘腿坐着。他们有的带着篮子和小灯,在兜售零食。他们挤进人群,看见两个十岁左右的小姑娘,腰里系着绣花围裙,头上戴着精致的金箔装饰,拎着低沉的大锣,配着高昂的歌声,在灯光下跳着花式舞蹈,金箔随着舞灿灿闪光。她们的头摇摆着,眼睛闪动着,手指颤抖着,一切都和那粗犷的音乐相配合,音乐越奏越强烈,到后来象是奔腾的怒浪,接着又停缓下来,象是安静的河流。音乐一下子结束了,跳舞的姑娘突然停止,又回到人群里面,没有一个人鼓掌。卓别林很奇怪,后来他才知道,巴厘人从来不鼓掌,也从来不赞美或道谢。

音乐家和画家沃尔特·斯皮斯到旅馆来看望卓别林,他们共进午餐。斯皮斯说得一口好巴厘话。从交谈中得知,他来到巴厘已经十五年了,他曾经把一些巴厘的音乐改编成钢琴乐曲,这时,他弹奏给卓别林听。

卓别林听了,觉得它们有些象用二拍子演奏的巴哈协奏曲。

"巴厘人的音乐趣味相当精致。"斯皮斯说,"他们不喜欢我们现代的爵士音乐,认为那还不够活泼,过于缓慢。他们觉得莫扎特的乐曲富有情感,但只对巴哈的作品感兴趣,因为那些作品的格调与节奏和他们的相似。"

卓别林却有不同的看法,他觉得巴厘的音乐冷酷无情,听了会叫人感到不安,即使是那些悲哀的乐调,也流露出来饥饿的明诺托式的那种阴森可怖的兽欲,不过,他并没说出口来。

明诺托指希腊神话中在迷宫里吃人的人身牛首怪物。

　　午餐后,斯皮斯领他们走进森林深处,说是那里将举行一次鞭挞仪式,请他们去开开眼界。

　　他们沿着森林里的一条小径,走了足有四英里。一到那里,他们就看见一大群人,围着一个大约有十二英尺长的登坛。年轻的姑娘,系着美丽的围裙,袒露着胸部,排列成行,头上顶着篮子,篮子里盛着水果和其他祭献物品,祭司,一个样子象个回教托钵僧,穿着一件白色长袍,长发一直披到腰际,一面祝福,一面把供品放在祭台上。几个祭司念完了祷词,一群嘻嘻哈哈笑着的青年拥了上去,看见祭坛上有什么就抢什么,祭司用鞭子狠狠地抽他们。因为鞭子抽得太厉害了,有的人不得不抛弃了他们已经拿到手的东西。据说这样用鞭子抽,是为了要赶走那些引诱青年偷窃的魔鬼。

　　第二天,他们又开始去随意参观了一些庙宇,访问了一些大杂院。看了斗鸡,参加了一些节日庆祝和宗教仪式,那些仪式不分昼夜,每时每刻都有举行的。有一次,他们离开了一处仪式,那已经是清晨五点钟了。巴厘的神都是喜欢享乐的,人们礼拜这些神,并不是敬畏他们,而是爱好他们。

　　一天晚上,已经很晚了,斯皮斯和卓别林看见一个高大健壮的女人在火炬照耀下舞蹈,她的小儿子在她后边模仿她的动作,一个看上去相当年轻的男子,偶尔给她指点一下。他们后来才知道,原来这个男人是那个高大的女人的父亲。

　　斯皮斯问那个男人有多大岁数了。

　　"地震是哪一年发生的?"那个男子反问了一句。

　　"十二年前。"斯皮斯说。

　　"是吗,那一年我已经有三个孩子结婚了。"他觉得这样的解释似乎还不够太清楚,又补充道:"我现在已经活了二千元了。"

　　过后,斯皮斯告诉卓别林,那个男子的意思是说,他活到现在已花去了二千元那么多的钱了。

　　在许多的大杂院里,卓别林看见崭新的轿车被用来养鸡。他对此有些不明白,于是他问斯皮斯:

　　"用新轿车来养鸡这是什么道理?"

　　"有一个大杂院里的人家,用共有方式经营生产,把卖牲口赚的钱存在储蓄基金里,许多年来,他们积攒了一笔为数相当可观的钱。有一天,他们听了一个会促销生意的汽车推销员的话,他们就买下了几辆汽车——全是卡迪拉克牌轿车。头几天,他们把汽车开来开去,觉得怪好玩的,到后来汽油用光了。这时,他们发现,开一天汽车花的钱,要等于他们干一个月活挣到的钱,于是,他们把汽车丢在院子里,让鸡去做窝了。"

　　斯皮斯讲了汽车做鸡窝的故事,卓别林听了觉得既好笑又可悲。

　　巴厘人的幽默和英国人美国人很相似。他们爱说一些涉及男女关系的笑话。谈一些日常大道理,还要玩玩一些字眼,有一次,卓别林想试一试他住的那个旅馆里那个年轻侍者的幽默感。

　　"小鸡为什么要穿过那条路呀?"卓别林问道。

　　侍者露出了轻视的神气。"这谁都知道嘛。"他对翻译说。

　　"你说得对。那么,哪一个是先有的,是鸡还是蛋?"

　　这一下可把他问倒了。"是鸡——哦,不对——"他摇了摇头,"是蛋——哦,不对。"他把头巾向后推了推,又思索了一会儿,最后很有把握地说:"是蛋。"

　　"那么,蛋又是什么下的呢?"

　　"是鳖呀,鳖是老祖宗,所有的蛋都是它下的。"

　　当时,巴厘是一个天堂。当地人每年只下稻田干四个月的活,其他八个月都从事文化艺术活动。整个岛上的娱乐都是免费的。这一个村里的人为另一个村里的人义务演出。后来,这个天堂也发生了大的变化,随着教育的普及,人们掩遮起他们的胸部,抛弃了那些喜欢享乐的神,转而信仰西方的神了。这样,巴厘的纯朴也就进而学习西方的不纯朴了。

在动身去日本之前,卓别林的日本秘书小野对他说:

"卓别林先生,我先去给您做一些准备工作,您将受到日本政府的接待。"

卓别林同意了。

当他们乘坐的轮船驶抵神户码头时,有飞机在轮船上空盘旋,散发红红绿绿的欢迎传单,成千上万的人在码头上欢呼。群众是那样的兴奋激动,这和卓别林在世界其他各地所见到的一样。从日本人的表现中,他看不出传说中的神秘与仇视。不过当他看见日本女人那无数绚丽多彩的和服,背后却是烟囱和灰暗的间码,这种美是很调和的。

日本政府给卓别林他们准备了一辆去东京的专车——又是国家元首级的待遇。列车每到一个车站,都有欢迎的人群。欢迎的人越来越多,欢迎的情绪也是越来越热烈,站台上挤满了漂亮的姑娘,她们赠给卓别林许多礼物,看她们穿着五彩多姿的和服,站在那里等候,卓别林象是看见了一次花卉展览。到了东京站,在车站上估计总有四五万人在欢迎他。在一群人的拥挤中,西德尼跌倒了,差点被人踩坏了,这些人是为了要走近卓别林才拥挤的。几十名警察也控制不住,最后还是警察用身体拦住了群众,才将西德尼拉起来。他们也是在警察的围护下,才登上特给他们预备的汽车。

以前,卓别林一向认为东方的神秘,被写成传奇中的故事,都是他们欧洲人的故意夸大其词。但是,他在神户登陆以后他就觉察到有一种神秘的气氛,到了东京以后,则几乎完全被那种神秘的气氛所包围了。在去旅馆的途中,他们的汽车开到一个清静的地方。汽车突然放慢了速度,最后在皇宫前面停下。秘书小野露出焦急的神情,向轿车后窗外面望去,然后转身对卓别林提出了一个奇怪的要求:

"卓别林先生,您是否可以下车,向皇宫鞠躬致敬?"

"是习惯如此吗?"卓别林问。

"是的。"小野随口说:"您不必鞠躬,只要走下去就行了。"

这令卓别林大感奇怪,因为除了他们后面跟了两三辆汽车以外,那儿四周再没有一个人。如果是习惯如此的话。那么一般人就会知道他要在此下车,也就会有一群人在这里等候,即使不是成千上万的人,至少也要有一小群人等候在这里。

卓别林虽然感到奇怪,他还是下了车,鞠了躬。他回到车上,见小野的神色松驰了下来。

到了旅馆,乘小野不在的当儿,西德尼对卓别林说:

"方才的要求,你不觉得奇怪吗?我觉得小野的举动也有些奇怪。自从我们到了神户,小野就显得那么心事重重,这里边是不是有什么事要发生?"

"不会的。"卓别林毫不在意地说:"他可能是因为工作太累了。"

当天晚上什么事情也没有发生。

第二天早晨,西德尼十分激动地走进了卓别林的起居室。"我不喜欢有这种事情。"他带着怒气说:"我的皮包被人偷着搜查过了,我的文件都被动过了!"

卓别林还不以为然,他镇定地说:"即使发生了这种事情,也没什么了不起的。不就是看看皮包吗？我们又没带什么违禁品,还怕搜查吗？"

"不！这些事情有些蹊跷。"

"是你太多疑了。"卓别林笑着安慰他。

早饭时分,日本政府派来了一位特工人员,他作了自我介绍后,说:

"卓别林先生,您无论到什么地方去,必须让小野事先通知我,请别误会,这是为了您好。"

说完,他就走出去了。

"哼！西德尼不满地哼了一声。这是在监视我们了。我看小野一定有什么事情在瞒着我们。"

卓别林也看出来小野确实越来越显得忧心忡忡的样子。

西德尼的疑虑并非毫无根据,因为那天发生了一件离奇的事情:

小野对卓别林说:"卓别林先生,有一个商人有几幅绢绘春宫,他邀请你到他家里去看。"

"你转告那个商人,就说我对此不感兴趣。"

小野露出了为难的神色。"要不,我还是叫他把画儿送到旅馆里来吧?"他提出了建议。

"我绝对不要！"卓别林斩钉截铁地说:"你叫他别浪费时间。"

小野开始踌躇。"这些人不是一句话就可以打发走的哩。"

"你这话是什么意思?"卓别林不解地问。

"嗯,他们已经恫吓我好几天了。"小野仍是愁眉不展地说:"东京这地方,有些人可不是好惹的。"

"别胡说了。"卓别林反驳道,"我们叫警察去追查。"

但是,小野摇了摇头,显然他是不赞成叫警察的。

第二天晚上,卓别林同西德尼和小野在一家酒馆里的雅座进晚餐,有六个年轻人走了进来。其中一个人在小野身边坐下,交叉起两条胳膊,其他几个人后退一步,一起站在那里。坐下来的那个人怒气冲冲,开始用日语向小野说了一些什么,小野一听他的话,脸色变得煞白。

卓别林身上没带武器,但是,他把一只手伸进外衣口袋里,那样子仿佛是带了一只枪,一面大声说:"这是什么意思?"

小野头也不抬,冲着他面前的盆子嘟哝道:"他说,您不肯去看他的画,这是侮辱他的祖宗。"

卓别林一下子跳了起来,一只手仍插在口袋里,恶狠狠地瞪着那个年轻人,"这究竟是怎么一回事?"接着,他对西德尼说:"咱们离开这儿。小野,你去叫一辆车。"

他们平安地到了外面,他们也都放下心事。一辆汽车正在等着他们,于是,他们坐上车就走了。

第二天日本首相犬养健的公子请卓别林他们去看相扑比赛,这时,发生在日本神秘的事情到了高潮。

他们正坐在那儿看比赛时,走过来一个随从人员,他拍了拍犬养健先生的肩膀,向他悄悄说了几句什么话,犬养健先生站起来,向卓别林躬身告罪:

"卓别林先生,我有紧急事情要先离开这里,等会儿我还会来的。"

"请便。"卓别林也客气地道。

犬养健急匆匆地走了。

相扑比赛快结束的时候,犬养健来了,他面色惨白,显然是受了极大的刺激。

卓别林关心地问："犬养健先生,您是不是病了?"

他摇摇头,接着突然用双手捂住了脸:"我父亲刚才被人暗杀了。"

卓别林与西德尼、小野把犬养健护送到旅馆的房间里,给他喝了一些白兰地。这时,他才告诉他们事情发生的经过:

六个海军青年军官,打死了首相官邸门口的警卫,冲进了他的私室,那时首相正和他的妻子、女儿在一起,来暗杀的人围住了首相,并用手枪指住他,首相试图和他们说理,一连谈了二十分钟,可是没有用。他们一句话不说,就准备开枪。但首相求他们不要当着他的妻女的面打死他,他们准许了首相离开妻女,首相很舒静地站起来,领着几个行刺的人走进了另一间屋子。

上述的情况,是犬养健的母亲谈的。

首相在那里,一定是再一次和刺客们说理,因为首相夫人和女儿心急如焚地等了很久,才听见那个屋子里枪声,首相被打死了。

暗杀事件发生的时候,首相的儿子犬养健正在看相扑比赛。所以他说:

"当时如果我不是和你们在一起,肯定和我父亲一同惨遭毒手了。"

卓别林他们又把犬养健伴送回家,看到了两小时前他父亲被杀害的那间屋子。席子上还有一大滩血不曾干。那里聚集了许多摄影记者和新闻记者,但是,出于礼貌的关系,他们都没有拍照。这些记者要求卓别林发表讲话。

卓别林只得说:"这件事对首相亲属和全日本国人都是一件惨痛的悲剧。"

惨案发生的第二天,原来是安排了首相正式接待卓别林的,这样当然是被取消了。

西德尼担心地说：

"暗杀首相的事件只是神秘案件的一部分，它多少是和我们有牵连的。你想，六个刺客打死了首相，六个人那天晚上到我们吃饭的酒馆里，这绝不是什么偶然的巧合。"

这件事，直到后来才真相大白。英国新闻记者付·福尔顿·拜厄斯发表了《暗杀政府》一书，由艾尔弗雷德·A·诺夫公司出版。该书内容丰富有趣，其中有一部分涉及到卓别林。

原来，日本的法西斯分子内由良平和头山满组织了一个法西斯集团，名叫黑龙会，这个集团当时很活跃，专搞一些暗杀的勾当，那次让卓别林下车向皇宫鞠躬的人就是属于这个集团的。

下面是付·福尔顿·拜厄斯书中的一段对犯人审判杀害首相的记述：

据主持策划这次暗杀事件的古贺清志海军中尉在军事法庭上供述，阴谋分子曾经讨论一项轰炸议院的计划，企图以此导致军事管制。先由那些可以很容易领到旁听证的文官在楼座上扔炸弹，而青年军官则埋伏在门口，开枪打死那些从里面逃出来的议员。再有一项计划，如果它不是在法庭上供出来，那确是很难令人相信的，那就是要暗杀当时访问日本的查利·卓别林。首相曾邀请卓别林先生出席茶会，青年军官认为可以乘开茶会时，冲进官邸。

法官：暗杀卓别林，这有什么意义呢？

古贺：卓别林是美国的红人，又是资产阶级的宠儿，我们相信，杀死了他，可以挑起日美战争。这样我们就可一箭双雕。

法官：那么为什么后来又放弃了你们精心策划的阴谋呢？

古贺：因为，后来报纸透露，举行茶会的事还没确定。

法官:计划袭击首相官邸,你们的动机何在?

古贺:是要推翻兼任政党总裁的首相,也就是说,要粉碎政府的核心。

法官:你打算杀死首相吗?

古贺:是的,我有这样的打算。不过我对他并没有私人恩怨。

这个凶手还说,他们之所以最后放弃了暗杀卓别林的计划,是因为内部对此发生争议,有人认为,暗杀这个喜剧演员,未必就会挑起日美战争,增强军方实力。

卓别林可以想象到,当时暗杀分子已经开始执行他们的计划,可是,后来发现他并不是一个美国人,而是一个英国人——"哦,非常抱歉!"

卓别林在日本遇到的并不全是神秘和不愉快的事,他在那里的大部分时间都过得挺有趣。他对日本的歌舞特别欣赏,他认为,它是不拘于一种形式的戏剧,人们可以从它里面看到古老的戏剧与现代戏剧的混合。演员的技巧被认为是首要的,戏剧只不过是演员用来表现技巧的素材而已,用西方标准来衡量,他们的技巧是有明显的局限性的。每逢不能有效地运用写实手法时,他们就索性忽略了它。比如,在西方要演出一场比剑,就不象要暴露出一些不合情理的地方,因为,无论双方斗得多么激烈,人们总可以从中看出一些小心谨慎的动作。相反,日本人在这种场合就不去理会什么写实主义。他们比剑时,彼此隔开一段距离,做出劈和刺的姿势,这一个要砍那一个的头,那一个要砍这一个的腿。每一个人在自己的那一块地方跳跃游舞,那样儿就像是跳芭蕾舞一样。战斗是属印象派的,它总是以一胜一负的姿势告终。而在表现死的一场里,演员们又从印象主义转变为写实主义了。

日本人有许多戏都以讽刺为主题。卓别林看过一出和《罗密欧与朱丽叶》类似的戏,剧中两个年轻情人的婚事也是遭到了父母的反对。戏是在一个旋转舞台上演出的——日本人用这种舞台,已有了三百年的历史。第一场的布景是在新房里,小夫妻俩刚结婚。这一幕的剧情是,一些和事佬赶到一对新人的父母那里去求情,希望两代人言归于好。但是,习惯势力顽强得很,父母已经狠下了一条心。于是两个情人决定按照日本传统的方式自杀,即每人在席子上洒满了花瓣儿,然后在那上面殉情,由新郎先杀死新娘,然后,他自己伏剑而死。

情人洒花瓣在席子上准备自杀时,他们说的一些话把观众招乐了,翻译告诉卓别林,那些话之所以招笑,因为他们含有讽刺的意味。比如他们说:“咱们这样相亲相爱了一夜,如果再活下去,那就显得是虎头蛇尾了。”接连着十多分钟,他们一直这样说笑话。后来,新娘跪在铺满了花瓣儿的席子上,离开新郎几步。祖露出脖子,当新郎拔出剑来向她慢慢地走近时,舞台开始转动,剑锋还没刺到妻子的咽喉,这一场已从观众们的眼光中消失,接下去看到的已经是沐浴阳光中的屋外场地。这时观众们都静悄悄地坐着,仿佛经过了一段很长的时间的最后,听见越来越近的人声。原来那是死者的朋友,向他们来报告好消息,说他们的父母已经宽恕了他们。来的人已经喝醉,他们开始争执,不能决定由谁去宣布这个消息。后来,他们为两个情人唱小曲儿,但听不到他们的反应,于是,就去敲门。

“别去打搅他们了。”一个人说:“他们要不是睡熟,就是太忙了。”

于是大家走开了,一边走一边继续唱小曲儿,同时台上传来那种滴答滴答空洞的响声,说明戏已演完,台上的幕随着徐徐降落。

卓别林暗自想道:日本还可以维持多久不受到西方文化的毒害呢? 日本人留意生活中那些简单的片刻,这代表了他们的文化特点——他们那样徘徊观赏花华。那样象朝圣般去欣赏樱花,痛苦时又是那样悄然沉思。看来,这一切是注定要消失在西方工业的烟雾中的了。

卓别林遍游了欧洲,又游历了远东的一些地方,虽然接触了许多有趣的事情,但是,他也看到了一些令人懊丧的情景。他看到了食物在霉烂,货物堆得老高。但是却有饥饿的人群在它们周围徘徊,有千百万人在失业,没人需要他们工作。

有一次,在饭桌上,他居然听到有一个人说,除非是我们发现了更多的黄金,否则什么也解不了目前的危机。卓别林曾提到自动化会减少就业的机会,有人说这个问题是可以解决的,因为劳力最后会变得非常便宜,它甚至可以去和那些自动装置进行竞争。经济萧条是非常残酷的,不是一个人的力量可能解决的。

第二十三章　初访中国

　　马连良的京剧艺术感动了他,他崇拜中国的古老
文明,但也憎恨把人当牲畜使用的人力车,认为很不人
道;美国妇女俱乐部的娘们攻击他"同情共产主义";一
位风流贵妇"要求"卓别林爱她,她流着眼泪说,她已经
八年没和丈夫做爱了,卓别林劝她赶紧收束心猿意
马……

　　卓别林遍游了欧洲各国,又在远东尽情体会了一阵子,直到
1932年五月,他才回到好莱坞。整整在外面玩了一年。

　　他回到贝弗利山自己的家里,站在屋子当中。那是一个下
午,时间已经不早,长长的一道日影铺在草坪上面,几缕金色的
阳光照进了那间屋子。看上去一切都是那么宁静。他真想哭上
一场,他离家已经一年了,但是,他自己也知道,这次回来是不是
一件快乐的事。他思想混乱,无论如何也不能宁静下来,茫无目
标,只感到坐立不安,十分寂寞。

　　他去欧洲,多少希望会得到一个可以改变他的生活方式的
人,然而这希望完全落空了。在他所遇到的女性中,她们很少是
属于这一类型的,而那些可能符合要求的,又都是对此不感兴趣
的。他的第一个妻子米尔德莱·哈丽斯不欢而散,因为那是一
场欺骗性的,不得已他才结婚的。第二个妻子莉太·葛蕾是被
迫结婚的,结果更是令人沮丧一辈子。那么,海蒂·温莎……克

莱·薛瑞丹……波拉·妮嘉利……还有维也纳的安娜……兰天海岸的女郎……没有一个是可以成为生活伴侣的。现在他回到了加州，回到了自己的家，却好像是回到了墓地，周围没有生气，没有笑声——女人的笑声。道格拉斯·范明克与玛丽·毕克复已经离异，所以连那个小天地也不复存在了。

那天晚上，他只好一个人单独晚餐，但是，他一向是不喜欢一个人在那幢大房子里吃饭的，于是，他吩咐不必开饭，径自驱车去好莱坞，最后停下了车，下了车，沿着好莱坞大街走下去。他觉得他根本就没有离开过这个地方。那儿仍旧是长长的一排平房店铺，陈旧的军人消费合作社，廉价药房，白尔沃思和克雷斯丢连锁商店，一切在萧条中也显得那么客气。好莱坞仍然保持着新兴市镇的格局。

他沿着那些大街走过去，他一面在心里盘算着，他是不是应当从此就退休，卖了所有的东西，去中国做个公寓。再也没其他事情可以鼓舞他在好莱坞待下去了。无声电影肯定已经结束，而他也无意跟有声电影唱对台戏。再说，他似乎已与世隔绝，他想打一个电话，随便邀一个朋友或几个朋友一起来吃饭，可是，他此时竟然想不起一个人来。他的经理里夫斯听说他回来了，就跑来看他，报告说公司里一切都好，此外，再也没有其他任何一个人来访问他。

去电影制片厂处理那些沉闷无聊的事务吗？他觉得那就真象是跳进一个污水潭里一样。不过，总算有一件事，让他听了十分高兴。工作人员向他报告，《城市之光》映出的情况非常好，他们已经净赚了三百万美元，每个月还不断地有十几万美元汇进来。里夫斯要他去好莱坞的银行，去会一会那儿新任的经理，彼此熟识一下，他不肯去，因为他已经有七年不进银行的大门了。

德皇的令孙路易·费迪南德亲王到电影制片厂来看卓别林。后来,他们在卓别林家共进餐晚,二人谈得很融洽。亲王聪明而又风趣,他说到了第一次世界大战后的德国革命。他说那是一场喜剧。

"我祖父已经逃往波兰,"他说,"但是我的几位亲属仍旧留在波茨坦宫里,他们都吓得不敢出来。最后革命党人整队向皇宫进发,先给我的亲属递来一张条子,问是否可以接见他们? 在那次会晤中,革命党人说要保护他们,还说,如果需要什么,只要打个电话给社会党总部就行了。他们听了这话,简直不能相信那是真的。但是,后来政府派了人来,和他们谈判解决他们的财产问题,他们为了要分得更多的财产,就不愿作出肯定的答复。"后来,他把这些事情,概括为一句话:"俄国革命是一出悲剧,我们德国的革命都是一个笑话。"

自从卓别林回到美国,那显然出现了他认为是神奇的事。经济萧条虽然为害剧烈,但是,它也反映了美国人民的伟大。当时的情形,每况愈下有几个州,为了推销冷背货物,甚至无准备地用木版印发纸币。这时胡佛总统已伤心绝望,只会坐在那儿发脾气,他相信货币应从上面分派,这样印发纸币,就会逐步流入老百姓手中,但最后这一害人的经济谬论失败了。既然无法结束这一场悲剧,他就在竞选运动中大放厥词,说什么,如果富兰克林·罗斯福当了总统,美国制度——当时已经不是什么十全十美的制度——就会基本上遭到毁灭。

1933年3月4日,美国选举揭晓了。被称为饥饿总统的胡佛下台了,富兰克林·狄拉诸·罗斯福(Franklin·Delano·RooSevele)当选为总统。美国不但并未因为罗斯福的当选总统而毁灭,而且却有了转机。罗斯福在宣誓就职的演说中说:他要帮助"那些在金字塔底层被忘了的人"。后来,"被忘了的人"常指罗斯福执政时代,受到社会救济的贫民。正是这篇演说词鼓舞了美国人心。

卓别林是在萨姆·高尔德温的海滨别墅里,从收音机里听到了罗斯福的宣誓就职演说的。当时他们有好几个人坐在那里,其中有乔·申克、弗雷德·阿斯泰尔夫妇、哥伦比亚广播公司中的比尔·佩利以及其他一些客人。

收音机里传出了:"我们唯一可怕的就是这个'怕'字。"

大家听了,精神一振。

听完了演说,大家对罗斯福的言论抱着怀疑的态度,卓别林说:

"这好得简直不能叫人相信了。"

这句话几乎是代表了美国大多数公民的心声。

罗斯福确实不是个空口说大话的人。他一上任,就开始把他的诺言付诸实施。

胡佛上台前,曾提出保证"将使每个工人锅里有一只鸡"。结果,工人不但没有鸡吃,却连饭也吃不上。

罗斯福执政后,招集了一批经济专家组成了智囊团,提出了一系列挽救经济危机的法案,并促使国会通过。国会通过了《银行条例》,并授权总统竭力挽救破产的银行。罗斯福立即命令所有的银行休假十天,那是美国人民奋起的一个时刻。所有的商店继续用信贷方式做买卖,连电影院也用赊欠的方式卖戏票,接连十天,罗斯福和他的智囊团,制订新政纲领,而在这段时间里,美国人民也都做出了英勇的表现。

立法机关奉命作好一切应急准备。国会连续通过了《农业调整法》、《工业复兴法》以及《公平竞争法》……先后共通过了七百七十五个法令。建立了几十个委员会或管理局。

重新建立了农村信贷,以防有人利用取消抵押品赎回权进行大规模掠夺;筹措资金,执行大规模公用事业计划;制定国家复兴方案,提高工资最低限额;缩短工作时间,扩大就业机会——进行大规模的国家工程建设,鼓励组织工会。

开始有人反对罗斯福的这些"新政"。他们叫嚣:"这些事做得太过火了,这是在实行社会主义呀!"

但是,不管它是不是社会主义,它终于挽救了资本主义,使其不致全部崩溃。它还在美国历史上进行了一些最有效的改革,使美国政治一洗以前那种萎靡不振之风。美国人民也非常迅速地响应政府建设性的号召,卓别林也受到了鼓舞。

好莱坞的生活也在经历一番变化。演无声电影的影星已经消失——留存下来的只有卓别林等少数几个人。这时候有声电影已经奠定了基础,原来好莱坞那种优美宁静的空气已经不复存在。一夜之间,仿佛电影已经变成了一种冷酷无情的工业,配音的技巧人员开始革新电影制片厂,装起了复杂的配音设备,大得象间屋子似的摄影机,象神像般在摄影场上一路隆隆震响着推过去。配备复杂,许多电线盘绕着的收音机也装置起来,一些人衣服穿得象是来自火星的勇士,带着耳机,高坐在那里,而演员则在他们面前表演,传声器象钓鱼竿似的在他们的头顶上空摇来晃去。一切都是那么复杂,叫人看了感到不快。一个人的四周布置了那么许多乱七八糟的东西,你叫他怎么从事创作呢?卓别林厌恶这一切。

后来,这些复杂的设备都被变成便于携带的,摄影机被改成为更易于移动的,那些设备也可以用不太昂贵的价钱租来使用了。虽然有了这些改进,但卓别林仍然鼓不起兴致来工作。

　　他仍旧转那个退休的念头,是不是应当收起摊子,去中国侨居呢? 他认为他可以在香港生活得挺好,把拍电影的事业忘他个一干二净,不要在好莱坞这儿一天天烂下去了。

　　卓别林之所以转退休的念头,一方面是有声电影对他的冲击。他是以无声电影起家的,全世界的电影界,没有一个人拍的无声电影达到了他的那个高度,他也擅长于拍无声电影、他认为他再拍一部有声电影无论如何也不可能达到他拍无声电影的那个高度,而且再拍无声电影恐怕也可能是费力不讨好,再也无力与有声电影进行竞争了。另一个方面,他的生活也因为没有工作而感到了异常的空虚、寂寞与孤单无聊。

　　此后,他一连三四个星期,一直闲荡着,无所事事。

　　后来,有一天,乔·申克打来电话,约他到他的游艇上度周末,那是一条很漂亮的游艇,它有一百三十八英尺长,可以很舒适地供十四个人乘坐。乔常常让他的游艇泊在圣卡俐娜岛海面附近的阿瓦龙。在他那些客人当中,难得有人是谈吐风趣的,他们一般都喜欢玩扑克,而卓别林对于此道并不感兴趣。但是,他还是应约到乔的游船上来了,因为他的醉翁之意不在酒。他知道,在乔的船上常常载了许多美丽的姑娘,他当时正感到非常寂寞、孤单,他总在乔的游船上,在那些美丽的姑娘当中找到一线阳光,他到乔的船上来,是来猎艳的。

　　卓别林确实如愿以偿,他在这里遇到了宝莲·高代(Pauline Goddard)。

　　宝莲·高代原来的名字叫宝莲·里维(Pauline Levy),那时不过刚刚二十岁,她已跟一个花花公子结婚四年,刚刚离了婚。

　　宝莲·高代长得很美,卓别林觉得她的古典美十分动人,又喜欢她的聪明伶俐和她的泼辣机智。她跟米尔德莱·哈丽斯和莉太·葛蕾从前一样年轻,可是,她却有着和那个波兰女明星波拉·尼加莉以及英国女雕塑家克莱·薛瑞丹一样的成熟。可以说宝莲·高代具有了上面四个人的优点——年轻美与成熟美。

此时此刻的卓别林与宝莲·高代可以说是同病相怜。二人都处在寂寞、孤单、烦闷无聊之中。

卓别林正在猎美,宝莲·高代的美丽、聪明、伶俐,连美国报纸上都说她是"属于美国社会中最独特的一美人",又是那么成熟,他怎能轻易放过,当然就产生了凤求凰的心意。

宝莲·高代刚刚离婚,还在处于孤单之期,而卓别林又是那么幽默、萧洒、倜傥,且是电影界世界知名的艺术大师,当然也产生了凰求凤的心理。

二人一见如故。

他们头一次见面,在坐席时就坐在了一处,席间就谈得融洽,彼此都产生了相见恨晚之感。

饭后,他们又坐在一起攀谈起来。

"查利",宝莲已不称查尔斯·卓别林或卓别林先生,而称呼他查利了。"我打算把我的赡养费的一部分五万美元投资到一家影片公司里去。我把所有的文件都带到船上来了,明天就准备签字了。你以为怎样?"她不称您,而改称你。

"宝莲,这不行。"卓别林诚恳地道:"那家公司明明做的是消头生意。这投资的事决不可行。"

"哟,是吗?"宝莲笑着,看着卓别林。她已对卓别林有了好感,当然想听听卓别林的意见,否则她就不会把这件事提出来了。

"我几乎是自从电影创始以来就干这一行,根据我对这一行的经验,我不愿为拍电影投资一个铜板,除非是电影由我自己来拍,而即便是由自己拍,你也得担风险的,赫斯特手下有那么一班采访人员,对美国发生的任何事情都了如指掌,但是,为了拍电影,连他还赔了七百万美元,你宝莲怎么能想赚到钱呢? 此事万不可行。"

"查利,我听你的。"

就这样,他们从初见这天就开始成了朋友了。

宝莲刚从纽约来,在好莱坞人地两生,见到了卓别林就引为知己。

情,这条无形的纽带把卓别林和宝莲连在一起了。对于他们二人来说,那情形都象是在荒岛上的鲁滨逊发现了星期五一样的高兴。

平时,他们都有自己的事情要做。卓别林要处理制片厂与公司的一些事务;宝莲则要为萨姆·高尔德拍一部电影。但是,每逢星期日,他们二人就单独在一块儿,驱车远游。实际上,他们已经跑遍了整个加利福尼亚州的海岸线。看来,他们几乎已经没有其他可做的事情了。似乎无处可去了。

他们最有趣的消遣,是他们二人一起到圣佩德罗港口去看那些游艇,其中有一条游艇要出售,那是一条五十五英尺长的汽艇,上面有三间特房舱,一间厨房,还有一间很漂亮的操舵室,比起乔·申克的那条游艇可强的太多太多了,这正是卓别林所喜欢的那种游艇。

"如果你能有一条这样的船。"宝莲摇着这条游艇说:"咱们星期天好玩儿的事可多了,还可以到圣卡塔利娜岛去。"

宝莲的话对于卓别林来说,无异于皇上的圣旨或手令。于是,他就去打听那条船怎样买法。

船主人是米切尔先生,他是一个电影摄影机厂厂主,他领卓别林与宝莲去看子那条船,在一个星期之中,他们先后去看了三次,到后来,他们都觉得不好意思再去了。但是米切尔先生说,只要这条船还没卖掉,他欢迎他们随时上去看。

后来,卓别林不让宝莲知道,就买下了那条船。他在船上装齐了食物和其他必需品,准备船行到圣卡塔利娜岛,船上带了他自己的厨子,还有安迪·安德森,他从前是基斯顿警察,是一个领有执照的船长。下一个星期天,一切准备就绪。他和宝莲一大早就出了门。宝莲还以为是要乘汽车到很远的地方去,答应只先喝一杯咖啡,等会儿到了什么地方再吃早点。后来,她发现卓别林是把车开往圣佩德罗去,她问道:

"你总不见得是再去看那条船吧?"

"我想再去看一次。"卓别林装作一本正经的,不带玩笑的口吻说:"可以作出最后决定。"

"那么,你还是一个人去吧,太不好意思了。"宝莲无精打采地说:"我在车上等你。"

他们的车在浮码头边停下,但是,不管卓别林怎样劝说,宝莲就是不肯下车,她说:"不!还是你一个人去吧。不过,要快一点儿回来,咱们还没吃早点哩。"

过了两分钟,卓别林回到汽车跟前,笑着道:"宝莲,你上船去,看看,哪怕只看一眼,船上变样了。我不骗你,你看一跟就行。"

宝莲总算被卓别林哄上了船。

船舱里布置得挺花梢,桌上铺着彩红和兰色的台布,配着粉红和兰色的磁器。从厨房里飘来了煎火腿蛋的香味,闻了令人馋涎欲滴。

"船长挺客气,请咱们吃早点。"卓别林说:"我们可以吃到麦饼、火腿蛋、土司、咖啡。”

宝莲向下边的厨房里一看，认出了他们的厨子。

宝莲仍不明白，她怔怔的看着卓别林的脸：“这是……?”她没有说下去。

“啊，”卓别林说：“星期天，你我应该有个什么地方去玩玩，所以，吃完了早点，咱们就到圣卡塔利娜岛游泳去吧。”

“去圣卡塔利娜岛?”

“是的，这条船已经属于咱们的了。”

“等一等，”宝莲说。接着她就站起了身，走下了船，在码头上一直跑过去大约五十码，然后双手捂住了脸。

“喂! 来吃早点呀!”卓别林对着她大声喊。

宝莲重新走上船，说：“经过那一阵兴奋，我非得这样来一下，才能恢复过来，我太高兴了。”

这时，日本厨子费雷迪满面笑容，把早点送来了。

后来，他们的船开动轮机，驶出港口，到了太平洋上，向二十二英里以外的圣卡塔利娜岛进发。

他们在那儿一直停泊了九天。

至于卓别林与宝莲到底什么时候好起来的，也就是说他们两个人什么时候睡在了同一张床上，同一个被窝里边，外面不知内情的人无法得知真相，只能估计。有人说就是他们去圣卡塔利娜岛九天时间开始的；有的人却说比这要早，就是他们驱车遍游加州海岸之时；有的人说还要早，就是他们在乔·申克的船上相识几天之后，众说不一；有一点是可以肯定的，全好莱坞都在说，宝莲和卓别林就要结婚了。事实上，却始终听不到他们结婚的消息，有人认为卓别林这次结婚与前两次一样，结婚时不请一个亲友，过后，用事实来证明。但是，这次却没有，卓别林的知近好友以及整个美国报界全没有得到卓别林结婚的消息。两个人同居是既成事实,这是许多人都知道。但是,那个时代的美国,不经过结婚而同居的男女是大有人在,不是什么奇怪的事。

卓别林仍然没法订出工作计划。他和宝莲在一起,做的尽是一些无聊的事儿,看跑马、去夜总会、参加盛大的宴会,一切都是为了消磨时间。他不愿意离群索居,不愿意去多转念头。然而,他在从事游乐时,又老是怀着一种负疚的心理,他自问:这一天天在干些什么啊?为什么不去工作呀?

另外,一个青年影评家的几句话,让卓别林听了感到懊丧,他说:《城市之光》很好,但他认为它已接近于伤感,他希望卓别林先生将来拍电影的时候,更多地采用一些写实手法。当时,卓别林同意他的看法,其实,卓别林后来对此有了自己的看法,他认为,所谓写实主义,往往是不自然的、虚伪的、平淡的、沉闷的;在一部影片中,重要的并不是现实,有意义的乃是想象力。

又是一个偶然的机会,一个偶然的事情触发了卓别林的灵感,这件事情又鼓舞着他拍了又一部无声电影。其实,我们前面说过,卓别林的那些优秀的、空前好的电影都是每一件或某一件东西引起或触动了他的灵感才拍出来的。

这件事是这样的:

他和宝莲去墨西哥的蒂华纳城去看赛马,那里的赛马类似肯塔基州的赛马,优胜者将赢得一只银杯。赛马结束,主持赛马的人请宝莲去给胜利的骑师授奖。她经人一说就答应了。卓别林在扩音器前听了宝莲的讲话感到惊讶,宝莲虽然出生于布鲁克林,但是,她模仿起肯塔基的交际花来,却微妙微肖,从此,他认为宝莲是能演好戏的。

这一下,卓别林被鼓起了兴致,他觉得宝莲有点儿象一个街头流浪女郎,这是十分精彩的材料,可以把它搬上银幕,可以想象到,他这个流浪汉和一个流浪女在一辆拥挤的囚车里邂逅相遇,流浪汉知情识趣,他把位子让给女郎坐。这是故事里的主要一段,他可以就以这一段展开情节,编制笑料。

这时,他又想起来,有一次他会见了纽约《世界报》一位年轻活泼的记者,他听说卓别林要去底特律,就讲了那里工厂的情况给他听。说起了那里传动带的装置,那里的工人大都是从农村中来的青年。被大工业吸引到了工厂,在传动带装置下工作了四五年,他们精神上受到了严重的摧残,生活是够悲惨的。

从那个青年记者的谈话,他又受到了启发,工厂老板为了让工人节省吃饭时间,用更多的时间来工作,所以卓别林就打算在片中使用一台吃饭的机器,工人边吃饭边工作。

他把这个片子定名为《摩登时代》,而这个片子的主题就是卓别林从那个记者的谈话中得到的。

这片子的故事是这样的:

片子开头是羊群挤出门来,紧接着就是工人放工回家,在这些工人之中,有一个就是查利,他在一家大工厂做工,他的工作是扭紧送货带上的每一颗螺丝钉。由于传送带送来的活太多,他必须两只手各拿一把螺旋钳扭个不停,稍为慢点儿,就会惹出乱子。有一次,一个螺钉滑过去了,他追上去拧,这就撞倒了许多工友,打翻了整条送货带,最后,他自己也被机器卷进了另一个机器里去。

又一次,他跟一个工人一块修理一座锅炉样的庞大机器,弄得一塌糊涂,两个人都让车轮拖上拖下,闹得天翻地覆。

他们工厂的老板异想天开,搞了一台"吃饭机器"来,想用来减少工作午餐休息的时间,查利真是多灾多难。他被选来做实验,他站在那台"吃板机器"里,开动机关,让机器自动喂他吃饭,只见调羹往他嘴里送汤,圆筒往他嘴里塞玉米心,还有一张机械化的餐巾不停地为他擦嘴,似乎满不错哩。

他正吃得高兴,那架"吃饭机器"发生了故障,这下子可糟透了,机器给他送来钢钉,机器调羹倒了他一身汤,蛋糕打在他脸上,食物不断涌来,可怜的查利却陷在那里,无法脱身。

这种单调无聊又机械的生活,快把查利逼得走投无路了,老板的大脸出现在银幕上,命令查利,快些,再快些。他上厕所抽口烟,老板也要追来。

查利终于被机器逼疯了,他把钳子顶在头上,象生出两只角来,到处跳跳闹闹,随手开关机器。他冲出工厂去,在街上看见了象钉子样的东西就乱扭,他扭领班的鼻子、扭火门栓、扭一个女人的胸部钮扣,结果给人送进了精神病院。

病养好了,可是工作没有了,他离开医院开始新的生活,又遇上了空前失业大恐荒。

好容易捱过了几个月,刚找到工作,罢工又开始了,警察禁止工人集会。查利向一个警察抗议,那个警察气势凶凶的要动手,查利却用一块木板挠起一块砖头,正打在警察身上。

他偷着上了一辆插着"危险"红旗的炸药车,却被车摇下来,那面红旗也同时落下来了。查利捡起红旗来挥舞,想引起司机的注意,他忽然发觉他已成为一个示威队伍的先锋。警察以为他是罢工运动的领导人,就把他抓上了警车。

在监狱里,他偶然在食物中撒上一些"快活粉",这种药使他有超人的力气。就凭了这把力气,他搞了一次越狱,居然获得了官方的奖励,让他一个人住在一间牢房里,"可以享受一切家庭之乐。"他可以正式喝茶,可是,他喝茶时会发生古怪的声音,在饭桌上他又会做出许多古怪的举动,这些都惊动了四邻,使一些老太婆大为不安。

他总算在狱中过活下来,正觉得可以安享清福,却突然获得了赦免。他挺不高兴,他莫名其妙。

这时候,观众可在银幕上的码头上看见一个流浪少女偷了一点面包和几个香蕉,给人抓住又逃了,可是,她的几个妹妹却被捕了。

查利出狱后,在船坞里总算找到了一个工作。一条船还没有选好,他就替它"行下水礼",把它沉在水底,他自然又失业了,他决心回到监狱去,他觉得只有监狱才安全。

他在路上碰见了那个流浪少女,他很同情她。她被捕了,他去代她认罪,警察却不理睬他。

他大踏步闯进一家酒店去,叫了许多东西来吃,他无钱可付,这一次,他总算达到了目的,他被捕了。在押解途中,他又碰见了那人流浪少女,他又不急去坐牢了,他与那个流浪少女一块儿逃下了警车。

他们找来找去,在海边找到一个破木屋栖身,旁边是一间狗房。这间木屋破旧不堪,却成了他们的"天堂"。查利睡在那间狗房里。第二天一早起来,他高兴极了,神气十足地跳下他的私人游泳池中去——那是一个积水坑。坑内只有五六寸深的污水。

一个偶然又偶然的机会,查利在一家百货公司找到了一个打更人的工作——这才是他们喜欢的工作。晚上,那个流浪少女冻得发抖,查利让她进到店里来,抓起一件店里的银鼠皮大衣给她披上,叫她就在店里睡觉。

半夜,几个窃贼进来了,他们都是失业工人,查利同情他们,让他们在店里随便拿应用的东西。结果是必然的,他又被送进了监狱。在他坐牢期间,那个流浪少女找到了一个在夜总会作舞女的工作。

查利又被放出来了,流浪少女又替他找到一个侍者的职业。

两个人都有了工作,他们就做起梦来:他们要有一个真正的家,住在郊外,丈夫下班回来,妻子在他们理想的家里等着他。

可是,这只是一个梦而已。

查利在夜总会做侍者,也闹了不少笑话。他给一个急躁的客人送烧饼去,许多客人在跳舞,把他挤来挤去,象皮球似的给人踢过来又踢过去。

夜总会要唱一支歌,查利被逼上台去代替一个男歌星,他让少女把词抄在他的袖头上,不凑巧,那时候他的袖头被人挤掉了,他就乱唱一气,唱出许多外国字眼来,居然大受欢迎。可是,这不过是一场空欢喜,警察又来捉拿少女了,他们赶紧溜开。

他们两个人坐在乡下大路边,抱怨运气太坏,后来又兴高彩烈,因为他下了决心,"我们两个人总会有办法的!"

结尾,他们两个人抱着无限的勇气,手挽着手,沿着大路向天边走去。

走向何处? 由观众自己去琢磨吧。

CHARLIE CHAPLIN

一生想过浪漫生活

卓别林

鲍荻夫 ◎ 著

六

时代文艺出版社

卓别林

作　　　者:鲍荻夫

责任编辑:张秀枫

出　　　版:时代文艺出版社
　　　　　　(长春市泰来街 1825 号 邮编:130062 电话:86012927)

发　　　行:时代文艺出版社

印　　　刷:三河市灵山装订厂

开　　　本:787×1092 毫米　32 开

字　　　数:750 千字

印　　　张:35

版　　　次:2011 年 5 月第 2 版

印　　　次:2011 年 5 月第 2 版第 3 次印刷

书　　　号:ISBN 978-7-5387-1064-9

定　　　价:208.60 元(全 7 册)

剧中的流浪少女由宝莲扮演。

拍戏时,为了要把宝莲打扮得龌里龌龊,卓别林就用油彩污垢涂在她脸上,她差点哭出来。

卓别林劝她:"抹这些油污,就有点象美人斑一样啊。"

卓别林认为,用时髦服装把一个女演员打扮得漂漂亮亮的,那是很容易做到的,可是,要象在《城市之光》里把一个演员打扮成一个卖花姑娘,同时又要她俏丽动人,那就得伤脑筋了。为《淘金记》里的那个姑娘设计服装不成问题,然而,为《摩登时代》里的宝莲设计服装,就需要精心琢磨,要有巴黎服装设计大师戴奥尔的那种创造力了。如果流浪女郎的衣服问题处理得稍微大意一点儿,那些补丁就会显得象戏装一样了,不能是入情入理而又逼真的了。他在把一个女演员扮成流浪者或卖花姑娘时,总是注意到,既要收到诗意的效果,又不致损害了她的个性。

《摩登时代》又是一部无声片。在献映之前,有位专栏作家说,他们获悉影片只有共产主义色彩。卓别林认为,这可是由于报上刊登了影片故事摘要的缘故,另一些持论公正的影评家说,影片既不是拥护共产主义的,也不是反对共产主义的,如果打个比喻的话,那么可以说卓别林是骑墙的。

卓别林最感到神经紧张的,就是在电影放映后去看那些有关的报道。一会儿这篇报道说,第一个星期里观众人数打破了记录,一会儿那篇报道又说,第二个星期人数略有下降。况且,他对自己拍的片子每一次都是心里没底,所以,这次他不等影片上映,先要离开这里,要走得越远越好。他不想听到有关影片的报道,也不想去参加首映式,他决定带着宝莲和她的母亲一起去檀香山,临行前他吩咐公司和他保持联系。

卓别林一行人,在洛杉矶上了船,抵达旧金山时,还遭到了倾盆大雨。但是,这并没让他们扫兴,他们上岸去买了一些应用的东西,再回到船上。当走过那些仓库时,卓别林看见一批待运的货物,上面打有"中国"字样的戳印。

"到中国去。"卓别林想。

"到哪儿去呀?"宝莲问。

卓别林在心里想着的时候,不自觉的说出口来:"就到那儿去。"所以宝莲才有此问。

"到中国去。"

"你这是在开玩笑吗?"

"咱们现在就去,否则以后就没有机会了。"卓别林说。

"可是,我什么衣服都没带。"

"你需要什么,都可以到檀香山去买嘛。"卓别林说。

卓别林亲身体会到,再没有什么比航海更容易恢复人的健康了,面对着宽阔无边的大海,人的一切烦恼、忧愁暂时都抛开了,真有心旷神怡的感觉。

"船舶可算得上一种仙丹妙药。"卓别林愉快地道。

"何以见得?"宝莲歪着头问。

当时,他们同在甲板上看着大海。

卓别林向着大海用手划了个大半圆:"你看,见了这大海,人的烦恼全被抛开了,吃饭也香了,烦心事也不去想了,这是很有益于健康的。"

宝莲点点头,她道:"可是,船终归要在某一个港口停舶的,而旅客也终究要下船的。那又怎样呢?"

"船进港口,人下了船,人又回到了沉闷无聊的世界里了。"他笑了笑:"所以,我才说船舶是仙丹妙药呢。"

"可是,也还是这仙丹妙药又将你送回到沉闷的世界里呀。"

船一到旧金山,卓别林不由大吃一惊,码头上就贴有《摩登时代》的大幅广告。有一些新闻记者及一些观众已经等候在码头上了。

卓别林很奇怪,不知这些新闻记者是怎样知道他的行踪的。因为他此次出行知道的人不多。

记者堵在船边上采访卓别林,他们恨不得把卓别林活吞下肚子里去。过后,他苦笑着摇了摇头,小声对宝莲说:"唉!真没办法,无论怎样,你也无法躲开那些无孔不入的记者。"

卓别林在檀香山没有久住,只住了几天,就乘船横越太平洋真的往中国进发。

1933 年 6 月 1 日,卓别林和宝莲在海上秘密结了婚。这件事他们两个秘而不宣。直到 1940 年才不得不公开。为此事还引起了一场不太小的风波。

拍制《乱世佳人》一片时,最先决定由宝莲·高代饰演施嘉·奥哈娜一角。这时,全美国各地的妇女会又出来向影片公司表示反对,那些专爱管闲事的美国娘们儿,提出反对的理由是"宝莲·高代与查尔斯·卓别林的关系不明朗"。这样的举动,这样的借口,简直叫人笑掉大牙。不过,这也好,宝莲·高代至此只好公开承认她是卓别林的妻子,早在 1933 年就结婚了。

这次婚姻,对双方来说,都是很美满的,卓别林这时才真正的享受到真正的家庭生活。

　　从檀香山到香港,他们很少与其他客人交谈,卓别林和宝莲·高代虽然是先同居后结婚,但是,他们却象新婚夫妇一样度蜜月。宝莲·高代的母亲也没留在檀香山,和他们一路而来,但是,这位老太太却很能体贴人,她除了一日三餐和女儿女婿在一块儿进餐外,其余时间她很少让女儿女婿陪她。

　　有一天,查利却收到一张便条,写便条的人说他和卓别林有许多共同的朋友,但是,多年来他们两个人却一再失之交臂,现在,到了南中国海,该是他们两个人会见的最好机会了。下面的署名"让·科克托"。后面还有附言:晚餐前可先请到我的舱房里喝一杯加饭酒。卓别林立刻怀疑这个人一定是个骗子。因为,他知道,让·科克托既是诗人、小说家又是一位剧作家,还是一位导演,这样一位法国巴黎的大忙人,这会儿跑到这儿来干什么?但是,他还是决定要去看一看这个骗子在要什么花招。

　　其实,便条上说的都是实话,让·科克托来这儿,是因为接受了法国《费加罗》报的一项任务。

　　两个人见面了,可惜,卓别林不会说法语,让·科克托又不会说英语,正好,科克托的秘书会说几句英语,但还说不太好,那天晚上,他们两个人大谈自己对生活与艺术的看法,一直谈到午夜。他们的临时充任翻译的秘书翻译起来结结巴巴,话说得很慢,科克托则把两只好看的手放在胸前,说话快得象放机关枪,他那吸引人的眼光一会儿闪到卓别林这一面,一会儿又闪到翻译那一面,而翻译则毫无表情地说:"科克托先生……他说……您是一个……阳光下的……诗人……他是一个……黑夜里的……诗人。"

　　接着,科克托立刻又从反面向卓别林转过身来,象个鸟儿似的,很快点了一下头,又说下去。后来,卓别林再接着往下说,扯的都是一些哲学和艺术问题，谈到投机时，他们互相拥抱，而翻译则在一边冷眼旁观，这样的高谈阔论，他们谈到了清晨四点钟，约好了吃午饭时再见。

可是，他们的热情已经达到了顶峰，他们已经谈够了！两个人都不愿再赴那次约会了。那天下午，双方都给对方写了道歉的信，而两封信肯定是互相对过了，它们的内容相同。两个人都讲了一大堆道歉的话，但是又都小心地避而不谈另一次约会的事，他们彼此已经谈得腻了。

晚饭时，卓别林、宝莲等人走进餐厅。科克托正背对着他们，坐在里边的一个角落里，但是，他的秘书正面对着外面，没法装做没看见卓别林他们，只好轻轻向科克托作了一个手势，意思是告诉他，卓别林他们来了。科克托迟疑了一下，然后转过了身，装出高兴的神气，挥了挥卓别林写给他的那封信，卓别林也挥了挥他写来的那封信，两个人都笑了。接着，卓别林就冷静地转了头，一本正经地研究他们自己的菜单。科克托先吃完了饭，当侍者正给卓别林他们上主菜时，他匆匆忙忙地向卓别林他们的桌子边悄悄地走了过去。但是，走到门口，他又转过身来，向外边指了指，那意思好像是说"我在那儿等你啦"，卓别林则笑着会意地点点头，表示同意。饭后，卓别林走出来，看了看才放了心，因为科克托已经走了。

第二天，卓别林一个人去甲板上散步，突然吃了一惊，他看见科克托正从那边角上向他这面走过来，他想找一个地方赶快躲起来，可是，这时他看见科克托看见了他，就像飞也似的跨进了大厅正门，他这才舒了一口气。此后，卓别林也不去甲板上散步了，白天里，他们一直在玩捉迷藏，避免彼此碰上。但是，快到香港时，他们又恢复了正常，偶尔碰上时，也停下来略谈几句。

科克托在船上讲了一则奇怪的故事,据说他曾经在中国内地见过一位活佛,那是一个五旬左右的人,出世后就一直浸在一缸油里,只有脑袋露在缸口外边,由于多年来一直在油里泡着,他的身体就像胎儿那样嫩,你可以用手指戳穿了它。他没有说明那是在中国什么地方看到的。但是,他最后又承认,那不是他亲眼看见的,是听人家说的。

科克托曾买了一只好玩的蝈蝈养在一个小笼子里,常常一本正经地把它带到卓别林的房舱里来。

"它很聪明。"科克托说,"我每次对它说话,它就唱歌。"

蝈蝈变成了他的爱宠,到后来,它也成了他们谈话的资料。

"皮卢儿今儿早晨好吗?"卓别林问。

皮卢儿是科克托给他的蝈蝈起的名字。

"不大好哩。"科克托严肃地说,"我已经限制它的饮食哩。"

船到香港,皮卢儿也被带上岸,它忽然唱起来。

"你们瞧,它喜欢中国。"他说完打开小笼子,把皮卢儿放了出去。

卓别林一惊,问道:"您这是干吗?"

"让它获得自由。"翻译说。

"可是,"卓别林说:"它在这儿人地生疏啊——它不会说本地话。"

科克托耸了耸肩。"它很聪明,很快就会学会的。"

卓别林在香港遇到了一位神父。

在下船前,一位身材高大、神情严肃的商人对卓别林说:

"查利,我想介绍你认识一位天主教神父。他是一个从美国康涅狄格州来的美国神父,被派到这儿附近一个孤岛上的麻风病院里工作,已经五年了。神父很寂寞,每星期六都要到香港来看美国船上的旅客，今天正是星期六，他肯定会来的。

卓别林和那个天主教神父是在一个酒馆里会面的。

神父年过四十，长得颀长而漂亮，红润的脸上带着亲切的笑容。

卓别林叫了酒，接着他的朋友也叫了酒，后来神父又叫了酒。起先，只有他们少数几个人，但是，天晚了，在座的逐渐增加到二十个，每个人都叫了酒。最后人数增加到大约三十五个，酒不停地往上送，许多人喝得酩酊大醉，都被抬上了船，但是神父酒到就喝，始终是那样笑着，清醒地招待着每一个客人。最后，卓别林勉强站起来，向神父道别。神父殷勤地扶着他，他们互相握手，这时，卓别林觉得神父的手指粗糙，就翻过来仔细看他的掌心，手掌上满是皲裂，当中有一个白点儿。

卓别林开玩笑地说："希望这不是麻风啊。"

神父咧开了嘴，摇了摇头。

一年以后，卓别林听说那个天主教神父患麻风病死了。

卓别林他们在香港下了船。

"这里就是中国了？"宝莲问。

"怎么说呢，"卓别林沉思着慢慢地说道："这里原是中国的土地，在上个世纪的中叶，英国政府用大炮开路，强迫中国那个王朝政府将它割让给英国了。"

他们在香港逗留了几天，每天不得闲，有许多人宴请他，又不能下去，最后只好偷着乘船去中国的上海。

卓别林到上海来，是偷偷溜来的，所以，到上海后，没有那么多的欢迎人群，因为还没有人知道他来到上海。

他们在上海逛了几天，看见了这个有着几千年的文明古国贫富的差别甚至比西方国家还要悬殊，更令卓别林感到难以平静的是人力车,一个穿着破烂衣服面有菜色的人,两只手握着车辕(把)拉着一辆两个轮子的车向前跑,车上则坐着或是肥头大耳,或是满身绸缎的男人或女人。

"把人当牲畜一样使用,这很不人道。"卓别林对宝莲说。

卓别林还是被人认出来了。于是上海电影界为他举行欢迎会。此后,他就在人们陪同下去欣赏京戏。

卓别林对京剧艺术甚为欣赏,他认为那震耳欲聋的锣鼓声与那幽扬悦耳的琴弦声在不调合中另有一番韵味,他看了马连良的全本"失、空、斩。"即《失街亭》、《空城计》、《斩马谡》。

演出结束,由于卓别林的要求,他与马连良见了面,并一起拍照留念。

卓别林离开上海又到了日本的东京,船到了东京,仍没被人发现卓别林的到来,因为多承船长的照顾,他给卓别林登记了另一个名字。后来,日本海关当局检查护照才发现了他,登时大惊小怪起来。

"您来的时候为什么不叫我们知道呢?"海关官员说。

卓别林之所以不愿意让人知道他到日本来,是因为前不久日本曾发生了一次军事政变,习惯上叫二·二六政变,因为政变发生在 1936 年 2 月 26 日,日本陆军中的"皇道派"的少壮军官,率所部发动军事政变,海军大将斋藤,大藏大臣高桥,陆军教育总监渡边等多人被杀。所以他不想兴师动众,还是悄悄地来玩一玩,然后再悄悄地走开。

海关当局发现了卓别林,立即报告了政府。

日本政府立即派来一位官员,另外还有几个特工人员。他无论走到哪里,那位官员一直陪着他,而那几个特工人员也一直在保护他。

　　尽管日本政府这样尽心尽力的照顾卓别林,他还是感到拘束。所以在日本也没有住多久,他们搭乘"柯兰芝总统"号船回美国了。

　　他们离开了五个月,又回到了他们自己的家。

　　他一到家,电影制片厂立即报告了他一个好消息,说《摩登时代》已经是风靡全国了。

　　其实,《摩登时代》的发行并不是一帆风顺的。不过他不知道罢了。

　　早在《城市之光》发行时,美国有的报纸就攻击他。但是,由于观众喜爱《城市之光》,所以攻击他的报纸,反遭到了观众的辱骂。

　　卓别林拍《摩登时代》用去二十一万五千英尺胶片,拍了十个月才完成,花去了成本费近二百万美元。

　　在《摩登时代》这部笑片中,可以说他的剧本、演技都达到了炉火纯青的地步,这也是他喜剧、哑剧的最高峰,尽管在片中他唱的那段歌是有声的,但整个故事还是哑剧。

　　他在《摩登时代》里,控诉了机器对人的奴役,他暴露了在大工业时代,"小人物"的痛苦生活,他挺身为"小人物"们仗义直言。在片中也揭露了资本主义制度的一个方面,经济萧条,工人失业、罢工、暴动都是由工人失业引起的,这似乎是卓别林已初步认识到资本主义制度的本质。也许就是这个原因,他又受到了美国某些报纸的攻击。

　　首先攻击卓别林的是一些大企业的大老板们,因为卓别林刺痛了他们。因为他们看见卓别林已挖到了他们的根子上,失业、经济萧条、人们流浪、无法生活的根子在于这个不公道的丑恶制度。这样,那些大企业的大老板与另一些烂政客们一唱一和、肆意攻击。

美国"妇女俱乐部"的一些老太婆们,则跟在大老板和政客的屁股后面,大吵大骂,兴风作浪。

有的人说卓别林政治上有问题,说在他的公开言论和他的影片中发现了他公开同情共产主义,甚至于还有"更坏"的倾向。

"妇女俱乐部"的老太婆们攻击卓别林跟两个年轻女子结婚又离婚,是不道德行为——其实,这些老太婆中结婚又离婚的而且不止一次的又是不乏其人的。这也成了罪名?可笑之致。

所以,当《摩登时代》于 1936 年 2 月 15 日在纽约首次上映时,卖座情况不如以前。这一方面是由于那些报纸的攻击,主要的还是卓别林没有来参加首映式,公司对该片的宣传力度也不够。但是,后来在全美各地放映,却立即引起了很大的反响,观众们仍然欢迎这部片子,而且卖座情况大好,其后,外地的反应又反馈到纽约,这才轰动起来,又是大受观众欢迎。制片厂与公司的人向他报告的是后来的情况,瞒下了初期情况。

旅游归回的卓别林又陷入苦恼之中。他还要不要拍片子?拍什么样的片子,是拍有声的还是拍无声的?整个好莱坞,现在已经没有一个人再拍无声片了,他是唯一的一个人了。《城市之光》是冒着风险拍的,《摩登时代》还是冒着风险拍的,那么还要再冒一次风险吗?

哑剧已成了过时的艺术,他认为如果说句公道话,有声电影确实比无声电影优越得多。

默片、哑剧拍起来困难相当大,要设法使无声的动作连续放映一小时又四十分钟,要拍七、八千尺胶片,每二十英尺胶片就要有一次招笑的动作,这可不是轻易就能够作得到的,要把多少智慧融化在动作之中啊!

如果去拍有声电影呢？他认为无论用多大的精力，也无法超过他拍哑剧的水平。他也曾考虑到，如何让流浪汉开口说话，或是说一些单音节的短词，或是只嘟哝几句什么，但是，这都不行，只要一开口，他就会变得和其他丑角一样了，就不是"查利"了。还是这些问题令他发愁，令他困扰。

卓别林这次和宝莲·高代结婚是很幸福的，但是，现在也有了点儿分歧，其中一半怪卓别林，因为他老是惦念着工作。而宝莲·高代由于在《摩登时代》中一演而红，此刻已被派拉蒙影片公司聘请去拍了几部电影，由于他心情烦闷，既不能着手拍电影，也无心寻乐，在这样心情愁闷的情况下，他决定和他的朋友蒂姆·杜兰特到佩布尔海滩去，也许，在那里他能工作得更好一些。

佩布尔海滩在旧金山以南一百多英里，那些荒漠愁人的景象显得有点儿阴森。一般人管它叫"十七里车道"。卓别林则叫它"浪迹天涯者的归宿地"。那里有成群的麋鹿在林木掩映处徜徉，有许多轩敞壮丽的房屋空着等待出售，倒在地上的树木在空地上霉烂，到处都是木干和青藤，丛生的夹竹挑，有毒的龙葵，这里有些象柏纹的女妖出没的地方。面对着海洋，建筑在岩石上的，是几幢百万富翁的华丽住宅，这一带地方一般被称为黄金海岸。

卓别林和蒂姆·杜兰特第一次会见，是他在什么人陪同下来参加卓别林他们举行的星期日网球比赛会。蒂姆·杜兰特网球打得很好，那以后，他们就常常在一起打网球。当时，他刚和 E·F·赫顿的女儿离了婚，到加州来消愁解闷。蒂姆·杜兰特很会同情别人，所以后来他们成了极要好的朋友。

他们在佩布尔海滩租了一所房子，面对着半英里以外的海洋。房子阴湿暗淡,一生火就搅得满屋子都是烟。

　　蒂姆认识佩布尔海滩许多上层人物,每逢他去应酬那些人,卓别林就一个人留下来耐心工作。接连好多天,他一直独今儿在图书室里用功,或是去花园里散步。竭力思索拍电影的题材,但是无论如何也想不出来。最后,他不再自寻烦恼了,也和蒂姆一起出去看他们那些邻舍了。他常常想到,如果用这些人物做素材,倒可以写出一些精彩的短篇小说——并且是典型的莫泊桑小说。那儿有一所很大的住宅,虽然它里面布置得很舒适,但气氛却有点儿神秘和凄凉。主人很殷勤好客,他总是不停地大声谈话。但是,他的妻子却从来不开口。据说,自从五年前她的孩子夭折以后,她就难得再讲一句话或露出一丝笑容。她只会说一句"您好"或"再见"。

　　在另一幢高踞在悬崖上,俯临着大海的房子里,一位小说家的妻子失踪了。据说,他到花园里去拍照,肯定是向后多退了几步,等到丈夫赶去找她时,发现只剩下了一个三角架,此后再也不曾看到她。

　　威尔逊·迈兹纳的妹妹讨厌她那些邻居,因为他们的网球场俯对着她的房子。于是每逢邻居打网球,她就生起篝火,那些网球场就被笼罩在烟雾中。

　　老费根两口子非常有钱,一到星期日就大摆筵席请客。有一次,卓别林在席上会见了德国国社党领事,他是一个金卷头发,油腔滑调的年轻人,他竭力敷衍大伙儿,但是,卓别林对他敬而远之。

　　有时候他们在美国小说家约输·斯坦贝克家里度周末。他们的那所小屋在前加州首府蒙特里附近。那时,他已经发表了《托带拉·费莱特》和一些短篇小说,刚刚有了一些名气。约翰每天早晨写作,平均一天大约写两千字。他的草稿很整洁,几乎没有一处修改的地方,卓别林看了很感惊奇,他很羡慕约翰。

卓别林很想知道作家们的写作方式,以及他们一天里写出的字数。他为此做了一个统计:

托马斯·曼平均每天写大约四百字。莱昂·福伊希特万格每天平均口授二千字,平均定稿六百字(这位德国小说家、剧作家以多产著称)。萨姆塞特·莫姆每天写四百字,那只是为了经常练笔头。H·G·威尔斯平均每天写一千字。英国新闻记者、戏剧评论家汉南·斯沃弗每天写四千到五千字。美国新闻记者、戏剧评论家亚历山大·伍尔科特在十五分钟内写出了一篇七百字的书评(可称之为快手),一完稿就去打扑克——他写那篇文章时卓别林在场,乃亲眼所见。赫斯特总是一个晚上写二千字的社论。法籍比利时小说家乔治斯·西米思(原名乔治斯·西姆·克里斯琴),只用一个月的时间就写出了一部较短的小说,而那部小说却有很高的艺术价值。乔治斯告诉卓别林,说他清晨五点起身,自己烧好咖啡,然后在书桌跟前坐下,一面手里转动一只网球大小的黄金球,一面思索。他写稿时用一枝蘸水笔。

"您为什么把字要写得那么小呢?"卓别林问他。

"这样,手腕可以省点力。"乔治斯笑着回答。

说到卓别林自己,一天口授一千字,写成影片中的对话平均大约为三百字。

斯坦倍克家里没有仆人,所有的家务都由斯坦倍克夫人做。家里整理得井井有条,卓别林觉得,这样的家庭主妇是非常可爱的。

卓别林与约翰·斯坦倍克曾经作过多次谈话,谈论到俄国

时,约翰说:

"共产党有一个很大的成就,那就是消除了娼妓。"

"大概,这是最后的一行私营事业吧。"卓别林说:"很可惜呀,大概,这是唯一的需要用十足的代价去挣钱的行业,所以也是最诚实的行业——为什么不让干这一行的人同立一个工会呢?"

他这是在开玩笑。

一位颇有风趣的贵妇人,嫁的是一个公然在外面渔色的丈夫,一次,在她那所大宅子里,单独设宴招待卓别林。卓别林去时,颇有遐想。但是,那位太太对他却无话不谈,她淌着眼泪说:

"我已经有八年不和丈夫共枕席,但是,我仍然爱着他。"

这位妇人的泪水浇灭了卓别林的热情,他收起那些遐想,收束了心猿意马,开始正经地劝她。

"您要达观一些,一切应以理智为主,且不要乱方寸……"他说了一些空洞的道理。

后来谣传,说她和人家发生了同性恋爱。

诗人约翰·鲁滨逊·杰费斯住在佩布尔海岸附近。卓别林和蒂姆·杜兰特第一次会见他是在一个朋友家里的。他仍然寡言,对人很冷淡。卓别林却仍然象往常那样,喜欢多嘴,说了许多对当时的社会现象不满的话,目的无非是为了要使那次的晚会活跃一些。但是,鲁滨逊却一句话也不说。

鲁滨逊离开那里时,他感到很后悔,怪自己不该一个人高谈阔论,他想,这个鲁滨逊一定很讨厌他。可是,他猜错了,过了一个星期,鲁滨逊邀请卓别林和蒂姆去吃茶点。

鲁滨逊夫妇住在一个中古石头城堡式的房子里。他称自己这幢建在太平洋岸边一块岩石上的石头房子为"石窟"。卓别林却觉得这幢房子的设计太稚气了。最大的一间房只有十二英尺见方。离开那幢石头房子几英尺远，是一个样子象中古时代的圆形石塔，塔高十八英尺，径长四英尺。登上狭窄的石梯，走进一间地牢似的小圆屋子，墙上开了一些裂口就作为窗子，这里也就是他的书房。他告诉卓别林他们：

"我的那部《杂毛马》诗文集就是在这里写成的。"

后来，蒂姆对卓别林说：

"他这样喜欢墓穴式的房子，是一种心理上乐于早死的表现。"

卓别林却不同意蒂姆的看法，他说：

"我看，象鲁滨逊这样的人，是决不会以死为乐的。"

"何以见得？"蒂姆反问。

"你没看他在日落时出去散步并且还遛狗，欣赏美丽的黄昏景色，那时，他脸上露出了一种难以形容的宁静的表情，仿佛坠入渺茫的沉思之中，这样的人是对生活留恋的表现。"

蒂姆仍不同意卓别林的看法，他说："咱们走着瞧吧。"

第二十四章　民主战士

希特勒对《大独裁者》恨之入骨,曾用重金悬赏买卓别林的人头;当他派出高大漂亮、胸部丰满的女杀手,暗藏着秘密武器靠近卓别林时,十分崇拜艺术大师的女杀手先自我缴械了,并动情地央求卓别林:"请踢一脚我的屁股吧! 我死后也会满足";他同情与希特勒浴血奋战的俄国共产党人,为开辟第二战场呼号奔走;卓别林突然意识到,他已被卷入了一场危险的政治风暴……

战争的阴云又笼罩了整个世界。有些人是健忘的,他们很快地就忘了第一次世界大战,以及那四年战争中惨厉的屠杀。人们也很快地就忘了人类遭到破坏后留下的创伤;忘了那些四肢被截去的残废者,忘了那些断了胳膊缺了腿的,瞎了眼的,少了耳朵的,毁了下巴的,患了痉挛成了瘸子。又有多少妇女失去了丈夫,多少儿童失去了父亲,多少老人失去了儿子。即使没有打死打伤的人,也遭受到了战争带来的灾难。战争,让一些人精神上受到刺激,已经精神失常了,战争夺走了青年,只留下了一些苟延残喘的、死气沉沉的老人,然而,人们已淡忘了这一切,又把战争形容成为有趣动人的事情。

有人说,战争在许多方面都是一件好事。它能扩大工业,发展技术,给人们以更多的就业机会。可是,当有些人在股票市场赚进千百万美元的时候,又怎么会想念到死在战场上的千百人啊。股票市场蒸蒸日上时,《赫斯特考察家报》主编阿瑟·布里斯班说:"美国钢铁每股要跳五百元了。"后来,钢铁股票并没有在市场涨上去,而那些从事投机的人却从楼窗跳下去了。

又一场战争在酝酿中,这时,卓别林正在为宝莲写一部电影剧本,但在工作中毫无进展。阿道夫·希特勒那个丑恶的怪物还在煽起战争狂热,卓别林无论如何也不能一心一意地迎合那些妇女的兴趣,无论怎样也不想写浪漫的故事或是谈情说爱的题材了。

早在1937年,英国电影导演亚历山大·科克就对卓别林说过。

"你可以根据面貌相似、引起误会的情节,编一部有关希特勒的电影故事。因为希特勒留着小胡子,你扮演的流浪汉也留着小胡子。"最后,他又补充了一句:"你可以一个人兼演两个角。"

当时,卓别林没有考虑这个问题。但是,现在这个主意成了时髦的题材。

卓别林开始考虑这个问题了。

后来,他突然想到了,如果是由他扮演希特勒,就可以当着一大群观众胡说八道,爱说什么就说什么;而扮演流浪汉,他仍可以象以前那样,不开口讲话。

希特勒的故事,可以最好地用来模拟、嘲笑、表演哑剧,于是他怀着满腔热情急急忙忙地回到好莱坞,开始写剧本,为了写完这部电影故事,卓别林前后花了两年时间。

卓别林编写的电影脚本,首场将是第一次世界大战的镜头。德国人为了要吓倒协约国的军队,准备放射程七十五英里的加农大炮。他们满以为这一炮就可以炸平兰斯大教堂,没想到瞄差了一点儿,它只炸毁了一个公共厕所。

卓别林在戏中扮演两个角色,一个是犹太人小理发师,另一个人是辛克勒——其实,就是"大独裁者"阿道夫·希特勒(Aaolf Hitler)。

这部片子一开头,有一段说明:

"请注意,在本片中,独裁者辛克勒和理发师犹太人面貌相似,纯属巧合。"

这话再明了不过了。

片中又说:

"这是发生于两次世界大战之间的故事——在这个期间,疯狂横行,自由遭殃,人类受尽凌辱。"

这是片子拍完后写的,因为卓别林着手写剧本的时候,第二次世界大战尚未爆发。

这部初名叫《独裁者》,因为这以前,有个美国人已经用过这个名字作书名,那个人向卓别林要二万五千美元,才肯转让这两个字——The Gietator(独裁者),卓别林又改用 The Great Dictator(大独裁者)这三个字来作片名,他为此说他多用了一个 Great(大)字,却省掉了二万五千美元。

这是卓别林的第一部有声电影,查利第一次在银幕上说话了。他竟然能用两种声音在银幕上说话,他扮演那个犹太小理发师的时候,胆怯地用单音说法,他扮演那个大独裁者的时候,他就胡诌出一口德国口音似的话。他搜集了许多有关希特勒的口头禅、姿势、派头、手势,再加上他自己的艺术天才,又可以狂言乱语,所以他把希特勒演得微妙微肖。

宝莲·高代在这部片子里担任一个角色,扮演一个犹太少女。卓别林曾经说："她就是整个犹太民族的典型,他们的力量,他们对于疯狂迫害的憎恨,他们对于光明前途的希望。"

这个时期,卓别林和宝莲·高代虽然不象前两年那样亲热了,但是,彼此仍然和和气气,仍然保持着夫妻关系。不过,就在《大独裁者》开机的时候,却发生了一件似乎是可笑的事。

有一天,宝莲·高代由一个年轻男人陪着来到制片厂卓别林的化装室里。那个年轻人长的很漂亮,他老是注意他那一身裁剪得很时髦的衣裳。

那天,卓别林还在为《大独裁者》的剧本在伤脑筋,不愿有人来到这里打搅他。

宝莲一进门就说:

"查利,我有十分重要的事找你。"

"那就说吧。"卓别林无可奈何地说。

宝莲坐下了,她又叫那个年轻人拉过一张椅子坐在她身边。

"这一位是我的代理人。"宝莲说。

这时,宝莲眼看着那个年轻人,意思让他说。

那个年轻人话说的挺快,声音清脆利落,他自己仿佛也听着在欣赏似的。

"你瞧,卓别林先生,自从《摩登时代》放映以来,你给宝莲的报酬是每星期二千五百美元。但是,我们还有一桩事情没跟你算帐,卓别林先生——那就是她的广告问题,她的广告应当是在全部海报中占有百分之七十五……"

讲到这里,他不再说下去了。

"妈的这是怎么一回事?"卓别林大喊起来:"给她登什么广告,用不着你来对我说,我比你更会关心他! 你给我出去! 两个人一起出去!"

年轻人呆了,他已不再关心他那身衣服了,脸红了,旋即又白了,眼睛变小了,收束了光芒。他有些局促不安的站起来,看着宝莲。

宝莲也未想到会有这样的结果,她本无恶意,她一句话也说不出,站起来,对那个年轻人看也不看,扭头向化装室外走去。

那个年轻人灰溜溜地跟在她身后,悄悄向外溜去。

最近一个时期,宝莲对卓别林有些怨言,因为卓别林把精力集中写剧本上,所以对宝莲有些冷落。宝莲由于年轻,不免在外人面前说了几句对卓别林的埋怨的话。有的人正想借此打击卓别林,就此挑拨宝莲与卓别林的关系,因为找不到其他借口,千方百计的找,这才找到了广告的事,他们又给宝莲找了个"代理人"——一个能言善辩的家伙。他们原以为可以打击一下卓别林,没料到卓别林正在为剧本动脑筋,不愿有人来打搅,而来的那个"代理人"不知卓别林的心情,满以为可以敲一下他的竹杠,结果却被轰了出来。

《大独裁者》一片开机了,演员阵容很强大,卓别林第一次在自己拍的影片里用了已在舞台上成名的演员。杰克·奥凯(Jack Oakie)这个有经验的演员饰演拿破伦尼(Napaloni)一角,这角色影射意大利法西斯头子墨索里尼(Mussolini)其人,他演得极出色,把个墨索里尼讽刺得痛快淋漓。宝莲·高代演的那个犹太少女也很好。其他的演员还有雷全娜·迦丁纳、李利·丹尼尔、比力·吉伯特和英力士·莫妨柯维奇等人,全是很得力的演员。

《大独裁者》刚拍了一半,卓别林就收到了联美公司发来的警告信:

> 公司接到美国电影摄制发行会主席海斯办事处的

通知,说《大独裁者》一片将受到审查的麻烦。查利,你
要三思而行。

接着英国办事处也发来了信:

　　　　反希特勒的影片,能否在英国上映?我们没有把
握,望慎重从事。

不久,也就是卓别林拍的《大独裁者》开机当中,英国的政客
理查德·斯塔福德·克里普斯爵士经俄国来到加州。有一天,
他由一个刚从牛津大学毕业的年轻人陪同着到他家来吃饭,他
已不记得那个年轻人的姓名了。

在席上,那个年轻人说:"如果局势象德国和其他地方那样
发展下去,那我最多只能活五年。"

他的话中含意是,大战再次爆发,他将从军而成为炮灰。

斯塔福德爵士曾在俄国进行过考察,那里的见闻给他留下
了深刻的印象。他描绘了俄国人庞大的计划,也谈到了他们的
困难问题。最后,他说:

"看来,战争是无法避免的了。"

卓别林决心继续拍《大独裁者》这部片子,他决心要嘲笑希
特勒,他要嘲笑他们那种血统种族的种种无稽之谈。

后来,从纽约办事处收到了更多令人懊恼的信,信中都要求
他不要拍这样的片子,还说反希特勒的任何一部片子都绝对不
可能在英国或美国上映。

但是,他已下定决心,一定要把这部片子拍出来,如果没有
电影院上映的话,那么,自己租剧院映出也在所不计——他已把
成本,赚钱置之度外。

这才是一个真正艺术家的本色。这才是一个真正的战士的
本色。

如果说卓别林完全不怕死,也不是事实。就在几年后,他就说过:"如果当时我已经知道德国集中营里那些恐怖的真实情况,我是不会再去拍《大独裁者》的,也不会再去和患有屠杀狂的纳粹分子开玩笑的。我再也不会想到,除澳大利亚野人住的地方以外,竟然会发生那样的完全无人道的暴行。"

他还没有拍完《大独裁者》,英国已经向德国宣战。

1939年9月1日,法西斯德国按照早已预谋的侵略计划,动用五十个步兵师,坦克师,摩托化师,二千多架飞机,二千多辆坦克向波兰发动突然袭击。当时,英法两国惊惶失措,向德提出了停止军事行动的要求,但遭到了拒绝。因此,英法两国作为波兰的盟国,被迫于9月3日向德国宣战,这就是第二次世界大战全面展开的开始。

卓别林拍的《大独裁者》一片是1940年10月15日发行的。

那一天,卓别林正在圣卡塔利娜岛附近他自己的游艇上度周末,从收音机里听到了这个令人沮丧的消息。

战事初起,各条战线上相当沉寂,卓别林他们一致认为:"德国人绝对不能突破马奇诺防线。"

卓别林还不知道,当时英法两国进行的是"奇怪的战争",他们对德宣而不战,未派一兵一卒去援助波兰,他们期待着德国灭亡波兰之后,去进攻苏联。所以在七八个月之内按兵不动。

正因为德国没受到英法两国的攻击,所以他们仅在两个星期内就灭亡了波兰。1940年4月初,德军占领了丹麦和挪威,在德军进攻挪威时,得到了挪威国防部长吉斯林为首的"第五纵队"的帮助,因此,吉斯林从此成为背叛本国人民利益的卖国贼同义语。

同年5月10日,德军入侵比利时、荷兰和卢森堡,并绕过马奇诺防线进入法国。不久,比、荷、卢三国被占领。

5 月 21 日,德军直趋英吉利海峡。29 日,把英法联军三十万人围困在敦刻尔克海滨,德军猛然攻击,英军丢盔弃甲,匆忙撤回英国,这就是举世皆知的"敦刻尔克大撤退"。

6 月 10 日,墨索里尼趁火打劫,对英法宣战。法国副总理贝当和法军总司令魏刚等投降派竟宣布巴黎为"不设防的城市",6 月 14 日,德军战领了巴黎。16 日法国总理兼陆军部长雷诺宣布辞职,贝当出任总理,22 日贝当政府向德国投降,24 日又向意大利投降。法国领土三分之二由德军占领,设在维希的贝当傀儡政府只剩下三分之一国土了。

这时候,纽约办事处就像发了疯一样,一份又一份的电报拍给卓别林:赶快拍完你的影片,所有的人都在等着。

拍《大独裁者》并不是一件轻而易举的事,它需要许多模型布景和道具。这些他已准备了一年工夫才算齐备,如果不是用这些道具,那成本则要高上四倍,尽管他这样节省,但是,在摄影机还没有摇动之前,他已经花去了五十万美元。

《大独裁者》一片拍摄将近完成时,道格拉斯·范明克和他的妻子茜尔维亚来看卓别林拍外景。最近五年来,道格拉斯很少活动,卓别林也难得看见他。因为他一直往来于英美之间。几年来,道格拉斯人似乎已苍老了,稍许发胖,显得心事重重。但是,他仍然是热情洋溢的,还是当年那个道格拉斯。他看卓别林拍摄其中一个镜头,他纵声大笑:

"我真想早点儿看到这部片子。"

道格拉斯在那儿待了大约有一个小时左右。他离开后,卓别林站在那儿,注视着他的背影,看他搀扶着他的妻子走上一个陡坡,他们沿着那条小径走去,他们之间的距离越来越远了,他忽然感到了一阵悲哀。道格拉斯转过身来,向卓别林招手,卓别林也向他招手。这是卓别林看到道格拉斯最后一面。过了一个多月。小道格拉斯打电话给卓别林,说他父亲心脏病突发逝世。这对卓别林是一个沉重的打击。他在想,象道格拉斯那样的人,是应当活在世上的呀。

卓别林怀念道格拉斯,他怀念那热情与风趣给人带来的温暖,怀念电话中他那亲切的声音,怀念他们之间的友情。道格拉斯往往是在一个寂寞无聊的早晨或是星期天打来电话,说:"查利……来吃午饭……或是,咱俩去游泳……再嘛,就是吃晚饭……再嘛,就是看一场电影,或者……"

卓别林的朋友很多,按理说,他的朋友应该是同行居多,其实,他的要好的堪称莫逆之交的朋友当中,只有道格拉斯一个人是演员。在好莱坞的各种宴会上,他曾遇到过许多电影明星,但是他对那些人始终是隔膜的——也许,我们当演员的人太多了吧。那种气氛,与其说是互相友好,毋宁说是互相对抗的。人人都要出风头,于是,每一个又都象是处于竞争和应战之中。事实也正是这样,一颗明星一旦到了许多明星之中,就很少会发出光芒,更别提给别人以温暖了。同行是冤家嘛!而道格拉斯则不同。他从不嫉妒卓别林,而是给予鼓励。

可惜,道格拉斯去了。他失去了一个真正的朋友。怎能不叫他伤心呢?他又怎能不怀念呢?

卓别林结交过社会上各行各业的人,他认为作家是可亲的,然而他们是不大乐意教别人的,他们尽管自己知道的很多,但是,他们不愿意把所知道的告诉别人,他们多数喜欢把自己的知识写在自己的作品里。科学家可能是极好的朋友,但是,当他们一出现在客厅里,主人自己已经觉得自己的智力变得迟钝了。

画家则使人感到沉闷乏味,因为他们中的大多数都要使你相信,他们不但是画家,而且还是哲学家。诗人当然是属于最高级的,其中个别也有一些是性情和蔼,对人宽厚的。但是,总的来说,音乐家要比其他任何一类人更能与人融洽相处,他们使人深得温暖,受到感动,就是看一次交响乐团的演出。他们那些乐谱架映出了富有浪漫色彩的光辉,指挥刚在乐器调音中出现,全场就突然静寂,这一切都增强了那种融洽与合作之感。

有一次,美籍俄罗斯钢琴家弗拉季米尔·霍罗威茨在卓别林家晚餐。饭后,大家就议论起世界大事,说了些经济不景气和失业可能会导致一次宗教复兴。这时,他站起来说:

"听了这些谈话,我很想弹琴。"

当然,这话受到了大家欢迎。

他当时演奏了舒曼的《第二钢琴奏鸣曲》。

弹得相当精彩。大家热烈鼓掌。

就在第二次世界大战爆发前不久,卓别林到霍罗威茨家和他们夫妇进晚餐,他的太太是意大利乐队指挥卡尼尼的女儿。席上还有拉奇马宁诺夫和巴尔比罗利。拉奇马宁诺夫的长相很怪,他有着那么一种爱美和孤僻的神气。那是一次便宴,席上一共只有五个人。

在那次宴席上,又谈到了艺术。卓别林对艺术的认识是一步步深入的。那天晚上他说:

"艺术是另一种与精湛技巧相配合的情感。"

后来,不知是谁把问题又扯到了宗教上,卓别林是不相信宗教的。有人就问卓别林:

"查利,你对宗教是怎样看的?"

"我不相信宗教。尽管我母亲是个虔诚的教徒,我却认为宗教仅是对某些弱者在精神上给些安慰而已。”

拉奇宁诺夫却道：

“可是，你怎么能从事艺术，但同时又不相信宗教呢？”

卓别林迟疑了一下，即道：

“我想，我们谈的不是一回事吧。”他看了看拉奇马宁诺夫又说下去：“根据我的理解，宗教是信仰某一教条，但艺术不是一种信仰，而是一种感情。”

“宗教也是如此呀。”拉奇马宁诺夫回答说。

卓别林听了他的话，就不再说下去了。

有一次，几个朋友在卓别林家共进晚餐，美国作曲家兼乐队指挥伊戈尔·费多罗维奇·斯特拉文斯基对卓别林说：

“咱们两个人一起合拍一部电影怎么样？查利。”

卓别林想了想道：“我想出了一个故事，可以拍成电影，不过，它是超现实主义的。”

“说说看。”有人立即提议。其他人也赞成。于是，卓别林讲这个故事。

“布景是在一个下等夜总会里。围着舞池摆了几张桌子，客人三三两两的坐上了桌子，每一张桌上的人代表着一种世俗的性格，这一张桌子上坐的是贪婪，那一张桌子上坐的是虚伪，另一张桌子上坐的是冷酷。

众人聚精会神地听他讲。

“舞池当中演一出耶稣受难剧，戏里正演到救世主被钉上十字架，所有桌上看戏的人却无动于衷，有的人在点菜，有的人在谈生意，还有一些人对戏毫不注意。暴徒、祭司长和法利赛人向十字架挥着拳头大喊：‘你如果是神的儿子，就从十字架上下来，救救你自己吧。'近旁的一张桌子上，几个商人正在兴冲冲地谈一笔生意，一个人紧张地抽着烟，向救世主望了一眼，然后他又茫然地向那面喷了一口烟。

另一张桌子上，一个商人和他的妻子正在商量点什么菜。妻子抬起头望了望，然后紧张地把椅子从舞池边上向后又移开了一点儿。她说：'我不明白，大伙儿干吗要上这儿来？'她这样说时，似乎感到不大舒服，又道：'这儿挺闷气的。'

'这儿的戏演得挺精彩呀。'那个商人说：'这夜总会已经要关门了，后来幸亏排演了这场戏，现在，他们不会再赔本了。'

'我看这是亵渎神明的。'他的妻子说。

'这样挺好吗？'丈夫说：'那些从来不去做礼拜的人，到这儿来可以知道一些基督教的故事。'

'戏继续演下去。一个醉汉，由于酒力发作，脑子里的想法不同了，独自坐在那里，不禁哭着大喊：'瞧呀！他被钉在十字架上了，你们怎么都不去管呀？'他摇摇晃晃地站起来，哀求什么似地向十字架伸出了双臂。一位牧师太太坐在离他不远的地方，向茶房头儿表示不满，于是，醉汉被赶了出去。但是，他仍旧哭着，一面愤愤不平地说：'瞧呀，你们怎么不去管啊？瞧你们这帮子好基督徒呀！"

"你瞧。"卓别林对斯特拉文斯基说："他们把醉汉赶了出去，是因为他扰乱了演戏。"他又解释说："这样在夜总会舞池里演耶稣受难剧，是为了要说明，如今口头上相信基督教的人，已经变得多么无所谓了，已经流于形式主义了。"

斯特拉文斯基显得十分严肃的样子说道："可是，这是亵渎神明的。"

卓别林感到十分惊讶，并且有点儿惶恐与窘迫，他解释道：

"真的吗?"他说:"我压根儿就没想到这是亵渎神明的。我以为这是在批评世俗对基督教所抱的态度——也许,我只顾编故事,就没把它的主题说明白吧。"

这个话题就丢开了。

后来,大约过了几个星期,斯特拉文斯基给卓别林来了一封信,他问卓别林是否仍有意和他合拍一部电影?

卓别林这时的热情已经冷下来了,他只想到要自己去拍电影了。

一天,美国德裔作曲家汉斯·艾斯勒把奥地利作曲家阿诺德·舍恩伯格领到卓别林的摄影场上来。舍恩伯格身材矮小,态度直率得近于生硬。卓别林非常钦佩他的音乐,以前洛杉矶举行网球比赛时,卓别林经常看见他戴着一顶白帽子,穿着一件短裤圆领紧身衬衫,一个人坐在露天看台上。他看了卓别林的《摩登时代》以后,对他说:"我很喜欢你这部喜剧片,可是,很可惜,你的音乐配得太差了。"

卓别林在这个问题上部分同意了他的看法。

谈到音乐时,舍恩伯格说了一句令卓别林终生难忘的话:"我爱声音、爱美妙的声音。"

汉斯·艾斯勒讲了一件有关这位伟大人物的趣事。汉斯跟舍恩伯格学习和声,最冷的冬天在雪地里走五里路去听这位大师八点钟的课。那时,舍恩伯格已开始秃顶,他坐在那里弹钢琴。汉斯凑到他肩头上,吹着口哨哼哼那调。

"年轻人。"舍恩伯格说:"你就别吹了。冰凉的气吹得我脑袋冷飕飕的。"

卓别林在拍摄《大独裁者》的时候,就已经收到过一些奇怪的信,现在影片拍完了,这类的信来的就更多了。有的发出恫吓,说将来无论在哪里放映这部电影,他们就要在戏院里扔臭气弹,向银幕开枪。有的进行威胁,说是要在戏院里制造混乱。起初,卓别林想去警察局报告,但是又怕这样一张扬出去,会使观众不敢再去看电影了。

这时,有一个朋友替卓别林出了个主意。"查利,你不妨找码头工人工会会长哈里·布里奇士谈一谈这件事。"

于是,卓别林请哈里·布里奇士到家里吃晚饭。

卓别林很坦率地说出了他要见他的原因。他知道布里奇士是反对纳粹的。于是他就直接说明。

"我拍了一部反纳粹的笑片,收到了一些恫吓信。当这部电影初映的时候,是否可以,比如说,请你们二、三十位码头工人来看,让他们分散在观众当中,要是那些纳粹分子捣乱,你们的人就轻轻地跺脚,别让他们闹得厉害起来。"

布里奇士听了哈哈大笑。

"我不相信事情会闹到那个地步,查利。你有你自个的观众去对付那些坏蛋,只要有他们来保护就够了。再说,如果那些信是纳粹分子写的,他们无论如何也不敢在光天化日之下出现。"

卓别林听了布尔奇士的话,认为他说的有道理,也佩服他的见解。

那天晚上,哈里讲给卓别林听旧金山工人罢工的一件趣事。当时,他实际上已经支配着整个的城市,控制了全市的供应。但是,他绝不去妨碍医院和儿童的必需供应。谈到那一次罢工的情形,他说:

"如果罢工是正当的,你就不必去诱导那些工人,你只要向他们说明事实。他们自己就会作出决定。我对那些人说,如果他们决定罢工,他们是会遇到许多困难的,并且,结果如何? 无法预料。但是，无论他们作出什么决定，我一定照着他们的决议去做。我说如果你们罢工，我就去第一线。于是，五千多工人，一致赞成罢工。"

1940 年 10 月 15 日，上映《大独裁者》。卓别林包了阿斯托和卡皮特两个戏院同时映出。他在阿斯托戏院为新闻界举行预映。那天晚上，他设宴招待富兰克林·罗斯福总统的首席顾问哈里·霍普金斯。饭后他们一起去看招待报界的预映。他们到达那里时，影片已经放映了一半。

预映笑片招待报界时，有一个很明显的特点，那就是观众都会情不自禁的发出笑声。那一次预映时，他们也是那样笑着。

他们走出戏院时，哈里说：

"这是一部非常精彩的电影，很值得拍这样一部电影。但是，这样的电影不大会赚钱，它可能要亏本。"

卓别林为了拍《大独裁者》。用了两年多的时间，花去了二百万美元。现在听到了他这两句话，心里当然不大高兴，不过他还是冷静地点了点头，表示赞成他的话。

后来的结果证明，哈里的预言是不准确的。《大独裁者》在卡皮特戏院映出，观众们看得如狂如痴。影片在纽约两家戏院连续放映了十五个星期，仍然是场场暴满。到那时为止，这部片子是他所有的影片中赚钱最多的一部。

但是影评则是毁誉参半。

卓别林是第一次拍有声片，竟然也一炮打响。

片里的幽默大都在对话的情节里，不象他以前的片子，是在哑剧和笑话里。片子进行的速度也减慢了。一切都按照有声片的办法进行。片里也有一些拍拍打打的镜头，使人觉得意外惊奇。

　　独裁者辛克勒和拿破仑尼及那一场暴风雨似的吵闹,都是喜剧传统中最有趣的场面。卓别林在这里充分发挥了他刻划人物个性的天才。他模仿这两个狂人的一举一动,时不时的加上他的聪明无比的讽刺,引得观众们大笑不止。

　　那个小理发师跟着布拉姆斯匈牙利舞曲的节奏替人修面,辛克勒把着世界气球跳芭蕾舞……这些都是卓别林最好的表演,(他同时扮演这两个人物。)

　　《大独裁者》里有喜剧、有讽刺——却并不止于喜剧和讽刺,这是一次庄严的控诉。卓别林用这个悲喜剧描写了一切人在希特勒和墨索里尼这些独裁者的统治下的悲惨生活。

　　卓别林就说过:

　　“希特勒这个家伙,在新闻影片和新闻照片上有一副冷冰冰的凶相,让我看来,他其实是一个渺小、下贱、可怜的神经脆弱病人。墨索里尼又是另一种不同的性格——讲话破喉咙大嗓子,吵商店不休,大言不惭,其实却是一个十足的小人。”

　　片里的喜剧和讽刺集中在独裁者的场面上,卓别林的悲哀和热情放在那个犹太理发师和他的女友汉娜身上。

　　卓别林在希特勒的势力开始在世界各地发生影响时,就开始酝酿这个题材。后来西班牙大战爆发,德、意等轴心国家进攻西班牙,希特勒与墨索里尼这些法西斯独裁者更加放肆嚣张了。卓别林同情西班牙共和政府,他对这一点从未掩饰过。他在《大独裁者》中描出的希特勒的画像,就非常像西班牙的独裁者佛朗哥。那个小犹太理发师不止是德国犹太人的代表,也是西班牙农民的代表。

　　1938 年,卓别林曾写过一个叫《独裁者》的剧本,一共有五幕,有个尾声,还有剧片名,叫《一只小鱼在鲨鱼海里的故事》,也是为犹太人仗义直言的,内容跟《大独裁者》相近。

1939 年初——元旦,卓别林动手写《大独裁者》,这是《独裁者》的充实与发展。

在《大独裁者》一片中,卓别林不仅仅是准确地细致地描划了希特勒的画像,而且预言了希特勒、墨索里尼等独裁者的前途——预言他们疯狂的末路。

在这部片子里,卓别林先以理发师的姿态出现。1918 年的第一次世界大战的末期,他应召入伍,当了个小炮兵,闹出许多笑话,令人哭笑不得。

他在战地上偶然搭救了一个军官。不久,世界大战结束了,举世狂欢,庆祝和平的到来。

小理发匠躺在医院里,军人们纷纷回家。报上出现了:"和平"、"邓卜西击败威拉德"、"林白飞渡大西洋"、"经济恐慌"、"托曼尼亚大暴动"、"辛克勒党上台"……等消息。

那个犹太理发师炮兵出了医院,患了健忘症,以前的事情完全不记得了。

这时,独裁者辛克勒在讲坛上出现了,他正在用一口德式英语胡说一气。他在向"双十字"党的儿女们讲话,这一段演讲是卓别林最精彩的表演,他把希特勒的举动形容得淋漓尽致,做到了最深刻有力的讽刺,同时又包含了无数有趣的喜剧。

片中的辛克勒那一句句说得极有趣的双关话令人大为开心。

如 Demooratin ghtunk!（民主发臭了!）Libertad shtunk!（自由是受人憎恨的!）Frei sprachen shtunk!（言论自由是受人反对的!）等等。

接下去,辛克勒又大声咆哮说:"托曼尼亚拥有全世界最大的陆、海军,但是,我们必须牺牲、勒紧裤带!"

这时,身材肥胖的赫林(Herring 青鱼,这里影射戈林)在讲台上站起来勒紧裤带,一勒就断了,他只好匆匆忙忙地坐下去。

辛克勒在台上吹完了牛,就匆匆接受一个小女孩的献花,又顺手抓一个婴儿来抱着拍照。这个婴儿可没把他放在眼里,在他身上撒了一泡尿,搞得他狼狈不堪。

接着,银幕上出现了犹太人居住区的情景,辛克勒的冲锋队在那一幕横行无忌、对犹太人殴打凌辱。

犹太理发师回到家里,就碰见辛克勒的军队来骚扰,他跟一个叫汉娜的犹太少女打倒了一个大兵,汉娜对他说:

"打得好,我们就该这样干。我们应该一起还击他们——不能单独干,我们能够打倒他们,只要大家一起来。"

正说到这里,冲锋队又来了,他们一进门就高叫:

"辛克勒万岁!"

理发师惊慌地跟着他们叫,刚一叫完,他又问:

"辛克勒是谁呀?"

那些冲锋队员揍他,接着又把他吊在了电灯杆上,碰巧在第一次大战中,被他搭救过的那个军官苏尔菲路过这里。现在苏尔菲已经是辛克勒手下的高级军官了。他看见一些军人乱做一团。

那些军人告诉他:"一个犹太人殴打冲锋队。"他扭转脸一看,原来是那个救过他命的恩人理发师。他说:

"是你,还记得我吗——战时——你救过我的命——奇怪,我一向以为你是个亚利安人——纯种德国人哩。"

理发师却说:"我是个维基太和安——吃素的人。"

银幕上又出现了辛克勒,他坐立不安,一会儿看公文,一会儿又到隔壁站一站——让人替他塑像，一会儿又要试验一些新发明——不能避弹的避弹衣，不能保险的保险单。他把这些发明家都当场弄死了，还怪赫林"为什么这样浪费我的时间？"

辛克勒接着又跟加卑西（Garbitsch，和英文"废物"一字音相近，这里影射戈培尔）商量发动大军进攻奥斯特里区。要兴师动众就得向犹太财团爱卜斯地借款。为此，他决定在借款到手之前，暂时改变政策，放松对犹太人的迫害。

辛克勒的新政策实行了，犹太人暂时得到安宁，都很诧异，理发师在那里为汉娜修面，他奇怪女人为什么不长胡子？

汉娜修过了面，打扮出来十分漂亮。她上街买洋山芋，摔了一跤，冲锋队员居然把她扶起来，她大感惊诧了，她大声嚷道："出了大事了！假如他们放过我们，那不是好极了么——我们就不用逃到外国去了，假如他们让我们再快活地过日子，那不好极了吗！"

事实上，辛克勒并没有放松犹太人，他把他们追得家破人亡。他把不顺从他的苏尔兹关进集中营，他把小理发师关进集中营。他把汉娜和许多犹太人逼得逃到国外去。

卓别林在这里穿插了许多笑话，把希特勒这个独裁者讽刺得体无完肤。一切是这么可笑，又这么真实。

辛克勒这角色是卓别林最伟大的作品之一，这些讽刺场面不止是喜剧，而是现实加上悲剧式的闹剧，完美地发掘了独裁者希特勒的性格。

卓别林撕破了希特勒的狂妄外衣，叫他现出鼠辈原形：加卑西告诉辛克勒，说他不久就要成为全世界的独裁者，让人们象崇拜上帝似的崇拜他。辛克勒难为情似的笑笑说："快别这样说，你让我害怕自己了。"一边说着，他就一边在屋里飞跑起来，并且爬上窗帷去了,活象一只小老鼠。

加卑西一走开,他就关上房门,跟着华格纳的天鹅前奏曲跳起舞来。他抱着一个地球样子的轻气球,研究他要征服的一个个国家,他把轻气球抛到空中,又踢踢它,他把气球把得太紧,地球爆炸了,辛克勒只好趴在桌上痛哭。

这一段充满了机智、嘲讽、狂想和芭蕾的美,令人拍案叫绝。这时候,理发师也迎合着布拉姆斯的匈牙利舞曲在替人家修面。这是最好的喜剧,辛克勒与拿破仑尼两个独裁者的会面,也是无比辛辣的讽刺。

后来小理发师被人误认为是辛克勒,要他在大庭广众中宣布侵犯外国的命令,他却上台呼吁人们起来打倒独裁者,这篇动人的演说词是卓别林的惊人之笔,也正是那时西欧沦陷区中千百万人民心中的呼声。

好莱坞颇有地位的导演阿尔奇·L·梅奥曾给卓别林的那篇演讲词写过一篇介绍,他写道:

　　如果我生活在林肯时代,相信我会把他那篇葛底斯堡演讲词寄给您,因为那是林肯时代最鼓舞人心的一篇讲话。今天,正当我们面临新的危机,另一个人从心底里说出了最真挚的话。虽然我与此人并不熟悉,但是,他的话深深地感动了我……在受到鼓舞之余,我把查利·卓别林写的这篇演讲词全文寄上,让您也可以满怀希望。

一向以默片闻名世界的,第一次拍有声片的卓别林,却在《大独裁者》一片的结尾处,安排了——写了一大篇演讲词,这不能不说是一个大胆的作法。凡是拍有声电影的——甚至改写、演舞台剧的人也尽可能避免在戏中写与演大篇的演讲,但是卓别林不但写了而且演了。下面就是《大独裁者》结尾演讲词：

　　我很抱歉，不过，我不想当皇帝——那不是我的本行。我既不想去统治任何人，也不想征服任何人。假使能办得到的话，我很愿意去帮助一切的人，——是犹太人还是非犹太人，是黑种人还是白种人。

　　我们人人都应该有互相帮助的心愿，做人就应当这样。我希望我们大家都生活在幸福之中，而不是生活在痛苦之中。我们不应该互相仇视，不应该互相轻视。在这个世界上，人人都有立足之地，大地是丰富的，可以供给每一个人的生活，生活的道路原本可以是自由的、美丽的。

　　可是，很可惜，我们迷失了方向，贪婪毒害了人心，在全世界筑起了仇恨的堡垒，强迫我们踏着正步走向苦难，把我们推进了痛苦与流血。我们发展了速度，可是，我们自己又上了当。机器是可以带来财富的，但是，它却给我们带来了穷困，我们有了知识，反而看破了一切，我们觉得聪明乖巧了，反而变得冷酷无情了。我们头脑用得太多了，感情用得太少了。我们需要的不是机器，而是人情。我们更需要的不是聪明乖巧，而是仁慈与温情，缺少了仁慈与善良，人生就会变得凶暴，一切也都完了。

　　飞机和无线电缩短了人和人之间的距离。这些东西的性质，本身就是用来唤起人类要发挥优良的品质。要求全世界的人们彼此友爱，要求我们大家互相团结。现在世界上就有千百万人听到我的声音——千百万失望的男人、女人、小孩——他们都是一个制度下的牺牲品。这个制度使人们受尽折磨,把天真无辜的人送进监狱。

　　对那些听得见我说话的人,我要说:"不要绝望。"我们现在受到苦难,这只是因为那些害怕人类进步的人在即将消逝之前发泄他们的怨毒,满足他们的贪婪。

　　这些人的仇恨会消逝的,独裁者必将灭亡,他们从人民手里夺去的权力必会重新归还给人民,只要人民肯为自由而死,自由也就永远不会消失的。

　　战士们,你们不要听任那些野兽的摆布——他们鄙视你们——奴役你们——他们鄙视你们——吩咐你们应当做什么——应当想想什么,应当怀抱什么样的感情!他们强迫你们去操练,限定你们的伙食——把你们当牲口,利用你们去当炮灰。

　　你们别去受这些丧失了理性的人去摆布了——他们都是一伙机器人,长的是机器人的脑袋,有的是机器人的心肝。可是你们不是机器,你们是人,你们心里有着人类的爱!不要仇恨呀!只有那些得不到爱护的人才仇恨——那些得不到爱护和丧失了理性的人才仇恨!

　　战士们,不要为了变为奴隶而战斗,要为自由而战斗!

　　《新约·路加福音》第十七篇里写着:"天国却在人的心里",这不是在一个人,也不是指一群人的心里,而是指在所有一切人的心里。

　　你们是人民,你们有能力。有制造机器的能力,也有创造幸福的能力。

你们是人民，你们有能力改造生活，使生活自由、美丽，把生活变成更有意义。

那么，为了民主，就让我们使出那个力量来吧！

让我们大家团结起来，就让我们去进行战斗，建设一个新的世界——一个美好的新世界，它能使每一个人都有工作的机会——它将使每一个青年人都有光明的前途，老年人都过安定的生活。

那些挂羊头卖狗肉的野心家们，就是用这些诺言爬上了统治地位，但是，他们是在说谎，他们从来不去履行他们的谎言，他们永远也不会履行他们的谎言。

独裁者们自己享有自由，但是，他们使人民沦为奴隶。

现在，就让我们去进行战斗，争取实践这些谎言。

让我们大家起来解放这个世界，消除国际间的障碍，消除贪婪，消除仇恨，消除残暴。

让我们大家起来为一个合理的世界而斗争——为一个爱科学和爱进步的世界而斗争。我们使所有的人却能获得幸福。

战士们，为了民主，让我们团结起来！

汉娜，你听见我在说什么吗？

（此时，观众听见了群众的欢呼声。汉娜在银幕上出现了，她正在国外倾听理发师的呼声）。

无论你如今在哪儿，你要抬起头来看哪，抬起头来看呀！汉娜，乌云还在消散——太阳就要出来了——我们也要冲出黑暗，进入光明！我们迈步进入一个新的世界——一个更可爱的世界，那里的人将克服他们的贪婪，他们的仇恨，他们的残忍。抬起来看呀，汉娜！
人的灵魂已经长了翅膀，他们终于要展翅飞翔了。他
们飞到了霓虹里——飞到了希望的光辉里。抬起头来
看哪，汉娜！抬起头来看呀！

（汉娜在远方流着热泪笑了。）

　　片里也只有卓别林敢用这样长篇大段的演讲词，也只有卓
别林的长篇大段演讲词才受到了观众的热烈欢迎。

　　有的影评家反对那篇演讲词。纽约的《每日新闻》载文说：
"卓别林是在把群众导向共产主义。"虽然，写影评的人说那长篇
演讲词不好，还说它与人物性格不和，但是更多的观众，却都喜
爱那篇演讲词。

　　美国的一些大人物看了或听了《大独裁者》，大肆喧哗，他们
说卓别林在进行政治宣传。有的报纸则说他太现实了，太过
份了。

　　卓别林对那些攻击，他明白地说：

　　"有人说我拍这部片子，目的是在宣传。完全不是这回事。
我对于宣传什么不感兴趣——大多数宣传都是沉闷的教训。我
拍摄《大独裁者》是因为我痛恨独裁者，是因为我要大家嘲
笑他。"

　　关于那篇演讲词，他说：

　　"我不得不这样做，人们已经笑够了，那是很好玩的，不是
么，现在我要他们听听了……我拍这部片子是为了全世界的犹
太人……我希望看见人间再有正直和仁爱。"

　　《大独裁者》映出后，正象哈里预言的那样，那些不敢见人的
写匿名信的人，并未敢在"光天化日"之下捣乱——他们如果敢
捣乱，观众们会把他们撕碎了。

影片预映后一星期,《纽约时报》老板阿瑟·海斯·苏兹贝格设午宴招待卓别林。他一到那里,苏兹贝格就把他领上纽约时报大厦最高一层楼,引进了一所私人住宅,宅内客厅里挂着图画照片,摆着草制家俱。一个人很威武的站在壁炉前,他身材高大,眼睛很小,一副道貌岸然的神气,那正是被称为"饥饿总统"的前任美国总统胡佛先生。

"总统先生,"苏兹贝格先生把卓别林领到这位大人物跟前说:"这位是查利·卓别林。"

胡佛先生笑得脸上出现了许多皱纹,"哦,我认识。"他满面春风地说:"多年前我们就会见过了。"

卓别林没想到,胡佛先生还记得那次会晤,因为那时候他好像还一心忙于进入白宫。他在阿斯托旅馆设宴招待新闻记者,他是一个记者,可以说是为了凑热闹而带到那儿去听胡佛先生讲话。那时候,他正为离婚的事闹得心烦意乱,他在那里只嘟哝了几句什么,意思是说他对国家大事懂得极少。这样随便扯了一两分钟,然后,他就了座。过后,他被介绍给胡佛先生。他当时只说了一句"您好",此外,什么也没说。

那一次胡佛读了大约有四寸厚的一叠讲稿,读完一张揭去一张。他读了一个半小时,听的人都瞅着那叠纸发愁。两小时后,那叠讲稿才读完一半。有时候他跳过去十来张,把它们向旁边一放。这时,听众确实在暗中庆幸。生活中没有一件事是永恒的,那篇讲话终于结束了。他有条不紊地收拾起他的文件。卓别林原准备对他的讲演说几句恭维的话,但是,他没注意到卓别林,径自在他身边走过去了,甚至连一眼也没看。

现在,经过了这么许多年,其间他还担任过一任总统,他们又会见了。他站在壁炉前，显得特别和蔼。他们一共有十二个人，围着一张大圆餐桌午餐。有人告诉卓别林，说凡是这类的午宴，总是为了要进行一次密谈。

赴会有那么一伙美国大企业的经理董事们，卓别林一见了这些人就会产生一种自卑感。他们都长得高大漂亮。穿得极其整齐，态度沉着，思路清晰，分析起事理来了如指掌，他们的声音高昂清脆，谈到了人事问题时用的却是一些几何学的术语，比如说："在每年失业图案中出现的组织程序"等等。那天午餐席上，他看到的就是这一流人物，他们一个个都显得那么魁伟健壮，好像是几座摩天大楼。其中唯一富有人情味的是安妮·奥黑尔·麦考米克，她是《纽约时报》著名的政治专栏作者，是一位活泼可爱的女记者。

午餐席上气氛严肃，谈话很拘束。所有的人称胡佛先生为"总统先生"，但是，卓别林觉得那样称呼似乎有点不必要——因为"饥饿总统"已经不是总统了。坐了一会儿席，卓别林开始觉得，他们这一次请他来并非事出无因。

过了一会儿，苏兹贝格先生的几句话亮了底，他先象暗示什么似的沉默了一会儿，接着就说："总统先生，我希望您给我们说明一下您这次去欧洲的使命。"

胡佛先生放下了他的刀叉，一面嚼嘴里的菜，一面仍在转什么念头，接着，他咽下了一口菜，开始说出显然是他午餐时心中一直在考虑的问题。他的脸冲着他的盘子，一边说话一边悄悄地向苏兹贝格先生和卓别林瞟了一眼。

"我们都知道，目前欧洲的情况是多么悲惨。自从开战以来，那儿痛苦的程度和饥饿的恐慌正在迅速增长。形势十分紧迫，所以，我已经向华盛顿陈情，说我们必须立即采取救灾的措施。"（据卓别林猜测，他说的华盛顿，乃指的是罗斯福总统。）

说到这里，他列举了一些事实和数字，以及第一次世界大战期间"我们养活全欧洲时"，他出使欧洲所得的成绩——那时，胡佛任美国救灾委员会主席。

"完成这样一件使命。"胡佛接下去说："并不是代表某一个政党，它只是从人道主义出发——诸位对这件事总相当关心吧。"说到这里，他又斜睨了卓别林一眼。

卓别林严肃地点了点头。

苏兹贝格先生问道："您打算什么时候去实行这次计划呢？总统先生。"

"我们只要一得到了华盛顿的批示就进行。"胡佛先生说："华盛顿方面是需要加以催促的，这件事情要公众提出要求，还要社会知名人士进行支持。"说到这里他又向卓别林睨了一眼。

卓别林又点了点头。

"在沦陷的法国。"他继续说下去："有千百万人缺衣缺食。在挪威、丹麦、荷兰、比利时，在欧洲各地，饥荒的威胁正在增长！"他滔滔不绝地说下去，一面列举事实，同时表示信心和希望，呼吁大家要以慈善为怀。

接着是一阵沉默。

后来，卓别林亮了亮嗓子说：

"的确，现在的情况和第一次世界大战时有所不同。法国已经全部沦陷，还有其他国家也是如此。我们当然不愿意让这些粮食落到纳粹手里。"

胡佛先生微微皱了皱眉，席上微微起了一些骚动，大家望望胡佛先生，再看看卓别林。

胡佛先生又冲着他的盘子蹙起了眉，"我们要设立一个无党无派的委员会,它将和美国红十字会合作,并根据海牙协定第二十七条第四十三款进行工作。条文规定,可以让一个灾害救济委员会救济交战国双方贫病交迫的难民。我想,作为一位人道主义者,您会支持这件事情的。"

卓别林仍坚持前言。他说:

"我完全同意这项计划,但必须保证这些粮食不致落到纳粹手里。"

这句话又在席上引起了骚动。

"象这一类事情,我们以前也曾经办过。"胡佛先生说话时谦恭中透出了傲意。

这时,那些高大的青年人都把注意力集中在卓别林身上,其中一个人微笑了笑,说:"我想,总统先生是能处理这个问题的。不是吗!"

"这是一项非常好的计划。"苏兹贝格先生作了权威性的总结。

"我完全同意这句话。"卓别林和颜悦色地说:"并百分之百地支持这项计划,只要这件事具体执行的时候,全部由犹太人来经手!"

"哦!"胡佛先生很爽快地说:"这可是办不到的。"

当时在美国出现了这样的怪现象:

沿五马路,可以听到一些油嘴滑舌的青年纳粹分子,站在小红木台上,向三五成群的人大放厥词,有一个纳粹分子说:"希特勒的哲学,是对这个工业时代的问题作出深刻周密的研究;这个时代里,已经不许有经纪人或犹太人了。"

这时候有一个美国妇女插嘴。"这是什么话!"她激动地说:

"这儿是美国。你以为是在哪儿呀?"

那个属于奴颜婢膝、油头粉面类型的年轻人,涎皮赖脸地笑着。"我是在美国呀,偏巧又是一个美国公民。"他油腔滑调地说。

"是吗。"她说:"我是一个美国公民,同时是一个犹太人,如果我是一个男子汉,我非揍死你不可!"

有一两个人对这妇女发出的威胁表示支持,但是,多数人都漠不关心,默默地站在那里。旁边一个警察劝住了这个妇女,卓别林走开时感到惊奇,简直他不敢相信自己的耳朵。

过了一两天,卓别林到一家乡间宅子里去,皮埃尔·赖代尔的女婿尚布伦伯爵——一个面色苍白,形容憔悴的年轻法国人——午餐前老是缠着他说话。原来他在纽约看了《大独裁者》的初映。这时,他仿佛表示宽大为怀的样子说:"当然罗,您那种观点,总不至于是严肃认真的吧?"

"那不过是一部笑片罢了。"卓别林回答。

可惜,当时卓别林还不知道纳粹集中营那些惨无人道的屠杀和酷刑,否则,他不会对他那样客气。

那一次,一共有五十位客人,四个人一桌,那个尚布伦和卓别林坐到了一起,试图逗引卓别林参加一场政治辩论,但是卓别林对他说:"与其谈政治,我宁可吃好菜。"

后来,卓别林听他大放谬论,他就举起了酒杯说:"我这是在痛饮'维希水'呀。"

他这句话刚一说完,只听见另一个桌上有人破口大骂起来。那是两个女人,她们唇枪舌剑,各不相让。后来吵得更厉害了,大家以为她们要动手扯对方的头发了。一个女人对另一女人大喊:"我不听你这套混话。你是个该死的纳粹!"

一个纽约的农家子弟,用宽容的口气问卓别林:

"你为什么要那样反对纳粹?"

"那是因为他反对人民。"

"哦,我明白了。"他说时,好像忽然有了新发现:"你是犹太人,对吗?"

"不必是犹太人才反对纳粹。"卓别林回答:"只要是个正派的人都反对他们。"

他们不再谈下去了。

一两天后,卓别林应邀去华盛顿革命女儿大厅广播《大独裁者》结尾的演讲词。在这之前,他还要去会见罗斯福总统,总统要看这部片子,他已将片子送进白宫。

卓别林被人领进总统办公室。罗斯福总统说:

"请坐呀,查利,你这部影片会在阿根廷给我们招来不少麻烦哩。"

有关这部影片的事,他总共只说了这么一句话。

后来,有个朋友给这件事总括成为一句话,他说:

"查利,在白宫你受到了接待,但不曾被拥抱。"

卓别林和总统在一起坐了四十分钟,总统请他喝了几杯淡马丁尼酒,他不好意思推辞,都一口气干了。临行时,他可是真有点儿两脚拌蒜了。他走出白宫后,突然想起来,十点钟还要去广播。那是一次全国广播,也就是说他要向六千多万公民发表演讲,他接连着洗了淋浴,又喝了一些浓烈的蛋咖啡,才多少从沉醉中清醒过来。

当时,美国还没有参战,所以,那天晚上大厅里仍来了不少纳粹分子。他刚一开始讲演,他们就咳嗽,声音那么响,完全可以听得出那不是真的咳嗽。他一紧张就觉得嘴里干燥,舌头贴在腭上，怎么也说不出话来。一共要讲六分钟，讲到当中，他停下了，说非得喝一口水，否则就没法往下说了。大厅里当然没有一滴水，这时，他只得让六千万听众等待着。好不容易过了两分钟，才有人用纸袋装来一点水递给他喝了，这样，他总算把那篇话讲完了。

卓别林绝不会想到，过几十年，准确说是他含笑谢世四年后的1981年，亚洲一家杂志曾登出一则这样为他"贴金"的轶闻：《大独裁者》放映后，纳粹头子希特勒曾重金悬赏买卓别林的人头。卓别林没被吓倒，只是身边的保镖更精干和多起来。希特勒的一个女杀手很有本事，长得高大漂亮，胸部丰满。据说她很自信希特勒纳粹份子配备给她的新式袖珍秘密武器和自身"肉弹"的威力。然而，当她靠近了这位她日夜寻找也是十分崇拜的艺术大师之后，一下子没了杀气，首先自我缴械了，倒是用新式秘密武器连击了墙壁上"大独裁者"（那是卓别林演的角色却恰是希特勒的化身）数枪。尔后央求卓别林"请踢一脚我的屁股吧，让我死去后也满足地笑着闭上眼睛。"说到这里，女杀手又笑了，说："一想大独裁者用屁股顶地球仪图案的汽球那滑稽相，我就只想笑，只想吻卓别林，杀气早不复存在了。"

宝莲·高代和卓别林一起生活了整整八年。这个时期，他们确是一对好伴侣，他们双方都很快活。可是，慢慢的，两个人又搞不好了。卓别林的第三次婚姻又以失败而告终。主要的原因还是宝莲有点任性，个性又很强，而卓别林也是个硬汉。这样，两个人都是强烈的性格，难免会发生冲突。他们的离异已成为不可避免的事情了。早在卓别林拍《大独裁者》的时候，他们彼此已是心中有数了。现在片子拍完了，他们必须作决定了。

宝莲从纽约临走的时候,留下了话,说她要回加州去给派拉蒙影片公司拍另一部电影。于是,卓别林就一个人留在纽约消磨了一段时间。后来,他的管家弗兰克打电话来,说,宝莲已到贝弗利山,并没在家里住下,就收拾东西去了。等卓别林回到贝弗利的家里时,她已经去了墨西哥,准备办离婚手续。那是一个十分凄凉的家。这一次分离,当然使卓别林感到难过,要一下子斩断八年来生活中的联系,确是一件很不好受的事情。但又能怎样呢。

尽管是这样,这八年可以说是卓别林最满意的时期之一,他跟宝莲·高代可以畅谈一切,辩论问题,互相坦坦白白,有说有笑,他们俩初次见面时,卓别林已四十二岁了,宝莲是他第一个好伴侣。到结婚时,宝莲二十二岁,卓别林四十四岁。好久以来,一般人都认为他已经找到了一个终身的好伴侣,可他自己也是这样认为的。但结果仍是一场空。

不过,他们这次分手并没有象前两次那样张扬,而是和和气气地分手。宝莲是 1942 年在墨西哥法庭上获准离婚的,她得到了二十五万元赡养费,大部分是珠宝首饰——这是她最喜爱的东西。

宝莲·高代这时早已成名,她离婚后继续演戏,都很成功。她是卓别林离了婚的妻子中唯一能自食其力的。不久,她又跟贝吉士·梅里狄斯(Burgess meredith)结婚了。

虽然《大独裁者》已经成为美国人民非常喜爱的一部电影,但是,在暗地里也形成了一些敌对的情绪。卓别林从纽约刚回到贝弗利山,报界就第一次在这方面给了他一些暗示。

那一天,一共有二十多位记者,都来意不善地静坐在他家的玻璃的游廊上。他请记者们喝酒,但是遭到了拒绝——这情形在招待新闻记者时是罕见的。

"你现在打算做些什么？查利！"一个人显然是代表来访的记者提出了这个问题。

"还不是给《大独裁者》做点儿宣传工作。"卓别林带点开玩笑地说。

接着，他又告诉他们，说他怎样，会见了罗斯福总统。"总统说，我的影片给阿根廷的美国大使馆带来了麻烦。"卓别林介绍说。

他满以为这些都是很好的新闻材料，但是记者们仍保持沉默，没有一个人速记，没一个人答话。

过了一会儿。

卓别林又诙谐地说："这样看来，我是不大受欢迎的了，对吗？"

"对，是不受欢迎。"发言人说："你和群众的关系不大好；你离开这儿的时候也不通知报界一声，我们很不喜欢你这种做法。"

虽然卓别林和当地报界的关系不太热乎，但是，他听了这两句话，仍感到诧异。他对此只能作些解释了。

"我离开好莱坞的时候，之所以不曾招待报界。"他耐心地说："那是因为我当时很担心，怕那些对《大独裁者》不太友好的人，不等这部影片在纽约上映，就把它给毁了。拍这部片子，我已花了两年时间，用了一百五十万英尺胶片，用去了二百万美元的资金，我不敢冒风险，反纳粹的影片，即使在美国，也有强大的敌人。为了让影片有映出的机会，我才决定要在它公映之前的最后一刻钟赶去纽约举行一次预映。"

但是，无论卓别林怎样解释，他们仍抱着敌对的态度。

其实,他们就是来找茬的。

后来风向开始转变,报刊上散布了恶意的中伤,以及其他一些流言蜚语,起先是出现了一些轻微的攻击,编造了一些嘲笑卓别林吝啬的故事。接着又传播有关宝莲和他的丑恶的谣言,尽管他们肆无忌惮地进行恶意宣传,但是《大独裁者》仍在英、美两国打破了卖座纪录。

众人还是能分辨是非的,一小撮人的无耻烂言,并没有伤及卓别林在人民大众中的威信。

美国虽然还不曾正式出兵,但是罗斯福总统已经在和希特勒进行冷战。这时总统的处境是十分困难的,因为纳粹分子已经打入了美国各机关组织,不管这些组织自己是否觉察到,但它们实际上已被纳粹利用了。

1941 年 12 月 7 日(星期日)清晨,日本海空军对美国在太平洋的海军基地珍珠港进行偷袭——偷袭是一切敌人惯用的手段——击沉了美国军舰八艘,炸伤了十二艘,击毁美机二百五十多架,使美国太平洋舰队受到重创。

消息传来,全美国一下子受到了极大的震动。12 月 8 日,美国对日宣战。美国立即投入备战,不久,就有许多美国军人被派到海外去。在这紧要关头,俄国人一面在莫斯科郊外阻挡着希特勒的大军,一面呼吁立即开辟第二战场。罗斯福拥护这一主张。这时,纳粹的同情者虽然已改为在暗中进行活动,但是,他们的流毒仍旧在四下流传。他们利用各种方式离间美国和美国的俄国盟友。恶意的宣传一时甚嚣尘上,说什么:"让他们两败俱伤,然后咱们来坐收渔人之利"——他们用尽了一切诡计、花招,试图阻止开辟第二战场。以后的日子是令人焦灼的,每天人们都可听到俄国人恐怖的伤亡数字。一天一天过去了,一星期一星期过去了,许多个月过去了,纳粹仍旧留在莫斯科郊外。

不料,卓别林的麻烦从这个时候开始了,但他并不后悔。

旧金山美国战时俄国难民救济委员主席打电话给卓别林,说美国驻俄大使约瑟·E·戴维斯先生临时患了喉炎,问卓别林是否可以代替他去发一次言。虽然事出仓促,卓别林还是答应了。大会定在第二天举行,于是他搭了夜车,第二天早晨八点钟抵达旧金山。

委员会安排了一系列招待卓别林的节目——一会儿是午餐,一会儿又是晚宴——这样一来,他就没有时间去准备演讲了,可是,他又是主要发言人。后来,他在席上喝了两杯香槟,这对他后来的发言是有帮助的。

开会时,可以容纳万人的大厅里座无虚席。台上坐了几位美国海军将领,还有旧金山市长罗西。前面发表的几篇演讲都是措词谨慎、模棱两可的。市长说:“我们必须承认这一事实,俄国人是我们的同盟者。”他很小心,不去多谈俄国人的紧迫情况,不去盛赞他们的英勇行为,也未提到他们正在浴血奋战,前仆后继,抵住了将近二百个纳粹师。卓别林感觉到,这天晚上,一般人都持着这样的态度:我们和自己的同盟者是同床异梦的。

委员会主席事前关照卓别林,尽可能要讲一个小时。这可把他吓坏了。他想他自己最多只能讲上四、五分钟。但是,后来他听了这些软弱无力的发言,不禁怒火上升。他在宴席座位名片前面写了四条提纲。接着,又是紧张又是害怕,他在后台来回地踱步,等候着轮到他发言。后来,他听到了有人在介绍他。

他打了一条黑领带,穿着一件无尾常礼服。台下响起了一片掌声,这给了他一点时间,让他可以镇定下来。掌声静息,他说一句:"同志们。"

这时,整个大厅里哄堂大笑。笑声平静下去,他又加重语气说:"我就是要说同志们。"

接着,又是一阵大笑,又是一阵掌声,他又接下去说:

"我想,今天晚上这里有许多俄国朋友,这时候你们贵国人士正在前仆后继,浴血抗战,所以,管你们叫同志是一种光荣,也是一个权利。"

许多人在掌声中站了起来。

这时候,他想起了"让他们两败俱伤"那句话,他激动起来了。他要对那句话表示愤慨,然而,他的内心却在提醒自己,要谨慎,于是,他又改变了口气,说下去:

"我虽然不是一个共产党,但同样是一个人,我知道人类的反应。共产党和一般人并没有什么不同之处,不管他们是缺了胳膊或断了腿,他们会和我们同样感到痛苦,会和我们同样送了命。共产党的母亲也和一般做母亲的一样。她们听到自己的儿子一去不复返的悲惨消息,也会和一般做母亲的同样痛哭。这一切,不必身为一个共产党才知道。这会儿,俄国有许多母亲正在痛哭,他们的儿子正在做出巨大的牺牲……。"

卓别林讲了四十分钟,想到了什么就说什么。"我谈到了罗斯福的一些轶事,谈到他在第一次世界大战中募购战时公债发表的演讲。"他的话招得听众们又是笑又是鼓掌——他谈得头头是道。

他接下去说:"现在又打仗了,我在这里讲话,为了战时俄国难民的救济工作。"他停了一下,又重复了一句:"是为了战时俄国难民的救济工作。钱可以帮助他们,但他们需要的并不只是钱。我听说,同盟国现在有二百万军队在爱尔兰北部闲着,而俄国人则在单独对抗大约二百个纳粹师。"

一时间大厅里鸦雀无声。

"俄国人,"他又加重语气说:"是我们的盟友,他们现在不但是在捍卫他们自己的生活方式,同时也是在捍卫我们的生活方式,据我了解,美国人是愿意自己去进行战斗的。斯大林为此提出了要求,罗斯福为此发出了号召,所以,让咱们大家都发出呼吁:让我们现在就开辟第二战场。"

这时响起了一片狂热的呼声,持续了七分钟之久。他说出了听众们的心里话。他们不让他再往下说了,他们不停地跺着脚鼓掌。看他们这样顿足狂呼,把帽子扔到了空中,他暗自想道,今天我的话是不是说的太多了,说的太过火了。但是,他接着又想起千万人正在战斗和牺牲,又对自己的怯懦生气。最后,听众们安静下来,这时,他说:

"既然诸位对这个意见抱有同感,是不是请你们每个人拍一份电报给总统?我们希望,他明天就收到一万份电报,要求开辟第二战场。"

大会结束,他觉得当时的气氛紧张得令人难受。达德利·菲尔德·马隆和约翰·加菲尔德陪着他去吃夜宵。

"你真有勇气呀。"加菲尔德说。他指的是此次演讲。

这句话,使卓别林感到很不安,因为他既无意于赢得英勇的名声,更不想介入一次轰动全国的政治事件。他只不过是谈出了自己的感受,以及自己的主观看法罢了。然而听了约翰的话,他那天晚上一直感到忧郁烦闷。虽然,不出他的预料,他那篇演说布满了一天阴云。但是,后来阴云消散了,他回到了贝弗利山,生活又恢复正常了。

过了几个星期,又有人邀请他在电话里向麦迪逊广场上的一次群众集会发表演说。既然这一次要谈的仍是那一件事，所以，他就接受了邀请——他心里在想，为什么不可以接受呢？这次演讲是由几个最有声望的名流组织和发起的。他讲了十四分钟，后来产业工会联合理事会发表了那篇演讲稿。从以下产联刊行的小册子里可以看出来，他那一次呼吁时，并不是孤立的。演说辞是：《在俄国战场上将决定民主的存亡》。

一大群人，事先已受到叮嘱，不要让掌声打断了演讲，所以这时都屏声静气，竭力要听每一句话。

于是，连续十四分钟，他们听着美国伟大的人民艺术家查尔斯·卓别林从好莱坞电话里发表的演说。

1942 年 7 月 22 日晚，工会会员，以及市民团体、互助会、退伍军人协会、社区团体和教会的会员，共六万人，在纽约麦迪逊广场公园集会，拥护富兰克林·D·罗斯福总统，要求立即开辟第二战场，更快取得对希特勒和轴心国的最后胜利。

发起这一次大集会的，是美国产联纽约市产业工会联合会的二百五十个分会。温德尔·L·威尔基，菲利普·默里，西德尼·希尔曼，以及其他许多美国知名人士，都向大会发来热情洋溢的贺电。

那天天气晴朗。讲台上美国星条旗两旁悬挂着同盟国的国旗，在公园附近街道的一片人海上空，看见一幅幅拥护总统和呼吁开辟第二战场的宣传画和标语。

大会开始，露茜·门罗领唱美国国歌，珍妮·弗罗曼，阿伦·弗朗西斯，以及美国戏剧分会其他几位名演员表演了文娱节目。主要发言人有：美国参议员詹姆斯·M·米德和克劳德·佩珀，市长 F·H·拉瓜迪亚，副州长查尔斯·波莱蒂，众议员维托·马尔坎通尼奥，迈克尔·奎尔，以及纽约产联理事会主席约瑟夫·柯仑等。

参议员米德说："我们要赢得这场战争,就必须设法在亚洲,在沦陷的欧洲,在非洲,取得广大人民群众的支持,必须有他们来热心和积极的为自由进行斗争。"参议员佩珀说："凡是那些阻碍我们作出努力的,凡是那些要求采取限制措施的,都是共和国的敌人。"约瑟夫·柯仑说："我们有的是人力,我们有的是物资。我们已经知道赢得胜利的唯一方法,那就是,立即开辟第二战场。"

每一次提到了总统,提到了第二战场,提到了英勇的盟友,提到了苏联、英国和中国英勇的战士和人民,密集的人群就发出了欢呼。后来,查尔斯·卓别林在长途电话中发表了他的演说:

拥护总统号召

立即开辟第二战场(麦迪逊广场公园,1942 年 7 月 22 日)

俄国战场将决定民主的存亡。共产党人正掌握着盟国的命运。如果俄国战败,整个亚洲大陆——全世界面积最广大,物产最丰富的大陆——就将处于法西斯统治之下。如果整个东方大部分落入日本人之手,法西斯就可以染指世界上几乎所有的重要战略物资。到了那时候,我们还有什么希望可以打败希特勒?

由于运输上存在着困难,由于我们的交通线连绵几千英里,由于钢铁、石油、橡胶都成问题,而希特勒又采取了各个击破的战略,万一俄国战败,我们势必陷入绝境。

有人说,如果发生了以上的事情,战争将延长十年或二十年。然而,依我看来,这种说法未免过于乐观。

到了那种情形之下,面对着强大的敌人将来胜负属谁,那是未可预料的。

我们还在等待什么?

现在俄国人迫切需要支援。他们呼吁开辟第二战场。但是,在目前是否可以开辟第二战场这一问题上,一些同盟国持有不同的意见。有人说,那是因为同盟国没有充分的给养可以支持第二战场。又有人说,他们是有充分给养的。还有人说,他们是不愿意在这个时刻冒险开辟第二战场,唯恐可能遭到失败,他们必须等到满有把握和充分准备好了的时候,否则他们是不肯冒险的。

但是,形势能够让我们等到满有把握和充分准备好了的时候吗?能够让我们事事都拿得稳了吗?打仗就没有一个十拿九稳的战略。德国人这会儿离高加索只有三十五英里。如果高加索不守,俄国人百分之九十五的石油就要完蛋。眼看着上万人不断地牺牲,百万人面临死亡,这时候我们就必须把自己的思想亮出来。群众都在向自己提出问题。我们听说,大队的远征军已经抵达爱尔兰,我们有百分之九十五的护航队正在顺利地到达欧洲,两百万全副武装的美国人正在磨拳擦掌,准备上阵。俄国的情况已经这样紧迫,我们还在等什么?

我们都可以接受

请注意,华盛顿当局和伦敦当局,我们提出这些问题,并不是为了制造分歧。我们提出这些问题,是为了要消除思想上的混乱,为了要树立信心,增强团结,取得最后胜利。你们不论给我们什么样的答复,我们都可以接受。

俄国人正在背城苦战。那城墙是同盟国最坚强的防线。我们守卫利比亚,结果把它丢了。我们守卫克里特岛,结果把它丢了。我们守卫菲律宾群岛和太平洋上其他岛屿,结果把它们一起丢了。但是,我们可经不起再丢掉俄国,因为那是为民主作战的前线。眼看我们的世界,我们的生活,我们的文化正在崩溃瓦解,我们就必须冒一次险。

如果俄国人丢了高加索,那将给盟国的事业带来最大的灾难。那时候,我们可得注意一伙绥靖主义者,他们会从他们的洞里爬出来。他们要向胜利的希特勒求和。他们会说:"再多牺牲美国人的性命也没用了,还是让咱们和希特勒做一笔交易吧。"

谨防落进纳粹的圈套

谨防纳粹设下的圈套。这些纳粹狼都会披上羊皮。他们会把人和事向我们说得天花乱坠,然后,我们还不曾觉察,已经被迫接受了他们的意识形态。到那时候,我们就会成为他们的奴隶。他们就会夺去我们的自由,控制我们的思想。整个世界将被盖世太保所控制。他们将从空中控制我们。可不是,将来就是要争这制空权。

制空权一旦落在纳粹手里,对发号施令的纳粹进行的一切反抗都将被摧毁。人类不再会有进步。不再会有少数民族的权利,不再会有工人的权利,不再会有公民的权利。所有这一切,都将化为乌有。只要我们一切听从绥靖主义者的话,去跟一个胜利的希特勒讲和,全世界就要受到他野蛮的命令统治。

我们不妨冒一次险

要警惕那些每逢灾难降临之后,就会应运而生的绥靖主义者。

只要我们提高警惕,只要我们保持士气,我们就没什么可怕的。记住这一点:是士气拯救了英国。只要保持士气,我们就能稳操胜券。

希特勒已经冒过多少次险。他最大的一次冒险,就是向俄国进军。上帝保佑,别让他今年夏天突破了高加索呀。上帝保佑,让他再在莫斯科郊外度一个冬天吧。他不一定能够成功,然而他胆敢冒险。既然希特勒能冒险,为什么我们就不能冒险?让我们发动攻势。让我们在柏林上空扔更多的炸弹。让我们用那些格伦·马丁式水上飞机去解决我们的水上运输问题。最重要的是,让我们开辟第二战场。

必须在明年春天胜利结束战争

让我们把明年春天胜利结束战争作为行动的目标。你们做工的、你们种田的、你们当兵的、你们世界公民,让我们一起为了这个目标工作和战斗吧。你们华盛顿当局,你们伦敦当局,让我们把这作为我们的目标:必须在明年春天胜利结束战争。

如果我们经常想到这一点,工作时想到它,生活中想到它,我们就会产生一种精神,这种精神将增强我们的力量,加速我们的攻势。

让我们努力实现那不可能的事吧。要记住:历史

上所有伟大的成就,都是由于战胜了看来是不可能的
事情而取得的。

卓别林是红鸾星照命,他与宝莲离婚之后,又遇到一个
女人。

那是一个星期天,他打完了网球,蒂姆·杜兰特对卓别
林说:

"查利,我和一位名叫琼·芭莉的年轻姑娘有个约会。这位
芭莉姑娘是保罗·格蒂的女友,她带着我的朋友 A·G·卢布
门撒尔的一封介绍信,刚从墨西哥城回美国,我要陪这位芭莉小
姐和另一位姑娘去晚餐,你是否与我们同去?那位芭莉小姐可
是一再说要见见你的。"

"这有什么不可以的!同去好了。"卓别林爽快地答应了。

后来,他们在珀村诺酒馆见了面。那位芭莉小姐很有趣儿,
于是,他们四个人一起度过了一个很愉快的晚上。过后,他就把
这件事丢开了。

下一个星期日,一些客人在卓别林家打网球,蒂姆·杜兰特
把芭莉小姐也带来了。每逢星期日晚上,卓别林总是让仆人们
休息,他自己到外面去吃饭。所以,他就邀请蒂姆·杜兰特和琼
·芭莉小姐到罗曼诺夫酒馆去进晚餐。饭后,他用车把蒂姆和
琼送回了家。第二天早晨,芭莉小姐来看卓别林了。

"查利,你可以陪我去吃午饭吗?"芭莉说着,看卓别林的
反应。

"我打算去九十英里外的圣巴巴拉看拍卖,如果芭莉小姐没
什么忙事的话,不妨和我同去,我们可以先在那儿吃午饭,然后
再去看拍卖,好吗?"

芭莉小姐高兴地答应了。

　　于是，他们一同到圣巴巴拉，在那里吃了午饭，又同去看拍卖。卓别林买了两件东西，然后又把芭莉小姐送回了洛杉矶。

　　芭莉小姐那年二十二岁，长得高大漂亮，身体结实，胸部异常丰满，穿一套领子极低的夏季服装，半个胸脯子光滑洁白的双肩全露在外边，显得非常动人。一路上，二人并肩坐着——卓别林坐在司机位置上，芭莉坐在他身边。一股女人特有的气味，不时侵袭卓别林的鼻孔。这就激起了卓别林的情欲好奇心，他很想与这个美女销魂……

　　这时候，芭莉说：

　　"我已经和保罗·格蒂吵翻了，打算明天就回纽约。不过，"她说到这里看了看卓别林，又说下去："查利，你要我留下来的话，我就留在这里，再也不去任何地方了。"

　　这句话把卓别林的欲火浇灭了。他大起疑心，仅仅见了两次面，并没有多交谈，她为什么提出这样的话来？她有什么企图？打算干什么？他想到了这里，就明白地告诉她：

　　"芭莉小姐，您不要为了我而留下来了。"

　　芭莉没有再说什么，卓别林也不再提这件事。车到了她的公寓前面，她下了车，二人互道再见。

　　只过了一天，芭莉打来了电话：

　　"查利，我已决定不走了。请你晚间到我这儿来共进晚餐好吗？"

　　卓别林此时已忘了他的疑心，当天晚间就去了芭莉的公寓。

　　这天晚间，芭莉打扮得更为俏丽，尤其是她的夏装，几乎是半裸体，洁白的胸脯与半个乳房几乎显现在外，洁白圆润的大腿，也是大半个露在外面，她的身体性感强烈，尽管卓别林已经历过不止一个女人，此刻却认为芭莉太诱人了。

席间,芭莉有说有笑,卓别林也很开心,一瓶法国葡萄酒,卓别林喝了有五分之四。

饭后,二人并肩坐在沙发上,芭莉那滚圆洁白的大腿紧挨着卓别林的大腿,尽管他穿的是长裤,但是,他还是隔着裤子就感受到了她大腿的温暖。尤其是她那一身的香气,时时侵袭着他的鼻孔。

有人说酒助英雄胆,也有人说酒助色胆。喝了较多酒的卓别林,此刻已是欲火攻心,欲望难捱。他一把将芭莉拉进怀里,一只手探进她的衣服里……

芭莉久有此意,也可以说她就是为此而来,她岂有不愿之理。

卓别林与芭莉上了床,睡进了同一个被窝。

坚持就是胜利,芭莉达到了她的目的。

卓别林得到了一时的性满足。

从此,他们两个人经常"幽会"。卓别林的日子倒也过得愉快。

然而,卓别林总觉得有那么一种奇特的,不同寻常的地方。芭莉往往是事先不打电话,晚上又很晚的时候来到卓别林的家里。有些时候,他又是接连一个星期也见不到她的身影。他虽然没有明说,但已开始感到有些不安。可是,只要她来了,她又总是嘻笑颜开,情意绵绵,他的疑虑就消失了,还照样上床。是否同床异梦?他也不去考虑了。

有一天,卓别林同英国名演员塞德里克·韦伯斯特·哈德威克爵士和美国小说家诺贝尔文学奖金获得者辛克莱·刘易斯(Sinclair Lewis)一起进餐。谈话中,刘易斯提到了塞德里克演过的那一出《梦里人生》。刘易斯管剧中的布里奇特叫现代的琼

·达克(指法国圣女克德,英文是 Joan of Arc,法文是 Jeanne d'
Arc)。认为大可以将这出戏拍成一部精彩的电影。卓别林听
了很感兴趣,向塞德里克要那副本来看。于是,他送来了一本。

过了一天,琼·芭莉来到卓别林家吃饭时,卓别林向她谈起
了这出戏。她说她也看过,很想要演戏里那个姑娘。卓别林并
不当一回事。但是,到了晚间,芭莉读台词给卓别林听。他听了
大为惊奇,没想到她会读得那么动人,甚至带有爱尔兰口音。他
非常高兴,让她作了表情测验,看她是否适合上镜头,测验的结
果,却令他非常满意。

这时候,卓别林对她那些古怪举动所持的疑虑完全消失了。
他还认为他象哥伦布似的发现了新大陆。于是,他把芭莉送进
了马克斯·莱因哈特办的戏剧学校,因为她还需要技巧训练;此
后,由于她忙于上课,他们就很少见面了。这时,他还没有买下
改编剧本的权利,所以,就去和塞德里克联系。由于他的帮忙,
卓别林花了二万五千美元买下了拍摄电影的权利。然后,他又
与芭莉签订了合同,他给她的报酬是每星期二百五十美元。

此后,一连几个月,卓别林一直专心写《梦里人生》这个电影
脚本,后来,发生了一些令他感到离奇古怪的事。

芭莉常常喝得醉醺醺的,驾着她那辆"卡迪拉克"牌汽车,夜
里随时来找卓别林,卓别林只好叫醒了自己的车夫,把她送回家
去。有一次,她在跑车道上撞坏了她的车,不得不把那辆车扔在
那里。由于琼·芭莉的名字现在已和卓别林电影制片厂发生了
关系,所以他很担心,如果她因酒醉开车而被警察逮去,那就会
引起流言蜚语。最后,她更加任性胡闹了,有时深更半夜里打电
话来,或者是她自己跑了来,他不去接电话,也不开门让她进来,
于是,她就砸碎了窗子玻璃,然后爬进来。有时卓别林被她搅得

一夜不能睡。

后来,他又发现,芭莉已有几个星期不曾去莱因哈特的学校去上课。卓别林对此当面问她:

"琼,你为什么几个星期不到戏校去听课?"

"我不想当演员了,还上什么课? 只有傻瓜才去听课。"

"那么,你打算做什么?"卓别林听了她的话虽然不高兴,还是耐着性子问。

"什么也不想做。"芭莉脸也不红地说:"只要你给我们母女俩回纽约的路费,另外嘛——再付给我五千美元,我就取消那份合同。怎么样,查利?"

这是卓别林求之不得的,如果芭莉真的就此走开,他们的关系一刀两断,他不在乎花钱多少。当即道:

"很好,一言为定。"

卓别林满足了芭莉的要求,付了她们母女二人回纽约的旅费,又付了她五千美元。芭莉很高兴地走了。

虽然芭莉拍电影的事告吹了,但是,卓别林并不因为买下了改编《梦里人生》的权利而后悔,因为他已经快把这部电影脚本写完了,认为它是一部很好的剧本。

旧金山大会召开后,又过了几个月,俄国人仍旧呼吁开辟第二战场。这时纽约又有人邀卓别林去卡内基音乐厅发表演说,卓别林没有立即答应,他在考虑是不是应该去? 最后他想好了,认为他已经把这件事发动起来了,现在应该是到此为止了。

过了一天,卓别林在和杰克·华纳打网球时,他对他说起了这件事。

华纳神秘地摇了摇头,又眨了眨眼睛说:"查利,你去不得了。"

"为什么?"

华纳没有立即回答,但是,他又补充了一句:"我警告你,不要去!"

俗话说:"请将不如激将"。华纳的话不知是在"激将"还是在关心,反正,他的话却起到了相反的作用。卓别林认为这是一种挑战,尤其是在那些日子里,并不需要只有雄辩的口才,也可以使一般美国人同情开辟第二战场,因为俄国人刚在斯大林格勒打了一场大胜仗。

1942 年 8 月 23 日,德军渡过顿河,开始进攻斯大林格勒,每天出动上千架飞机,一千多门大炮,进行狂轰滥炸。9 月 15 日,德军攻入城西北工业区。俄国人浴血奋战,每天打退敌人一、二十次冲锋。10 月 19 日,苏军反攻。12 月份,德军二十个精锐师陷入苏军包围之中。到了 1943 年 2 月 20 日,被围德军三十三万被歼,德军元帅鲍利斯率领大批将军和九万残兵向苏军投降。德军在顿河、伏尔加河、斯大林格勒地区共损失了约一百五十万人,三千多辆坦克,三千多架飞机。

卓别林和蒂姆·杜兰特一起去纽约。

出席卡内基音乐厅大会的有:赛珍珠、罗克米尔·肯特,奥森·韦尔斯,以及其他许多知名人士。奥森·维尔斯那天也发了言,但是,可能由于反对势力增强,他的措词很谨慎。他被排在卓别林之前发言,他说:

"既然这次开会是为了救济俄国难民,而俄国人又是我们的盟友,我当然要谈上几句……"

但是,他们说的都是一些无关紧要的话。这就使卓别林决心要说出自己的想法。他一开头就提到了一位专栏作家,因为那位作家指责他是对作战指手划脚,所以他说:

"瞧他那样疯狂地叫嚣,应当说他是心怀妒忌,对作战指手划脚的正是他。现在的问题是,我们对战略抱着不同的看法,他不相信应当在这时候开辟第二战场,但是我相信。"

《每日工人》报对这次大会的报道说:"在大会上,查利和听众打成了一片。"

卓别林的心情却是复杂的,他既感到满意,又有些担心。

离开了卡内基音乐厅,卓别林和蒂姆陪同出席大会的康斯坦斯·科莉尔去吃夜宵。康斯坦斯根本不是什么左派,但是,卓别林的那篇演说深深地感动了她。他们到了华道夫——阿斯多利亚饭店,那里已经有琼·芭莉几次打来电话留下的条子。卓别林看了又是惊诧又是恼怒,他一下把那些条子全撕掉了。就在这时,电话铃又响了。卓别林吩咐接线生,不要把电话接过来。蒂姆认为这样不妥,他说:

"可别这样做,你还是接她的电话好,否则她会跑来大闹的。"

后来,琼又打来电话,他就去接了。这时候的琼仿佛又变得像平时那样很和气了,说她是想来看看他,他答应了。他打完电话,对蒂姆说:

"蒂姆,你不要走开,决不可把我和芭莉单独留下在一起。"

蒂姆笑了。

"你就那么怕她?"

"咳,她的纠缠我确实怕了。"

芭莉来了,他告诉卓别林,她自从来到纽约,就一直住在保罗·格蒂开的那家皮埃尔旅馆里。

卓别林为了稳住她,扯了一个谎:

"我们还要在这里待两天,改天我请你吃饭,到时候我给你打电话。"

芭莉似乎挺高兴,她坐了半个小时,临走的时候,她说:

"查利,你能送我回皮埃尔旅馆吗?"她期待地看着卓别林。

"对不起,我今天太累了。"卓别林借口推脱:"如不是你来,我早躺下去休息了,对不起。"

"那么,你送我上电梯还不行吗?"她又这样要求。

卓别林还是不敢相信她,所以,他只把她送到大门口。

这是卓别林在纽约第一次见到琼,也是最后一次。

自从卓别林发表了呼吁开辟第二战场的演说,他在纽约的社交活动就日趋冷淡。再没有人邀请他到那些豪华的乡间别墅去度周末了。在卡内基音乐厅召开大会以后,又有当时为哥伦比亚广播公司工作的小品文作者克利夫顿·法迪曼到旅馆里找他。

"查利,你可高兴在国际电台上广播,电台给你提供七分钟的时间发表意见。"

卓别林已准备答应了,可是法迪曼又接着说下去:"这是凯特·史密斯安排的一个节目。"

卓别林当即谢绝了。他说:

"我原来是打算发表对战争的看法,但是,这样就变成了是在给'杰洛'作广告了。"

卓别林并不想开罪法迪曼,他是一位很有才华和学识渊博的好人,一听到卓别林提到了"杰洛",他的脸都羞红了。卓别林觉得很不过意,但是,话已出口,已无法收回了。

此后,他又收到各式各样的来信。其中有一封信是那位编写家喻户晓的"美国第一"的杰拉尔德·K·史密斯寄来的。他要在"关于开辟第二战场"问题上与卓别林辩论。其他的来信,有的是邀他去讲学的,也有的是请他呼吁开辟第二战场的。

这时候,卓别林才意识到,他自己已经被卷入一场政治风暴。至此,他开始分析自己的动机:他在多大程度上是受了演员心理与观众反应的刺激,如果当时他不去拍一部反对纳粹的电影,现在他会不会投入这一场狂妄的冒险活动? 那么,这是不是说明,他对有声电影的愤怒与反感被提到了一个更高的程度呢?他想了想,这些因素都是有关系的,然而最强有力的因素仍是他对纳粹制度的仇恨与鄙视。当然,他并不后悔。

第二十五章　艺海深情

　　"亲父遗弃案"像狗皮膏一样粘在他身上,他受迫害长达 14 个月之久;情场屡屡得意,婚姻屡屡失败的情场老手,对着整整小他 36 岁的乌娜,红着脸颊,轻呼着这位美丽、善良、温柔、贤惠的少女的名字,乱了方寸;这位艺术大师娶了这位少女之后,从此再未涉足情场,乌娜伴他走完了他的人生之路;为了讨她欢心,艺术大师曾在光天化日之下"偷"了珠宝店老板的一只镯子……。

　　卓别林从纽约回了贝弗利山,开始编写《梦里人生》电影脚本。

　　一天,奥森·韦尔斯来看他。

　　"查利,我打算根据真人真事写几部真实性故事的电影剧本。"他说:"其中的一部将是根据那件轰动法国的兰胡子郎德吕谋杀案。如果由你来扮演这一角色,那一定是精彩的。"

　　卓别林听了很感兴趣,因为这对他将是一个转变,此后不再拍笑片了,也不再象多年以来那样自编自导自演了。为此他道:

　　"先把电影脚本拿来我看看。"

　　"哦,我还没写呢。"韦尔斯说:"不过,只要把审讯郎德吕的记录都找了来,你所有的材料就齐备了。"他接下去又说:"我还以为你乐意帮着写这个电影剧本呢。"

卓别林大感失望："要我帮着来写剧本呀。"他说："我可没这个兴致。"

这件事就这样丢开了。

但是，过了一两天，卓别林忽然想到，可以把郎德吕的故事编成一部极好的笑片。于是，他打电话给韦尔斯。他说：

"你建议根据郎德吕案件拍一部真实性故事片，我倒想起了可以拍一部笑片。它和郎德吕的事没关系，但是，因为听到了你的建议，我才想到了这个主意，所以，为了了却这个情，我情愿付你五千元。"

他嗯呃了几声。

"你听我说，郎德吕案件并不是你或其他什么人新编的故事。"卓别林说："它是大伙儿都知道的一件事儿。"

他想了一会儿，然后道："您和我的经理联系吧。"

韦尔斯的经理和卓别林谈判的结果是，韦尔斯仅说了两句话，就得到了五千美元。而卓别林则了清了一切义务。其实，卓别林打算写的电影故事与郎德吕的事件无关，他可以不必付五千元的。但是，他认为是韦尔斯的话才启动了他的灵感，所以才主动提出付五千美元的。

但是，贪心使韦尔斯又提出了一个要求，那就是：这部影片拍好后，上面要注明："本片要旨，由奥森·韦尔斯提供。"卓别林当时一心只想到拍电影，对这个要求未加注意，所以就答应了。

他做梦也没想到，作为一个电影导演的韦尔斯，后来竟利用这条注明大做广告，可见其行为是不光彩的。但是，卓别林本人则是后悔莫及。本来，他不付五千美元也可以的事，不告诉韦尔斯也可以的事，后来却被人利用了。他如果了解韦尔斯的为人，他当时决不会同意这条注明的。下面，我们在讲到这个片子的内容梗概时,就可看出,它与郎德吕杀人案无关。

于是,卓别林放下了《梦里人生》,开始编写《华尔杜先生》。他刚写了三个月,一天,琼·芭莉又闯到贝弗利山来了,他的管事事先通知他,说芭莉小姐打电话来了。卓别林告诉管事,说无论如何我是不会去见她的。

这以后发生的事,不但是卑鄙、而且是阴险的、恶毒的。

琼·芭莉因为卓别林不肯见她,就强行进入,仆人不敢强拦,她进院后,又砸碎了窗玻璃爬进屋。

卓别林责问她:"芭莉小姐,上次你要求你们母女回纽约的路费,另外要五千元钱,我已满足了你的要求,你这次来想干什么?"

"我穷得没法活了,你还得给我五千元,否则我就打死你。"芭莉脸都不红地说。

如果她是求助,卓别林可能资助她一些钱的,但是,她用威胁的手段,这就激恼了卓别林。

"芭莉小姐,请你自尊,否则我可不客气了。"

"我没有钱要什么自尊。"她又恬不知耻地说:"我今晚上陪你睡,这总可以吧,只要你给我一些钱就行。"

"请你出去!"卓别林冷冷地道,他下了逐客令。

"查利,你别撵,我今天是不走了。"芭莉说完,大模大样地自己去拿酒喝。

卓别林不想这么做,他不愿为这个小事闹得满城风雨,可是,今天芭莉竟然放赖,他不得不报警了。

警察来了。

卓别林指着芭莉说:"请警官先生将她带走,她打算在这放赖。"

一个年龄较大的警官对芭莉说:"小姐,请你快些走开,否则,我们可要拘捕呢。"

哪知芭莉竟然不害臊地说:"警官先生,这件事还是请不要管的好。以前我跟查利在一个床上睡过觉,这次我从纽约特为来找他的,我们还要重温旧梦哩。"

警官二人互相看了一眼,又转脸去看卓别林。此时,他的鼻子几乎给气歪了。他厉声道:"芭莉,你真不知耻。"他又转对警官道:"请你们把她带走,她未经允许就闯进来,还打坏了窗子,此刻又赖着不走。"

"小姐,"还是那个年老的警官道:"你再这样下去,我们将以流浪罪、私闯住宅罪拘捕你。",

原本气势凶凶,又厚颜无耻的芭莉小姐此刻却哭起来了。

"哭是不顶事的,请不要赖在这里了! 难道你愿意我们把你拘捕起来吗?"

卓别林此时又发了善心。他道:

"警官先生,将她撵走就算了,还是不要拘捕她了,让她回纽约去,也不必问她的流浪罪了。"

"行吧。"老年警官道:"我们看在卓别林先生的面上,不拘捕你,请小姐立即动身回纽约。"

"我没有路费呀。"芭莉哽咽着挤出了这几个字。

老年警官则转脸看卓别林。

卓别林道:"行了,我再给你一次路费。"他当即掏出皮夹子,给了芭莉一些钱,回纽约的路费是有余的了。

老年警官从卓别林手中接过钱,递给芭莉小姐,并警告道:

"小姐,今天,看在卓别林先生的面上不拘捕你,但是,请你记住,如果你再在贝弗利山附近出现,我们就要以流浪罪拘捕你了。"

这一出闹剧暂时结束了。卓别林还不知道,这仅仅是个序幕。正戏还在后面呢,如果他不发善心,如果他不讲情,如果他不给芭莉路费,当时,让警官拘捕了芭莉,后面的戏就不会热闹了。

植物有雌雄之分,动物也有雌雄之分,作为万物之灵的人类,就有了男人、女人之分。有人说,女人是男人的一半,这句话反过来,可以说男人是女人的一半。人类的繁衍、进步、延续,就多亏了两个一半的合作,单有一半是不行的。

当今世界上有一个女儿岛,土耳其有一个"女儿国"。但,并非她们真的是永生永世的纯"女儿"岛或国,女人和男人是要定期回去的。否则她们就不会永远存在了,有一天就会一个人也没有的。

所以纯"女儿国"只有小说中有。中国有个小说家李汝珍写了一本小说叫《镜花缘》,里面写了一个女儿国,但是,这个女儿国也不是不要男人,她们的国王还是要娶男人当"皇后"。

话扯远了。卓别林已经有了三次不成功的婚姻。那么,这样一个天才艺术家,真的就找不到一个美满的婚姻吗?上帝真的让卓别林一生也享受不到家庭生活的幸福吗?不!不会的。

卓别林自己就说过:"阴影终于随着黑夜消失,太阳升起来了。"

幸福也会降临到卓别林的头上。看来上帝还是公平的。

又过了几个月。一天,好莱坞电影演员介绍人米娜·华莱士小姐打来电话,说她有一个刚来自纽约的委托人,可能适合于担任《梦里人生》中的主角布里奇特。当时,他正在为了《华尔杜先生》这个故事不容易写下去而伤脑筋,听了华莱士小姐的话,觉得这倒是一个好消息,可以重新拍摄《梦里人生》,暂时把《华尔杜先生》搁下来。于是,他在电话里向华莱士小姐打听她的委托人的详细情况。华莱士小姐说她的委托人是美国名剧作家尤金·奥尼尔(Eugene O'Neill)的女儿,各叫乌娜·奥尼尔(Oona O'Neill)。

卓别林从前没有会见过尤金·奥尼尔,但是他看过他写的剧本,觉得很严肃,由此就在印象中给他的女儿蒙上了一层灰暗的色彩。他简单地向华莱士小姐说:

"她会演戏吗?"

"她在东部参加过一个夏季演出的剧团,稍许有一点儿演戏的经验。"华莱士小姐说:"你最好是亲自试一试,看她会不会拍电影? 或者,如果您不愿意主动出面,最好是到我家里来吃晚饭,我把她也邀了来。"

卓别林想,去看一看也好,不能主观就认为人家不合格。所以他同意了。

他很早就去了。他一走进华莱士小姐的起坐室就看见一个年轻的姑娘独自坐在火炉边。那时候华莱士小姐还没回来,他就先作了自我介绍,然后说:

"我猜想您就是乌娜·奥尼尔小姐吧? 但愿我没有猜错。"

那姑娘笑了笑。很有礼貌地点点头。

卓别林发觉她与他原来想象的完全相反,她长得很清秀,有一种十分动人的温柔娴静的美。

华莱士小姐不在,她却代尽女主人之责了。她说:

"米娜·华莱士小姐还没回来,您请坐。"

卓别林坐下来。二人闲谈起来。

　　"奥尼尔小姐,您从纽约大老远的来到好莱坞,就是想当个电影演员了?"

　　"当然。"乌娜又笑了笑。"不过,是否能成还是未知数了。"

　　"有志者,事竟成嘛,岂有不成之理。"卓别林是无话找话地说。

　　"不! 单单有志不一定会成功,还需要条件,至少要两个条件。"

　　"噢。"卓别林来了兴致:"您说说看,要哪两个条件?"

　　"第一个要有导演选中,第二个本人也具有天赋。二者缺一不可。"

　　卓别林不由地在心里佩服。看样子,姑娘年纪不大,却有此见解,可谓一言中的。他夸奖道:

　　"奥尼尔小姐有此真知灼见,是会成为一个明星的。"

　　"您错了。"

　　"噢?"卓别林不解地问道:

　　"我说错了话?"他不知他这句话有什么错,稍感惊愕。

　　"我,即使能当上演员,演了电影,即使演主角,也不可能成为明星的。"她把"明"字说得很重。

　　"这又为什么?"卓别林仍然不明白她的话。

　　"道理再简单不过了。"奥尼尔又笑了笑,说下去:"在好莱坞,有您卓别林先生这颗大明星,它是那么亮,周围的一些小小的星星,已经被比下去了,根本就不明了。所以,我只有可能成为电影界中的一颗暗星。"

　　卓别林大笑起来。他又未想到,奥尼尔不但美丽,而且还有幽默感。

　　这时,华莱士小姐回来了。又给他们二人作了正式介绍。

卓别林的朋友蒂姆·杜兰特也来了。于是,他们四个人共进晚餐。

这一顿饭,四个人都吃得很愉快。

饭后,也未谈及关于聘用的事。因为他仅是"来试一试或来看一看的。"

卓别林在闲谈中提到了《梦里人生》一戏。

华莱士小姐有意地介绍道,"奥尼尔小姐今年才十七岁多一点儿,是个年轻的姑娘。"

她的目的很明显,因为她知道《梦里人生》中的女主角布里奇特很年轻,需要一个年轻的女演员来扮演,所以才这样主动介绍。

哪知,卓别林听了却大失所望。他原来已对乌娜产生了好印象,但是,《梦里人生》的女主角布里奇特虽然是个年轻的姑娘,可是,性格却非常复杂,所以需要一个年龄较大、阅历较深的女演员。这样卓别林就打消了聘用奥尼尔的念头了。

华莱士小姐当然也不可能提关于聘用的问题。

过了几天,华莱士小姐打电话给卓别林,告诉他:

"查利,关于奥尼尔小姐的事,你应该立即决定。因为福克斯影片公司有意聘用她。"

卓别林怎能让那么好的姑娘走开,他立即道:"我已决定聘用她,请您今晚陪她到我家来进晚餐好吗,同时就可签订合同了。"

当天晚饭后,卓别林的电影制片与奥尼尔签订了为期一年的合同,每星期的报酬是二百五十美元。

从这时起,奥尼尔就走近了卓别林制片厂的大门。

卓别林已决定,让乌娜·奥尼尔饰演《梦里人生》女主角布里奇特了。

他自从认识了乌娜·奥尼尔,她那幽默和宽容、善良常常使卓别林感到了惊奇,她永远是能够体谅别人的。由于这一点,以及她的清秀,十分动人的娴静,就像一朵出水的芙蓉,他爱上了奥尼尔。可是,他在思想上也有顾虑,乌娜才刚刚十八岁,而自己已经是五十四岁了,年龄相差得这样悬殊,乌娜虽已流露出对他的爱恋,但是婚后的生活会和谐吗? 他一时拿不定主意。但是,他却魂牵梦萦地把精力放在了乌娜的身上。他决定要与乌娜真诚地谈一谈。可是,又觉得不好开口。

事情终归要解决。这一个时期,卓别林是吃不好,睡不稳。他自己也奇怪,他与第一个妻子米尔德莱·哈丽斯,虽然是先有实,后有名(即先同居,后结婚),但不感到有什么愉快,因为他没想到要娶她。第二个妻子莉太·葛蕾,那不过是麦克美丽家庭的一个计策,他也不想结婚的,后被迫结婚。第三个妻子宝莲·高代可以说是彼此爱恋,他也真正的享受到了美满和谐的一段美好生活。但是,终于因为宝莲·高代的倔强,又以分手告终。但是前三次,尤其是前两次,他从没有象这次对乌娜的态度这样,他似乎认定,乌娜才是他的终身伴侣。他爱乌娜甚至比当初他的初恋,比他爱海蒂·凯莉还要深。他受不了这种爱的折磨,他必须摊牌了。

那是一个宁静的夜晚。二人共进晚餐之后,坐在卓别林家的起坐室里。

"乌娜——"卓别林轻声叫道。他自己也奇怪,他的声音为什么这样轻,又这样温柔。

乌娜抬起头来,温柔地微笑着,看着卓别林,一双美丽的眼睛似乎在说:"查利说下去,我知道你会说什么,我听着。"

"乌娜——"卓别林又轻轻叫道,可是下面的话仍是没有勇气说出来,他暗暗骂自己,今天是怎么了? 勇气都跑到那儿去了?

乌娜却明白了,卓别林是没有勇气说出来,那当然是怕唐突了自己。也许还怕碰钉子,她说话了。

"查利,不用说了,我明白。"

这可以说就是"心心相印"吧。卓别林心中大喜。

"这么说,你愿意?"

"我愿意什么?"乌娜笑着调侃道。

卓别林已看出来乌娜是故意左右为难他。

"你心里明白。"卓别林说。

"我当然明白。"乌娜调皮地道:"饰演布里奇特一角是我梦寐以求的事。"

卓别林明白地看出了乌娜的调皮样子,觉得很好玩,他从自己的座位上站起来,走到乌娜身边坐下去,用手指轻轻弹了一下乌娜的粉白娇嫩的脸蛋儿。

"小个头,你真调皮。"

"小个头是不敢在大导演面前调皮的,否则可能被解雇的。"

卓别林心里雪亮,他高兴了,他毫无顾忌的搂住了乌娜的腰,用另一只手抚摸乌娜的秀发。

乌娜并不推拒,任凭卓别林搂着。

"我爱你——"卓别林附在乌娜耳边轻声说着,那声音小得似耳语,其实,声音再大也不会有人听见。

"你问我了吗?"乌娜调皮地又这么说了一句。

"不用问,我早已看出来你是爱我的,不是吗?"

"也许是的。"

"你能告诉我，你为什么爱我吗?"卓别林说着话，已将乌娜搂进怀里。

"爱是没有条件的。也用不着什么理由。"

卓别林心花怒放，他低下头去，一只手托起乌娜的头，把他的嘴扣在乌娜的小嘴上，久久的吻着。

亲热了一阵子，卓别林仍将乌娜搂在怀里，他说:

"乌娜，我已结过三次婚，你知道吗?"

"知道或不知道无关紧要。"乌娜说:"只要知道你现在没有妻子这一条就可以了。"

"我今年已经五十多岁了。"

"这我知道，你生于1889年。但年龄不限制一个人与另一个人之间的爱情，爱不应该有任何条件。爱就是爱。"乌娜平静地说。

卓别林大出意外，他没想到乌娜会说出这样的话来。

"你是与众不同的。"卓别林说。

"不! 查利。每一个人都是一个具体的人，每一个人都必然与另一个人不同。即使有某一点或某一些与其他人相同之处，也必然还有不同，你不也是一样吗?"乌娜小小的年纪竟然说出富有哲理的话来:"每一个人都是具体的一个，既有与他人的相同处，也有其不同处。"

卓别林简直把这个"小个头"爱到了极点。

相见恨晚吗? 不! 再早的话，乌娜还是个小孩子呢，再早的话，乌娜还没有生下来呢。乌娜生于1925年，而卓别林与米尔德莱结婚是在1918年，与莉太结婚是在1924年。就是与宝莲·高代相好的时候，乌娜才六岁，没有什么相见恨晚。那么，这是上帝的赐与了——尽管卓别林并不相信宗教。

卓别林的一切顾虑,都成了多余的了。他们商定,等拍好《梦里人生》他们就结婚。

《梦里人生》剧本的初稿已经写完了,卓别林已想好,把乌娜那罕有的美丽动人之处全搬上银幕,《梦里人生》肯定是一部很成功的电影。

又发生了意外。

琼·芭莉又闯到了好莱坞。

卓别林接到了芭莉的电话。

"查利,你听着,我现在已怀孕三个月,我手中一文不明。不过,我并没有指控你,还没有上法庭。这件事你自己酌量着办吧!"

芭莉恬不知耻地说完了这段话,似乎在等待卓别林的回答。

卓别林气坏了,她这次已是第三次来讹诈了,而且他心里明白,他与芭莉发生性关系是在很久以前的事了,她即使真的怀了孕,别说是三个月,即使是五个月,他与她腹中的胎儿也毫无关系,所以,他对着话筒大声道:

"芭莉小姐,请你自尊,如果你再来这里胡闹,我也不管是否会引起人家笑话,我是要报警的。"

他说完,摔下了电话听筒。

乌娜正巧也在。她见卓别林的样子,心里也明白了大概,不过,她没有问。

卓别林却主动将自己与芭莉当初怎样发生了性关系,以及送她上学,终止合同,两次送她回纽约以及在纽约见面等情况,向乌娜讲了。

乌娜沉思了一会儿道:

"查利,既然这个芭莉不要脸面,她此来是不会善罢干休的,她一定会耍出一些新花样来的。"

"她胆敢再来胡闹,我一定报警。"卓别林愤愤地说。

"查利,你方才说过,上次警官驱逐她时,已警告过她:她再来胡闹就以流浪罪拘捕她,她不会不明白,但这次又来了,定然另有预谋,不可不防。"

"她此次用怀孕来讹诈。"卓别林忿忿地说:"她腹中的胎儿——即使有胎儿的话——也绝不是我的,与我毫无关系。不可能以此讹诈去我什么?"

"我总认为她此来定有预谋。"乌娜忧心忡忡地说。

"不怕。"卓别林胸有成竹地说。我与那个"胎儿"无丝毫瓜葛。

第二天,芭莉果然来了。她显得很高兴的样子,一进起坐室,见了卓别林,就笑嘻嘻地道,"你好啊,查利?"

卓别林不予理睬。

芭莉并不坐下,在屋子里转了一圈,又到厨房看了看,还看了看卓别林的卧室。

"芭莉小姐,请你走开,否则我立即报警。"卓别林警告她。

芭莉看了卓别林一眼,似笑非笑,又出门去,到花园去转游。走了一圈又一圈,不说什么话,只是不住地走动。

卓别林再一次警告她:

"芭莉,如果你不立即走开,我立即报警。"

芭莉歪着头看了看卓别林,冷笑两声一句话不说,又在花园走起来。

卓别林对芭莉的一再讹诈已无法可忍;他吩咐总管:"去给警察局打电话。"卓别林气恼地道:"把这里的情况说清楚。"

警察局接到电话,来了两名警官,芭莉被警官带走时,无丝毫惧意,面上仍带着冷笑。

卓别林哪里知道,芭莉此次来到贝弗利山,正象乌娜猜测的那样,是先有预谋的。

芭莉来此之前,曾经向一个专写伤感之类的女记者请教。那个女记者想了想,就给芭莉出了个主意,告诉她,你尽管去贝弗利山,先打电话与卓别林谈条件,如果他满足了你的要求,当然省事;如果他不能满足你的要求,你尽可去他家里胡闹,他必然要报警。你尽可让警方把你捉去,你到了警察局,就说你腹内的胎儿是卓别林的,此次来找他,因你穷苦无依,而卓别林又不管。你这样做,报纸一定会大张旗鼓地报道,卓别林是一个名人,他由此不但名誉扫地,你也可以达到目的。

结果,正如女记者所料。

几个小时以后,报上已登满了新闻。报纸指控卓别林——有些新闻记者专门找一些名人的毛病,蚂蚁大的事要说大象一般大,洛杉矶的新闻界已对卓别林早有成见,此刻当然大肆攻击,辱骂他,诋毁他,说什么芭莉腹内胎儿的父亲就是卓别林,而他不但不认孩子,还抛弃了芭莉,令芭莉孤苦无依,又横遭警方逮捕。

报界似乎是在仗义直言,而卓别林则成了十恶不赦的小人……

一星期以后,芭莉以"遗弃罪"向法院起诉。

"我已经有两年没有和芭莉发生性关系了,她腹内的孩子决不是我的。"

"这需要证据。"赖特说。

"有证据。"

"我听说,你还在准备拍摄《梦里人生》? 是吗,查利?"

"是的。"卓别林道："可这和芭莉又有什么关系？"

"有关系。"赖特严肃地道："你应该暂时停下拍片工作，最好把乌娜送回纽约去。这样对你是有利的。"

卓别林没有听信赖特的话，他与乌娜商量结婚的事。

乌娜原本不想立即结婚，但是，正是芭莉的大闹，正是芭莉的控告才促进了她同意立即结婚。她认为此时的卓别林最需要的是安慰。而结婚则是对他最好的安慰，所以她同意立即结婚。

卓别林关于结婚的事，找他的朋友哈里·克罗克商量具体办法。当时，哈里正为赫斯特的报纸工作。

"好！"哈里爽快地说："这件事由我来安排，应该办得神不知鬼不觉。不过，与其让其他报纸围攻你，还不如由我找我的朋友露爱娜·帕森斯执笔写一篇报道，专由赫斯特的报纸刊出，这样，其他报纸就无话可说了。婚礼上，只由我给你们拍两张照片。那些老新闻记者，看了报纸与照片，再也不可能借此兴风作浪了。"

"就这样吧。"

"婚礼的地点选在一个离此处远一点儿的山林，让那些新闻记者找不到，摸不着，过些日子你们再露面就行了。"哈里带着笑道。

"你去安排吧。"卓别林放心地道。

哈里·克罗克将婚礼安排在洛杉矶以北离圣巴巴拉镇十五英里的一个小山村，山村名叫卡平特里亚，村址在圣伊内兹山麓，那里很宁静也很偏僻。

"那些新闻记者，做梦也不会想到你们去那里结婚的。"哈里特地址选定好，告诉卓别林时这样说。

但是，结婚登记则必须到圣巴巴拉镇去办。因为最近处只有那里才能领到结婚许可证。

那时候，圣巴巴拉镇结婚登记的管理人员与报社的新闻记者都有很密切的联系，去登记的一方，如果是一个知名人物，那么在登记时，那个工作人员就会撅一下桌子底下的暗钮，通知报社里的人，让他们赶快来采访，或拍照或笔录。

哈里是知道这些的。所以，他事先安排好，先让乌娜去办理登记手续，让卓别林在办公室外面等着。

清晨八点钟，圣巴巴拉镇还静悄悄的，登记处刚上班，哈里与卓别林、乌娜三人就赶到了。

乌娜走进办公室，工作人员填写了一般登记事项：姓名、年龄、籍贯……，最后问道："那么新郎呢？"

哈里对外面一招手，卓别林走进了办公室。登记员一看，认识，他如获至宝。笑道："啊！这可是意想不到的事啊。"

这时候，哈里看见他的一只手伸向桌子底下，但是，卓别林他们三个人紧催他快办手续，他虽然尽量地磨蹭，但最后不得不把结婚许可证发给了他们。

"卓别林三人拿到许可证，匆匆走出屋子，又匆匆登上汽车。当他们的汽车刚启动，记者们乘的汽车已驶进了院子。

卓别林驾驶着汽车没命地飞驶，驶过了圣巴巴拉那些清晨冷落的街道，车一会儿滑溜过去，一会儿发出了尖历的声音。然后突然拐上了一条支路，接着又拐上了另一条支路，那样子好像在逃避警察的追捕。

最后，他们终于甩掉了那些无事生非，小题大做，专门找岔的新闻记者。他们到了卡平特里亚村，在那里他们悄悄地举行了婚礼。来宾只有一个人，哈里·克罗克，他向二人祝福，并为二人拍了照。然后，三个人坐下来，吃了一顿虽不热闹但很愉快的午餐。

"想不到,你大名鼎鼎的卓别林,却要这样偷偷摸摸地在这个小山村举行婚礼。报纸与那些记者太可怕了。"

哈里开玩笑地说。

他们在圣巴巴拉租了一幢房子,准备在那里住上两个月。洛杉矶的报纸疯狂地攻击卓别林,但是,因为记者不知道他在哪里,只能无的放矢。所以,他们过着安静的生活。不过,每次门铃一响,他们就担心,怕记者来了,总有些不安。

每天晚间,他们都要去乡间散步,不过是拣人少的地方走动,怕被人认出来。尽管卓别林有些烦闷,因为报纸上已把他骂了个狗血淋头,似乎他是万恶不赦的坏蛋,他担心,今后恐怕再不能拍电影了,怕群众不会原谅他。

乌娜却是个深解人意的好妻子,她知道卓别林在担心法庭上的官司,担心报纸上的攻击,担心他与观众的关系从此破裂,所以,她千方百计地逗卓别林高兴。她读英国小说家乔治·路易迪·莫里尔的小说《特里尔比》给卓别林听。

《特里尔比》写的是维多利亚时代的言情故事,听了很招人笑,尤其是作者连篇累牍地提出了许多理由,说明特里尔比为什么一再牺牲自己的贞操。

乌娜总是在那圆木头烧得很旺的炉火前面,在一张欢乐椅里,蜷着身体读《特里尔比》。

在圣巴巴拉的两个月中,卓别林是既有快乐,也有焦急,还有时失望。

在卓别林的四个妻子中,在正式结婚前,只有乌娜·奥尼尔与卓别林没有发生过性关系。因此卓别林非常尊重乌娜。

第一个是米莱德尔·哈里斯。她是想借卓别林的光,踩着卓别林的身上,登上明星的宝座,所以很快地以自己的肉体与卓别林交易,然后又假称怀孕,而骗成了那桩婚事。第二个是莉太·葛蕾,她的目的——也是麦克美丽家族的目的,也是想借卓别林的光,先与卓别林发生性关系,然后强迫卓别林结婚。其结果,她们两个人仅达到了一个目的,就是确实出了名——不是成为大明星,而是因为与卓别林打离婚官司才出了名。只第三个宝莲·高代与前二人不同,她是真心实意的,并没有另外的企图的,但她也确实是因卓别林而成为明星的。不过,她与卓别林结合的目的却不是这样。也正因为这样,她才与卓别林在一起生活了八个整年——已到了第九个年头了,也只有她才是没有另外的目的与卓别林结婚的。乌娜更不同了,她没有任何其他目的,正象她自己说的那样:爱是没有条件的,也没任何理由的,爱就是爱。关于这一方面,后面我们还要提到。也只有乌娜才是真心实意要做卓别林的真正的妻子。

卓别林于两个月后,与乌娜回到了洛杉矶。他接到了他的朋友美国最高法院法官墨菲的一封信。弗兰克·墨菲在信中写道:

> 在一次有几个显赫的政客参加的宴席上,有一个烂政客说:"我们把卓别林关了起来。查利,你不能不防。万一要打官司,你最好请一个名气不大、地位不高的律师,别去请收费昂贵的,否则,人们会认为这件事是多么严重似的。切记、切记。
>
> 你的老朋友弗兰克·墨菲。

卓别林看过信更加心烦。这本来是一件极普通的民事案件,按说是和联邦政府无关的,他没想到联邦政府竟然插手这件事。

其实,这毫不奇怪,因为卓别林关于开辟第二战场,痛斥纳粹分子与绥靖主义者,大大地刺痛了一些人,这些人正欲报复,这一下子给他们提供了借口,他们岂能轻易放过。

过了一些日子,联邦政府终于动手了,大部分报纸当然在联邦政府一边,大肆攻击卓别林。如果按照报纸上的说法,卓别林已坏到了不可救药的地步,可以称之为古今第一个大坏蛋,什么"流氓"、"恶棍"、"骗子"、"渔猎女色的淫秽贼"、"玩弄女性的土匪"。几乎在词典中能找到的脏词全扣到卓别林的头上。他已成了十恶不赦,万劫不复的坏人了。似乎这样的人应该杀之又杀。

卓别林的律师劳埃德·赖特为了对"亲父遗弃案"进行辩护,他提出了一个建议,他对卓别林说,

"可以采用血型鉴定法。"赖特说:"如果你的血型与芭莉所生的孩子血型不同,就可以证明你不是那孩子的父亲。"

有什么办法? 卓别林只好同意了。

经过赖特与芭莉的律师多次研讨,最后达成了协议。具体条件是:

只要卓别林付给琼·芭莉二万五千美元,她本人和她所生的孩子就可以接受一次血型鉴定,如果鉴定证明卓别林不是孩子的父亲,她就撤回"亲父遗弃"的控诉。

卓别林接受了这一提议。然而,他仍有四分之一被冤枉的可能性,因为血型只有那么四种——即 A. B. O. AB 四种。血型相同的人太多了。但是,这也是没有办法的办法。

赖特还说明,如果孩子的血型既不和母亲的相同,又不和被指控为父亲的相同,那么血型肯定是从第三者那里遗传来的。

芭莉的孩子生下来了,联邦政府就组织了大陪审团来审查。他们向芭莉调查,其目的只是为了要控诉卓别林,至于根据的是什么理由,卓别林是无论如何也没法想象的。

有一些朋友劝卓别林请大名鼎鼎的刑事案件辩护律师吉勒斯。卓别林急于打赢这场官司,就不顾墨菲的忠告了。他真的聘请了吉勒斯。

他错了,这样,给许多人一个不好的印象,认为这件案子卓别林可能理亏,也给人们一些错觉,认为卓别林怕输。

劳埃德,赖特和吉勒斯安排了一次会晤,讨论大陪审团将根据哪一条法律提出控诉。两位律师风闻,联邦政府可能控诉卓别林违反了曼氏法令。

曼氏法令是早已过时的法令。原来它是为了禁止把妇女拐卖到另一个州去卖而制订的。自从取消了那些妓院汇集地区以后,这条法令早已失去了立法时的意义了,但是,联邦政府有时候利用这一条法律进行讹诈,以便破坏一个政敌的名誉。有时候,也利用这一条法津来陷害美国的公民。如果一个人陪同他已经离异的妻子,越过了州境,并和她发生了性关系,那么这个人就违反了曼氏法令,可能被判处五年徒刑。现在,联邦政府就是玩弄这项骗人的法律条文,提起对卓别林的控诉,这是明显的陷害。

除了这一条曼氏法令外,联邦政府又找出了一个久已弃置不用的法律细节,给卓别林罗织了另一条罪状,但由于这个细节过于荒诞,他们最后又放弃了它。

赖特和吉勒斯都认为这两条罪状都是荒谬可笑的,如果,美国联邦政府真的以此两条起诉,那么是不难打赢这场官司的。

这时候大陪审团正在进行调查。

卓别林很有把握，认为联邦政府是白费心机，因为他知道，芭莉这女人来去纽约时，都有她母亲陪着。

过了几天，吉勒斯来了。他告诉卓别林：

"查利，他们控告你好几件事，再过几天，我们就可以看到分列细节的原告起诉书了。到了那时候，我就会让你知道初审的日期。"

这以后的几个星期，卓别林就像弗朗兹·卡夫卡所写的故事中的人物一样，处在极端的困境中。他一心在想着如何为了捍卫自由而进行斗争。他本来是无罪的。但是，如果他被指控的各项都被判有罪的话，他就将坐二十年牢。真是个奇特的冤案、错案。

法院初审结束时，摄影记者和新闻记者大搞活动。他们趁卓别林在打指纹印的时候，也不顾他提出抗议，就一起拥进联邦法院执行官的办公室里给卓别林拍照。

"他们可以这样做吗?"卓别林质问执行官。

"不可以!"联邦法院执行官说："可是，你禁止不了这些人呀。"

卓别林听了哭笑不得，他没想到，一个联邦政府的官员竟然说出这样的话来。

这时，芭莉生下的孩子可以验血了，经过双方律师的协议，选择了一家私人医院。芭莉、她生的孩子和卓别林三个人都验了血。

后来，劳埃德·赖特来了，他声音颤抖地说："查利，你被宣布无罪，血型鉴定证明，你不可能是孩子的父亲。"

"这可是善人自有善报。"卓别林感情激动地说。

这条消息一时间竟成为报刊上的重要新闻。一份报纸上登的是：

查尔斯·卓别林被宣布无罪。

另一份报纸上登的是：

血型鉴定，证明卓别林决非生父。虽然血型鉴定的结果使联邦政府丢尽了面子。但是，他们还是不放过卓别林，继续起诉。

诬陷不成立，还要继续诬陷，天理何在？公理何在？法律何在？那些人的良心又何在？

开庭的日子临近了，卓别林只好在吉勒斯家里度过那些沉闷冗长的黄昏，去回忆他何时又是如何会见琼·芭莉那些恼人的细节。

旧金山一位天主教的神父寄来了一封很重要的信，信中说，他获悉芭莉是一个法西斯组织雇用的。他情愿从旧金山到洛杉矶来作证。

天主教神父的证明，完全可以说明问题。正因为卓别林拍摄了《大独裁者》，又多次发表演讲，纳粹份子当然仇视他，必欲将他置于死地或彻底搞臭。

但是，吉勒斯却认为这件事并不能起什么作用。

他们又用了几个星期收集了足以证明芭莉品质恶劣、历史不干净的材料。但是，没想到，在一天晚上，吉勒斯突然对大家说：

"攻击她的人品是一个老办法，这办法虽然也曾为埃洛·弗林的案件打赢了官司。但是，这一次倒不一定需要这样做。"他说："即使不用这些无聊的材料，咱们照样可以很容易地打赢这场官司。"

这些有关芭莉身世证明的材料，虽然吉勒斯看来是无聊的，卓别林却认为是很重要的。

　　他以前还收到过芭莉的一些信。在这些信里，她因为卓别林受了打扰向他表示歉意，对他的慷慨厚道一再致谢，他要用这些信件证明，因为这些信驳斥了报刊上的那些恶意的诽谤。

　　现在有一点使卓别林感到高兴。报刊上已经不再捏造一些无中生有的谣言了，此刻它们只好披露真实情况了，这样，卓别林认为，他至少在美国公众心目中，已是一个清白无辜的人了。

　　美国联邦调查局也介入了卓别林的案件，一个小小的民事诉讼案，美国政府竟这样兴师动众，小题大作，可见其居心是不善的，主要是那些反对开辟第二场的人，反对帮助俄国人的人，与纳粹有着密切联系的人。

　　因为这个小小的民事案件，是由联邦政府提起了控诉，所以美国联邦调查局大大插了一手，为检察官去搜集证据。

　　卓别林与联邦调查局局长约翰·埃德加·胡佛曾同过席。那是在几年以前、在一次宴会上遇见了胡佛。因为卓别林对联邦调查局那些面目狰狞，打歪了鼻子的家伙已经司空见惯了，所以觉得胡佛这个人还比较可亲。那一次，胡佛很热情地与卓别林交谈，他说他把一些有教养的人，其中包括读法律的大学生，吸引去为他工作。

　　就是在卓别林被控诉几天后的一个晚上，约翰·埃德加·胡佛和他的联邦调查局的那一伙人在查森酒馆吃饭，正巧，卓别林和乌娜也在那里吃饭，他们的座位相隔有三张桌子。蒂皮·格雷也在胡佛的饭桌上。格雷这个人，卓别林自从 1918 年以来，在好莱坞有时就看到他，这个家伙，吊儿郎当，是个反面类型的人物，有时候在好莱坞的宴会上出现，老是咧开了嘴傻笑，卓别林见了他那个样子就讨厌，他总是把他当作了一个花花公子，或者电影的小配角。

卓别林很奇怪,这个时候,格雷跑到胡佛的饭桌上干什么?

当卓别林和乌娜吃完了饭,站起身,准备离开时,卓别林转过身去,这时,蒂皮·格雷也恰巧转过身来,一刹那间,他们的目光相遇,格雷装出毫不介意的神气咧嘴一笑。这时,卓别林突然明白了那一笑所起的巨大作用。

审判的日子终于到了。吉勒斯关照卓别林,九点五十分在联邦大厦外面与他会齐,然后一起去出庭。

法庭设在二楼。卓别林他们走进去的时候,并没引起什么反应,实际上,那些新闻记者对卓别林已经不大注意了。因为他们已经在审判中获得材料了。吉勒斯让卓别林在一张椅子上坐下来,他一个人则在法庭里走来走去,和几个人去谈话,看那样子,打官司的人不是卓别林,而是另外什么人。

卓别林看了看那位联邦检察官。他正在读什么文件,一会儿记下一些什么,一会儿又和几个人亲切地谈笑几句。蒂皮·格雷也在一起,他不对地向卓别林偷偷地瞟上一眼,然后又装出毫不在意的神气咧嘴一笑。

吉勒斯在桌上摆了一支笔和几张纸,以便审讯时作摘记。卓别林觉得呆坐无聊就拿起笔来画画儿玩,不过是消磨这无聊又难熬的时间。这时,吉勒斯立刻赶过来,"别画!"他悄声说;同时夺过那张纸给撕了。"要是被记者拿去,他们就会进行分析,从而作出种种结论。"

卓别林画的是一条河和一座乡间别墅,那是他小时候喜欢画的画。

后来,审判室里空气紧张起来,所有的人都坐好了。接着书记把他那个小木槌敲了三下,开庭了。联邦检察官对卓别林控诉提出了四款,其中两款是有关曼氏法令,另两款涉及一条什么早已过了时的,自从美国内战以来就从没有听到过的法律,而就这样可罗织成罪,说卓别林侵犯了一个公民的权利。但,这只不过是做做样子而已,要做到这点,就像是观众们已经买了门票,你再要取消一场马戏一样,那是不可能办到的。

确定陪审人员,花了两天的时间,必须从二十四位备选的陪审员中选出十二位,原被告两方各有权否决对方选出的六位。陪审员都要受到双方仔细的盘询和严格的查核。审查的程序是这样的:法官和检察官盘问每一个陪审员,要知道他是否具备公平判断的条件。他们提出了这一类问题:陪审员读过哪些报纸吗? 如果是读了报纸,他可曾受到了报纸的影响? 或者形成什么偏见吗? 他认识与本案有牵连的任何人吗? ——这是一个讽刺性的程序。因为从初诉起,到现在近十四个月以来,百分之九十的报纸登满了攻击卓别林的文章——每次盘问一位待选的陪审员,一共需要半小时,在这段时间里,两告的律师各自派出了调查员,去迅速收集有关这个人的材料。每当一个待选的陪审员被叫进来时,吉勒斯就摘下了几个问题,交给他的调查员,那些调查员就立即走开了。十分钟后,他们回来了,把一张调查材料的条子塞给吉勒斯:"约翰·多克斯:服饰用品杂货店职员,已婚,有两个孩子,从来不看电影。"好的,咱们暂时把他留下来。"吉勒斯悄声说。选择就这样进行下去,每一方面接受或拒绝一位陪审员,联邦检察官小声儿和他的调查员商量一些什么,蒂皮·格雷偶尔像平时那样笑着向卓别林瞥上一眼。

已经选好八位陪审员了,这时候一个女人走进了陪审员席。吉勒斯立即说:"我不喜欢她。"他又重复说:"我不喜欢她——她有那么一种神态,是我不喜欢的。"

那个女人还在答复问题时,调查员已经把一张字条递给了吉勒斯。"果然,不出我所料。"他看完字条悄声儿说:"她一向是洛杉矶《时报》记者呀!咱们非去掉她不可!再说,对方这样就接受了她,也接受得太快。"

卓别林想仔细地看一看那个记者的脸,但是,看不太真切,于是他就伸手去取他的眼镜。吉勒斯连忙拉住了他的胳膊,他悄声说:"别戴眼镜。"卓别林的印象,认为那个女记者似乎正在想什么心事,但是,没戴眼镜他一点儿也看不清楚。

"真倒霉,"吉勒斯说:"咱们只可以再行使两次否决权了,所以,暂时就留下她吧。"

但是,随着选择程序的进行,他不得不用掉最后的两次否决权,去排除两个显然对他们存有偏见的人,这样,他们只好接受了这位女记者。

卓别林思想很混乱。他听着双方的律师在侈谈着一些法律名词,只觉得他们做什么与他无关的游戏。尽管所列举的罪十分的荒谬,但是,他还是在担心,就这样胡里胡涂地被判了罪,这不是天大的冤枉吗?但这种可能又不是不可能的。因为他已看出来,就是有人要整治他,控诉所依据的法律就说明了这一点。可是,他又认为公正的人也许——一定是有的,法官也好,陪审员也好,一定会有主持公道的人,这样,他就无罪。有时,他在想他的前途,坐牢?拍电影?又似乎觉得太过于渺茫了。他排除杂念,又将思想集中在法庭内了。

卓别林这个人尽管身处逆境——那么多诽谤,那么多的攻击,那么多的不如意的事,现在又成了全加州,不!也可以说是全国的聚焦点,但是,他仍有时流露出他那滑稽大师的本性来。

有一次,法院休庭,去研究一个法律论点。陪审团离开了,律师和法官退到休息室去了,审判室里只留下了卓别林和一些旁听者,还有一个摄影记者。那个摄影记者在等候机会,要给卓别林拍一张姿势吸引人的照片,每当卓别林戴上眼镜去看报,他就拿起照像机,而这时,卓别林就摘下了眼镜。这些动作把那些留在审判室里的人都招笑了。他放下了照相机,卓别林也放下了眼镜,两个人好像兴致勃勃地在玩猫捉老鼠的游戏。他拿起他的照机,卓别林就摘下了眼镜——旁听的人都觉得很有趣。后来又开庭了,卓别林又摘下了眼镜,装出了一副严肃的神气。

审讯继续进行了几天。这一次是联邦政府提出的控诉,所以,琼·芭莉的相好保罗·格蒂先生,以及两个德国青年和其他几个人,也必须出庭作证。保罗·格蒂被迫承认,他以前就和琼·芭莉相好,并且贴过她的钱。但是,最主要的还是琼·芭莉写给卓别林的那几封信,她在那些信里对卓别林受辱表示歉意,并对他的慷慨厚道一再致谢。吉勒斯虽然提出了这些信件作证,但是法庭拒不接受,不知为什么吉斯勒也没有坚持。

审诉时证实,芭莉在闯进卓别林家之前的一个夜里,曾经在一个德国青年的寓所里住了一宿,那个德国青年不得不在证人面前承认了这件事。

卓别林扮演了这一切肮脏龌龊事件的中心人物,这会儿就像在示众。但是,一离开法庭,他就丢开了一切烦恼,和乌娜安安静静地吃完了晚饭,他疲倦得只想去睡觉了。

除了受审时感到紧张烦恼,他还得每天早晨七点钟起床,一吃完早餐就出门,因为要驾着汽车在洛杉矶热闹街道上行驶一小时,在开庭前十分钟准时赶到。

最后,案情审讯完毕,两告律师同意用一个半小时作出裁决。

卓别林不明白,他们有什么话可以谈这么长的时间,这件事已经十分清楚,政府提出的控诉是完全站不住脚的。他当然也不会想到,有可能被判定各款都有罪,那样就要坐二十年牢。其实,他以为法官的判词无需多加推敲,他想看一看这件事对那位《时报》的女记者产生的影响。但是,这时她的脸偏向了一边。当陪审员都出去考虑裁决时,她也随着一队人,目不斜视地走了出去。

吉勒斯陪着卓别林走出审判室,小心低声地对他说:"咱们今天一直要等到法庭作出裁决之后,才能离开这儿,但是,"他很乐观地接下去说:"这会儿咱们还可以到外边栏杆上坐着晒晒太阳。"

这几句微妙的话,使他觉得阴森可怕,无所不在的力量还在悄悄地压迫着他,使他意会到自己已成为法律的掌中之物了。而法律又怎样呢?联邦政府不是把在南北战争以前,久已弃置不用的法律又搬出来了吗?这就是公正?

这时候是一点半钟,他认为最多不过二十分钟就可以作出裁决了。所以,他准备再等一会儿打电话给乌娜。但是,一个小时过去了,所以,他只好先打一个电话给她,说陪审团还没回来,等到一获裁决就告诉她。

又是一个小时过去了,仍旧没有作出裁决,什么缘故延迟了呢?陪审团最多只需要十分钟就够了嘛,陪审团只能作出无罪的裁决嘛。这时候,他和吉勒斯坐在外面石头栏杆上,谁也不提到陪审团拖延时间的事。最后,吉勒斯不得不看了看他的表:

"已经四点钟了。"他似乎漫不经心地说:"我不知道,他们为什么会耽搁这么久?"

于是,他们开始讨论,冷静地分析,案件中的哪几点会使他们耽搁这么久？

四点三刻，铃声响了，陪审团已经作出裁决。卓别林的心急剧地跳动起来。

吉勒斯陪同他走进大厦时，急忙中悄声对他说："不管他们作出什么裁决，你可别流露出感情啊。"

检察官激动得气喘吁吁的，他越过了卓别林他们，沿着楼梯奔进了审判室，他的几个助手兴冲冲地在后边赶上去。蒂皮·格雷在最后面，走过卓别林身边时，扭转头来咧开嘴看了他们一眼。

审判室里很快就坐满了人，气氛紧张极了。卓别林虽然一颗心已快到了嗓子眼，但是，他的外表还是相当镇定。

书记把槌子敲了三下，表示法官出庭了，审判室所有的人都站起来。等大家都坐好以后，陪审员进来了，这时陪审长把一份文件递交给书记。

吉勒斯坐在那儿，耷拉着脑袋，低垂着眼光，紧张地悄声嘟哝："如果被判有罪，那可是我从来不曾听过的最大冤案！"接着又重复说："那可是我从来不曾听过的最大冤案！"

这时书记开始宣读那份文件，读到后面，把小木槌敲了三下。在极度静寂中，他宣布："查尔斯·卓别林，刑事案第331068号……有关第一款——。"说到这里，他停顿了好半晌。

整个审判室鸦雀无声，一根针落在地上也可以听见响声，静极了。

那书记又说下去："现宣布无罪！"

听众中突然发出惊呼声，接着又突然一片静寂，因为大家等着法庭书记往下宣布。

"有关第二款……现宣布无罪！"

听众中一时大乱。从前卓别林也不知道自己有这么多要好的朋友——他们有的越过了隔开席位的栏杆，紧紧按住他，吻他。这时候，他瞥见了蒂皮·格雷，他脸上那点奸笑消失了，只留下一副呆板的表情。

这时候，法官简单地对卓别林说："卓别林先生，以后您不必再来这儿了；现在您没事了。"说到这里，他从座位上伸出手来，向他祝贺，检察官也和他握手，向他祝贺。

后来，吉勒斯小声对他说：

"现在过去和陪审员握手吧。"

他走近了陪审员跟前，吉勒斯所怀疑的那个女记者站起来，向他伸出了手，这时，卓别林仔细地看了看那张脸。那张脸长的很美，一看就知道她是个聪明懂事的人，她和他握手时，她笑着说："一切都很好，查利。这儿仍旧是一片自由乐土。"

卓别林简直开不得口了，她的话令他震动。他只能点着头笑。她接下去说"我从陪审员室的窗子里，可以看见您在来回踱步，我真想关照你别着急，要不是因为有一个人反对，我们十分钟内就可以作出决定了。"

听了她这些话，卓别林只觉得眼眶发酸，但是，他是苦笑了笑向她道了谢，然后转过身去谢其他的人。他们都热诚地和卓别林握手，其中却有一个女人，对他怒目而视。他刚要走开，只听见陪审长的声音说："快过来，大姐，不要拘束，大家握手嘛！"她勉强地和卓别林握了手，他冷冷地向她道了谢。

乌娜已有了四个月的身孕，这时，她还坐在家里的草坪上，那儿只有她一个人。从无线电里听到了这个消息，她当时晕过去了。

这件拖了十四个月的案子总算结束了。这件案子轰动了全美国,那些烂政客的目的没有达到,卓别林是无罪了。但是,这样的事,给卓别林的打击又很沉重,但是,他并没一下子消沉下去,他还写,还要用他的电影艺术贡献于社会。

官司结束了,他回到了家。

在这十四个月中,卓别林多亏有了贤惠的妻子。乌娜确是个好妻子,就在卓别林打官司这十四个月当中,她一直是尽可能的在安慰丈夫,让丈夫开心,也正因为这样,卓别林心里还好受些。

官司结束这天晚上,家里只有乌娜和卓别林两个人,他们安安静静地在家里吃了饭。他们不想看报纸,也不想接电话,不想见任何人。卓别林不想和任何人谈话。卓别林自己感到空虚,感到受了委屈,仿佛自己的一切全暴露无遗。连家中的佣人在他旁边他都感到不安。只有面对着妻子他才心里踏实,他认为乌娜是会理解他的。

饭后,乌娜在强烈的杜松子酒里调了一些汽水。他们坐在炉火旁边喝着。卓别林告诉妻子,为什么会耽搁那么长的时间才作出裁决,又谈到了那个女记者,复述了她说过的"这里仍旧是一片乐土"的话。卓别林轻轻摇头,苦笑了笑道:

"乐土,我就是在这片乐土上被拖累了十四个月,也就是这片乐土上的报纸极尽诬陷、造谣、诽谤之能事。"

"事情既然已经过去了,"乌娜温柔地劝道:"就不要再去想它了。"

经过了紧张的生活,又突然转入平静了。那天晚上,卓别林踏着平衡的步子去睡觉,他不必再担心第二天一大早就匆匆赶去出庭了。

这一晚,他睡的非常香甜。

一两天后,莱昂·福伊希特万格对卓别林幽默地说:"戏剧界里只有你这位演员,将来会因为在政治上引起全国的对抗而载入美国史册。"

"亲父遗弃一案",已由血型鉴定结束了,许多事实已证明卓别林无罪,陪审团已经作出了"无罪"的裁决。但是,卓别林的政敌——一个演员——一个笑片演员竟然有了政敌,还是不放过他。到了1946年的5月,这件事又被摆出来了。经过一番巧妙安排,另一位在当地政界有势力的律师又申请复审"亲父遗弃一案"。他用了一个很狡猾的手法,将芭莉所生的孩子的监护权从生母名下转移给了法院,这样当了母亲的芭莉就可以不致违反自己的协议,仍旧保留着她那二万五千美元。而法院既然作为孩子的监护人,就可以在抚养孩子的问题上,对卓别林提出控诉。

过第一堂时,陪审员之间意见不一致。卓别林的律师对此很感失望,他原以为这场官司是满可以打赢的,因为证据俱在,理由又相当充足。

第二次过堂时,尽管加州法律承认血型鉴定,但是美国法院还是下令要卓别林供养芭莉生下的与卓别林无丝毫关系的女孩,卓别林及其律师向加州地方上诉法院起诉,却不料,尽管一切证件俱在,上次的裁决俱在,他的上诉还被驳回了。

这就是在"这片乐土上"发生的这样离奇古怪的事。

卓别林和乌娜一心想离开加州"这片自由乐土",在结婚的第一年——他们是1943年6月16日结婚,他们受尽了烦恼折磨,都极需休息。于是,他们夫妻二人带着他们的小黑猫咪,搭乘火车去纽约,然后转赴赫德森河畔的奈亚克村,在那里租了一所房子。住处远离市井人家,四周是一片荒瘠的石头地,但那儿自有一种特殊的美。他们租的那幢可爱的小屋是 1870 年造的——比卓别林的年龄还要大,付了租金,不但有房子住,而且还有一个佣人侍候他们,佣人很尽心地给他们管家,同时还烧得一手好菜。

他们连同房子还接收了一条可爱的黑色老猎犬,这猎犬像一个温柔体贴的妇女,那样紧依着他们。每到早餐时刻,它总是走到游廊上,先是很斯文地摇着尾巴,然后悄悄地趴了下来,他们早餐时,它并不引起人们去注意它,他们的小黑猫咪第一次见了它,向它又是嘶嘶地嘘,又是呼呼地哼,但是,它只把下巴贴在地上趴着,表示它是愿意和睦共处。

他们在奈亚克村的那段生活,虽然显得冷清,但是却很有田园风趣。他们不去拜访任何人,也没有任何人来访问他们。似乎与世隔绝了。这样也好,因为卓别林这时还没有完全摆脱受审后那种令人烦恼的情绪。

虽然这一场痛苦的考验影响了他的创作情绪与创作能力,但是,《华尔杜先生》差不多已接近终篇了。现在,他又想起把它全部写完。

他原来打算至少住六个月,让乌娜在那里分娩,但是,他无法在奈亚克村工作,所以,在那里他们只住了五个星期,又回到了加州。

卓别林原打算要乌娜饰演《梦里人生》中女主角布里奇特。但是,在婚后不久她就表示她无意成为演员或明星。这使卓别林感到非常有兴趣,因为他终于娶到了一个尽忠家庭的妻子,而不是一个热衷于名或利的妇女。她的目的很简单,她要让她的丈夫,这位电影界的奇才安享家庭的幸福,把精力集中到电影事业中去。后来的事实证明,她是具有这种才能的。

卓别林的第一个妻子米尔德莱·哈里斯,太孩子气。第二个妻子莉太·葛蕾有一双动人的黑眼睛,也是稚气十足。第三个妻子宝莲·高代,活泼美丽,倔强过人。这三个女人都不能帮助这个成熟多才的艺术家建立美满的家庭生活。而乌娜·奥尼尔,虽然和她们三个人一样年轻,却跟她们不同。就在她和卓别林结婚以后,有的新闻记者问她,她的回答就显出了她独特的才能。

记者问她:"您为什么要跟年龄大过两倍的一个男人结婚——而且这个男人还是已经结过三次婚的?"

乌娜答复得干脆爽快。她笑了笑,说:"这是一个奇妙的结合。"

这位记者哑口无言,他把乌娜这句话在报上发表,以后好久好久人们还在猜测乌娜的话究竟是什么意思。

当初,在卓别林和乌娜结婚的消息传出后,好莱坞的一些预言家们一开始就巴望着他的婚姻会出乱子。一开始说,要不了几天,就会像以前三次的婚姻那样,不是闹到法院,就是天天吵架。他们的预言失败了,看看一年过去了,他们又改口说从此刻起,要不了几个月,乱子就会发生的。好莱坞的专栏作家们,天天在影星们的婚姻问题上头找新闻,对卓别林更是严密的注意,总想在他身上,他的家庭上找新闻。可是,他们落空了,最后,那些预言家们一声不吭,销声匿迹,再也不预言几天、几个月或是多少时间了。

乌娜既不想饰演布里奇特,卓别林就放弃了拍摄《梦里人生》的计划,重新编写《华尔杜先生》,直到联邦政府粗暴地打断了他的工作计划。

不过,卓别林常常想,电影界损失了一个优秀的喜剧演员,因为乌娜是富于幽默感的。

还是在卓别林受审以前。有一天,他和乌娜去贝弗利山一家珠宝首饰店,修理乌娜的梳妆盒。他们在那里等候的时候,就在看一些首饰,有一只钻石和红宝石镯子镶得非常精致,他们都很喜欢,但是,乌娜嫌价钱太贵了。他们对珠宝商说,让他们再考虑考虑,后来就离开了那家店。他们一坐上车,卓别林就神情紧张地说:"赶紧。快快地开!"接着,他就把一只手放进口袋里,小心翼翼地掏出了乌娜曾经夸赞的那只镯子。他又说:"趁店员给你看另一些首饰,我把这只镯子拿来了。"

乌娜面包煞白,焦虑地说:

"你不该拿的呀!"

她把车子开了一段路,接着,又拐上一条小街,靠近人行道边停下了,她说:

"让咱们想个主意吧!"接着又说:"你不该拿的呀!"

"可是,现在我已经无法再送回去了。"卓别林说。这时,他觉得这出假戏再也扮不下去了,忍不住哈哈大笑,向乌娜说明事情真相。

"刚才是闹着玩的,我在趁你在看其他首饰时,我就把那珠宝商扯到了一边,买下了这只镯子。"

乌娜放心了。

"你真会演戏,我真的被你骗住了。"

"可是你——以为我是偷来的——但是又情愿做一个事后的从犯呀!"卓别林笑着说。

卓别林在受审的那些日子里,许多好朋友都来安慰他们,那些朋友对他们是那样忠实,那样同情,他的这些朋友当中有萨尔卡·维尔特,有美国剧作家克利福德·奥德茨夫妇,以及其他许多人。

波兰女演员萨尔卡,维尔特常在圣莫尼卡她的家中举行晚宴,宾主欢聚一堂。慕名而往的客人有德国剧作家、诗人贝托尔特·布莱希特,有托马斯·曼,有舍恩伯格,有汉斯·艾斯勒,莱昂·福伊希特万格,有英国诗人斯蒂芬·斯彭德,有英国小说家西里尔·康诺利,以及其他许多艺术家和文人。萨尔卡流寓在哪里,哪里就会成为名流会聚的一个"科佩之家"。

卓别林常在汉斯·艾斯勒的家里遇到贝尔托特·布莱希特,他是个剪短了头发显得精力很充沛的人,老是叼着一支雪茄。

又过了几个月,卓别林给他看《华尔杜先生》剧本,他翻阅了一遍,只作出一句评语:

"哦!您写了一部具有中国风味的电影剧本。"

卓别林问莱昂·福伊希特万格:"你对美国政局有什么看法?"

他忽发异想,说:"这些事也许是具有某种意义的,我在柏林盖好了我的新房子,希特勒掌了权,结果是我搬走了;我在巴黎布置好了我的那套公寓,纳粹党人开进了巴黎,结果是我又搬走了;现在到了美国,我刚在圣莫尼卡买了一幢房子。"

说到这里,他耸了耸肩,意味深长地笑了。

卓别林有时候还会到《天演论》作者赫胥黎之孙、英国戏剧家奥尔德斯·伦纳德·赫胥黎夫妇那里。那时候,奥尔德斯·赫胥黎已深受神秘主义的影响。其实,卓别林更喜欢二十年代的赫胥黎,那时他是那样冷酷地嘲戏人生。

有一天,他的朋友弗兰克·J·泰勒来电话,说威尔士诗人迪伦·马莱斯·托马斯要会见卓别林他们。

"我们欢迎他来。"卓别林回答说。

"这么着吧,"弗兰克踌躇着说:"等他清醒的时候,我陪他去吧。"

那天黄昏,门铃响了,卓别林一开门,迪伦·托马斯就跌了进来,卓别林暗想,清醒的时候是这个样子,那么沉醉时又该是什么样子呢?

过了两天,他来到卓别林家吃晚饭,这次他人比较清醒,他用低沉宽亮的嗓子,朗诵了一首他写的诗给大家听。那首诗写得很美,没想到一个"醉鬼"会写出这么好的诗来。

在卓别林的朋友当中,还有他十分崇拜的美国小说家西奥多·德莱塞,他有时候和他娇媚的妻子海伦一起到卓别林家吃晚饭。德莱塞虽然有时候发脾气,而且很象怒火冲天的样子,但为人却和蔼可亲。在他逝世的时候,美国剧作家约翰·劳森在丧礼上致悼词。按照他的吩咐,卓别林去抬灵柩,并且在墓地上朗诵了一首德莱塞的诗。

卓别林用了两年时间,终于写完了《华尔杜先生》的脚本,但是,拍摄时却只用了二十个星期,打破了他的拍片记录。后来,他把电影剧本寄给了布林办事处,请他们进行审查。不久,他就收到了复信,告诉他,他的剧本认为是应当全部禁映的。

布林办事处隶属于道德联合会,是电影联合会自己组织的一个审查机构,卓别林认为审查是需要的,但这件事实行起来是困难的。他只能提出一点建议,即他们应该为审查工作制定一些灵活的条例,而不是刻板的教条,而且评断时不应根据题材,而应根据高尚的趣味,拍摄技巧,以及处理手法。

他认为,从道德观点上来说,对肉体横加残害,或就哲理进行歪曲,这与淫荡的描绘是同样有害的。他认为肖伯纳说的对,在腮帮子上揍一拳挺容易,但那样并不能解决生活中的问题。

那么《华尔杜先生》到底是一部什么样的影片呢?而布林办事处又为什么认为应当全部禁映呢?

电影故事是这样的。华尔杜先生是一个银行的小职员,他在经济萧条期间失了业,就异想天开,去和一些老处女结婚,然后谋财害命。他的结发妻子是一个残废人,跟她的小儿子住在乡下,并不知道丈夫干的这些罪恶勾当。华尔杜每次谋害死了一个女人,就像一般的小资产阶级的丈夫辛勤工作了一天那样回到家里。他的性格是矛盾的,既有邪忍的一面,又有善良的一面,他给玫瑰花修剪枝条,生怕踩死了一条小青虫,可就在这时候,花园深处一个焚化炉里正烧着一个被害者的尸体。故事里有许多冷峭的幽默、辛辣的讽刺,以及对社会问题的批评。

负责审查电影工作的人员,寄给卓别林一封长信,说明他们全部禁映的理由。下面是来信中的一部分:

> ……我们还不去计较那些在概念与含义上看来是反社会制度的。有几段故事里,华尔杜控诉了"制度",并且抨击了目下的社会结构,我们要请注意的,是那些更为危险的,并且有可能被判罪的地方,因为根据条文第……

> 如果加以引伸,华尔杜的论点可以被概括为以下一条,即:如果你对他那些残恶的罪行感到震惊,那么你就是可笑的,被这个"制度"用金线绦奖励的大规模的屠杀相比之下,他那些行为只不过是一出"屠杀的喜

剧"而已。这里,我们且不去就战争究竟是大规模的屠杀还是合理的杀伤一点进行辩论,但是,事实俱在,华尔杜在他的好几篇讲话中都大肆吹嘘了他那些罪行的道德价值。

可以更简略地申述一下我能接受这个故事的第二个主要原因。这个故事大部分讲的是一个骗子,他诱骗了许多妇女去和他非法结婚,把他们的钱财都弄到手。在这一方面,故事里有一些地方表现了淫乱的恶劣的趣味,我们认为那是要不得的。

布林办事处的信里提出了许多具体反对意见,那么,他们的反对意见是否对?从剧本的故事看吧。

这个剧本有这样一些镜头。写的是华尔杜骗娶了一个叫莉迪亚的老婆,那天晚上他就要向老太婆下毒手。

(莉迪亚走进光线朦胧的门厅,扭熄了灯,然后回到她的卧室里,可以看见卧室里的灯光亮了,光线照射到黑的过道中。这时华尔杜慢腾腾地走过来。门厅尽头是一扇大窗,从窗子里可以看到一轮满月闪耀着清辉。华尔杜被月色陶醉,慢怪地走向窗口。

华尔杜 (低声说)多美啊……这样苍白,是在恋恩迪米昂阿……

莉迪亚的声音(从卧室内传来)你在说什么啊?

华尔杜 (迷茫地)恩迪米昂,亲爱的……一个被月亮迷住了的美少年。

莉迪亚的声音 得啦,别老是想他了,来睡觉吧。

华尔杜 是啦,亲爱的……软绵绵,我们踏着那落红。

（他走进了莉迪亚的卧室）门厅里空了，半明半暗，只有照射进来的月光。

华尔杜的声音（从莉迪亚卧室中传来）瞧那月亮，我从来没见过它这样光辉灿烂！……这色迷迷的月亮。

莉迪亚的声音 色迷迷的月亮！瞧你这个傻蛋儿……哈哈！哈哈！色迷迷的月亮！

音乐迅速增强，到后来声音高得可怕了，接着镜头渐隐，等到渐显时已是第二天早晨。仍是那条过道，但此刻那里已布满阳光。华尔杜哼着曲调，从莉迪亚的卧室里走出来。

审查人对以上这一场提出的反对意见是："请将莉迪亚的这一句话；'得啦，别老是去想他了，来睡觉吧'，改为'……去睡觉吧'。我们以为，所有以上的动作，演时应避免使观众有这种感觉，即华尔杜和莉迪亚将决意贪欢作乐。再请改去，'色迷迷的月亮'，这一重复出现的句子，以及第二天早晨华尔杜哼着曲调从他妻子卧室内走出来的那个动作。"

他们下一个反对的是：华尔杜和他在一天深夜遇见的那个姑娘的对话。他们说，根据描绘，那个姑娘显然是个妓女，因此这一段不能用。

原故事里的姑娘当然是一个私娼，如果以为她到华尔杜的寓所里去，只是为了要看看他的蚀刻画，那未免想得太天真了。华尔杜之所以挑中了那个姑娘，只是为了要利用她试验一种毒药，这种毒药她服后不会留下任何痕迹，但离开他寓所一小时内就会毒发毙命。象这样的一个镜头。是不可能涉及淫荡，具有挑逗性质的。原来的剧本是这样写的：

（镜头渐隐,渐显出的是巴黎一家家具店楼上华尔杜的寓所。两人走进屋子,华尔杜发现姑娘雨衣里藏了一只在街上拾到的小猫。）

华尔杜　你喜欢猫儿吗?

姑　娘　不太喜欢,可是,瞧,它浑身又湿又冷,你这儿大概找不出一点儿牛奶来喂它吧?

华尔杜　你猜错了,这儿有的是牛奶。可见得,情况并不象你想象的那样毫无希望。

姑　娘　我的话听起来很悲观吗?

华尔杜　是呀,但是我不相信你是一个悲观的人。

姑　娘　为什么呢?

华尔杜　在这样一个夜里跑出来,你肯定是乐观的。

姑　娘　我根本不是乐观的。

华尔杜　经济上有困难,是吗?

姑　娘　(讽刺的)你的观察能力可真强。

华尔杜　这一行干了多久了?

姑　娘　哦……三个月了。

华尔杜　我不相信。

姑　娘　为什么。

华尔杜　象你这样的漂亮姑娘,应该不至于此吧。

姑　娘　(傲慢地)谢谢。

华尔杜　老实告诉我吧。你是刚离开医院,或者监狱……是哪儿?

姑　娘　(显出愉快,但是带有挑衅的神气)你要知道这些干嘛?

华尔杜　因为,我要帮助你呀。

姑　娘　原来是位慈善家,是吗?

华尔杜　(殷勤地)正是……并且,我是不要报
　　　　酬的。

姑　娘　(仔细打量他)这是怎么回事……

华尔杜　得了。如果你这样想法,那你可以请
　　　　便了。

姑　娘　(干脆地)我是刚从监狱里出来的。

华尔杜　为什么把你关进去?

姑　娘　(耸肩膀)问它做什么?还不是为了那些
　　　　事。他们管它叫轻微盗窃罪……把一架
　　　　租来的打字机送去当了。

华尔杜　哎呀!哎呀……你就没更好的办法了
　　　　吗?被判了多少时候?

姑　娘　三个月。

华尔杜　所以,今儿是第一天出狱。

姑　娘　是的。

华尔杜　你肚子饿吗?

　　　　(她点点头,苦笑了笑。)

华尔杜　那么,我去烧点儿吃的,你到厨房里去帮
　　　　我把它们端进来。来呀。

　　　　(他们一同走到厨房来。他准备炒鸡蛋,
　　　　一面帮着她把一些夜宵放在一只托盘
　　　　上,由她端进起坐室。她一走出厨房,他
　　　　就小心翼翼地在后面盯着她,接着就赶
　　　　快打开小橱,拿出毒药,倒在一瓶红葡萄

酒里,然后塞紧了瓶塞,把那瓶酒和两只
酒杯放在一只托盘上,走到起坐室里。)

华尔杜　我不知道,这些可合你的口味吗……炒
　　　　蛋、土司,再来点儿红葡萄酒。

姑　娘　太美了。

　　　　(她放下了刚在看的那本书,打了一个哈
　　　　欠)。

华尔杜　我看你是疲倦了,等一吃完夜宵我就送
　　　　你回旅馆去。

　　　　(他拔开瓶塞)。

姑　娘　(仔细打量他)你真是一个好人,我不明
　　　　白,你为什么待我这样好?

华尔杜　为什么不可以这样呢?(说时把毒酒斟
　　　　在杯子里)难道,待人好一点儿,这是一
　　　　件稀罕的事不成?

姑　娘　我已经开始有这种想法了。

　　　　(他装出要把酒斟在自己的杯子里,但这
　　　　时找了个借口)。

华尔杜　哦,还有土司!

　　　　(他拿着那瓶酒走进厨房,赶快在那里调
　　　　换了另一瓶,拿起了土司,又走向起坐
　　　　室,他走进屋子,把土司放在桌上,"喏"
　　　　了一声,然后从调换过的瓶子里给自己
　　　　斟了一杯酒。)

姑　娘　(露出困惑不解的神气)你这人真怪。

华尔杜　我?为什么?

姑　娘　我不知道。

华尔杜　啊,你饿了,就请吃吧!

（她开始吃夜宵,他看见了桌上的书。）

华尔杜　你看的是什么书?

姑　娘　叔本华的书。

华尔杜　你喜欢他的书吗?

姑　娘　马马虎虎。

华尔杜　你看过他论自杀的那一篇文章吗?

姑　娘　我对那一篇文章并不感兴趣。

华尔杜　（有一种催眠的力量）如果死的方法简
　　　　单,你也不感兴趣吗?喏,比如说,你去
　　　　睡觉的时候,并没想到会要死,可是生
　　　　命突然结束了……难道,你不觉得它比
　　　　现在过这种苦闷的生活更好吗?

姑　娘　我不知道。

华尔杜　觉出了死亡在逐渐临近,那才是可怕的。

姑　娘　（陷入沉思）我在猜想,如果那些没离开
　　　　母胎的人,知道生命正在逐渐临近,他们
　　　　会同样感到害怕的。

　　　　（华尔杜表示赞赏的微笑,接着就去喝他
　　　　的酒。她端起了她那杯毒酒要喝,但是
　　　　又放了下来。）

姑　娘　（在考虑什么）可是,生活是美妙的呀!

华尔杜　它美妙在哪儿了?

姑　娘　一切都是美妙的……春天的早晨,夏天
　　　　的黄昏……音乐、艺求、爱情……

华尔杜　(鄙夷地)爱情！

姑　娘　(微露出挑衅的神气)爱情这件东西的确
　　　　是有的。

华尔杜　你怎么知道的？

姑　娘　我爱过一个人。

华尔杜　意思是说,你在肉体方面被一个男人吸
　　　　引住了？

姑　娘　(好奇地)你不喜欢女人,对吗？

华尔杜　相反,我爱女人……但是,我不赞美
　　　　他们。

姑　娘　为什么？

华尔杜　女人都是俗气的……现实的,被肉体的
　　　　享受支配着的。

姑　娘　(不相信地)这可是胡说！

华尔杜　女人一旦抛弃了一个男人,就会瞧不起
　　　　他,不管那个男人性情多么好,地位多
　　　　么高,她照样会抛弃了他,去爱另一个
　　　　不及他的男人……只要那个男人在肉
　　　　体方面是更有吸引力的。

姑　娘　你真不了解女人。

华尔杜　你会意想不到的。

姑　娘　那不是爱情。

华尔杜　什么是爱情？

姑　娘　施与……牺牲……就像一个母亲待她的
　　　　孩子那样。

华尔杜　(笑着说)你就是那样爱的吗？

姑　　娘　是呀。

华尔杜　爱的是谁?

姑　　娘　我丈夫。

华尔杜　(吃了一惊)你有丈夫?

姑　　娘　有过……我坐牢的时候,他死了。

华尔杜　原来是这么一回事……那么谈点有关他
　　　　的事吧!

姑　　娘　一言难尽哪……(停顿了一会儿)。他在
　　　　西班牙内战中受了伤……成了一个治不
　　　　好的残废。

华尔杜　(向前凑过去)一个残废?

姑　　娘　(点点头)因此,我爱他。他需要我……
　　　　依靠我,他象一个孩子。但是,对我来
　　　　说,他不单是一个孩子。他是我的信仰
　　　　……我的生命……我情愿为了他牺牲我
　　　　自己。

　　　　(她咽下了眼泪,准备去喝那杯毒酒)。

华尔杜　等一等……瞧那酒只有一点儿瓶塞儿
　　　　屑。让我给你换一杯。(他拿过了那杯
　　　　酒,放在餐具架上,另取了一只干净杯
　　　　子,把好酒斟在里面。好一会儿,他们
　　　　默默地喝着酒,后来,华尔杜站了
　　　　起来。)

华尔杜　时间很晚了,你也累了……喏……(把钱
　　　　递给她)这点儿钱可以维持你一两天生
　　　　活……祝你一切如意。

（她看了看那些钱）。

姑　　娘　哦，太多了……我没想到……（她双手捂
着脸哭起来）我真蠢……瞧我多么蠢。
我已经开始对一切失去信心。可是现
在，遇到了你，我又相信一切都是美好
的了。

华尔杜　可别过分地相信呀，这是一个邪恶的
世界。

姑　　娘　（摇了摇头）你说的不对。应当说这是一
个是非颠倒了的世界，一个非常悲哀的
世界……但是，只要你有一点儿善心，就
可以使它变得美好起来。

华尔杜　还是请你快点儿走吧，可别叫你这套哲
学把我毒害了。

（姑娘走向门口，转身向他一笑，说了句
"再见"就走出去了。）

审查处的人对以上一场也提出了反对意见：

"华尔杜和姑娘的这几句对话：'在这样一个夜里跑出来，你
肯定是乐观的'，还有'这一行干了多久了？'以及'象你这样的漂
亮姑娘，应该不至于此吧'，应予以修改。"

"应当指出，剧本中涉及救世界的地方，我们认为可能开罪
属于这一团的人士。"

剧本将近结尾的地方，经过了许多人事变迁，华尔杜又与那
个姑娘相遇了。这时华尔杜已经到了穷途末路，可是姑娘变得
很阔绰了。审查人对于姑娘会变得那样阔绰一事也表示反对。
原来的故事是这样的：

（镜头渐隐，渐显出的是一家咖啡馆的外号。华尔
杜坐在一张桌子跟前看报上欧洲战事即将爆发的消
息。他付了帐走出去。穿过马路时，一辆漂亮轿车突
然拐弯，驶近人行道边，差点儿把他撞倒。车夫刹住车
撤喇叭，一个人戴着手套，从轿车窗里向华尔杜招手，
他没想到，看见车窗里的人就是他一度救济过的那个
姑娘，这时正朝着他笑。她打扮得很艳丽。）

姑　娘　你好呀，慈善家先生。

　　　　（华尔杜被闹糊涂了）。

姑　娘　（接下去说）你不记得我了吗？有一次，
　　　　你把我带到你的寓所里……那个阴雨
　　　　天里。

华尔杜　（惊讶）有这种事？

姑　娘　让我吃饱了，又给了我钱，你送我走，像
　　　　是在送一位正派的姑娘。

华尔杜　（嘲笑的口气）当时我准是一个傻瓜。

姑　娘　（诚恳地）不，你非常慈善——你这会上
　　　　哪儿去？

华尔杜　没地方可去。

姑　娘　上车来吧。

　　　　（华尔杜上了汽车）

　　　　（轿车里面）

姑　娘　（向车夫说）到拉法热酒馆……我总觉
　　　　得，你还是没想起我来……可是，这怎
　　　　么可能呢？

华尔杜　（用赞美的眼光瞅着她）看来这是很可能

的嘛。

姑　　娘　（笑着)你不记得了吗？咱们遇见的那个
　　　　　　夜晚……我刚从监牢里出来。
　　　　　　(华尔杜把手指放到唇边)。

华尔杜　嘘！(他指了指车夫,再摸了摸窗破璃)
　　　　　　还好……窗子关上了。(他看了看她,露
　　　　　　出迷茫的神气)可是你……所有这些
　　　　　　……(指指那汽车)这是怎么一回事？

姑　　娘　还不是那老一套……穷人发了邪财。自
　　　　　　从上次遇见了你,我就走了运,我遇到了
　　　　　　一个大阔佬——一个军火制造商。

华尔杜　我要是早就干那一行就好了。他是怎样
　　　　　　一个人？

姑　　娘　他非常和气大方,可做起生意来挺辣
　　　　　　手的。

华尔杜　做生意就是要辣手,亲爱的……你爱
　　　　　　他吗？

姑　　娘　不,可他就是因为这缘故被我迷住了。

对上述镜头,审查人提出下面的反对意见;

"请修改下面划有线的对话:'你送我走,象是在送一位正派
的姑娘',以及那句答话:'当时我准是一个傻瓜',这样可以使对
话中不再含有现在暗示的那种意味,更请在对话中增添一些有
关军火制造商的细节,表示他是姑娘的未婚夫,这样观众就不致
联想到姑娘是他的姘妇了。

此外,还有一些其他镜头,以及一些零星动作的。有这样
几条:

"不必庸俗地突出那个中年妇女前面和后面奇形怪状的曲线'。"

"不要把那些歌舞女伶的服装或舞步形容得不堪入目。更不要拍出吊袜带以上的那一截光腿。"

"有关'摆她的屁股'那句笑话不可以用。"

"不应该显露或暗示浴室中的那些物品。"

"请将华尔杜所说的'淫荡'一词加以删改。"

来信最后说,审查人非常乐意和他讨论这个电影剧本,希望电影故事既可以符合电影法规的要求,又不致严重地损失了娱乐的价值。

卓别林也愿意讨论,所以驱车去布林办事处。他到达后,立即被领去见布林先生。过了一会儿,出来一个身材高大,神情严肃的年轻人,他是布林先生的助手,他说话的口气是很不客气的。

"你为什么要反对天主教?"他问。

"你为什么要向我提出这个问题?"卓别林反问他。

"瞧这儿。"他说时把那部剧本原稿往桌子上一掼,一页一页地翻了过去。"在牢房里的那个镜头,罪犯华尔杜对神父说:"有什么事情我可以为您效劳的呀,我的好人?"

"怎么?难道神父不是一位好人吗?"卓别林反问道。

"这是无理取闹。"他说,一面摆着手表示轻蔑。

"说一个人'好',我看不出有什么无理取闹的意味。"卓别林冷着脸回答。

他们这样讨论下去,卓别林本来就是一位幽默大师,所以,他见这位盛气凌人又无知又狂妄的人,完全用教训人的口气在说话,他当然要"幽"一回"默"了。

"你从来不管一个传教士叫'好人',你管他叫'神父'。"

"好吧,那么我们就管他叫'神父'吧。"卓别林说。

"再瞧这一行,"他说时指着另一页。"你让神父说:'我到这儿来,是要你向上帝求和。'但是华尔杜回答说:'我和上帝倒能和平共处,可我和人类发生了冲突'。要知道,这是亵渎神明。"

"你可以有你的看法,"卓别林说:"我也可以有我的看法。"

"再有这儿。"他打断了卓别林的话,接着就去读那个剧本。"神父说:'你犯了罪还不后悔吗?'华尔杜回答说:'谁知道罪是个什么玩意儿,罪是在天堂里犯下的,是上帝那些堕落的天使带到人间来的,谁知道它在神秘的命运中起了什么作用?'"

"我认为。"卓别林说:"罪恶和美德同样是十分神秘的。"

"剧本里有很多地方要谈哲理。"他鄙夷地说。"再有,你让华尔杜瞧了瞧神父,说:'如果人人都不犯罪,那您还有什么活儿可干的呀?'

"我承认,这一句话有点儿问题,但是,那也只是为了诙谐招笑,并不是为了侮慢神父。"

"可你老是让华尔杜演得比神父更出色。"

卓别林反问道:"你要神父演什么? 也演丑角吗?"

"当然不是演丑角,但是,你为什么不让他回答几句有趣的话呢?"

"你瞧,"卓别林说:"犯人已经要去就刑了,所以他故意装出了一副满不在乎的神气。神父始终是保持着尊严的,所以说的都是稳重的话。不过,我还要给神父再想几句回答的词儿。"

"再有一句,"他又说下去,"'愿主饶恕你的灵魂。'可是,华尔杜回答说:'为什么不饶恕呢? 灵魂是归他管的嘛。'"

"这一句又错在哪儿了?"

他简单地重复说:"'为什么不饶恕呢?'凭他是谁,也不能对神父说这样的话呀。"

"这句话是他内心的独白,等到看了电影,你就知道了。"

助手又转了话题:"你抨击了社会和整个政府。"

"要知道,政府和社会毕竟都不是无懈不击的,也不是不容许人批评的。"卓别林针锋相对地说。"对吗?"

经过了这场讨论,整个剧本经过了一两处的小修改,终于获得通过。卓别林认为布林先生提出的批评都是建设性的,后来,他闷闷不乐地说:"别再把那个姑娘演成一个妓女了吧,几乎每一部好莱坞电影剧本里都有一个妓女。"

这句话令卓别林感到很窘。

"请放心。"他说:"我决不突出这个情节。"

影片拍好了,先为道德联合会的一些成员试映,他们一共有二、三十人,代表了审查团和各宗教团体。卓别林从来没象这次试映时感到孤寂。

影片映完了,灯光亮了,布林先生转过身去,面对着其他的人,急忙说:"我认为这部影片没问题……就通过了吧!"

这时候,其他的人都不开口,后来有一个人说:"好吧,我也觉得可以通过,没不同的意见。"其余的人却怒形于色。

布林向他们做了一个苦脸,把手挥了一下。干巴巴地道:"没问题了,咱们让他通过了,好吗?"

大伙毫无反映,有的人勉强点了点头。布林先生不等他们再提出什么反对意见,就在卓别林的背上拍了拍道:"好了,查利,去开印吧。"意思是说:"去印你的正式影片吧。"

卓别林见他们这样通过他的影片,感到很惊奇,因为最初他们是要全部禁映的。他们这样突然通过了,他反而犯了疑,会不会又是在要什么别的花招呢？

卓别林正在生产剪接《华尔杜先生》，接到美国联邦法院执行官打来的电话，说要传他到华盛顿去受非美活动委员会的讯问。他们被传讯的，一共有十九人。

当时佛罗里达州参议员佩珀正在洛杉矶，有的朋友建议，说应该去向他请教。卓别林没有去，他认为他自己与其他人不同，他不是美国公民。有些同时被传讯的人去见了佩珀，他们一致表示如果被传到华盛顿，他们都要捍卫公民的宪法权利。——后来，这些捍卫自己权利的人，都因为藐视法庭罪坐了一年牢。

传讯时说明，在十天内将接到去华盛顿的通知。可是，过了不久，又来了一份电报，说讯问的日期又延迟了十天。

第三次延期后，卓别林发了一封电报说他有一个很大的组织，它的工作已因此停顿，已给他带来了巨大损失，既然非美活动委员会最近在好莱坞讯问他的朋友汉斯·艾斯勒，他们可以同时就讯问他，这样做，也可以为公家节省一笔开支。他在电报结尾处是这样说的：

　　……不过。为了便利你们的工作，我可以奉告一件想来是你们需要知道的事情。我不是共产党，我生平从未参加任何政党组织。我是一个你们所谓的"和平贩子"。希望我这几句话不致冒犯了你们。请明确告知，我究竟应当何时去华盛顿。

　　　　　　　　　　　　　查尔斯·卓别林谨启

卓别林接到了复电，措词挺客气，并告诉他，说他不必再去受讯，这件事已经结束了。

第二十六章　逃离美国

　　美国报纸骂他"同情共产主义"，是"忘恩负义的共产党人"，诬蔑《华尔杜先生》是抄袭的，法院又要传讯他；联邦调查局调查他是否举行过荒淫放荡的舞会，有多少裸体姑娘参加？他逃离了美国……。在英国，欢迎他的鲜花几乎把他埋起来；在法国，人民像迎接凯旋归来的勇士，更热情地接待和欢迎他。

　　卓别林一直把精力放在自己的事上了，写剧本、导演、演戏、还要"打官司"，所以，他一直没有工夫去关心联美影片公司的营业。这时，他的律师警告他，说联美公司已经亏欠了一百万美元的债。从前生产兴隆时，公司每年可以收入四、五千万美元，但是，卓别林只分到过两次红利。

　　联美公司红起来就是在卓别林拍了《淘金记》之后。《淘金记》发行后，还清了以前欠下的债，而且分到了红利。其实联美公司就是靠卓别林拍的片子才红起来的，继《淘金记》之后，有《马戏班》、《城市之光》、《摩登时代》、《大独裁者》等片，这五部片子，都是上座最佳，大受欢迎的影片，美国的各地各州的影戏院，抢着订片子。世界上其他国家也抢着订片子——其中，《摩登时代》在德国、意大利禁映，莫斯科却大映特映。到了《大独裁者》，德国、意大利当然是"禁映"了。就是那个阶段，从 1925 年一直到二战结束的 1945 年，联美公司一直是红的，也正是联美影片公司的鼎盛时期。那时候,联美公司不掏一文钱去收购,却拥有了四百家英国电影院百分之二十五的股票,那么,联美公司是怎样获得这些股票的? 卓别林并不了解,他也不过问。其实,那是那些影戏院为了要联美保证供应他们影片而以此作为一种交换条件。另一些较有名的美国影片公司,也以同样的方式拥有大量的美国电影院的股票。联美在英国兰克公司拥有的股份,总额高达一千万美元。

后来,联美影片公司的股东,一个个都把股票回卖给了公司。为了偿付这些股份,联美公司几乎用空了所有的现金。就这样,卓别林才突然发现,欠债一百万美元的联美影片公司,只剩下了他和玛丽·毕克复两个股份各占一半的合伙人。玛丽来信警告卓别林,说银行已经拒绝再向他们的公司透支了。

卓别林对此倒不担心,因为以前公司也曾经闹过亏空,但是,只要有了一部好的影片拍成功,一切困难都会迎刃而解。何况,这时候他刚拍好《华尔杜先生》,估计这部片子的票房价值一定是很高的。卓别林的代理人阿瑟·凯利预测,这部片子至少可以赚一千二百万美元。如果真是这样的话,那么公司不但可以偿清欠债,还可以积累一百万美元的盈利。

卓别林在好莱坞为几个朋友放映了《华尔杜先生》,影片映完后,托马斯·曼,莱昂·福伊希特万格,以及其他几个人都站起来,鼓掌达一分钟以上。

卓别林心里有底了,因为看试映的既是他的朋友,又是行家,所以满怀信心地启程去纽约。他万万没有想到,他人一到纽约就受到了《每日新闻》的攻击:

　　　卓别林至本市,主持其新片的放映。既然他充分表演了一位"同路人"的角色,我现在就向他挑战,要他出席一次记者招待会，我要在会上向他提出一两个问题，叫他下不了台。

联美公司的宣传工作人员向卓别林提出了建议，说在这种情况下，去招待美国新闻记者不合适。

卓别林很恼火，他恼怒地说：

"我是吃面包长大的，不是被一些什么人吓唬大的，我已经快六十岁了，难道还有八能把我吓倒吗？前一天已招待过其他国家的记者，他们都热烈地欢迎我。这次也没什么可怕的。"

这是 1947 年，卓别林五十八岁，所以他说年近六十岁。

第二天早晨，卓别林让工作人员在旅馆里包了一间大厅，招待美国记者。

卓别林要想干的事，他就义无反顾地干下去，大风大浪他已经过不少了，记者招待会又能怎样？攻击吗，只管攻好了，骂，大概是不敢的。

记者们喝完了鸡尾酒，卓别林走了出去。但他立即觉察出一种含有恶意的气氛。他心想，好家伙，来者不善呀。他坐在讲台上一张小桌子后面发言，他竭力装作很殷勤地说："女士们，先生们，你们好。一切有关我的影片以及我将来的创作计划等问题，凡是你们感兴趣的，都可以提出来，我准备在这儿回答。"

记者们一声不吭——是在示威吗？

"请别同时发言。"卓别林满不在乎地笑着说。

终于有人发难了，一位坐在靠近前边的女记者问道："你是共产党吗？"

"不是。"卓别林简单明确地说，又说："请提下一个问题吧。"

这时候，听见一个人在嘟哝什么？卓别林原以为他就是那位《每日新闻》的"朋友"，让"他下不来台的。"但是，他好像应该来，因为他说过要来的，不知为什么却未来。这会儿说话的人，一副邋里邋遢的样子，他没脱去大衣，正俯身凑近一份发言稿在宣读。

"对不起。"卓别林说："只好请您再读一遍，我一个字也听不出您在说些什么？"

他又开始读道："我们，代表天主教退伍军人……。"

卓别林打断了他的话："我不是到这儿来答复什么天主教退伍军人问题的，这是一次记者招待会。"

"你为什么不入美国籍？"另一个人的声音说。

"我认为无需改变我的国籍。我把自己看作是一个世界公民。"卓别林说。

这时，下面起了一阵骚动。两三个人同时抢着发言。有一个人的声音盖过了其他的声音：

"可是，你是在美国赚钱。"

"啊！"卓别林笑着说："如果要算钱的帐，那咱们可得把问题谈谈清楚。我做的是国际性的买卖，我的收入百分之七十五来自海外其他国家和地区，美国从我这些收入里大大地抽了一笔税，由此可见我还是一个花了大钱，应当受到欢迎的旅客哩。"

那个天主教退伍军团的人又逼尖了嗓子说："不管你的钱是不是在这儿赚的，我们在法国登陆的人，看见你不做这个国家的公民，都很愤慨。"

"在那些海岸登陆的人也不只是您一位。"卓别林说："我的两个儿子也在那儿，在巴顿将军的部队里，在最前线，可他们并没象您一样发牢骚，或者是夸耀这件事。"

"你可认识那个汉斯·艾斯勒？"另一个记者问。

"认识的，他是我很要好的朋友，也是一位伟大的音乐家。"

"你知道他是一个共产党吗？"

"我不管他是什么党；我不根据政治交朋友。"

"可是，你好像是喜欢共产党人。"另一个记者在问。

"没有人会吩咐应当喜欢谁或者去仇视谁？现在我们还没到那个地步。"卓别林针锋相对地回击过去。

这时候，从气势汹汹的人群中，传出了另一个人的声音，他说：

"一位艺术家，他给世界上带来了这么多的欢乐，使我们对小人物有了这么多的了解，可是所谓美国报界代表，却这样地嘲笑他，还故意制造气氛要大家仇视和侮辱他，这样，他会作何感想呢？你们的用心又是什么？"

卓别林对任何表示同情的话，已经是充耳不闻，并没注意听这段话，也没听出真意，他粗鲁地说：

"对不起，我没听清楚，把你的问题再说一遍。"

他的宣传员用臂肘碰了碰他，小声说："这个人是同情你的，他话说的很好，他斥责了那些恶意的人。"

原来这个说话的人是美国诗人、小说家吉姆·艾吉。当时他正在给《时代》杂志写特写和批评文章。

卓别林感到一阵慌乱失措，他急忙地说道：

"很抱歉，我没听真——可不可以请您重复一遍。"

"我不知道能够说清楚吗？"吉姆也有点儿窘，接着他又把那几句话大致重复了一遍。

卓别林对同情的话不知该怎样回答，对所有攻击的话，他都是来者不拒，兵来将挡，水来土屯，你有来言我有去语，一句不让。但是对吉姆的话只能说："我没什么意见，——可是，谢谢您。"

此后,卓别林已无心回答问题了,不过,他听了吉姆的同情话,火气消了些,他说:

"很抱歉,女士们,先生们。我原来以为,在这次记者招待会上,是要谈谈有关我的影片的问题,没想到它会变成了一场政治辩论,所以,我对政治没有兴趣,也就没有其他可以奉告的了。"

会后,卓别林心里很不舒服,他已看出来,他已经被一些人深恶痛绝了。

他对这件事情仍存有疑点。当初,在《大独裁者》映出之前,他遭到的攻击也是不少的,可是,当那部片子放映出之后,却有许多人写信给他,对那部片子赞扬备至,祝贺他的成功。那部片子赚的钱比以往的任何一部片子赚的钱都多。至于《华尔杜先生》一片,自己感到很满意,他也确实花费了许多心血,自认为是一部成功的片子,难道是自己错了? 观众真的不会喜欢这部片子了?

玛丽·毕克复打来电话,说她想同乌娜一起去看《华尔杜先生》的初映。这样,卓别林就与乌娜邀请她到"二十一号"酒馆,共进晚餐。玛丽来的很晚,她说刚才参加了一个鸡尾酒会,被人留住了,一时走不开。

晚餐后,他们同车去电影院,到达初映影院时,外面熙熙攘攘,满街都是人。他们几个人挤进了休息室,看见一个人正对着无线电广播,"这会儿,查利·卓别林和他的太太到了啊! 他们还请来了玛丽·毕克复小姐,无声电影时代美丽娇小的女演员,现在仍旧是美国的甜姐儿。玛丽·毕克复小姐,你可以为这次盛大的初映发表几句谈话吗?"

休息室里站满了人,玛丽向扩音器挤过去,一面仍旧拉着卓别林的一只手。

"现在,女士们,先生们,玛丽·毕克复小姐发言来了。"

玛丽在推推搡搡的人群中说:"二千年前,基督降生,今儿晚上……。"这时,她再也说不下去了。因为,虽然她拉着卓别林的手还没有松开,但是,突然被一群人从扩音机旁边挤开了——卓别林不知道她下面打算说些什么? 他猜不出,也没有机会问她。

那天晚上,电影院里笼罩着一种令人不大舒适的气氛,给人的感觉是,观众们来到这里,只是为了要证明一件什么事情似的。影片一开映,观众们似乎不象从前那样有着一种急切的期待和快乐的骚动,而只是零零落落地听到一些紧张的掌声,其中还夹杂着几个人的嘘声。卓别林听嘘声,感到很伤心,这是他在放映自己的影片时从来没听到过的。报界攻击的人,多是受人指使,出于敌意,那么这里的观众为了什么呢? 难道这部片子真的不合观众口味? 难道观众真的厌恶自己了? 他无法找出答案。

影片继续放映,卓别林却有些心绪不宁,他也听到了笑声,但那是分散的。不是从前的那种笑声,不是从前看《淘金记》或《城市之光》或《寻子遇仙记》或《从军梦》时发出的笑声。那是从影院中另一部发出嘘声的人挑战的笑声。他的心往下沉,他再也坐不住了,他悄声对昂那说:"我要到休息室里去,我受不了啦。"

乌娜捏了捏卓别林的手。

卓别林将那张已揉得烂皱的说明书扔在地上——他不想看,再也不想看那张说明书,他没有勇气看。他悄悄地不惊动任何人走上过道,在休息室里来回踱步。这时,他的心里很矛盾,他又想听听影院内的笑声,又想要赶快离开这里,后来,他终于忍不住,轻轻地走上楼厅,去看看那儿是个什么情形。有一个人笑得比其他人都厉害，不过那笑声好像是故意装出来的，不是发自内心的，因为听起来似乎有些牵强，是神经质的笑，他想这个人一定是我的朋友了。他的笑似乎在告诉别人这部片子就是好嘛，应该笑嘛。其他人的笑声还是有的，还是不少，但是，似乎还有人发出嘘声。

他又回到休息室里去，然后又走到影院外面的马路上，过了一会儿，他又走进影院里去看电影，在整个放映过程中，他就在影院内的座位上，休息室里，影院外的马路上不住地活动，盼望早一点放映完这部片子。最后，终于放映完了。

"我喜欢这部电影。"

厄尔·威尔逊说。他是写专栏文章的，是一个很正派的人，他在休息室里见到了卓别林就这样说。

"当然。"卓别林的代理人阿瑟·凯利走过来，接上话茬："喜欢它的不止先生一个人。"

卓别林开玩笑地说："不过，似乎咱们不能指望它卖一千二百万了。"他看了看两个人又说下去："那么，就卖上它一个半数也成啊。"

电影散了场，卓别林代表联美影片公司设宴招待大约一百五十位客人进晚餐。其中有几个是卓别林的老朋友。可是，这一餐招待宴却是抑郁寡欢，大伙虽然喝着香槟，但是在席上会让人觉察到有几股相互反对的势力，不过没有公开对抗而已。乌娜悄悄离席去睡了，卓别林作为主人是不能走开的。

贝阿德·斯沃普与卓别林的朋友唐纳德·奥格登·斯图尔德正在谈论《华尔杜先生》。卓别林很喜欢贝阿德·斯沃普，认为他是一个精明的人。他此刻却说："我厌恶这部片子。"

席上只有少数人说了几句恭维卓别林的话。唐纳德·斯图尔德见卓别林已有几分醉意,他说:"查利,你该明白,他们那些狗杂种,是要利用你的影片搞政治呀,其实,这部电影是你的成功之作,观众们是喜爱它的。"

卓别林心里烦闷,不愿讨论影片,他对人们对影片的看法已置之度外了。

斯图尔德在宴席散了之后,送卓别林回旅馆。他们到了旅馆时,乌娜已经睡了。他们没有惊动她。

"这是几层楼?"唐纳德问。

"第十七层。"

"天哪,你知道这是一间什么房子吗?"唐纳德看了看卓别林说。

"这间屋子怎么了?"卓别林不明唐纳德何所指,他问道。

"这儿就是那个男孩子走到窗台外边,在那儿站了十二小时,于是跳下去自杀的地方呀!"

卓别林苦笑了笑。

"我不是那个男孩子,我是不会自杀的。即使这部片子真的失败了,我也不会自杀的。"

事情完全出乎意料,《华尔杜先生》在纽约连续上演了六个星期,卖座极盛。但是,后来却突然之间变得冷淡了。

卓别林感到奇怪,他问联美公司的格拉德·西尔斯:"这是怎么回事?"

"查利,凡是你拍的电影,它们在头三、四个星期里卖座总是好的,这是因为去看的都是你的老影迷。往后再去看的就是一般的观众了。老实说,报刊上已经连续地攻击了你十多年,一般观众肯定受到了影响,所以到后来卖座就差了。"

"可是,一般观众总也是有幽默感的吧?"卓别林说。

"瞧这儿。"格拉德·西尔斯拿出几份《每日新闻》和赫斯特的报纸,他指点着说:

"全国各地,看的都是这样的报道,它对观众不能没有影响。"

卓别林随手拿过一张报纸,上面有一张照片,拍的是新泽西州某地放映《华尔社先生》的情景,有该州天主教退伍军团在影戏院外面布置了纠察线,纠察员们举着标语牌,牌上写着:

"卓别林不是同路人。"

"外国佬滚蛋。"

"不能让卓别林长期喧宾夺主。"

"卓别林——忘恩负义的共产党同情者。"

"把卓别林赶到俄国去。"

卓别林看了照片,并没有破口大骂,也没有垂头丧气,他指着照片,对格拉德·西尔斯说:"这虽然是清晨五点钟拍的,人们还没有起床,当然影院外边不会有买票的人了。"

他这样乐观地对待自己所处的逆境,也可见他是个乐观的人,事实也正是如此。他在第一次不如意的婚姻后,拍了《阳光山村》、《一天的欢乐》以及那部有名的《寻子遇仙记》和《有闲阶段》。他在与莉太·葛蕾打官司,完全处于险恶的环境之中,又拍了《马戏班》,就是在"亲父遗弃"案那样很坏的环境中,动笔写《华尔杜先生》脚本。可见,卓别林不但是个幽默大师,也是一条硬汉子,什么打击也打不倒他。

事实上,在那些没有受到干扰的地方,《华尔杜先生》的卖座都是特别好的。

全国各地轮流放映电影的影院,起先都来订这部片子,但是,后来收到了美国退伍军团和其他的压力的恐吓信,它们无奈,只好取消了放映这部片子。

美国退伍军团恐吓那些戏院的老板时,采取了一个很有效的办法,他们威吓,如果哪个影戏院上映一部卓别林的影片,或者是他们反对的其他影片,他们就要连续抵制那个影戏院一年。在科罗拉多州首府丹佛,一些影戏院上映了《华尔杜先生》,头一天卖座极盛,所有影票抢购一空,但是当天夜间,所有的影院全受到了恫吓,第二天就全部停映了。

那一次他们去纽约是卓别林生平最不愉快的一次了。他们每天都要收到几份取消影片订约的通知。令人恼丧不已。

其实,《华尔杜先生》是一部好片子。

如果说《狗生涯》、《从军梦》和《阳光山村》是卓别林的早期三部曲,那么《摩登时代》、《大独裁者》以及《华尔杜先生》则是他的第二个三部曲。

卓别林在《华尔杜先生》一片中,继续批评他所处的资本主义社会。这部片子比起《摩登时代》与《大独裁者》显得更成熟,他的愤怒和热情更有了份量。

这是一部内容非常丰富的片子,卓别林在片子里运用许多象征手法。乍看之下,观众们会觉得它光怪陆离,眼花缭乱,细细去品味,就会明白,一个谋杀者的故事,是那个出了毛病的社会必然会发生的事情,这也正是他艺术地巧妙地告诉观众来认识这个社会。

他在影片里描绘了美国富豪们的生活,这不仅仅是因为他在贝弗利山受到了那些富豪们的怨气,而且他是在以那些富豪们作为寄生阶级的代表,他让他们象征着那个社会的恶势力。

华尔杜先生由一个规规矩矩的小人物变成了一个杀手——一个杀人犯——一个职业杀人犯的原因是什么?是失业,又为什么失业？当然是社会造成的。

华尔杜作为杀人犯之后受到了审判，社会审判他，也就审判了社会本身。处死了华尔杜，也就说明社会本身就有处死、摧毁的必要，宣布他是社会公敌，也就无异于宣布社会本身就是人类的公敌。

这正是《华尔杜先生》一片的主要所在，也是最值得思考的地方，观众们看了片子之后，必然会问个为什么？

卓别林把这部片子叫做"杀人的喜剧"是有道理的。

华尔杜为什么以杀人为职业？因为他别无出路。他的杀人是被迫的。在剧中，卓别林也写出了华尔杜的善良的一面。一是不肯杀害那个军人的遗孀，一是怜惜一条青虫的生命，这样，就更使人们看出来华尔杜的杀人是不得已的。

他对自己的"职业"也深感痛心，他虽然保住了家，却失去了欢乐，所以他决定"退休"。但是，这时他被捕了。

在审判他的法庭上，他坦然认罪，他大声控诉："战争就是无数的谋杀，但是，大规模的屠杀得到许可，而且有人成了英雄，我因为杀几个人，却要上断头台，被当成恶棍……我只是谋杀几个人，而军火商和大资本家为了利润，却在战场上毁灭了上百万人的生命，请你们比较一下，谁的罪更大？"

在美国，由于在美国天主教会领导下的"天主教退伍军人协会"及"退伍军团"以及其他几个很有势力的团体，到处抵制这部片子的放映，许多影戏院不敢放映了。两年中，只在美国各影戏院放映了两千场多一点儿，而以前的他所拍的片子在两年之中至少可以放映一万二千场。

在欧洲，没有人否认这部片子，许多人赞美这部片子，认为它不愧是一位大艺术家的好作品。

这时，又有人对卓别林提出了控诉，说《大独裁者》是抄袭来的，这是无中生有的诬陷。

当时报刊与那些团体都极度仇恨与敌视卓别林。还有四位参议员在参议院里攻击他，竟然提出"要驱逐卓别林"。他在美国的处境险恶。

其实，卓别林所有的电影脚本，全是他自己构思编写的。根本就没有一部是抄袭的，就是连借鉴都没有。就以《华尔杜先生》的故事来说吧，仅仅因为奥森·韦尔斯说了《兰胡子朗德吕谋杀案》可以编成一个故事，卓别林就付了他五千美元。而其实，《华尔杜先生》的故事与朗德吕杀人案无一丝一毫的关系。

卓别林要求推迟审讯，但是，陪审团却不予理采，要如期参与审讯与判决。他只能应战了，不过，他心中有数，因为他确实没有抄袭。

哪知，还没等开庭审判，法官却说他父亲病危，问原告与被告是否同意和解？可以让他去探望父亲。

原告方面已看出这场官司输的可能性大，因为他无凭无据，所以愿意抓住这个机会，趁此和解为妙。

在卓别林方面如果在平时，他一定坚持打赢这场官司，因为他有理，完全可以打这场官司，可是，他又考虑到，他已受到了一些报刊的攻击，还有一些有势力的团体在与他作对，官司打下去还不知道要发生什么事情，很可能别生枝节，再加上法院施加压力，所以他也就同意和解了，这件事就这样不了了之。

卓别林原以为《华尔杜先生》一片，总共可以收入一千二百万美元，哪知，希望落了空。这部片子的收入还不够支付摄制的费用，这是他拍片以来，令他最失望的一部片子。这样，联美公司的经济情况就岌岌可危了。玛丽为了节省开支，坚持要辞退卓别林的代理人阿瑟·凯利。

卓别林听了挺不高兴，他说："玛丽，别忘了，我也是公司里股数占一半的合伙人。"

"那又怎么样？"玛丽生气地反问着。

"不怎么样。"卓别林平静地，不带任何感情地说："如果叫我的代理人回家，那么，玛丽，你的代理人也得同时与他一起开路。"

卓别林的最后一句话，已有些讽嘲的意味了。

玛丽更为生气，可是，因为卓别林说的话在理，她无法反驳。所以虽然气得直喘粗气，却无话可说。

还是卓别林提出了建议。

"现在的情况，必须由咱们当中的一个人收买或者卖出他的股份，这是最佳的解决办法了，那么就由你来开一个价吧。"

玛丽不肯开价。

卓别林不肯说出一个数目来。

后来，代表东部轮流上演戏院的一个律师事务所救了他们的急。他们要收买联美影片公司。他们情愿出价一千二百万美元——七百万美元付现金，五百万美元用股票抵偿。还真是喜从天降。

"这么着吧。"卓别林对玛丽说："现在给我五百万美元现款，让我退出，其余都是你的了。"

玛丽和公司都同意了。

经过几个星期的谈判，字据都已经立好了。最后，卓别林的律师来看他，说："查利，再过十分钟，你就有五百万美元身价了。"

可是，十分钟后，律师打来电话，说，"查利，那笔交易吹了。

玛丽已经提起笔准备签字了,可是,她忽然说:'不行! 为什么他现在五百万元到手,可是我还要等两年才能拿到我那份儿。'我们跟她讲理,说她可以拿到七百万——要比你多拿二百万元。可是,她的借口是,这样她在所得税方面会遇到问题。"

其实,当时是他们**联美**公司最好的一个机会,到后来,他们不得不以低很多的价钱把公司盘了出去。

卓别林从纽约回到加州后,完全摆脱了《华尔杜先生》给他带来的痛苦,又开始思索新的电影题材。卓别林仍然不相信美国人民已经对他失去了好感,他认为在政治上给他惹来的麻烦,美国人民是会理解的。何况,他在政治上的那些麻烦并不损害美国人民的利益。他也知道,这些政治上的麻烦完全是二战引发的,不过是"关于开辟第二战场",以及"援助俄国人"和"反对纳粹"等事。其后,也不过这几部片子刺痛了一些大资本家而已,所以,他认为美国人民不缺乏幽默感,也不会抵制一个能给他们带来快乐的人。

现在,卓别林又想到了一个主题,打算拍一部有关演员生活、事业的片子。这就是《舞台春秋》。

爱情是永恒的主题。正如黑兹和特所说:情感要比智力更能吸引人,所以它对一件艺术作品的贡献也更大。

卓别林以前拍的片子,如《狗的生涯》里面有爱情,在《阳光山村》里有爱情,在《淘金记》里也有爱情,在《马戏班》也有过不成功的爱情,在《城市之光》里更是写了很好且又合乎情理的爱情——以上均是幽默片,是无声电影,在他拍的最后一部无声片《摩登时代》仍然有爱情。现在他要拍的有声片《舞台春秋》主题就是一篇爱情故事。它想拍的《舞台春秋》与《华尔杜先生》那种冷酷的悲观主义相比，它完全是别具一格的。

这个主题鼓舞了卓别林。

《舞台春秋》的准备工作，总共历时十八个月，他还需要为这部片子作几支可以演奏十二分钟的芭蕾舞曲，并且必须事先想象芭蕾舞的动作。这次对他来说是非常困难的：以前，他也曾经给自己的影片编制过乐曲，那都是等到他的影片已经拍好了，可以看到舞蹈动作了，他才开始作曲，而这一次却是要全凭对舞蹈动作的想象来作曲，可是，一直等到他把全部音乐都已经编制好了，他仍无法知道这些曲子是否适合于跳芭蕾舞。因为舞蹈者的舞蹈动作，或多或少是要由舞蹈者本人创作发明的。

卓别林对美籍俄罗斯舞蹈演员兼导演安德烈·叶格列夫斯基的艺术甚为赞赏，他打算在芭蕾舞方面对他有所借鉴，当时，叶格列夫斯基在纽约。于是卓别林就给他打了一个电话，问他是否愿意就不同的乐曲表演他的"青鸟"舞，并介绍一位女主角演员与他合作。

叶格利夫斯基说："我必须先听一听那音乐。'青鸟'舞是配合柴可夫斯基舞曲的，一共跳四十五秒钟。"

为此，卓别林写了一支需要演奏那么长时间的舞曲。

卓别林已经花费了好几个月的时间，去改编那几支总共需要演奏十二分钟的芭蕾舞曲。他还请了一个由五十人组成的交响乐队去录音，所以，这时候他急于要知道芭蕾舞蹈演员对乐曲的反应如何？他的电话又打到了纽约。

最后，安德烈·叶格列夫斯基和女主角演员麦丽莎·海登乘飞机抵达好莱坞，来听这支乐曲。

乐曲开始演奏了，安德烈和麦丽莎坐在那儿听，卓别林却感到非常紧张，也很拘束——因为他们全是此道中的姣姣者，而他自己则是个门外汉。

乐曲奏完了,安德列说:

"很好,这曲子完全合格。"

麦丽莎也表示赞同:"它完全适合于跳芭蕾舞。"

他们又让重放乐曲。他们二人随着乐曲舞蹈,完全合拍。

卓别林心花怒放,可以说他从事电影事业以来,此刻是他最为兴奋最为激动的时刻。

"谢谢! 你们二位的舞蹈,使舞曲生色不少。"

在遴选《舞台春秋》的女主角时,他提出了一般演员极难符合标准较高的条件:她必须长得美丽,擅长演戏,并且富有感情。经过几个月的物色,测试,他一再感到失望,最后,他的朋友阿瑟’劳伦莎推荐了克莱尔·布露姆。这次的测试,他十分满意。于是,他与克莱尔签订了雇用合同。

卓别林多亏有了一个贤内助。乌娜真是一个好妻子,她放弃了成为明星的机会,甘心为卓别林的艺术事业尽力尽心地管好家。自从他们1943年结婚以来,卓别林受到的打击很大。琼·芭莉(JoanBarry)的控诉案一直拖了十四个月。非美活动委员会扬言的传讯,《华尔杜先生》一片受到了干扰与抵制,还有那所谓的《大独裁者》抄袭案……所有这许多打击,多亏了乌娜给予了卓别林更多的安慰。这时,他们已有了四个孩子,即杰拉尔丁、迈克尔、约瑟芬和维多利亚。由于乌娜一心一意主持家务,所以,他们的家整理得井井有条,一切都十分舒适,生活欣欣向荣,卓别林总算享受到了家庭的温暖。以前可就不同了。他的第一个妻子根本不愿管家,对卓别林的工作不支持,也不愿支持,她不理解卓别林,也不愿去理解。不过,也是由于米尔德莱太年轻了。第二个妻子莉太·葛蕾与米尔德莱一样,甚至还不如米尔德莱,因为她只知道花钱,尤其是她的娘家人更甚,结果,才闹上了法庭。可以这么说,卓别林在与第一个妻子米尔德莱结婚的两年多时间,以及和第二个妻子莉太结婚的不到三年的时间,卓别林尽管有了妻子,有了家,他却没有享受到家庭的温暖与幸福。卓别林在和宝莲·高代结婚的八年当中,他生活过得是比较愉快,但是,宝莲是个事业型的妇女,她不愿操持家务,所以,最后二人也不得不分手了。卓别林只有在和乌娜结婚后,才真正地享受到了家庭温馨与妻子体贴和照顾。乌娜不但理解丈夫,而且支持丈夫。用卓别林的话说,乌娜完全可以成为一个电影明星的,但是,乌娜为了支持丈夫,竟然放弃了去成为明星的大好机会,她对此从来是无怨无悔。

每逢星期日,卓别林在贝弗利山的家常常有客人来访。这正应了主雅客来勤那句话,卓别林本人好客,而乌娜又是一个好主妇,当然客人们愿意来了。他们家可以说是"座上客常满","壶中酒不空"。除掉一般老朋友之外,像到好莱坞来为约翰·吉斯顿写剧本的吉姆·阿吉就是其中的一个。

那时候,作家、哲学家、大学教授威廉·詹姆斯·杜兰特也在好莱坞,他是来此为洛杉矶的国立大学讲学的。他是卓别林的老朋友,有时候也到卓别林家进晚餐。那些晚上,他们是很愉快的。

威尔(即威廉的爱称)为人富有热情,他并不需要什么刺激,单是生活本身就能使他陶醉。

有一次,他问卓别林:"你对美是怎样想法的?"

卓别林当时讲了他的看法,他说:"美是一种死亡与乐趣的无所不在的表现,一种我们在自然和一切事物中觉察到的带有笑意的悲哀,一种诗人能够感到的心灵与外物的神秘的冥合——它的表现,可以是照在垃圾箱上的一道阳光,也可以是丢弃阴沟里的一朵玫瑰。而肖像画家、雕塑家埃尔·格雷科曾经从十字架、我们的救世主身上发现了美。"

威尔点头微笑。

还有一次,卓别林在小道格拉斯·范明克的家里遇见了威尔·杜兰特。那一天,英国小说家、剧作家克莱门斯·戴恩(原名弗雷德·艾什顿)和美国的女作家、政客克莱尔·路斯·布斯也在座。

卓别林在许多年以前在纽约时,就认识了克莱尔。那是在一次 W·R·赫斯特举行的化装舞会上。当天晚上,克莱尔穿着十八世纪的服装,戴着白色假发,打扮得美丽迷人,起先,卓别林觉得克莱尔很可爱,但是,到后来听到她和卓别林的朋友乔治·穆尔吵起来。

乔治·穆尔是英国小说家、诗人、剧作家。他是一位最有修养,唯恐被人讪笑的人。

那天,卓别林清楚地听见克莱尔在一群奉承她的人当中责骂乔治·穆尔。

"你好像有点儿神秘,你的钱是打哪儿来的?"

这句话问得令人难堪,尤其是在大庭广众之中。

但是,乔治仍旧那么和颜悦色地笑着说:"我贩卖煤炭,有时候还和我的朋友希契科克玩玩马球,喏……"

这时,正巧卓别林在旁边走过。

乔治接下去说:"我的朋友查利·卓别林知道我的底细。"

从那时候起,卓别林就对克莱尔有了不好的印象。后来,听说克莱尔当上州的众议员,为美国政治提出了"全球谎言"那条十分高明的标语时,他就不以为奇了。

那天晚上，卓别林听到了这位女政客克莱尔·路斯·布斯在小道格拉斯·范明克家里，象是在宣示神意似地大讲其道理，这时候话题当然转到了宗教问题上（她当时刚刚信奉天主教）。卓别林趁她谈得天花乱坠的时候插嘴道："一个人用不着把基督教的标记印在脑门子上，在圣徒和罪人身上，同样可以看出世人对基督教的信仰，一切事物中，都有圣灵在。"

这些话，把克莱尔弄了个大红脸，她一句话也回答不出，只是非常不满地看了卓别林一眼。

卓别林并不在乎。他对克莱尔看也不看。

那天晚上分手时，他们彼此之间就有点疏远了。

《舞台春秋》终于拍完了。这是他五年以来又一部新作品。为了写这个剧本，他辛辛苦苦地用了两年半的工夫，写成了七百五十页稿纸。

卓别林对《舞台春秋》的成功，抱着无比的信心。他拍成后，先为几个朋友试映，每个人看了都很高兴，一致认为这是一部成功的作品。卓别林则准备立即去欧洲。因为乌娜不愿让孩子们受到好莱坞的影响，急于送他们去欧洲读书。

三个月以前，卓别林已经申请再入境签证，但是，至今还没批下来。后来，他就自顾料理业务，收拾行装，准备出国了。他已经呈报了应缴的税金，并将其全部付清。但是，国内收入署一听说卓别林将要去欧洲，忽然发现他欠了更多的钱，他们这时就随意捏造了一个数目，达数十万美元，并责令他交付二百万美元押金，押金的数目要比卓别林应付金额大十倍。卓别林凭直觉认为，不应当留下任何押金，坚持要立即依法解决。这样总算以很小的数目了结了这一笔不明不白的帐。现在，既然国内收入署不再提出其他要求,他就又再一次申请再入境签证,结果是等候了几个星期也没有答复。于是卓别林去了华盛顿,并通知他们说,如果仍不肯发给他再入境签证,他就要不等再入境签证,径自动身了。

一星期后,他接到了移民局的电话,说他们要再向他提出几个问题,问是否可以到他家来?

"当然可以。"卓别林回答。

这天,移民局来了三个男人和一个女人,女人带了一架速记打字机。其他几个人都带了小的方型公事皮包——它们那里面明明装的都是录音机。为首审问的人年纪在四十岁上下,身材瘦长,样子漂亮而精明。卓别林发觉,他与他们之间人数之比是一比四。他想,应当让自己的律师来的,好在他没有事情要隐瞒他们。

卓别林把他们领进了他那间玻璃日光室里,那个女人拿出了她的速记打字机,放在一张小桌子上。其他几个人则坐在一张椅子上,把他们带来的录音机放在自己面前。审问的人取出来的档案材料有一尺厚,都整整齐齐地摆在旁边一张桌子上。

卓别林则坐在他们的对面。

审问的人一页一页翻阅他带来的档案材料。

讯问开始了。

问:"查尔斯,卓别林是你的真实姓名吗?"

答:"是的。"

问:"有人说你叫——他说了一个听来非常像外国人名字——还说你是从加利西亚来的。"

答:"不对。我叫查尔斯·卓别林,和我的父亲同名,我出生在英国伦敦。(实际卓别林出生于法国的巴黎郊区枫丹白露,因为在两个月的时候就到了伦敦，所以他一直以为自己生在伦敦）。”

问：“你说你从来不曾加入过共产党吗？”

答：“从来不曾。我生平不曾加入任何政治组织。”

问：“你有一次发表演说，用了‘同志们’这个词——这个词是什么意思？”

答：“就是那个词的意思嘛。在字典里查一查吧。共产党人并没有用那个词的优先权。”

审问者继续提出这一类无聊也无意义的问题。后来，忽然问：

“你和别人通过奸吗？”

“听我说。”卓别林回答：“如果你们要找一个法律专门名词，为了要我离开这个国家，你们不妨直说出来，我也好结束我的业务，因为我不愿意在任何一个国家里做一个不受欢迎的人。”

“并没有这个意思。”审问者说：“凡是申请再入境签证的人，我们都要向他提出这个问题。”

“那么，‘通奸’一词的定义是什么？”卓别林反问。

于是，他们两个人都开始去查字典。

当然查到了。

问者说：“‘通奸’可能解释为：‘与有夫之妇私通！’。”

卓别林思索了一下，答道，“从来不曾有过。”

问：“如果这个国家受到侵略，你愿意为它作战吗？”

答：“当然愿意——我的家住在这里，我已经在这里生活了四十年。”

问：“可是你始终不曾入美国籍。”

答：“这并不违法呀，并且，我在这个国家里是付税的。”

问:"但是,你为什么要奉行共产党的路线呢?"

答:"如果你告诉我共产党的路线是什么? 我就告诉你我是否在奉行共产党的路线。"

问者沉默下来。

过了一会儿,卓别林忽然说道:"你可知道我是怎样招惹上这许多麻烦的吗?"

对方摇摇头。

卓别林又说下去:"这件事要感谢你们的政府。"

来的四个人都吃惊地抬起头,有的发愣地看着卓别林。

卓别林又说下去:

"你们的驻俄国大使约瑟夫·戴维斯先生,为了捐款救济战时的俄国难民,有一次在旧金山发表演说,但是,他临时患了喉炎,你们政府的一位高级代表,问我是否可以代大使说几句话? 我答应了。从那个时候起,我就吃尽了苦头。报纸上不断地攻击我,我拍出的影片受到抵制,还有一些人写给我一些恐吓信。"

卓别林不是诉苦,他是有些不满。

就这样,来人盘问了卓别林足有三个小时,也没有问出个所以然来。四个人起身走了。

一个星期后,移民局又来电话,问他是否可以到移民局办事处去一趟。他的律师坚持和他一块儿去。他说,"说不定,他们还要向你提出什么稀奇古怪的问题。"

他们到了移民局的办事处,却受到了殷勤的招待。移民局办事处主任是一位很和蔼的中年人,他几乎象在安慰卓别林似地,说:"我很抱歉,我们把您耽搁了很久,卓别林先生。但是,现在我们已经在洛杉矶设了一个移民局办事分处,我们可以更快地把这件事办妥,用不着公文往返,再去华盛顿申请了。只有一件事还要请问一声,卓别林先生——您打算出去多久?"

"最多六个月。"卓别林说:"我们只是去度假的。"

"如果您要在国外多待一些日子,那就要申请延长期限。"主任说着话,他把一份文件放在桌子上,接着就走出去了。

卓别林的律师赶快去看那文件。

"可不是。"他说:"这就是签证。"

主任拿着一支笔回到屋子里:"请你在这上面签个字,卓别林先生。当然,您还得办好旅客登记手续。"

卓别林签了字。

主任在他背上亲切地拍了拍。"这是您的签证,希望您假期愉快,查利——尽早回来!"

那天是星期六。他们星期一早晨就要搭火车去纽约。卓别林早就催乌娜去办理启用他保管箱的手续,以防万一他出了什么事情,因为他的大部分财产都在保管箱里面。但是,乌娜老是磨蹭,不去银行办理这次手续。现在,是他们在洛杉矶的最后一天了,再过十分钟银行就要关门了。

"咱们只有十分钟时间去银行了,现在就赶快吧。"

乌娜对这一类的事情,总是喜欢拖拖拉拉。但是,她并不着急,她笑着对卓别林说:"你总是这么急,忙什么,等咱们度完了假,回来以后再办还不是一样吗?"

"不,还是办了的好。"卓别林坚持自己的意见。"去吧! 啊,去吧!"

乌娜见丈夫坚持要去,她也就去了。

这件事办对了。如果此时不办的话,这笔财产要想从美国提取出来,可就难了,恐怕他们下半辈子都要靠打官司过日子了。因为就在几天之后,发生了他们意想不到的事。

去英国,本来应该是件高兴的事,回故乡、故国又是在假期,应该是件令人愉快的事。但是,不论是卓别林还是乌娜却都有一种惆怅的心理。大概是第六感官的作用吧,好像认为此行再也不能回来了似的。

乌娜在整理家中的东西,卓别林站在外面的草坪上,看着自己这幢房子。就是在这幢房子里他经历过多少事情啊?

这幢房子是 1922 年建造的,啊,他记起来了,那年,他还在给美国第一国家影片公司拍片子,拍的是《发薪日》,也就是那一年,波拉·尼加利从柏林来到了好莱坞。想到这里,他苦笑了笑。就是在这幢房子里,他享受到了快乐,也尝到了痛苦,现在要离开了,是惜别吗? 不是还要回来吗? 但是又似乎有些留恋。

他又与佣人辞别,女佣海伦、男佣亨利也有些依依不舍的样子。然后,他又走到厨房里去与厨娘安娜道别。

厨娘安娜是个耳聋的胖女人。卓别林碰了碰她的胳膊肘,大声喊着说:"再见了!"

这次安娜一定是没听清,他又重复喊了一遍。

这次安娜似乎听见了,她也喊着说:"再见!"

乌娜是最后一个离开的,她对卓别林说:"查利,我看见海伦和安娜都在哭!"

卓别林苦笑了笑,说道:"这又不是生离死别,哭啥哩?"

"是呀!"乌娜道:"咱们过几个月就要回来的。"

卓别林的副导演杰里·爱泼斯坦到车站给他们送行。此外没有其他的人。这并非卓别林没有人缘,而是卓别林不愿意搞那些告别、辞行一类的繁文缛节,所以,他启程之事很少有人知道。

从洛杉矶到纽约,正是从太平洋海岸——美国的西海岸横穿过整个美国到大西洋的海岸——美国的东海岸。这一路上，他们一家人生活在车里，精神爽快，一扫以前的一些不快。

到了纽约，卓别林未去见那些老朋友去辞行，也没有举行告别宴会，只打算一家人在纽约玩上一个星期，然后乘船去英国。

船期已定下来了，再有一星期才开船，本来可以痛痛快快地玩了。但是，他们只玩了三天，卓别林的律师查尔斯·施互茨来了。他告诉卓别林："联美影片公司以前的一个雇员提出控诉，要公司赔偿几百万美元。这虽然不过是一件妨碍公众的控诉，查利，但是我还是希望你躲开它，免得法院传你出庭，那样，事虽不大，却可因此而妨碍你去度假了。"

卓别林对美国的法律已领教多次了，何况美国的几个烂政客还有意攻击他，美国的报刊也在攻击他，还有几个团体也和他过不去。他不能不小心。所以，他就不能陪乌娜和孩子们到各处去游逛了，只好躲在屋子里。

但是，为《舞台春秋》发行而举行的记者招待会，他不能不亲自出席，这时，他已顾不得法庭是不是来递传票了。

记者招待会是安排的午宴，这些都是由卓别林的负责宣传工作的克罗克安排好的。招待的记者主要是《时代》和《生活》杂志编辑部的编辑及记者等人。

卓别林是在名声扫地的情况下来举行记者招待会进行宣传工作的。

尽管他们准备了丰盛的菜肴，上好的香槟酒，但是，那些来参加招待会的人员不论是编辑还是记者，一个个都是板着面孔，那冷冰冰的样子，就像是有人欠了他们的钱不还似的。

卓别林在宴会上竭力对他们表示亲热，说一些幽默的话，想逗他们笑。但是，这些人好像根本不会笑的样子，一个个象雕塑的像一样。所以,这个记者招待会开得非常冷淡。没有一个人向卓别林提任何一个问题,他们就像事前约好了似的,一个个缄口不语,只是冷着脸在吃、喝。当然这是一个很不愉快也很不成功的记者招待会。关于《舞台春秋》的宣传工作也当然算是失败了。

果不出卓别林所料,后来,当《舞台春秋》上映的第二天,这些杂志,还有一些报刊就像齐了心似地无情地攻击这部影片。

招待记者时,放映了《舞台春秋》那么好的片子,竟然没有一个人叫好。甚至有人真的嗤之以鼻。但是,后来有几份大报纸上,一些有识之士却辩证地给《舞台春秋》以很高的评价。

卓别林一家清晨五点钟就上了船——"伊丽莎白女王"号。他选了这样一个浪漫色彩的时刻上船,是为了欣赏那清早日出的美丽景色吗?他想写一首抒情诗吗?他想看一看日出的奇观吗?不是,一切都不是。说起来也真可怜,他,卓别林一个受到全世界人民爱戴的艺术家,一个和平战士,竟然是为了要躲开送递传票的法警。他违法了吗?没有!他生活不检点招惹了麻烦吗?不是!他与什么发生了纠葛吗?不是!他欠了人家的钱不还吗?不是!什么都不是!其实就是有人要找他的麻烦,不用费多大力,用不了多少精神,就可搅得这位天才的艺术家不得安宁。也不知那个前联美公司的职员是出于自己对卓别林的嫉妒还是受了什么人的指使,竟然控诉卓别林,说联美公司应该赔偿他几百万美元,就是因为这,他已在旅馆躲了四天,——还好,在他举行那个令人不快的记者招待会时,法警没有找上门去——是递送传票的法警不知道消息,还是这个法警出于对卓别林的同情,就不得而知了。

　　这次登船，他也是听了他的律师的话，偷偷地上了船，把自己反锁在舱房里，要一直等到领港员下了船，那时候才可以走上甲板。

　　俗话说："一朝经蛇咬，十年畏井绳"，卓别林近十年来，已接受了不少教训，不想再出岔子，他只能遵照律师的嘱咐去办了。

　　他在打算离开美国返回英国那天起，就盼望着有一天，全家人站在甲板上，等待着那激动人心的时刻，看着船离开海岸，拉响汽笛，船慢慢地调头，然后，平稳地前进，船驶入另一个世界。可是，现在不成了，不能那样作了，只得把自己关在舱房里，从船的舷窗向外张望，这样子既狼狈又好笑。

　　"嘭！嘭！嘭！"有人敲门。

　　卓别林飞快地扭转身，吃惊地看了门一眼。

　　"怎么！递送传票的法警追到船上来了吗？"他想。

　　"是福不是祸，是祸躲不过。"他想着，走过去准备开门。

　　"是我。"门外是乌娜的声音。

　　"我还以为是递送传票的法警追到船上来了呢？"卓别林笑着说："原来是一位不一定能称职的未来的候补的也许永远补不上去的女法警。"

　　卓别林已打开了门。

　　"别说笑话了。"乌娜说，"吉姆·阿吉刚赶到，送咱们来了。这会儿他站在码头上。我向他喊，说你是在躲开那些递送传票的，还告诉他你要在舷窗里向他招手。喏，现在他在码头那面。"

　　卓别林从舷窗里看见了吉姆，他远离开了一群人，站在烈日底下向船上一路看过来。他赶快摘下他的线顶软呢帽，从舷窗里伸出胳膊向吉姆招手。

　　"他是没看见你。"乌娜说，她从旁边的一个舷窗向外望着。

吉姆始终没有看见卓别林，因为他一个人孤单单地站在那儿，仿佛脱离了世上所有的人，在那儿东张西望地，不住地寻找卓别林。

卓别林虽看见了吉姆，但是，却没有能打个照面。

可怜的吉姆，可怜的卓别林。

这是卓别林最后一次见到吉姆，却未能说上一句话。两年以后，吉姆心脏病发作去世了。

卓别林听到了吉姆逝世的消息，他在肚子里把那个诬告他的人以及偏听偏信的法院骂了个够。

"伊丽莎白女王"号终于启航了。还没等领港员离开船，卓别林已经打开舱房门走上了甲板，恢复了自由。

轮船拔锚启碇之后，再不会有人上船来了——纠私船上的人例外。领港员将轮船驶出港口，然后将舵轮交给船长或大副，他本人则乘上他自己的小船返回港内。所以卓别林才走出舱门。

晚了，此刻，岸上的人已看不见了，当然他与吉姆谁也看不见谁了。只见纽约高大建筑的空中轮廓，在超然中显得那么雄伟，在阳光下迅速地拉开了距离，在烟云飘渺中逐渐地变得更加美丽了，当那片陆地逐渐消失在迷雾中时，卓别林有了一种异样的感觉。是什么？他自己也说不清楚。

三十一年前——1921年，他回到英国一次，那是他的思乡病的促使。是他一个人重游故乡故国。当然，他还去了法国与德国。也就是那次去德国，在柏林与波拉·尼加利相识的。

二十一年前——1931年，他又回到了英国伦敦，那次是为了《城市之光》的献映做筹备工作。他那次遍游了欧洲各国，又到了远东，取道太平洋回美国。

　　这次又回英国了。但已不再是他孤单的一个人，而是一家人，有他心爱的，也是他得力、聪明、美丽、贤惠的妻子乌娜，还有四个可爱的孩子杰拉尔丁、迈克尔以及约瑟芬、维多利亚。卓别林心情激动，又很舒畅。

　　浩瀚的大海，一望无垠，令人胸襟开阔，也洗涤了人的灵魂。他已经不再是电影界中一个神秘的人物，不再是一个受人恶毒攻击与诽谤的对象，他意识到了那些攻击给他带来的烦恼。他此时是一个自由自在的人，是带着妻子儿女度假的人。

　　孩子们在甲板上尽兴地玩耍，他和乌娜坐在两张帆布睡椅上。悠闲地谈着要说的话——这时，他体会到了实现理想的快乐。

　　他们谈起了那些老朋友，按个数他们的名字，谈起每一个人的优点、缺点、特点、习惯、爱好……卓别林还说到了道格拉斯·范明克，他很想念这位已故的老朋友。

　　他们又谈到了移民局，当然提到了那位移民局办事处主任亲切和蔼的态度——一个人受到了少许一点儿礼遇，就会多么容易地心软下来啊——仇恨的心理并不总是在滋长啊。

　　他们这次度假是长期的，初定为六个月，因为同时还要为《舞台春秋》的放映做好安排，可称之为工作与娱乐相结合。既是回故乡、故里旅游，又可作实际工作两不误，这更是令他们夫妇最为开心的事。所以，两个人都非常高兴。

　　第二天，早点吃得极为愉快。他们的客人有阿图尔·鲁宾斯坦夫妇和阿道夫·格林。大家边吃边谈，气氛融洽。可是，早点刚吃到一半，有人来给哈里·克里克送来一封海底电报，他已经准备把电报放进口袋里了，可是，来送电报的人说：

　　"人家等着你在无线电里给回音。"

哈里·克罗克听了，又掏出电报来，他读完了电报，脸就沉下来。他揣起电报道："我有点事，失陪了。"

哈里走了之后，众人互相看了看，都不知是怎么回事。

早餐后，大概过了半个小时，哈里·克罗克把卓别林唤到他的舱房里，然后把电报读给卓别林听。

电报上说，美国政府将拒绝卓别林再入境，在未经获准入境之前，卓别林必须先到一个移民局调查委员会去，对一些涉及政治性质和有关道德败坏的控诉进行申辩。现在合众社来打听，卓别林对此是否准备发表什么意见。

合众社的消息是确实的。1952年9月19日，美国总检察长詹姆士·麦克格兰纳利已下令移民局，在查利·卓别林返美时，立刻予以扣留，静待审讯决定"依照美国法律，他是否有资格再入境。"

卓别林听了电报的内容，每一根神经都紧张起来了。他对不让他再入境，不再回到那个令人不愉快的国家，并不在乎，所以，他此时很想告诉美国政府，说他能够越早离开那种仇恨的气氛越好，说美国政府那样对人进行侮辱，把自己打扮得道貌岸然，挂羊头，卖狗肉，已经使他觉得厌烦，说这件事整个儿使他感到厌恶。然而他没有说，他此时不便说，也不敢说，因为他的全部财产现在全在美国，他知道美国是个不讲信义的国家，以前发生的几件事，他已领教过了。他们会不择手段的，变着法儿去没收他的财产，为了他的财产也许他的后半生还要打官司——也不一定能取回来。为此，他在船上发表了一篇冠冕堂皇的声明。说明了他这次离开美国的经过。他告诉全世界的人，他这次离开美国，事前曾按照法定手续，向美国移民局领得再入境签证，而且移民局的人当面对他都很亲善，他说："发给我的再入境签

证并不是一张废纸,而是一份美国政府的正式文件。"他还说,
"不过,我还是要回到美国去,因为我的家在美国,六个月,我只
在这六个月内度假,六个月后,我要去对当局提出的控诉进行申
辩⋯⋯"以下他又说了一大堆胡诌的话。

此后,他在船上就没有宴请的时刻了,通讯社从世界各地拍
来无线电报,要卓别林发表声明。

卓别林的声明发表之后,世界各国几乎都支持卓别林,反对
美国的无理行为,这件事竟然成为轩然大波。

美国满以为他们就这样可以把卓别林搞臭,结果恰好相反,
全世界各国的人民却站在卓别林一边——广大的人民能分清楚
大是大非的。他们对卓别林这位大艺术家反而更加敬爱。

英国工党的《每日先锋报》说:"由于卓别林的意见而威协
他,这件事已使美国在全世界的眼睛里成为笑柄了。"

这样的言论,可以代表世界各国人的一致看法。

9月22日,"伊丽莎白女王"号到了法国瑟堡港,一百多位
欧洲各国的记者登上了船,要求卓别林接见他们。午餐后,卓别
林安排了一个小时用来接见这些记者。他先对记者发表了谈
话。他很严肃地说:"我这个人是相信自由的,这就是我的全部
政治见解。"

"我不想制造革命,我也不会制造革命,我只是还要拍些影
片。也许我要永远搞电影。"

"我打算拍一部无国游民到纽约的片子,这家伙讲一口谁也
听不懂的语言,这样,美国的移民局自然就许他入境了。"

一个记者问:"听说您拍的《城市之光》在美国遭到检查官的
禁映,有这事吧?"

"有的。"卓别林说:"理由很简单,他说因为我是'伦敦一个

瘪三'。"

众记者大笑。

"你拍的《华尔杜先生》一片,也遭到了禁映是吗?"另一个记者问。

"是的。也是那位检察官。"

"理由又是什么?"

"很充足,也很重要。"卓别林说:"那位检查官说:'查利·卓别林是基督教美国生活方式的叛徒,是一切纯正、道德、婚姻、神圣和虔诚的敌人'。既然是叛徒和敌人拍的片子,当然应该禁映了。"

众记者又大笑。

"卓别林先生,美国众议员约翰·伊兰金(JohnE·Rankin)曾要求美国政府驱逐您,他的理由又是什么? 您可以告诉大家吗?"

"当然。"卓别林说:"这没有什么可以保密的。他说我住在好莱坞'有伤美国风化',又说,只要驱逐了我,'就可以使他不出现在美国的画面上,也可以使美国青年从此看不见那些可诅咒的影片。'他说的那个'他'就指的是我。"

众人又大笑起来,有人可能笑得厉害,又大声咳嗽起来。

"1949年,查利,你没有新片问世,而众议员为什么又提出要驱逐你,你知道原因吗?"一个记者发问。

"那——。"卓别林想了想,又道:"那一年我给大画家巴布洛·毕加索(Pblo Picass)打了一个电报,大概就是因为这封电报引发的吧。"

"什么样的电报? 可否见告? 卓别林先生。"

"其实,那封电报已不是什么秘密,知道的人已经很多,不知这个记者此刻还问这个又是怎么回事?"

卓别林当然应该回答了,他说:"我请巴布洛·毕加索,领导法国的艺术家向巴黎的美国大使馆抗议,反对华盛顿方面驱逐反纳粹的音乐家汉斯·艾斯勒,因为我支持了1949年的巴黎和平大会。"

"好样的,查利!"一个记者大声叫道。

又有几个记者也叫道:"好样的,查利!""好样的,查利!"

这是近十几年来,令卓别林最愉快的一次记者招待会。他在美国所举行的记者招待会,没有一次象这次这样愉快。

从南安普顿去伦敦,卓别林一路上提心吊胆,因为,这比美国政府拒绝他再入境一事更为重要,他担心的是,乌娜与几个孩子初次见到了英国乡间景色时会有什么反应,她们母子是生在美国的,多年来,他一直夸赞英国德文郡和康沃尔郡等英国西南部地区的风景有多么美丽。可是,现在他们经过的都是盖在丘陵地上的一排一排形式单调的住房,以及一簇簇暗淡的红砖建筑。

"看上去,它们都是一样的。"乌娜指的是那些民间住房。

"再等等看,别急。"卓别林笑着说:"这会儿咱们刚过南安普顿不久。好的还在后头哪。"

正如卓别林所言,火车在前进,路两侧的乡间风景越来越美丽了。

"你说的对,查利。"乌娜欣喜地看着车窗外,头也不回地说。

乌娜,这位美丽而娴静的贤妻良母,从来不大喊大叫,也从来不大笑狂笑。她总是那么恬静,现在虽然已经是四个孩子的妈妈了,她人还是那样美丽。

9 月 23 日,他们到达了伦敦的滑铁卢火车站。

这一天,对卓别林是一个重大日子,对伦敦人也是一个最兴奋日子。

当卓别林一家人到达的时候,在滑铁炉火车站外面,成千上万的人群,早就在车站上欢迎他了。他们仍然像以前那样,仍然那样热情,个个喜笑颜开。

这次还好,没有人来拥着他抱着他,将他塞进汽车,所以,他很从容地走出车站。欢迎的人群挥手欢呼着。

卓别林也举起手来,向人们招手致意,并大声地叫着:"你们好! 谢谢!"

去路被堵住了,欢迎的人群高声地唯恐卓别林听不见似地喊着:"好查利!""我们的老查利!"

站在卓别林身边不远处一个人说:"瞧你可真能啊,查利。"

卓别林根本没有机会没有时间去对每一个人说话。

这个身材矮小,一头银发艺术家,面对着伦敦群众这样的热情,不禁潸然泪下,这是激动而流出的泪,这是兴奋而流出的泪,这是幸福的泪。

人群中,一个抱着小孩的女人,就站在离卓别林十几步的地方,她大声说:"查利,别再出门了吧,还是咱们的老家好啊。"

堵住的路没有开通,人们没有别的意思,只是想多看一眼"他们的老查利"。卓别林眼眶湿润着,露出幸福的微笑,转着圈向欢迎的人招手。

他回头对妻子说了一句:

"这样的欢迎真了不起,伦敦人还是一点没改变。"

这话被附近的人听见。立即大声说起来。"我们永远喜欢你。"

其中大概有知道卓别林受到美国政府迫害,受到美国报纸攻击的事,他们七嘴八舌地说着:"查利,回来吧,让美国佬滚他的蛋吧!"

"回来吧! 查利,咱们老家人是欢迎你回来的!"

"不要再受美国佬的气了!"

维持秩序的警察推开了一条路,引进人群一辆汽车,乌娜和四个孩子先上了车——她们母子都借了卓别林的光,许多鲜花,使他们都拿不过来了。

卓别林站到车门口,双手举着鲜艳的花束,转了个三百六十度,向群众招手,然后又把手中的花,向欢迎的人群扔去,欢迎的人群,则抢他们扔过来的花——好像那些经过卓别林的手拿过的花象一件奇珍异宝。卓别林见状,又把群众送给他的花向群众抛去,扔完了他自己的,又从车中拿乌娜及孩子们的继续抛向群众,最后,他手中只剩一束了,他不再抛了,又摇着花束向群众鞠躬,然后才钻进了汽车。

他们乘坐的汽车缓缓开走,欢迎的人群仍在对着汽车欢呼,而且不住地把手中的花束扔向汽车。

汽车驶向萨芙伊大酒店,一路上,连行路人也似乎知道了车中坐着卓别林——不是看见的,但是,连卓别林也不明白他们是怎么知道的,他们停步,微笑或呼叫一声,并向着汽车挥手。

乌娜也深深地受到了感动。

"我没想到,英国的群众会是这样地爱戴你。"她欣慰地说。

"观众太好了。"卓别林感慨地说。

"爸爸。"迈克尔天真地道:"您像个国王啊!"

不! 国王啊,总统啊,皇帝呀,首相呀,总理呀,大概也不会得到群众这样的爱戴与尊敬。

还有一件令卓别林终生难忘的事。

当卓别林一家人进入萨芙伊大酒店之后，伦敦城每一辆公共汽车在驶过萨芙伊大酒店的时候，司机都要减速，把车灯开亮一次，向他们的老查利致敬。这是普通人民由衷的敬爱，伦敦的警察先生们制止不了，大概他们也不想制止。那些达官贵人甚至国家元首也无法命令普通人这样向他们表示爱戴的。

在伦敦的迷雾中，深红色的公共汽车一辆辆驶过，车灯都亮了一下，这样的镜头是令人非常感动的。

卓别林在旅途中一直眼痛，可是自从到了英国以后，他一直就是兴高采烈的。

9 月 23 日的当天晚上，卓别林在萨芙伊大酒店的大厅里和数百名伦敦城内以及外地——甚至还有外国的一些记者们见了面。

一个摄影记者替他拍照，突然闪光灯爆炸了。

卓别林笑笑说："又一个炸了，准又是个反动派！"

接着他说："今天在车站上的欢迎，使我非常兴奋，也非常感动，老朋友们待我真是太好了。"

他看了所有在座的人一眼又说："当我在美国正遭迫害的时候，老朋友们这样热情的欢迎，这样真心的来爱我，我又怎能不兴奋，我又怎能不感动。"

记者们鼓掌。

待掌声停下来，他说："我只希望看见一切男女人人都有吃有住，这就是我的政治哲学。我这次回到伦敦的任务是使人大笑，我就是想这样做。"

记者们又鼓掌，大笑，长达三分钟之久。

掌声停下，他说："我在美国有千百万朋友，只有极少数敌人。"

一个记者站起来说："查利，你能告诉我们美国政府及报界为什么攻击你、诬蔑你并进而抵制你拍的影片的事吗？如果不是秘密的话。"

立即有一些人附和道："查利，谈谈吧。""我们也愿意听听。"

"这，说起来话长了。"卓别林说。

"打扰了你休息，我们很抱歉，但是，我们还想知道这些事。"一位女记者在人群中说道。"查利，还是谈谈吧。"

卓别林不加思索地说了：

"我拍的《城市之光》一片开始刺痛了一些人，从那时起，一些啤酒肚、仰着脸走路的大人先生们就开始恨我了。等到《摩登时代》一上映，那些腰缠万贯以搜刮小人物富起来的人就开始大声骂我了。在座各位，可能有人看过这部片子，我在片子中还替工厂的千百万小人物说话，抗议机器对小人物的虐待——这还是一部默片。而美国的大老板们，就骂我在散布左派言论——默片还能散布言论，而且是左派言论。（记者们发出了轻轻的笑声）美国的批评家们则说我把资本主义的阶级斗争戏剧化了。其实，坦白地说，我并不去研究什么阶级斗争。这部片子在1936年意大利和德意志两国遭到禁演，这事大家大概已经知道了。那时候，墨索里尼和希特勒（这时，有人小声嘀咕：拿破仑尼和辛克勒）曾经说过，这是一部共产主义的片子。我说，那里面没有什么主义，只有小人物与大老板。等到《大独裁者》一问世，竟引起了轩然大波。德国、意大利禁演是毫不奇怪的，阿根廷也禁演。我听美国总统罗斯福说过，就是那部片子给美国驻阿根廷大使带来了麻烦。纳粹分子、亲纳粹分子还在我拍片当中就写恐吓信威胁我，片子上映后，他们又在暗地里骂我。我方才说过,在美国,我的敌人是少数,有一件事可以证明这一点,这件事,在座的诸位可能有人知道'纽约影评人协会'曾表示将以1940年度的最佳表演金像奖赠给我,我没有接受。接下来,就是1947年上演的《华尔杜先生》了。"

卓别林喝了一口水,又说下去:

"这部片子美国政府倒没有禁演,但是,有几个团体却抵制这部片子上演。他们的做法高明得很,他们恐吓我无效,又去恐吓各地戏院的老板,这一来当然没人敢演了。他们声言,如果哪个影戏院上演了我拍的片子,就要抵制这个影戏院一年,他们不是单纯的恐吓,而且付诸行动,他们派出了纠察队,守在影院的售票处,不许观众去买电影票。上面是影片给我带来的'灾难'。其次,在二战中,我发表了几次演讲,要求开辟第二战场,要求援助俄国人。各位知道,我提出的两个要求,也是许多人的意见,当然,这些又得罪了纳粹分子与亲纳粹的人。尽管,后来开辟了第二战场,而美国政府的一些人——不是一个人,又对我不满了,甚至有人公开说我是共产党人了。我已公开声明过,我不是什么党人,至今为止,我从未加入过任何政治组织,但是,他们那个政府还是不相信。他们说我同情共产党。我在这里要告诉诸位,在二战时期,俄国人坚守战线,我同情他们。难道,我们不应该感谢他们吗?他们抵住了希特勒的疯狂进攻,在这个意义上来说,我是同情的。请问,我的同情又错了吗?"

CHARLIE CHAPLIN

一生想过浪漫生活

卓别林

鲍荻夫 著

七

时代文艺出版社

卓别林

作　　者:鲍荻夫

责任编辑:张秀枫

出　　版:时代文艺出版社

　　　　　(长春市泰来街 1825 号 邮编:130062 电话:86012927)

发　　行:时代文艺出版社

印　　刷:三河市灵山装订厂

开　　本:787×1092 毫米　32 开

字　　数:750 千字

印　　张:35

版　　次:2011 年 5 月第 2 版

印　　次:2011 年 5 月第 2 版第 3 次印刷

书　　号:ISBN 978-7-5387-1064-9

定　　价:208.60 元(全 7 册)

卓别林又停下来喝水。

此时,有一个记者说:"各位老记者,卓别林先生旅途劳顿,又于当天就来与咱们见面,又说了这么多的话,好在来日方长,是不是今天的会见到此为止,请卓别林先生去休息,以后再谈可好?"

多数人同意,虽有一部分人意犹未尽却也没好意思提出。

大家怀着满意的心情散去了。因为这些已足够了,他们又会有文章写了。

第二天英国各报都在首页刊登了许多关于卓别林的文章和大幅照片。

保守的著名漫画家大卫·罗(David Low)也画了一幅漫画,来疯刺对待卓别林的这种"美国生活方式"。

待卓别林与乌娜把一切事情都料理好了之后,两个人一块站在萨芙伊大酒店的六楼他们住的房间窗口,观赏着世界上最激动人心的伦敦城的景色。

"瞧!"卓别林用手指着那座新建的滑铁卢大桥。"那是多么壮观呀!"

"是的。"乌娜同意地说:"在贝弗利山是看不到这样的景色的。"

"再看那里。"卓别林又指着泰吾士河的夜间景色说。"我曾经在巴黎的协和广场上，观赏过富有浪漫色彩的景色，我也曾经在纽约领略过日落黄昏时的千万扇窗子闪烁光彩的景色，但是，我以为那些都不如这伦敦的景色美。"

乌娜从窗口向下仔细地观赏下面的景色，她似乎很兴奋，又象有些紧张。乌娜已经二十七岁了。但是，看上去，她比实际年龄似乎更年轻。

卓别林瞥了乌娜一眼，他瞥见了她那油黑乌亮的头发上似乎在放光。他仔细看去，似乎是一两根银丝，他想代她拽掉那一两根银丝，但看见她全神贯注地凝视着伦敦街景，他没有去惊动她。但是，心里却有许多感慨，自从结婚以来，她跟自己经受了多少次考验啊？那拖了十四个月的"亲父遗弃案"，那报纸上连篇累牍的攻击、造谣、诬陷……今后，卓别林暗自下定决心？要将自己的一切，毫无保留地献给她。

"我喜欢伦敦。"

乌娜悄声地说了这么一句，那意思好像是怕惊动了什么人似的。

卓别林陪着妻子在皮卡迪利和莱斯特广场上漫步，发现那儿已经被一些美国玩意儿弄得面目全非，可以看到午餐柜、热狗摊，以及牛奶房，他们还看见一些不戴帽子的青年和穿着兰斜纹布裤的少女，正在到处闲逛。这里已与从前不同了。从前，西区的居民的装饰打扮已不见了，再看不见戴着黄色手套，提着手杖的人在街上走动了。

他们雇了一辆汽车，开到肯宁顿路波纳尔弄三号去，但是，那幢房子已是人去楼空，即将进行翻造了。他们让汽车停在肯宁顿287号门口。因为卓别林和哥哥西德尼随同他们的父亲曾经在这里面住过。

　　后来,他们穿过贝尔格雷夫广场,看见从前那些华丽的住宅的房间里都点着日光灯,一些职员坐在桌子前办公,其他的住宅已被改建成为长方形的房子,层层叠起象是一些玻璃厨,又象是一些水泥盆子。卓别林暗道,有人说,这就代表着进步。

　　直到十一点多钟,他们才带着余兴返回萨芙伊大酒店。

　　卓别林他们有许多问题亟待解决'但是最首要的问题是将他们的钱从美国提出来。因为美国政府说不定什么时候就会不择手段地没收他所有的财产。美国政府找借口是非常容易的。就像用三根手指捏田螺那么简单,而作为卓别林方面即使有一万条理由也没有用。一个人能斗得过一个国家吗?但是去美国取钱卓别林是不能去的,这任务只能靠乌娜来完成了。

　　卓别林和妻子秘密商讨一番,乌娜立即乘飞机飞往加利福尼亚的洛杉矶。

　　这主要是因为乌娜不被人注意。再者他们存在银行里的保管箱是乌娜在银行里办的存取手续,签字的也是她。这并非卓别林有什么预见,而是他不愿干那些有关的事,哪知,这次还真作对了。如果不是这样,他们在银行的保管箱是由卓别林签字的话,那当然就得卓别林去取了。可是,只要卓别林一动,全世界都会知道。那就必然会引起美国政府的注意,何况还要对美国政府的控诉进行申辩,事情几乎是无法办成的。

　　再说,乌娜到了洛杉矶,一下飞机她就直接去了银行。

　　银行的职员核对了她签字的笔迹,认为完全符合,但是,却没有让乌娜去开保管箱。

　　那职员看了看乌娜,立即走开了。大概他是去请示经理或者其他什么人。

　　乌娜见那职员走了,心里很着急,尽管签字笔迹相符,为什么还不让开保管箱呢？他又为什么一言不发地就走了呢？难道美国政府或美国联邦调查局？也许是非美活动委员会？他们已经给全国各地银行发了指令，冻结了卓别林的一切财产？乌娜心里狐疑不定。

过了大约五六分钟，那个职员又回来了。这短短的几分钟，乌娜却想了许多，好像有一个小时那么长。

直到乌娜打开了自家的保管箱，取出了所有的美钞、珠宝、金条……等物，她的心才踏实了。

乌娜在银行里办完了一切手续，取回了自家的全部财物，又立即回到了贝弗利山她们的家里。

一切依旧，和他们走的时候一点也没变，花园还是那么美丽。她到各个居室走一走，一切整齐清洁，所有的家具仍原样摆放着。后来，她看到了男仆亨利。

亨利先向乌娜问过好，然后才问道："夫人，怎么这么快就回来了？先生呢？先生在哪儿？"

他指的先生自然是指卓别林了。

"他没有回来。"乌娜说。"我一个人回来办一件急事。"

接着，亨利就告诉她；

"你们走了以后，美国联邦调查局的人来过这里两次，每次都要盘问我。"

乌娜静静地听着，但心里却在盘算，这些东西手脚太快了。

亨利接着说下去：

"他们问我'卓别林是个什么样的人？'——他们就那么问的，连先生二字都没提。我说，'卓别林先生是个好人，对我们这些仆人非常好？'哪知，他们不让我说下去。又问；'你可知道这家人家举行过什么荒淫放荡的晚会吗？可有裸体姑娘参加吗？'

我回答说：'从来没有过。'我又说：'卓别林先生是个正派人，我们的夫人也是个正派人。'又问了诸如此类的问题。后来，他们又问我是哪国人？来美国多少年了？又看了我的护照。最后又恫吓我：'如果你说谎或隐瞒什么，我决不轻饶你。'"

乌娜听了亨利的话，更不放心了，她原来打算在家里住几天，但是，此刻她认为一刻也不能多留。她当机立断，立即让亨利打电话，订了明天从洛杉矶飞往伦敦的头一班飞机票。

第二天一早，乌娜就乘上了飞机回到了伦敦。

她从机场回到了萨芙伊大酒店。

"真快呀！"卓别林见到乌娜头一句话就这样问。"怎么样，一切都顺利吧？"

"顺利倒是顺利，只是，有些事情却挺吓人的。"乌娜说。

"该不会是有拦路抢劫的人碰到了你吧？"卓别林用开玩笑的口吻道。

"我倒是没碰上黑道的强盗，可是那些挂着招牌的强盗却两次光顾到咱在贝弗利山的家了。"

"怎么？"卓别林有些吃惊地问道。他给乌娜斟了一杯可口可乐，送到妻子手里。"是非美活动委员会的人还是联邦调查局的人？"

乌娜当即讲了此次返美的情况。最后说："我虽然留恋咱们那幢房子，但是也不能不舍弃它。我去的时候海伦与安娜都哭了，不愿意让我立即走，我也不能动心，我不能不顾全这些你大半生用血汗、脑汁换来的东西。"

"挂牌的强盗。"卓别林见财物无损，虽然对美国联邦调查局的卑劣行径愤慨，但是他却笑了。"乌娜，好！这是你的一大发明，明天，可以申请专利权。"最后他又重复了一句："挂牌的强盗。"

有一些朋友问卓别林,你怎么会招致美国人的反感的?

卓别林向他们解释:

"我大概是有三个方面。我最大的罪过是,当时是,现在仍旧是,因为我这个人不肯与一些人同流合污。虽然我不是一个共产党人,但是,我不肯随波逐流,跟着他们去仇恨共产党。当然,这样我就得罪了一些人,其中包括美国退伍军团人员,讲到那些具有真正建设性意义的工作,如制定美国人权利法案,为退伍军人和军属穷苦儿童创办福利等等,我并不反对这个组织,因为这些措施都是十分有益的,都是富有人道主义的。但是,一旦军团人员滥用他们的合法权利,并假托爱国者的名义,滥用自己的权利侵犯他人,这样,他们就破坏了美国政府的基础结构。这种特权爱国者,可能形成一些病毒细胞,最终使美国演变成为一个法西斯国家。"

一个朋友插嘴说:"我也听说过美国退伍军团的事,听说他们好像有特权似的,他们什么事都管,只要他们看着不顺眼。还听说美国政府对这个组织很是纵容。"

卓别林等这个朋友说完,他接着说下去:"第二个方面,我反对美国非美活动委员会这一组织,你们听听这个组织的名称吧'非美活动',这是个滑头的名词,它的伸缩性很大,它可以用来套住任何一个美国公民的脖子,钳制他们的言论。只要某一个人对政府持有不同意见,那么它可以马上就说你是在进行'非美活动'。有了这个非美活动委员会,国家的法律法令形同虚设,因为立法也保护不了'非美活动'的人。"

"第三个方面,我从来不打算入美国籍,但这也引起了一些人的不满。"

"这也算一条罪状?"一个朋友插言问道。

其他朋友也有类似的疑问。

"是啊,我认为这并非犯罪,但是,在美国有一些人与团体就不同了,那个美国退伍军团就曾为此公开质问我。大概你们有的人也知道,有很多人在英国挣钱过活,但并不打算入英国籍,比如,米高梅影片公司的一位美籍经理,每周薪金高达几千美元,在英国生活和工作了三十五年以上,他并没有入英国籍,而英国人却从来也不去介意这件事,也没有质问他为什么不入英国籍,也没有表示不满。"

《舞台春秋》安排在莱斯特广场奥狄昂戏院里放映。卓别林很担心,因为这部片子已经不是以前的那种笑片,不知道观众是不是会喜欢?不知道观众会有什么样的反应。初映之前,先给新闻界举行了一次预映。电影拍好后,到现在已隔了一段时间,卓别林这次又看了一遍,他认为自己拍的不错,因为这部片子虽然是他自己写的剧本,又是自己亲自导演,亲自演出,但是,他自己还是被片中的故事感动了。有记者在报纸上恶意造谣,说卓别林后来看得哭起来了。这是没有的事,卓别林从生下来到现在,已活了六十多年,他是很少掉泪的,即使是真的哭了,那又有什么不对?如果一个作者不对他自己的作品发生感情,又怎能指望观众会对它发生感情呢?卓别林对自己拍的每一部片子都要仔细看,他往往从片子中发现,他对某一个镜头甚为欣赏,而对某一个镜头又会产生厌恶感,这对他以后再拍片又成为范镜,他欣赏他自己拍的笑片,往往有甚于一般观众。

这一次《舞台春秋》举行初映,是为了给慈善事业捐款,所以,英王乔治六世之女玛格丽特·萝丝公主也去了。第二天才开始公映。

上映的《舞台春秋》，影评却有些冷淡，但是，有一点值得卓别林欣慰，这部片子打破了世界卖座记录，尽管他在美国受到了抵制，但是，这部片子的收入仍超过了他以前拍摄的任何一部影片。

在卓别林和妻子乌娜离开伦敦去巴黎之前，二战中的英国驻在直布罗陀副总参谋长斯特拉博尔士男爵在上议院设宴招待他们。男爵本名是约瑟夫·蒙塔古·肯沃西，斯特拉博尔士是封号。

宴席上，卓别林坐在英国工党领袖赫伯特·斯坦利·莫里森旁边。他没有料到，莫里森先生这样一位社会主义者，却大谈其原子防卫政策的重大意义。拥护原子防卫政策。

卓别林的老毛病又来了，他当即提出了自己的见解。他说："无论如何，也不该增强我们的原子反应堆，否则的话，英国就会成为一个受攻击的目标，又因为我们是一个小岛国。如果等到我们化为灰烬，那时再去进行报复，那又何补于事呢？我认为。"卓别林强调说："对英国的国防来说，最可靠的战略是严守中立，因为在原子时代里，我不相信中立会遭到破坏。"

莫里森根本不同意卓别林的看法。他激动地说：

"不！查利，你错了，中立是不可靠的。我们决不能等着挨打。"

使卓别林感到奇怪的是，竟然会有那么许多聪明人都主张使用原子武器。他在下议院里会见了索尔兹伯里勋爵，他们也谈到了关于原子武器的话题。他发现索尔兹伯里勋爵的意见竟然和莫里森的一样。卓别林当然又提出了他那套"严守中立"的主张。尽管索尔兹伯里没有激烈地反对，但是，卓别林已经看出来，他的话勋爵是不愿意听的。

9月29日,卓别林和他的妻子以及四个儿女从伦敦飞到了巴黎。法国人民像接待凯旋归来的勇士一样欢迎他们。

六十三年前,卓别林出生在巴黎。早年,他曾不止一次来巴黎演过戏,那时他仅是一名无名的丑角。

二十一年前,他来到过巴黎,那次他受到了广大观众的热烈欢迎。今天,他又带着他的《舞台春秋》来了。

二战后的法国第一任总统契尚·奥里奥尔在爱丽舍宫设午宴招待卓别林,并在总统府里一同欣赏他的新作《舞台春秋》。

英国驻法大使馆也设宴招待卓别林夫妇。

两天之后,法国教育部长又以法国"荣誉军团"军官玫瑰勋章赠给卓别林。教育部长在授勋后,依照法国古老的风俗,吻卓别林的两颊。

当参加授勋典礼的众人向他祝贺时,他感动地说:"这是我生平最自豪的时刻。"

从此,卓别林已跻身于莫里哀、高乃依、雨果和卜马榭等法国最伟大的艺术家之列了。

同一天,法国戏剧电影作家协会向卓别林致敬,并聘请他为该会的名誉会员。同时,他还收到了该会主席罗歇·费迪南先生特为此事写来了一封非常动人的信,该信的内容是:

亲爱的卓别林先生:

如果有人对你光临敝地时引起了这样的轰动感到惊奇,那么这些人就不会理解我们为什么这样敬爱您,他们就不会很好地鉴定人类的价值,就不会特意去列举十年来您给我们带来的许多快乐,也不会衷心感谢您的教益,或正确评价您大量赐给我们的喜悦,向我们表示的同时,至少可以这样说一句,这些人是完全得福而不自知的。

您是世界上最伟大的人物之一,您和那些取得了最辉煌成就的人齐名媲美。

首先要谈到的是您的天才。天才这一被人滥用了的名词,只有赠给以下这样的人才名副其实:这人不但是一位非凡的喜剧演员,同时又是一位作家,一位作曲家,一位电影制片者,更重要的是一位性情诚恳和气度宽宏的人。而现在,您就是兼具了以上这些特点的一位。此外,您又是这么朴实,这就使您的人格更加崇高。您当然会使遭到和你同样折磨的人感到温暖,受到感动。单是具有天才,还不能赢得人们的崇敬,也不能引起人们的爱慕。然而,您所激起的那种情感。却只有"爱"这个客观存在可以代表它。

观看《舞台春秋》的时候,我们笑,那是发自内心的笑,我们哭,那是流着真诚的泪——也可以说是您的泪,因为是您赠给了我们眼泪这份宝贵的礼物。

说实在话,盛名是不能凭盗窃据有的,只有为人类造福而享有的盛名是有意义的,有价值的,是经久不衰的。您的演技之所以成功,是因为您演出时潇洒自如,率直随意,不受教条束缚,但又非全凭机灵,这是由于您自己从前有过那些苦难、快乐、希望与失望,许多人都理解这一切,因为他们也曾经遭受到难以忍受的痛苦,需要获得同情,经常希望得到安慰,在笑中暂时忘了痛苦,而这种笑也并非是要治愈人的创伤。它只是要给人一些慰藉。

即使我们不知道，但我们仍可以想象出，您曾经付出过多么大的代价，才能够保持这一套神奇的本领，能使我们哄堂大笑，接着又突然痛哭，人们可以猜想，或者应当说可以看出，您本人经历了多少痛苦，才能那样细致入微地描述所有那些琐碎小事，那些事深深地感动了我们，那些事是你从自己的生活片断中吸取来的。

这是因为您的记性很好，您忠实于您所得的童年生活。您一点也不曾忘记那个时期里自己的悲哀，那个时期里亲人的死亡，你是要别人不再遭到您的那些痛苦，至少，是要所有的人都知道如何怀抱着希望。您从来不曾因为一朝得意而忘了您那悲哀的少年时代，名气始终不曾把您和过去的历史分割开来——然而，说来也可以，那种情形在一般人中却是屡见不鲜的。

能这样永远怀念您的早年生活，也许是您最大的优点和最重要的资产，并且这真实地说明了，为什么会那样崇拜您。您那些细致的表演，引起了他们的共鸣，看来，您好像是永远与他们心连着心。的确，没有比这更为协调的了，您将编剧、导演、表演等工作合而为一，集合了几方面的才能，为拍摄富有人情味和旨在教益的影片做出了贡献。

正是由于以上的原因，所以您的作品总是精深博大的。它不受理论的障碍——甚至极少受到技术的障碍，它永远是一篇自白，一席私话，一篇悼词。每一个观众都是您的伙伴，因为他们所想列的和您一样，所感受的和您相同。

单凭您的才能，您已经使一般批评者折服，您已经使他们倾倒。这可不是一件容易做到的事。一般批评者永远不敢承认，您不但发挥了老式戏剧的可爱之处，而且表现了许多的狂烈热情。然而，您确实具有这些特点，同时，您还表现出一种使我们联想到米塞的风度，虽然，您并没有向任何人去仿效，也不和任何人相似，而这也是你能成名的一个秘诀。

今天，有机会欢迎您来，我们戏剧电影作家协会感到荣幸和高兴。原谅我们屈尊枉驾，增添了您的麻烦，我们十分希望您来到我们当中，听我们告诉您，我们是多么敬爱您，您确是属于我们这个协会的。因为在您的影片中，故事都是卓别林先生写的。同样，音乐是他作的，片子是他导演的。此外作为一位喜剧演员，他的表演也是第一流的。

在这里，您可以会见一些法国作家、戏剧作家，电影剧本作家、作曲家、制片人；所有这些人，和您一样，都以不同的方式熟悉了您所知道的艰苦工作，知道这工作是光荣的，但是，也是需要做出自我牺牲的。他们都有着同样的抱负，那就是，要使群众受感动，获得快乐，要让看到生活中的种种悲欢离合，要描绘那种失去了爱的恐惧，要同情那些无端受害的人，要满怀希望，本着和平与友爱的精神去弥补那受到损坏的部分。

谨向您表示感谢，卓别林先生

罗歇·费迪南

麦歇·费迪南对卓别林在电影上的贡献、影响，作了大体的分析，信中所有赞美的话，没有一句是言过其实。

去看《舞台春秋》放映的都是一些知名人士，其中有法国议员和各国的外交使节,但是美国驻法大使没有去。是不愿去还是不好意思去,就不得而知了。

卓别林又做了法兰西喜剧院的贵宾,喜剧院特为他们上演了拜伦的《唐璜》,参加演出的都是法国第一流的艺术家。

那天晚上,王宫里喷泉吐水,灯火争辉,法兰西喜剧院的学生欢迎卓别林和乌娜的光临,他们穿着十八世纪的学校制服,举着亮堂堂的烛架,把他们让进了上层楼厅,那里坐满了全欧洲最美丽的妇女。

11月3日,卓别林又在巴黎的"大使戏院"被推举为"法国演员工会"的荣誉会员,全法国六百多男女演员对他表示了敬意。他们亲热地叫他是"我们永远的夏尔洛"。巴黎人永远喜爱这个'用笑和眼泪来表示憎恶战争'的人。

巴黎人像以前一样,甚至比从前更热情地接待与欢迎卓别林,因为法国人感激卓别林"对于法兰西的特别热情"。

巴黎人称呼卓别林"夏尔洛"(Charlot),这是个多么亲热的称呼,就像英国人叫他查利,就像世界其他各国人叫他卓别林一样。

巴黎人没有忘记他们的夏尔洛,永远也不会忘记。

法国的老百姓还记得前年春天,卓别林从好莱坞写给他们的那封信,在那封"向法兰西致敬"的信里,他表示了对法兰西的特别热情。

他在信里说:

"法国电影事业的危机,使我深深地感觉到难过。"

"法国电影艺术应该保持它的完全性和基本精神,这是十分必要的。法国人民应该把法国的电影艺术保持下来,这是他们对他们自己,对他们的艺术家,对劳动人民和艺术家应尽的本份。”

"这也是他们对全世界人民应尽的本份。我深信法国人民会完成这份责任。他们勇敢的智慧,已经使他们克服了许多为争取正义和自由而遭到的困难……。"

卓别林这封信是在巴黎的美国人越来越多的时候发表的,那也正是法国电影事业危机四伏的时候。

对于法国老百姓,卓别林的这封信充满了同情和鼓舞。有如雪中送炭,这是当时西方荒原上一声主持正义的呼声。卓别林喊出了这一声,好莱坞和纽约的大人先生们自然更痛恨他,然而,法国及全世界的老百姓却更爱他们的查利了。

第二十七章　艺术峰颠

"扼杀并不能使艺术绝种,艺术的生命是永存的。"
《舞台春秋》歌颂了人民,歌颂了艺术,歌颂了生命,人
的良知和尊严;在克拉克旅馆的宴会上,赫鲁晓夫和布
尔加宁会见了他;丘吉尔风趣地问,我写信祝贺你影片
成功,为什么不回信?印度总理尼赫鲁个子竟和他一
样矮小;中国总理周恩来是个典型的美男子,他被他的
风度、气质所倾倒;他由衷地钦佩周总理的才干,以及
艰苦奋斗的中国共产党人。

《舞台春秋》准备去罗马上映,卓别林已接到罗马方面的邀
请,由他去主持首映式。这时已不是墨索里尼掌权时代了,他当
然要去。

就在他动身去罗马之前,主编《法兰西文学》的法国诗人、小
说家又是新闻记者的路易·阿拉贡给他打来电话,说法国哲学
家、小说家、剧作家让·保罗·萨特和西班牙画家帕布洛·毕加
索要见他。

卓别林当然同意,因为他们说要一个幽静的地方,所以他邀
他们到他住的旅馆里来共进晚餐。

给卓别林作宣传工作的哈里·克罗克听说了这件事,像歇
斯底里发作一样,匆匆地一头闯进卓别林的房间里,气急败坏地
叫道:"卓别林先生,如果您邀请他们几位来吃饭,那么,咱们离

开美国以来所做的工作全白搭了。"

此时卓别林已决定不再去美国，他对美国已没有一点儿留恋，但是，他非常谨慎，他没有向任何人透露，哈里·克罗克当然也不知道，他这样小心谨慎是因为他还有一些财产留在美国，没有卖出去——制片厂、住宅等。他怕万一走露了消息，被美国政府知道了，随便找一个借口就可以没收了，此刻他说：

"可是，哈里，这儿是欧洲，不是美国，何况他们这三位都是世界名人。"

"我只是有些担心。"哈里·克罗克已冷静下来，他说："您和阿拉贡先生、萨特先生以及毕加索先生，你们聚到一起，就可能担着阴谋推翻西方民主制度的嫌疑呀！"

"放心吧，哈里，我会谨慎的。"

哈里似乎还未放下心来，他默默地坐在那里，显得心事重重的样子。不过，他没有走，不知为什么留下来？难道他不怕摊上嫌疑吗？

阿拉贡、萨特和毕加索三个人同车来了。

卓别林把哈里·克罗克介绍给三位大名人，他们三个人在哈里的纪念册上分别签了名。

哈里起身告辞，卓别林没有留哈里同进晚餐，他送哈里到房门外，才小声对哈里说：

"哈里，很抱歉，今晚上斯大林有可能来，不愿将这件事张扬出去，所以我就不留你共进晚餐了。"

哈里点点头，也悄声说："您还是小心些为妙。"

"放心吧，哈里，我会的。"

卓别林对于这天晚上的应酬不太有把握。他们三个人中，只有阿拉贡会说英语，如果靠着翻译进行交谈，就像隔着靴子搔痒痒,又象是在远远地打靶子,必须等待射击的结果。

这三位大名人,长的各有特点,阿位贡的脸轮廓分明,人长得很漂亮,毕加索的样子挺滑稽,别人看了很可能把他当作一个杂技演员或者小丑,再也不会想到他是一位画家。萨特则有着一张圆脸,外人见了他从他的长相上是不可能分辨出他是个什么样的人,但是,却可以看出来他有着一种精明和灵敏的美。他是一个城府很深的人。

晚上,宴会散了,毕加索领他们到左岸去看他的那间画室。他们登上了扶梯,看见他下边那层楼上一家住宅门口挂着一个牌子,上边写着:

"敝寓非毕加索画室——请更上一层楼。"

他们走进了一间顶楼,样子十分寒碜,象是一间堆房似的,那是一个一生穷愁潦倒的查特顿也不愿意死在那儿的地方。椽子上钉了一只钉,上面挂着一只光溜溜的灯泡,他们借着灯光可以看出一张摇摇晃晃的铁床和一只已经坏了的炉子。靠在墙脚下是一堆积满了灰尘的旧油画。

毕加索拣起一幅,那是法国印象派和前期印象派画家保罗·塞扎纳的作品,而且是一幅精品。

他拣起了一幅,接着又是一幅。这次卓别林大开了眼界,他们至少看了有五十幅名画。他当时真恨不得给毕加索出一大笔钱,把所有的画全给买下来——他只是为了要让那些画离开那个垃圾堆。

那么,《舞台春秋》是一出什么样的戏呢?

卓别林的这部新片子就以他日夜怀念着的故乡伦敦为背景。描写了那个给人们淡忘了的音乐厅的生活。

1914 年,在伦敦一家破落的公寓里。

　　一个上了年纪的小丑，他失去了观众，可是，他帮助一个因失业而想自杀的舞女恢复了信心，重新燃起生命的火焰。

　　这个老人叫卡华路，那个年轻美丽的芭蕾舞女郎叫苔利莎。卡华路帮助苔利莎克服了她的失望，而卡华路自己仍然穷愁潦倒，没有什么信心。

　　苔利莎爱上了老卡华路，要跟他结婚。

　　卡华路显然已经是风烛残年，对人生却极严肃认真，他知道，苔利莎对他的爱情是出于感激，所以，他就没有答应苔利莎的要求。苔利莎在"帝国大戏院"里找到工作，演芭蕾舞，获得了空前的成功。

　　现在轮到苔利莎来挽救这个老艺人了，苔利莎竭力帮助他，由于她的热爱和青春朝气的鼓舞，老卡华路又逐渐恢复了信心，他得到最后的成功——他和他的观众又结合成一个了。

　　这次的胜利，却变成了悲剧，卡华路心脏病发作了。

　　在他垂危的时候，他躺在戏院的侧楼上，看着那个美丽的少女，在他给她的信心的支持下，她跳着舞，继续向成功和幸福前进。

　　卓别林在这部片子里表现艺术和生命的延续，这是一个很美丽动人的故事，从这个故事的轮廓看来，人们就会觉得这是一个成熟的故事，是一个成熟的艺术家的作品。

　　这部片子仍然是他自编、自导、自演、自己制片的作品，在片子中，他作了三支曲子，设计了好几场芭蕾舞的音乐和步法。

　　据说，卓别林最初是想以当年伦敦音乐厅名演员马克·谢利丹(Mark Shridan)的自杀来作题材，可是，他经过两年半的仔细琢磨，这部片子又变成了现在这样子了。

　　这是一个帮助少女的故事，在实际生活中，卓别林也是这个样子。年轻的英国女演员克莱·卜露(Claire Bloom)在这部片子里一举成名,正是卓别林的功绩。

影片开始时,是在伦敦一个小而且又破破烂烂的公寓里。观众们可以看见一个少女躺在床上,她手里紧紧握着一个小瓶子,她吃下了药,她也一定有过一阵不安,因为她的头是在那旧铁床边上,高大的窗户紧紧关闭着,阳光照射进来,使她那张美丽的脸显得苍白。

她显然是准备死在这间屋子里,房门脚下也用布塞住,这时,观众们可以听见煤气管漏气的嘶嘶声——这是死神的脚步声,死神正走向这个美丽少女的生命。

接下去,背景转到了伦敦的街道上。一个拉洋片的卖艺人正在忙着,他那箱子上的小猢狲也在忙着,有几个孩子在那儿蹦来蹦去的。

瞧,那个老演员回来了,他又喝醉了。他费了很大的气力打开了大门,摇摇晃晃跌跌撞撞地上楼,他闻到煤气味儿,又看见门下边塞着的白布,门上的钥匙洞里也塞着布,他挖开那小洞,伸头一看,赶紧用肩头把门撞开。

这个老人就是卡华路,一个穷愁潦倒的喜剧演员。躺在床上的少女就是苔利莎,她一心想做个大舞蹈演员,可是她病了,她只好寻死。

卡华路发现了这个情景,忙不迭地跑出去,找了医生来,他和医生把苔利莎抬进楼上的他的房间里,医生救醒了苔利莎。老卡华路就让她在他的房间将养。

苔利莎是个芭蕾舞演员,可是,她早已不跳舞了,她说她再也不能跳舞了,连走路也不行了,她完全失望了,自己觉得毫无生趣。

卡华路也在失业中,他也有自己的痛苦,可是,他却苦口婆心地劝说这个天真纯洁的少女必须奋斗,拿出勇气来,活下去!

苔利莎的病况一天天好转,

卡华路找到了一个小角色的工作,希望重振旗鼓,可是又失败了,观众不喜欢他,这对他是一个惨重的打击,他实在受不了。

可是,苔利莎却完全能走路了,因为她的心完全放在卡华路的身上,她要鼓励他,因为现在是这位好心肠的老人最失意的时候,他需要关心,需要温暖。

不久,苔利莎在有名的"帝国大戏院"找到一个跳舞的职位,不到半年,她又获选为一个新芭蕾舞剧的女主角,这个芭蕾舞剧叫《柯隆巴之死》,是一个年轻音乐家的作品,这个人叫尼维尔。

这个新剧和苔利莎都获得成功,苔利莎也为卡华路在剧院里找到一个丑角的位置。

年轻的尼维尔爱上了苔利莎,可是,这个美丽的少女却只倾心于老卡华路,她向他说:

"我爱你,我要跟你结婚。"

卡华路对苔利莎说:

"我和你之间的年龄相差太悬殊了,不相匹配。你正走向更大的成功,努力吧!不要再转别的念头了。如果我们结了婚那是很可笑的。"

这时,他和她正坐在泰晤士河边,白发红颜相对,看着黎明的到来,这是一幕极动人的情景。

苔利莎在舞剧中获得了很大的成功,可是,卡华路却悄然而去。

苔利莎因失去卡华路而病了,后来总算复原了,可是,她总觉得她失去了许多最宝贵的东西。

她成了名,到欧洲各国去表演芭蕾舞。

尼维尔,那个美国年轻作曲家,也应征入伍。

苔利莎和尼维尔都回到伦敦的时候,他们常常见面,可是苔利莎却始终忘不了卡华路。

一天,尼维尔偶然在一家酒店里碰见了卡华路,他已变成了街头音乐师了,尼维尔把这个消息告诉了苔利莎,她赶到了酒店里去,找到了老卡华路,再次要求跟他结婚。但是,他只是说,我们不能回头走,都得向前去。因为他自己还有卷土重来,再登舞台的雄心。

由于戏院老板的同情,卡华路又在"帝国大戏院"登台,终于得到大大成功,恢复了当年盛况,他唱"沙丁鱼之歌",唱"驯兽者",唱"春到人间"。

最后,他又表演了一段非常精彩的拉提琴喜剧,不幸跌下台来,跌在乐队的大鼓里,受了重伤,他的心脏病又发作了。

他躺在床上,苔利莎跪在床前,卡华路问她:

"你听见观众的笑声了吗?"

"他们大笑,他热情地笑。"苔利莎深情地说,"观众是爱戴你、欢迎你的。"

卡华路又说下去:"观众们以前就是这样喜爱我的,今后,还永远会这样的。我的病会很快就好的,咱们一同到世界各地去演出,把咱们的笑带给各国人民。"

"卡华路,我爱你,咱们结婚吧,我会永远地爱你……"

音乐开始,苔利莎跳着出台,卡华路躺在侧台看着她跳舞,不久,卡华路就永远安息了。

台上,在舞台灯光下,苔利莎还在跳着舞……

这种情景,正象卓别林在片头告诉观众的"年老的过去了,年轻的又进来。"

生命与艺术的不朽是动人的。

青春与老成的辉映是美丽的。

卓别林在《舞台春秋》里,对人生抒发了他独特的见解。《舞台春秋》与《大独裁者》不同,在《大独裁者》里,卓别林正面地攻击了人类生活的丑恶,尤其攻击的是战争贩子,为千千万万爱好和平的人民在说话。而在《舞台春秋》中,他是抒发他对人生艺术的感想。

下面应该说说,卓别林拍《舞台春秋》的社会背景。

卓别林是一个人道主义者,这是众所周知的,他在拍《大独裁者》的时候,对恫吓毫不在乎,义无反顾地拍下去,就是出于对人类的爱。

那么《舞台春秋》呢?

在此,我们不妨看一看在《舞台春秋》开拍前上映的《华尔杜先生》,卓别林将《华尔杜先生》的社会背景设在法国,就以片名来说吧,卓别林用"麦歇华尔杜"而不用"密斯特华尔杜",就说明了问题。说明美国的政治气氛正在扼杀艺术。不是吗?在《华尔杜先生》一片上映时,映出的影戏院受到了恐吓,而且居然有美国退伍军团的人守在售票口,不让观众去买票,而美国政府不但不去制止,而且对卓别林横加迫害、刁难,同时,在好莱坞大量地制造反人道、反人民的影片,这些影片蔑视人类的良心,否认生命和艺术的不朽性,美国的影片、电视广播充满了庸俗的调笑,低级的色情,宣传暴力、侮辱,残酷,再加上愚蠢的滑稽。由于这样的政治氛围,又使他想起了在他的少年时代,那些有名的红过一时的演员被迫自杀的事情,就激发了他的灵感。但是,他没有写成卡华路去自杀,尽管他知道,马塞林·邓维尔,马克·

谢利丹,弗兰克·科因……都走上自杀的道路。他没有那样写,而写成现在这个样子反而更好,那就是,他在告诉观众:扼杀并不能使艺术绝种,艺术的生命是扼杀不了的。

《舞台春秋》歌颂了人民,歌颂了艺术,歌颂了生命,歌颂了尊严,也歌颂人的良知。

他不容许好莱坞的那些只顾赚钱的大老板们去侮辱人民、侮辱艺术、出卖良心,也不容许那些丑恶的角色来玷污圣洁的舞台。

他早在《华尔杜先生》上映之后就曾经说过:"不久,也许我就要离开美国了,尽管美国在精神上和物质上给过我不少的满意,我,查利·卓别林,现在宣布:好莱坞正在死下去,好莱坞正在打它的最后一仗,它会打败的……如果它不明白电影杰作,不能大量生产,不像工厂里制造拖拉机。"

"从客观形势看来,我认为现在是走一条新路的时候了,不要再让金钱成为一个堕落社会里的万能的神。"

他要恢复人的尊严。

他在《舞台春秋》里,抒发了他对人生和艺术的哲学见解。

他肯定了生命的美丽,肯定了生命对死亡的胜利。他在告诉人们:生命是美丽的,艺术也是美丽的,而且两者又都是可以不朽的——只要艺术跟社会结合,不脱离社会,不忘掉人群,生命就会久远,艺术就会不朽。

卓别林在《舞台春秋》里抒发了他对人生和艺术许多精僻的见解。

他肯定了人的价值。

他说:太阳可以发射出二十五万英里长的光芒,可是太阳赶不上人,人比太阳还更神奇。太阳不能思想。

他拍拍额头，像父亲跟孩子讲话一样，向片里的那个年轻的芭蕾舞女郎苔利莎说："人的最伟大的资源就是他的脑子。"

《舞台春秋》的女主角克莱·卜露曾经说："他的看法和见解，跟早年的查利差不多。稍微有些疲倦，更凄凉了一点，可是，他仍然是一个伟大的人物，仍然有着许多伟大的理想……。"

饰演片中苔利莎的克莱·卜露是一个有前途的演员。

克莱是英国人，这个少女扑实、天真、用功，对舞台的热情——这些都是做一个好演员的必要条件。

克莱 1931 年生在伦敦。她从小就喜欢读诗。她母亲说，她小时候不喜欢玩具，就喜欢念书，且能琅琅上口、背诵出来。

希特勒对伦敦闪电轰炸那一年，她才只有九岁，跟随她妈妈一起疏散到美国去，她们母女二人住在纽约郊外，生活很苦。那时候，她常常唱些"凄凉得吓人的歌"，没事的时候，就默写诗句，她喜欢爱伦·坡（Alan oe）的诗，她有一本红皮封面的《莎士比亚全集》，一有工夫就翻开来读。当时，她也上学，但是，在数学等实用功课上，成绩很不好。1943 年，她又跟妈妈回到了伦敦。她似乎不喜欢纽约，她说："我们情愿挨闪电轰炸。"

二次大战后，她在"伦敦音乐戏剧学院"得到一个奖学金，下了课，她又跟英国剧坛名宿西比尔·桑戴克夫人（DameSybil Thorndike）的妹妹爱玲·桑戴克（Eilecn Thorndike）学演剧，这位舞台剧名师说："天生的女演员很少，可是我觉得这里就有一个。"

在伦敦肯森顿区一个戏剧学校里，她获得了一年级学生最佳演技杯，那是一个难得的荣誉。在她之前，劳伦斯·奥立弗（Laurenee Olivier）也得过。后来，她有机会参加"莎士比亚纪念剧团"，那是 1948 年。她扮演《汉姆莱特》里的奥菲利亚，很老练。劳伦斯·奥立弗拍摄这部片子,她也去试过镜头,可是却被珍妮·西蒙占了先。她还参加过《盲女神》的演出,后来又参加演出英国剧作家克利斯多夫·付莱(Christopher Fry)的名剧《这女人不该烧死》和《月晕》,都很成功。

她似乎不喜欢影城好莱坞的风气。她拒绝拍"大腿"照片。

她只说她身高五英尺三英寸,体重一百一十二磅。一些美国记者们要追问,她就生气了,反问道:"那跟演戏有什么关系呢?"

在《舞台春秋》里,她演戏也很沉着,她正在走着费文丽和珍妮·西蒙同样的道路,灿烂的前途正在等着她。

《舞台春秋》虽然在美国拍成,首映却是在英国的伦敦。

这部片子一面世,大受观众欢迎,报刊一致喝彩。

为《新政治家与民族》写影评的威廉·怀蒂贝(Willinm white bait)也曾经撰文说:

"在他所有的影片中——直到现在为止——我认为这是他拍摄得最好的,也是他最好的片子,片里人物都深深植根于人性里……《舞台春秋》里有告别的暗示,这不是完结,不过是开始,他一定得继续拍片,永远、永远……。"

《工人日报》影评家汤玛士·史宾瑟(Thomas Spencer)说:

"卓别林为什么能这样打动千万男女的心呢?"

"不止因为他是一个天才丑角,其实,那已经是一件难得的最奇妙的事实了。但是还不止如此。我觉得,这是因为卓别林把他的伟大的天才用在一种积极的、人道的哲学上……"

"查利,那个早年的流浪人,并不是卓别林天才的顶点,尽管那个熟悉的人物已赢得全世界人的心。他的哲学和艺术还继续不断地发展。"

"从《淘金记》的幽默,到《城市之光》的凄凉,到《大独裁者》和《华尔杜先生》的讽刺,发展到《舞台春秋》这种优美的对人生的乐观？卓别林的一切才能都有了表现,……他的每部新片都是一个完整的单位——他的艺术在各个方向扩大、发展来丰富他的简单的中心主题。"

"在《舞台春秋》一片中,卓别林用他各方面的天才来作一个积极的呼吁,呼吁人类的了解和仁爱,他肯定了他对人生和人类进步的热情信仰。"

他向那个企图自杀的少女说:"这个世界的麻烦就在于我们轻视我们自己。只要不害怕生活,人生可以是很奇妙的。"

"他在这部片子里一再反复谈到这个主题,他就用这个向好莱坞所制造的一切邪恶和非人道挑战。"

"就为了这个,美国的迫害分子恨他,怕他。就为了这个。有些糊里糊涂的人,也就是那些害怕生活的人,苦苦要求卓别林回复到他早年的竹手杖和大裤子里去。而世界上千千万万的人喜欢他、爱他,也就是为了这个。"

"这是他最伟大的片子之一,因为他已经超越了悲哀和幽默(虽然片子里仍富于悲哀和幽默),达到一种肯定的、自信的调子,这是他以前从未这样有力地歌唱过的。"

"拿任何标准来看,《舞台春秋》这部影片都是一部杰作——温暖、富于人情、大家都容易看懂。"

"单拿它当成一部娱乐影片来看,或当成一件风格优美的艺术品来看,它都会受到卓别林崇拜者衷心的欢迎——这也就是说,会受到全世界一切善良人民的欢迎。"

《舞台春秋》在法国映出后,又受到了一致好评。

《人道报》说:

"夏尔洛·卓别林——这个勇敢的,有见识的,我们应该尊敬的人到法国来了。他来主持他的新片《舞台春秋》的献映典礼。"

"卓别林,这个可爱的人,运用了他轻捷而意外的举动,一双破皮鞋,他的两手、眼睛、小胡子和独有的手杖,表现了辛酸和富有诗意的幽默,在电影镜头上的卓别林是我们印象最深的人。他是我们在儿童时代就熟悉了的亲爱的朋友,他是最具有人情味的人。"

"无论老少都认识卓别林。儿童们一看见银幕上一块白色长方形中间的亲切的影子,就拍起手来。大人们则会联想到《大独裁者》里那疯狂错乱的傀儡和寡廉鲜耻的偏执的怪人。"

"这个老艺人这次又以和祥善良的卡华路的身份和我们见面了。我们又看到了我们永远的夏尔洛,一个正像他自己说的,用笑和眼泪对战争表示憎恨和厌恶的人……"

"巴黎,他离开已有二十年了,巴黎,二十年来一直无法欣赏到他的作品,巴黎象从前一样,甚至比从前更热烈地欢迎这个肖伯纳所说的'电影界独一无二的天才演员'。"

"夏尔洛·卓别林也不会忘记法兰西人民对他的敬意。"

在《舞台春秋》一片里饰演那个近视钢琴家的裴斯·开登(Buster Keaton),这时,也到了巴黎。这个"永远不笑的人",二十多年前也是尽人皆知的。法国人开会欢迎他们夫妇。他在会上说到了卓别林,他说:

"我认识查利有二十五年了,我可以说他从来不是一个政治活动家。不过,一听人家对他解释说:社会主义是使社会上永无痛苦并且使人人都有饭吃的时候,他就会自然而然的回答说:'那么,我就是社会主义者!'"

"为什么人家不让查利再到美国去呢？他又没有违法！"

乔治·萨杜（Georges Sadoul）在《人道报》上以"一个乐观的悲剧"为题，发表影评说：

"昨天看了《舞台春秋》试片的时候，我哭了，我们都哭了，据我所知，在场的每一个人都哭了。"

"我们对于《舞台春秋》这个故事是熟悉的，夏尔洛扮演了卡华路的角色，他老了不再能引人发笑了，他帮一个一心要成为舞蹈家的女孩子成了名，可是他自己却沦为街头卖唱者，这个女孩子后来失去了他，可是最后又找到了他。有人替他组织了一次晚会，这最后的一次演出是成功的。虽然他后来死了，可是他庆幸着他是在干他那一行中死去的，庆幸着造成了一个伟大的女演员，庆幸着能够将火炬传到了年轻一代的手中。"

"这部影片要两小时以上才能演完，但是看起来似乎还不到一个小时。这是一个年轻女郎与一个老人之间的故事，悲剧的成分超过了喜剧的成分。"

"在这个老年喜剧家的笑话中，有许多深奥的道理，著名的法国剧评家埃里·福莱（Elie Foure）1920年曾以夏尔洛跟莎士比亚相比，这个比喻要算是最公平的了。就拿这部以两个人物做主角的《舞台春秋》来说，就是实实在在莎士比亚式的，夏尔洛在这个戏当中又一次达到了他的最高峰。"

"这个关于老年与死亡的剧本，可能成为很沉闷的故事。可是，在这部片子里夏尔洛没有一刻不喊出他对生命的信仰。他表现了他对于人类的未来的一片好心。"

"这部片子实际上也就是这样一个人的戏，他在充满敌意的美国失望地感到孤独，孤苦伶仃地面临着衰老与死亡。他被猎狗追踪着，被部长、议员、政客们诋毁着，但是他却永远保持着对生活,对大多数的人类,也就是对人民的信心。"

"像这样一个丰富复杂的故事,一篇赤裸裸的自白,实在有好多话可说,但是,你看了这部戏,使你流了许多眼泪之后,你就会觉得很难写出来你的观感。"

"这位'全世界第一号朋友'夏尔洛曾经这样说过:'我常常听到我的一些同事对我这样说:这一幕还不够完整,或者是那一幕还不够完整,但是我回答他们说:放心吧,法国人会了解我的。'"

"放心吧,夏尔洛先生,我们再向你说一遍,法国人会了解你的。这部戏与你以前演的喜剧是这样的不同,使这个戏几乎全部成为一部悲剧。法国人不但要向你鼓掌,而且当他们听了你诉说你的这部历史以后,笑了之后,一定还会流泪。"

"《舞台春秋》在美国公映的时候,所到之处受到抵制。可是也受到美国普通老百姓的欢迎。反对这部片子的又是天主教退伍军团那些名人,欢迎的则是工人和青年大学生。"

影评家依拉·华拉奇(Lra Wallacn)在《群众与主流》月刊上发表评论说:

"查利·卓别林这位影坛老宿,他一向把电影看做一种艺术的传达工具,绝不含糊的……《舞台春秋》这部新片是对于人生价值的深切肯定。这样一部片子没有《大独裁者》深刻,在《大独裁者》可说是说尽了商业社会所能容许的话,不过在《舞台春秋》里的人道主义,在今天却是一个挑战。肯定生命和人的尊严,是麦克格兰纳利之流忍受不了的。因此,他就不要卓别林这样的人,以便维持(美国)电影的堕落。"

"这部《舞台春秋》,在美国无数反人道的影片中,是独树一帜的……"

"这是一个艺术家的故事,讲一个喜剧演员和一个舞女……这两个艺术家发现只有在社会方面,生命才有意义,他们不能离开他们的观众而活下去,这种依赖就变成了人对于人类的依赖……"

"最后一场卡华路重振旗鼓时,是电影上可能看到的最有趣的场面。普通的好莱坞影片,在描写一个喜剧演员卷土重来时,不免要来些舞台上应有的镜头,然后又能向那些哈哈大笑的观众——同时却让真正的观众呆呆地坐在下面,不明白银幕上那些傻瓜在笑些什么?卓别林和裴斯·开登表演小提琴时,他却不再管那些大笑的观众了。他让我们真正的观众来欣赏他。这一来,整个电影院都哄堂大笑了。……"

"这部影片整个说来闪耀着光彩,是一个成熟的、惊人完美的艺术家的作品……"

"卓别林的及时的表演,他随口而出的机智,他在片里那些讨人欢喜的动作,都具备着他的老练的魔力,他的喜剧场面一个接一个出来,一个比一个更有趣,直到最后那场小提琴表演,那简直是一个使人狂喜的高潮!总之,这是一部奇妙的、少见的、使人满意的影片。克莱·卜露和其余的演员都给了卓别林完美无疵的帮助。"

"让美国人民来决定吧!看他们要哪一个:麦克格兰尼利(美国的总检察长)还是卓别林?"

卓别林及妻子、儿女又动身去意大利。因为《舞台春秋》在罗马首映,要求他去主持首映式。

他们到了罗马,又受到了热烈的欢迎。意大利政府也盛情地接待他,授予他勋章。总统和一些部长们接见他、邀请他。

二战后,卓别林拍的影片受到意大利老百姓的热爱,凡是影院放映他的影片时,老百姓都抢着去购买门票。

在那次预映《舞台春秋》时,却发生了一个意外的、又是好笑的小插曲。

意大利美术部长对卓别林建议:"咱们绕过那些人群,从戏院的后门进去吧。"

卓别林觉得部长的建议有些古怪,他笑着说:"人们既然那样耐心地等候在戏院外面,想见我一面,为了礼貌起见,我也应当从正门进去,让他们看我一眼。"

美术部长看了看卓别林,再一次柔声和气地说:"从后边去可以省去您许多麻烦。"

卓别林没有接受部长的建议,他坚持己见,他说:"不! 还是应该走正门。"

部长见卓别林不接受建议,他也就不再坚持了。

那天晚上预映时,戏院外面象往常那样灯火辉煌。卓别林他们乘的轿车驶近戏院,人群被绳子远远地拦在马路的另一面,卓别林还在想,他们离开得太远了。他竭力装出了潇洒大方的神气,走下轿车,绕到马路当中,在弧光灯的照耀下满脸堆笑,学着戴高乐的姿势挥起了双臂。立刻,卷心菜和番茄象连珠炮似地在他旁边飞了过去。卓别林一时没看清那是些什么东西,也不知道发生了一件什么事,后来,他听见他那位担任翻译的意大利朋友在后面伤心地说:"真没想到,在我国会发生这样不文明的事情呀。"

还算万幸,那些东西没有打中卓别林,旁边的两位陪同人员拥着卓别林三步并作两步走进了戏院。这时,卓别林才觉出方才的情景实在令人发笑,他忍不住哈哈大笑,那几位意大利人,初觉很难堪,此时也跟着笑了。

后来他才知道,原来那些闹事的是一些年轻的法西斯主义者。他们当中有四个人当场被捕,警局方面问卓别林是否要向他们起诉?

"当然不要!"卓别林说:"他们还都是些年轻的孩子。"

这几个人全是十四岁到十六岁的青年学生。

这件事就这样丢开不提了。

《舞台春秋》的映出又轰动了罗马城。人人争着去看这部片子,初映的入场请柬竟然出现在黑市,每一张票要卖到两万里拉(那是工人十个星期的工资。)

《舞台春秋》在罗马上映后。又得到一致好评。

意大利电影导演维多利奥·德·西嘉(Vittorio De Sica)看过了《舞台春秋》,见过卓别林,与卓别林交换过意见。他说查利·卓别林是"值得钦佩和崇敬的一位最有魔力的人物,是一个智慧卓越,堪称天才的人物。"又说:"《舞台春秋》是一部奇妙的影片,这部片子非常新颖,和卓别林往年所演的片子完全不同,可是和他的旧作品在精神上仍有着深切的联系,真是一件奇迹。正如卓别林其他所有的影片都是奇迹一样,它描写人类的社会和精神的动机,互相辉映,神奇之至。"

"在《舞台春秋》里充满了多少人道啊!多么辛酸而恐怖,而又到处是光明与温暖啊!⋯⋯"

是的,这部片子里是富于人情味的,有幽默、有哀怨,也有悲愤,但是,却没有消极与厌世。

另一位名导演卫斯孔蒂(Luchino Visconti)说:

"在卓别林方面,一切都是有明确的战斗意义的,一切都是一贯的⋯⋯他不断地为被压迫的人类提出抗议⋯⋯他是人群中的一分子,而且是个自觉的批评者。他只摧毁他所认为应该摧毁的,他对付丑恶时才显得毒辣……但他的故事人物,无论如何,总使观众体会同一的真理,同一的人类的抗议,同一的社会批判。全世界千百万人已经体会到这一点,而且心里还在继续体验着,如果怀疑卓别林这种真理的存在,怀疑他的本质,甚致于用'神秘'来曲解其中的人道主义,我认为那就是愚蠢,就是荒谬!……"

意大利的影剧界和一些作家们,也在热心研究卓别林艺术的现实意义和他的社会价值,上面卫斯孔蒂就是其中之一。

《偷自行车的人》和《米兰奇迹》两部影片的编剧施萨星·扎瓦提尼(Cesare Zavattini)说:"近来,我体会到应以批判眼光去深入了解查利·卓别林影片的社会意义和现实意义……"

"他是我们这个时代最伟大的艺术家之一,他培养了,而且继续培养着万千观众对劳苦人民的爱,他的独特的伟大成就即在这里,他的影片都是写穷人对富豪社会,对残酷的世界斗争的史诗,这个残酷的世界既不合乎正义,又经常打击纯朴善良而正直的人。他以诗人的意境写眼前的客观现实……卓别林的世界是个幻想的世界,但对于我们全体今天的人们,那是有生动的具体戏剧意味的,他是喜剧角色,有时又是丑角,但他的喜剧都具有深刻的不合适宜的意味和强烈的论战性。我对他有着与日俱增的深切的钦羡。"

有名的意大利"电影艺术实验馆"的馆长绿基·齐阿里尼(Luigi Chiarini)是一个著名的导演,他说:"我有意写一本卓别林生活评注,正如乌那本诺为唐·吉珂德(Don Quixote)写的一样,因为卓别林是我们当代的伟大人物之一。"

"卓别林演过工人、银行职员、丑角、失业者、大兵,他是我们社会的典型人物,被社会逼成一个悲愤而满腹牢骚的个人主义者,被社会逼成一个无政府主义的反抗者,这是和他的本意背道而驰的,然而他却永远不是反社会、反历史的。这样的人物是打败仗的,我们由此可以看出在我们现在这样的社会里,一个纯朴、善良的人是会永远被侮辱、被窒息的。"

"但他并不屈服,仍然继续战斗着,他是乐观的,他有着不可动摇的信心,渴望一个更美好的世界,更自由公正的社会,让人们可以充分发展,让每一个人都能保持自己的尊严,不再象齿轮中被压轧的一块料。"

另一个有名的电影编剧家阿尔培托·拉杜严达也同意齐阿里尼的看法,他说:

"卓别林的悲剧,正如果戈里的《外套》里的小职员和巴尔扎克的至德·西嘉等作家牢骚满腹的现实作品里的其他很多人物的悲剧一样,都是一个孤独者的悲剧,他们对于正义和人类的相亲相爱具有崇高而天真的感情,却每每遭人遗弃,成为一个残酷、自私的社会里的孤立无援的牺牲品,这种人感觉痛苦,尤其因为在社会里孤立而感觉痛苦,纵然在世界各个剧院有着千百个同盟弟兄……。"

卓别林的影片已经在意大利引起了热潮,他的旧作品在意大利全国各地放映,《华尔杜先生》、《大独裁者》、《城市之光》、《淘金记》、《马戏班》、《寻子遇仙记》……甚致于他早年的那些滑稽短片,只要是他的作品,在各地轮流上映,而且久映不衰,意大利的群众任热地喜爱这位艺术家。

意大利有许多电影俱乐部甘愿就以查利·卓别林来命名。

卓别林在巴黎、罗马等地主持了《舞台春秋》的首映仪式之后,又返回到伦敦。在伦敦住了几个星期。这时,他既然已决定不再回美国,在几年前,也就是在美国初映《华尔杜先生》之后,他说到好莱坞正在死亡的时候,他也许就有了准备,前脚跨出美国,后脚就不打算跨回去了。他在离美返英国途中,在"伊丽莎白女王"号上,知道了美国政府拒绝他再入境的时候,他虽然发表了声明,冠冕堂皇地说他这次出来只是休假,说还要回到美国,那不过是一种策略,因为他在美国还有许多财产,他的话不过是为保住自己的财产才说的。那么,既然想定居下来,就不能久住旅馆,所以他需要一所住宅。以便把一家人安顿下来。

有的朋友劝他去瑞士,卓别林却喜欢留在伦敦。因为伦敦是他的故乡,他就是在这里的贫民区——兰贝尔区长大的。他在美国时,一直怀念着故乡伦敦,一直患着思乡病。

但是,他还要为孩子考虑,不知道哪里的气候更适合于孩子?另外,他担心限制货币的问题——指货币使用范围,包括不能兑换外汇的货币。

最后,打算到瑞士去试试,因此,他怀着点儿忧郁的心情,开始收拾什物,然后,他们夫妇二人带着四个孩子来到了瑞士。他们暂时在洛桑的面临日内瓦湖的湖滨旅馆租了一套房间。那时已是秋天了。景象萧疏,但群山仍是那么秀美。

孩子与大人不同,他们倒是能"随遇而安"的,在伦敦,他们很高兴,到了瑞士,他们仍很高兴。

卓别林一直忙着要找一所合适的房子。此时,乌娜即将生第五个孩子了,她更着急。她说:"出院后,我可不愿再住旅馆了。"

由于时间紧迫,卓别林几乎每天都在四处寻找合适的住宅。前后用了四个月的时间,最后总算是找妥了一所房子。地址在日内瓦湖北岸,洛桑东十一英里处的韦维镇稍北的科西尔村的德班别业,他们打算就在这里定居了。

　　德班别业占地甚广,竟达三十七英亩之多,有一片果园,里面除其他常见的水果之外,还有大棵的黑樱桃,鲜美的青皮李、苹果和梨。另外,还有一个菜园,里面种有草莓、玉米和极其可口的芦笋。后来,他们外出时,不论到了什么地方,遇到这些蔬菜的当令时节,他们总要老远地赶回来,一饱口福。阳台前面是一片占地五英亩的草坪,四周是枝叶繁茂的参天大树,衬托着远处的湖泊和群山,另有一种自然的美。

　　卓别林聘用工几位很得力的助手:雷切尔·福特小姐负责安排家务,后来,她则成为卓别林的总管家。比尔尼埃太太担任他在瑞士的英文秘书。

　　卓别林起初一看德班别业有这样气派又这样大的住宅,有点儿担心,不知道他的收入是否够维持这里的一切开销。他们问过了房东。房东告诉了他们所需的一切费用,他估量了一下,他认为自己的钱,即使在美国的一切财产全泡了汤——那是很可能的,因为美国政府不择手段地找一些借口没收了他的财产。还是足够的,这样,他们一家人就住进了这个只有一千三百五十口人的科西尔村。

　　孩子们对这所新居相当喜欢。

　　瑞士是个好地方,1815年维也纳会议承认瑞士为永久中立国,1648年独立后,一直奉行中立政策。万国邮政联盟设在这里。许多国际组织多设在日内瓦,许多国际性的会议也多在这里召开。日内瓦又是风景秀丽的地方,也是游览圣地。而卓别林的德班别业就在日内瓦湖畔,这里的气候也适宜。不过,瑞士用的语文却很庞杂,德语、法语、意大利语、拉丁语、罗马语均为国语,唯独不讲英语。

卓别林的几个大孩子进了科西尔的村校，这里都是讲法语的地区。所以，几个孩子还要从头学法文，当然很吃力。卓别林非常担心，因为孩子仅会讲英语，而这里不仅是在学校，就是日常也是样样讲法语，他怕这样会在孩子的心理上产生不良的影响。

卓别林的担心是多余的。几个孩子既秉承了父亲的聪明，又继承了母亲的善良，所以，在到这里不久，他们已经能说流利的法语了，而且孩子们并无丝毫的怨言。卓别林见几个子女能这样很快又很好地适应瑞士的生活方式，他感到很开心也很满意。就是孩子们的保姆凯凯和平妮也用功地学起法语来。

这时，他们的第五个孩子出世了，取名叫尤金。

这时，卓别林已与乌娜商量好了，决定开始斩断他们与美国的一切联系。

要结束这件事，还需要相当长的一段时间，因为他还有一部分财产在美国，如在好莱坞的制片厂，在贝弗利山上的那所大宅子……

首先，他到美国领事馆去缴回了他的再入境签证。他对领事说："我已经决定不再去美国住了。"

领事看了看卓别林，平和地说："你不打算回去了吗，查利？"

"是的，不去了。"卓别林说，那样子好像有些道歉似的。"我年纪太老了，再招惹不起那些无谓的麻烦了。"

领事没有表示什么意见，他只是说："好吧，查利。你如果再要回去，随时凭普通签证都可以去。"

卓别林笑着，轻轻摇了摇头，说："我已经决定了，就在瑞士长住下去了。"

于是，他们彼此握了握手，这件事就这样结束了。

这时,乌娜也决定放弃她的美国国籍。她是抱定了"嫁鸡随鸡飞"的主意。既然丈夫不再回美国——丈夫根本就未入美国籍,因为丈夫曾说过,他是个世界公民,而且美国政府又是那样不公平地对待自己的丈夫,美国又是那样龌龊、残酷、不讲信义,这美国国籍没什么好留的,何况她也不打算再回美国。

正巧,他们去伦敦,于是,乌娜打电话通知美国大使馆,说她要放弃美国国籍。使馆人员在电话里说:

"这事需要办手续,要询问当事人,卓别林夫人,能否请你来一趟? 办这事至少需要三刻钟。"

卓别林以为这又是美国大使馆在故意刁难,所以甚为生气,他大声叫道:

"这是胡说! 要那么长时间干什么? 真是岂有此理。去! 我陪你一块儿去,看他们又要什么新花样?"

卓别林夫妻乘车到了美国驻英大使馆。

卓别林是装着一肚子气来的,他在美国的最近这十几年,受了许多气,受了许多侮蔑、诽谤、攻击,而且不是由政府出头,又是什么联邦调查局,又是什么非美活动委员会,又是什么天主教美国退伍军人协会,此刻他要来个大爆发。他一走进大使馆,就大声叫道:

"移民局办事在哪儿?"

他就是抱着干仗的目的来的。

乌娜觉得不好意思,她悄声对卓别林道:

"小点儿声,查利,这样做是很不礼貌的。"

卓别林刚要说什么,一间办公室的门开了,一个人走出来说:

"喂,查利,你和你的太太请进来好吗?"

卓别林怒气未息地走进去。

那人大概已经猜到卓别林的来意，所以他见卓别林一进屋立即说道：

"一个美国人，要放弃他的国籍，必须经过全面考虑，并且是在头脑清醒的时候考虑，所以，我们要履行询问的手续。这是为了保护一个公民的权利。"他说到这里又看了看卓别林补充了一句。"我们决无意故意刁难。"

卓别林无声地点点头，他认为这个人说的有道理，所以也就把一肚子火消散了。

这个人大概有六十岁了，是个说话和气的人。他又说了一句：

"1911年，我在丹佛旧王后戏院看过你的演出。"

说完又看了卓别林一眼，眼光好像有点责备的意思，我们都是六十多岁的人了，火气不该那么大。

卓别林有点不好意思地笑了笑，看了他一眼，说：

"我那时在卡诺戏班演丑角。"

"那时候，观众就很喜爱你演的戏，我可以说是你的老观众了。"

于是，他们二人交谈起来。

另有一位中年人在询问乌娜。

卓别林只顾与这位与他年龄相仿的人交谈——大概他是主任或者什么负责人吧。他们谈的很融洽，所以，时间不知不觉地过去了。

询问结束了，所有的文件都签好了。他们又和和气气地道别、握手，说"再见"，象老熟人。

走出美国大使馆的门，卓别林有点儿感到惭愧，自己太冒矢了。美国政府的官员也不全是坏的,方才谈话的人就是其中的一个。美国政府的官员也不可能每一个都像麦克格兰尼利那样,不可能每一个官员都像约翰·伊·兰金一样,这就像美国军团并不能代表美国人民大众一样。自己在这件事上有点偏激,也是沉不住气。他心中苦笑了一下。

卓别林除了在美国还有一些资产之外,他与美国已经没有其他联系了。

卓别林常去伦敦,在伦敦也常常去会见一些朋友,他的这些朋友中,有西德尼·刘易斯·伯恩斯坦,他是英国电视管理局局长、情报部电影业顾问,他与卓别林会见后拿出一张报纸给卓别林看,上面有一篇有关卓别林的文章。

文章的作者署名是爱弥尔·盖勒斯(Emil Gilels)。

卓别林见那篇文章上写着:

英国的银幕简直完全给好莱坞所霸占了。我有机会看到好莱坞那个谎言工厂所出的一个"杰作"——就显克微支的《你往何处去》改编的一部影片。据放映前的宣传材料说,这部影片筹备了将近十年才拍成。假如真是如此,在我看来就是一大浪费。因为片里一点显克微支的气息也没有。除了那些狮子和斗兽士。

在这充满好莱坞垃圾的情形下,却有一部与众不同的影片——查利·卓别林的《舞台春秋》,这部片子在伦敦放映受到极大的欢迎。这是一个极富于人情味的悲惨故事,写一个当年红极一时的喜剧丑角,现在失了业,穷愁潦倒。他叫卡华路,他的前途一片黑暗,老景逼人,他拯救了一个企图自杀的年轻女演员,看护着她恢复了健康,帮助她找到了演戏的职位。可是,她在舞台成功的那天,卡华路却在舞台上跌死了,观众哈哈大笑,以为这是一次新的喜剧花头,但这个老艺术家却是真的悲惨地死了,正象他悲惨地活着那样。在这部影片里,卓别林不再是往日那个有一撇黑胡子的滑稽小人物。他演卡华路这一角色,用写实的方法,表演得很是深刻细致。同时,全片中依然交织了许多他所独有的幽默。《舞台春秋》一片的主题是:在一个认钱不认人的世界里艺术家的悲惨命运。

卓别林看完了文章,手拿着报纸,看着伯恩斯坦说:"这位盖勒斯是何许人? 我并不熟悉这个人。"

"他是莫斯科音乐学院的教授,也是一位钢琴家。"伯恩斯坦介绍道。

"他来伦敦干什么? 演出吗?"

"不! 不是来演出。"伯恩斯坦说:"去年冬天,苏联作家费宝·西蒙诺夫和一些音乐家组成一个文化访问团,到英国来访问。盖勒斯就是文化访问团的成员之一。"

卓别林点点头,表示知道了。

伯恩斯坦又问:"查利,你真的不再去美国了?"

"当然。"卓别林拿出一张纸,这就是我的声明。

伯恩斯坦接过来看,见上面写着:

　　我在美国住过四十年,要我和我的家庭从那个国家连根拔去而不感觉痛苦,可不容易。但是,自从二次大战以来,我就一直是许多有势力的反动集团造谣诽谤和恶毒宣传的对象,他们借了他们的势力,再加黄色报刊的帮忙,造成一种不适于健康的气氛,对开明人士一一加以迫害。在这种情形下,我觉得简直无法继续我的拍片工作,因此我已放弃在美国居留。

1953 年 4 月 17 日

这个声明在伦敦发表,距他缴回再入境签证仅有一个星期的时间。

卓别林在伦敦的朋友还有艾弗·蒙塔古、爱德华·贝丁顿——贝伦斯爵士,后者是一位经济学家,还有唐纳德·奥格尔登,斯尔德,以及埃拉·温特、格雷瓦姆·格林。格林先生是作家,任过《泰晤士报》副总编辑。

有一次,美国小说家、剧作家、文艺批评家约翰·博因顿·普里斯特利请卓别林共进晚餐,在席上他说:

"查利,你还该再拍些片子。"

"老了。"卓别林笑着说:"不行了,没有精力了。"

"笑话,你满壮哩,我给你提供一个素材好吗?"

"喏,你何不写成剧本呢?"

"不,这个素材太适合你。"

"这又是为什么?"卓别林笑着,看着 J·B·普利斯特利。

"故事情节是这样的。"普里斯特利说;

"查利躺在纽约的一座高楼的顶楼上,早已被人忘记了。忽然有一天,他接到了传票,要他到华盛顿去向非美活动委员会,为他的过去的行为进行答辩——他当年为什么在赛拳时态度可疑?在溜冰场上为什么立场不明?为什么把那位参议员的光头误认为冰淇淋希丁?捧着面包跳舞又有什么秘密意义呢?"

"非美活动委员会的一些委员先生们,一本正经地看着查利早期拍的影片,一边忙着记下一些'有害'的证据……"

卓别林听完了这个电影的故事,忍不住哈哈大笑。

"怎么样?"普里斯特利问道。"查利,还可以吧?你不妨试试!"

卓别林没有表态。

他在伦敦的朋友还有马克斯·莱因哈特和小道格拉斯·范明克等人。

有一次,卓别林去伦敦,他接到一个电话,说苏联大使馆在克拉里奇旅馆举行宴会,赫鲁晓夫(苏联共产党中央的总书记)和布尔加宁(苏联国家部长会议主席)要在那里会见他们。

卓别林他们到达旅馆时,休息室里已经挤满了来来往往、神情激动的人群。他们由一位苏联驻英大使馆的人员陪同着,在人群中挤了过去。忽然,他们看见赫鲁晓夫和布尔加宁从对面走过来,他们也是一路挤着,脸上那副表情已经说明,他们似乎已感到了厌烦,不高兴再等了,正要退了出去。

可以看出来,赫鲁晓夫即使是在懊恼的时刻,仍然带着一幅幽默的神气,他在挤向出口,陪同卓别林的人喊道:

"赫鲁晓夫!"

赫鲁晓夫听见了,但是,他只向喊他的人挥了挥手。那意思是不再等了。

陪同卓别林的人又喊道:

"赫鲁晓夫,查利·卓别林先生来了。"

布尔加宁和赫鲁晓夫都止住脚步了,转过身来,他们看见了卓别林,脸上露出了喜悦的神情。

卓别林则感到很得意。

他们在汹涌的人群中互相介绍了。

赫鲁晓夫用俄语说了几句话。由一位翻译翻成英语:

"苏联人非常喜欢看您的电影。"

"谢谢。"卓别林说。

接着,他们喝了一些伏特加。

卓别林小声对乌娜说:"这里面一定是洒了不少胡椒粉,特辣。"

"我觉得味儿不错。"乌娜也小声说。

使馆人员好容易挤了一小块空地,让他们合影。

这里人太多,可谓人声嘈杂,根本无法交谈。

赫鲁晓夫看了看室内的情况,他说:"咱们到隔壁的屋子里去吧。"

卓别林夫妇以及赫鲁晓夫、布尔加宁四人刚一挪动脚步,室内的人大概觉察出了他们的意图,于是,一场"混战"开始了,每一个都想与他们四人一道去。

卓别林等四人,由四个使馆人员护着,被拥进了里边的一间屋子。

一离开人群,卓别林、赫鲁晓夫他们几个人都"嘘"了一口气。这时,他们才定下神来,可以从容地谈话了。

可是,一个美国记者却突然打断了他们的谈话,问道:"赫鲁晓夫先生,我听说您的令郎昨儿晚上离开了学校,到城里寻欢作乐来了。"

赫鲁晓露出了半恼半笑的神气,似乎不在意地说:"我儿子是个很规矩的年轻人,他准备做工程师,读书很用功。但是,我想他有时候也要找点儿娱乐。"

他们又交谈了几分钟。

布尔加宁提到了在二次大战时期,卓别林大声疾呼开辟第二战场的事时说:

"卓别林先生,苏联人永远不会忘了您对苏联人民的友好,在我们最困难的时候,您作为一个艺术家,尽到了你能尽到的力量。"

"这不算什么。"卓别林谦逊地说:"每一个有良心的人都会这样的。"

这时,有人进来报告,说哈罗德·史塔生先生在外面候见赫鲁晓夫先生与布尔加宁先生。

赫鲁晓夫向卓别林转过身来,开玩笑地说:

"你不介意吧? 他是一个美国人。"

卓别林笑道:"我不介意。"

不大工夫,史塔生先生和夫人同苏联驻英国大使葛罗米柯先生和夫人一起快步走进来。

赫鲁晓夫与布尔加宁跟卓别林打声招呼,说过去和他们说几分钟的话,接着就走到屋子另一面的角落里去,同史塔生和葛罗米柯谈话。

卓别林就无话找话地同葛罗米柯夫人谈起来。他问道:

"夫人,准备回俄国吗?"

"不!"葛罗米柯夫人答道:"我准备去美国。"

卓别林笑道:

"您和您丈夫不是在美国住了很久了吗?"

夫人笑了,她似乎有些不好意思地,声音不高地说:

"我喜欢那个地方。"

"我不相信,真正的美国是在纽约或者是太平洋沿岸,不过,就我个人来说,我更喜欢美国的中西部,比如,北达科他、南达科他、明尼阿波利斯和圣保罗。我觉得在那些地方住的才是真正的美国人。"

史塔生夫人突然激动地说:

"哦,我听了您的话真高兴,我和我丈夫就是明尼苏达州的人。"接下去，她又兴奋地重复了一句："我听了您这话真高兴。"

明尼阿波利斯是明尼苏达州的首府，史塔生夫人正是为此才激动。

卓别林暗道：她原来一定以为他受到了美国那些恶意的中伤后，一定会耿耿于怀，大发牢骚的，其实，他没有这个意思，即使他有牢骚的话，也不会对着这样一位和蔼可亲的史塔生夫人去发泄满腹怨气的。何况他并不恨美国的每一个人，只不过对那些中伤他的人存有怨气罢了。

卓别林见赫鲁晓夫大概还要好大一会儿工夫要和其他几个人谈话，他和乌娜站了起来。

赫鲁晓夫见屋子乱糟糟地，就离开了史塔生和葛罗米柯过来送卓别林。

在卓别林和赫鲁晓夫、布尔加宁握手时，他一眼瞥见了史塔生，这时，他背靠着墙，漫不经心地眼光直冲前看着。他向所有的告了别，单单没有去招呼史塔生——在当时那样的情况下，他只能这样做，不过，他在瞥了史塔生一眼之后，觉得他这个人还是可爱的。

第二天晚上，卓别林和乌娜两个人在萨芙旅馆烤肉餐厅里进晚餐。饭后，他们正在吃点心，温斯顿·丘吉尔爵士和他的夫人走进来，在他们的桌子前站下了，自从 1931 年以后，卓别林就一直没有见过温斯顿爵士，也没有收到过他的信。但是，在《舞台春秋》一片在伦敦放映后，他们联美公司伦敦分销办事处的工作人员问他，是否可以将这部片子送到温斯顿爵士的官邸里去放映给他看。卓别林当即高兴地答应了。

过了几天，丘吉尔爵士寄给卓别林一封信，向他再三致谢，并说他很喜欢《舞台春秋》这部片子。

再说，这时候温斯顿爵士站在卓别林的桌前，他说："你好呀，查利？"他那"好呀"二字，似乎有一种不满意的口气。

卓别林赶快站起来，满面堆笑地说："这位是温斯顿·丘吉尔爵士。这是我的妻子乌娜。"

他们互相握手。

乌娜原打算回到屋子里去，此刻她客气地说："温斯顿爵士，你们谈。"说完，她就回房去了。

"温斯顿爵士，我可以陪您和您的夫人喝一杯咖啡吗？"

"欢迎。"温斯顿爵士和他的夫人几乎是同声地说。

于是，卓别林就和他们坐在一个桌上。

"我在报上看见了你和赫鲁晓夫、布尔加宁会见的新闻。"温斯顿爵士的夫人说。

温斯顿·丘吉尔接口说："我一向和赫鲁晓夫处得挺好。"

卓别林察颜观色，他始终觉得温斯顿·丘吉尔爵士似乎有什么事不高兴。这也难怪，自从1931年以来，又发生了许多事情，显然他个人以百折不挠的勇气和鼓舞人心的词令拯救了英国，然而他认为，丘吉尔爵士那篇提到"铁幕"的富尔顿演说，并没有取得什么成就，只不过加剧了冷战而已。

所谓富尔顿演说，是指1946年丘吉尔在美国的密苏里州富尔顿威斯敏斯特大学，接受名誉博士学位时，在发表演说中抨击苏联，斥责苏联奉行扩张政策，已经从波罗的海的什切青到亚得利亚海的里雅斯特，横跨大陆，拉起了一片铁幕。有时也称其为"铁幕"之说。

后来，他们的谈话转到了《舞台春秋》这部影片了。这时，温斯顿·丘吉尔才问卓别林：

"两年前，我给你写过一封信，祝贺你的影片成功，你收到了没有?"

"哦,收到了。"卓别林既激动又热情地说。

"那么,你为什么不回我的信?"丘吉尔有些不高兴地说。

卓别林有些歉意地说:"我没想到那需要回信。"

丘吉尔仍然悻悻地说:"我还以为那是你对我表示见怪哩。"

卓别林连忙道:"不是,绝对不是。"

还是丘吉尔岔开了话题,不再提这件事了,他说:"不过,我是一向爱看你的影片的。"

卓别林暗想,象丘吉尔这样一位伟大的人物,竟然会留心这样一件琐碎的小事,还记得两年前一封没见回复的信,他对这一点觉得很有趣。

其实,他是应该回信的,但是,因为自己拖拉,没有及时复信,后来就把这件事忘掉了。

在政治上,卓别林与丘吉尔的看法始终是不一致的。

1942年2月,那还是在二次大战期间。美国《生活》杂志发表评论,建议英国和它的帝国分开。同年12月,丘吉尔发表讲话,他说,他任英王的首相,并不是为了使英帝国瓦解。

卓别林认为,他这种说法可能是妙于辞令,然而,面对当今的世事,他这样的说法是不现实的。

丘吉尔所说的"瓦解",并不能将其归咎为政治活动,而是革命军队,共产党的宣传,暴力煽动,或者是街头上站在肥皂箱上的演说。真正的阴谋者,倒是那些肥皂包皮纸,他的意思是指那些国际间的广告宣传,包括无线电、电视和电影,此外,还有汽车和拖拉机,科学的发明,交通和速度的加快,等等。一些帝国的瓦解,实际是都是这些革命势力促成的。

卓别林能有这样的认识,可谓是难能可贵,他是个艺术家,并不是一个哲学家,没有读过马克思或恩格斯的经典名著,他仅是从他的体会以及对社会的观察,才得出这样的结论。

卓别林从伦敦刚回到瑞士,就收到了贾瓦哈拉尔·尼赫鲁(Jawaharlal,Nehru)的一封信,信内附有驻印度总督路易斯·蒙巴顿勋爵夫人的介绍信。

蒙巴顿勋爵夫人的介绍信上写着:

查利:

你和尼赫鲁先生会有许多地方是意气相投的,尼赫鲁先生去开会,将路过科西尔,也许你们有机会见上一面……

尼赫鲁的信里说道:

查利·卓别林先生,我很想见您一面,听说,您和圣雄甘地曾在伦敦见过面,现在,我去洛桑参加大使年会,如果您不太忙的话,请到我这里过夜,然后再乘我的车一同回您的德班别业好吗?盼望您能来。

贾瓦哈拉尔·尼赫鲁

卓别林很想见一见这位印度独立后的第一位总理,所以,他第二天就动身到洛桑去了。

卓别林见到了尼赫鲁,出乎他的意料,尼赫鲁长的和他一样矮小。尼赫鲁的女儿英迪拉·尼赫鲁·甘地夫人也在那里。她是一个对人亲切、态度安详的妇女。

卓别林凭直觉,看出来尼赫鲁是一位遇事十分警惕、思虑辨析精辟入微,既富于感情,又严肃认真,看问题敏锐,能有真知灼见。

起初,双方都似乎有点拘束,谈了一会就热乎起来了,他们谈到了圣雄甘地,谈到了为独立而进行的斗争,也谈到了卓别林拍的电影。最后,卓别林邀请尼赫鲁去他家作客。

"尼赫鲁先生,请您到我家去共进午餐好吗?"

尼赫鲁爽快地答应了。

于是,他们一同乘车离开洛桑,去德班别业。

甘地夫人则打算改道日内瓦,所以乘了另一辆车尾随在他们后面。

在路上,他们仍亲热地交谈着。

尼赫鲁愉快地说:"贵国的蒙巴顿勋爵是最后一任英国驻印度总督,他为结束英国在印度的利益,作出了极大的努力,我很感谢他。"

卓别林却岔开了话题,他说:"请问,印度在意识形态方面,将向哪个方向发展?"

"不论是哪个方向"尼赫鲁说:"那总是要为了改善印度人民的生活。"停了停,他又说下去。"印度人口多,现在还很穷,我们已经开始执行一项五年计划。"

尼赫鲁侃侃而谈,但是,卓别林却有一半没听进去,因为他的精力集中在自身的安全上了。尼赫鲁先生的这位车夫,在这样狭窄的公路上,竟然开起了飞车,每小时七十英里,甚于超过了七十英里,每逢急转弯,车夫就把车弄得发出尖厉的声音来个急刹车,而车里的乘客——尼赫鲁和卓别林就很难坐稳当了。急刹车时,他们的身体向前撞去,身子刚坐稳,汽车又急启动,身子又向后仰,卓别林生怕出了事故,而尼赫鲁这位与卓别林同龄的老人似乎没觉察到一样,仍然从容自若地大讲印度政策。

最后,汽车停下了,原来是到了一个十字路口,卓别林舒了一口气。原来,在这里,甘地夫人将要去另一条路了。

父亲尼赫鲁和女儿甘地告别。尼赫鲁拥抱着女儿,亲切而又关心地说:"你自个儿要当心啊。"

卓别林却只与甘地夫人握了握手。

二人互道再见。

二战结束后,又发生了朝鲜战争。卓别林一向是反对战争的。就在他从美国去英国的时候,朝鲜战争正打得热闹。他不赞成美国的杜鲁门(Truman)充当德国希特勒的角色。他同时同情朝鲜北半壁的人民,也赞成中国的举措,他认为那个口号提得好,"抗美"必须"援朝",而为"援朝"才"抗美",也正是为了"保家卫国",他把中国出兵抗击美国援助朝鲜比做二次大战中开辟第二战场。

虽然他的比喻不太恰当,他是从抗与援这个角度来看问题的。他认为开辟第二战场就是援助"俄国",减轻希特勒对俄国的压力,中国出兵也是为了援助"朝鲜",以减轻美国对朝鲜的压力。

也就在朝鲜战争紧迫的时刻,全世界的人都十分焦灼地注视着那极险恶的局势时,中国大使馆给卓别林打来电话,问他是否可以在日内瓦为中国总理周恩来放映《城市之光》?

他当然愿意。他对这位周恩来总理一直抱有好感,他听说过有关周恩来的一些轶事传闻,他也很想见一见这位总理。同时,他也知道,周恩来是维护世界和平关键性人物。

真是天随人愿,第二天,周恩来总理的秘书打来电话,说周恩来总理邀请卓别林先生和夫人共进晚餐。卓别林很高兴,他即将见到这位伟大中国的总理了。他们临去日内瓦之前,又接到了周总理秘书的电话,说总理可能被一些事务耽搁一些时候,因为会议上突然出现了重大事件,(至于是什么事?总理秘书没有说,也许是不便说吧?)届时,你们不必等候他,稍迟他会出席的。

事出意外,当卓别林夫妇到达时,周恩来总理已经在他寓所的台阶上等候着他的贵宾了。

卓别林很关心朝鲜战局,和世界上爱好和平的人一样,他急于要知道会议上发生的事件,所以立即向周总理请教。

周恩来总理亲切地拍了拍卓别林的肩膀,微笑着道:"一切都和平地解决了,是五分钟前解决的。"

卓别林这才放下心来。此刻,他才仔细端详这位伟大中国的总理。

周恩来可以说是个典型的美男子,一张长方形的脸,五官端正,两只眼睛既有神韵,又那样和蔼可亲。尤其是他说话的声音,不高不低,却悦耳动听。中国是有六亿人口的大国,占了全世界人口的四分之一,而周又是这样一个大国的总理,却又这样平易近人。

卓别林虽然仅是一个演员,而且还是在美国受到排挤、攻击、诽谤的演员,但是,他见过的国家元首是相当多了,而且又都是单独会见,其中如美国的总统富兰克林·罗斯福;苏联的赫鲁晓夫、布尔加宁;英国的威尔士亲王,后为英王乔治六世的约克公爵,首相大卫,劳合·乔治,詹姆斯·拉姆齐·麦克唐纳,温斯顿,丘吉尔;法国的阿里斯蒂德·白里安,樊高·奥里奥尔;印度的圣雄甘地及总理尼赫鲁等人。但是,他把这些人和周恩来相比较,他总觉得周身上有与众不同的亲切感。

他们亲切地交谈着。

卓别林曾听说过,在三十年代,中国共产党被迫转移的事,他认为那是部真正的传奇。他问周:"你们在三十年代的被迫大转移的事,如果你方便而有时间的话,能告诉我一点什么吗?"

卓别林就像老朋友那样问。

"当然可以。"周恩来笑道:"那是在我国的南方江西省一带,一方面由于敌方力量强大,兵力大于我们数倍,另一方面,我们的领导层在认识上出了点毛病,为了保存实力,不得不转移。这次称之为大转移是名符其实的。我们走了二万五千里,历时一年。"

"二万五千里?用两条腿?"卓别林有些吃惊地插了一句。

"是啊,不仅是途程的问题,那是在后有大兵追击,前有大敌堵截的情况下进行的。我们走过了漫无边际的大草地,没有人烟,没有粮食,没有医药,有的同志陷进了草地的泥塘里而沉没,有的同志因没有粮食而牺牲。我们在爬越大雪山的时候,有的同志由于体弱、多病,加上空气稀薄,倒下去就没有再起来。我们吃过树根、皮带。但是,我们最后终于胜利了。"

"了不起!"卓别林由衷地赞佩。"你们的民族是个了不起的民族。你们共产党也是了不起的一个党。"

那次晚宴上,卓别林喝了中国的"香槟酒"(其实是贵州产的茅台)。在席间他与周恩来相互祝酒。

周恩来先举杯,说:"卓别林先生,祝您艺术青春永远长在,祝你再拍出更好的影片!"

宴会后,周恩来说:"卓别林先生,中国人民欢迎您再次到中国作客。"

"我会去的。"卓别林十分敬佩周恩来。

卓别林在韦维又交了一些新朋友,这些朋友当中有埃米尔·罗西尔先生和米歇尔·罗西尔先生,以及他们的家属。两位罗西尔先生都是热爱音乐的。经埃米尔·罗西尔先生的介绍,他又认识了钢琴演奏家克拉拉·哈斯基尔。克拉拉住在韦维镇,他们每次去到韦维镇上,她就同罗西尔两家人来和卓别林他们一起进餐。餐后,她就演奏一些钢琴曲给他们听。她虽然已经年过六旬,但是在欧美各地备受听众的欢迎。她的事业正在鼎盛时期。可惜,后来到了1960年,她去比利时的时候,从火车踏板上跌下来,受了重伤,送到医院后,抢救无效而死。

卓别林也有几家高贵的邻居,其中有西班牙王后,还有跟他们关系最亲密的谢弗罗·丹特雷居伯爵和伯爵夫人,这两家离卓别林都比较近。另外还有许多作家和电影明星也离他们的住处不远。他们常常会见乔治·桑德斯和贝尼塔·桑德斯,而埃尔·科沃德也是他们的近邻。

每到春天,许多英美朋友都来看望他们。

杜鲁门·卡波特有时候到瑞士来工作,也常常来访问卓别林。

到了复活节,他们则是带着孩子去爱尔兰南部,这是他们全家人盼望的一次远程旅行。

夏天里,他们常常穿着短裤在阳台上进晚餐,遥望那苍茫暮色,在外面一直要待到十点钟。

有时候,他们也会临时决定去伦敦或巴黎,也有时候去罗马或威尼斯,到那些地方去都很方便,只需要几个小时。

去巴黎时,他们常常受到好友保罗·路易·韦耶的款待,逢到8月里,他总要邀请卓别林一家人去地中海岸边,那所他命名为"青年女王"的华丽别墅里去住上一个月。于是,孩子们则尽兴地游泳或者滑水。

又过了一年多,卓别林才结清了他在美国的全部资产。

美国政府要卓别林就他的《舞台春秋》一片在欧洲所赚的钱

征税,一直计算到 1955 年为止。他们说卓别林仍然是美国居民。

这可真是天大的笑话。1952 年禁止卓别林再入境的是这个美国政府,现在要向卓别林征税,而且征到 1955 年的还是这个美国政府,不知美国政府这个现象该如何解释?

如果这件事是发生在一个不懂事的小孩子身上,出自儿童之口,还情有可原。但是,这件事出在一个堂堂的国家的政府。

卓别林的美国律师说:"卓别林先生,这件事,您已经失去了法律上的补救能力。"

是的,因为卓别林已经没有机会再回到美国去为自己进行辩护了。

后来,卓别林已经解散了他在美国所有的合伙企业,结清了他在美国所有的财产,这时,他对美国政府的无理要求完全可以置之不理——应该不予理睬。

但是,卓别林为了这件事,不愿让另一个国家为此而庇护他,也是为了少点麻烦,他还是花了钱,结清了这笔帐,数目要比美国政府原先向他索取的少了许多,但是,仍然比他实际应付的多出不少。

美国政府真是什么样不要脸的事都干得出来。

因为,如果卓别林这次对美国的无理要求置之不理,那么,美国政府就要和卓别林当时所在国家打交道,当然,美国得不到钱,但是,那样就给他所在国家增加了麻烦,卓别林正是考虑到了这一点,才拿出钱来结帐的。

有的朋友问卓别林:

"你在美国住了四十年,您想念美国吗? 想念纽约吗?"

问完,还看着卓别林的脸。

卓别林沉思了一会儿，他说：

"如果说完全不想，那是假话，我在美国住了四十年，在加州的贝弗利山有我的家，有我的房子、院子、花园。但是，现在的美国已改变了，纽约也改变了。规模庞大的工作组织机构，以及报刊、电视和商业广告，已经使我和美国的生活方式格格不入了。我需要的是另一种绝对不同的生活方式，一种具有更朴素的人情味的生活方式，而不是那些繁华热闹的大街，也不是那些高耸入云的高楼大厦。因为一看见这些东西，我就会想起庞大的商业和它压倒一切的成就。"

他停了停，又说下去：

"还有，你们都知道，美国的一些有势力的社会团体，他们就因为我同情了俄国共产党，又因为我不加入美国国籍，就攻击我、诽谤我、诬陷我，而美国的一些报纸也跟着起哄，抵制我拍的电影，而且严重到威吓放映我的影片的影戏院。"

"美国政府机关不过问这件事吗？就凭他们无法无天吗？"一个朋友插嘴说。

另一个朋友也说："美国不是一直在标榜民主自由吗？怎么会那样呢？"

另一个朋友发话道：

"美国政府不过是挂羊头卖狗肉。嘴上说的一套，做的又是一套。关于查利所说的事，你们总该知道吧？1952 年 9 月 19日，美国政府总检察长詹姆士·麦克格兰纳已明令禁止查利再入境，说什么在查利·卓别林反美时，立刻予以扣留，静待审讯决定，依照美国法律，他有资格再入境。但是，他们却又向查利征收《舞台春秋》一片在欧洲赚的钱应缴的税，这简直是混蛋逻辑，既然不准再入境，为什么还向人家征税呢？这就是美国式的民主,这就是美国的自由吗?"这位朋友已有些义愤填膺了。他又说下去:"查利不回来就算对了,美国没什么好留恋的,犯不上在那里受那些烂政客的气,现在的查利多自由。"

"是的"卓别林说:"我是不想念那些地方,不过,还应该弄清楚,美国的老百姓与官僚政府是完全不同的。比如,我的几部片子在美国有些州受到抵制,可是,那些没受到抵制的州,观众还是欢迎的。有些报刊还是主持正义的,给我拍的片子以公正的评价。"

有一天,几个朋友与卓别林闲谈,有个朋友问道:

"查利,据我所知,你既没有学过导演,也没有学过编剧,更没有上过什么戏剧学院,可是,你竟然自编、自导、自演了那么多好的电影,你能说一说这方面的经验吗? 也好让我们一饱耳福。"

卓别林笑了笑,他道:

"怎么说呢? 你们都知道,由于我出身贫寒,是在贫民窟度过了童年,所以,我从来没有机会去研究或学习演戏的技巧,但是,我很幸运,我从小生活在一个伟大演员辈出的时代,我的父亲、母亲都是演员,我接触的演员也很多,我从小就在兰开伶班演过戏。这样,我就有机会发展与认识、学习他们的知识和经验。虽然,说句不客气的话,我是有些天赋的,我五岁那年就曾经代替母亲登过台,而且还得了个满堂彩(这时,众人笑了,有人拍了两下手,待笑声、掌声停下,卓别林又说下去)。然而,我没想到,排练的时候会发现,在技巧方面竟有那么多需要学习的东西,初学的人,即便是富有才能,也必须学会技巧,因为,无论天资有多么高,他仍需要学会了技巧来发挥那些天资,这是毫无疑问的。"

　　一个朋友问道："查利,听说你从 1914 年开始拍电影,在这方面你有些什么见解?"

　　"对!"另一个朋友赞同道："查利,说一说你的真知灼见。"

　　"哪有什么真知灼见。"卓别林笑道："我只胡乱地说一说我对拍电影的个人看法吧。在这个问题上,虽然已经出版了许多有价值的书,但是,很可惜,那些书的作者,多数都将其本人对电影的爱好强加给读者。其实,这类书应当都是初级技术课本,只需要教读者学会如何使用这一行的工具就行了。除此以外,一个富有想象力的研究者,应当在戏剧效果方面发挥他自己的艺术感。如果一个业余电影演员富有创造力,那么他只需要掌握一些最简单的技术基础知识就够了。对于一个艺术家来说,如果能够打破常规,完全自由进行创作,其成绩往往会是惊人的,正是由于这个缘故,所以有许多导演的第一部影片都是新颖独创的。"

　　"如果对线条、空间、组织、速度等都逐条地加以说明,这样当然更好,但是,这和演技并没有多大关系,反而容易形成枯燥无味的教条。从简单处入手,永远是最好的办法。"

　　卓别林说到这里停下来,看了看几个朋友,笑道："各位都是行家,我说这些是不是在班门弄斧啊?"

　　"不! 说的好,说下去! 说下去"。

　　卓别林也不再客气,又接着说:

　　"就我个人来说,我最不喜欢靠耍花招来取得效果,比如从壁炉中一块煤碳的角度拍一个镜头,又如跟着一个演员在一个旅馆休息室里一路拍了过去,仿佛是乘着一辆自行车在护送那个演员似的,在我看来,这一类的效果是容易取得的,但是,这样就毫无含蓄可言了。观众只要已经熟悉了电影中的场面,你就无需再那样呆板地在银幕上遍作交代,无需拍出一个演员从一个地方直到另一个地方。这样过分地夸大,往往会放慢了动作,使影片变得沉闷、无味。然而,却有人误认为这就是人们已听得厌烦了的所谓'艺术'。这样的'艺术',还是少用点好。"

"我之所以常常调整摄影机的位置,那是为了要便于使演员的动作更富有艺术性。至于一架摄影机被安放在地板上,或者是移到演员的鼻孔底下,那是摄影机在表演,而不是演员在表演,摄影机不应当侵犯演员。说到底,摄影机是在为演员的表演服务的,而不是相反。"

"另外,时间的精简,在影片中仍是一个重要的优点。爱森斯坦和格里菲斯对这一点都有体会。镜头的快速切接以及从一个镜头渐隐为另一个镜头,都属于拍片的机械技巧。"

"在前些时候,有些影评家说我的摄影技术是老式的,说我没有紧跟上时代。我不明白他们指的是什么时代!我所用的技巧是我自己思考的结果,也是我自己推论和揣摩的结果,我这些都不是从别人的方法中假借来的,如果我们在艺术方面必须紧跟上时代,那么和文特森·梵高相比,范雷因·伦勃朗就应当说是落后的了。"

"再说说关于电影的主题,你们都看过我拍的电影,在我拍过的所有电影片中,没有一部是大型影片。其实,大型影片最容易拍,拍那种大型片子并不需要什么想象力,更不需要什么演戏或导演的才能。你只要有一千元的本钱,再有一些形形色色跑龙套的人,加上一些戏装和精致的布景。只需大力仰仗胶水和画布,你就可以让一位呆板的克利奥帕特拉沿尼罗河泛舟而下,让两万名临时演员进红海,或者是炸塌了杰里科的城墙,这一切只不过是营造承包商感兴趣的艺术。大元帅坐在他那张导演的宝座上，面前摆好了他的剧本和场次安排表，而他那些军士级教练员则在布景的场子上一面挥汗一面哼哼，向他们的队伍大声吆喝，发号施令：口哨一声响，这信号是，一万人从左边上场；口哨二声响，一万人从右边上场；口哨三声响，所有的人一起出场。"

"这类场面伟大的影片，多数是以描绘超人为主题的影片里的主人公能比一般人跳得更远、爬得更高、射得更准、打得更猛、爱的更强烈。实际上超人就是用这些办法来解决人世间所有的问题——可他就不是不会有头脑思想。"

卓别林停下来，笑了笑，环顾一下众人，说道："我这样想到哪儿就说哪儿是不是杂乱无章啊？"

"这样很好，我们很愿意听。"一个朋友说：'你休息一下再讲吧。"

"说几句话还累着了？"卓别林笑了笑，"我还不算老啊。你们愿意听，我还接着说，不过我这不是写文章，也不是讲稿，还是想到什么就说什么，也不分什么 A、B、C……"

"下面我再说一说我在当导演时的体会，指导演员拍一场电影，运用心理学是很有帮助的。比如在一班演员中，有一个演员可能是在片子拍到半部时才加入的。他虽然是个很优秀的演员，但是，后来到一个生疏的环境里，可能会感到紧张的，我在这种情况下，常常发现，这时候导演的谦虚态度是很有帮助的，虽然自己对拍这部片子已经胸有成竹，但是，我常常把新来的演员拉到一边去，悄悄地告诉他，说我感到很疲劳烦闷，不知道应当怎样导演这一场。他很快就忘了自己的紧张，转而过来帮助我，结果是他表演得很精彩。"

"剧作家马克·康内利有一次提出了这个问题：一个作家给

戏院写剧本,应当从哪一方面入手？应当以理智为主,还是应当以感情为主？我认为应当以感情为主,因为,在戏院里,感情比理智更富有兴趣,戏院是为感情而设的,它的讲座、它的讲台、它那红色的幕、它那整个建筑装饰,都是为了抒发感情的。当然,戏中也包含有理智的成份,但那只是次要的。契诃夫知道这一点,莫里哀和许多其他的剧作家也知道这一点。他们还知道舞台作风的重要性,因为基本上那是属于写剧本的艺术。"

"我认为,所谓舞台作风,就是戏剧性的点缀,包括:如何中断一句话的,突然合起一本书,点燃一支烟,再有音响效果,如一声枪响,一声叫喊,什么东西坠落、破碎时发出巨响,再有,如何使出场具有吸引力,如何通过效果连接下去,这一切看来可能是毫无价值和浅显易晓的,但是,如果你能很灵敏和小心地加强处理。它们就会表达出舞台上的诗意。"

"凡是缺乏舞台意义的思想,都是没有价值的,更主要的是收到效果。一旦具有舞台意义,你即使没有思想,也能收到效果。"

卓别林见几个朋友互相看了看,他又说下去:

"我这里举一例子,众位可能容易明白了,大家都知道,我拍《巴黎一妇人》这部片子,只是当了导演,我没有参加演出。我拍那部片子时,在纽约拍了一个序曲,那也是跟上时代吧,那时候,所有的故事片前面都有一段序曲。序曲往往要演半小时左右,当时,我没有脚本或故事,但是,我记得曾经看过一张颇有感伤意味的版画,上面题的是《贝多芬奏鸣曲》,画的是一个美术家的工作室,一群放荡不羁的人闷闷不乐地坐在朦胧的光影中,在听一个人拉小提琴。于是,我只花了两天的时间去准备,就在舞台上重演了这一场。

　　我请了一位弹钢琴的,一位拉小提琴的,一个唱歌的,几个跳粗野舞蹈的,然后,尽量利用我所知道的舞台手法去导演。客人们,有的坐在长靠椅上,有的坐在地板上,都背朝着观众,并不去理会看客,自顾喝他们的威士忌,这时,拉小提琴的奏出了他的奏鸣曲,每逢音乐停顿的时候,可以听见一个醉汉的打鼾声。小提琴手奏完了曲子,跳舞的跳完了舞,唱歌的唱完了《想我的金发美人》,念完两行歌词,一个客人说:已经三点了,我该走了,另一个客人说:是呀,我们都该走了。于是,大家一面走下场,一面说了句临时编的词儿。客人散尽,主人点了一支烟,去扭熄了工作室里的电灯,这时候听见有人沿着大街一路上唱着《想我的金发美人》。”

　　“舞台上沉入黑暗,只有月光从当中一扇窗子外面照射进来,主人走下场,歌声越来越低,幕慢慢降落。”

　　“众位一定以为这样一场戏毫无意义,它没有说明什么,也没有告诉人们什么,可是,你们猜怎么着?就在这一场戏演出时,场内静极了,甚至于一根针落地也能听见,接连半小时,台上没有人说一句话,只有几个很平常的轻歌舞剧的动作,然而,在头一次排演的晚上,这个班子一共谢幕九次。”

　　有一个朋友问道:“查利,你对莎士比亚的戏喜欢吗?有人把你和莎士比亚相提并论。”

　　卓别林不假思索地说:

　　“如果让我说实话,我不喜欢,我不欣赏戏院里演出的莎士比亚的戏剧。我的情感太属于现代的了,与莎士比亚的情调格格不入。莎士比亚的戏需要带着一种装腔作势的派头去演出,但那是我不喜欢的,也是不感兴趣的。我觉得,我不是在看戏,是在听学术演讲。”

"我记得在《仲夏夜之梦》里,有这样的句子:

　　我的好帕克,这儿来,你总记得吧,

　　有一次我登在那海角的崖边上,

　　听见一个跨着海豚的美人鱼,

　　那样抑扬婉转,曼声歌唱,

　　一时,汹涌的大海波平浪静,

　　这一些星星也猛冲出它们的轨道,

　　要去听一听那凌波仙子的歌声。"

"以上这些句子可能非常华美,但是,我是到戏院来看戏,并不是来欣赏这种诗句。再说,我不喜欢莎士比亚的某些主题,因为它们涉及的是国王、王后和一些显贵们的荣誉问题。也许,这种想法多少和我的心理状态有关吧,也可能,这是由于我相信一种特殊的唯我论吧。当年,在我为了糊口而终日遑遑奔走的那些日子里,荣誉是难得和我扯上关系的,我无法把自己和一位王子的荣誉问题联系在一起。即使哈姆雷特的母亲和他朝中的每一个人睡觉,我也不能切身体会那位王子心中的悲哀。"

几个朋友都笑了,笑他最后这句话。

卓别林这位幽默大师,即使在日常的生活中或与朋友交谈中也显出了他特有的幽默感。同样一句话,从他口里说出来往往就具有幽默的意味。

1915年,纽约的《戏剧杂志》刊出了卓别林的一篇文章,叫《我是怎样成功的》。

这是他发表的第一篇文章,那时候,他还给埃山奈影片公司拍片子,而且,他从事拍电影才仅仅一年多一点儿。

他在这篇文章里谈了许多他对喜剧的见解,这对于读者了解他的作品很有帮助,我们不妨看看他是怎么说的。

"……成功是许多古里古怪的惊奇和意想不到机会的结果，这种可喜的结果究竟是些什么东西造成的？具体些实在无法说得清楚……"

"我在刚干这一行的时候，我觉得喜剧似乎是一种很容易的谋生之道。它是世界上最简单的事情，当时我这样想，大多数人至今也还是这样想的。今天，我想到我的第一部影片，我不明白当年人家怎么受得了我那一套。当时，我并没有对题材加以真实的思索，不过，不久我就明白了，即使是一个具有特殊喜剧天才的人，在娱乐事业里也维持不了多久，如果他不用功进行研究的话。"

"让银幕上滑稽场合中走动的那个'小人物'来夸夸其谈，说喜剧仿佛是一种科学似的，也许不对劲，不过，我却觉得我在研究喜剧方面下的功夫，对我的成功是大有帮助的。"

"喜剧是一个古怪玩艺儿，它是一种最复杂的估计，最深切的一种性格研究，学喜剧的人必须对他的幽默角色的种种烦恼有深切的同情。今天，使全世界的人愉快的喜剧，也还是那个老玩艺儿，在古时候它也曾使巴比伦、希腊和罗马的人们，在他们的露天剧场中，高兴得如疯似狂。只是方法变了而已。我猜想，每一个时代都认为它自己在这方面有最高发展的人，是自视最高的动物，任何时代的人都自以为是一幅图画的中心，从纪元前2200年到我们现在，这样厚厚的一部历史中，就交织着喜剧的道路。所谓喜剧的安慰，往往是跟它那个时代的精神正相反的。一个时代的知识程度越高，它的喜剧也就越热闹，越成功，野蛮人很少幽默感。因此照我们对喜剧的观点看来，那些奇形怪状的滑稽者和朝廷上的优伶，都是很不高明的喜剧家，就是这个道理。他们靠玩弄文字，或模仿一个失了宠的臣子来博取欢笑。

他们说些聪明话,他们的态度却使人相信那些话是可笑的。他们是这世界宫廷表演中的小配角,常常发言的还是国王。"

"你知道,在古时候用槌子打人的脑袋,或者用剑刺人,一点也没有趣。那种事情是家常便饭。当然,幽默的标准不过是俏皮话,因为还没有什么有趣的情节可谈。那时豪侠的威武行为,我们现在看来许多都是莫名其妙的。假如今天一个青年人脱下大衣来,铺在街头的污水坑里,让他的情人走过去不弄脏鞋子,这在现代观众看来,一定会哄堂大笑的。"

"简单说来,这就是说,喜剧有一个历史,一个职业喜剧家,必须研究喜剧的历史。我开始干这一行的时候,人太年轻,没有很认真地研究这个,事实上,我至今还怀疑我当时究竟是不是喜剧家,我初次登台才五岁,是我母亲抱着我登台的。说真话,她带我上舞台那一次,的确在台上造成了有趣的场面,可是,那时我自己却一点都不知道,两年后,我七岁了,就开始充任演员。……"

"我一心想做个主角,或是一个威风凛凛的大明星。年轻时我的全部精力,我的全部研究都朝着这个路子在走。我从没想过要做个喜剧家,我之所以做了喜剧家,只是由于一个意外。"

"我在演员们所谓的正式戏院里干得不大起劲的时候,碰见了弗莱德·卡诺(Fred Karno),请我在一个歌舞班的戏里扮演一角,那个戏叫《英国音乐厅之一夜》。那完全是一个有趣的速写,我在戏里担任一个醉汉看客,他坐在包厢里不断发出一些坦白的意见。这是我一生的转折点。"

"我在这个醉汉性格的研究上下过苦功,总想把他的性格充分表现出来,那次似乎很成功,因此,我也就差不多满意了。"

"我在美国饰演这个角色的时候,有人很大方地请我去演电影,我就立刻接受了这个邀请。"

"一到银幕上工作起来,我才发觉,喜剧的真实发展原来是一个很使人着迷的课题。"

"我干喜剧的时间越久,我花的功夫越多,因为学喜剧需要把一个人的全部时间、思想和精力全投进去。"

"只要用尽心思把工作做得好,就会立刻感到愉快,精力是不会白费的。"

"我演过的短片,大多数都是我自己写的。"

"我每天学到一些新东西。"

"电影喜剧中的一切都得从基本学起。这一切,生活里头都有,要发现这些基本东西得花一辈子功夫。假如要我解释我在电影里成功的方法,别的人应用起来是不灵的。我的方法是我自己创造出来的,反映着我的人格,反映着我最好的东西,反映着我的工作。"

"喜剧也许有技术方面的法则,但是我不以为你可以把那些法则规定出来,加以标准化。喜剧是世界上最严肃的研究课题。"

"在表演艺术中,没有任何课题象喜剧一样需要你对人性有精细而同情的认识。要在喜剧中成功,你就必须养成研究人的日常工作的才能。"

"在我为银幕写一个新剧本的时候。我先把结构想好,然后就把它放一边,开始到现实生活去寻找我的人物。"

"首先,我自然是去找寻我所要代表的人物,一找到了他,我就追踪他,看他做事,看他的有趣的地方,看他坐在桌上,他到哪儿我就跟到哪儿。我往往要先对一个人研究一个礼拜,才动手弄这个剧本。一般说,一个剧本最好的情节,最有趣的情节,总是我在现实生活中看见的事情的夸大，而这种事情本身却是毫不有趣的。"

"我常常避免滑稽，至少是不依赖滑稽。"

"我在我的动作中力求自然，要明白我怎么样编剧，怎么样去发展它，最好的例子就是我编制我的一个叫《流浪汉》剧本的经过。"

"我在旧金山街上偶然碰见一个流浪者，这就引起了我的灵感。他具备着他那个阶级一般的特征，没东西吃使他有点难过，没酒喝使他更难过。"

"我向他提了一个使他高兴的建议，招待他吃喝，问他先要吃，还是要喝？他说：'我要是饿急了，我可以吃草。可是，我口渴得这么厉害，我怎么办？水泼在火热的铁上，那光景你知道么？那么，试想想那对你的肚皮会有什么样的影响吧。'"

"我们进了一个酒吧间，他的酒到手了，我们马上坐下来，狼吞虎咽大嚼一顿。饮食和酒，使他温暖起来了，这一来，一个流浪者和一个穷光蛋生活里的忘乎其形的快乐也出来了。"

"他告诉我他一生的事情，他谈到他怎样漫游美丽的乡村，谈到他怎样搭便车赶远路，谈到不幸的人的坏运气，他溜上一列上等客车给抓住了，说他搭霸王车，又谈到庄稼人的朴素，他们只住在城外不远。"

"听他讲话，从他的话里找寻他的性格，看他的姿势，看他脸上的表情，真是人生一大快事，他的一切特点，我都注意地看了，并且记下来以备将来参考。"

"我们分手的时候，我向他深深致谢，他很惊异，他所给我的比我给他的多得多。可是他还蒙在鼓里，他只不过弄到一点吃的东西，一点酒，偶尔听我讲一两句话。从他那里，我却得到了一部影片的崭新的念头。"

"我跟他分了手,就坐下来琢磨我的故事情节。这个戏的确是环绕着一个现实生活中的人物写成的,我想象出他在乡下流浪的一些情景。我给加上了一个美丽的乡下姑娘,她待他很好。"

"我记起了他说他瞧不起乡下人和乡下的东西,我又想出了一连串小故事来处理他在田庄上的生活,我编出来他爱上那个乡下姑娘那一段戏,我这位流浪汉朋友谈到他的流浪生活时从没有提到过什么罗曼史。"

"剧本一完成,真实的工作紧接着就来了。"

"辛辛苦苦花了三个礼拜,才完成这一部两大本的喜剧。我跟每一个演员一道工作。我向他们解释流浪汉的观点想法,又设法使他们像乡下人对待流浪汉一样地来做戏。刚开始,别的演员们一时还理解不了这个道理。"

"这种情形是很自然的,这个道理是要想出来的,我得把它交待给其他演员们,他们才能把戏演得活。"

"有些小场面,我们排演过五十多次,一个小动作,譬如一只脚在梯子上摇摆,一袋面粉倒在一个人头上,都要花上几个小时才搞得好。"

"这是因为我是要力求自然,也就是说我们大家都得集中精力苦干……"

"演员们知道我是从研究我的人物和现实生活中的情况而发现银幕喜剧的自然情调的,他们也采用了我的办法。"

(上面卓别林拍的《流浪汉》是给埃山奈影片公司拍的)

"我很早发行的影片中有一部叫《工作》,其中的大部分趣味,来自一个油漆匠助手,他辛辛苦苦地推着一架双轮手车,车上堆满了东西,推也推不动,这情景是我亲眼看见的,对这位助手本人,并不有趣,对旁观的人却十分可笑,这家伙想推着手车上山。可是车子太重,一直把他吊在半空中,又把他推下来,终于弄得他团团转,翻了车才了事,我放大了这点意思,引得观众皆大欢喜。"

(《工作》是卓别林为基斯顿影片公司拍的一部片子)。

"可是,前些时一个吹毛求疵的批评家却说:拍拍打打的喜剧,在银幕上越来越猖狂了。说这话的人,他大为悲痛。他说不定是个哲学家哩。他说这世界快要消灭了,我们的了不起的文明只是一种虚幌子了。"

"聪明人看见滑稽丑角的花头,竟然哄堂大笑,他说这个事就正是世界要向后转,要完事大吉的象征。他预言了许多可怕的事情,说这个世界要回到黑暗时代等等,他深表惶恐,说是也许不会留下几个聪明人来保持人生的精华了。"

"好久以来,我就盼望着会有一次比赛,给我奖品,要我举出我所听见过的最招人笑的事情。假如真有这样一次比赛,我就打算举出这位哲学家的宏言伟论去争夺奖品。"

"我说这话是因为我有一个理论,我认为,喜剧是与它所出现的精炼考究成反比例而增加它的精炼考究的。"

"因此,粗俗的玩艺儿,在野蛮人看来是毫无趣味的。"

卓别林写这篇文章的时候才二十六岁,他在这篇文章中提出了自己独到的见解,而他的理论又是从实践得来的。就像他在文章中说的他写《流浪汉》的剧本一样。

我们从他的童年历史中可以看到,他没有读多少书,甚至连小学都没有念完,他最初参加了《福尔摩斯》的演出,担任了一个角色,连脚本上的台词都读不下来,就是这样一个卓别林,竟然写出了这么好的文章。

另外，卓别林还写过一个叫《旋律》的电影小故事，刊登在好莱坞的《电影剧本》杂志上，是 1938 年 1 月 15 日，第十八卷四四五期。

这是写的西班牙内战中的一段故事，单就文笔说，是一篇奇文：

"那个监狱的小院子里，一片死寂，只有黎明在移动——黎明带来了死亡，那个年轻人就要受到枪毙了，一切手续都弄好了，几个官员已经站到一边来监督行刑。这时情况紧张，一切静寂得可怕。"

"到了这最后关头，人们还在希望总司令部会传来缓刑命令，因为这个判死刑的人虽是革命的敌人，当年他也是西班牙一个有名的人物，他是一个出色的幽默作家，在同胞们的文娱生活中贡献不少。"

"监刑的军官就跟他是老相识，在内战以前，他们两个人是朋友，他们是一块儿从'马德里大学'毕业出来的，为了推翻王室和推翻教会的权力，他们还一道工作过。他们在一起喝酒，夜里一起坐在咖啡店，嘻嘻哈哈说笑，晚上一起畅谈玄学问题。有时候，他们还辩论国家大事。那些时候，他们在看法上也许不同，两人却是好朋友……如今，他这个老朋友就要受枪毙了。"

"可是为什么现在又要想到从前呢？现在内战已经展开了。在监狱院子的沉寂中，这些疑念头在这个军官的心里激荡着……"

"那天早晨他是内战发生后第一次见到他。可是，两人都没出声。他们只是淡淡一笑，表示彼此还认得，就准备到这院子里来了。"

"黯淡的黎明中，一道道银白和鲜红的光芒射过监狱的高墙来，这气氛仿佛是一种沉静的葬歌，它的旋律正好配合这院子里的寂静,这种旋律在沉寂中配合着,象人的心在跳。"

"就在那一阵沉寂中,那执刑军官的声音从监狱高墙那边回响过来了:'立正!'"

"这一声令下,六个兵士,'劈啪'一声把枪端在身边,直挺挺地站着。他们动作一致,接着又停顿了一下,等待发出第二声号令。"

"可是就在这停顿中,出事了,旋律中断了,那个待决之囚咳起嗽吐起痰来了。这一打岔就中断了整个过程。"

"军官转过头来,以为那囚徒要说什么,可是,那人却没出声。军官又转身向着士兵们正要发出第二声号令,忽然他的心乱如麻,仿佛健忘症发作了,心头什么都忘记了,他站在他的兵士们面前,呆呆的,莫名其妙。什么事呀?监狱小院子里这光景实在没有什么意义。他只是客观地看一切——一个人背靠着墙,面对着六个兵士,还有旁边那几个军官,他们那样子多蠢呀。活像一排钟突然停了摆,谁都不动一动,一切都没有意义。一定是出了什么毛病了,这一切一定是一场梦,他得冲出这梦境。"

"朦朦胧胧的,他的记忆力又慢慢地恢复了。他在那儿站了多久呢?发生了什么事呢?哦,是的,他发了一个命令,可是下一个命令又是什么呢?"

"在叫过'立正'之后是叫'举枪',然后叫'瞄准'再就是叫'放!'他心里对这些念头有一点淡淡的影子,可要叫出口来,这几个字却好像离得很远,模糊得很,他够不着。"

"在这个进退两难的情况下,他乱叫一气,吼出一些毫无意义的字眼来,倒也使他松了一口气,那些士兵居然举起枪来了,他的动作的旋律使得他们的脑筋也合上了拍子,现在那些兵士瞄准了。"

"可是,就在这以后一段沉寂中,一阵匆忙的脚步声进了这小院子,这些匆忙的脚步声,这军官知道,是有人来宣布缓刑。一下子,他心头就开朗了,他狂热地向正要放枪的那一小队士兵大叫:停止! 停止!"

"那六个士兵端平了枪站着。那六个士兵还沉迷在那旋律中,那六个士兵一听见他叫停止——还是放了枪。"

卓别林的许多好文章,多出在他的剧本里,上面我们引述他在《大独裁者》的演讲词,即是大好文章。戏剧也好,电影也好,是属于动作的艺术,观众看的主要是演员的动作,而不是听演员长篇大段地说什么。但是,卓别林的那篇讲演词是个例外。不但看电影的观众爱听,不看电影的人也爱听。

在《华尔杜先生》中,杀人犯华尔杜在法庭上讲了一段话,也是一篇很好的小文章,卓别林借华尔杜之口说:

"是的,命运给了我智慧和才能,且有二十五年的工夫,我把我的智慧和才能献给了忠实的劳动。可是,后来谁也不需要他了。我迫不得已,自己想办法生活……不过,请相信,这并不是轻松的生活。……至于说到'大量杀人',象这位检察官所说的……"

"难道说在我们的世界上不能宽恕吗? 难道我们不是在准备万能的武器来从事大量消灭人类吗? 难道我们没有把许多无辜的妇孺都炸成碎块,而且这是用严格的科学方法造成的吗? 我和专家们比起来又怎样? 可怜的杀人犯再没有什么……不过,就是砍掉脑袋,我也不会生气——因为反正我很快就要永远丢掉这个臭皮囊的。这就是我要向你们说的一切,和生命告别……再会,很快的再会。"

"窃珠者偷,窃国者侯",古今一样。

原子专家,军火大王,战争狂人在成千上万地大量消灭人类,没有一个人去过问,一个小小的杀人犯则要问斩,而且杀人犯又完全是被迫的，他是为了活下去才杀人。

如果说《大独裁者》的讲演词是一页和平宣言，那么《华尔杜先生》中的华尔杜的申辩则是对那个不合理的社会制度的一篇控诉书。

卓别林曾经写文章说明他化装的象征意义：

"他的小胡子么？那是一种虚荣的象征。他那一身狭小的衣服，那一条大得可笑的不成形状的裤子么？那是描绘我们的古怪，我们的愚蠢，我们的尴尬的一幅讽刺画。"

"那条手杖说不定是我最愉快的灵感所在，因为那根棍子使我飞快地成了名。而且，我靠了那根棍子玩出了许多花头，使它本身也有了喜剧的性格。"

"我常常发现它勾住什么人的腿，或是勾住他的肩膀，把他拖过来，碰上这种情形，观众常常对我哈哈大笑，我自己却不大觉察到我的姿态。"

"在千百万人中间，一根走路用的手杖居然会给人贴上一个'公子哥儿'的商标，我觉得这是我当初不完全了解的。"

"所以，这样一来，我摇摇摆摆走上舞台，手里拿着一根小手杖，一脸像煞有介事的模样，我就给人一种藐视尊严的印象，那正是我想达到的目的。"

奇装异服，古怪打扮的喜剧、滑稽剧的丑角演员比比皆是，但是，卓别林的小礼帽、小而窄的上衣、大裤子、大皮鞋及竹手杖是"这一个"。这一身装束就是他的代表，但主要的不是这样的化装，而是他幽默、机智的动作。

卓别林是哑剧大师，他的喜剧、幽默更多的是他的哑剧——即所谓默片。而哑剧当然是用不到语言，所以主要的是行动而不是化装。

第二十八章　壮心不已

　　世界和平理事会授予他国际和平奖金；卓别林说：
"聪明人总演不好戏，笨人的戏倒演得挺好，生活也和
戏一样有意思。"他老当益壮，对艺术仍然孜孜以求；他
的美国仆人都给他来信了，加州的雇员每人领了 8 万
元红利；艾娜·卜雯斯除领取红利外，仍作为他的雇员
支取薪水，直到去世。

　　1922 年，卓别林出过一本书，是他成名后，1921 年返回欧洲
旅游，回到美国后写的一篇游记，书名叫《奇妙的访问》。

　　在这本小书里，有不少精彩的文章。

　　他回到了故乡故国——伦敦，在伦敦又回到他小时候生活
过的地方——兰贝斯区，那是伦敦东城的贫民窟。

　　他在这本游记里，就写到了兰贝斯区的孩子：

　　"我走过的时候，他们抬起头来了。他们的美丽、和善的眼
睛看着我这个陌生人。他们都坦白天真，无拘无束。他们对我
笑笑，我也对他们笑笑。啊！我要是能帮帮他们的忙多好。这
些流浪孩子是不会有什么好机会的。"

　　卓别林在这本游记里还有一处写到了伦敦贫民区的肯宁顿
公园，也很动人：

　　"一切公园在我看来是多么使人沮丧啊！那股寂寞劲儿。
要不是感到寂寞，一个人绝不会到公园去。寂寞是凄凉的。凄

凉的象征,那就是公园。"

"可是,这会儿我却给它迷住了。我寂寞,我正需要有寂寞的感觉。"

"凄凉的象征,那就是公园"。"我寂寞,我正需要有寂寞的感觉"。这是诗的语句。是绝妙的好诗。

这是屈原的语言,是荷马的语言,是李白的语言,是但丁的语言,是惠特曼的语言。都不是,这就是哑剧大师卓别林的语言。

他在游记中还写道:

"肯宁顿门,这地方会让我记起许多往事。凄凉的、甜蜜的,一件件往事在心头飞快地翻来覆去。

这是我跟海蒂初次约会的地方。那回我真是抖起来了。穿上那一身又紧又小的大礼服,戴上我那顶帽子,还拿上我那根手杖,我俨然是个大少爷的样子,看着街上每一辆汽车驶过去,一直看到四点钟,等海蒂下车来,她看见我在等她,一定会笑盈盈的。

今天我下了车,跑到肯宁顿门去站了几分钟。我坐的计程汽车,司机以为我发了疯。可是,我却早把司机忘到九霄云外去了。我仿佛看见一个十九岁的少年,穿得整齐极了,心跳得卜卜的,在那儿等着,等待那个好时刻,让他可以和幸福同行。这时候,街头迷人。它在向我招手,要我再去走走,听见一辆汽车驶过来了,我满心高兴地甩过头去,那一阵子几乎又希望看见我那打扮得很俏的海蒂走下车来,笑盈盈的。

那辆车停下了。下来两个男人,一个老太婆,几个小孩子,可是没有海蒂。

海蒂没有了,那个穿大礼服拿手杖的少年也没有了。

　　这篇文章不仅文笔好,感情也是真挚的。卓别林没有忘掉他初恋的情人。

　　卓别林与米尔德莱结婚时,已是二十九岁了,而且这又是一桩被迫的婚姻。也是出人意外的婚姻。在此以前,许多人都猜测,说卓别林迟迟不结婚是因为他仍然念念不忘他的初恋情人——海蒂·克莱。这话是有些根据的。

　　卓别林 1920 年 11 月与米尔德莱正式离婚——此前他们就分居了。1921 年卓别林第一次回欧洲,探望故国、故乡,在起程前,在路中的船上,他想到的回到伦敦第一个要去看望的人就是海蒂。

　　可是,造化也真太捉弄人了,上天也不可怜,他到达伦敦后,得到了海蒂的哥哥告诉了他一个万分不幸的消息——海蒂已作古了。

　　尽管卓别林已经知道了海蒂不在人世了,他还是去了肯宁顿门,还是到了他们初次约会的地方,还是看着海蒂曾经乘过的那路公共汽车,还是在幻想着"打扮得很俏的海蒂走下车来!"

　　此情此景,让局外人晓得了内幕,也会为卓别林流下同情的泪水。

　　卓别林《奇妙的访问》中也写到了肯宁顿路的十字街口:

　　"我就在这里发现音乐的,或者说我在这里最初认识音乐的难得的美,从那一刹那起它就使我欣喜,使我片刻难忘。一切都是我在这里那晚上发生的,全部经过我至今还记得清楚。"

　　"那时候,我还是个小孩子,音乐的美就仿佛是一种甜蜜的神秘。我当时还不了解。我只知道我爱它,乐声一通过我的心传进我的脑子,我就变得肃然起敬了。"

　　卓别林从小就爱唱歌,那么完全爱上它,大概这一次是契机,所以他后来不仅能唱,而且能作曲。他所拍的片子,从他的默片《城市之光》起,以后片中所有的音乐,全是他自己作曲——尽管他不是个专业的作曲家,但他写的曲子,还是得到了好评。

卓别林在他的游记里,还写到了"史特兰戏院"。

他带我们"史特兰戏院"后面去,那里有些美丽的花园和院落,让人想到宫庭、盔甲以及战士还说得上英勇的往日。这些大房子都是理查王时代的私人住宅,也许还要早些。这些大房子里有很多暗路和地道,通往王宫。这里有一种因袭模仿的气氛,不过,什么是真的,什么是仿造的,还是不难分辩出来。

"每一块石头上都写着历史,这不是古战场上的历史陈迹,让历史家俯拾即是的,而是更亲切的历史,帝国的真实灰烬总算还在这些客厅里残留着。"

卓别林的这篇旅行散记,名之曰《奇妙的访问》。哪知,文中却是些"奇妙的散文"。我们上面引过的几段,无一不是短小精悍的好文章。既有诗情,也有画意,也还有令人读了之后需要深思的带有哲理的句子。他在这本游记里还写了一段他与一个法国漫画家迦米相逢的场面,令人读来也自有情趣:

"他向我这边走来,我们张开两只胳膊,我们两人都开怀地笑着。"

"——迦米!"

"夏尔洛!"

我们的招呼是最有热情的。可是马上就出了毛病。

他讲一口法语,快得像机关枪。我的笑脸渐渐变成毫无表情了,我自己也觉察到了。

我却又有一种灵感,我也开始讲英语,讲得跟他一样快。

这样,我们俩立刻就聊开了。还是老样子,彼此满腔热情,不可抗拒的力量,可是又无法动弹身体,彼此都窘极了。

我们两人都无法打开这僵局。

于是,我又试着慢慢谈,谈得慢极了。

"——你——懂——我的——意思么?"

这句话也没有。我们两个人都同时觉得我们这次见面真是没有办法。我们都感到一点悲哀,于是我们又嘲笑这莫名其妙的场面。

"他还是那个迦米,我也还是那个夏尔洛,我们彼此做个鬼脸,总算是皆大欢喜了。"

卓别林就是卓别林,两个老朋友相见——又是久别重逢,但因语言不通,无法交流感情,此种情况下,一般人也许要左顾右盼,找个翻译;也许是急得手足无措;也许急得面红耳赤,捶胸顿足;也许要以手代言,比比划划,指指点点的。没有,他没有那个样子,迦米讲法语打机关枪,他讲英语以快对快,这是多么滑稽的场局。而且也表达了老友相见的感情,最后则是:"皆大欢喜。"

卓别林德班别业的生活过得快乐,三五好友茶余饭后,谈谈说说,无案牍之劳形,无苦思瞑想之劳累。

一天,几个朋友又问起他关于演戏与拍电影的事。

"你问我愿意在哪里演戏?"卓别林直接了当地说:"我喜欢的是老式的戏院,那里的舞台能把观众与扮演者的世界两下分隔开来。我喜欢将幕升起,或从当中分开,露出了台上的场面。我不喜欢演员在演戏时越过了脚灯(指台上的前脚灯,装置在舞台面的矮槛下),和观众们混在一起,由一位演员靠在台边上说明剧情。这种方式不但类似于教训人,而且破坏舞台的情调,这种说明剧情的方法是沉闷乏味的。剧情应该让观众从剧中去了解,或者看一下剧情梗概的介绍书。"

"在舞台装置方面,我喜欢它能增强场面的真实感,但是,不应该让它超越了这一限度。如果演的是描写近代生活的现代剧,我不喜欢那些几何图型的设计。那样一味的追求效果,反而会破坏了我的表演艺术。"

"有些杰出的,已经成了名的艺术家,在布景方面过分炫耀他们的才华,以致演员与戏剧反而退居次要地位。反之,如果是始终没有一点儿布景的点缀,那效果将是更坏的。那样就会有一种学究的气味,仿佛演员是在对观众嚷嚷:'我们请诸位多运用自己的感觉和想象力吧!'这也要不得。"

"有一次,义务演出时,我看到以擅长演莎士比亚剧成名的芬伦斯·克尔·奥立弗爵士,穿着一身夜礼服,念《查理三世》中的一段台词。虽然他凭着演剧技巧创造了一种中世纪的情调,但是,他那一条白领带和那一身燕尾服让人看来总显得很不调和。"

"有人说,演戏的艺术能使自己心里感到轻松。当然,这一条基本原则适用于一切艺术,但一个演员尤其要能克制自己。能保持一种内在支配力。一场戏无论演得多么激动,但演员内心的主宰应当是沉着而轻松的,是随时都可以调整和随时指导自己情绪的起落的——外在的你可以激动,内在的你必须受到控制。而一个演员要做到这一点,就必须使自己的心里感觉轻松。那么,怎样使自己心里感到轻松呢?这是很难做到的。我的办法是自己体验出来的,在出场之前,我总是极度地兴奋紧张,在这种情况下我会精疲力尽,但是,上场的时候,我的心里反而感到轻松了。"

这时,有一个朋友问道:"查利,学演戏很难吗?"

"怎么说呢?"卓别林笑了笑,他又说下去:"我认为演戏完全靠别人去教是无济于事的。不是能教得会的。"

"那么,演戏又是怎样才能会呢?"一个朋友有兴趣地问道。

"熏陶见习,耳濡目染,多看,多学别人的演戏。"

我见过一些聪明人,他们总演好戏,也见过一些笨人戏倒演得挺好。无论如何,演戏基本上需要的是感情。温赖特,哦——就是托马斯·格里菲斯·温赖特,他是一位美学权威,还是个报刊撰稿人,他是查尔斯·兰姆同时代许多大文豪的好朋友,但是,他又是一个冷酷残忍的杀人犯,为了谋财毒害了他的岳母、小姊、叔父和友人。我这里列举的聪明人,他永远不能成为一个好演员,因为他是毫无感情的。"

"一个人十分聪明,但如果他毫无感情,他就可以表现为一个十恶不赦的罪犯,一个人情感丰富,但如果没有智力,他结果就是一个与人为善的白痴。但是,如果智力与感情获得理想的调和,那样就产生了最好的演员。"

"查利,你是说,一个演员既要有丰富的感情,又要有智力,是这样吗?"一个朋友插言道。

"一点不错。"卓别林点点头笑了笑,又说下去:

"对于一位伟大的演员来说,他的基本特点在于演出时热爱他自己。我这样说,并不含有贬低他的意思。我常常听到一个演员说:'我真爱扮演那一个角色。'那意思就是说,他爱的是扮那个角色的自己。这可能是一种以自我为中心的想法,然而伟大的演员一心想到的就是自己的趣味:亨利·欧文爵士演《钟声》,赫伯特·比尔博姆·特里爵士扮演斯文加利,约翰·马丁·哈维爵士演《香烟工人的罗曼司》,这三出戏都是很平常的戏,但是,戏里的角色却被扮演得非常精彩。你单是热爱戏剧还不够,你还需要热爱和相信你自己。这样才能演好戏。"

一个朋友插言道:"查利,能不能跟我们说说有关教学派与戏剧学派的事? 他们主张些什么?"

"不客气地说。"卓别林说道:"对教学派的演戏,我知道的很少,据我了解这一派注重的就是如何发展演员的个性——其实,对某些演员来说,你还是少发展他们的个性为妙。归根结底,演戏是扮演另一些人。个性是一种无法形容,但又是在戏中随时流露出来的东西。然而,任何教学多少都只有一些意义。比如,俄国著名的戏剧理论家斯坦尼斯拉夫斯基注重'内在真实',我明白,这意思是说,要进入一个角色,而不是扮演一个角色。这需要转移你的情感,需要体会一切事物:你要能体会到做一个狮子是怎样的,做一个老鹰又是怎样的? 还要本能地意会出一个角色的灵魂,要知道他在任何情况下作出的反应。这些方面的表演是无法言传的。所以,我才说过,演戏一事不是能够教得会的。"

"指导一位真会演戏的男演员或女演员如何扮演某一个角色,你只要说一个词或短语就够了,这是福尔斯塔夫型的,或者,这是一个现代包法利夫人。据说,杰德·哈里斯曾对一个女演员说:'这个角色的流动性,好像一朵摆动的郁金香。'这未免说得太玄了。"

"有人认为必须知道角色的全部细节,其实这是不必要的。谁也不能在一个剧本或一段台词中,写出所有杜斯向观众表现出的那些特殊含意。那些含意,肯定还有某些方面是连剧作者都无法理解的。而且,据我知道,杜斯本人并不是一个知识分子。根本用不着剧中的某一角色写出一部一生的历史来。"

"如果说到戏剧是学派,我最恨某些他们这派的人主张用反省深思为方法去激起生动的感情。一个学戏的人,如果你必须从思想上去触动他。那么,单凭这一点,足以证明这个人是不配演戏的了。"

"讲到一般人讨论得最多的'真理'这一个哲学名词,真理是有其不同形式的,并且,一条真理与另一条真理可以是同样正确的,法兰西戏剧学院的古典演剧法,与易卜生的戏剧的所谓现实演剧法,是同样令人信服的,但二者都不脱离人工范畴,都是为了要给人一种真理的幻觉——讲到底,一切真理中都孕育着谬误。"

卓别林停下来不说了。一个朋友说:"查利,你可以写一本书,写你讲过的这些,那样对演剧的人,当导演的人,还有编剧本的人都有用处。"

卓别林笑道:"不! 我们几个朋友在一起闲谈还可以,讲到写书,差的就远了,写书要有系统,要有一套真玩艺儿。我这里只不过想到什么就说什么,杂乱无章,况且,有关这方面的书已经不少了。"

"不,查利,我也翻过有关的书,他们的书上,有些地方还真不如你讲的好。你可以在无事的时候,把你讲的这些整理一下,再补充一些就差不多了。"

卓别林摇了摇头,笑道:"差不多一词用不得,写出来给人看的东西,是供别人借鉴的,必须是自己成熟的东西才可以介绍出去。"

又一天,卓别林与几个朋友又谈论起演戏来了,朋友们又要求他说一说有关这方面的知识。卓别林又说下去:

"我发现,要学会演戏,最重要的一条是要知道随机应变,那就是说,到了舞台上,你随时都要知道自己是在什么地方和在做什么事情。走上了场,你就必须很有把握地知道,应当在什么地方停下,应当在什么地方拐弯,应当在什么地方站住,应当在什么时候和什么地方坐下,应当直接还是间接向另一个角色谈话。知道随机应变,你就会胸有成竹,这也就是区别职业演员与业余演员的一个标准。我导演影片时,一向是支持这种随机应变的方法的。”

“演戏的时候,我总喜欢用精巧与谨严的方式。毫无疑问,约翰·德鲁最好地体现了这一点。他总是那么、潇洒、幽默、精巧,而又十分有趣。你要感情流露是容易的——一位好演员必须具备这一特点——当然,你还需要注意措词与声调。大卫·沃菲尔德虽然有一条好嗓子,并且善于表达情感,然而他总让你感觉到,他无论说什么,都有一种宣读《十戒》的味道。”

一个朋友笑问道:

“查利,在美国舞台上,你最喜欢的男演员是谁? 你最喜欢的女演员又是谁?”

“你提的这个问题,可让我十分难以回答,如果我说出来喜欢谁,那样就意味着,我没有提出名来的就是比较差的了,你这不是让我得罪人吗? 但是,实际情况又不是这个样子。让我该怎么说呢?”

卓别林似乎真为难似地搔了搔头。

“搔头的事难办。”一个朋友见了卓别林的动作,开了句玩笑。

“其实也不算太难。”另一个朋友说:“你只提你喜欢的人,你没提过的人,只要没有说你不喜欢或者太差就行了。那些人就会觉得,‘我也不错呀,只不过查利没提出来罢了。’”

“我喜欢的并不都是演正经戏的名演员,其中有一些是丑角,甚至有一些是演杂耍的。"

"比如艾尔·乔尔森吧,好莱坞拍出的第一部有声影片《爵士歌王》就是由他主演的。他只有一种魅力与生气,是一位天生的伟大艺人。在美国舞台上,他是一个最能抓住观众情绪的杂耍演员,这个黑面孔的歌手有着一条洪亮的嗓子,常常说一些很平常的故事,唱一些伤感性的歌曲。但是,他不论唱什么,都能使你的情感随着他的表演波动起伏,即使是唱他那首无聊可笑的《好妈妈》,他也能吸引住所有的观众。以前他只是在银幕上偶而露一次面,但是后来,到了1918年,他的名气响到了极点,观众们对他像中了疯魔一样。他那柔软的身体,大大的脑袋,锐利的眼睛,都具有一种奇异的动人的力量。每当他唱这些歌曲,如《彩虹落在我肩上》和《我走在大伙儿的面前》时,他会使人完全情不自禁地振作起精神。百老汇大街上的那种诗意,那种活跃的气氛,那些鄙俗的动态,那些希冀与梦想,一切都给他人格化了。"

"另外还有萨姆·伯内德,他是一位荷兰演员,擅长演喜剧和轻歌舞剧。他也是一位优秀的艺人。他对什么事情都好发火。"

卓别林改变了声调,学着伯内德的声音:"鸡蛋呀! 一打要卖六毛——还要臭的! ——再瞧,碎牛肉卖什么价! 你得花两块钱! 两块钱——只买到这么一小撮。这么一丁点儿碎牛肉。"卓别林又学着伯内德的动作,伸出一个小手指,用大拇指捏到小手指的小半个指肚处,又说"他就这样夸张花两块钱买来的小到了这种程度的碎牛肉",接着又大发脾气,东喊几声,西叫几句,仿佛是在跟什么人吵架一样。我记得,从前,两块钱买到的碎牛肉多得你没法拿呀!"

"不演戏的时候,他又是一位哲学家。有一次,福特·斯特林去看他,哭着诉说怎样受了妻子的骗,萨姆听了,你猜他怎么样劝说的?"

卓别林几个朋友,众人猜不出是怎么劝的,所以无人说话,卓别林才又说下去:

"他并没有劝什么话,只是说:'这又怎样呢? 连拿破仑还受了骗哩!'"

"另外,我还要提到弗兰克·廷尼。我第一次到纽约的时候,他在冬花园里卖座最盛,和那里的观众的关系非常密切。他会在脚灯上边探出了身体悄声说:'那个女主角简直被我迷昏了。'然后偷偷地向后台那面看一眼,好像是怕被人听见了。接着,他又转向观众们,像告诉他们一个秘密似地说:'瞧她多么可怜,今儿晚上上场的时候,我说:'晚上好。'可是她完全被我迷住了,连一句话都回答不上来了。'"

"就在这个时候,那位女主角在台上走了过去,廷尼赶快把一个手指放在嘴唇上,警告观众不要泄露了他的秘密。接着他就喜滋滋地招呼她:'喂! 宝贝儿!'她气呼呼地扭转了身,含着怒大踏步走下了场,她的一只梳子落下来了。"

"于是,他悄声对观众们说:'我刚才怎样对你们说来着? 可是,背着人我们俩就是那样儿要好。'这时他交叉了两个手指(表示减轻说谎的罪过)。他拾起了她的梳子,向舞台管事的喊道:'哈里,请你把这个放在我们俩的扮戏房里好吗?'"

"几年以后,我又看到廷尼演出,这时我大为惊讶,因为他演喜剧的那种风度已经消失。他显得非常不自然,我竟然无法相信那是同一个人。正因为我看到了廷尼的这些变化,后来我就编写了我那部电影《舞台春秋》。我很想知道,他为什么会失去了精神与信心。在《舞台春秋》里,那是由于年龄的关系,卡华路年老了,变得内向了,开始矜持了,而这一来他与观众之间的那种亲密关系也就完全的消失。"

"在美国的女演员中,我最喜欢的是菲斯克夫人,她是那么热情,幽默,而又聪明,还有她的外甥女埃米丽·史蒂文斯,那是一位富有才华的女演员,也具有独特的风格与动人的技巧。简·考尔能使她所表演的形象突出,并达到深度;莱斯利·卡特夫人同样具有吸引力。在女喜剧演员当中,我喜欢特里克西·弗里甘札,此外,当然还有范妮·布赖斯,她演剧的心得丰富了模拟戏谑的技巧。我们英国人也有自己伟大的女演员:爱伦·泰丽,爱达·里芙,艾琳·范布勒,西比尔·桑代克,以及机敏过人帕特·坎贝尔夫人——以上,除了帕特夫人外,我都见过。"

"约翰·布莱斯·巴里摩尔,因为保持了戏剧的正统而闻名,但是,他恶俗地显露自己的才华,就好像一个人穿着丝袜时不用吊袜带一样——抱着那种满不在乎的态度,对待一切事物都表示十分轻蔑,不论是演一出《哈姆雷特》也好,或者是和一位公爵夫人睡觉也好,在他看来都是一件闹着玩的事情。"

"吉恩·福勒在他写的那部巴里摩尔传记里,有一段讲到巴里摩尔一次喝得酩酊大醉,被人从温暖的被窝里拉去扮演哈姆雷特。他演一会儿,就在舞台旁边条幕后面呕吐一阵,一面吃醒酒药。据说英国剧评家曾盛赞他那天晚上的演出,说他是当代演哈姆雷特最精彩的演员。听了这样可笑的故事,每个人都会在理智上起一种反感。你们听了又会有什么想法?"

"我第一次会见巴里摩尔,是在他最红的时候。那一天,他正心事重重地坐在我们联美影片公司的大厦的一间办公室里。经过介绍,才相互认识。后来,屋子里只剩下我们两个人,我就谈到他扮演哈姆雷特如何成功。当时,我说:'在莎士比亚的戏里,哈姆雷特是所有角色中最被人欣赏的一个。'"

"他沉思了一会儿,说:'演那国王也不错嘛。说真的,我觉得演那个角色要比演哈姆雷特更好。'

我当时感到很奇怪,怀疑他说这话究竟有多少诚意。如果他不是那么虚荣,而是更加朴实的话,他完全可以与布斯·欧文·曼斯菲尔德·特里等伟大的演员媲美。但是,那些演员都有他们崇高的精神和明智的见解。而约翰的缺点则在于他有一种天真和虚幻的想法,总认为自己是一个命中注定了要毁灭的天才——而结果他确是以一种恶俗和狂暴的方式做到了这一点;由于酗酒而死。"

"约翰不能说他不是个天才,也不能说他不聪明,或说他没有智力。他的毁灭,是因为他没有正视自己,因为他多的是虚荣,缺少的是虚心,这就是他最终没有成为伟大演员的原因。"

卓别林在与朋友闲谈中,谈论到了当时的世界形势,朋友们七言八语地谈论了一些,最后,一个朋友说:

"查利,你说说你的看法吧。"

卓别林想了想,说:

"我只能概括地说几句。不可能说得更详细。"

"由于现代生活越来越复杂,再加上二十世纪动力学的发展,于是,在政治、经济和科学各方面,个人就被一些庞大的组织所包围,并受到他们的威胁。思想需要符合条件,行事需经过批准,举动需获得允许,于是,我们正在成为这一切的牺牲者。"

"我们之所以会让人家造成这样一个类型的人物,那是因为自己缺乏见识的缘故。我们已经不知不觉地变得丑陋和臃肿,失去了审美的观念。同时,我们的生活感官由于追求利润,权利与垄断而变得迟钝。我们已经让这些影响蒙蔽了自己,以致完全忽略了那些严重的结果。"

"科学知识由于缺乏慎重指导或负责精神,就为政客和军人提供了具有强大摧毁力的武器,以致世界上所有人的命运都被这些人所掌握。"

"有一些人的道德责任感和智力才干有时至少是不够格的——在许多情况下甚至是成问题的。而让权力过分集中在那些人手中,到后来就会导致一场毁灭人类的战争。然而,对此我们却熟视无睹,听之任之。"

"有一次,美国原子物理学家,朱利叶斯·罗伯特·奥本海默博士对我说:'人永远受到求知欲的冲动'。按说这是一件好事,然而我认为,在许多情况下,人们并不去注意追求知识带来的后果。博士也同意我这种看法。有些科学家就像宗教狂热者一样。他们只顾研究科学,相信他们的发现永远是有益的,认为他们的求知信条就是道德标准。"

"人是一个以谋求生存为其主要本能的动物。因此,他的独创性发展在前,他的灵魂却在后。可见,科学的进步远远超出了人的道德行为。"

"在人类进步的道路上,利他主义的行进是缓慢的。它慢慢地踱步,时时会倾跌,落在了科学的后面。只有在环境许可的条件下,才能发挥它的作用,要消除贫穷,你不能指望利他主义或政府的慈善事业,你只有求助于辩证唯物主义。"

"英国历史学家、哲学家托马斯·卡莱尔说过,要世界得救,必须靠人们思考。然而,只有人们处于性质严重的情况之下,到了迫不得已的时候,他们方才会进行思考。"

"比如说,刚分裂了原子的时候,人们曾经陷入困境,他们必须进行思考。他们必须选择一条道路，或者是毁灭了自己，或者是约束着自己，科学的威力强迫他们作出选择。而在这种情况之下，我相信他们的利他主义最后仍将为人信奉，他们对人类怀抱的善意已经战胜一切。”

“查利，这么说，你是不赞成科学进步了？”

一个朋友调侃地问道。

“不！恰恰相反，我绝不反对科学的进步与发展，关键的问题是那些发明，科学的发展被什么人来掌握？又是用来干什么用？比如飞机的发明，如果用来载客，运货，那确是缩短了人间各地的距离，但是，给飞机装上机关枪，让飞机载上炸弹就会毁灭了人类，毁灭了人类的文明，也毁灭了人类的道德。”

“你对 1945 年美国在日本国扔下了两颗原子弹怎样看？查利。”

“美国的两颗原子弹对早日结束二次世界大战确实起了一定的作用，但是，应该说罪大于功。两颗原子弹毁灭了日本人民几十万的生命，还有些人得了辐射后遗症，这是残忍的屠杀，即使没有这两颗原子弹，二次大战也会以日本失败结束的，那时候墨索里尼早已完蛋，意大利已经投降，希特勒也完蛋了，苏联的军队已经占领了柏林，只剩一个日本是支持不了多久的，但是美国还是犯下了滔天罪行。这是完全不应该的。而原子弹的试验成功，也正是科学研究的成果带来的后果。这大概是原子物理学家也不愿看见的后果，但是，他们在研究的时候也许还不曾想到会出现这样的后果。”

“你对共产党俄国，还有今天共产党中国有什么看法？查利。”

“我赞同他们的政策。我在伦敦会见过俄国的领袖赫鲁晓夫与布尔加宁。他们的政策是让人们过上好日子。我在日内瓦也会见过共产党中国的周恩来。周是一位杰出的伟大的人物,他向我谈了他们的政策,主要点是要和平不要战争,要全力改善本国人民的生活,可以这样说,我的认识与他们是一致的。不但是某个国家的人民要过上好生活,而且希望全世界每一个国家,每一个地区的人民都有吃、有穿、有住,过快乐的日子。"

"难怪人们说你是一个'世界公民了。'"一个朋友说。

"那么,"又一个朋友说,"美国人——当然是那些反对苏俄的人,说你是一个共产党的同路人了。"

"如果他们的路是对的,做他们共产党的同路人又有何不可?"

卓别林笑道。

一个朋友开玩笑地说:

"是不是苏俄共产党曾为你举办过'电影节'你才与他们做了同路人啊?"

"不!当然不是!"卓别林郑重其事地说:"不过,他们在1942年,正是在艰苦的抗击着希特勒德国大军进攻的时候,为我举办'电影节',我是由衷地感谢他们。"

卓别林决定不再回美国,并派人结清了他在美国的一切资产之后,他在贝弗利山住宅里的女佣海伦听说卓别林一家人不再回美国了。给卓别林寄来了一封热情的信。信是这样写的:

> 亲爱的卓别林先生和夫人:
>
> 我已经给你们写过好多封信,可就是没把它们寄出去。自从你们走了以后,看来一切都出了毛病——除了自己的亲人以外,我从来没有为谁这样难心过。可是,所有的事情都是那样不公正,那样做得过火,真

叫我受不了呀。再说,后来我们听到了最担心,最令人害怕的消息——说什么要把几乎所有的东西都收拾了走——这简直是意想不到的事情嘛——这简直是不可能的事情嘛——我们收拾的那些东西,差点儿都被眼泪给飘走了,我伤心得一直到这会儿还在脑袋疼——我真不知道你们这些人是怎样会受得了的。求您,求求您,卓夫人,只要有一丝办法可想,您千万别让卓别林先生卖了这幢房子呀。所有的房间,虽然里面几乎只剩下地毯和窗帘,但是,都有它们可爱的地方呀——我这个人可真想不开,我永远也不甘心让别人来住这幢房子。要是我自个儿有这笔钱,那该有多么好,可我这是在转傻念头,这是在胡思乱想啊。尽可能节省别的开支吧。可是,求您,求求您留下这幢房子吧。我知道这些话没我说的份儿,可我仍旧忍不住要说——同时,我永远希望,将来有一天你们会回来。卓别林夫人,我暂时就写到这儿了——我有三封信要寄给你们,可我得找大点儿的信封。向府上所有的人问好,原谅我用铅笔,连我的那支墨水笔也出毛病了。

　　　　　　　　　　　　　　海伦谨启

　　卓别林一向是对待佣人非常好的。乌娜自从成为卓别林夫人之后,她的善良性格与和蔼的态度更是得到府中所有的仆人的喜欢,尽管佣、仆是他们家花钱雇来的,但是,主仆间相处的就像一家人一样。从海伦的信中也可以看出来。

　　乌娜立即给海伦写了一封回信。信是这样写的:

　　海伦我亲爱的朋友:

　　　　首先让我向您问好。也谢你对我们的情谊。

很抱歉，我不得不告诉您实话，我们不可能再回到贝弗利山的住室里去了。也许您还不知道，我们在1952年回美国时候，那还是在船上，也就是9月19日，美国政府的总检察长麦克格兰纳利就已经下令给美国移民局，禁止我们再入境了。我上次回去那次，就是找我们在银行保管的贵重物品，又因为美国联邦调查局不断的找麻烦，我又不得不匆匆离开。其实，我是既留恋您的友情，也舍不得离开那幢房子，可是又不得不离开。海伦，我的亲爱的朋友，我也与您同样伤心，但是，又不得不这么做，我想您是会理解我们的。我们在美国的处境您可能已知道一些，卓别林拍的电影受到一些有势力的团体的抵制，美国政府也不断地找他的麻烦，尽管我们是自由地离开了美国，可是，实际上又是被迫离开的。

至于那幢房子，我和卓别林先生已商议过了。不得不卖掉了，因为我们再也不会回到美国去了，所以贝弗利山的房子对我们已没有用了。这只是一种不得已的做法，我想你是会理解的，不要怪罪我们。

亲爱的老朋友，但愿我们还有相见的日了。孩子们向您问好。

乌娜谨启

卓别林他们还收到了亨利的一封信。信的内容如下：

亲爱的卓别林先生和夫人：

我有好多时候没写信给你们了，因为我的瑞士英文很难准确地表达我的思想。前几个星期，我遇到了一件很快乐的事情,原来我有机会看到了《舞台春秋》。那是一次内部放映。是朗塞尔小姐请我去看的。看的人一共有二十来个,我认得的只有西德尼·卓别林先生和夫人,朗塞尔小姐,还有罗利。我坐在后边老远的地方,为的是要独个儿静静地想一想。这部影片可真美呀。大概我声音笑得太大,可眼泪也流得最多。我从来没看过这么精彩的电影。这部影片从来没在洛杉矶放映过。无线电里倒广播过好几张唱片,都是《舞台春秋》里的音乐。多么美的音乐啊。我听的时候,被它深深地感动了,它们没提到是卓别林先生作的曲。

孩子们喜欢瑞士,我听了很高兴。我就是要说瑞士是一个美丽的国家。那儿有世界上最好的学校。当然,成年人则需要更多的时间,才能习惯外国的生活。

瑞士是世界上最古老的共和国,1911年就建立起来了。那儿的8月1日,是这儿的7月4日。是独立纪念日。那天不放假,但是,你可以看到所有的山顶上升起了焰火。总而言之,那是少数保守的、繁荣的国家之一。我是1918年离开那儿去南美洲的。后来,我回去过两次,我还在瑞士部队里服过两次兵役。我出生在瑞士东部圣加仑。我有一个兄弟在伯尔仑,还有一个兄弟在圣加仑。

　　　　　　　向府上各位致最良好的祝愿。

　　　　　　　　　　　　亨利谨上

卓别林的部下,所有在加州的工作人员都一直照常在领薪水——尽管他们在1952年卓别林回到英国后一直没有什么工作可做。后来,卓别林在瑞士定居下来,他再也无力支付这一笔钱了。所以他给那些人结算了解雇金,又让他们每人领了一笔红利,总数是八万美元。至于艾娜·卜雯斯除了领到一份红利外,仍旧作为他的雇员领取薪水,直至她逝世为止——这是卓别林特意照顾她,因为她那时正在病中,正住院治疗,需要用钱。

当年,卓别林在为《华尔杜先生》选择演员时,他曾想到要让艾娜扮葛罗斯奈夫人那个主要角色。因为艾娜一向不来电影制片厂,每周的薪水都是由办事处汇给她的,所以,卓别林已有二十年没见到艾娜的面了。

事后,艾娜对人说,她接到制片厂叫她去的通知时,她不仅是高兴,简直是大为震惊了。

艾娜一到,摄影师罗利就跑到卓别林的化装室来。他也是二十年没有见到艾娜了。

"她来了。"罗利说话时两眼闪闪发亮。"当然,她已经不是从前那个样子了——可是,看上去,仍旧是出色的!"他看了卓别林一眼,又说:"这时候,她正在她原来的化装室外面的草坪上等着哩。"

尽管罗利没有提艾娜的名字,卓别林还是一下子就猜到了,一定是艾娜。不过他还是问了一句:

"谁来了?"

"还有谁?"罗利说:"艾娜呀,艾娜·卜雯斯。"

卓别林不喜欢久别重逢后来上一个伤感的镜头,所以,他装出来的一副无所谓的神气,就好像前几个星期还见到过她似的。

"好呀!好呀!我们到底把你找来了。"卓别林高兴地说。

在日光下,卓别林注意到艾娜在笑时,嘴唇在哆嗦。于是,他赶紧说明:

"艾娜,这次请你来,是想让你扮演一个重要角色。"接着,他就把《华杜先生》的故事内容讲给她听。

"故事好像非常精彩哩。"艾娜兴致勃勃地说。

艾娜的台词读得还不错。但是,卓别林见到了艾娜却产生了一种忧郁的怀旧感,因为他又想起了早年那些顺利的日子,他完全记得那些日子里的一切都给人带来了希望。

还可以说艾娜是他亲自选中的拍电影的搭档。那还是1915年,他到了埃山奈影片公司不久,他还记得,她是由一位咖啡馆的老板搭特先生介绍认识的。他还记得艾娜是如何帮助他完成了他吹牛吹出来的"催眠术"。从那以后,他们在一起一直是搭配得很好的。他从埃山奈影片公司发现了艾娜。当她与埃山奈影片公司的合同期满后,他又到了互助影片公司,同时,也把艾娜带到了互助影片公司。

对!卓别林还清楚地记得,他和艾娜一直是形影不离。外人原以为他们即将结婚了。因为,那些日子里,只要卓别林一和年轻漂亮的姑娘在一起,艾娜见了必然吃醋,而且又总是一套——昏倒了,醒来后必找他卓别林。可是,这一幕终于结束了,他们没有结婚。他记得很清楚,就是那个派拉蒙影片公司的大个子男主角演员汤米·米恩夺走了艾娜,啊,也不能说是夺走,那应该是艾娜"情"的转移。

不过,卓别林并未因此就与艾娜发生龌龊的不快的纠葛。他也没有记恨艾娜,当他从互助影片公司转到了第一国家影片公司,又将艾娜带过去了,他与她还是一对好搭档。到了1923年,他总算完成了,也可以说结束了与第一国家公司的合同,他开始给他也是股东之一的,也是由他作为主要发起人的联美影片公司拍片子,这时,他已有了自己的制片厂,而艾娜又到了他的制片厂。直到他给联美拍的第一部片子,他只作导演的《巴黎一妇人》，艾娜却没有演好，从那以后，艾娜就再也没和卓别林合作了。这次，二十年后，又一次地使用她了。

艾娜的工作是很卖力的，她已二十年没在银幕上出现了，老观众早已把她忘掉了，她当然愿意东山再起，但是，结果事与愿违，因为扮演这个角色，需要有欧洲人那种矫揉造作的姿态，但是，这却是艾娜所不会的。所以，卓别林在和她一起工作了三四天之后，他不得不承认，艾娜是不适于扮演这个角色的。

艾娜对此并没有怨言，反而似乎如释重负。从那以后，卓别林再也没有听到有关艾娜的消息。一直到他在瑞士定居后，艾娜收到了解雇费与红利写了一封信给卓别林，信内写道：

亲爱的查利：

这是我第一次写信给你，感谢你多年来一直厚待我，给我种种照顾。我们早年里好像不曾有过这么多的麻烦，你现在可惹上了。但你有着可爱的妻子和女儿，我想你的生活一定是十分美好的……

（以下，她写了她的病痛，埋怨医生和护士费用太大，但在最后，仍是她那老脾气，又讲了一则笑话）。

现在讲一个我听到的故事吧。一个人被密封在一个火箭飞船里，人家把火箭发射到高空中，测验他能够飞多高——所以，事先关照他，要记录高度。于是他就这样数下去：二万五千——三万——十万——五十万……数到这里，他自言自语地说："耶稣基督呀！"而这时候就听见有人以极低的声音应道："你有什么话呀——？"

千万请你，请你早日来信，查利。

你还是回来吧，你是属于这儿的呀。

祝好！

真心诚意最崇拜你的

艾娜

卓别林是个多情的人，尽管艾娜后来移情别爱，但是在她比较困难的时候，他一直在帮助她。自从 1923 年以后，艾娜就再也没演过什么片子，如果是以赢利为目的电影制片厂或影片公司早就与艾娜解除合同了，他们是不会养一个闲人的，但是卓别林仍然是每星期都能拿出钱。这当然令艾娜很感动，当然她也很后悔，如果自己不遇到汤米，或者自己不去爱汤米，那么，卓别林身边的人一定是自己，那样，也就不会有米尔德莱，也不会有莉太，更不会有宝莲与现在的乌娜———一切都晚了。

卓别林一直没给艾娜写过信，这倒不是因为记恨。他没恨艾娜移情别爱的事，主要原因是一生也懒得写信，就因为他在接到了温斯顿·丘吉尔的信，没有回信而被对方见怪了。另外还有一点小原因，那就是，自己已经有了妻子，不应该再与从前的情人藕断丝连。所以，他只是关照制片厂的人，有时转达他的意思。

当艾娜听说卓别林的制片厂已经解散，所有的人领到了解雇金，各奔他乡了，只有她这个已经领取了几十年"干"薪的人仍像留用人员一样继续领取薪水，她又给卓别林写来一封信：

亲爱的查利：

现在我又满怀感谢的心情，回到了医院（巴黎嫩杉木）里，给我的颈部进行钴射线治疗。再没有比手术更痛苦的了！无论哪儿一动弹，你就哪儿痛。但是，治我患的这种毛病，这还算是最好的疗法哩。希望这个周末能够回家，此后就可以单看门诊了（那可太好！）。幸亏我的内脏都正常,所以医生说,这只是局部的毛病,——而这情形就使我想起了那站七马路和百老汇大街路口的人,他把纸头撕成小碎片儿,向四面散洒着。一个警察走过去,问他这是干吗?他回答说:"这是要大象躲开点呀。"警察说:"这一带地方一个大象也没有。"

那个人回答说:"真哪,可见得这个方法是有效果了,对吗?"我就是爱说笑话请你原谅。

祝你和府上好,祝你们事事称心如意,永远问好。

艾娜

1956.11.13

这是卓别林收到艾娜的最后一封信,不久,她就去世了。

艾娜本来可能成为卓别林夫人的,由于她移情别恋,所以未成功。但是,卓别林对她却是做到了仁至义尽。

俗话说"贫居闹市无人问,富在深山有远亲"。这本是市俗之见。一般人都希望热闹,也希望人人都来看望或记挂着。卓别林正巧相反,他在瑞士的科西尔村定居下来以后,却希望人们忘掉他。他初步达到了目的。就在他过六十五岁生日的时候,没有邀请任何一个朋友,参加他生日家庭宴会的只有他的夫人乌娜和他的最小的三个孩子——即五岁的约瑟芬、三岁的维多利亚和仅八个月的友琴。两个大孩子——杰挂尔丁和迈克尔——那天正在山里忙着滑雪。卓别林没管他俩,一口气吹灭了六支大蜡烛(每支代表十年)和五支小蜡烛(每支代表一年)。

卓别林真的让人们忘掉他吗?真的要与世隔绝吗?没有,作为一个电影艺术家,一个和平战士,他不可能不再问世事,不再关心社会而去过他的田园生活。艺术家的良心,和平战士的斗志也不可能使他去过隐居生活,他在战斗,他用他的头脑去战斗——他在他的德班别墅里潜心在编写电影脚本。

人们并没有忘记他,也不可能忘记他。

就在他的生日过后的第六个星期,正在柏林举行会议的世界和平理事会宣布了国际和平奖金获得者名单,一个是查尔斯·卓别林,另一个是著名苏联作曲家德米特里·肖斯塔阔维奇。

卓别林能获得这个奖赏是当之无愧的。他拍的《从军记》就是反对战争的,而他在二次世界大战还没有发生的时候,就在筹拍《大独裁者》了,那个时候,还没有一个大胆的艺术家敢用嘲讽的手段来反对希特勒和墨索里尼,卓别林却敢做了。在二次大战的初期,又是他第一个提出了要开辟第二战场。而《大独裁者》一片的片尾讲演就是一篇和平宣言。

说实在话卓别林早就应该获得这样的奖赏了。其实,人们早已想到了这一点。卓别林在他的电影中宣扬的和平思想是全世界公认的。全世界爱好和平的人们,也认为他早应获得这个奖赏。

早在 1948 年,法国电影批评家联合会在法国报界人士的一致同意下,向挪威议会主席斯笃辛曾发出了一封信,信的内容如下:

> 卓别林先生的影片,最突出的特点是它们的拥护和平的思想和影片中表现的对人类的热爱。他的最近两部作品——《大独裁者》和《华尔杜先生》,在这两部影片的后半部里,都出现了尽力宣扬亚弗雷特·诺贝尔先生的宝贵的思想宣言。

> 基于此点,法国电影批评家联合会……这个联合会是依据会长罗西根扬·代尔在 1926 年所表示的希

望而成立的……建议把诺贝尔和平奖金授予查尔斯·卓别林先生……

但是，挪威议会主席斯笃辛永远没有答复这封信。所以，卓别林也就没有获得诺贝尔和平奖金。

这次授奖，并没有把卓别林召到大会去。而是和平理事会的代表来了。

1948 年 6 月 3 日，法国作家维尔高尔，诺贝尔化学奖金获得者理查德·辛治博士，苏联导演谢尔盖·格拉西莫夫，瑞士著名教授邦纳和和平奖金评议委员会书记若热·萨拉米亚等一行人，代表世界和平理事会，来到了卓别林的寓所。

参加颁将仪式的还有瑞士政府官员以及许多知名人士。

法国作家维尔高尔代表世界和平理事会讲了授予卓别林国际和平奖状、奖金是因为他"丰富多彩的活动对和平事业及各国人民之间的友谊作出了特殊的贡献"。然后将奖状（上面有毕加索画的和平鸽）及一笔奖金授予卓别林。

卓别林作了答词，全文如下：

和平是世界上普遍的愿望，我坚信不论向东方或西方提出和平的要求，都将是朝正确的方向迈进一步。

所以我受到这个奖励，既感到光荣，又感到非常愉快。我并不自以为知道如何来回答威胁和平的问题，可是我知道，在仇恨与猜疑的气氛中，各国是绝对不能解决这些问题的。威胁着要投掷原子弹也决不能解决这些问题。制造这些恐怖武器的秘密，不久就将是大家都知道的东西。所有的国家，不论大小，不久都将掌握这些秘密。

在我们这原子科学的时代。各国应该少去想用暴力解决争端的那种过了时的办法,而去考虑比较具有建设性的办法。使各国人民习惯于接受氢弹战争和它所带来的一切惨状,这种可悲的努力是违反人道精神的罪行,是使全世界都发疯的酵母。

让我们驱散这种令人绝望的,害人身心的气氛,让我们来努力了解彼此的问题,因为在一次世界战争中,是谁也不会得胜的。因此,我们必须许下诺言,重新回到人类的自然和健康方面。重新回到善良的意志方向,因为这是一切灵感的基础,也是人生一切创造性的,美好的与崇高的东西的基础。

让我们朝着这个方面来发挥我们的全部力量,以实现一个光辉的和平时代,而使世界各国都在和平中欣欣向荣。

作为和平战士的卓别林在瑞士科西尔村的德班别业又写了一部反对美国麦卡锡主义、呼唤和平的电影——《一个国王在纽约》。

卓别林自从在科西尔村定居后就着手编写剧本了。这里的环境很幽静,本来适于写作,但是,却常常传来炮声——原来瑞士军方在这附近修筑了一个大炮演习场经常演习实弹射击。卓别林对这件事提出抗议,但是,当局的回答却很生硬:"不能把卓别林先生的工作放在瑞士国之上。"其后,乌娜出面,她委婉而又固执地反复要求,到最后,炮兵们还是被撵走了。

卓别林象往常一样,在最后确定这部影片的故事之前,曾经考虑过二十来个不同的方案。1954 年初,哥伦比亚作家若热·萨拉米亚曾扼要地向别人转述过卓别林告诉他的影片的主要内容,他说:

"影片讲述一个小国国王的经历,事迹和经验教训,他因为不肯制造原子弹,想和平利用原子能而失掉了王位。他在讲故事的时候(这或许也是一个创作的过程吧),又兴致勃勃地表演了整整一个场面。"

"他兴致愈来愈高,又给我念了一下剧本。他用六个公立学校学生的举止,手势和语言,构成了一个深刻有力的讽刺场面。"

但是,两年后才拍成的《一个国王在纽约》和剧本的定稿仍有所不同。

卓别林初入影界就是在基斯顿电影公司。而基斯顿的拍片方式一直是随想随拍。拍片前并没有一个拍摄的计划,也没镜头设计,可以说是随心所欲。后来,他到了埃山奈以及互助影片公司,第一国家公司也一直是随想随拍。一直到他给联美公司拍片仍沿用老办法。可是,他在拍摄《城市之光》时,发觉沿用老办法未免浪费太大,花钱太多,浪费的时间也太多了。他认为,对于一个作家来说,写写撕撕,即便来上十次二十次,所费不过是一个人的时间和心血。但是,在摄影棚里,有摄影师、美工师、演员还有工人,几十个人一起工作,撕掉一个钟头的工作就要损失几百美元,浪费了几十个人的时间。为此,他在拍摄《摩登时代》一片时,开始采用预订拍摄计划的办法。在这种拍摄计划里,每个镜头都预先经过设计,然后再按着设计方案拍上胶片。

卓别林花了好几个月的时间来准备他的新影片:在这整个过程中,他一面把影片中各个角色和各个插曲逐一表演出来,一面由一位秘书按照他的指示把这一切毫无例外地记录下来。

关于卓别林的工作方法,他的合作者之一伊莎蓓尔·德吕兹曾说:

"在好几个月里,卓别林一场一场,一句一句地构思出了他的新影片的情节,他不要任何人帮助,他亲自写对话,亲自结构场面,他的思想方法是很奇特的,他并不按照习惯的方法用语言来思考,他表演。"

伊莎蓓尔·德吕兹在整整一年里一直看着卓别林以演员兼作家的身份进行创作。她说:

"他换了十来种姿势来表演打电话叫旅馆侍者送饮料到房间里来的场面。他从神气活现的姿势,换成一个羸弱老人的慌乱无措的姿势,然后又改用了十来种别的姿势,直到最后,才大喊道:'这一次,这是我的老姿势! 您把这一切都记下来没有? 都记了么?'因为他准备将来再决定从他的许多姿势中采用哪一种。"

卓别林完成了他的"剪辑技巧大纲"以后,便在 1956 年初到伦敦去约请演员、摄影师(著名的乔治·帕里纳尔),美工师和录音师。他成立了自己的制片公司——阿梯加制片公司。他在牧羊人丛林制片厂的摄影棚里搭起了布景,虽然这个厂设备在伦敦并不是最现代化的,也不是最好的。

全片拍摄仅用了十个星期就完成了。这要比伦敦、巴黎、好莱坞或莫斯科各大制片厂的平均拍片期限还短一些。影片的成本是十八万英镑,比起卓别林其他任何一部影片(指 1918 年以后,其中不包括《买公债》)都花费少。

卓别林是四十年来第一次不跟他那些老朋友合作。这次拍《一个国王在纽约》跟他合作的都是些他还不太认识的人。后来,他对《星期日泰晤士报》说:

我觉得自己象一匹马被牵进了一个陌生的马槽。

所有的人都那么富有英国味,使我感到孤独,虽然我自己也是英国人。

　　我在好莱坞我自己的制拍厂里拍片时，每个人都把我当作娇生惯养的孩子来看待的，在拍新片的时候尤其是这样。可在现在这种情况下，一个人就完全失去了自信。肝火旺极了，总也提不起精神，老是丢三拉四的，我几乎要哭出来了。"我的手套哪儿去了？我的帽子呢？"我乱成一团，五个人东冲西撞地乱跑……她们把我当作一个精神病院里的病人。但是人们一定要我相信："一切都很好，老板，很快就会走上正轨的。"我的摄制组人员懒散极了。我的前辈告诉我说："他们在刚开始拍一部片子时总是这样的。"

　　我们开始拍摄第一场戏时简直就像一个人一头倒在冷水里似的。我用我认为最滑稽的一场戏打头炮。为的是增加自信。

　　但是拍一部喜剧片可以说是世界上最悲惨不过的一件事情了。现场上的人没有一个不是脸色阴沉、垂头丧气的，特别是导演和那些喜剧演员。他们都是些典型的苦人儿，个个心慌意乱，面容憔悴，满腹心酸，好在他们天生就是善于解嘲，不与人争的。

　　可是我在摄影棚里认为是最滑稽的东西，在放映时却几乎总也引不起一点笑声。相反地，我在拍片时以为是其糟无比的地方却一定招得观众大笑不止。一个喜剧演员应该时时提醒自己说，他当初的设计是多么的滑稽，否则他就很容易丧失信心。在拍摄的时候，他一看到自己面前的是一张哭丧着的脸或一双呆滞的眼睛，就会感到泄气。

　　拍悲剧片时，现场上的气氛就不同了。悲剧演员是最生气勃勃的。汉姆莱特走出镜头后，便爽朗地大声向你表示欢迎，满面堆笑，就像一个技师在布完道后接受信使的祝贺似的。但是，一个喜剧演员刚演完戏就想躲起来。

而象我这样一个自导自演的喜剧演员，要在一个不属于我所有的制片厂里拍片，该是多么不简单呵！

卓别林的拍摄方法使他的合作者们大吃一惊。他要求替同一个场面拍上好几个备用镜头。一个由他自己主演的插曲倒要从不同角度连续拍上五个、十个或十五个备用镜头。但使人想不到的是，他也要求替同一插曲里的配角们拍特写。

拍了那么多备用镜头后，卓别林还是感到不够用，在一个饭店的场面里，他请一位特技专家——华莱·维弗汞斯把一个女歌手的镜头拉长，以便插进一个他在拍摄计划里和拍摄现场上都没有预想到的特写镜头。

在剪辑这部影片时必须把某些场面分割成五十多个甚至百来个镜头，而不是十个或十五个镜头，所以这项工作之艰巨是可想而知的。剪辑工作是在巴黎进行的，由最杰出的英国剪辑师约翰·西倍恩主持其事。他有一大批助手，其中包括法国人亨利·考尔比（他曾替克鲁索剪辑过《毕加索的秘密》一片）。但是，卓别林很少让他们自作主张。他自己已有四十多年的剪辑经验，几乎所有的胶片都是由他亲手处理的。

《一个国王在纽约》一片，于1956年秋制作完成。当时，只差音乐还没有配好，他首先将影片放映给他的朋友以及一些同事（如罗西里尼）看，也是征求意见的意思。放映之后，他的第一批观众——即朋友与同事都一再诚恳地向卓别林表示说，这部片子是他所拍摄的影片中最卓越的一部作品。

　　但是,卓别林自已却不那样认为,他对这部片子感到非常不满意。他本人把整个影片几乎又重新剪辑了一回,如果不是因为布景已经拆掉,演员早已四散,就差点想重新拍摄了。为了影片的音响效果,他自己又足足干了几星期。然后,他又按照历来的习惯,亲自动手为影片配了音乐。1957 年 7 月,他在巴黎亲自指挥一支庞大的乐队,替影片配上了音乐。

　　工作全部结束后,卓别林便到法国的兰天海岸费拉山上的美丽的斯谷里托别墅去休息了几个星期。在那里,他又遇到了他的一些老朋友,其中包括让・谷克多。谷克多和卓别林言语不通,双方便用手势来代替语言,同时,双方还都新创作了一些新的滑稽表情。卓别林还和英国新闻记者维其尔・汤普逊见过几次面。他告诉汤普逊许多有关他的生活和工作的一些轶事,其中有一些是外界从未听说过的。

　　卓别林在巴黎度过了 9 月的第一个星期。跟他在一起的是他的两个儿子:迈克尔(十一岁,他在《一个国王在纽约》一片中扮演一个重要的角色)和西德尼・艾尔・卓别林(莉太・葛蕾所生)。西德尼・艾尔・卓别林精通法语,他是帮着父亲挑选为《一个国王在纽约》一片的法语配音演员,这项工作十分重要,例如象《华尔杜先生》一片的配音工作,如果不是卓别林指导的话,结果将是很平庸的。

　　9 月 9 日,卓别林和他的小儿子迈克尔飞返伦敦,在机场上迎候他的有大批新闻记者和广播记者。大家都急不可耐地想尽早看到他的这部新影片。

　　《一个国王在纽约》一片的故事梗概是这样的:

　　埃斯特洛维的国王夏多夫(由卓别林扮演)由于国内发生暴动,他不得不带着他的财宝和皇后(由玛克茜恩・奥德莱扮演)

逃亡国外。他到达纽约机场时,受到了他的首相(由吉里·台斯蒙扮演)和他的大使(由奥立维·庄斯顿扮演)以及大批新闻记者、广播记者的欢迎。国王夏多夫宣称,他是因为想和平利用原子能才丢了王位的。他赞扬美国是自由的土地,热情洋溢,但是,他没想到人们却要他在入境册上捺上手印。

他到里茨大饭店安顿下来以后,便急匆匆赶到银行去存放他的财宝。时间太晚了,银行已经拉上了铁门。他在他的大使陪同下,游览了美国的城市和百老汇;他看到了发了狂似的青年人在跳阿飞舞,从超级星涅拉马宽银幕上欣赏了子弹横飞的决斗场面。在夜总会里,这位国王因言语不通,只得靠手势来要鱼子酱和汤,为了要鳕鱼和甲鱼,还必须具体表演一番⋯⋯

十二小时之后,夏多夫国王相继丧失了他的首相和他的财宝(财宝被首相拐走了)以及他的妻子(她到巴黎办离婚手续去了)。他只有把希望寄托在出售他的原子能计划上(他以为能卖出)。他听见隔壁浴室里有一个女郎在唱歌。他跟他的忠心耿耿的大使争着从钥匙孔里张望。他听到里面传出了一声“救命”的叫喊声,便推开门,一面用毛巾有节制地掩住脸,一面冲进浴室去。

美丽出众的出浴少女(由唐·亚丹姆斯扮演)假装扭伤了足踝。这就给夏多夫提供了一个给美丽少女按摩足踝的好机会。当夏多夫回到他自己的浴室后,神魂颠倒地连衣服也忘了脱,便跳进了浴缸,他出神地望着水龙头上面的一块电视屏,屏上有一支电刷不时地把水蒸气揩抹干净——这是一种最新的享受装置。

美丽的女郎——她是在电视台工作的,完全征服了夏多夫国王,使他接受了克隆姆威尔夫人的宴会请柬。出席这次专门为国王举行的宴会是二十位纽约社交界人士。他们怂恿国王朗诵一段哈姆莱特的独白。在国王朗诵之前和朗诵之后,美丽的女郎宣传了一番某种爽身粉和某种牙膏的妙用。国王根本没有觉察到,一架伪装得很巧妙的电视摄影机已经把这个"节目"放送到一千万架家庭电视屏上去了。国王的大使也看到了这个节目,以为他发疯了。

为了对这次秘密广播表示歉意,美丽的女郎给国王送来了一封附有一张两万美元支票的信。他没看内容就把它撕碎了。但是,当旅馆的侍者把帐单送到他面前来的时候,他又赶快捡起那些支票碎块,连忙拼贴起来。

为了维持国王的身份,他便去参观一所"进步"学校,那儿的学生可以随心所欲地做自己喜欢做的事情,有的画画,有的雕塑人像,有的做奶油蛋糕,有一个小孩(由迈克尔·卓别林扮演)则在专心致志地读马克思的著作。国王和他谈话时,这个小家伙口若悬河,根本不让国王插进一句话,最后国王不小心竟一屁股坐在他那顶已被学生改造成奶油蛋糕的礼帽上。

里茨大饭店的帐单使国王极感不安,他便答应美丽女郎的要求,为了五万美元的报酬,替皇冠牌威士忌作一次宣传。在试演时,他赞美了一番威士忌酒的甘美温馨(但没有喝)。但是,到了正式演出时,国王第一次喝下了一整杯威士忌,不禁剧烈地咳嗽起来,喉头象着了火似的,直做怪脸。广告经纪人中止了放映。但三千万电视观众却大为满意。全美国的墙壁上都贴满了夏多夫国王被皇冠牌威士忌呛咳了喉咙的广告。

为了印海报,美丽的女郎便在她的工作室里替国王照相,她的美丽的姿色使国王心猿意马地突然无法克制。美女向国王作了让步后,便立刻要求国王签订一份十万美元的合同,替某种润面膏作广告。但在他上电视屏幕之前,必须先进行一次美容手术。美容医生把国王的脸皮绷紧,用线在他的耳朵后面缝穿,这就使他的鼻子光滑如青年人。

他的新面孔把他的大使和美丽女郎吓了一大跳。最糟糕的是因为脸皮绷得太紧,以致根本不能笑,否则缝线就会裂开。他的朋友把他带进了一家夜总会。在台上表演的是一个糊纸工人正在跟一桶浆糊乱打架。观众捧腹大笑不止。唯独国王却不动声色,冷若冰霜。最后,他再也忍不住了,结果缝线裂开,使他的面孔又恢复了原来的样子。

一个下雪的晚上,他在里茨大饭店的门前发现了那个读马克思著作的孩子,他把孩子带回他的房间里,问他发生了什么事?原来是孩子的父母被传到非美活动调查委员会去受审时,因蔑视国会罪而入了狱。国王安慰他,让他洗澡、吃饭、烤干了衣服。出于误会,这个孩子被人当成了国王的侄子——“鲁伯特王子”。这位小“鲁伯特王子”代替国王出来接待了原子能委员会的三位代表。他对着三位代表发表激烈的谈话,惹怒了代表们。国王只得把孩子送回了他原来的学校。

电视台立刻大造谣言,说国王夏多夫包庇一个小“赤党”。这种诬告吓慌了国王和他的大使。他俩已被密探团团围住。他们企图逃离美国。但是,国王却糊里糊涂地在非美活动调查委员会的传票上签了名,因为他还以为这是别人要他签名留念呢。

国王和他的律师(由哈莱·格里恩扮演)在出庭受审讯之前,又演出了一场话剧,结果耽误了出庭时间。在电梯里把手指伸进消防龙头的箱子里。却怎么也没法拔出来。

国王在法庭上高举起右手宣誓,手指上仍然套着消防水管。走廊里的消防队员发现了消防水管,以为着了火,连忙接上水龙头,水管喷出水来,把法官、新闻记者以及好奇的旁听者和国王的律师等人冲得像落汤鸡。

国王被法庭宣布为"友好的证人",免除了起诉。他决定赶紧离开美国,因为皇后已回心转意,所以国王对那个美丽的女郎已毫无留恋了。在去飞机场的途中,国王顺路到"进步"学校去和鲁伯特告别。年青的鲁伯特为了营救他的父母出狱,已经愿意合作。他向联邦调查局供出了他的共产党员朋友。

"进步"学校的校长夸奖鲁伯特说:"你是一个真正的美国人,一个伟大的爱国者。"

鲁伯特感到十分羞愧,用胳膊掩住流着眼泪的脸。

夏多夫国王带着他的忠心耿耿的大使飞回了欧洲。

《一个国王在纽约》一片于伦敦举行首映典礼。1957 年 9 月 12 日,星期四,伦敦的几辆两层公共汽车在红色的第二层车身上贴了一张小海报,上面画着卓别林的肖像,翘起了一只脚,好像在跳舞似的,背景是美国的摩天大楼。海报上写着:"《一个国王在纽约》,喜剧皇帝最近完成的一部最轻松的影片。"

这部影片将在黎塞斯脱广场电影院举行隆重的首映典礼。这个拥有一千五百个座位的电影院位在伦敦中心区,建筑在一个小花园旁边,花园四周还建有其他六七座首轮电影院。这次首映典礼是为英国盲人募捐而进行的,最好的座位票价高达十二英镑。戏票已销售一空,义演的组织者告诉那些从外地特地赶到伦敦来的记者说:"真抱歉。实在没有空地方了。连只老鼠都钻不进去了!"

夜来临了,夜色吞没了黎塞斯脱广场上树丛,六十盏强光灯把恩派亚电影院的大门照得雪亮,害得树上的麻雀也万分兴奋,唧唧喳喳地吵闹个不停。美国哥伦比亚公司在那天晚上也正假座恩派亚电影院首次献映它的《高空飞行》一片。

许许多多的群众竟然有些犯"傻",他们瞧不起那片灿烂的灯光,反而都聚集在广场另一边黎塞斯脱电影院的大门前。他们总人数大约在三千人左右,负责维持秩序的五十名警察身穿兰卡其制服,把毡帽盔的带紧紧扣在下巴尖上。

在整整三刻钟的时间里,群众一直注视着长蛇阵似的汽车行列。满身珠光宝气的老妇人,个个都穿着皮大衣。从一辆辆黑色的闪闪发光的罗尔斯牌汽车里钻出来。出租汽车载来了穿晚礼服系黑领结的绅士们,有几辆冰淇淋色的汽车夹杂在这个严肃的汽车行列里,车上的白铜闪闪发亮,显得很不协调。

那些看热闹的有老有少,有男有女,年份也各有不同,有用胳膊下夹着一小包报刊的青年报贩,也有手里拿着卷拢了的雨伞的老绅士——像这种头戴礼帽,身穿黑上衣的人物,除了在伦敦城区之外,是在哪儿也找不到的。但是,他们这些人并不是为了看这些阔佬观众才赶来的。他们全是为了亲眼看一看他们所热爱的"老查利"才赶来的。此前,他们中有的人虽已见过,但是,还是要再看一眼,有的还是一次也没见过卓别林的,当然也要借此机会看一看了。

八点二十分整,一辆深灰色的罗马斯牌汽车送来了卓别林夫妇和他们的三个孩子。

卓别林刚钻出车门,人群立刻欢呼起来了:

"晚上好,查利!"

"查利!哈罗!查利!"

"查利!"

全世界五大洲的人齐为"老查利"欢呼,因为他是全人类的朋友,包括白种人,黑种人,黄种人和棕种人。

伦敦人可以用一种稍稍不同于众的声调来跟卓别林讲话,因为查利是在伦敦的街头长大的,就像加弗洛许是在巴黎街头长大的一样。每一个伦敦人都把他看作是自己的近邻,自己的知心朋友,自己的近亲,一句话,他们把卓别林看作是自己的真正的同胞。

在卓别林的影片里很少出现那种英国式的冷面孔。今天晚上的伦敦群众则欢呼了还不满足,他们冲破了警察的封锁线,向这个"小人物"冲去。

卓别林的外表很年轻,跟户籍登记处给他登记的六十八岁年龄很不相称。他用法语对欢迎他的人连连说着:"谢谢!""谢谢!"他微笑着,敬礼,并把双手高高举过满头厚厚的白发,抱拳致意。

一个身材高大,穿戴得比女皇陛下的海军上将还漂亮的电影院的看门人,生怕群众挤碎了门窗,便把卓别林悄悄地送进了电影院。在这场小小的"战斗"里,八岁的约瑟芬和她的母亲挤失了。一个看门人找到了这个小家伙,把她抱到卓别林夫妇的包厢里,引得周围的观众大笑不已。

在黎塞斯脱广场电影院里,这些阔佬观众不久就将从银幕上看到那些跟他们身份相同的人物,来参加一位上流社会的夫人为欢迎在纽约的一个国王而举行的一个宴会。

但是,在广场上,热闹场面已经结束了。伦敦人跟他们的同胞查利久别重逢后,便心满意足地四散回家了。很少有人在恩派亚电影院的门前停下来;尽管有二十条警犬和五十名全副武装的皇家空军军官参加捧场,这个"世界首映典礼"却远远赶不上"第一号大众之友"到达对门影院时那样热闹。在强光灯背后暗影幢幢的广场上,一尊莎士比亚石像用手指着一卷书,上面写着："这里没有黑暗,只有愚昧"。

第二天和随后的几天里,黎塞斯脱广场电影院的门前,一直排着长长的队伍。三个街头艺人在为五六百个牺牲了午餐,敬候在售票窗口前的人们表演歌舞,借此讨几个钱。这些街头喜剧演员装上了假鼻子,嘴上贴着"查利式"的假髭,身穿过于窄小的衣服,脚上不成双的短袜子有红有绿,颜色鲜艳得跟霓虹灯差不多。他们是兰贝斯区穷苦艺人的后代。这些可怜的丑角在大街上,在出租汽车和运货车的旁边,继续发扬着培育了卓别林的这一伟大民间艺术的传统。

当1957年9月9日,卓别林从巴黎飞到伦敦,到达机场时,一大群记者立即围上来。

一位记者迫不及待地问道：

"卓别林先生,您拍的这部新影片——即《一个国王在纽约》,是否负有某种'群众使命'?"

卓别林立即回答道：

"我没有那么自以为了不起。再说,我也不太迷信'使命'之类的东西。电影的目的是使人发笑。我拍的影片并不是严肃的影片。这是一部喜剧片。但它有一个我认为是和今天的世界相适应的很严肃的内容。"

"您感到孤独么?"英国广播公司的一个广播记者问他。

卓别林笑了笑,说：

"孤独?我!您真该上我家里来看看,我,我的妻子和八个孩子……。"

其实英国广播公司的那位记者所指的孤独,并不是指的他个人的家庭生活方面,而是指的某些人对他的一些影片采取了一些已相当奏效的抵制措施,是否已使他在公共生活方面感到孤独?

拍摄出一部影片是不够的,还必须使它有广泛的发行的机会。一部影片如果只能在几家电影院里转转,它就既不能接触到广大的群众,也不能达到它预期的目的。

那天,美国报界只派了一个代表来机场迎接卓别林,那是一个青年人,他问卓别林:

"卓别林先生,您是否明确地表示过,您不想在美国放映您的影片?也不怎么在乎几个钱?"

据摩里斯·法尔根斯(《每日先驱报》)报道:卓别林一听到这个问题,就立即收敛了笑容。"这个年轻的美国人一下子把卓别林送回了孤独的世界(这个英国人写道)。我感到他忽然间变得非常孤独,非常凄凉。'美国感兴趣的东西,美国所能理解的东西,我都没法给,没有!没有!'"这个孤独的人说。

"我的美国同行转过头来对我说:'我认为卓别林先生刚才的话正说明了为什么他对美国人有恶感……?''不是美国人,是美国,'卓别林纠正那个年轻人说,'我跟世界上任何人都没有恶感。但是,我对美国不感兴趣,也不想再跟美国打交道。"

伦敦各报在第二天介绍了这部影片。1957年9月11日英国务报为这件事情所花的篇幅,要比法国同一天各报小。英国各报(包括《每日先驱报》)的第一版一律不登有关该片的文章或新闻标题。这并不是经过设计的沉默,但是,英国人未免太低估了卓别林在他的祖国拍的第一部影片的价值。

伦敦各大报的反应一般都异常冷淡。这些报纸的评论表面上是谈电影艺术。"查利是很出色的,卓别林则很糟糕。"好多报纸都这样说,并且替头戴圆顶帽的小人物深表惋惜。他们认为影片很滑稽,但是,又指责它又回到了扔奶油蛋糕的水平,说其中一些戏剧性的短插曲安排得不是地方。他们的指责实际上更多是政治性的,而不是美学的。非常保守的《每日邮报》的结论是"这是巧妙的杂耍和沉闷的政治讽刺的一个结合体。"也就是说,它谴责卓别林不应该接触"政治迫害"这个禁忌的题材。

影片公开上映后,卓别林立刻在萨优伊饭店举行了一次记者招待会,会上美国记者很多。

巴黎报纸《法兰西晚报》的伦敦通讯员对这次招待会作了报道:

"会刚一开始,美国记者就发动了攻击。"那个通讯员写道:"声音很快就提得很高,几乎象吵架的样子。我的美国同行们指责他不该拍摄一部有倾向性的反美影片。"

卓别林气愤地回答道:

"我就应该听凭侮弄而毫无反应;我没有攻击美国,只是攻击一小撮心怀不善的人。如果我拒绝在美国放映我的影片,想来这一个很合你们政府的心意,你们的检查机构也决不会准予放映的。"

"另一个美国人提醒他说,他曾在美国工作了四十年,还在那里赚了一大笔钱呢。"

卓别林不加思索地回答道:

"我在这一点上并不比你糊涂。但是,我这几年来已定居欧洲,我没有更早一些离开美国是一个错误。我对离开美国这件事情,一分钟也没有后悔过。"

"至于那些说我在美国发了财的人,真是在自欺欺人。我的收入有四分之三向来是来自欧洲和亚洲。我在美国得到的最大的'赏赐'就是从我那里抽取所得税,税率常常是百分之一百。说实在的,我倒一直是你们国家的一个好主顾。"

"只有一小撮心怀不善的人阻拦我回美国。只要那些人在位一天,我就一天不考虑重回美国的问题。"

"会场寂静下来了。大家谈了一些其他的问题。谈到他的儿子迈克尔,谈到欧洲。卓别林最后说'法国人懂得什么叫生活乐趣。'"

第二天,当卓别林来到陶却斯特饭店时,人们发现他在他的华美的灰色礼服上挂了一个红色的法国勋章——荣誉勋位的玫瑰形勋章。他是来参加"伦敦外国记者联合会"在这家华贵的饭店举行的午宴的。这个团体向来只招待政府首脑、各国外交部长或世界知名的政治人物。按照惯例是在上完最后一道冷食后才开始向客人提出问题。

卓别林那天既十分镇静,也很有风趣。当记者们问到他政治方面的问题时,他作了如下的回答:

据说我冲撞了某些人,这使我感到很高兴。生活中没有了争执,那该多么枯燥无味。活着就要争论。我拍摄《淘金记》的时候,就有人指责我在其中掺杂了某种政治哲学。他们还说我在那部影片里变得太严肃了。为了表示异议,后来的《城市之光》就不如《淘金记》滑稽。诸如此类……都说明为什么我不能不喜欢冲撞人。

《一个国王在纽约》决不是一种政治宣传。它只是想表现人与人之间的斗争而已。我并不认为"驱查活动"和它所造成的有毒的气氛,已经大大改变了美国的面貌。我根本不相信我的影片能给美国带来任何损害。它的用意是为美国服务,而不是去伤害美国。

我曾在这个国家里愉快地生活了三十年之久。普通的美国人是勇敢的,非常可亲的。说我憎恨美国,那是不对的。我热爱它,即使在今天还是如此。但是,我对那种对待我的方式,对一小撮人所强加于别人头上的某些事情,例如告密等等,则毫无好感。美国无论怎么说还是强大的。它经受得起讽刺。

我并不是一个政治人物。也不是一个知识分子。我更不是一个共产主义者，甚至也不是一个社会主义者。我从来没有读过卡尔·马克思的著作。而人们还可以说我是一个资本家呢，因为我出卖我的影片。象我这样的一个人最关心的东西就是人的尊严。如果你们一定要加给我一个什么头衔的话，不妨把我称作无政府主义者，或者还不如称作非正统主义者。我今天是，将来也永远是一个不可改造的浪漫主义者。"

卓别林往往以幽默作为一件武器，使用它来抵御各种恶毒的攻击。那天出席宴会的有各国报界代表三百多人，他们关于卓别林的影片提出了各种问题，后来，有人问他：

"卓别林先生，您今后是否还打算拍新的影片？"

卓别林立即答道："我现在正在构思一个电影剧本。"

"请问，卓别林先生，可以告诉我们是关于什么题材的吗？"一个记者问。

"当然。这个故事的题材是描写一个分居在欧美两洲里的家庭里的一次离婚事件。象我这样的年纪，已经不适合于表演求婚了。我在电影里演过一些这样的角度、年轻、神通广大、竭力替他们的心上人效忠到底。"

《一个国王在纽约》一片在法国的发行工作原来由一家相当有影响的发行公司承办的，为的是想使影片能在几家最好的首轮电影院放映。但是，好莱坞早在 1957 年春天便开始采取一系列的措施来破坏卓别林这部新影片的发行工作。美国大制片商的代表公然表示，如果法国的影片发行公司发行卓别林的影片，其后果将由在美国发行的法国影片承担，并且法国制片业的美元收入将有全部断绝的危险。

在英国,电影企业是被操纵在雷克爵士的手里。雷克掌握有英国半数以上的发行公司和电影院。这个亿万富翁虽然资力雄厚,美国市场却仍然是他的伦敦公司产品的一个不可缺少的生存空间。如果好莱坞把它对法国人所下的警告,也向雷克照样来那么一下,想来也一定会见效的。

电影发行事业内幕到底如何?好莱坞是否威胁过雷克?雷克是否屈服了?外界人不得而知。但是,有一个事实却值得人们的注意。那就是《一个国王在纽约》一片在英国不是由联美公司发行的,也不是由雷克公司发行的,而是由一家规模很小的独立发行公司阿区威发行的。根据一些情况来看,卓别林这次在伦敦的遭遇跟他当年在纽约发行《摩登时代》时的遭遇十分相似,影片公开上映后不久,他不得不把首轮电影院黎塞斯脱广场让给雷克,而将自己的新片拿到一家名叫凯米奥·波莱的小电影院去放映,而这个小电影院平日专放一些法国原版片。

上述情况,也可能是伦敦各大报对卓别林新片冷谈的一个直接原因。

英国《泰晤士报》的评论员用"卓别林先生讽刺了麦卡锡主义"这样一句话来概括影片的内容之后,又企图把这种讽刺贬低为一场毫无意义的胡闹。他又写道:"消防水管的噱头可以在当年的任何一部基斯顿喜剧片里找到。"

这个评论是在故意贬低卓别林在《一个国王在纽约》中消防水管的用意。

莫里哀在斯加班藏身的麻袋里仍然露出了莫里哀的本来面目,而卓别林被消防水管缠住身体的时候,也仍然丝毫不失伟大卓别林的本色,根本不能说是抄袭马克斯·林代或路易·卢米埃尔的老噱头。

卓别林的艺术有一条基本原则，即简单的道具和简洁的喜剧效果。根据这个原则来看，消防水管是一个有着多种含义的象征。国王想排遣自己惊惶不安的心情，把手指伸进了消防龙头的箱子，这好比伸进了绳圈或链索。然后，消防水管便变成了"一条比拉奥孔的巨蛇更狠毒的通心粉（德吕克语）。它紧紧缠住他，跟他穿堂入室，上街登车；使他受到外界的毁谤，它跟随着他，象基斯顿警察追捕犯人似地（但这是在联邦调查局的时代里）追捕着他，当他在非美活动调查委员会的法庭上举起手来宣誓时，消防水管突然变成"照亮着全世界的自由女神"手里的火炬。然后，它重新执行它本来的职能，冲洗了法官，冲洗了法庭，它替公共舆论出了一口气，正象墨索里尼和希特勒在《大独裁者》里互相扔奶油蛋糕时一样叫人看了感到痛快。所以这条消防水管根本不是卢米埃尔在《水浇园丁》中的浇花水管所可比拟的。"

扔奶油蛋糕或踢屁股都是老掉了牙的喜剧噱头。但由于受害的对象不同，其意义是迥然不同的。

卓别林的老师马克斯·林代在 1914 年以前就创立了他的优美的艺术。对于广大观众来说，一块奶油蛋糕扔在一个戴大礼帽，衣服笔挺阔佬的脸上，要比扔在一个衣衫褴褛，头戴破帽的小丑脸上更叫人感到高兴。

飞到纽约的客人还不仅是一位绅士而已。他的雪白的头发，他的华美的服饰，他的贵重的皮帽，来迎接他的首相和大使，这一切都代表着一个君王的尊严。但是，当他向自由的土地致敬时，移民局的官员却让他用指头蘸上墨水，在入境册上捺指印。

如果这个"移民"是个穷人，这个"奶油蛋糕"式的噱头就逗不起笑声了。但他是一个国王，观众联想起伊丽莎白女皇也在捺指印，便忍不住要笑出声来。这是一场连锁的反应的开端，接着而来的成百个噱头几乎使人永远合不上嘴。

同一个耳光，打在情人、小偷、警察、美丽的妻子或首相的脸上，其意义决不会一样。但是，居然有人批评卓别林是老调重弹。因为国王在参观"进步"学校的场面里出现的一顶礼帽变成奶油蛋糕和一个叫人无法忍受的男孩等等，据说都是在《农场艳史》里早已出现过的。

但是，大家不会不知道，这顶礼帽已经不是查利的小圆顶帽子。那是一顶贵重的皮帽，是皇家的尊严的标志，是国王穿便服出席各种典礼时的皇冠。孩子们嘲弄的正是这些东西。至于那个男孩（迈克尔扮演的鲁伯特），他的叫人无法忍受的原因是十分不同寻常的。他以十岁孩子那样的自信，向国王解释自由和民主，把国王吓得呆若木鸡，因为这一切都是他前所未闻的。

影片在伦敦上映期间，有一个记者针对这个场面在报纸上这样写道：

"卓别林先生，你不要躲在这个孩子的背后，借他的嘴说话了！"

这种论调，却是向一位伟大的艺术家进行了奇怪的指责！

古斯泰夫·福楼拜说过："包法利夫人就是我自己！"托尔斯泰对安娜·卡列尼娜，她的丈夫和她的情人，都可以这样说。

一个艺术家总是在他的所创造的人物中放进一些自己的东西的（好的或坏的，积极的或消极的）。

卓别林躲在鲁柏特后面，同样也躲在国王夏多夫或美丽少女或忠心耿耿的大使后面。在《舞台春秋》里躲在卡华路和蒂丽的后面，在《大独裁者》里，他躲在犹太理发师和希特勒后面，在《摩登时代》里，他躲在工人和流浪少女后面，如果往前推溯更早的时期，他在《寻子遇仙记》里，则是躲在玻璃匠的后面。一个天才,就是懂得怎样创造他的世界的人。

一个艺术家并非凭空创造,或者单凭个人想象中的一些孤立奇想。艺术家在创造他的世界和他的人物时,是从现实的世界、特定的社会和历史上某一特定的时刻吸取材料的。卓别林的天才在他的影片里表现得最为明显,他善于在适当的时刻,通过卓越的电影隐喻来表现当时人们最关心的问题。1918 年的《从军记》,1925 年的《淘金记》,1935 年的《摩登时代》,1940 年的《大独裁者》,就各以其独特风格在卓别林式的镜子里反映了大多数人所极为关切的主要问题。而在 1957 年出现的《一个国王在纽约》仍是如此。

《一个国王在纽约》一片已不只是对利用贝多芬和莎士比亚来推销通便丸的美国电影电视作了一番和婉的、并无恶意的讽刺而已。

莫里哀在他的滑稽剧《资产阶级绅士》里也曾利用贵族阶级和一个暴发商人之间的冲突,来深化剧情的意义。《一个国王在纽约》的结构完整的情节是由一系列联系紧密的喜剧插曲组成的。这个剧情的主题就是商人的人生观(美国生活方式)和唐·吉诃德的浪漫思想之间的冲突。

影片里有一句很重要的台词就是指夏多夫国王而言的:"你虽然是一个国王,但你却是一个真正的民主主义者。"国王夏多夫是一个新式的愁容骑士,是一个新时代的唐·吉诃德,他的斗争对象不再是风车,而是一小撮住在美国某些摩天大楼里的没有人性的家伙。卓别林通过新人物再一次说明了他是最后一个人道主义者,而他的战斗则再一次地超出了传统的人道主义的范围,为大多数的人类而斗争。他的影片结尾证明,这是一部反麦卡锡主义(它的靠秘密活动甚至已毒化了儿童的心灵)的影片,但它同时也发动了一场更为全面的反对假冒伪善者和争取自由与人类尊严的战斗。

这场战斗并不是合乎所有人的心意的,而西欧的那些受"假冒伪善者"所左右的大报则尤其感到不满。巴黎某些报刊的专栏在1957年10月间谈论《一个国王在纽约》时所用的口吻,就跟二十年前谈论《摩登时代》时的一模一样……这部新作品所接触的题材过于尖锐,以致不可能不引起纷争,所以它不象《城市之光》或《舞台春秋》那样在法国尚能得到比较一致的反映。

但是,巴黎的观众的态度却不象评论界那样冷淡。在影片的首映典礼上,五千多观众在欧洲最大的电影院——"高蒙宫"里,深受感动地体验了国王夏多夫的种种遭遇,当然,整个影院里笑声不断。当大厅里灯光复明时,五千张脸都热情地转向卓别林的带有微笑的俊俏的面孔,一面大声喊着:"好呵,夏尔洛!下次再见了!"长达三分钟之久。

如果说《舞台春秋》是莎士比亚式的,那么《一个国王在纽约》则是莫里哀式的。对伟大的天才艺术家说来,样式并无"高贵"与"低贱"之分,悲剧的价值并不比喜剧高,如果我们把这部影片的每一段"滑稽表演"都分析一番,便不难发现这里都含有极为深刻的意义。在这部完善的讽刺作品里,笑的内容当然是十分丰富的,甚至包括辛酸。但是,每一个插曲尽管表面上看来是如此夸张,实际上都是对人和社会(对人和社会的种种优点与缺点)的热情的观察为基础的。

可以说《一个国王在纽约》是一部伟大的喜剧作品,完全可以和卓别林的另一些杰作(其中有喜剧、正剧和悲剧)相提并论。这位新的唐·吉诃德善于使欢笑的观众在战斗中站在他一边。

第二十九章　获取殊荣

1971年5月,第25届戛纳电影节授予他"荣誉军团高级绶带",法国政府4次给他授勋;1972年4月10日,鉴于他"对艺术、和平与民主的巨大贡献";美国授予他"奥斯卡金像奖";1972年9月,第33届威尼斯国际电影节期间,举行了卓别林影展,映出了他的73部影片;1975年,英国女皇伊丽莎白授予他"大不列颠帝国爵位",他获取了艺术家难得的殊荣。

卓别林在瑞士的韦维科西尔村的德班庄园座落在一座美丽的园林里,是一幢意大利式的别墅,正面有十扇窗户,在豪华程度上稍逊于他在贝弗利山上的住宅,但是,这里清静、幽雅的风景又好于他在美国加州贝弗利山上的老宅子。

卓别林就在他这个住宅里写成了《一个国王在纽约》电影脚本,也是在这个宅子里写出了他的"自传"。

"自传"的写成到底在什么时间?目前的材料尚无定论。而动笔写"自传"则是在1953年他们全家定居在瑞士的科西尔村德班别墅之后,而成书则当在1957年以前,因为在他的自传中有关《一个国王在纽约》一片的事只字未提。在他的"自传"结尾处有这样的话:

"现在我即将结束我历尽险阻的人生旅程。我明白,我是时运的宠儿。我受到世人的关注,我赢得了他们的爱,也遭到了他们的恨。可不是,这世界赐予我一切最好的,只给了我极少它最坏的……我对生活没有计划,对人生不懂哲理,只知道:不论是智者也好,愚人也好,我们都必须为生活进行斗争……

"我身体很键康,仍旧有创作能力。并且有计划再拍几部电影——也许不是自己去演,而是编写了剧本,指导我的孩子们去演——他们有几个都是很有演戏的才能的……

"叔本华说,幸福是一种消极状态,我并不同意这种说法。我懂得什么叫幸福,我有幸成为一个非凡的女子的丈夫。

"我和乌娜生活在一起时,她性格中显出的那种深沉的与恬静的美,对我永远是一种启示。

"在这种幸福当中,我有时候坐在外面我们的阳台上,夕阳西沉,我的眼光越过了那大片青绿的草坪,眺望远处的湖水,而湖水以外则是那些凝重的群山,怀着这种心情,我一无其他杂念,只知道欣赏那庄严的宁静的美。"

卓别林是一位勇敢的现代侠士,他前半生——也可以说是多半生,为人类的正义事业,为了世界的和平,为了人类的平等与自由——不是资产阶级那种口头上的自由而奋斗,虽已年高,但他是不会就此停止战斗的。

卓别林这位伟大的艺术家在潜心写他的自传。可是,当他的自传还未写完的时候,他的大儿子小查尔斯·卓别林却出版了一本从私生活角度谈他父亲生平的书。他在书中相当含蓄地提到了父亲的一些风流轶事,但是却从不去迎合美国和其他地方的某些读者那种爱听异闻的嗜好,即使在叙述琼·巴莉的不光彩的事件时也是如此。他对老卓别林怀着不容置疑的深情,他把卓别林写成总是惶惶不安,不太有自信心的一个人,一个在性格和体质上都倏忽多变的极其神经质的人。人们在他身上可以找到他的人物——电影中的查利和一切人所共有的矛盾。小查尔斯·卓别林有一段活龙活现的报道,看来是他父亲在卖掉或清理掉他在美国的所有财产和不动产之后在瑞士对他讲述的。小查尔斯·卓别林在他的书中写道:

> 我父亲精心地保存了他的影片,他把它们存放在特制的盒子里,免受时间的侵蚀。直至今日,他的影片还象第一天那样崭新。卓别林的狂热的爱好者们将会满怀兴趣地得知,他也把剪去的情节保存了起来。在被删去的镜头中有许多比留用的更滑稽可笑呢。

卓别林在自传中也说过:"剪接的人剪去了所有我招笑的地方……许多年后,亨利·莱尔曼自己说了出来,原来那是他故意给剪了的。因为,按照他的说法,他认为我知道的太多了。"他又说:"尽管他们在剪接室里大刀阔斧地删剪……"

这些都可证明小查尔斯·卓别林的话是完全可信的。但愿有一天,这些宝物能从隐藏它们的地方拿出来。这些不曾公开的影片的片断将有助于揭示卓别林这位天才伟大艺术家某些人所不知的方面。因为有些被剪去的部分是过去他的制片人或发行人强加给他的。

卓别林写的《我的自传》一书于1964年才出版。据说,关于《我的自传》一书在出版问题上,他与出版商之间也发生过一些纠葛。出版商嫌他写这本回忆录太长了(翻译成中文有四十二万七千多字)也太乱了(自传中不是按年代去写的,而且有些年代根本没写),几次要求他重写或压缩。结果如何?不得而知,因为直到今天,也没有人公开过卓别林《我的自传》一书的原稿或修改稿。

《我的自传》出版后,立即受到了各国观众的热烈欢迎。但是,也有不受欢迎的地方。关于如何评价他的自传,那是研究者的任务,我这里不再饶舌了。但是,某些人对卓别林自传的指责则是很不公平的。有人说他在自传中过分吹嘘他赚钱的本领,给金钱以一定的地位。这里我们不妨反问一句那些指责卓别林的人:"你们如果不注重金钱,那么你们又吃什么? 住什么? 何以为生呢?"资本主义本来就是金钱万能的社会,没有金钱可以说是寸步难行。

电影艺术家不同于画家或作家、音乐家。如果是一个画家,那么即使他一张画也卖不出去,还可照样去画,如果是一个作家,只要有笔,有几本稿纸就可以了,如果是一个音乐家,甚至在没有五线谱稿纸的情况下,他也可以照样谱曲,而作为电影艺术家就不同了,试问,当卓别林拍摄一部影片的时候,少则几十万美元,多则上百万美元(《城市之光》一片用去一百六十多万美元,《摩登时代》用去一百五十多万美元,《大独裁者》用去二百多万美元)。请问,这样的情况,没有金钱作后盾能行吗? 众所周知,格里菲斯·斯特劳亨、麦克·孙纳特、勃斯特·基顿以及其他一些从事电影工作的人,就因为手中无钱,失去了自行摄制影片的手段,从而被迫销声匿迹或受他人的驱使。正因为卓别林善于理财,才拍出了《马戏班》(他将一个马戏团租了一年),《城市之光》和《大独裁者》、《华尔杜先生》、《舞台春秋》以及《一个国王在纽约》等片。否则,他将步上述那些人的后尘。

另外有人指责他经常和一些帝王、亿万富翁和各类社会名流来往,是"趋炎附势"。

这种批评也是不公允的。

是的,他在自传里确实写了他与 W·R·赫斯特的交往,但是也写出了他与赫斯特一言不和想拂袖而去,后来还是赫斯特向他道歉才了事。

如果说他"趋炎附势"的话，那么在1931年他游历欧洲的时候，意大利的墨索里尼曾要求他去罗马，并说将为他举行一次隆重的接待仪式，他却没有去。

上述两个例子不是可以说明一些问题吗。他是择人而交往的。是的，他见过威尔逊及罗斯福，见过威尔士亲王、麦克唐纳首相及邱吉尔，但是，他也见过赫鲁晓夫、布尔加宁这两位共产党苏联的首脑，也见过共产党领导的中华人民共和国的总理周恩来，而那时的中国还是一个不被美国承认的国家，而且早在三十年代就会见过印度圣雄甘地。这些不是又可以说明问题吗。

卓别林自传一书，不仅让人们知道了他的前半生经历，而且也是更为重要的，他提出了对电影艺术的许多独到的见解，诸如推究编写剧本的艺术，阐明影片的主题，联贯思想、动作与表现的关系，说明喜剧表演应如何刻画性格，指点如何以讽刺为中心思想，形成故事结构，穿插各种笑料，泛论笑料应如何符合剧情发展逻辑，探讨笑料的来源，辩析幽默的意义，独创闹剧与情感剧结合的形式，还谈到了精简时间与决定摄影机位置等许多实际经验，都具有一定价值，可作为今日电影工作者的借鉴。

1958年开始，他又在考虑再拍摄一部电影。几年来，他构思过好几个剧本，只是未形成文字，最后他决定拍摄《香港女伯爵》。关于《香港女伯爵》一片的故事梗概他早在1933年就已有过构思，并且已经动笔了。

1933年卓别林和宝莲·高代结婚后，曾外出去远东旅游一趟，1936年回到好莱坞，他就打算编写一个剧本，他是专为宝莲·高代编写的，就像《巴黎一妇人》专为艾娜·卜雯斯编写的一样，不同的是宝莲已是卓别林的夫人，而艾娜却没有嫁给卓别林。当时,连主角都有了打算。

故事的大意是一个年轻的百万富翁,旅游到了中国,遇到了一个漂亮的白俄舞女,二人一见钟情……女主角当然是由宝莲·高代扮演,而男主角则选中了卡莱·古柏。

这个剧本当时是否完全写成或者是仅写了个提纲? 不得而知,不过没有开拍却是事实。主要原因是政治气候影响了卓别林,德国希特勒的纳粹党人的疯狂叫嚣,意大利墨索里尼的法西斯党徒的凶狠,使得卓别林放下了给自己夫人拍片的打算,从而动手给拍摄《大独裁者》作准备。

从卓别林这个举措也可看出他的为人,他是关心世界大事,为和平而战的一位大艺术家。

二十多年过去了,他与宝莲·高代已分手了,卡莱·古柏已过世了,他之所以又重新整理或说改写这个故事并打算拍摄。大概是因为他找到了一个理想的女主角演员——苏菲亚·罗兰。

卓别林是很重视演员的。在《寻子遇仙记》中他找到贾克·柯根时就如获至宝。在他以前拍的片子中,有的曾中途更换演员而不惜浪费了时间与金钱就足以说明这个问题了。

卓别林将剧本改写完毕,即与苏菲亚·罗兰相约,由她扮演女主角。苏菲亚·罗兰欣然接受了。1965 年 10 月,卓别林与苏菲亚·罗兰在伦敦的萨伏侬饭店签署了一份合同。苏菲亚·罗兰在拍完《香港女伯爵》一片后,将得到三十五万美元的包银。

卓别林大约是在 1962 年或 1963 年开始改写《香港女伯爵)的。

这几年,卓别林的生活更加快乐。1960 年,他与乌娜的第七个孩子安尼特出世,1962 年 5 月,英国牛津大学授予卓别林名誉博士学位。同年 6 月,他与乌娜的第八年孩子克里斯托弗出生。1964 年出版了他写的《我的自传》。

1965 年也发生了一件不愉快的事,卓别林同母异父的哥哥西德尼·卓别林与世长辞,享年八十岁。

1966 年 1 月,开始拍摄《香港女伯爵》。这部影片由环球公司投资。这家好莱坞影片公司(它早已成为一家英国的子公司)向卓别林提供了大量的物质手段。影片是彩色的,有着巨大而豪华的布景。这也是卓别林的一贯手法,他一再强调拍片一定要在摄影棚里进行,以便思想能有足够的集中,所以没有人提议去香港实地拍外景。

影片是在伦敦的松林制片厂内进行拍摄的。

这是卓别林第二次不做主演的片子。他只在剧中扮演一个老侍者。这部片子的工作人员是比较强的,演员也是一流的。

编剧、导演兼作曲:查尔斯·卓别林,摄影:阿瑟·伊勃逊,美工:唐·阿希顿,鲍勃,卡特莱特,尼尔农·逊克松,录音:比尔·丹尼尔斯,甫·巴克尔,剪接:戈登·哈尔斯,制片主任:杰罗姆·爱泼斯坦(代表环球公司),演员:苏菲亚·罗兰(女伯爵),马龙·白兰度(奥格登·米尔斯大使),小西德尼·卓别林(大使的密友),帕特里克·卡吉尔(大使的仆人),梯比·赫德伦(大使的妻子),安吉拉·斯柯拉尔(新手),玛格丽特·拉瑟福德(老年乘客),约翰特罗(船长),杰拉尔丁·卓别林(少女)·查尔斯·卓别林(老侍者)。

拍摄《香港女伯爵》时,据说是在秘密地进行,外界不要说不知道故事内容,连片名也不知道。只有较为少数的几个记者有幸被允许深入拍摄现场。一个卓别林迷,年轻的电影工作者,实验影片《这里发生的事情》的编剧之一克文·勃朗斯相当幸运地

参加了一部分摄制工作,对此,克文·勃朗斯劳作了一番细致地
而又生动地描写。他在工作中留下了许多照片,他对卓别林工
作认真的态度佩服得五体投地。他说:

"这位导演对很小的细节都非常注意精神集中,神经紧张,
他又非常和蔼可亲,他监督着每个画画的取景情况,不知疲倦地
给安格拉·斯柯拉尔讲解她应该如何演她那个总共不超过十二
句对话的角色。"

女主角苏菲亚·罗兰对卓别林非常崇拜,这是她从亲身感
受出发的。她对记者伊夫·萨尔热说:

"那时候人们把我像一个神圣的怪物一般款待,其实我不过
是一个小姑娘。今天我完全意识到什么是一个真正的角色。我
在一种难以形容的魅力下连续生活了三个月。正是在这位天才
的身上,我看到了最大的谦逊。卓别林的权威是温和的,却又是
至高无上的。他从不下命令,他只是启发诱导。"

可是,这位大艺术家出于习惯,似乎在启发诱导方面做得有
些过头了。他越俎代庖,替每个演员(不论男女)表演他们的角
色的几乎所有的细节。这样做虽有些过火,但是,换一个导演也
不会有他那样的表演能力。

当《香港女伯爵》一片在巴黎举行首映式的时候,女主角苏
菲亚·罗兰因为产后身体不适而未能出席,她给卓别林拍去了
一封电报,电报上说:

"以前我以为已完全懂得一个女喜剧演员的业务,其实我常
常只是满足于在台上靠我的一点经验提供的方法来应付场面。
您教给了我同时用我的身体、思想和心灵来表演的艺术。"

卓别林选择了伦教来举行《香港女伯爵》一片的首映式。

首映式于 1967 年 1 月 5 日星期四在卡尔登大戏院举行。

在首映式典礼举行前,卓别林将这部内容保密的影片的序言(是他亲自动手写的)分发给了到会的记者。序言上写道:

《香港女伯爵》的故事是我 1931 年到上海去旅行时受到的启示,在这次旅行当中,我有机会与相当多的俄国移民发生联系,这全是些真正的贵族。这些连祖国在内一切都失去了的人,过着悲惨的生活:男人当人力车夫,女人在不象样的舞厅里当舞女谋生。

第二次世界大战爆发时,这些贵族中的大部分死去了,但他们的后裔又移居香港。在那里他们的命运比他们的父母更加糟糕。因为这个城市里的难民已达到饱和状态,这副情景是我的影片的背景。

我试图将《香港女伯爵》拍得尽可能朴素,使剧情具有强烈的现实感,从而把观众紧紧地吸引进这出喜剧。

这是一出浪漫的喜剧,不过它并不因此而过时。浪漫主义是永远不过时的,就如同色情、恋爱或心理分析之类一样;浪漫主义是人类生存的不可缺少的条件,没有它,生活就会索然无趣了。我当然是一个浪漫主义者。

我相信,浪漫主义是存在的不可分割的组成部分。正因为如此,我们进电影院看电影,不是为了解决一个问题,而是为了让我们受到这个问题的感动。我希望我的影片能感动有些人。

亚力山大·德·坎特女公爵光临了首映典礼。卓别林当然参加了,另外还有他的夫人乌娜和他的八个孩子(其中有小西德尼·卓别林)。有人问卓别林为什么显得有些紧张? 他的回答很幽默:"我好像是在等着上断头台呢,在铡刀没有落下来之前,一切顺利。"

他这样回答也许是暗指《华尔杜先生》的最后一场而言的。

但是,铡刀却真的落下来了。

第二天英国报纸用五栏的版面登载了这样的标题:"卓别林的惨败",从右派到左派各家报纸异口同声地批评攻击这部影片。《每日电讯报》的标题是:"查利在海上",《每日镜报》写道:"这太可悲了,卓别林到何处去了!"《太阳报》则更恶毒:"可悲与恶劣",比较温和的《泰晤士报》的标题是:"对于象他那样的人"说来,这是"不可原谅的平庸"。

事实确是如此,《香港女伯爵》的故事是三十年代初期的构思,尽管卓别林在这次拍摄前又作了改动,但是,它仍带有二十年代的标志。

《香港女伯爵》的故事大意是:一个有钱有家室的美国外交官(由马龙·白兰度扮演)乘坐一艘极其豪华的邮船离开香港时,在壁橱里发现了一位真正的俄国女伯爵(由苏菲亚·罗兰扮演)。她不愿卖淫,便在没有护照的情况下企图离开香港。外交官先是想揭发她,后来又把她藏起来,经过许许多多的误会之后,外交官终于发现他爱她。结局是外交官离开了妻子(由梯比·赫德伦扮演)和外交官的职务,与那个美丽迷人的原低等舞厅的舞女前往檀香山生活。

1月12日,卓别林在巴黎就《香港女伯爵》首映举行了记者招待会,出席的还有他的夫人乌娜和几个孩子。将近七十八岁高龄的卓别林,还是同1952年他向巴黎介绍《舞台春秋》时那样红光满面,满头银发,眼睛清澈碧兰,可是,人们看到他下巴颏上的肉已经厚起来了,看到他乱蓬蓬的雪白眉毛,人们已意识到十五个年头已经过去了。但是,他仍旧保持着他那种深厚诚挚的和蔼。

他在伦敦的失败,使他受到很大的打击。尽管他脸上含着那种稍带痉挛的稚气的微笑，人们还是感到他神经非常紧张，而且处在一种时刻戒备之中。对《香港女伯爵》的任何一点微小的保留，都可能被解释为对英国影评界的赞同。所以他一再重复说这部影片是他最好的一部作品，又说，如果说他拍出过杰作，那么，这部影片必是其中的一部。

乔治·萨杜尔撰写的《卓别林的一生》一书，对当时情况的记录应该说是权威性的……

在那些与作者一样焦灼地注意着观众动静的人听来，电影的头二十分钟的说明性镜头，只受到了一种礼貌性的欢迎而已。接着，当那些相当古典的轻松喜剧式的误会开始时，第一阵笑声爆发出来了，尔后便经常有笑声。成功在握了。影片结束后表示敬意的经久不息的掌声，已不是出于捧场或礼貌，是热情诚恳的。

首映式上观众的表现并不能说明一切，因为它有一定的局限性。为了了解广大观众的反应，必须和一般观众一起重看一部影片，卓别林在伦敦也没忘记这么做。事实可证明一切，公众的反应替卓别林报复了英国报纸一致判处《香港女伯爵》"死刑"的宿仇。卓别林原来就相信，广大观众会接受他的这部新片子，他会获得巨大成功的。毫无疑问，他没有错。无论如何，巴黎的广大观众已通过笑声和反应证实了他们是满意这部片子的。

每个中学生都知道这么个故事：有个雅典人赞成把阿里斯蒂德流放，"因为他听人称呼阿里斯蒂德为正义的化身"。一个伟大的艺术家，一个伟大的电影家（尤其是一个天才），如果永远不断地取得成功，那就非招人恨不可了。有的人专门窥视他们的任何微小的缺点。这对年事已高不再是查利的卓别林来说，是一巨大的考验。在美国，《华尔杜先生》、《舞台春秋》受到了那样无情的抑制,以至卓别林的名字不为美国的年轻一代所知晓。

在《香港女伯爵》中,他遇到了更为严重的挑战。影片是彩色的,虽然他对这种他完全陌生的技术的可能性有着狂热的兴趣,但他从未真正利用过它。彩色电影与其说对他有利,不如说对他不利,因为他的摄影师阿瑟·伊巴迹对彩色也是初次利用,所以弄的很糟糕。又因为这个片子的主题是在三十年代构思的,它带有那个时代的标志,而这一点又被唐·阿希顿,鲍勃·卡特莱特以及压尔农·锹克松弄的特写表现得特别突出(不管他们是有意还是无意)。

更为主要的是卓别林没有主演这部片子(他仅扮演了一个小配角),而且又选错了男主角。

马龙·白兰度的知名度本与苏菲亚·罗兰不相上下。但是,这位"伟大的国际影星",这位知名度较高的悲剧演员在《香港女伯爵》一片中的表演是大可指责的。当他作为一个政客和外交家推销美国政府的那套陈词滥调,大谈原子弹时代需要互相谅解时,当他的心腹朋友西德尼·卓别林带着一种他所完全缺乏的幽默与他配戏时,他的表演差强人意。但是,在他与索菲亚·罗兰发生滑稽可笑的冲突,而尤其是同他谈情说爱的那些场面中,面对这样一个如此完美的卓别林化的女演员,他显得象刚刚在纽约接受了一次返老还童的美容手术的夏多夫国王一样,既不敢笑也不动一动,生怕把脸皮崩裂了似的。但是,卓别林当年那张一动不动的脸,都有一种富有表现力的诙谐,在假装严肃中虽然毫无表情,却显得夸张,所有这些,在马龙·白兰度的假面上却完全没有。

尽管卓别林在选马龙·白兰度作男主角是一个重大的失误。但是,他选中的苏菲亚·罗兰却选对了。她的情感、活力、滑稽、节奏和幽默都使她的表演具有一种罕见的特质,她在扭动着(并没过分)她的出名的丰臀时,甚至也是对她自己的头牌女影星身分的嘲笑,她这个臀部在她二十岁时在德·西卡的提拔下在《那不勒斯的黄金》的一个小插曲里初露头角时就成了走红的源泉了。除了马龙·白兰度,《香港女伯爵》中的所有演员都演得不错,毫无疑问,这些演员们都是准确无误地按照卓别林的指示行事的。帕特里克·卡吉尔是一个忠实的侍者领班(完全美国式的而不是英国式的随身男仆),他娶女伯爵是为了给他的老板效劳,接着就对不能享受这种名义上的婚姻而大失所望,尤其是他婚礼上的香槟酒已经使他兴奋起来。他与苏菲亚·罗兰的几场戏的完美无缺的成功,无情地突出了可怜的马龙·白兰度表演的不称职。带着伦敦富人区肯新顿的口音的安吉拉·斯柯拉炙,是一个理想的"新进演员",她演一个为了讨论灵魂、永生、欲望、善行、反共产主义等等不停地向他爸爸请教的俊姑娘。演的很好。再说到梯比·赫德伦(她在希区柯克的《群鸟》一片里一举成名,著名的冷若冰霜的金发美人),她演外交官的美国妻子,那时她正在和她的外交官丈夫办理离婚手续。但当她的丈夫谈起可能会言归于好时,她是这样回答的:"可是这样一来我的养老金呢? 我从来没有过孩子,而对我来说幸福的追求便是金钱。"

英国的影评界认为这部影片不堪入目,因为马龙·白兰度服用了阿尔卡·塞尔策(可能是一种酒名)之后,打了两次嗝,还因为戏里的人物由于晕船而一个接一个地去呕吐。但卓别林却从不轻视这类所谓"庸俗"的细节的。他在 1919 年出品的《移民》一片中,就曾装出要呕吐的样子。他在《城市之光》中的头一个噱头就用了这种没完没了的打嗝,还有,他在《舞台春秋》中就用了一堆粪便而弄脏了他的鞋子。卓别林从来不拒绝使用这些"生理学的"隐喻，而且他并不比莫里哀或莎士比亚以及拉伯雷更过分，也从不陷入庸俗和"自然主义"，因为他总是以富有风格特点的方式来用它们的。

对《香港女伯爵》缺乏好感的法国影评家指责的不是它庸俗，而是它的感伤。但这一点在卓别林所有最著名最完善的影片中是经常出现的。卓别林在自传中也曾谈过这个话题：

"我被一位影评家的意见弄得很消沉。"他写道："《城市之光》是一部出色的影片，但它已到了感伤主义的边缘。他认为我在未来的作品中，我应该走向现实主义。我相信他说得有道理。我可以回答他说，所谓的现实主义往往是人为的，复杂的，令人生厌的；而在一部影片中，最重要的不是现实，而是想象能对现实所起的作用。"

他的这种想法也适用于他最后拍制的这部片子。

在卓别林的想象与风格当中起主导作用的是节奏。我们可以把《香港女伯爵》看成一出芭蕾舞，德吕克曾用"芭蕾舞"这个词来说明卓别林 1915 至 1919 年之间他的短片的特点。我们如果暂且抛开"初看"时的那些反对意见（不管是合理的还是不合理的），耐着性子再重看一遍这部影片，就会被他的节奏的完善和优雅所打动。这种节奏存在于他的剧本、对话、演员们的演技和他的音乐（也是卓别林作品）之中。这样，你就会觉得他的这部作品具有莫扎特式的与众不同的感人的魅力。并没有落入俗套。

《香港女伯爵》一片既不值得过分的赞扬，也不应当受到伦敦报界给予的那种羞辱。这是一部令人尊敬的作品，丝毫没有给这位天才的伟大的艺术家丢脸。

公允地说,这部片子不如另外一部卓别林只编剧、导演而没有主演的片子——《巴黎一妇人》。苏菲亚·罗兰的表演大大超过了艾娜·卜雯斯,但是,马龙·白兰度与阿道夫·孟郁的鲜明的风采和露骨的放荡不羁相比较起来,却差得相当远了。这部老影片是一出富于戏剧性的喜剧片,如果它的剧情是在"上流社会"的环境中展开的话(豪华的住宅、公寓、时髦的大饭店等等),再加上技术上的重大创新和极其简单的心理刻划,它将在有点无意义的外表下,具有一种含蓄的然而是爆炸性的讽刺力量。

这并不等于说《香港女伯爵》这部在风格上相当守旧的影片与当代现实问题相当脱离的。卓别林在这部影片中并没有象在《一个国王在纽约》或《华尔杜先生》中那样直接地参与论战,但在"不涉及这些问题的外表下",他比在《舞台春秋》中更有论战性,更现实和更尖刻。

卓别林的确就他的最后一部影片这样说过:

"我既不想说教,也不想用'棍棒'(即小丑式的插科打浑);我们必须重视这项声明,这是谨防'祸从口出'的意思。"

在巴黎,卓别林的影片受到了大部分影评家的欢迎。记者们问到他的计划,他说他不会再在一部影片里当主角了。他说,在银幕上,美感是很重要的,他知道他老了,他已经完全失去给自己化装的兴趣了。但是,他不放弃做一位电影艺术家。他的脑子里还有成堆的剧本。他打算好好导演一部新片,在那影片里他将给他的孩子们一个角色,因为他的孩子们都很有演戏的天分。他要不停地工作,因为他的时间已经不多了。而如果说他不打算到美国去介绍《香港女伯爵》的话,那也只是由于上述这个原因。

卓别林确是个务实的艺术家。不论影评家怎样评论《香港女伯爵》一片。在 1968 年又开始编写另一部电影。

1969 年,正是八十高龄的卓别林在瑞士的韦维宣布他准备开拍下一部影片——《怪象》。这部影片由《香港女伯爵》的制片主任、环球影片公司的杰罗姆·爱泼斯坦监制,由维多利亚·卓别林主演。

但是,非常可惜,他的这个计划虽几经宣布却始终未能实现。后来,他在《我的从影生活》一书里,这样写道:

"这是一个天使下凡的故事。我是为我的女儿维多利亚编写的,我们已经开始排演,不久她就离家出嫁了。但是,我总有一天会把它拍成的。"

卓别林的决心并没有实现,所以直到今天,世人并未观赏到他的新影片——《怪象》,所以人们也就无法知道这部影片的内容。这是很令人惋惜的一件事。想来他的这部新影片一定会是很精彩的。可惜的是,世人无法一饱眼福。

1971 年 5 月,在第二十五届戛纳电影节上,法国文化部长约克·杜哈梅尔授予卓别林荣誉军团高级绶带。第二天,在戛纳及巴黎等地又重放《城市之光》。

卓别林出生在法国,但他却是在英国长大的,他在美国生活了四十年,在加州的好莱坞拍出了七十九部为广大观众喜欢的影片,但是,直到此刻为止,无论是他的祖国——英国(他一直自称是英国人)或是他生活过,工作过的美国并没有给予他什么荣誉,而法国——这个电影最发达的国家却多次给予了卓别林应有的荣誉。

1921 年,卓别林第一次返回欧洲。由于放映《寻子遇仙记》并由于安妮·摩根小姐的提议,法国政府授予卓别林"民众教育学士的勋位。"

1931年,法国政府又授予卓别林荣誉军团勋位。

1952年10月,法国教育部长代表法国政府又将法国"荣誉军团"军官的玫瑰勋章赠给卓别林。

这次授勋已是第四次了。

在1971年至1972年之间,前哥伦比亚公司国际销售部经理摩西·罗思曼,和独立制片人(拍过《食客》,《心与灵》等影片),哥伦比亚公司管理委员会主席的儿子,哥伦比亚公司董事长兄弟伯特·施乃德尔,联合取得卓别林的九部长故事片的十五年发行权。公布的售价是五百万美元,卓别林还可从票房收入中提成。

有人怀疑说,五百万美元的售价是夸大了的。其实夸大的可能性很小,几乎是不可能。如果认真地计算,九部长故事片的发行将会带来数千万美元,因为发行期是十五年啊。

一件出乎卓别林意料的事发生了,这也是出乎人们意料的事。

1972年,美国"电影艺术与科学学院"决定授给卓别林特别荣誉奖。为此,美国"电影艺术与科学学院"特给卓别林发了一封请柬。

卓别林对美国政府,尤其是一些抵制过他的人并无好感。但是,他对广大的美国人民还是有好感的。他决定去美国。

十九年前的1953年,就在卓别林生日的那天,他亲手将美国政府签发给他的再入境签证,交给了美国驻瑞士洛桑的领事,并且明白地对领事说:"我永远不再回美国了。"

那么,卓别林这次去美国又是出于什么目的呢?

据《时代》的记者报道:"卓别林曾说:'我没有会想到重访这个国家——当然指美国——。我这样做完全是由于一个人的缘故,这个人就是大人物摩(指摩西·罗思曼)'"

其实,卓别林此次美国之行并不是为了"大人物摩",也不单纯是为了来领取奥斯卡金像奖。这位八十三岁高龄的老艺术家此次的美国之行,就是要给以前那些抵制过他的人,那几个要驱逐他的人以及那个声明拒绝他再入境的人——当然就是参议员凯恩,众议员约翰·兰金以及总检察长麦克格兰纳利看。他似乎在大声向这小撮人说:"瞧,你们要驱逐我,要拒绝我再入境,可是,我来了,而且是你们美国请我来的。"

陪同卓别林赴美的有他的夫人乌娜和他的女儿维多利亚的丈夫尼古拉斯·西斯托瓦里斯。

1972年4月3日,星期一。卓别林一行人到达纽约。

卓别林是1952年9月17日离开美国的。再过五个月另几天,就到二十年了,由于美国部分地区禁映卓别林的影片,所以美国的青年人对卓别林其人是很陌生的,又由于卓别林此行美国政府封锁了消息,所以知道的人不多。

卓别林到达纽约的当天晚间,他的老朋友怀亚特·库珀的夫人格洛丽亚·范德比尔特,在她的纽约宅邸里举行宴会,招待卓别林。应邀出席的有作家乔治·普利姆东和杜鲁门·卡波特,导演何塞·昆蒂罗,丽莲·去许和作家海明威的遗孀玛丽·海明威等人。

大家看出来,卓别林虽然已是八十三岁的老人了,但是仍然相当硬朗,满头白发更显得面孔红润,耳不聋,眼不花,行动并不迟钝。

宴会上,大家畅谈分别后的情况。卓别林向大家介绍了他回到欧洲后所摄制的新片《一个国王在纽约》和《香港女伯爵》两片的故事梗概。应众人之请,他在席上表演了《一个国王在纽约》中的几个镜头，引得大家哈哈大笑。

"老了。"卓别林微笑着说："今后我不可能再上银幕了。"

席上，大家频频举杯，祝卓别林健康长寿。

"健康与长寿是每个人都有的希望。"卓别林说："但是，每个人又都有要去见上帝的那一天。不过——"他稍停又说下去："当那个人见到上帝以后，只要能说一句：'我已没有什么遗憾了'就算对得起上帝了。"

第二天，也就是 4 月 4 日，戴维·洛克菲勒在纽约文化生活中心——林肯中心——举行盛大晚会欢迎卓别林。

这个盛大的晚会，不论戴维·洛克菲勒出于什么动机。但是，在客观上却令美国政府——尤其是一小撮曾反对过卓别林的人感到非常的尴尬。

晚会上，众多的与会者都一再的向卓别林这位老艺术家致敬，他们把卓别林当成一位要人，一位皇帝那样地恭敬着，他们大声地向卓别林问好。

两次招待会，尤其是戴维·洛克菲勒的欢迎晚会，无疑是给卓别林的来美作了义务宣传，已经见过卓别林的人一传十、十传百，很快的就有了成千上万的人知道了。

纽约市的广大观众，可不象兰金及凯恩之流的那样反对卓别林，他们——尤其是四十岁左右或超过四十岁的人，他们还记得卓别林，他们没有忘记给他们带来快乐的这位老艺术家。

在洛克菲勒欢迎会的第二天，一大早，卓别林刚刚起床，他下榻的里茨旅馆外面就有许多人来看望他了。他们还没有吃早点就来了。旅馆的侍者——还是值夜班的侍者，连忙来向卓别林报告，说明了旅馆外面来的人都是来看他的，并且要求卓别林去和他们见面，否则怕那些人冲进旅馆里来。

　　卓别林不能让那些喜爱他的人失望,他说:

　　"请你立即去转告他们一声,我洗漱完了,换了衣服就去见他们,穿着睡衣去见客人是不礼貌的。"

　　当卓别林出现在旅馆门口的台阶上的时候——因为他住的楼层太高,在阳台上和群众见面互相都看不真切,所以才走下楼来,门外面上千的观众立即认出了二十多年未见的这个老朋友——他们心目中最可爱的人,人群中立即发出了欢呼声:

　　"你好啊,查利!"

　　"查利万岁!"

　　人群中的观众又互相在议论着:

　　"哈,还是那么硬朗。"

　　"一点没变,也不显老。"

　　卓别林双手举过顶抱拳向众人致意,并大声说道:

　　"你们好,谢谢你们来看我。"

　　人群中立即响起了掌声。

　　警察原来没想到这么早就有人来看卓别林,所以毫无准备,但是,此刻,人群已阻断了交通,很快的陆续地来了十几名警察,可是无济于事,群众虽也知道阻碍了交通,但是他们却愿多看一眼他们这位久别重逢的老朋友。

　　警察出于无奈,只好费力地挤过人群来向卓别林求救。这个警察先向卓别林敬了礼,然后说:

　　"卓别林老先生,从心里说,我也愿多看您几眼,可是,从工作上说,我抱歉地要求您能缩短与大家见面的时间。我的这个请求是万不得已,也感到很不安,请您谅解。"

　　卓别林一向是通情达理的,他向警察点点头,说了句"对不起。"然后又再次向人群挥了挥手,退——是倒退着回到旅馆门里去。

一下子关于卓别林重返美国的消息像长了翅膀一样传开了。以后,来看卓别林的人络绎不断。卓别林为了不让热爱他的这些纽约人失望,每隔半个小时就下楼一次去接见群众。

纽约市一些美国的或外国的记者闻讯赶来——他们也是从群众中得知的。纷纷赶来。不料,卓别林竟没有时间接待他们。

这些美国的外国的新闻记者都是些难于应付的人,他们竟然在旅馆的大厅里守候起来。我们不能不佩服这些老记者们的耐性,他们足足守候了一天,饿了,吃点饭,渴了,喝点饮料。

卓别林并未意气用事,尽管美国的新闻界曾不止一次地攻击他,侮辱他,诬蔑他,他并没有记恨,所以一直到了晚上八点钟才接见了那些记者。

一个记者首先问道:

"卓别林先生,您此次旧地重游有何感想?"

"我来了,这就是我的感想。"卓别林微笑着答道。

"报载,您说过您对美国不感兴趣,也不再想跟美国打交道,是这样吗?"

"是的。我此次来美国也不是跟美国政府打交道。"

"您在美国生活了四十年,您对这个国家有什么看法?"

"美国的广大人民是勤劳勇敢的,也是和蔼可亲的,更是可贵的。"

"您在《一个国王在纽约》影片里写了让国王捺手印的镜头,用意何在?"一个美国记者问道。

"我写错了吗?"卓别林反问道:"难道你们的移民局没有让移民捺手印吗?难道没有一些移民因为某个人看着不顺眼就被送到艾利斯岛去吗?"

"请问,您是否愿意在美国放映《一个国王在纽约》?"

"有愿意放映那部片子的,直接与影片发行公司去联系好了。"

这个记者招待会听的人多,问的人少,发问的人多是美国记者,而且一直围绕着卓别林与美国的关系方面。

中国记者向国内发回了电报,对这次记者招待会及卓别林本人作了评论,他对卓别林的评价有两句很中肯而又恰当的话:"幽默而不失分寸,风趣而不显轻浮。"

4月7日,卓别林抵达洛杉矶。

不知是洛杉矶各报纸换了负责人还是他们改变了态度,来个一百八十度的大转变,大批的新闻记者、广播记者来迎接卓别林。洛杉矶的市民则是夹道欢迎。由于洛杉矶警方事前已得到了消息,所以出动了众多警察维持秩序。

洛杉矶市民对卓别林的热爱并不亚于纽约。

当天晚间,美国电影艺术与科学学院设宴招待卓别林。

4月10日举行了奥斯卡金像奖颁奖大会。在会上,美国"电影艺术与科学学院"院长,电影剧作家丹尼尔·塔拉达什将一项荣誉奖授予卓别林。

颁奖后,丹尼尔·塔拉达什院长作了讲话,他简单介绍了卓别林在电影艺术上所作的贡献,最后说:

"卓别林先生是一位出色的哑剧演员,哑剧是人间最古老的艺术,而卓别林先生则是当代哑剧艺术大师。卓别林先生不仅精通哑剧,而且在演技、跳舞、作曲、喜剧上样样精通,有许多专门弄一样的人也比不过他,他的创造力,取之不尽,用之不竭。他不仅精于演戏,而且能编剧、导演、制片、剪接、配制音乐、设计芭蕾舞步伐,可谓无所不能,无所不精。

卓别林先生对于电影事业的贡献是巨大的。

在美国电影界先驱者当中,他是运用电影这种新媒介的第一个真正的创造者;一开始就以真正电影技巧运用到制片上的,也是他。

他坚持自己独出心裁,绝不随便模仿,他一定要针对他有独创性的需要来寻求他自己的表现方法。

他这种创作方法从开始就是正确的,因此他才真是他的艺术的创造者,他的作品的形式也是他自己发明的。在卓别林先生的手里,无声电影的技巧已达到了登峰造极。

卓别林先生的作品,都有一种"卓别林风格",他的每一部影片又有它独特的完整的风格。

卓别林先生得到了全世界观众的热爱,作为一个电影演员能得到那么多观众的喜爱,是空前的。就目前而言,还没有一个电影人能与卓别林相媲美。如果我们不给卓别林先生以应有的荣誉与奖赏,那是我们的失误,也是我们的耻辱。

最后,我借用英国大作家肖伯纳先生的一句话来结束我的讲演:'卓别林是银幕上最伟大的天才演员。'"

顺便说明一下,奥斯卡奖是 1928 年开始颁发的,也就在那一年,卓别林因《马戏班》一片而获得了特别荣誉奖。

在与会者众人的欢呼声中,卓别林简短地致谢词。他说:

"我能获得如此殊荣,深为感动。言语是……如此无力,如此贫乏。谢谢,谢谢你们给了我这个荣誉。你们都是了不起的,可爱的人啊。"

后来,卓别林在《我的从影生活》中曾写道:"这番表示使我深受感动,不过这里含有某种讽刺意味。"

不是吗? 卓别林讽刺了美国政府。而美国的一个电影团体却颁发给他一项特别荣誉奖。对此,不知美国政府——尤其是那些与卓别林作对的人,有何感想,暴跳如雷还是无可奈何?大声咆哮还是唉声叹气?

卓别林又会见了一些老朋友,可惜,有许多人已经不在了,其中有许多比卓别林年轻得多的。他会见了《寻子遇仙记》中的"孩子"贾克·柯根。

当年的"神童"演员,在卓别林的培养与提拔之后,发了大财,可是。此时却已变成了一个"大腹便便的秃子"了。

两个人不免又谈起了五十年前的往事,都有无限的感慨。

卓别林又去贝弗利山,看一看他的旧居。这所大宅子是卓别林一手兴建的,也是他打算永久居住的地方,如果不是美国政府对他的刁难,如果不是几个反动团体对他的影片抵制,如果好莱坞不走向反动的一面,他是不会断然离开美国的,旧地重游当然无限感慨。

就在 1953 年,卓别林夫人乌娜·奥尼尔来到美国,出席了联美公司董事会的会议,她卖掉了卓别林在美国的财产。春天卖掉了这所大宅子,秋天又卖掉了拉勃里亚制片厂。

这所宅子已换了主人,当然也没见到亨利、海伦等老仆人。卓别林又到大花园里走了走,看了看。

1972 年 9 月,在第三十三届威尼斯国际电影节期间,举行了"卓别林影展",映出了他 80 部影片中的 73 部,其中包括映出不多的《巴黎一妇人》。

在圣马克广场上举行了一次露天放映会,出乎人们的意料,在放映会结束时,卓别林出现在观众面前。

所有的人惊喜若狂,掌声,欢呼声立即响起来,那场面是令人激动的。

第三十章　巨星殒落

　　1977 年 12 月 24 日—25 日，圣诞之夜，耶稣复活了，伟大的、杰出的艺术家卓别林逝世，一颗巨星殒落了。一个把艺术献给了人民，献给了世界和平民主事业的，曾和那么多政治家、思想家、科学家和艺术家交过朋友，获得过殊荣的大艺术家，把人生气氛闹腾得轰轰烈烈的艺术大师，葬礼却十分朴素简单，但他艺术的灵魂是不死的。

　　卓别林没有再拍电影——尽管他的脑子里还有许多电影故事。但是，却有人来拍"他"了。

　　电影界、尤其是美国的电影也还是有一些有识之士。

　　当卓别林拍摄的《一个国王在纽约》拍成后，美国的好莱坞不知是自发的还是受了某些人的使命，全力抵制影片的发行，以致其势力已波及到英国和法国。

　　十几年过去了，《一个国王在纽约》并没因好莱坞的破坏而影响到放映，几乎所有爱看电影的人都已看见了。

　　十几年后的 1973 年，好莱坞的有识之士第一个是"布莱布制片公司"，他们要拍卓别林了。他们认为卓别林已是 84 岁的高龄了。这位伟大的艺术家给人们留下了 80 多部影片。每一部都是人们喜闻乐见，百看不厌的。象这样的一位电影界的伟大人物，应该为他做一些与他的名誉相应的事，那就是将他的一生拍下来,留给世人做纪念。所以他们决定拍一部纪录片,记载下这位伟大艺术家的生平和作品。

他们派出了比埃尔·考特雷尔担任制片主任(代表洛杉矶布莱克制片公司)。事前征得卓别林的同意,比埃尔·考特雷尔带领一帮人来到了瑞士韦维的科西尔村,前后对卓别林进行了两次家庭访问。

第一次是在 1973 年 2 月 8 日,导演是彼得·波格丹诺维奇,摄影是纳斯托·阿尔门德罗斯,录音由哈拉德·莫里与奥古斯特·加里担任。

第二次是在同年、2 月 17 日至 18 日。导演是理查德·帕特逊,摄影仍是纳斯托·阿尔门德罗斯,这次由让——比埃尔录音。

两次的制片主任均是比埃尔·考特雷尔。

很可惜,这两次对卓别林的家庭访问拍摄的胶片,在放映时只占了很短的时间。

这部纪录片起名为《流浪汉先生》。这个片名很恰当。卓别林从《阵雨之间》一片开始,他在许多影片中就是以流浪汉的身份出现的,他在埃山奈影片公司拍片时,就拍了《流浪汉》一片。

同年 9 月 12 日,也就是在《流浪汉先生》摄制组在进行第二次家庭访问之前,卓别林与夫人乌娜突然前往法国电影资料馆观看《华尔杜先生》影片。在场的有亨利·兰格罗阿。

在 1968 年,法国曾发生了"法国电影资料馆诉讼案"。为此,卓别林曾致电亨利·兰格罗阿表示支持。

卓别林一贯是主持正义的。

卓别林在韦维的班德庄园过着快乐的日子。妻子贤慧,儿女绕膝,可谓无忧无虑了。但是,他还有一点不满足,那就是在

1967 年《香港女伯爵》一片上映之后，他没有再拍出一部片子。

1974 年，波德莱·海德出版社（伦敦、悉尼、多伦多）出版了卓别林的《我的从影生活》一书。这是一本画册，由戴维·金担任美术设计，由弗朗西斯·文德哈姆写了导言，卓别林本人为此书作了大量的注解。其中收集的画面有一些是来自卓别林个人的收藏。通过卓别林的注文以及书中刊印的文献，许多史实得到了校正。如卓别林居住过的波那尔巷，并不是派乃尔巷，因为有简图可证。卓别林母亲的艺名（或者说艺名之一）是莉莉·卓别林（1896 年用），卓别林从 1901 年至 1905 年确实在《歇洛克·福尔摩斯》一剧中扮演过角色，包括在伦敦演出和出外巡回演出等等。这些皆有图片及文献证明。

但是，还有一点争论。那就是关于卓别林的出生地。

卓别林在自传中写道："我于 1889 年 4 月 16 日晚上 8 时，出生在沃尔华斯区的东街。"

写《卓别林的一生》的法国人乔治·萨杜尔先生在他的书中写道："然而时至今日，没有一个研究者在伦敦市或附近地区的户籍中找到过他出生的任何证据。"为此，他又提出疑问："是不是他用另一个名字报的户口呢？他的祖母是否真如他所写的是一个波希米人呢？"

我们不妨说一句："何不到法国的枫丹白露去查一查呢？"

卓别林生在枫丹白露，大约在出生二三个月或更少一点时间即随父母迁到了英国的沃尔华斯区的东街。这大概就是卓别林在自传中误以为自己出生在这里了。那么乔治·萨杜尔先生也理所当然地不可能在伦敦市区或附近地区找到他出生的任何证据了。

乔治·萨杜尔先生还提出一个疑问："如果他的母亲哈莱真

是信奉新教的话,她是否由犹太父母所生的呢?"

乔治·萨杜尔先生仅是猜测,并无丝毫根据。卓别林的自传中写的很清楚,他的外祖父名叫查尔斯·希尔,出生于爱尔兰科克郡,是一个爱尔兰皮匠。他的外祖父一半是吉卜赛人。他自己总不会写错吧。因为这些和他的出生地不同。

卓别林在 1921 年第一次自美国回欧洲访问,主要是思乡病和主持《寻子遇仙记》的放映。11 月返回洛杉矶他在火车上对记者蒙泰·倍尔口述了《我的国外旅行》一书。后来,这本书的版权被哈泼斯杂志公司以二万五千美元购去。

1931 年,卓别林第二次回欧洲旅行,1932 年 5 月底,他回到了好莱坞,闭门索居了好几个星期之久,他向他的秘书口述他的旅行回忆录。这本书的版权为一家大报馆以一个字一千美元的高价购买去了,很可惜,这本书的原稿在写成后,却被他关进了他的秘密仓库,永远也没能出版,所以世人也就无法见到了。

他还曾打算出版一本论社会问题的文集,主要是有关社会失业问题。关于失业问题一直是他所关心的问题,他曾经说过我真想给人类做一点好事,主要的就是解决失业问题。他之所以没有写那本讨论失业问题的论文集,是因为他认识到,电影也许比书更为有力,更足以表达他的见解。他的《摩登时代》就是一个明证。

此后,他还时常对人提出,他很想做点有益的工作,解决社会失业问题。

1975 年 3 月,又一件好事落到卓别林的头上。

英国政府给卓别林拍来了电报,告诉他,女皇将给他授与爵位。

卓别林当然很高兴,他在他的夫人乌娜·奥尼尔及两个儿女的陪同下起程去伦敦。

英国政府派代表迎接卓别林一行。

早在 1952 年的 10 月 21 日,英国女皇伊丽莎白和爱丁堡公爵曾同时接见过卓别林。

这次,英国女皇伊丽莎白又第二次接见了卓别林。接见后即举行授爵仪式。

仪式是很隆重的,皇室成员,政府的首相,各部部长,以及上、下两院的议长和一些政界要员参加了仪式。

女皇宣布,授予卓别林大不列颠帝国爵位(从一月初起即享受爵士特权)。此后,查尔斯·斯宾塞·卓别林就变成了卓别林爵士。

其实,这个爵位的授予还是晚了点,早在五十年前,或者四十年前,卓别林就应该获得这个荣誉了。究其原因,大概是因为那时卓别林还在美国,还不能算是英国人吧。那么,在卓别林定居于瑞士之后,也应该授与他这个爵士的头衔,因为他既是英国人——也始终是英国人,而且他的夫人乌娜·奥尼尔也在 1953 年放弃了她的美国国籍而加入了丈夫所在国家的英国国籍。

迟是迟了,但卓别林总算获得了他应该得到的荣誉。

1977 年 3 月 30 日,《流浪汉先生》一片在巴黎歌剧院首次映出。这是一部关于卓别林生平和作品的纪录片。片中除了收入他拍摄的许多主要影片之外,还收入了许多从来没公开过的一些纪录片镜头(其中《巴黎一妇人》仅有片断的镜头)。这些纪录片有:卓别林制片厂的建立和厂里的一些活动,征募"自由公债"之行,"联美影片发行公司"的建立,1921 年的欧洲之行(英国、法国、德国),1931 年的第二次欧洲之行(欧洲各国:英国、法国、德国、比利时、奥地利、非洲的埃及、摩洛哥、阿尔及利亚、瑞士、亚洲的锡兰、新加坡、爪畦、巴西等地以及中国、日本）和宝莲·高代乘船出游，离开美国时举行的记者招待会，以及在瑞士的韦维科西尔村的家庭生活等影片。

《流浪汉先生》的制片人：伯特·施乃德，R·B·C·制片公司出品；编剧兼剪接：理查德·帕特逊；解说：沃尔特·马太和劳伦斯·奥立弗。全片放映时间为 90 分钟。

《流浪汉先生》基本上（不是全部）记录了卓别林一生中的大致活动与成就，如果再参看他写的《我的自传》一书，就可了解卓别林的为人与贡献了。

就在这一年，88 岁高龄的卓别林完成了为他的长故事片配音工作。早先是《马戏班》和《寻子遇仙记》，最后是《巴黎一妇人》。很可惜，《巴黎一妇人》一片多年来它原来的考贝已消失，各国电影资料馆放映的只是根据一部不全的苏联拷贝翻印的。

所有这些影片，都是由卓别林亲自谱曲。

《巴黎一妇人》的有声拷贝放映时间为 104 分钟，于 6 月份在柏林电影节映出，又于 12 月在伦敦电影节映出。

1977 年 12 月，卓别林病了，病情迅速恶化，不得不用氧气瓶维持他的生命。

遗嘱早已写好。在他清醒的时候，并没有流下什么遗言。只是拉住妻子乌娜的手，脸上似乎闪现遗憾或是抱歉的表情。那样子似乎在说，我唯一的遗憾，唯一抱歉的是我走了，却抛下你一个人，尽管有众多子女随侍在侧，还是不如有个伴好哇，不过，他并没有说出来。

12 月 24 日——25 日，圣诞夜卓别林闭上了双眼，心脏停止了跳动，享年 88 岁。一颗巨星陨落了。他的夫人乌娜·奥尼尔和他的七个子女随侍在身边。27 日，卓别林的葬礼举办得相当简单朴素,人们打着伞在牧师的祷告声中为卓别林在科西埃——苏尔——维薇墓地下葬。

乌娜和他的子女走在送葬队伍的前列。家人当然知道人都有这一天,卓别林一生漫长的传奇式的人生故事总要结束的。

卓别林是一个伟大的天才艺术家,他由于家庭贫苦,所以读书不多,但是,他勤奋好学,所以,在从事电影工作后,自己编写剧本,他能导演,又是个天才的演员,能给电影配制音乐并能设计歌舞,可谓电影界的全才。

他是世界上人们热爱的艺术家。他用他的喜剧和悲哀的语言,早就向全世界的人说话了。全世界的人——黄种人、白种人、黑种人、棕种人——都懂得他的语言。他那双奇妙的眼睛随便一动,他的眉头皱一皱,肩头耸一耸,全世界的人都懂他的意思。他那根小手杖,那双大皮鞋,他的脸,他的眼睛在全世界的人看来,都很会说话。他在沉默的时候,也就是他最雄辩的时候,他直接向世界上每一个人说话,让人们把他的无声的语言翻译成他们各自的语言,再配上他们各自的民族背景,这样他就跟一切人心心相通了。

现在,有些电影明星被“封”为电影“皇帝”或“皇后”。但是这些“皇帝”皇后”没有一个能达到卓别林那样的成就。到目前为止,还没有一个电影明星象卓别林那样得到了全世界人民的普遍欢迎。

人民喜欢卓别林不仅仅是他的喜剧给人们带来了快乐,另一个重要的原因是他的戏,也是他的心贴近人民,他是在代小人物说话,他自己就说过:“在我的片子公映的时候,我一只眼睛注意银幕,另一只眼睛和两只耳朵注意观众。我要发觉什么使他们笑,什么使他们哭,比如说,如果几次公映当中,对于我本来打算使人发笑的一些地方,观众都不笑,我就要立刻设法弄明白,我那主意错在哪里,或者在表现上有什么错,也许是拍摄方法不对吧。"

这也说明他的影片之所以每一部都能受观众喜爱的原因之一,因为他在给自己找"毛病"。同时,他也在时刻关心观众需要什么? 他说:

"好些时候,觉察到一个并未下过功夫的姿势会惹人发笑,我就尖起耳朵,注意听观众的意见,希望知道究竟是哪一点使他们觉得好笑。每次我去看我的片子公映,我就好比是一个生意人,随时注意看买主们手上拿着什么? 买什么? 做什么?"

一个天才的艺术家逝世了。

1920 年,卓别林随卡诺剧团赴美国演出,他花了一千美元请女星相家为自己算了一次命。所算出的结果是:"您要离开美国。但是,不久您还要回来的,要干另一行。"这是算准了。可不是吗,他确是离开又回去,从演戏改为演电影。"您要结三次婚,头两次不够美满,但是您最后生活得很幸福,婚后有三个孩子。"这些全错了,如果把"三"改成"四",把"头两次"改成"头三次"就对了。而孩子则不是三个,而是十个,"你将来是一位百万富翁",这一点对了。"享年八十二岁",又错了,卓别林和他的朋友毕加索一样长寿。

卓别林共有十个子女。他与莉太·葛蕾生了两个儿子,即1925 年 6 月 28 日生了小查尔斯·斯宾塞·卓别林,1926 年 3 月 30 日生下了西德尼·艾尔·卓别林。

他与乌娜·奥尼尔生了八个子女。1944 年 10 月生下了吉拉丁,1946 年 4 月生下了迈克尔·约翰,约瑟芬生于 1948 年,维多利亚生于 1951 年 5 月 20 日,1953 年 8 月在瑞士又生了第五个孩子友琴,1957 年 5 月 23 日生下了简妮,安尼特出生于 1960 年 4 月,他们的老儿子克里斯托弗生于 1962 年 6 月。

卓别林一生共拍了 81 部电影。在文中我们提到了一些,下面再按年代顺序补一简表说明:

1. 谋生(一本,指胶片长三百米左右。)

2. 威尼斯赛车记(一本)

3. 玛蓓尔奇遇记(一本)

4. 阵雨之间(一本)

5. 电影里的琼尼(一本)

6. 查利跳探戈舞(一本)

7. 他心爱的过去(一本)

8. 残酷的爱情(一本)

9. 星球上的旅客(一本)

10. 玛蓓尔开汽车(二本)

11. 二十分钟的爱情(一本)

12. 在酒馆中被捕(二本)

13. 雨中追逐(一本)

14. 忙碌的一天(半本)

15. 致命的木槌(一本)

16. 她的强盗朋友(一本)

17. 击倒(二本)

18. 玛蓓尔忙碌的一天(一本)

19. 玛蓓尔的婚后生活(一本)

20. 牙医生(一本)

21. 道具管理员(二本)

22. 查利当画家(一本)

23. 娱乐(半本)

24. 化装跳舞(一本)

25. 他的新职业(一本)

26. 游民(一本)

27. 看门人(一本)

28. 恋爱的痛苦(一本)

29. 面包与炸药(二本)

30. 神经质的绅士(一本)

31. 他的音乐生涯(一本)

32. 幽会的地方(二本)

33. 蒂丽的恋爱史(六本)

34. 相识记(一本)

35. 他的史前史(二本)

36. 他的新职业(二本)

37. 花天酒吧(亦译夜游)(二本)

38. 拳击(二本)

39. 公园里(一本)

40. 私奔(二本)

41. 流浪汉(二本)

42. 在海滨(二本)

43. 当学徒(二本)

44. 一个女人(二本)

45. 银行工友(二本)

46. 当水手(二本)

47. 游艺场之夜(二本)

48. 卡门(四本)

49. 警察(二本)

50. 祸不单行(二本)

51. 百货店巡视员(二本)

52. 救火员(二本)

53. 提琴手(二本)

54. 午夜一点钟(晚归)(二本)

55. 伯爵(二本)

56. 高利贷者(二本)

57. 拍电影(二本)

58. 溜冰(二本)

59. 安乐街(二本)

60. 治病(二本)

61. 移民(二本)

62. 越狱(二本)

63. 狗的生涯(三本)

64. 买公债(半本)

65. 从军记(三本)

66. 阳光山村(田园诗)(三本)

67. 欢乐的一天(二本)

68. 寻子遇仙记(弃婴传、红孩子)(六本)

69. 有闲阶级(二本)

70. 发工资的日子(二本)

71. 朝圣者(漫游者)(四本)

72. 巴黎一妇人(公共舆论)(八本)

73. 淘金记(九本)

74. 马戏班(七本)

75．城市之光(九本)

76．摩登时代(八本)

77．大独裁者(十一本)

78．华尔杜先生(十一本)

79．舞台春秋(十二本)

80．一个国王在纽约(十二本)

81．香港女伯爵(十二本)

在前三十五部片子中,有十一部不是他自编自导自演的,他只是当演员。《巴黎一妇人》与《香港女伯爵》两部片子,他是编剧、导演而没有主演。其余各片全是他自编自导自演,自己配曲,自己指挥乐队,自己设计舞蹈。这是这位大艺术家留给世人的一笔宝贵的财富。

肖伯纳说过“小小的小子,手上的小手杖像魔杖一样,能让多少小人物和大人物都笑得前仰后合!”

艺术的灵魂是不死的。今天,那小小的魔杖般的手杖,仍照样把地球上无数的小到庶民大到帝王的人迷住,令他们笑得前仰后合!

CHARLIE CHAPLIN

一生想过浪漫生活

卓别林

鲍荻夫 ⊙ 著

（一）

时代文艺出版社

卓别林

作　　者:鲍荻夫

责任编辑:张秀枫

出　　版:时代文艺出版社
　　　　　（长春市泰来街 1825 号 邮编:130062 电话:86012927）

发　　行:时代文艺出版社

印　　刷:三河市灵山装订厂

开　　本:787×1092 毫米　32 开

字　　数:750 千字

印　　张:35

版　　次:2011 年 5 月第 2 版

印　　次:2011 年 5 月第 2 版第 3 次印刷

书　　号:ISBN 978-7-5387-1064-9

定　　价:208.60 元（全 7 册）

目　　录

第 一 章　天才闪现 …………………………………（1）

第 二 章　苦难生涯 …………………………………（61）

第 三 章　人生转折 …………………………………（121）

第 四 章　天才受挫 …………………………………（153）

第 五 章　初涉情海 …………………………………（180）

第 六 章　美国之行 …………………………………（219）

第 七 章　锋芒初露 …………………………………（263）

第 八 章　发迹美国 …………………………………（299）

第 九 章　创建辉煌 …………………………………（335）

第 十 章　广交名流 …………………………………（375）

第十一章　风流好莱坞 ………………………………（419）

第十二章　和平使者 …………………………………（437）

第十三章　失败婚姻 …………………………………（464）

第十四章　博采群芳 …………………………………（514）

第十五章　人间喜剧 …………………………………（537）

第十六章　罗曼小史 …………………………………（560）

第十七章　人间闹剧 …………………………………（590）

第十八章　再结姻缘 …………………………………（616）

第十九章　离婚风波 …………………………………（639）

第二十章　再创辉煌 …………………………………（660）

第二十一章　漫游欧洲 ………………………………（713）

第二十二章　遇险日本 …………………………………（747）

第二十三章　初访中国 …………………………………（774）

第二十四章　民主战士 …………………………………（804）

第二十五章　艺海深情 …………………………………（855）

第二十六章　逃离美国 …………………………………（908）

第二十七章　艺术峰颠 …………………………………（961）

第二十八章　壮心不已 …………………………………（1020）

第二十九章　获取殊荣 …………………………………（1069）

第三十章　巨星殒落 …………………………………（1093）

第一章　天才闪现

　　查尔斯·卓别林——全世界最杰出的天才艺术家，五岁登台救母亲的场，先拣钱，再接观众掌声笑声；童年饱尝人间酸辛；母亲进疯人院，后母虐待，孤儿学校在他屁股上狠抽三藤条……；童年的苦难，铸就了这位天才艺术家的灵魂。

公元 1889 年 4 月 16 日晚 8 时。

伦敦。沃尔沃斯区东巷。

　　一声并不怎么响亮的啼哭，查理·卓别林（charles·chaplin）又添生了一个瘦小的男婴。

　　这个男婴就是举世闻名的天才艺术家，给人们带来无限思考与笑声的查尔斯·卓别林（charles·chaplin），也称之为查利·史宾塞·卓别林（charles·spencer·chaplin），长大成名后，英国人亲昵地叫他"查利"，法国人则爱叫他"夏尔洛（charlot）"，但更多的人则只称呼他的姓——卓别林。

　　查尔斯·卓别林的父亲查理·卓别林是个喜剧演员，为人安静、喜欢沉思，人生得英俊又具有一副洪亮的嗓子，是个低音歌手，又是个大提琴手，当时，在音乐厅里很有名气，就是在十九世纪末叶的那个年代里，每个星期竟然能挣四十英镑的高薪，但是，他的最大毛病是嗜酒如命，而且在喝过酒之后，脾气变得暴躁，动辄大发雷霆。

卓别林的母亲莉莉·哈莱(Lily·Harley)也是个在杂剧场演喜剧的艺人,长得很美丽,虽然不是倾国倾城之貌,却娇艳可爱,有着一种迷人的风韵。她一半是法国人,还具有吉卜赛人的血统。

小卓别林的母亲莉莉·哈莱曾有一段风流罗曼史。

莉莉·哈莱很小就入了演艺界,由于人生得很美,又擅长演戏,到十六那年就开始演主角了。正巧,查理·卓别林和她在同一个剧团,久而久之,二人就相互爱恋,接着,二人又合演了一出爱尔兰情节剧《沙默斯·奥布赖恩》。剧团内所有的人都认为查理·卓别林和莉莉·哈莱是天生的一对,大概很快就要结婚了。同事们已有张罗着给他庆祝婚礼了。哪知好事多磨,变生意外。

剧团到外地做巡回演出的时候,查理·卓别林与莉莉·哈莱当然也随团走了。就在这时候,出现了一个人,这个人是个爵爷的儿子,很阔气,人长得也很体面,潇洒,也很大方。只是,他已是个年近四十岁的中年人了。他看中了莉莉·哈莱,每天都来看她的戏,而且每天都要送一个花篮,散戏后,他就到后台去看望莉莉·哈莱,然后请她吃夜宵。他的四轮马车就在剧院门口等候。

四轮马车将两个人直拉到高级酒店。在开饭前,这位有心的中年人,总要拿出一件珍贵的物品,作为礼物送给莉莉·哈莱。有时是一件价值昂贵的皮大衣,有时是一枚钻戒,有时是一条镶着钻石的项链,有时是一对耳环……

这位爵爷的儿子没有白费苦心,莉莉·哈莱竟答应与他一道私奔。二人一道去了非洲。

在非洲,二人过起了夫妻生活,

爵爷的儿子确实有钱,他在非洲办了一个大农场,盖起了舒适豪华的住居,雇了一些仆妇、农工养马,养驼鸟,养大象……

这年,莉莉·哈莱才十八岁,也就在这年,莉莉·哈莱生下了头一个儿子——西德尼·卓别林(sidney·chalin)。

富裕、豪华的物质生活,并没有给莉莉·哈莱带来更多的快乐,却使她总感到苦闷、不足,所以,在西德尼还不满一周岁,她就偷偷地带上自己的儿子离开非洲,回到了英国。

莉莉·哈莱与查理·卓别林又见面了,一对老情人——不是指年纪,旧梦重温。查理·卓别林并没有责怪莉莉·哈莱的私奔,也没有嫌弃她已生过儿子,所以,二人结婚了。莉莉·哈莱与爵爷所生的儿子也姓了卓别林这个姓。婚后三年,也就是西德尼五岁那年,小卓别林出世了。所以西德尼比他整整大了四岁。二人虽是一母所生,却不是同一个父亲,但是,他们兄弟二人感情很好,这一方面,以后我们还要讲到。

查理·卓别林毁于酩酊大醉。他每于酩酊大醉之后就要大发雷霆,时而挥舞拳头。一次、二次、三次,莉莉·哈莱都忍让了,四次、五次、六次……,她终于不愿忍受了,所以,就在小卓别林出生的第二年,莉莉·哈莱和查理·卓别林离婚了。

莉莉·哈莱是个很要强的女人,她没有向查理·卓别林索要赡养费,也没有索要孩子的教育费与抚养费。她每星期挣二十五英镑,她就是靠她挣的钱来维持母子三人的生活。尽管查理·卓别林每星期可挣四十英镑,但她并未去依赖丈夫——已离婚的前夫,按照一般的常规,她是可以申请赡养费和子女教育、生活费的。

那时,莉莉一家的生活虽然不算富裕,倒也过得去。一家人住了三间设备较优雅的房子,还雇了一名女仆人。

莉莉·哈莱不但是个要强的女人,而且也是一位慈祥、和蔼的好妈妈。那时,她刚近三十岁。她长得娇小玲珑,白皙的面孔,青紫色的眼睛,淡棕色的长发,一直垂到了腰底下。自与查理·卓别林离婚以后,她没有再嫁人。她领着两个儿子过着自食其力的生活。

杂剧场每天都要演晚场。莉莉·哈莱在晚饭后,去剧院之前,先把小卓别林和西德尼兄弟俩安置好,让他们睡在一张舒适的床上,然后给每人掖好被子,嘱咐女仆照顾好小哥俩,这才去剧院。

莉莉·哈莱从剧院回来了,总要先预备一些好的吃食,放在餐桌上,一块多层夹心蛋糕——即那不勒斯式蛋糕或者是几粒糖果。这是给两个儿子准备的。第二天早晨两个儿子一起床就有好东西吃。因为她睡得晚,早晨要多睡一会儿,不让两个儿子早晨一起床就吵闹。事实上,两个儿子很听话,每天早晨起床后从不吵闹。但是,有一件事却令这位善良的慈母吓了一大跳。

那年,小卓别林三岁半,西德尼七岁半了。莉莉·哈莱不在家。小哥俩玩起了游戏——他们兄弟俩从不打仗。西德尼为了哄弟弟玩,给弟弟变戏法。他拿了一块硬币,先让小卓别林看,然后往嘴里一送,再让小卓别林看他的手,硬币没了,填到口中去了——其实他是夹在手指缝中,然后手往脖子后一摸,再出示硬币,说明硬币从口中吃进去,可从脖子后面拿出来。小卓别林还太小,并不明白其中的奥妙,但是,他并不示弱,也要表演一番。

"这有什么难的。"小卓别林对哥哥道:"我也会。"西德尼还是个孩子,尽管他会变这小小的戏法,但是还不知道弟弟有什么样的举动,他要看看弟弟怎样变。"你会?"西德尼笑道,"你变一个我看看。"

于是小卓别林拿起一枚半便士的硬币送到口中。硬币可不像糖果，既咬不动又难咽，可是要强的小卓别林硬是把那枚半便士的硬币咽了下去。却把他的小脸憋得通红。当然他从脖子后取不出来了。他把手伸到脖子后，却什么也没有。

直到此时，西德尼才慌了，因为他自己明白，他变的戏法是假的，硬币根本就未进入口中，更别说吃到肚子里去了。他忙找到女仆，说明了小卓别林吞下去硬币的事。女仆也无办法，忙着去剧院找回来莉莉·哈莱。

莉莉·哈莱赶到家，西德尼带着哭腔说明了经过。

莉莉·哈莱没有责怪西德尼，也没有责怪小卓别林，她匆忙地抱起小卓别林去找医生。

医生听了莉莉·哈莱的叙述，当即笑道："夫人，不用怕。既然已经吞下去了，就没啥危险。"他话一转："如果卡在喉咙里就麻烦了。好在仅是个半便士的硬币，它没有刺与尖，又是圆的，吞下去以后，不会刺破喉咙，也不会伤及胃和大小肠，所以不会发生危险。"莉莉·哈莱听了医生的话，一颗悬着的心才放下来了。

"医生，"莉莉·哈莱向医生请教道："该怎么办呢？总不能把硬币留在孩子的肚子里吧。"

"夫人。"医生笑道，"硬币不会留在孩子的肚子里。"他抚摸着小卓别林的头，又道："给他吃一些韭菜。对了，不要把韭菜切碎，就让他成根吃，然后再服一点伊诺果子盐——啊，这是一种通便的轻泻剂。小家伙就会把那枚半便士的硬币便出来了。"

这是一场虚惊。

第二天，小卓别林吞下去的那枚半便士硬币真的与韭菜一起便下来了。

有一次,妈妈带着两个儿子去水晶宫(坐落在威斯敏斯特大教堂对面维多利亚街转角上的一个游乐场,当时里面有游艺合串和杂耍表演等)。小卓别林对各种演出都有兴趣,聚精会神地看,尤其对魔术着迷——因为他曾吞下半便士硬币,从脖子后面却取不出来。像什么大变活人——一个空箱子,一个女人走进去,箱子转了一圈,打开箱子,人没了,再把箱子转了一圈,打开箱子,女人又走出来了。大扑克变小——一张大大的扑克,比小卓别林的上身还要大,那个演员手一摇,扑克小了一半,再一摇,又小一半……如此不住地摇,扑克变得手指那么大,再一摇,扑克没了。还有空带里取鸡蛋,演员拿一个一面红一面黄的带子,向桌子上摔了几下,证明里面是空的。可是,那演员伸手向空中一抓,往带子一扔,就从带子里的一个角挤出鸡蛋来。

"空中怎么会抓来鸡蛋?"小卓别林问西德尼。他认为西德尼既然能将硬币吞进口中,再从脖子后面取出来,一定知道为什么从空中能抓取鸡蛋。

西德尼也不知道,但是他没有说不明白,为了表示自己不是不懂,只是不愿说罢了,他道:"你悄悄看着吧。"

小卓别林也不再追问,又向场中看去,只见一个演员拿起一把扇子,这没什么出奇的,扇子展开,只是比常见的扇子似乎大一些,可是,奇迹出现了,演员拿起扇子,再抖开来,扇子全散了,每一个扇子股与另一个全不连着,成了一把破扇子。演员合上扇子,再抖开来,又成了一把好扇子,演员反复抖了几次,一会扇子散了,一会又成好的了……

小卓别林不明白其中的奥妙,但他不再问西德尼,只是自己纳闷。

又一个惊险的表演开始了,场上着起一团熊熊烈火,突然,有一个女人的头从火中伸出来,女人还向观众微笑……

善良的小卓别林既吃惊又担心,他抓住妈妈的一条胳膊,叫道:"妈妈,快去救那位阿姨,火会烧死她的。"

"别怕!"妈妈搂紧了儿子,抚摸着他的头安慰道:"那是假的,是戏法,不会烧死人的。"

尽管妈妈说了那是戏法,是假的,小卓别林仍然替那个女演员担心。

看完了杂耍,妈妈带两个儿子去摸彩,妈妈花了六便士,让小卓别林去摸。妈妈把他举到一个装满木屑的大桶口边,让小卓别林伸手到木屑里边去摸。小卓别林摸出一个包来,打开一看,是一只糖口哨,却又吹不响。第二次,他又摸出一个包,打开一看,是一只给小孩玩的假红宝石胸针。西德尼笑他运气不好。妈妈只是笑了笑。小卓别林也咧了一下嘴。

可是,好景不长。

莉莉·哈莱的嗓子早就常常失润。她的喉咙本来就容易感染,稍微受点风寒就会患喉炎,往往一病就是几个星期,然而,为了维持母子三人的生活,又必须继续演唱,于是她的声音就越来越差了。她对自己的嗓子已经没有把握。有时唱到一半时,嗓子又会变得沙哑,突然声低得像轻声细语,于是观众就哄堂大笑,开始喧哗。她为自己的嗓子提心吊胆,这就影响了她的健康。这是一种恶性循环,身体健康状况不佳又使嗓子沙哑,而担心嗓子又影响身体健康,最后,使她在精神上完全垮了下来。结果是,她所在的剧团里的生意越来越少了。

莉莉·哈莱是靠着工资来维持一家三口人的生活的,由于她的嗓子变坏,剧团的生意不好,收入减少,她的工资已没有了保障,一家三口人的生活发生了"经济危机"。

当初她与查理·卓别林离婚时,没有申请赡养费,是她以为靠自己的工资可以维持一家三口人的生活。此时,她拿不到工资,生活拮据,她又想起了应该申请赡养费和子女教育费和生活费。她为此去找前夫查理·卓别林。

两个人虽然离婚了,但是莉莉·哈莱对查理·卓别林并无恶感。她认为查理·卓别林除了酗酒是个大毛病,除此之外,他还是个好人。

查理·卓别林与前妻离婚后,又与露易斯结了婚,而且又生了一个男孩,而且他还照样酗酒,生活也并不富裕。

莉莉·哈莱找到了查理·卓别林,正巧查理·卓别林的律师阿姆斯特朗(Amhesetlore)也在座。她说明了自己的处境与生活状况,最后提出要查理·卓别林出赡养费,儿子教育费和生活费。

还没等查理·卓别林表态,阿姆斯特朗先发言了。

"夫人,"阿姆斯特朗喷出一口烟,冷冷地道:"你此刻申请赡养费,应该到法院去,而不应该在这个地方。"

查理·卓别林刚想说什么,阿姆斯特朗忙道:"查理,法院是仲裁与说理的地方,有什么话还是到法院去说吧。"

查理·卓别林听到了阿姆斯特朗的话,把要说的话咽下去了,他看了看阿姆斯特朗又看了看莉莉·哈莱。

莉莉·哈莱见状,没有再说什么话。第二天,她真的去了法庭。她的诉状是:"查理·卓别林不赡养自己的孩子。"

查理·卓别林没有到庭,只由阿姆斯特朗出席——他不让查理·卓别林出席。

莉莉·哈莱在法庭上陈述了自己的境遇,家里的生活状况,最后提出要查理·卓别林付赡养费。

　　阿姆斯特朗代表查理·卓别林答辩。他鼓动如簧之舌，一、二、三地讲了一些听来似乎有理，其实是巧辩的理由。

　　莉莉·哈莱没有请律师，而她自己既不懂法律，也不善辩解，所以被阿姆斯特朗驳倒了。

　　莉莉·哈莱回到家，非常激动——本来是必胜的官司却打输了，她不住口地骂阿姆斯特朗，自己又是悔恨，她自己先哭了。

　　小卓别林不明所以，他见妈妈哭了，他也大哭起来。

　　莉莉·哈莱见儿子哭了，便忍住伤心的哭泣，把儿子抱起来哄着，总算把儿子哄好了。但是，她的心情是沉重的，心里的委屈无处去诉说。

　　莉莉·哈莱随着剧院到伦敦西南三十里的奥尔德肖特自治市去演出。那里是驻军的地方，演出都是在俱乐部里，那实际上是一个肮脏的下等戏馆，招待的对象多数是士兵。那些士兵都是很粗野的，只要有一些不满意，就会跟你恶作剧。一般剧团的演员都不愿去那里演出，把在奥尔德肖特的演出看作是恐怖的一周。

　　莉莉·哈莱所在的剧团，正因为每况愈下，无奈才到奥尔德肖特来演出的。

　　莉莉·哈莱因为小卓别林还小，才五岁，所以外出演唱就把儿子带在身边。

　　演出开始了，莉莉·哈莱出台了。小卓别林就站在条幕后面（条幕亦称侧幕，舞台的两侧均有，每侧总有二、三道。站在条幕后面，台下的观众看不见，台上的演员能看得见，演出话剧时，提词的人可站在条幕后面，歌舞剧的指导者也可站在那里，随时指导或提示），莉莉·哈莱刚唱了几句，嗓子又哑了，声音低得象是在悄声说话。下面的观众开始嘲笑她，有的憋着嗓子唱歌，有的学猫儿怪叫,有的不住发出嘘声,有的吹起了口哨……

小卓别林糊里糊涂,也闹不清发生了什么事情,他在暗想,这是怎么回事?

但是台下的噪声越来越大,莉莉·哈莱已无法演唱了,最后,不得不离开了舞台。她走到条幕后面,心里非常恼丧。舞台管事却火了。

"你这是怎么搞的?"

"我的嗓子哑了。"莉莉·哈莱实话实说,但心里很不痛快。

"这可怎么收场?"舞台管事也很焦急,他仍不住口的埋怨着:"观众要退票怎么办?"

莉莉·哈莱为自己的嗓子正在懊恼,正在伤心,听了舞台管事的话也火了:"你看着办吧。"

她说完,竟流下了眼泪。

因为小卓别林聪明伶俐。莉莉·哈莱外出演唱时,一直把他带在身边,他跟着妈妈也学会了一些歌,还学会了跳舞,他刚满两岁就跟着妈妈学会了穿木鞋跳舞和唱歌。

舞台管事看过小卓别林跳舞,也听过他唱的歌,此刻,他压了压火气道:"是我错怪你了。"他是在自责,认错。接着他话题一转,又道:"让小卓别林代替你演出行吗?"

莉莉·哈莱听了管事的自责,心里稍微平静了一点。听说让儿子代她演出,她虽知儿子聪明伶俐,会唱一些歌,但年龄也太小了,可是,此时又别无办法,她道:"他行吗?年龄太小了。"

"行!准行!"舞台管事满有把握地道:"我看过这小家伙跳舞、唱歌。行!一定行!"

"那……就让他试试吧!"莉莉·哈莱同意了。

她虽没有十分把握,但也认为儿子不会丢丑。

台下仍在乱哄哄的，吵的，叫的，吹口哨的……一片混乱。

舞台管事抚着小卓别林走出去。

"各位，各位！"舞台管事提高了声音叫道。

小卓别林一走出来，台下的观众先是小声议论，不知是怎么回事，及至听到舞台管事出声，大家全住口了，他们要听一听舞台管事说什么？那个小孩又是来干什么的，所以场内安静了。

"他，"舞台管事抚摸小卓别林的头介绍道，"是莉莉·哈莱夫人的小儿子，名叫查尔斯·卓别林。由他代替他的母亲演出。他是个天才的演员，今年才五岁，请各位好好欣赏吧。"

舞台管事介绍完了，向观众鞠了一躬，走回条幕后面去了。

小卓别林面对着众多观众的脸，面对着灿烂夺目的脚灯（点在舞台前沿脚下的灯，上面称前沿灯，下面称脚灯），他没有害怕，也没有羞怯，张口就唱。

乐队试着合了一下他的调门的高低，就开始为他伴奏。他唱得字正腔圆，调子合适。那是一首家喻户晓的歌，歌名是《杰克·琼斯》，歌词是：

> 一谈起杰克·琼斯，哪一个不知道？
>
> 你不是见过吗，他常常在市场上跑。
>
> 我可没意思找杰克的错，
>
> 只要啊，只要他仍旧象以前一样好。
>
> 可是，自从他有了金条，
>
> 这一来他可变坏了，
>
> 只瞧怎样对待他的哥儿们，
>
> 就叫我心里十分地糟。
>
> 现在，星期天早晨他要读《电讯》，
>
> 可以前呀，他只能翻一翻《明星报》。

> 自从杰克·琼斯有了那点儿钞票,
>
> 咳,他得意得不知道怎么办才好。

这一首歌,小卓别林刚唱到一半,钱就像雨点儿似地扔到台上来。

小卓别林到底是个五岁的孩子,他见台上的钱挺多。

"我必须先拾起台上的钱。"小卓别林看着台下的观众,声明道,"然后才能接着唱下去。"

说完,他俯身去拾钱。

台下的观众哄堂大笑。他们一方面欣赏小卓别林唱得好,有板有眼,又喜欢他的天真。是善意的笑。

舞台管事从条幕后走出来,拿着一块手帕,帮小卓别林拾那些钱。

小卓别林以为舞台管事拾钱是他自己要。他直截了当地说:

"这些钱你自己要吗?"

此话一出口,台下的观众又大声笑起来,还有人拍着巴掌笑。

舞台管事拾完了钱,即向条幕后走去。小卓别林问过上面那句话,见舞台管事拿着钱向条幕后走去,他紧紧地跟在后面,台下的观众见状,笑得更欢了。

舞台管事将拾来的钱,交给了莉莉·哈莱。转身对小卓别林道:"小家伙,你放心地去唱吧。我不会要这些钱。"

小卓别林见舞台管事没有留下拾起来的那些钱,这才放心地回到台上,继续唱歌,他天真无邪,一点也不感到拘束。他与观众谈话,自由自在,又跳了舞蹈,还做了几个模仿动作。接着,他又模仿他的母亲唱起了他母亲唱过的爱尔兰进行曲。歌词是这样的：

> 赖利，赖利，就是他那个小白脸叫我着了迷，
>
> 赖利，赖利，就是他那个小白脸中我的意。
>
> 我走遍了大大小小所有的部队里，
>
> 谁也比不上他那样又漂亮又整齐，
>
> 那一位高贵的中士，他叫赖利。

他重复地唱歌曲中的叠句，他学着他母亲的样子，假装沙哑着嗓子唱，台下的观众大为欣赏。许多人又笑起来，有的人则大声喝彩，接着又把更多的钱扔到台上来。

小卓别林表演完了。他母亲从条幕后走出来，拉着小卓别林的手，向条幕后走去。台下又是热烈的鼓掌。

小卓别林在台上露了脸，出尽了风头，得到了掌声与喝彩声。

可是，这却是莉莉·哈莱最后的一次演出。

莉莉·哈莱在演艺界不但没有走红，而且由于嗓子总是不见好，自从那次有奥尔德肖特演出失败之后，嗓子再也没有恢复。她不能登台了，当然也就没有了每周二十五英镑的收入。

俗话说"坐吃山空"，更何况她又没有多少积蓄呢。穷日子，得做穷的打算，三间屋子的租金太多，只好搬进租金较少的两间屋子去住。好在莉莉·哈莱还是个精明的女人，在失业以前还有点积蓄，可是，她的积蓄太少了。不得已，他们又从两间屋子搬进了一间屋子。积蓄的一点钱花光了，莉莉·哈莱又找不到工作，只好靠典当度日了。她把心爱的首饰及一些积攒的东西，陆续地送进当铺，她在企盼嗓子恢复原状，以便再返舞台。但是，命运之神捉弄人，她的嗓子仍未恢复。她在万般无奈的情况下，为了嗓子的恢复，她向上帝求助了。

莉莉·哈莱入教了。为此,她要经常到威斯特桥路的天主堂去做礼拜。她每次都要带着小卓别林——尽管他还不是一个教徒。

做礼拜当然是在星期日了。小卓别林对教堂,对牧师的讲道不但不感兴趣,而且有点厌烦,他喜欢的是唱赞美诗,当然更喜欢领圣餐。但是,他不得不耐着性子坐在教堂里。

做礼拜,先是要耐心地听巴哈的风琴曲。乐曲奏完了,F·B·迈耶牧师开始讲道。

F·B·迈耶牧师的声音洪亮。热情激动、扣人心弦的声音在教堂内回荡。这确实打动了众多善男信女的心灵。莉莉·哈莱就曾悄悄地抹眼泪,可见《圣经》中的话语打动了她。小卓别林不愿听《圣经》中的话,对F·B·迈耶牧师的动人宣讲无动于衷,他不懂也不想懂,他见妈妈在抹眼泪,心中有些不安,他暗道,妈妈这是怎么了? 为什么流泪?

每次做礼拜,小卓别林的双眼不时地去看F·B·迈耶牧师的手,他瞪着小眼睛盼望牧师早些合上《圣经》。因为只有牧师合上《圣经》,就表示讲道快要结束了,大家就要开始祈祷了,然后唱赞美诗。

小卓别林不是教徒,可是他却随着唱诗班一同唱赞美诗——他没有加入唱诗班。但他却喜欢唱赞美诗。

他另一个祈盼是领圣餐。

在炎热的夏天,一只凉凉的银杯,里面盛着鲜美凉凉的葡萄汁,沿着一排排的信徒,从一个个人的手中传递着,每个人都要呷一点儿——不过是一种形式。

小卓别林很喜欢"上帝"赏赐的葡萄汁,当银杯传递到他的手中,他大口地喝着,美极了。天气是炎热的,而葡萄汁又鲜又凉又有香味。可是他的妈妈阻止了他,轻轻地对儿子道:"少呷一点,大口地喝,人家会笑话的。"他尽管馋那些葡萄汁,很想再喝几口,可是,他还是听从了妈妈的话,把银杯传递到下一个人的手中。

莉莉·哈莱失业了。此前,就在她失业之初,曾找过前夫查理·卓别林,由于阿姆斯特朗律师摇动如簧之舌,官司打输了,申请赡养费、子女教育费、生活费没有得到法庭公正的判决。但是,查理·卓别林还是有良知的,他并未因官司胜诉而对莉莉·哈莱以及西德尼和小卓别林置之不管。就在那场官司过去不久,他答应每星期资助莉莉·哈莱十个先令。

英国女王维多利亚(Vitoria)当政时代,工作是很难找的。因为那个时代,贫富之间有着天壤之别,穷苦的妇女没有其他选择,只能做一些粗活、重活,或者是到出卖血汗的工厂里去做苦工。莉莉·哈莱身材矮小,漂亮灵活,除了演唱,没有其它一技之长,找工作就更为不易了,偶尔可以找到了帮人家带孩子的工作,可是机会却难得,而且雇用的时间又非常之短。然而,她很有主意,因为她曾为自己制过戏装,学会了一手好针线活,她可以为一些教友们做衣服,靠这个挣几个先令。但是,这么一点收入,无法维持一家三口人的生活。

真可谓"祸不单行"。由于查理·卓别林酗酒,戏院不跟他按期订合同,他没有了固定收入,所以每个星期十个先令的补贴也就不能按期送到了。

莉莉·哈莱已经卖出了大部分东西。凡是她认为暂时用不到的东西全卖了。最后,能卖的又是暂时用不着的东西,只有她的一箱子戏装了。尽管生活拮据,她还是舍不得卖这一箱子戏装。她为什么这样做呢?因为她还希望嗓子能够恢复,可以重新登上舞台去演出。

一个演艺人,是把演艺看作自己生命一样重要。莉莉·哈莱就是这样的人。

小卓别林虽不明白妈妈的心意,但也知道那箱子戏装的珍贵。

有一次,莉莉·哈莱翻箱子找东西。小卓别林看见了一件件闪光的绣着金线的戏装,还有假发……

"妈妈,"小卓别林道,"你把这闪光的衣服穿上吧。"他扯着妈妈的手,"你穿起来一定很好看。"

演艺的人是有演出瘾的,莉莉·哈莱也不例外。她听了小儿子的话,拣了一件法官的长袍穿上,又戴上了帽子,用她那仍未恢复原状、衰弱沙哑的嗓子开始唱一首歌。接着,她就以惊人的潇洒姿态,开始表演她那优美的舞蹈。一时间,把她正在做的针线活都忘掉了。她又是唱歌,又是合着歌曲跳舞,直到后来累得气喘吁吁,筋疲力尽才停下来。

她坐下来,笑着,喘着,最后平息下来了,她又找出一些以前登载她演出的旧戏单给儿子们看。她还要讲一些从前她演出时的旧事。有一张戏单上面是:

特约!

扮相美丽 技艺超群

正派喜剧女角 擅长舞蹈、反串

莉莉·哈莱

这个戏单说明,她也曾红过。

她给儿子们表演,不但表演自己曾经演唱过的歌曲,跳她自己跳过的舞蹈,而且还模仿她在那些所谓正派戏院中看到的其他女演员的表演。

　　她每说一出戏,总要同时扮演几个角色,比如:说到了《神奇的十字架》,她先要扮演梅茜亚,眼中放出了神灵的光芒,然后,义无返顾地走进兽圈去让狮子吃。她还要模仿威尔逊·巴雷特(Willson·Barrett)。威尔逊·巴雷特是英国著名的演员,他曾写剧本,开戏院,在英国、美国和澳大利亚演出,《神奇的十字架》是他编写的名剧,他又串演了主角。

　　她生得矮小,所以穿上五英寸高跟鞋,模仿威尔逊·巴雷特那样,装出祭司长的腔调宣布:"这基督教是个什么玩意儿,我不明白。但有一点我是肯定的,那就是,既然能够造就了象梅茜亚这样的女人,那么罗马,不,那么整个世界都会变得更纯洁了!"……她模仿到这里,带着幽默的神气,但也是在欣赏威尔逊·巴雷特的演技。

　　她总是给儿子讲一些有趣的轶事,边讲边表演。有一次讲起了拿破仑·波拿巴(Napoleoil·Bonaparte)皇帝生平的一件事情。他同时扮演两个角色……拿破仑·波拿巴和他部下的名将。

　　她先叙述道:"拿破仑·波拿巴站在书房里,打算从书厨上层取一本书,因为他个子矮,只好踮起脚尖去取。这时候,米歇尔·内伊元帅拦住了他。'陛下,让我来给你拿吧。我人更崇高。'这时候,拿破仑把眉头一皱,把脸一板,道:'什么更崇高?应该说更高!'"

　　她动作,表情模仿得维妙维肖。

　　小卓别林和西德尼则全神贯注地看着妈妈的表演。

　　她常模仿雷尔·格温那样演戏,并且有声有色的描绘着雷尔的动作、腔调:"雷尔抱着孩子,向王宫中楼梯上探出了身子,威胁查理二世(cherles Ⅱ)道:'快给这孩子一个封号,否则我就要扔下去摔死他！'于是查理皇帝迫不及待地答应道：'好的！好！我封她为圣奥尔本斯公爵。'"

有时，莉莉·哈莱抱着小卓别林站在窗前，看着街道上的行人。她则学着街上行人走路的姿势，学那位法官，把双手塞在衣袋里，脑袋瓜低得几乎要挨到地，又学一位教师，学一位小学教员……学得象极了。

有时，她对孩子评论一些演员的演技，她不管孩子是否听得懂，只顾讲下去。

她又搬家了，搬到了奥克利街的一间地下室，这里的租金更便宜些。

小卓别林发高烧还没全好，仍旧在床上躺着，西德尼到夜校里读书去了，家里只有他们母子二人。

天已经很晚了，她背对着窗户坐着，她一面读《圣经》，一面模仿书中的人的神态表演和解说书中的故事。

她的腔调有些伤感，这一方面是生活的穷苦，另一方面又因为小儿子生了病。她声音低低地讲着。

"基督是非常爱怜穷人和小孩的。"她慢声细语地叙述着。"耶稣基督是爱人又以宽容待人。有一个女人犯了罪，那些暴徒要用石头砸死她，基督就对他们说：'你们中间，谁是没有罪的，谁就可以先拿石头砸她。'……"

还没等妈妈讲完，小卓别林忙着问道："那个女人被暴徒砸死了没有？"

"没有。"当妈妈的忙应道。她抚摸着小卓别林的额头。"哦，好像不那么热了，不烫手了。"

小卓别林本来浑身不舒服，尤其是感到头昏昏的。可是，妈妈的手摸着，让他感到舒服些了。

"耶稣最后被害死了。"莉莉·哈莱又讲下去。

小卓别林耐心听讲,并不问为什么,因为他明白妈妈会讲下去的。

妈妈果然讲下去。

"耶稣有十二个门徒,其中有一个叫犹大的,贪图了敌人的三十块银币,出卖了耶稣。耶稣是有先知的,他在与十二个门徒一起吃饭时,就说道:'有一个人出卖了我,仅是为了三十块银币,这个人就在你们之中。'哦,对了,意大利大画家达·芬奇画过一幅名画,叫《最后的晚餐》,就是画了这个情景。你长大了会看到这幅画的。"

小卓别林没去想看画,他只想听这个故事的结局。

"妈妈,后来耶稣怎样了?"

妈妈又讲下去:"由于犹大的出卖,耶稣被捕了,被捕后送到彼拉多巡抚面前。耶稣被捕后,神态安详、庄严,没有恐惧也没有悲伤。巡抚彼拉多一面洗着手,一面说:'我查不出这个人有什么罪。'"

莉莉仍是用演戏的神态模仿着故事中的人的动作与腔调。

她又讲下去。

"那些人剥下了耶稣的衣服,用鞭子抽打他,又把用荆棘编的一顶王冠戴在他的头上,然后又戏弄他,啐他,并且说:'恭喜你,犹太人的王啊!'"

讲到这里,莉莉·哈莱流下了眼泪。她又接着讲下去。她说:"当西门帮着耶稣背十字架的时候,耶稣虽然没有说什么感谢的话,但是在目光中流露出感谢的神情。那时候,"莉莉·哈莱又接下去讲道:"那个悔罪的强盗,跟耶稣一起在十字架上就刑时,却向当官的请求赦免。那个强盗说:'我已经悔罪了,还不应该饶了我吗?'耶稣对强盗说:'今日,你要同我一道去天国的乐园里了,还请求什么赦免呢?'耶稣被钉在十字架上。"莉莉·哈莱这次不是用诙谐或幽默的口吻,而是用悲伤的语调在讲:"他向下看着他的母亲,说道:'母亲,看你的儿子啊。不要悲伤,不要怨恨什么人,要坚强地活下去! 活下去!'耶稣临死时,只痛苦地皱了一下眉头,但是,他没有怨恨谁,只是叫喊道:'我的神呀,你为什么离弃我?'"

讲到这里,小卓别林哭了,他是为耶稣而哭的。莉莉·哈莱也哭了。

"儿子",莉莉·哈莱道,"耶稣是多么富有人情味的人。你可以看出来,他和我们大家一样,他也会怀疑呀。"

她的话让小卓别林深受感动。

"妈妈!"小卓别林叫道,"我愿意今天夜里就死去,好去天堂见耶稣。"

做妈妈的又抚摸着儿子的额头道:"不! 耶稣不会赞成你现在就死,他要你首先生活好,要做好了你在这个世界应该做的事情。"

"妈妈,"小卓别林得到母亲的爱抚,感到了妈妈更可爱了。"我听你的话,也听耶稣的话,我要好好活下去。"

"好儿子,这样才是妈妈的好儿子。"莉莉·哈莱深情地道。

在妈妈的细心照料下,小卓别林终于好起来了。在他那幼小的心灵中,已感到母爱的伟大。他看到了这个世界上前所未有的慈祥与光辉。这种慈祥,这种母爱,这种光辉初步奠定了小卓别林对世界的初步认识,使他认识到爱情、人情与怜悯应该是人生的主题,也应该是一切的主题。小卓别林长大以后,在他的戏剧与文学中就是以爱情、人性、怜悯作为伟大的、最富有意义的主题。

可见天才也要靠后天的培养。中国伟大的文学家鲁迅(Luson)曾说过,即使是天才,他生下来的第一声啼也不是一首好诗。

小卓别林之所以在长大成人后,成为杰出的、深受全世界人们热爱的大艺术家,这与他在幼年时代,得到母亲的影响、培养与教育是分不开的。

莉莉·哈莱一家人,生活在下等社会里,很容易养成不注意语法的坏习惯。但是,作为慈母的莉莉·哈莱为了教育好子女,十分留心两个儿子的谈话,随时随地纠正儿子们的语法,这使两个儿子意识到他们是有身分的人,养成了儿子们对语法的重视。

小卓别林一家人的生活是越来越困难了,往往是吃了上顿没下顿。一个星期也难见着肉。

有一次,莉莉·哈莱突然说起了大儿子西德尼的父亲。

"他的父亲,"莉莉·哈莱指的是西德尼。"是一位爵爷的儿子。现在可能已成为爵爷了。""等到他长到二十一岁,就可以继承一笔为数很大——大约是二千镑的财产。"

"现在为什么不去找他呢?"小卓别林天真地问道。

"我也不知道现在他在哪里?"莉莉·哈莱道,"大概他仍然在非洲。"

接着,她讲起了当年她在非洲过的那种富裕、豪华的生活。

"妈妈,"小卓别林仰起脸,盯着母亲道,"你不该回来呀! 不然咱们不是会很有钱吗,不致过这样的穷日子。"

他太天真了,他不懂。如果妈妈不回到英国来,不和查理·卓别林结婚,就不会有他这个查尔斯·卓别林。他也不会姓卓别林这个姓。

有一次,小卓别林问他妈妈。"妈妈,你为什么不去演唱呢?"他看着妈妈的脸问,"你去演唱,我们就会有糖果吃,每个星期还可吃肉、吃蛋、星期天还可以出去玩、去坐妈妈船,去摸糖口哨。那该多好啊。"

"好儿子,"莉莉·哈莱微笑着道,"那种日子造作,是虚伪的。一个人在那种环境里是很容易忘了上帝的。"她没有说明因为她嗓子坏了,不能从事演唱了。

事实上,她是多么希望嗓子好了,重新登台呀。所以,她往往于不知不觉中又谈起了戏剧,而且越谈越激动,越兴奋,仿佛又回到了当年她走红的时候。

小卓别林既想往几年前的生活,又对目前的穷困环境闷闷不乐。他已没有幼童那种无忧无虑的快乐。

做妈妈的最能理解自己的儿子,每当小卓别林闷闷不乐的时候,她就微笑着安慰儿子。

"查尔斯,"母亲笑着道,"生活会好起来的。不要发愁,好日子会有的。"

小卓别林尽管不知道生活怎样才能好起来,但是听了妈妈的话就开心了。

天气渐渐地冷了,冬天快到了。可是西德尼却没有可穿的衣服。于是莉莉·哈莱在万般无奈的情况下,就用她自己那件鹅绒短衣给他改制了一件上装。那件短衣的袖子上有着红黑两色的条纹,肩上还打了个褶。当妈妈的虽然想尽了办法去改制,但怎么也改不好。

西德尼被强迫着穿上这件上衣时,却哭了起来。

"学校里那些孩子,看了我的这件衣服,会怎样想啊?"西德尼哭着,扯着自己身上的衣服道。

"管人家怎样想呢?"当妈妈的道,"再说,这件衣服看上去挺有气派的吗。"她把西德尼身上的衣服拽了拽道。

莉莉·哈莱具有一种能说服人的本领,她终于说服了西德尼愿意穿上那件上衣了,他不但肯穿那件上衣,而且又被他妈妈说服,穿上了他母亲的高跟鞋——只不过是把鞋底后跟截短了。

对西德尼这一身打扮,就连小卓别林也看不出来有什么气派。不过他没有说出口来。

西德尼的同学就不同了,他们嘲笑西德尼穿的上衣,都管他叫"雅各给的彩衣"。(《圣经·创世纪》载,雅各(Agei)最怜爱他老年生的儿子约瑟(Josoph),给他作了一件彩衣)。

西德尼不甘受嘲笑与侮辱,所以在学校里为了这件上衣与同学打了许多次架。

小卓别林的衣服也是他母亲用自己的旧衣改做的。她用自己一件红色紧身衣,改制成长统袜,看上去象是打了褶。大伙戏称他为"弗朗西斯·德雷克(Francis·Dairac)爵士(弗朗西斯·德雷克是英国一个海军将军,曾环航世界,也曾效法海盗抢劫商船。画像上的德雷克穿着打褶的紧身长裤)。

小卓别林对大家戏谑不以为然,因为他还不懂那句话的含意。

生活的穷困,已够让人悲伤的了,偏偏莉莉·哈莱又病了。患的是偏头痛症,活计不能做了,又没有钱去看医生,只好自己弄了点儿茶叶敷在眼睛上,把眼睛闭起来,躺在黑暗、阴凉、潮湿的屋里。小卓别林阴沉着脸,陪着妈妈,坐在妈妈的身边,和妈妈说话。他没有本应该有的童年的快乐。

这时候,他们一家人,只能靠救济贫民的布施维持吃不饱也饿不死的生活。西德尼领着小卓别林去领赈济的包裹和施粥所里发的票子。

西德尼趁课间休息的短暂时间去卖报,虽然挣不了几个钱,但对这个穷困的家还是有些帮助的。

可能是上帝发了善心。

一天,莉莉·哈莱的病并未完全好,眼睛上仍然缠着绷带,小卓别林仍然坐在妈妈身边,和妈妈说着话,一切与往常一样。

突然间,西德尼闯进了那间黑暗、阴冷的屋子,他把夹着的报纸往床上一扔,气喘吁吁地道:"我拾到了一个钱包!"随即他把一个钱包递给了妈妈。莉莉·哈莱接过钱包,用手捏了一下,就忙扯下扎在眼睛上的绷带。

看见了,看见了,莉莉·哈莱看见了,小卓别林也看见了,钱包里面有银币和铜币。

莉莉·哈莱手抓着钱包,一句话也没说,一歪身倒在床上,她激动得昏过去了。

这一下可急坏了两个儿子,他们一边摇晃着妈妈的身子,一面不住地叫唤。

还好,只过了短暂的时间,莉莉·哈莱就清醒过来了。

这时,两个儿子才放心了。小卓别林不觉地笑了。

莉莉·哈莱把钱包里的钱都倒在床上。她掂了一下,觉得钱包仍然沉甸甸的,她打开来,原来夹层里还有一个小袋,她打开小袋,里面竟然有七个金镑。

娘三个眼都看直了,都非常高兴。莉莉·哈莱翻遍了钱袋,再无其他东西,也没有失主的地址。此刻,莉莉·哈莱才问西德尼。

"你在什么地方拾到这个钱包?"

"在公共马车上。"西德尼开始讲述他拾到钱包的经过:"我到公共马车上去卖报,在顶层上的一个空座上,这个钱包就躺在那里。我赶忙把报纸盖在钱包上,故作是无意中掉下去的。我假装着拾起报纸,也就把钱包拾起来了,虽然车上有几个人,他们谁也没有看我。我立即下了马车,跑到广告牌后面,打开钱包,就看见这些银币和铜币。"西德尼说着抚摸了一下胸口:"我当时一颗心卜通卜通直跳。"他又接下去道:"我也不及细数这些钱有多少,连忙束紧钱包,一口气跑回家来了。"

莉莉·哈莱虽然是个虔诚的教徒,并未因拾到了钱包而受到良心的谴责。她站起来,在胸前画着十字。然后象自语,还象是对儿子们说话。

"这是上帝的赏赐。主啊,你到底睁开眼睛,来看望我们母子了。"两个儿子看着母亲的举动,听了母亲的话,也以为这是上帝的恩赐。母亲又说话了。

"钱包里没有失主的地址,这是上帝在指示我们不用去寻找失主。是特地赏赐给我们的。"

莉莉·哈莱的病,在拾到钱包以后,虽然仍未去看医生,但在不到一个星期的短短几天就完全好了。

不知道她得的是生理上的病还是心理上的病。

莉莉·哈莱身体复原之后,立即给两人儿子买了新衣服,又把他们打扮得漂漂亮亮的了。

过了两天,母子三人一齐到伦敦的海滨避暑胜地,泰晤士河口的绍森德去游玩。

小卓别林是第一次看见海。他从一条山路走向海边。大海一望无际,在他看来大海就好像在空中悬着,又好像是一个活生生的怪物,颤巍巍的,好像要扑过来。他胆怯了,站下了。

莉莉·哈莱走过来,牵起了小卓别林的手,西德尼又牵起了他另一只手。三个人脱了鞋子,一齐去趟海水。

海水暖洋洋的,脚下的沙子又软又不深陷,小卓别林放心了,心里感到了温暖,舒适,愉快。咧开嘴笑了。

海边的风景是美的。

海滩上的沙是桔黄色的,到处是粉红色和兰色的水桶和木铲,还有那些花花绿绿的帐篷和太阳伞,帐篷和太阳伞下则是一些男男女女在躺着或坐着,有的人在喝啤酒,吃香肠、面包,有的人则在嬉戏……一片欢乐的景象。

有一些帆船喜盈盈地,冲破了轻波微浪在行驶,另一些小船则懒洋洋地歪在海滩上面。

小卓别林的眼睛似乎不够用了,看了这边又看那边。

"笛——"一声气笛拉响了。一艘机器船驶向港口,从海边看船,船小得很,站在船舷的人更小。

小卓别林与西德尼脱光了衣服,每人只穿了个小裤头,在海水中嬉戏。他们很听妈妈的话,不到深处去,只在二英尺水深处玩耍。

母子三人也在海边的冷饮部吃午饭。妈妈喝着啤酒,西德尼和小卓别林则喝汽水,他们吃着红肠,小肚,鱼子酱……,又吃夹心面包。

母子三人美美地玩了一天。

随着光阴的逝去,莉莉·哈莱仍找不到工作,捡来的钱花光了,工作仍然找不到。由于分期付款的缝纫机过期尚未付清款子,所以缝纫机被搬走了。而查理·卓别林每星期十个先令的赡养费早已完全停付了。母子三人已到了走投无路的境地。

莉莉·哈莱在万般无奈的情况下,又去找一位律师。

律师见母亲穿得寒酸,一脸不高兴地接待了她,冷冷地问道：

"夫人,你有什么事要我效劳吗？"

"我们母子三人现在生活穷困,我又找不到工作,打算向前夫索取赡养费。"莉莉·哈莱诚恳地道,"想请先生帮忙打这场官司。"

"你的前夫是什么人？"律师的语调仍然很冷。

"他叫查理·卓别林。"

"我是问你的前夫是干什么的？ 他有多少家产？"

"他是个演员。"

"演员？"律师反问了一句,似乎不用回答,所以他又问道："他有多少家产？ 土地、房屋、商场、银行存款等等。"

"他没有家产。"莉莉·哈莱如实道："他什么家产也没有。"

律师见这件案子没有什么油水,也不愿接这件案子。但是,他却提出了一条建议性的意见。

"夫人,你应该领着两个孩子,去向市政当局请求救济,那样,有可能由市政当局出面,找你的前夫,让他拿出赡养费来赡养你们。"

怎么办？

莉莉·哈莱的身体不好,力所能及的工作又找不到,两个儿子要养活下去,这是真正的走投无路了。

莉莉·哈莱在万般无奈的情况下,听信了律师的话,去找市政当局。她是领着两个儿子去的。

市政社会局的一位工作人员接见了她和两个孩子。

她先说明了来意。

社会局的工作人员也照例问了她的前夫的身份,家产……

她如实谈了。

　　那工作人员也认为查理·卓别林仅是个跑码头的小演员，而且既已有了家室、儿子，工资又无保证，也无力赡养这体弱多病的前妻和两个孩子，所以他没有去找查理·卓别林，却想出了另外的安置办法。

　　"你们母子三人到贫民习艺所去吧。"那工作人员不带感情色彩地说道。

　　莉莉·哈莱对两个儿子道："好儿子，咱们只能去贫民习艺所了，此外已没有路可走了。"

　　她是悲哀的。可是，西德尼和小卓别林却很兴奋。他们住的一间地下室又黑暗，又阴冷，又潮湿，他们已非常厌烦了，很想换一下环境，所以，不但不伤心，反而很高兴，催着妈妈快些去。

　　母子三人进了兰贝斯贫民习艺所。

　　西德尼和小卓别林进入贫民习艺所的大门不久，原来的兴奋烟消云散，立即感到了慌乱和悲哀。原来，一进入大门不大工夫，母子三人就被分开了。当妈妈的被妇女收容部的人领去了，而小哥俩则被儿童收容部的人领走了。尽管同在一个习艺所内，却不在一处。

　　小卓别林长到这么大——六岁多一点，还从未离开过妈妈，这次被分开能不慌乱，能不悲哀吗？

　　他们的衣服先被收上去，蒸、晒、消毒，习艺所发给他们习艺所的衣服。他们也换上了习艺所里一律的灰衣服。也都剪短了头发。

　　按照习艺所的规定，每逢星期天，亲人间可以互相探望。

　　所谓探望也不是可以随便地甲方到乙方部去或乙方到甲方部，而是设有专用的探望室——简直有点象监狱了。

　　小卓别林从进入习艺所那天起，听说有探望日，他就搬着手指头在算,在企盼探望日。

探望日终于盼到了。小卓别林与西德尼哥俩来到探望室时,恰巧,他们的妈妈也在此时来到。

小卓别林见妈妈穿着习艺所里专为妇女做的衣服,虽然不破不旧,可是那款式,那颜色连富人家的仆妇都不如。她显得既狼狈又憔悴,似乎衰老消瘦了许多,可是分手才仅仅一个星期啊。小卓别林与西德尼都哭了。

莉莉·哈莱初见两个儿子,眼睛似乎一亮,脸上挂上了喜悦。此刻,两个儿子全哭了,她也哭了,大颗的泪珠从脸颊上滚下来。她伸出两只手,分别拉住两个儿子的手。母子三人就站在探望室的外面掉泪。

还是当母亲的先平静下来,她拉着两个儿子走进了探望室。

所谓探望室,简陋得很,不过是一间大屋子,里面摆了十几条粗木做的长凳,木凳上既不涂颜色,也不刷油。

屋里只有很少几个人在交谈。

莉莉·哈莱牵着两个儿子坐到一张长凳上,一边一个。她先将小卓别林脸上的泪痕擦干。西德尼是自己抹干的。

"妈妈,我好想你呀"。小卓别林把一只手放在妈妈的膝头上,一手拉着妈妈的胳膊,真诚地说道。

"我也想妈妈。"西德尼道。

"儿子,我也想你们。"莉莉·哈莱道。她又安慰了儿子:"用不了多久,我们就会团聚的,再也不分开。"

"是的,再也不分开。"小卓别林喜滋滋地道,"永远不分开。"

妈妈从围裙里面拿出一袋椰子糖,分给两个儿子吃。

"我给一个保姆编织了一个袖口花边,她给我钱,我又去习艺所的小卖部,买了这些糖。吃吧。"她看着两个儿子吃糖,脸上又挂上了笑。她分别用手抚摸着两个儿子,摸他们的头,摸他们的手。

小卓别林非常愿意让妈妈抚摸,她觉得妈妈抚摸他的时候,他浑身上下都感到舒服。

探望室的人已经多了,但是他们谁也不看,母子三人只顾亲热地说话。

探望是有时间限制的——这一点也与监牢一样。他们不得不分别了。

"走吧,孩子。"莉莉·哈莱安慰两个儿子。"不久,我们会团聚的。"

母子三人恋恋不舍地各自走回自己的收容部。

"妈妈老多了。"

在返回儿童收容部的路上,西德尼对小卓别林说道。

小卓别林与西德尼终究是小孩子,适应环境的能力强,很快就适应了习艺所的生活。

贫民习艺所是一个半慈善性的地方。进入习艺所的人,凡是有劳动能力的,做一些力所能及的劳动,太小的孩子则不用从事他不能干的活。生活是有保障的,粗茶淡饭可以吃得饱,夏天有衣遮体,冬季有衣御寒。

小卓别林对吃饭感到有趣。许多孩子围着一张长桌子吃饭,很热闹,很温暖。吃饭的时候,由一个贫民习艺所里留所的人照看着。他是一位老先生,年纪总有七十多岁了,留着稀疏的胡子,有着一双忧郁的眼睛,显露出一副庄严的神气。

小卓别林刚一来,他就让小卓别林坐在他身边用饭,对此,他对众多小孩作了解释。

"这个小'老虎'。"他指着小卓别林道。"年龄最小,又有着一头美丽的卷曲的头发。这就是我选他坐在我身边的原因,你们不要嫉妒。"

在吃饭的时候,这位老先生又对卓别林道。

"等你这个小'老虎'长大了,给你戴一顶有帽章的高帽子,又着手坐在我的马车后面。"

小卓别林对这位老先生这样抬举他,产生了好感,所以很喜欢他。可是只过了三、四天,事情就发生了变化,因为习艺所又来了一个小孩,这孩子比小卓别林还小,头发更为卷曲,于是老先生身边的位子就被这个新来的小孩夺去了。

"年龄小而头发又更卷曲的孩子是应该坐首席的。"老先生对小卓别林道。这就是老先生的理由。

小卓别林虽不高兴,但也没有争,也无法争。

小卓别林和西德尼只在兰贝斯贫民习艺所呆了三个星期,就被转送到汉威尔的贫民孤儿学校去了,那里离伦敦市区大约有十二英里。

小哥儿俩听说又要换一个新的环境,心里很高兴。

一辆送面包的马车正好要去汉威尔,兰贝斯贫民习艺所的管事工作人员,就让他们哥俩搭乘送面包的马车。

一路上,两个人都很快乐,路边的景色很美,空气也很清新,没有雾。路两侧种了许多七叶树,麦田里的麦子正要成熟,风吹过去,麦穗摇动着,象是海里的波浪,不过颜色是金黄的。路边有许多果树园,树上的果子已长得很大,结得很多,从果园里飘出了香气,香味直往鼻子里钻。小卓别林不住地抽动他的小鼻子。这种雨后果园的清香,给他留下了深刻的印象。在他长大以后,每逢在乡间、雨后闻到那种浓郁的清香,他就会想起汉威尔。

　　他们到了汉威尔的孤儿学校，就被送到试读部——就像学前班一样。

　　到了试读部先要检查身体，凡是染有传染病的儿童，则不许进入校本部去参加学习，先要治好病。还好，小卓别林与西德尼虽然营养不良，瘦弱，却没有什么病，这一关通过了。第二关是智力测验，这一项主要是区别孩子的智力强弱，弱智儿童也不许送入校本部。小卓别林虽仅六岁多，可是，他的智力已赶上八九岁的孩子了，西德尼也不差，所以小哥俩又顺利地过了第二关。

　　小卓别林与西德尼都被送进校本部。可是，入了校本部后，小卓别林一路上的新鲜感，兴奋，快乐全没了。当初在兰贝斯贫民习艺所的时候，他和母亲虽然不在一个部，却在一个大院里，似乎觉得仍在母亲身边，有种安全感，有一些安慰，可是到了汉威尔就好像和母亲分别了，离得很远、很远。

　　他们在试读部呆了不长时间，就全升入校本部。这一年，小哥俩又被分开了，西德尼因为年龄大，又念过书，被分到大班，而小卓别林年龄小，他才六岁多一点儿，把他分到年龄小的孩子所在的小班。两个人不在一个班，晚间睡觉也不在一个区里，所以，哥儿俩平时难得见上一面。

　　一个刚刚六岁多一点的孩子，以前一直和慈详的母亲，疼爱他的哥哥生活在一起，进了兰贝斯贫民习艺所之后，虽然和母亲分别了，但既在一个院里，况且哥哥又和他在一起。此刻，他身边没有一个亲人，孤苦伶仃，而他又长得矮小、瘦弱，更为可怜了。

　　有什么办法？他只能听从命运的安排。他没有了欢乐，没有了儿童应有的天真无邪的快乐，尤其是每当夏日的黄昏，临睡前还要做祷告,他和那些与他年龄相仿的二十个小孩,一起穿着睡衣,跪在宿舍中央,一同唱着《夕阳西沉歌》第三八三首的《普天颂赞》。

　　小卓别林本是爱唱歌的,他也很会唱歌,而且唱得很好,可是,这时候,由于心情不痛快,只是应付差事似的,用沙哑的嗓子,随着大家一齐唱着,音调既不和谐,也没有一点感情。歌词是:

　　　　夕阳西沉,求主与我同居;

　　　　黑暗渐深,求主与我同居;

　　　　求助无门,安慰也无求处,

　　　　常助孤苦之神,与我同居。

　　他并不知道这赞美歌是什么意思,他也不想知道,只是随声附和着唱。他口里唱着,眼睛却从那长方形的窗子向外看去,他看那渐渐低沉的落日,看那连绵起伏的小山,看那天上飘浮的白云……,他感到这一切都是陌生的,象念经似的歌声,那已不再放射光芒的落日,那秃秃的小山……似乎让他更为发愁。这一切没有能引起他的兴趣,他无一丝一毫的快乐。

　　他就在汉威尔闷闷不乐地、孤苦凄凉地过了两个月。

　　一件喜讯来了。

　　莉莉·哈莱向汉威尔孤儿学校校本部给两个儿子请了假。于是,西德尼与小卓别林又被送到伦敦。

　　哥俩来到兰贝斯贫民习艺所,看见母亲正在大门口等着他们。这次,她穿的是自己的衣服。两个孩子这次没有哭,看见母亲的身影,就飞快地跑到母亲身边。尤其是小卓别林,他抱住母亲的大腿,用头、脸蹭母亲的身子。

　　母亲俯身抱起了他,在他脸上亲着,她放下小卓别林,又拉住西德尼,不住地端详着。

"我想了很久,才想出这个办法。"莉莉·哈莱对两个儿子说道,"只有用这个办法,校本部才允许你们离校,咱们才能在一起相聚几个小时,当天,咱们都得回到原来的地方去。"

小卓别林本想说,他不愿再回到汉威尔去了,可是他没有说。大概他想到母亲也没有办法留住他,否则母亲不会抛下他们不管的。

尽管站在贫民习艺所的大门口,似乎不雅,但是,小卓别林却不那么想,只要让他和母亲在一起,在什么地方都行。

当初,他们进入贫民习艺所的时候,他们原来穿的衣服都被收去用蒸气消毒,此刻,莉莉·哈莱又到习艺所去领回他们自己的衣服。

领回来的衣服虽然蒸过了,却没有熨平。小卓别林与西德尼和母亲三个人,就穿着皱皱巴巴的衣服离开了贫民习艺所。

此刻还是清晨,三个人到那儿去呢?西德尼提议说去肯宁顿公园。于是娘三个就向一英里远的肯宁顿公园走去。

这时,公园里的人不多。母子三人边游逛边说着话。

小哥儿俩讲到了汉威尔如何进行体格检查,如何进行智力测验,又如何从试读部进入校本部。只是小卓别林没有讲他的孤苦无依与愁闷。他似乎很懂事,怕讲了那些更令妈妈担心,他只讲了如何唱《夕阳西沉歌》,而且还用沙哑的嗓子唱了两句。这引起了母亲和西德尼的笑声。

西德尼身上只有九便士钱,包在一块手帕里。于是他先去买了半磅黑樱桃,母子三人坐在公园里的长条凳上慢慢吃着。西德尼又用一张报纸团成了一个球,用一根线缠在上面。母子三人又玩了一会接球游戏。这样度过了一个上午。

中午,母子三人又到了一家咖啡馆,用剩下的钱买了一块二便士的蛋糕,一条一便士的鲱鱼和两杯半便士的茶。三个人匀着吃了这点食物,充作午餐——其实,这些食物,只够一个人吃的,如果是大人吃还不足。

后来,三个人又回到了肯宁顿公园。小卓别林由于高兴,和西德尼一起玩耍。莉莉·哈莱则坐在树下的长条凳上,一边看着儿子玩耍一边编织活计。

下午玩过之后,天将傍晚,三个人才回到贫民习艺所。

"咱们回到那儿,正赶上吃茶点。"莉莉·哈莱玩笑似的道。

可是,到了贫民习艺所,管事的非常生气,因为他们又得重新蒸他们的衣服。这一来正对上小卓别林与西德尼的想法。因为他们必须在贫民习艺所多呆上一些时候再回汉威尔去。这样,他们又可与母亲在一起多聚一会。

最后,他们不得不离开贫民习艺所,不得不与母亲分手。小哥儿俩满怀愁怅地回到了汉威尔。

小卓别林回到汉威尔后,开始上学了。老师首先教他写自己的姓——卓别林(Chaplin)。这几个字吸引了小卓别林,他觉得这几个字很象他的身材与形象。他在这里学习了将近一年,这一年对他的性格成长与形成有很大的影响。

汉威尔孤儿学校分为两部分,一部分是男生校舍,另一部分是女生校舍。每逢星期六下午,学校的浴室特为年龄小的儿童开放。由年龄较大的女孩给他们洗澡——这是一种互助的性质。

那时,小卓别林还不满七岁,洗澡时要脱光了衣服,身上一丝不挂,他还有些害羞。但是,他还是脱光了衣服,羞答答的让一个十四岁的小姑娘用一块毛巾在他浑身上下擦着。他有生以来第一次感到了难为情。

小卓别林年满七岁,由小班升入大班了。大班里的儿童是从七岁到十四岁。这才算正式入学了。这以后,他就有资格参加成年人的活动,要参加军训,要做体操,每一个星期,可以按时到校外作两次散步。

汉威尔的孤儿学校对孤儿学生照顾得还挺好。有饭吃,有衣穿,上课时有老师讲课。可是,小卓别林仍感到生活是凄凉的,周围的气氛是郁闷的。

到校外乡间小路散步的时候,百来个人,两个人一排地走着。他们经过的那些林子里的居民,指点着他们议论着:"这些孩子都是牢房里出来的。"

他们指的是贫民习艺所。

汉威尔孤儿学校有一个供男孩子用的运动场,占地大约有一英亩,是用石板砌成的。运动场的四周是砖砌的平房,包括办公室、储藏室、医务室、牙医诊所,另外还有一个男孩子的藏衣室。

"喂,小家伙。"一个年龄大的男孩子叫小卓别林,"昨天夜间发生的事你知道吗?"

小卓别林不知道昨天夜间发生了什么事?他没有尿床,也没违犯什么规定啊?他茫然的看着对方,不知该怎么回答?最后才反问道:"昨夜发生了什么事?"

"昨天夜间有一个小子要逃跑。"

"逃跑?跑掉了吗?"小卓别林有了兴趣,他问道。

"他跑得掉吗?嘿!被抓住了。"

"他从哪里逃跑——我是问他怎样的逃跑。"七岁的小卓别林好奇地问。

"那个小家伙，"那个大孩子绘声绘色地讲起来。"是个天不怕地不怕的家伙，他从三层楼上爬出了窗户。你猜怎么着？"大孩子在卖关子。

小卓别林摇摇头。

此刻在他们周围已聚了几个小孩。

那个大孩子扫视众人一眼，又讲下去："他从窗子爬出来，上了屋顶。夜间值班的人发现了他，叫来几个工作人员，爬到楼上去捉他。你猜怎么着？"那个大孩子又卖关子。

周围听的几个孩子，都不知道这件事，所以没人能说"怎么着"。

大孩子卖弄地停一下，又讲下去："也不知他从哪儿弄来的石子和七叶树果子，他扔石子和七叶树果子打那几个工作人员，有一个竟被他一块石子打中了，打得那个人喊了一声'妈呀！'他有多凶！"

"他被抓住了吗？"另一个小孩问。

"还用问。当然抓住了。"讲述者向院子角落里一指，"就把他关在那里。现在大概正哭哩。"

"你能领我们去看看吗？"又一个小孩子问。

小卓别林也有这个想法。

那个大孩子正想出风头，听见有人提出让领着去，正中下怀。

"走！我领你们去看。"那个大孩子爽快的答应了。

他象个将军似的走在前面，后面跟着六七个小孩，小卓别林也在内，他是其中年龄最小的一个。

院子角落里的空屋子不是牢房，也没有什么摆设，不知原来是做什么用的，也许从未用过。

几个人来到这间屋子前,还有那个大孩子领头凑到窗前——因为门是上了锁的。几个小孩子也跟到窗前。从窗户往里看。看见了,那个"小家伙"正倚着墙坐着。他大概是听见了脚步声,瞪着一双大大的眼睛也正向窗户这边看。他看见了窗外的同伴。他没有羞臊,也没有愤怒,更没有悲哀。他呲了一下牙,又对窗外的人做个鬼脸。

小卓别林见他好像个子不高,一张瘦瘦的脸,好像没有肉,所以显得眼睛更大。

"也是个小孩。"一个年龄比小卓别林大不了多少的孩子说。

"小孩?"那个领头来的大孩子道,"他有十四岁了。"

小卓别林有些不相信。他知道西德尼十一岁,可是,看那个被关押的小孩不会比西德尼大。

汉威尔孤儿学校有一个健身房,是一座很大的大厅,大约有六十英尺长,四十英尺宽,屋檐很高。这个健身房还兼做刑房。犯了过失的学生,就在这里体罚。

按学校的规定,体罚学生都在每周的星期五。

每逢星期五的早晨——因为每星期内都要有对学生的惩罚,三百来名男孩,从七岁到十四岁的,整队走进大厅,象军队那样排列整齐,站成一个"U"型。犯了过失、将被惩罚的学生,站在缺口一面的厅底深处,一张长的课桌后面,那长桌好像军营里用餐的餐桌。长桌的前面,靠右边,摆着一个架子,上搭着几根用来绑缚受体罚者手腕用的皮带,旁边挂着一条板子——罚具。

凡是犯了轻微过失的孩子,都被按在一张长桌子上面,脸向下,双脚被用皮带绑缚起来,由一位中士牢牢地按住,另一位中士从孩子的裤子里扯出他的衬衫,蒙住他的脑袋,然后拉紧了他的裤子。

行刑的人是一位大尉,他叫欣德拉姆(Hitulouhen)。他是一位退伍的海军军官,体重大约有二百镑。他往往是一只手背在后面,另一只手握着大藤条,那藤条大约有四英尺长,足足有大男人的大拇指那么粗。他见两个中士已准备好了,便慢条斯里的举起了藤条,举得高高的,在空中停下来,那姿式好像是在进行对士兵的检阅。突然间,他的胳膊猛的挥下,那样子象在挥剑斩蛇。唰的一声,那粗藤条横着抽打在孩子的屁股上。

这样的情景够吓人的,多次行刑,总有一个或两个年龄小的孩子被吓昏倒,从行列中抬出去。

每一个犯了过失的孩子,少则挨三下抽打——不能再少了。多则挨六下抽打。被打的孩子,往往是被打第一下还未感到疼,第二下又抽打下来了,到第三下时,疼痛加剧了,嘶心裂肺的疼痛,从七岁到十四岁的孩子是难以忍受的,他们会发出令人恐怖的哭喊声,那哭声令人心酸,也令人同情。

有时候,被打的人不出声了或者是昏过去了,人们以为事情坏了——小孩子,尤其是七八岁的孩子,以为挨打的人被打死了。藤条打下去,被打的人一动不动,当然是被打死了。

这时,立即又过来两个人,将这个挨打的人抬到一边,安放在健身房的垫子上,让他在那儿慢慢的苏醒,往往是过了七八分钟或者十多分钟,被打的人才醒过来,抽搐、扭动。而他的屁股上,就横着留下的三条粉红色的伤痕,足有洗衣服女仆的手指那么宽。

用板子打的情形又不同了。行刑的情况与和藤条相似,仍是由一个中士按着,另一个中士拉住腿,行刑的人仍是欣德拉姆大尉。但是,打过三板子之后,即由那两个中士扶着被打伤者,送到外科医生那儿去医治。

小卓别林进入校本部以后,就有一个较大的孩子告诉他:"即使你没有犯过失,如果有人控告你,你也不要否认,否则就会受到更大的惩罚。"

这个孩子说的是经验谈。因为孩子比较小,往往因口齿不清,无法说明自己是无辜的。即使是被人诬告,也无法说明的,所以校方就认为是不认罪,是狡辩,所以惩罚得更重。

体罚学生是在星期五,而公布被体罚者的名字是在星期四。

每到星期四,先要在运动场上吹响喇叭,这样,大家就停止游戏,每个人都象塑像似的僵立在原地:因为这是公布被惩罚者名单的信号,所有的孩子都担心有自己的名字出现,因为有的过失是自己不知不觉时犯了的。喇叭响过后,欣德拉姆大尉就要对着一只扩音器,宣布星期五应当去受罚的那些人的名字。

小卓别林第一次看见学生挨打,就是打那个企图逃跑的孩子。

七岁的小卓别林刚升入了大班。他随着同学走进了大厅——健身房。从房梁下垂下几条爬绳。他看了爬绳,以为那是用来吊打孩子的,不由的多看了一眼。

管事的走进来了,小卓别林怕了,他的心卜通卜通地直跳。

管事的向"U"字形的缺口处走去。这时小卓别林才看见那个大眼睛,瘦得脸上无肉的孩子就站在一条长桌后面。因为他瘦小,不引人注意,所以小卓别林没有看见他。

校长先宣布小家伙的罪状,然后问那个小家伙:

"你有没有罪?"

那个无法无天的小家伙,对校长的问话理也不理。脖子梗着,头扬着,眼睛瞪着,却任谁也不看。

"我问你",校长提高了声音,声音大得很:"你有没有罪?"

那个天不怕地不怕的小家伙,仍然是先前的样子,一动不动。

校长丢了面子,恼羞成怒,扭过头吩咐道:"打!"

于是那两个中士将小家伙拉到架子跟前,因为他太矮小,先让他站在一肥皂箱上,先把他的双手缚起来。

行刑者仍是欣德拉姆大尉,他狠狠地打了小家伙三板子。然后那两个中士将小家伙送到外科医生那儿医疗去了。

有一天,星期四,小卓别林正在与同伴游戏,喇叭又吹响了,大家照样停止了游戏,僵立在原地。大家都在提心吊胆的静听着。

小卓别林大吃一惊,因为欣德拉姆大尉竟然念出了他的名字。他听了虽然吃惊,却并未十分害怕。他在回忆,自己到底犯了什么错?他无论如何也想不出自己有什么过失。然而,他却莫名其妙地有些兴奋,他没有想到挨打与疼痛,而是想这一来大家都要看着我了,我是明天那场热闹中的主角。

星期五到了。

小卓别林站到了长条桌的后面。

校长说:"人家告你放火烧厕所。"

这可是天大的冤枉。

原来有几个孩子在厕所的石头地上烧一些碎纸片儿。当小卓别林进去解手的时候,火已烧着了。他仅是撞上的。告状的正是烧碎纸片的孩子中的一个,因为他们怕卓别林将此事上告学校,为了保护自己,来个恶人先告状。

本来这件事小卓别林可以说清楚,但是,他听了校长的问话,忘了解释,忘了说明,既不感到气愤,也不觉得冤枉,这一切已被可怕的挨打的情景吓住了,他只意会到了挨打的危险。他很紧张,所以对校长的问话,不加思索的,被一种无法控制的力量支配着,脱口而出地说:"有罪。"这当然等于承认了"放火。"

旧戏重演,小卓别林被按到长桌上,拉下了裤子,欣德拉姆大尉手中的藤条高举,猛挥三下。

砭肌灼肤的疼痛,令小卓别林停止了呼吸,但是,他一声也未哭。他被打得不能动了,被抬到垫子上去休息。

七岁的小卓别林硬是挺住了连大人也难于忍受的疼痛。他岂止没有大哭大喊,他躺在垫子上,都觉得这一次是他勇敢地胜利了。

西德尼事前不知道这件事,因为他在厨房里打杂,星期四扩音器宣布名单他没听见。可是,小卓别林受审,挨打他全看见了,因为他也在队伍中。

散会了。西德尼连忙跑过来,他要把弟弟背回宿舍。

"不用!"小卓别林坚强地道:"我自己能走。"

西德尼还是把弟弟背回了宿舍。

"你真的放火了吗?"西德尼用眼睛盯着弟弟,"我不相信。"

"我没有放火。"小卓别林躺在床上——他不能坐着,因为屁股疼的很。他讲了事情的经过。

"你当时为什么不向校长说?"

"谁能证明火不是我放的?"七岁的小卓别林说出了大人的话。

西德尼一想对呀,如果是烧纸片的几个孩子告的状,他们只能证明火的确是弟弟放的。

当我一走进大厅,看见你在长桌后面站着,吓了我一大跳。我不知你犯了什么过失。而你好像有点满不在乎的样子。"西德尼对弟弟道。

"我那时什么也不想。从昨天我从扩音器中听到我的名字，我怎么也猜不出犯了什么错。"

"哼！我见你被抽打，我非常气愤，我不相信你会放火，所以我都哭了。"

小卓别林屁股虽然仍很疼，他见哥哥这样关心他，他却笑了。

"还疼吗？"西德尼关心地问。

"不疼。"小卓别林小小的年纪却有这么大的毅力。"一点都不疼。"

他到底年龄太小，被狠狠地抽打了三藤条，却说一点都不疼，这当然是谎言了。西德尼虽然也只有十一岁，但是懂事的多，他明白这是弟弟在安慰他，让他放心。所以他也就不再提这件事了。

这以后，小卓别林总把哥哥叫做"我那小家伙。"他这样叫时很得意，因为他的"我那小家伙"一直在爱他，随时随地保护他，关心他。他有时就在饭厅吃完饭之后去厨房看"我那小家伙"，因为西德尼仍在厨房打杂。

西德尼常常偷偷地递给弟弟一个面包卷儿，里面夹着一大块黄油。小卓别林则把它藏在运动衫里面，从厨房带出来，然后和另一个孩子分了吃。其实，小卓别林此刻并不饿，他也不馋，不过，他认为能吃到这么一大块黄油是一种享受，所以他很快乐。

但是好景不长，不久，西德尼就离开了汉威尔孤儿学校。

西德尼到"埃克斯默思"号船上去学习了。只有小卓别林一个人留在汉威尔孤儿学校里。

汉威尔孤儿学校中出现了一种流行病——金钱癣。这是一种很容易传染的皮肤病。凡是已染上金钱癣的孩子，全被送进了隔离室——在二楼附临运动场的一所房子里。他们那些被隔离的孩子，头发被剃得一颗不剩，成了一个光光的葫芦，头上抹上碘酒，成了棕色。

不幸，小卓别林也染上了金钱癣。

那是在饭厅里。他正在吃饭，有一个保姆突然在他的身后停下来，拨开了他的顶心发。

"这是金钱癣啊！"那个保姆大声的叫道。

小卓别林听了这句话，大声的哭起来。因为染上了金钱癣就该剃光了头发，抹上碘酒，一颗头成了光光的，棕色的一个葫芦，就要被送进隔离室，就要被同伴歧视，就不可能再在运动场上游戏。

儿童往往把头发看作是十分亲切的。小卓别林也一样，不管头发长的怎样，是浓密的还是稀疏的，不管是直的还是卷曲的，他们都觉得头发是自己身体的一部分，一旦被剃光了，就认为自己的身体被割裂了。所以小卓别林才大哭。

哭也无济于事，他还是被剃光了头发，抹上了碘酒，送进了隔离室。他在头上包了一条手绢，就像一个采棉花的人那样。但是，他从不到窗前去，绝对不从窗子向下边看，他知道，那些未染上金钱癣的人讨厌他们，当然，也有可怜他们的。他决不让人讨厌，也用不着别人可怜。

在他的金钱癣还没完全医好时，他妈妈来看望他了。

保姆把他的妈妈领到隔离室门口——因为被隔离的儿童不许随便走动，就连吃饭也不许进饭厅，而是由工作人员把饭送到隔离室来。

小卓别林听到保姆叫他的名字，走出隔离室，他突然觉得眼晴一亮,妈妈来了,他看见了妈妈就像是看见了一束花,她是那么鲜艳,那么可爱,那么亲切,那样的慈祥。可是,他觉得自己身上穿的邋里邋遢,头发一根也没有,光光的头上已被碘酒染成了棕色——虽然他没有照镜子,但是,他见过其他的同学是那个样子,他觉得这副样子很难看,有些不好意思。

"瞧他这张醒醒脸,你可得原谅他呀。"那个领妈妈来的保姆对着他的妈妈说。

当妈妈的永远不会嫌弃自己的儿子。莉莉·哈莱当然也不例外,她笑了,立即伸手搂住儿子,搂得好紧,一边吻着儿子的面颊一面十分亲切的道:

"我不管你多么醒醒,我总是爱你的。"

小卓别林也搂紧了妈妈。

那个保姆笑着离开了。

当妈妈的亲够了儿子,又道:

"我已离开兰贝斯贫民习艺所了。"

"那,你住在哪儿?"小卓别林急迫地问道。

"我正在设法,让我们重新有个家。"当妈妈的道,他安慰儿子:"过不了几天,我们就会有家了,到时候我接你回去。"

"太好了!"小卓别林想到又能和妈妈在一起,乐得跳起来。

正如莉莉·哈莱所言。过了不久,妈妈将小卓别林接回了家——此时,他的金钱癣也医好了。

过了几天后,西德尼也离开了"埃克斯默思"号,回到了家。母子三人又聚在一起了。

家虽然很寒酸,他们在肯宁顿公园的后面租了一间很小的房子,但再穷也是自己的家。小卓别林与哥哥恢复了往日的欢乐。

　　开始,母子三人的生活还可勉强维持下去,但是,却不住的搬家,总是挑房租低的房子住,从这里搬到那里,从一个后间搬进另一个后间,或者搬进一间小小的阁楼,或者搬进一间地下室。尽管这样,到后来生活又维持不下去了。他的妈妈仍找不到工作,而他的父亲由于他所在的戏院生意清淡,也不能按时每星期送来十个先令。

　　最后,又是走投无路了。母子三人又进了贫民习艺所,不过,因为他们此时已不在兰贝斯区,所以进了另一个贫民习艺所,而小卓别林与西德尼则被送进了诺伍德学校。

　　诺伍德是个更加凄凉的地方,附近树木很多,又高又大,树叶也更浓密,让人感觉总是阴森森的。小卓别林的心情又忧郁发愁。也许乡间的景色更秀丽,但是,他没有了快乐。

　　西德尼比弟弟大,也懂事,似乎不象弟弟那样忧郁,他参加了学校的足球队。

　　有一天,西德尼正在赛足球,来了两个保姆将他叫到场外。

　　"你母亲疯了,已被送进'凯恩——希尔'疯人院里了。"一个保姆这样说。

　　西德尼听了这个不幸的消息,没有跳起来,没有激动,也没有丝毫的悲伤,他一言不发的又回到足球场去。

　　但是,球赛一结束,他一个人悄悄地走开,到一个没人的地方哭起来。

　　西德尼哭了一阵子,就去找小卓别林。

　　"弟弟,有一个不幸的消息告诉你,你可不要激动。"西德尼先用垫话开场。

　　小卓别林没有问,直瞪着哥哥。

　　"妈妈疯了。"西德尼说了这句话,去看弟弟的反映。

弟弟仍在看着哥哥。

西德尼又接着说下去。

"保姆说,妈妈已被送进'凯恩——希尔'疯人院去了"。

弟弟没有嚎啕大哭。但是,他感到绝望了。

"她怎么会疯了呢?"小卓别林似在问哥哥又似在自语:"她怎么可能疯了呢?"他自语着,并不看哥哥。他认为妈妈是个无忧无虑,性情爽朗的人,是不会疯的。可是,哥哥的话是可信的。

事情是真的。只过了几天,学校就正式宣布这件事。法院也来了人。

学校校长刚说完,法院来的人说话了:"法庭鉴于你们的母亲疯了,进了疯人院,所以判决,查尔斯·卓别林与西德尼·卓别林由查理·卓别林负责抚养。"

学校管事的开了一辆面包车,将西德尼和小卓别林送到了肯宁顿路二百八十七号。正是小卓别林第二次看见父亲时,父亲和一个女人从花园小路上走出来的那幢房子。

面包车停下了。学校管事的上前叫门。

门开了,开门的人正是那天和查理·卓别林在一起的女人。

这个女人面孔消瘦,满面愁容,但是长得很漂亮,有着高大匀称的身材,丰满的嘴唇和母鹿一样的忧郁的眼睛,年纪在三十岁左右。

"这里是查理·卓别林先生的家吗?"学校管事的问道。

"是的。"那女人简短的答道,脸上仍板板的。

"你可是卓别林夫人?"

"是的。"女人答道,"我叫露易斯。"

"我是诺伍德学校的。法院鉴于莉莉·哈莱已疯了,故判决查利·卓别林与西德尼·卓别林由查理·卓别林先生扶养。这是文件,请夫人签个字。"

露易斯拿过文件看了看,在上面签了字。

学校管事收起文件,再未说什么,自己走了。

露易斯的脸始终是板板的,忧郁的。学校管事走了以后,她没有说话,只是以目示意,让西德尼与查利跟她走。

她们到了第一层楼梯口前面的起居间里。他们进去时,露易斯的小儿子正一个人坐在地板上玩耍,这孩子只有四岁大,长得很精神,一双乌黑的大眼睛,留着浓密的棕色卷发。他与小卓别林是同父异母兄弟。可是,露易斯并未给二人作介绍。

那孩子见了西德尼与小卓别林停止了玩耍,睁大了眼睛,好奇的看着他们。也许他要问:这是谁呀? 上我们家干什么来呀? 但是,他一个字也没说。

露易斯当然不高兴,凭空添了两个她不欢迎的人,而这是法院的判决,她又不能拒绝,所以她只能拉下脸子给这两个孩子看。

"你也该干点活。"露易斯对西德尼说,"难道等着白吃饭吗? 去,给那个煤篓子里添上煤。"

西德尼虽不情愿,但是他照办了,懒洋洋地走过去。

"你也别闲着。"露易斯对小卓别林说:"到白鹿酒店隔壁的小菜馆里去,买一个先令的碎肉回来。"

尽管小卓别林还不知道白鹿酒馆的所在,但是,他不愿问她。他接过钱默默无言的走出去。

小卓别林买回来碎肉,将它放在一个碗里,他却未和露易斯说一句话。露易斯也一声不吭。

几个人都不说话,屋子里的空气是相当沉闷。

将要吃饭的时候,查理·卓别林回来了。室内的气氛立即改样了。他首先热情地对两个儿子——其实，西德尼并不算他的儿子，没有一点血缘关系，仅是因为莉莉·哈莱带着西德尼与他结婚，接着，西德尼姓了卓别林。

"法院通知我了，我本想去诺伍德接你们，可是我当时脱不开身。现在来了就安心住下来吧。"

小卓别林感到了父亲的亲切，西德尼脸上也有了笑容。室内空气活了，只有露易斯仍无一丝笑容。

查理·卓别林对两个儿子问长问短，但是一直没问有关莉莉·哈莱的情况。

露易斯收拾完餐具，走过来打断了父子三人的谈话。

"西德尼嫌那张床小，要在起居间的沙发上睡，我没答应。"露易斯以此表明自己的主意。

"那张床是小了点。"查理·卓别林道，"西德尼既然自己愿意在沙发上睡，就让他睡吧。"

西德尼胜利了，他斜着眼看了看露易斯，表现出胜利的骄傲。

露易斯对于自己的失败又羞又恨，但是，她却什么也没说。

从这以后，她与西德尼结下了仇恨。经常在查理·卓别林面前说西德尼的坏话。

西德尼与小卓别林又进入肯宁顿路学校读书。

露易斯神情忧郁、脾气却很暴躁。但是，她从未动手打小卓别林，也从未声言以打他来吓唬他。不过，他却很怕这个女人，尤其是当她喝酒喝得醉熏熏的时候，那种样子更可怕，小卓别林感到恐怖。

露易斯有时候对着她亲生的儿子天使一样美丽的小脸蛋儿高兴地笑，但是，那个小儿子却用一些下流话辱骂她。

小卓别林从不与这个长得好看的小男孩玩,尽管是他异母的弟弟。他那个小弟弟也从不和他一块儿玩。两个人差了四岁,却合不来。

西德尼与小卓别林也相差四岁,两个人却亲密无间。而两个人是同母不同父。

露易斯恨西德尼,西德尼却根本不理她。他在学校里经常到很晚才回家。

小卓别林怕露易斯,却不能在学校多逗留,一放学就得赶快回家,因为露易斯还要支使他上街买点东西,或在家里干一点零碎活。他在学校里和同学在一起很快乐,既不孤单也不愁闷。他最怕回家,怕看露易斯的样子。他最怕的还是星期六,因为星期六下午放假,他必须回家洗地板,还要擦那些刀叉。更让他讨厌而不开心的,每到星期六下午,露易斯总要开怀畅饮,而且还邀了一些她的同伴,围坐在一起,一边喝着酒,一边向她的朋友抱怨,闲寻气恼。

"你们看,是不是该我倒霉?凭空从天上掉下来两个累赘。"她说着话,掬了一杯酒。"本来是一家三口人的生活,一下子变成了五个人。多了两个人。要负担他们的生活费,要供他们上学念书,还要做饭给他们吃。"她又掬了一杯酒,抹了一下嘴边的酒沫,又说下去。"光这些还不算,查理对我还不满意,还护着他们两个,大话都不让说。"

众女人边喝酒边七言八语的劝解着,不过是让她开心。

"这一个还好。"露易斯用嘴向小卓别林那一面一努。"可是,那一个简直就是个小流氓,应当把他送进感恩院——再说,他又不是查理的儿子。"

小卓别林就在旁边擦刀叉,他听露易斯恶毒的咒骂哥哥,他听了又怒又怕又是发愁,这样的日子怎么过下去? 他才是个不满八岁的孩子,于是他连忙擦完了刀叉,闷闷不乐地去睡觉,连晚饭也未吃,但是,躺在床上,又气又恼又愁,却无论如何也睡不着。

有时候,逢到星期六的夜晚,小卓别林愁闷,伤心得睡不着觉。听到有人走过后面卧室的窗子底下,用手风琴拉出了轻快的曲调,那是一支苏格兰高地进行曲,还有几个粗野的小伙子和几个嘻嘻哈哈笑着卖水果的姑娘,合着乐曲唱歌。他们唱得活跃有力,小卓别林对此却无动于衷,但是,当音乐的声音远去,声音越来越轻时,他又感到不胜的留恋。

有时候,一个沿街叫卖的小贩走过去,特别是每天夜晚都要从此处走过去的那个小贩,仿佛是在唱着《统治吧,大不列颠》那支歌,唱到最后,还拖了一个粗浊的尾声,其实,他只是在叫卖牡蛎啊。

有时候,他还可以听到附近酒馆里,那些顾客在歇火上门的时候,喝得醉醺醺的,哭声哭气、大声叫嚷着,唱着一首当时很流行的歌曲:

> 看在旧日的情份上,别把仇恨记在心上,
>
> 看在旧日的情份上,还请你多多原谅。
>
> 人生一世没几年,大家何苦吵个没完,
>
> 这颗心呀最宝贵,你可别把它破碎。
>
> 握手言欢莫记恨,
>
> 看在旧日的情份。

小卓别林并不喜欢这首歌,但是,这首歌的情趣似乎投合了他当时忧郁的心境,所以成了催眠曲,他在歌声中睡着了。

西德尼很晚才回到家里,他好像是一直是那么晚才回家。

临睡前,他总要去翻菜厨,找些填肚子的东西。

露易斯对此非常不满。

有一天夜里,正是星期六,她喝了好些酒,走进屋子,一下子就扯掉了西德尼的褥单,同时大声吆喝——这是小卓别林头一次见她发出那么大的声音。

"滚,你给我滚出去!"露易斯脸上一改忧郁之情,变得狰狞可怖。

西德尼似乎早已料到了这一招,他已早有准备,他飞快地把手伸到枕头下面,猛地掣出了一个针眼锥。

"你再向我走近一步,"他瞪着眼睛,脸上露出一种不可侵犯的样子说,"我就用这个扎你!"

露易斯被吓得往后连退了三步,叫道:"啊,瞧你这个该死的小流氓——他——要杀死我呀!"

"对! 你说的对!"西德尼象演戏似的说,"我就要杀死你!"

露易斯一边向后退着,一边道:"你等着,等卓别林先生回来再说。"她忙忙的退出去。

卓别林先生很少回来,所以这件冲突也就不了了之。

一个星期六的晚上。查理·卓别林回到家。他和露易斯都喝了不少酒。

房东太太和她的丈夫,还有小卓别林哥儿俩,大家都坐在楼下前房的客厅里。

查理·卓别林的情绪很坏,他自言自语的嘟囔着,也听不清他在说什么。

突然,他把手伸进口袋里,掏出了一把钱,使劲地向地下一扔,金币、银币扔得四面都是。

起初,大家全愣住了,大家都一言不发,也一动不动。

　　房东太太愁眉苦脸的坐在那儿,但是,她的一双眼睛却在不住地转动,紧紧盯着一枚金镑,那枚金币滴溜溜地滚到了角落里的一把椅子下面。

　　小卓别林也盯住那枚金镑。

　　大家全都一动不动,也无人说话。空气似乎凝固了。

　　第一动作起来的是小卓别林,他认为应该把它捡起来,所以,他先去拣那枚金榜,奔到角落里去。

　　其它的人似乎才醒悟过来,也学着小卓别林的样子,去拣地上那些硬币。

　　查理·卓别林坐着未动,但是,他的一双眼睛却盯着每一个人的动作。

　　小卓别林头一个将拾起来的金镑送到父亲的手里。

　　众人也学着他的样子,把拾得的钱,一个不留地全送到查理的手上。

　　这一幕总算过去了。

　　有一天,又是星期六。学校放学了。小卓别林又连忙回到家。可是,今天与以往不一样,家里一个人也没有。

　　房东太太对他说:"露易斯一大早就带着她的儿子出去了。"

　　小卓别林立即有一种解脱的快乐,因为他不用洗地,也不用擦刀叉了。

　　到吃午饭了,没有人回来。

　　又过了很久,仍没人回来。

　　小卓别林这才有些担心了,害怕了,着急了。是不是露易斯把我们抛下来出走了?

　　他一个人坐在屋子里,显得冷酷而孤僻,房子也显得空空洞洞,冷冷清清的。他有些害怕了,同时他的肚子也饿了,饿得腹内的肠子咕咕地响。他走过去翻菜厨,可是菜厨里没有一点可吃的东西。他饿得很,要知道,他连午饭还未吃,此时已是傍晚了,该是吃晚饭的时候了。他腹内空空,饥肠辘辘,他饿得忍不住了。就一个人孤零零的走出去,先在市场里溜达,又沿着兰贝斯大路徘徊着。他向那些小菜馆里张望着,看那些冒着热气的包子,引人垂涎的烤牛肉、猪肉,还有那些用肉汁卤浸成了金黄色的土豆,每一样都是那样的馋人,他不由自主的咽了一口唾液。不行,不能再看这些了,这些令他眼馋又无法吃到口的东西对他的刺激太大了,离开小菜馆的窗子,他又到了市场,看到那些靠着说嘴骗人兜售货物的小贩,这倒很好玩,那些小贩嘴很滑利,说的话既快又连贯,都是一套一套的。他发生了兴趣,令他暂时忘记了饥饿与愁闷。

市场散了,他才又走回家去,此时已是夜里了。他敲了几下大门,里面没有人应声。大概所有的人都出去了。他又疲乏又劳累,都不象先前那么饿了。他走到肯宁顿路的拐角处,坐在离家不远的路边。留心看着有没有人回来。

他在想,西德尼又上哪儿去了?为什么也不回来?难道那个女人抛下我走了。西德尼也抛下我了?

时间已到半夜了,他又困倦又伤心。除了有一二个路边的人以外,肯宁顿路已渺无人迹,各个店铺已熄了灯,只有药铺和酒店的灯还亮着,这时,他感到了孤独。

哦,有人来了,他隐隐约约看见有一个沿着花园的小路朝房子跟前走过来。

他看清了,来的人正是露易斯——前面跑着的是他的小儿子。露易斯的样子令他吃了一惊,只见她身子尽向一边倾斜,跛得很厉害。难道她出了什么意外的事故?她的腿受伤了?过了一会儿,小卓别林才看出来,她是喝醉了,他从来还没见过身体倾斜得这么严重的醉了的人。他见了露易斯的这个样子有些害怕,他没敢走出来,待在原地没动。一等她走过去,又走了一会,见她走进了门,他才走出来,正巧,房东太太也回来了,他跟房东太太一起走进了屋子。他本想不让人看见就走进去睡觉,刚蹑手蹑脚的爬上那黑洞洞的楼梯,没想到,露易斯跌跌撞撞地冲到了楼梯口来。

"你他妈的要上哪儿去?"他对小卓别林大声叫骂着:"这儿又不是你的家。她醉眼朦胧的瞪着小卓别林。

他愣了,站在那里僵住了。

"你们、今天、夜里、不许、睡在——这里。"露易斯两字一顿的说,却又清清楚楚。"我已经——被你们——闹够了——给我滚出去。你——和你的——哥哥——都滚,给我滚到——你们的父亲那儿去,让他——去管你们。"

小卓别林挨了这顿辱骂,毫不犹豫地转过身,下了楼。对她看也不看。

走出了门,他已不再感到疲劳了,也不困倦了。他要去找他的父亲。此前,他似乎听父亲说过,他常常去王子路的王后酒馆。那里离这儿大约有半英里路程,于是,他朝那里走去,希望在那里能找到他的父亲。

可是,还没等到他走到王后酒馆,他就看见了父亲的身影,正向这里走来。他迎上去。

"爸爸!她不让我进屋。"他扯着父亲的一只手呜呜咽咽哭着说,"她大概是喝醉了。"

"我自己也不清醒啊。"查理·卓别林一边扯着小儿子的手,一边跌跌撞撞地走着说。

"爸爸,"他安慰父亲:"你是清醒的。"

"不! 我喝醉了。"查理咕哝着,话里有懊悔的口气。

父子二人到了门口。

查理·卓别林推开了起居间的门,进屋一步,站在那儿一声不响,两眼恶狠狠地瞪着露易斯。

她站在壁炉旁边,扶着壁炉台,身子仍不住地摇晃着。

"你为什么不让他进来?"查理·卓别林问,声音是严厉的。

她茫然无主的向他看了看,然后嘟哝着道:"你也滚他妈的——滚! 你们都给我滚!"她虽似不清醒,但这句话却是连贯而出。

他又看了她一眼,突然从旁边架子上拿起一只沉甸甸的衣服刷子,一个闪电似的猛力扔了出去。

刷子背正巧打在她的一边脸上。她立即闭起了眼睛,接着就咕咚一声晕倒在地下,她仿佛是希望自己在昏迷中忘记了一切。

小卓别林被父亲的举动吓呆了,对父亲粗暴的行为他不赞成,他有些瞧不起他的父亲。他认为父亲不该这样狂躁粗暴,还是应该把话说清楚。

露易斯很快就醒过来了。她看了丈夫一眼,走回去了。

接着西德尼回来了,他父亲安置好两个儿子睡下。

过了几天,查理·卓别林到内地巡回演出去了,露易斯收到了一封信。她看过信,对小卓别林与西德尼说:"这是一个通知,说是你们的母亲从疯人院里出来了。"

小哥俩一听这话,欣喜若狂。孤寂、冷漠、愁闷的日子就要结束了。亲爱的妈妈就要和他们见面了,和他们在一起了。怎能不高兴呢。

　　小哥儿俩在盼着这一天早些来到。

　　只过了一天，房东太太走上楼来说："有一位夫人在大门口，唤西德尼和查利出去。"

　　"来的一定是你们的母亲。"露易斯对他们说。

　　二人一时愣住了，被这突来的喜讯惊呆了。

　　还是西德尼先反应过来，他连蹦带跳地往楼下跑。

　　小卓别林也醒悟了，紧跟在哥哥后面往楼下奔去。

　　到了大门口，两儿子先后扑到母亲的怀里。

　　莉莉·哈莱亲热地拥抱两个儿子。她还是那么可亲。

　　莉莉·哈莱感到了与露易斯会面，双方都很尴尬，所以她没有上楼，就在大门口等候。

　　西德尼和查利，回去收拾自己的东西。

　　露易斯也没有下楼——她也感到了双方见面会很尴尬。

　　西德尼和小卓别林收拾好自己的东西，露易丝彬彬有礼的和他们道别。

　　小哥俩也有礼貌地与她道别。

　　莉莉·哈莱在肯宁顿路口的后街租了一间房。母子三人又团聚了。

　　房子在海华腌菜厂的附近，所以，每天下午，他们总要闻到一股难闻的酸味，但是因为那间房子租金低，只好凑合着住了。

　　莉莉·哈莱的身体很好，就像没有生过病一样。

　　生活虽不太宽裕，母子三人的生活还过得去。查理·卓别林每星期准时支付十个先令的补贴，莉莉·哈莱又重新使她的活计"和她的教会又恢复了联系。生活暂时算安定了。

　　发生了一件事情，在小卓别林看来是很有趣的。

在他们住的这条街的尽头处,有一个屠宰场,经常有人赶了牛羊去宰,要经过他们家的门口。有一天,有一头待宰的羊逃走了,它沿着大街向下跑,看的人都乐了。有些人去捉羊,乱轰轰的一帮人,有的人摔倒了,有的人仍在追,一片混乱。小卓别林觉得这个场面很滑稽,很有趣,他哈哈大笑。

后来,那头羊被捉住了,绑着送去屠宰场。他意识到那头羊一定要被杀死了,他不再看了,飞快的跑回家,一进门就哭着叫着对他的母亲说:"他们要杀死它了!他们要杀死它了!"

母亲不明所以,当即道:"儿子,怎么回事?他们要杀死谁?"

"那头羊。"儿子仍然哭着,"那头已跑掉了,又被捉回来的羊。他们一定会杀死它的!"

莉莉·哈莱笑了。但是,她从儿子的表情上看出来,儿子是个善良的、有仁人之心、有慈悲之心的人。她没有责备儿子,也没有呵斥他,而是耐心地,向儿子细细说明了"羊"被杀并不是谁的错,养羊就是用来宰杀吃肉的,她还举了鹅呀、牛呀、猪呀为例。当然,她没有说明幼稚、无知或浅见等的话。还说了羊的毛与皮可以给人用来织毛衣,做皮衣等等。

上面这件事,对他后来长大成人拍电影时,喜剧与悲剧相结合的主题起到了启发的作用。

在学校里,小卓别林大开眼界,他学了历史,诗歌和各门科学。但是,他对这些课程的学习兴趣不高,他有他的想法,他感到这些课程单调,沉闷,尤其是对算术这一科,它认为算术学的加法与减法,只会让人联想到一个小职员和一架现金收入记录机,算术的益处充其量也不过是为了避免找错了钱罢了。

他又认为历史单是记录邪恶与罪行。一系列的都是臣子如何谋杀国王,皇帝如何害死妻子、弟兄和侄儿女;而地理单是叫人看地图;诗歌则单是教人练习记忆。

学习与教育,用一些知识育人,在小卓别林看来会把他弄糊涂的。

他认为老师应该象卖东西小贩那样,用兜售商品的技术、语言,让人爱听,好记。他认为应该给每一门功课加上一篇引人入胜的序言,不是叫人死记硬背一些事实。应该是每一门功课都有乐趣,丰富学生的想象,算术应该使数字的魔术妙趣横生,而地图则应该加以浪漫化,应该教学生欣赏诗歌的音乐性,如此等等,他认为只有这样,才也许有可能使他成为一位学者。

自从这次母子团聚之后,小卓别林对戏剧又产生了兴趣,而他的母亲又常常鼓舞他。

"儿子,你应该学习戏剧。"莉莉·哈莱常对儿子这样说。"你五岁那年,头一次登台,就得到大家的好感,你是有这种才能的。"有时也说:"儿子,你努力吧,你长大一定会超过妈妈,也一定会超过爸爸。"

他自己也觉得具有这种才能。但是,却没有机会让他表演自己的才能。

圣诞节快到了。几个星期前,学校里上演《灰姑娘》大合唱时,他认为机会来了,他可以趁此机会,把母亲教他的东西全部表演出来,一显身手。

事与愿违。班里选演员,并没有选中他。他非常羡慕被选中了的同学。但是,他认为他在那支大合唱中表演得比他们更好。他不满意那些男孩子,因为他们毫无想象力,只会那样呆板的背诵他们的歌词。两个扮演姊姊的又缺乏热情,不能表演出喜剧的精神。她们念道白时,迂腐气十足,哼着小学生的音调,矫柔造作得使人感到难堪。

《灰姑娘》是个童话剧。剧中说明凶恶的继母与继母生的两个丑姑娘虐待美丽的灰姑娘,阻止灰姑娘去参加舞会。后来,灰姑娘在仙人幻术的帮助下,盛装赴舞会,由于一只失落的玻璃鞋而与王子结了婚。

小卓别林非常希望能够扮演一个丑姊姊,他就能够把母亲教给他的技巧全部表演出来。这希望落空了。不过,在这出戏中,那个演灰姑娘的女孩子却吸引了他。她长相美丽,态度文雅,大约有十四岁,他心里很喜爱这个姑娘。但是,对他本人来说,无论在社会地位,或年龄方面,她都是高不可攀的。

他认为,如果要不是因为有那个美丽的女孩子,这个大合唱将是会很沉闷的。然而,那个姑娘的美丽又使他感到有点儿忧郁。

哪知,仅过了两个星期,他就在学校里一鸣惊人。

事情是这样的:

莉莉·哈莱在一家报刊门市部的厨窗外面,看到了一段喜剧歌词,那是《普丽茜拉小姐的猫》中的一段,她觉得这段歌词很有趣,就照抄下来。

小卓别林看了,也觉得有趣,就记熟了背诵下来。在一次课间的时候,他把这段歌词背诵给一个同学听。他的老师里德先生听到了,感到很有趣。等全班学生到齐了,先生就叫他背诵给大家听,同学们听了,哄堂大笑。

第二天,由于老师的介绍,他被叫到全校每一个班级里去,当着男生和女生背诵这段歌词。这一来,他的名气大了,传遍了整个学校。

第二章　苦难生涯

父亲早逝，给他留下半镑金币和一件斑斑血迹的旧衣；他曾流浪街头，寄人篱下；他十岁到十二岁就做了商人，卖过花，当过杂货店伙计，当过诊所侍应生，卖过书报；也曾当过印刷厂小工，干过杂役，卖过破烂儿……。他八岁初登舞台，班主看了他的表演就惊呼："天才！天才！世界罕见的天才！我要向全世界宣布！"

小卓别林离开学校，中断了学习，是他搭上了兰开夏八童伶木屐舞蹈班。

事情由查理·卓别林促成的。

查理·卓别林与兰开夏八童伶木屐舞蹈班的班主杰克逊（Jackson）先生很要好。他找到了莉莉·哈莱说："让查利去八童伶木屐舞蹈班吧。"他撺掇着道："登台演戏对于他是一个立身成名的好机会，他有表演的天才。同时在经济方面对家里也有好处，一方面解决了他自己的吃住问题，另一方面每个星期还可有半磅的收入。这可是一举三得的事。"

"这事得让我想想。"莉莉·哈莱一时拿不定主意。她是要为儿子的一生负责的，不能让儿子随便地什么地方都去。

这次谈话后，莉莉·哈莱就去拜访兰开夏八童伶木屐舞蹈班的班主杰克逊先生，还见到了他们一家人，也观看了八童伶班孩子们的学习。她满意了。

"查利,"妈妈叫着儿子的名字道。"你愿意去学演戏吗?"

小卓别林已出过两次风头了,他是爱演戏的,所以毫不迟疑的答道:"愿意呀。到哪儿去学呢?"

"兰开夏八童伶木屐舞蹈班。"他母亲答道。"班主是杰克逊先生,他是个好人,他们的一家人都好。"

就这样,小卓别林进了兰开夏八童伶木屐舞蹈班。

杰克逊先生已经五十多岁了,以前在兰开夏当过教师。他有三个儿子和一个女儿,这些孩子都在兰开夏八童伶班里学演技。他是一位虔诚的罗马天主教徒,原配的妻子去世以后,他和几个子女商量续弦的事。他续娶的妻子比他略大一些。他常常带着虔诚的神情,对孩子们讲他这次续娶的经过。

"我在报纸上登了一则征婚广告,收到了二百多封应征的信。应该怎么办呢?"杰克逊先生一脸的诚恳,又道:"我先祷告了一番,请求神灵给我指点,然后从中拿起一封拆开,这一封正巧是我现在的太太寄来的。我看了信的内容,又是巧的很,她以前也是一位学校的教师,她信仰的也是天主教,这不是神的指示吗? 不是正应了我的祷告吗?"

他说这番话时,不象在开玩笑,也不象是胡诌。

"我看过,立即复了她一封信。"杰克逊先生又讲下去,"她又复信给我,此后我俩才相约见了面。"

而杰克逊太太在谈到自己罗曼史时,和杰克逊先生所说的稍有点出入。她说:

"我们一直通信。可是,在结婚前,一直没有约会见面,直到结婚那天,我们才头一次见面,就在那间起居室里会的面。儿女们则在另一间屋子里等着,是他先说的话。"

"是的。"杰克逊并不争论何时见的面，似乎同意了太太的话。"我先说一句，对你完全满意。你当时则说……。"

没等杰克逊先生说完，他的太太接下去道："我是说了与你同样的话。"

"是的。"

"可是，我没想到，一下子我会当上八个孩子的母亲。"杰克逊太太最后笑着说道。

她的长相并不好看，一张枯槁瘦削、颜色苍白的脸，布满了皱纹——这也许是因为她年纪已经不小，而且在和杰克逊先生结婚后又生了一个男孩子的缘故。但是，她是一位好妻子，好妈妈，对丈夫忠实负责，对孩子——包括杰克逊先生原来的子女慈祥、和蔼，她从不贪图享受。即使在生了孩子后的哺乳期间，也是辛勤地工作，帮着丈夫经营管理那个戏班子。

三个儿子，最小的十二岁，最大的十六岁，还有一个九岁的女儿，她把头发剪得象男孩子那样子，这样，她就可以在戏班里充男孩子。

每逢星期天，除了小卓别林以外，所有的人都去天主教堂里做弥撒。因为只有小卓别林一个人是基督新教徒（基督教创立之初，只有一个教派，但是，到后来分成许多教派，有天主教派、东正教派、圣母玛利亚派、新教派等等）。

班子里剩下他一个人，他感到很孤单，所以，有时他也和杰克逊一家以及那些小同伴一起去教堂。他喜欢教堂里的神秘色彩，象卧室角落里的那些在家中设的祭坛，孩子们在祭坛上供了圣母玛利亚的圣像，摆着鲜花，点着蜡烛，他们每次经过那里时，都要向圣像屈膝行礼。这一切都引起他的兴趣，但是，妈妈是新教派，他不能不顾忌妈妈的信仰，否则他会改信天主教的。

小卓别林在兰开夏八童伶班学了仅六个星期,就可以在班里合着跳舞了。但是,这时候的他,已经过了八岁,失去了自信心。第一次面对观众时,感到怯场,甚至连腿都不敢移动。又过了几个星期,他才能象其他孩子那样单独舞蹈。

他是一个要强的孩子,他不甘心在八童伶戏班里单单跳跳木屐舞。他要象其他孩子一样,能够独个儿上场,单独对观众表演。他很想能单独表演,这样他不但满足了自己的愿望,还可以多挣几个钱,因为单独表演的戏分儿要高。

他很想成为一个演丑角的童伶。这可是需要勇气与胆量的,要敢于一个人在台上表演。他之所以想表演舞蹈以外的节目,其目的仅是想逗人笑笑。他是愿意用自己的表演来逗人笑的。

八岁的小卓别林自己竟编了一个小故事,并且设想出了几句台词以及身上的衣服和装饰。

他设想的是一出喜剧。他把他的这个主意告诉了一个姓布里斯托尔的孩子。

"我们俩来演一出喜剧。"小卓别林兴致勃勃地说,"由我们俩扮演剧中的流浪汉。"

"行啊,我愿意演流浪汉。"布里斯托尔说,"你说下去。"

"我们管自己叫百万富翁流浪汉——布里斯托尔和卓别林行吗?"小卓别林在征求同伴的意见。

"行!准行。"同伴附和着。

"我们要带上流浪汉的假胡子,还要带上大大的钻石戒指,百万富翁嘛,当然要阔气些了。"

两个小孩子真的在编下去,连表演时要找或借的服装也设想好了。两个人一直讨论了好几天。很可惜,他们的计划未能实现。

观众是喜欢兰开夏八童伶班的。因为班里的孩子个个聪明可爱，表演得认真，演得挺好。

可是杰克逊先生却夸口说："观众爱看我们的表演，是因为我们完全跟戏院里的童伶不一样，我们从来不涂油彩，孩子们红扑扑的脸蛋，全是天然的，不是涂了油彩的。"

八童伶班去外省巡回演出时，每到一个镇上，杰克逊先生就会将孩子们安置在当地学校里，读一个星期的书。杰克逊先生认为，孩子们正是读书的年龄，荒废了学业是不应该的。因为他们不能一辈子全在八童伶里演戏，长大了还要从事各种各样的职业，没有文化知识是不行的。但是，这样形式的学习，对一部分孩子的学业进步帮助不大。因为学习是要连续的，而且这种时断时续的学习，只有部分孩子能坚持着。小卓别林则是不愿学的一个。

过圣诞节的时候，八童伶班在伦敦马术表演场上演的《灰姑娘》哑剧里扮演猫和狗。

当时，马术表演场实际上是一个新开的戏院，在那儿兼演杂剧和马戏，有很精致的布景，很能吸引观众。

那天演出更出奇。

马戏场的一部分地板凹了下去，里面灌满了水，还设计了花样翻新的芭蕾舞。一排又一排的漂亮姑娘，穿着闪闪发光的潜水服走上了场，然后完全消失在水底里，当最后一排人站到水里去时，法国大名鼎鼎的丑角马塞林（Mathalin），身上穿了一套邋里邋遢的夜礼服，头上戴了一顶可以折叠的高高的歌剧帽，手里拿一根钓鱼竿，走出场来，坐在一只折凳上，打开了一个大珠宝箱，在鱼钩上挂了一串金刚钻项圈当鱼饵，把它扔到水里去。过了一会儿，他又用小一点的珠宝去"诱鱼"，扔下去几只镯子，再扔下一些戒指、项链以及珍珠等，最后把珠宝箱里的东西全部倒下去。他们注视着水面。

突然间，一条鱼上了钩，于是，他就像发了疯似的，开始非常滑稽的打着转儿，拼命地拽那根钓鱼竿，最后，从水里捉出了一个经过训练的狮子狗，狗则会模仿马塞林的一举一动：他坐下来，小狗也跟着坐下来，他竖蜻蜓，小狗也跟着竖蜻蜓，他翻跟头，小狗也跟着翻跟头……

马塞林的滑稽戏新奇有趣，伦敦人对他的表演喜爱得发了狂。

这次，小卓别林给马塞林配戏。在布景厨房一场戏里，他陪马赛林演滑稽戏里的一个小配角。他扮演一只猫，吃着牛奶，马塞林从一条狗跟前退过来，在猫背上绊了个跟头。在排练时，马塞林老是怪他背得不够高，否则他可以摔得轻一点。他则认为马赛林是吹毛求疵。

第一天日场为儿童演出。小卓别林戴了一个猫的假面具，在绊倒马赛林以后，他装做吃惊的样子，过了一小会儿，他走到那个狗的屁股后面，开始用鼻子去嗅几下。观众们大笑，于是他又向观众转过身，故作吃惊的神情，这时他瞪着那只眼睛开始眨巴。他又用鼻子嗅几下，又眨巴几下眼睛。此时，戏院管事的从后面走出来，在条幕后面先是直跺脚，接着又急得向他做手势——意思是不让他再随意演下去。

小卓别林看见了管事的举动，但是他终究还是个八岁的孩子，还是按照他自己的兴趣演下去。他先嗅嗅狗，再嗅嗅台口，然后举起一条腿，观众们哄堂大笑——也许是因为这个姿势做得已经不象是一个猫了。最后，他又瞥了管事一眼，在热烈的掌声中蹦蹦跳跳的跑回后台去。

童年时代的小卓别林，在许多艺人当中，对那些戏演得很好的演员印象并不深，给他印象最深的是在下台以后，在性格上有特性的人。

在喜剧中扮演流浪汉和耍杂技的查摩（Chamau），最肯严格地训练自己。每天早晨，戏院一开门，他就开始练习他的杂技，一练连续几个小时不间断。他在台后，把一根台球棒竖在他的下巴上不倒下，然后把一只台球扔到空中，用那棒尖儿去接住台球，再把另一只台球扔到空中，让它落在第一只球的上边。不致让它落下——可是演到后面一招时，他常常失手。接连着四个年头，据他自己对班主杰克逊先生说，他一直练习这一招，后来，一个周末，他准备首次向观众献艺了。那天晚上，八童伶班的孩子们，都站在条幕后面去看他的表演。他平时演得已很熟练了，可他这是第一次当众演出啊，孩子们都替他担心。他把第一只球抛了上去，落在棒尖上没落在地上，再抛上去第二只球，又承接在第一只球上，但是观众只报以一般的掌声。

事后，杰克逊先生对查摩说："你叫观众把你的玩艺看得太容易了，所以你卖不出呀。你应当故意的先失几次手，然后再接住它。"

查摩大笑着道："我还没练会怎样失手哩。"

查摩还喜欢研究摸骨看相。他给小卓别林看过相。

"你这个小家伙往往有与众不同的见解。你无论学会了什么知识，都会记住它们，并且会很好地加以利用。"

他说对了，但不知是真的从相上看出来的还是碰巧了。

莉莉·哈莱曾对小儿子说过丹·伦诺（Da·Rareno）是自从传说中的格里马尔德人以来最伟大的英国丑角。

"他那样想入非非的描绘伦敦下层社会,是富有人情味的,是令人喜爱的。"

小卓别林并没有见过全盛时期的伦诺的表演,但是,他相信母亲的话,母亲说他扮演的是性格演员。

另一位大名鼎鼎的演员玛丽·劳埃德(Mali·Loeda),以轻佻活泼著称。但是,当八童伶班和她在伦敦河滨马路老蒂沃利剧场一起演出时,她却是一个更为严肃认真的艺人了。

小卓别林对这位艺人很有好感。他总是张大了眼睛,留心看这神情焦急、身体很胖的小妇人在后台紧张地来回踱步,出场前她一直是那么急躁和担心,可是,一出场后,她就立刻变得轻松愉快了。

还有专爱刻画狄更斯(Dickens)小说人物的布兰斯比·威廉斯(Blnsebi·Willinms),他模仿尤赖亚·希普、比尔·赛克斯和《老古玩店》里的老者时,吸引了小卓别林的全部注意力。就是他的表演,激起了小卓别林的文学兴趣,他很想知道狄更斯的小说里隐藏着一些什么神秘。

布兰斯比·威廉斯是个态度端庄的年轻人,他长相漂亮,对着那些吵吵嚷嚷的格拉斯哥观众表演时,已化身为这一些有趣的小说人物,他所用的手法为舞台开辟了一个新天地。

小卓别林对狄更斯的小说着了迷,他一心要学布兰斯比·威廉斯那样去模仿小说中的人物。他学的象极了,可以说是布兰斯比·威廉斯第二。他模仿表演给同伴们看,深得同伴的赞赏,大家都认为他模仿得好。

这种情况被杰克逊先生发现了。

那天,他正在模仿《老古玩店》中的老者给同伴们看,被杰克逊先生看见了。

　　杰克逊先生慧眼识珠。他看了小卓别林的表演，立即道："天才，天才！世界罕见的天才！"他伸出一个大拇指，由衷地道："我要将这个天才的儿童向全世界公布。"

　　杰克逊先生不是说假话的人，他立即这样做了。

　　那时候，兰开夏八童伶班正在半德尔斯布勒港的一家戏院演出，等孩子们跳完了木屐舞，杰克逊登上舞台。他那副一本正经的庄严的样子，就好像要宣布一位新生的救世主降临人间一样，他一本正经的说道：

　　"朋友们，我要向大家宣布一个好消息，在我们这班的孩子当中，发现了一位天才的儿童。"他身子向前倾着，又提高了声音说："这个天才的儿童学布兰斯比·威廉斯扮演《老古玩店》中的老者，他模仿老者如何看不出他的小蕾儿已经死了的那幅情景。他表演得像极了。"

　　观众们已经耐着性子看了一晚上很沉闷的游艺，此时已经没有什么兴致看下去了，听了杰克逊先生的介绍，几乎是一致要求这个"天才儿童"表演，乱哄哄的叫嚷着。

　　杰克逊先生也想让"天才儿童"露一下脸，出出风头，以后也许会给八童伶班带来好的票房收入，所以在没有什么准备的情况下，草草的扮了装，就让"天才儿童"小卓别林登台了。

　　他刚跳完舞，身上仍是一件平常跳舞穿的镶花边领子的亚麻布短罩衫，一条丝绒灯笼裤，一双红色舞鞋，但是却要扮成一个九十岁的老头儿。不知道从什么地方，也不知用什么方法，弄来了一副旧假发——也许是早已买下的，也许是向别人借来的，但是，它太大了，尽管他的脑袋很大，但是那假发更大，可能是一副给秃顶的大演员预备戴的假发，它是用长长的一圈儿灰色线制成的，和他的脑袋对不上号，所以，当他戴着假发，学着老人的样子弯着腰,驼着背在台上出现时,那个样子就好像是一个甲虫儿在爬,观众可能也是这样认为的,所以,观众都嗤嗤地笑起来。

这一来,再想让观众安静地看表演,听台词可就难了。

他压低了声音,悄悄地说:"嘘,嘘,你们别作声,你们会吵醒我的蕾蕾呀。"

他的表演本来很好,走路啊,声音啊都像,就像布兰斯比·威廉斯的样子,但是由于观众的叫喊、发笑,掩盖了他的声音。

"响点儿,响点儿!"观众中有人在叫喊。

"大声说,声音大些!"有的观众又这样叫喊。

但是,他为了模仿得像,仍旧衰弱无力地悄声儿说着。于是观众就开始跺脚。他说完了该说的话,赶快溜回后台。他刻画狄更斯小说中的人物的尝试也就到此结束了。

兰开夏八童伶班的生活过得很简朴,但是,小卓别林却觉得很愉快。

在这个戏班里,有两个和他年龄相仿,是走软索的小男孩和他一起玩,他们和大家在一起演出。有一次,这两个小孩偷偷对大家说:"我们的妈妈,每一个星期要拿到七先令六便士。所以,每逢星期一的早晨,就要在那个盛火腿蛋的盆底下摆上一个先令,给我们当零用钱花。"

这两个孩子的话,令许多同伴都很羡慕,其中有一个孩子有些不满地说:"可是,我们只拿到两便士呀,早餐也只能吃到面包和果酱。"

杰克逊先生的儿子约翰(John)听见了这些孩子不满意的议论,他伤心地哭了。

"你们大概还不知道,"约翰说,仍带着哭韵。"有时候,在伦敦郊区、我们只能临时演上一两个星期,我爸爸每周只能挣到七镑,全班的生活都要靠这些钱,勉强应付开销都很困难。他不是不想改善大伙的生活,可是没有钱啊,"

大伙听了约翰的话,再也不埋怨生活的艰苦了。

由于大伙看到两个走软索的小孩,过着富裕的生活,许多人都想成为走软索的演员。所以,有几个早晨,戏院一开门。就有几个小孩开始练习翻筋斗,在自己的腰里缚上一根绳子,把绳子的一头缚在一个滑车上,由一个孩子拉着那根绳子,都这样练习着。

小卓别林的跟头已能翻得很好了,可是,后来他摔了一跤,大拇指挫伤了,不想再练下去了。所以他的走软索生活也就告终了。

除了舞蹈以外,这些孩子总是想方设法地要多学会一些其他的本领。小卓别林则想在滑稽戏里耍杂技,于是他储了一点钱,买了四个皮球和四个白铁盆子,每天连续几个小时站在床头边练习。

杰克逊先生是个好人,他发起一次为查理·卓别林举行义演。许多艺人都自愿献技捐助。

查理·卓别林已经病得很厉害。举行义演的那天晚上,他走到台上,气喘吁吁,很费力地说了一些感谢的话。

小卓别林站在戏台边上看着自己的父亲,心里有种说不清的滋味,他也是参加这次义演的一个演员。他没想到父亲已经是早晚就要去世的人了。

义演之后,兰开夏八童伶班回到了伦敦,每逢星期日,他都要回家去看望自己的母亲。

莉莉·哈莱见自己的小儿子面色苍白,身体很瘦。她认为自己儿子得了病,所以就给杰克逊先生写了一封信。信中说:"舞蹈对我儿子的肺部有害,营养又跟不上去,你可得注意,否则……"下面她没有写"否则"怎么样?

杰克逊先生看了她的信,心里很生气,他认为不值得和一个不通情理的女人去争辩这件事情。也不愿和一个爱找麻烦的女人纠缠这件事情。所以,他把小卓别林送回家去了。

他从此结束了跳木屐舞的日子。

小卓别林回到家里,过了几个星期,害了气喘病。病越来越厉害。他母亲以为他患了肺结核,就连忙带他去普朗布顿医院去看医生。医院里的医生给他作了全面检查。结果,医生告诉他母亲,说他不曾发现他儿子有肺病。但小卓别林确是患了哮喘症,此后的几个月里,他一直呼吸困难,他感到非常痛苦。有时候他恨不得从窗子里跳出去。他用一条毯子蒙着头、去嗅那药草喷雾,这也没能使他的哮喘能好一点儿。

布朗普顿的那个医生就检查得出了结论还是对的。不久,他的病好了。

这时小卓别林的家还是一个"穷"字包括了全部生活。他们的家不断地搬迁,总是找房租低的房子租。最后搬到了波纳尔异三号人家的一间顶楼里住。

西德尼为了减轻母亲的负担,去和外祖父同住去了。家里仅有小卓别林娘俩,生活仍很拮据。

那时候,英国伦敦的下层社会,有一个习惯,每逢星期日,都要在自己家里吃一顿自家烧的菜,在家里吃烤肉,则是一件很体面的事,同时,也以此区别穷人各阶层的一种方式。凡是无力在家中吃一顿星期日饭菜的,都属于乞儿阶层。小卓别林的家就是属于这个阶层的。他母亲总是叫他到最近的那家小餐馆去，买一餐六个便士的客饭（包括一点儿肉和两样蔬菜），这是很寒碜的。

他还小，还不懂事。他拉着妈妈的手说：

"咱们不该象乞儿一样，应该到星期日的时候在家里自己烧一些菜。"

"儿子，妈不是愿意当乞儿。可是在自己家里烧菜，至少要花十二个便士，咱们家没有钱啊。"

他听了仍不高兴，他不知道自己家为什么总缺少钱？

意外，出人意料的意外，他们家还出现两次小小的转机。

头一次转机，是莉莉·哈莱在一个星期五去参加赛马，赢了五个先令。这可是意外之喜。母子二人都认为是鸿运高照，当妈妈的为了让儿子高兴，于是，决定在这个星期天自己在家里烧一顿饭菜。先买了一些可口的食物，又特意买了一块肉，预备烤了吃。那块肉大约有五磅重，上面贴了标签，写的是"最宜烧烤"。但是，他却看不出那块肉是牛肉还是板油。

自己家里没有炉灶，只得借用房东太太的，但是又不好意思老是在人家的厨房里跑出跑进，把肉烤上了，就回自己房间等着，随便估计了一下需要烤的时间，才到房东家的厨房去。结果真叫人扫兴，那块烤肉缩得象只棒球那样大了。

"唉！"莉莉·哈莱叹口气，说："这真不如买一客六便士的饭菜吃，又省事又可口。"

"不！妈妈，"小卓别林道，"还是自家烤的肉好。"

他吃得挺高兴。因为他在想，在自己家烤肉吃，已经能和那些左右高邻过上同样的生活了。所以他心满意足。

第二次转机也是个意外。

莉莉·哈莱于无意中遇见了一位老朋友。她这位朋友衣饰华丽，气派十足，看上去很得意。原来她也是个跑码头卖艺的演员，后来嫁了一位阔绰的老上校，做了外室，就放弃了舞台生涯，一心做起了阔太太。如今她住在斯托克威尔威街一个上等住宅区里。她见到了莉莉·哈莱非常热情，并未因贫富悬殊而冷淡，而且还热情的邀请朋友到她家里去度过炎热的夏天。

西德尼不在，小卓别林还小，所以莉莉·哈莱不用征求儿子的意见就一口答应了。于是她把自己打扮得整齐些，让儿子穿上兰开夏八童伶班时领下的那套衣服，也很漂亮，所以此次母子二人外出作客还算比较体面的事。

第二天，他们就住进了兰斯多恩广场拐角上一个极其阔绰而幽静的寓所，到了一个极其富丽的环境里，那个屋门里雇用了许多仆人，卧室好多，有的是粉红色的，有的是兰色的，有的是绿色的，挂的是印花棉布窗帘，铺的是白色熊皮地毯。

母子二人过上了上等人的生活，一日三餐不但有仆人侍候着，而且每一顿饭都是相当的丰富，相当的考究。

小卓别林却做了一件不体面的事。

那家温室中培育出了一株碧绿的大葡萄，把饭厅里的餐柜点缀得美丽又好看。可是枝上的葡萄却神秘地逐渐减少。原来是他每天都偷着摘着吃。

其实，他每天饭后，餐间都有水果吃，苹果，梨，香蕉，桔子……随意吃，但是，小卓别林都不爱吃果盘里盛着的，专爱吃从枝上亲手摘下来的，他认为自己摘着吃有趣，比果盘里盛的好吃，但他也不知道不问即谓之偷，所以他摘葡萄是背着人偷着摘的。

她们一家里，一共用了四个女仆，一个厨娘，三个老妈子。

客人中除了莉莉·哈莱母子二人外,还有一位男客,那是一个风度翩翩的年轻人,长得很体面,留着红色的剪短了的小胡子。让小卓别林感到奇怪的是,他老是显得很紧张。平时,他对人和蔼可亲,态度大方,他好像就是这一个家庭的一个成员,不象是做客的客人。更让小卓别林奇怪的是,每当那位留着满面的灰色的络腮胡子上校回到家的时候,那位漂亮的年轻人就不见了。而当上校一走,他又出现了。就好像在捉迷藏一样,总之,他们两个是互相不朝面的。

上校每个星期只偶尔回一次家,不是经常,也不是每天都回来的。不过,他在家的时候,整个住宅就笼罩上一种神秘的气氛。莉莉·哈莱则嘱咐小儿子要躲开点,别让他撞见了。

其实,那个上校并不凶恶,有一次,小卓别林刚跑进门厅,正巧上校从楼上下来,他对小卓别林温和地笑,仍继续向前走。小卓别林停下来看着那个上校,他身材高大,态度端庄,穿了一件大礼服,戴了一顶大礼帽,脸色红润,长长的花白的络腮胡子。

他又感到奇怪了,上校本不凶恶,为什么大伙儿见了他要那样的大惊小怪,为什么上校一回到家就会产生这样的影响?但是,上校既很少回来,回来后又从来不在家里多呆。他走后,那个留着小胡子的年轻人就来了。一家人也恢复正常了。

那个年轻人对莉莉·哈莱也很热情。

"夫人,如果您每天早晨洗冷水浴,是很有益的。"小胡子微笑着道。"洗了冷水浴既可防治哮喘,还能令身体健康。"

莉莉·哈莱试着洗了冷水浴。

小卓别林也试着洗了冷水浴。他洗过后感到浑身舒适,精神爽快,从那以后,他就喜欢洗冷水浴了。

他在这里只住了几天,就适应了这种富裕排场的生活了。

　　早晨起床后,穿着睡衣洗脸、刷牙,然后换上衣服,坐到餐桌前,女仆给垫上餐巾,再进早点。吃喝完毕,牵上那两条狗——拴狗的皮带是棕色的,狗项上的圈子则黄澄澄的铜色,外出溜着玩儿,然后回到漂亮的住宅,由女仆端着银色的盘子,将花色好看,香味扑鼻,好吃可口的菜肴送到桌子上,女仆在一旁侍候着用午餐。

　　他感到了满足,也感到了幸福。

　　在这家的花园墙后面有一户人家。女仆带着小卓别林到那家去过。

　　那户人家只有三口人,一对夫妇和一个与小卓别林年龄相仿的男孩子。他家的儿童室里有许许多多精致的儿童玩具。两个人就玩起来。很快,他们俩就成为好朋友,那孩子的父亲在一家银行里担任很高的职位,他母亲长得年轻漂亮,有时,小卓别林被那家留下吃饭。

　　有一天,两个孩子正在玩耍,两家的女仆说起了悄悄话:

　　那家的女仆说:"我家的少爷需要请一位家庭女教师了。"

　　"我们这一个也要请啊。"小卓别林所住人家的女仆说。她指的就是小卓别林了。

　　小卓别林听到女仆把他当作是有钱人家的孩子,心里很高兴。

　　至于女仆为什么要说给他也请一个家庭女教师,他不明白。可是,那以后,他每和那家的孩子在一块玩时,就无形中感到自己在冒充一个富家子弟,这样想的时候,心里很矛盾,他愿意是个富家子弟,可是事实上又不是,是在冒充,又有些不安了。

　　最后,莉莉·哈莱母子二人离开了那个体面人家,又回到了波纳尔弄三号,虽然告别了富裕优越的生活,还有些恋恋不舍,但是，一回到自己的穷家，生活虽穷苦，心里却有一种自由自在的感觉。那个富裕优越的家里，尽管很幸福，但是，他总有些紧张。

"客人好像是糕点。"莉莉·哈莱安慰儿子说，"留得时间久了，就会变味了，不中吃了。你明白了吗？儿子。"

小卓别林虽不完全懂，却也认为母亲说得对。在自己家里虽然穷，却无拘无束，自由自在地生活着。

就在英国殖民者向南非扩张这一年，即1988年，小卓别林长到十岁了。

英国殖民地在南非的侵略，进行得并不顺利，遭到了布尔人的强烈反抗，英国士兵被打死许多。莱迪史密斯之战和马弗京之战，又打死了不少英军。最后，英国殖民者靠着精良的武器，吞并了德兰士瓦和奥兰治共和国。

战争对小卓别林一家似乎没有一点影响。

西德尼十四岁了，不再念书了，他在河滨马路邮局里找到了工作，当了一名报差。他有了工资。莉莉·哈莱缝衣服还可挣点钱，母子三人的生活，可以勉强维持了。不过，她挣的那点钱可不易。她是给一家血汗工厂里做计件工，每逢一打罩衫才挣一个先令六便士。尽管送来的活是已经缝剪好的罩衫裁片，但要缝好一打罩衫，仍需工作十二小时。她一星期缝五十四件罩衫，所得的报酬总共只有六先令九个便士。（英国的货币便士与先令不是十进位制，每一个先令等于十二个便士，所以，莉莉·哈莱缝四打半罩衫才挣六先令九便士）。

莉莉·哈莱的工作是很艰苦的。每天都要工作到深夜。小卓别林已睡过了一觉仍看见他的母亲在工作，见她俯身凑近缝纫机,脑袋周围映出一圈油灯光,脸上覆着一片暗淡的黑影,全神贯注地看着缝线迅速地在缝纫机针底下移过去,她的嘴唇由于紧张用力,而微微张开点儿,机器声又是那样的单调,周围又是那样的静。小卓别林在想,妈妈太辛苦了。我长大后,一定要挣很多钱养活妈妈。

尽管他们家暂时活下来了,但是,分期付款买的东西,往往是到了付款的最后期限成为迫在眉睫的急事、大事。

一个难题又提出来了。西德尼应该做一件衣服了。他每天,包括星期日,一直都穿着他那套报差制服,后来,他的朋友都取笑他了。所以,有两个周末,他老是躲在家里,不愿出去见人。最后,做母亲的千方百计地凑了十八个先令,给他买了一套蓝哗叽衣服。

西德尼有衣服穿了,家里的亏空却无法弥补。家里总得活下去呀,莉莉·哈莱想出了一个不是好办法的办法,每逢星期一,西德尼穿了他那身报差制服回去上班时,她立即把那套蓝哗叽衣服送到当铺去,把衣服当七先令,作为一周的生活费用,到了星期六,再凑齐了钱把衣服赎出来,好让西德尼穿上了度过周末。一年多来,这一套送当,赎当已成为一套不变的仪式。到后来,那套衣服磨损得都要破了,又发生了大难题。

又到了星期六,她仍和往常一样,把衣服送到当铺去。

那个当铺伙计感到为难了。

"对不起,卓别林夫人,我们不能当你七先令了。"

她吃了一惊,这太意外了。她问:"这是为什么呀!"

"让我太担风险了。"那伙计说,"这条裤子已经磨损了。"他边说边把一只手衬在裤裆底里,"您瞧,你可以看得见那一面了。"

"可是,这个星期六我就要赎出来呀。"她明知不可能,仍在做最后努力。

当铺伙计摇摇头。"连上衣带裤子,最多只能当三先令。再多就不行了。"

她绝望了,这打击太大了,她还指望那七先令维持一家人一个星期的生活呢。她是不轻易哭的,这次,她流泪了。

岂止这一件事。小卓别林的衣服也是破烂不堪了。他在兰开夏八童伶的那套衣服已成了小丑穿的戏装,胳膊肘上,裤子上,鞋上,袜子上,到处是补丁,已经补不胜补了。

他就穿着这身破烂不堪的衣服与一位好朋友会面了。

一天。他迎面遇见了在斯托克威尔街结交的那位漂亮的小朋友。这令他感到非常尴尬,打算请家庭教师的人,竟穿得这样寒酸。

对方在上下打量着他。他很爱面子,不肯说出自己是穷得没衣服穿,他则装出毫不在意,用最文雅最大方的口气说:

"你瞧,刚好上完第一节那该死的土木课,我急于回家,所以就穿这样一套衣服跑回来了。"

他的谎话说得象真事似的。

可见,一个天才,为了面子,何况又是个孩子,说谎言也不是罪过。

"你母亲好吗?"对方问道,大概是他已看出了真情况,为了打破沉寂,也许是为了给小卓别林一个台阶吧。

"她到乡下去了。"小卓别林怕他再问什么不好回答的话,没话找话的问道:"你们还是住在老地方吗?"

"是的。"对方简短的答道。

"那么,我走了。"小卓别林为了赶快摆脱这难堪的局面,突然这样说。

"再见!"对方淡淡地一笑。他从容不迫地向前走去。

小卓别林又羞又气又恼,慌慌张张地向家里奔去。

莉莉·哈莱常常对儿子说:

"你可以老是低头哈腰,但是什么东西也拾不着。"这句话的意思是,你屈身取悦于人,未必就能讨好。

她是这样说,可是她自己并不遵守这句格言。

有一天,莉莉·哈莱领着儿子从肯宁顿医院回来。遇到了一个街头流浪女人,她衣衫褴褛,蓬头垢面,有几个孩子正围着她,孩子们互相推拥着,打算把他们中的一个推到那个流浪女人身上,那意思大概是碰了那女人就会脏了碰到她的人。

莉莉·哈莱见状,甚为生气,她出头责备那几个孩子。

"住手!"她停下来大声喝道:"你们欺负一个象你们妈妈那样大的年龄的女人,不感到羞耻吗?"

几个孩子看了她一眼,一个个悄悄地溜开了。

那个原先被孩子围着戏弄着的女人原来象一头困兽一样站在那里,此时,她看了看,突然说:"莉儿!"她的声音衰弱无力,"你不认识我了吗?我是伊娃·莱丝托克呀。"

哈莱立即认出来了,她是她在演歌舞剧时的一个老朋友。

小卓别林见自己的母亲竟然与一个流浪女人相识,感到很难为情,他看了母亲一眼,径自向前走去,在拐角那儿等着他妈妈。

那些戏弄伊娃的孩子,走过他的身边,却嘻嘻哈哈的笑着。那意思当然是笑他的母亲与流浪女人是同一流人物。

他大为生气,回头去看母亲怎样行事,这一看,把他气坏了。

他的母亲竟和那个女人并肩走过来，并且边走边说话，似乎很亲切。

"你还记得小查利吗？"

"我怎么不记得呀！"那个女人似乎有些伤心地说。"他还是小孩子的时候，我抱了他多少次啊。"

他感到一阵恶心，那女人是那么肮脏，令人讨厌。他只好跟在二人的后面，低着头走着。

沿路走过，路边的人或迎面走过的人都转过身向他们三人看。他更感到难堪。但是，做妈妈的却不知道儿子在想什么，她介绍道：

"查利，她就是我在剧院时认识的朋友。"她回过来，又对儿子说："当年，她又漂亮又活泼，人家都管她叫'时髦姑娘伊娃·莱丝托克'，你很小时是见过的，不过那时候你还不懂事。"

"我生了病，住进医院。"伊娃·莱丝托克说，声音很低，也很弱。"从医院出来后我已一文不鸣，找不到工作，也不能再演戏，就流浪街头了，有时，就在人家的拱门下面过夜，有时也住过收容所。"

莉莉·哈莱是善良的，也是有义气的。她先是将伊娃·莱丝托克送到公共浴室去洗了一个澡，然后就把她领回自家住的小顶楼里。夜间，就让她睡在原来是西德尼睡的那张用扶手椅改制的床上。又把自己所能匀得出来的衣服统统送给她。

伊娃·莱丝托克在这里住了三天，走了。临走时，莉莉·哈莱将仅有的两个先令又给了她。

这一切让小卓别林不明白。母亲为什么把那么肮脏的女人领回了家？又为什么把自己并不多余的衣服匀给她穿？自己本来穷得吃了上顿没下顿，儿子穿的破破烂烂，又把仅有的两个先令送给了她？

以后，他们再也没有见过这位"时髦姑娘伊娃·莱丝托克"，也没有听到有关她的消息。

小卓别林一家又搬家了。从储纳尔弄搬到了泰勒太太的一间屋子里。

泰勒太太是一位虔诚的基督徒，她是哈莱在教会里结识的一位教徒。是她主动提出要他们搬来住的。

泰勒太太年龄在五十多岁，可能是五十五岁左右吧，身体短胖，腮帮很宽，黄黄的脸上布满了皱纹。她是一口假牙。在教堂里，每逢唱歌，她那一口假牙就从上牙床脱落到舌头上，这样，她那歌声就变成了催眠曲一样了，哼哼呀呀的。

她的一举一动，都显得劲头十足，好像精力十分充沛。

她虔诚的信仰宗教，正因为这样，她情愿照顾莉莉·哈莱，所以以很低的房租，把她自己家里三层楼上的一间前房租给了她——这里比波尔纳弄的那间顶楼要强得多了。这里又宽敞，又明亮。

泰勒太太的丈夫活象狄更斯笔下的匹克威克先生——性情和善，却又不懂世故。他是一个制做精密度尺的技工，他的工作室就设在那间顶楼里。屋顶上开了一扇天窗。

小卓别林把那里看作天堂，他喜欢那种宁静的气氛。所以他常常去看泰勒先生工作，看得出神。泰勒先生戴着一副厚玻璃眼镜，全神贯注地对着一只放大镜，制造他的东西——那是可以量一英寸五十分之一的精密度钢尺。他是一个人干活，小卓别林来了之后，给他打杂跑腿。所以两个人处得很好。

泰勒太太一心要她丈夫皈依宗教，因为，按照基督徒的想法,她丈夫不信教就是一个罪人。

泰勒太太的女儿长得和她母亲一模一样,只是面色没那么黄,年纪也轻得多,只是她的态度太傲慢,总是一种盛气凌人的样子,总是扬着头,梗着脖子,一脸的傲气,好像她是个女王,别人都是她的奴仆一样。她和她的父亲一样,也是从来不去教堂做礼拜。她没有一点令人喜欢的地方。

泰勒太太一心一意想把丈夫和女儿感化过来,但是一点效果也没有。

由于一件意外的事,小卓别林一家又搬出了泰勒太太家,搬回到原来住的波纳尔弄去了。

事情是这样的:

一天下午,小卓别林正在看泰勒先生干活,听见了下面他的母亲和泰勒小姐吵架的声音。那时候泰勒太太不在家。泰勒先生也听见了,他却照旧干他的活,似乎并无人吵架,似乎吵架的人中没有他的女儿,也似乎吵架与他毫不相关,总之,他无动于衷。

小卓别林却想看个究竟。因为他只听到双方的声音都很响,他不知道二人是为什么事吵起来的? 于是,他走到他们的房门口楼梯平台上,这时他才看见了他母亲正在栏杆外探出身子说:

"你以为你自己是什么呀?"哈莱大声道:"臭小姐!"

"嗳呀!"泰勒小姐叫喊起来:"这种话也是一个基督徒说得出口的呀?"

"你别急呀,"哈莱口齿灵活地说,"我的好小姐,这话就在《圣经》上,《申命记》第二十八章第三十七节,我只不过改用了一个字罢了,'臭!'字对你是很恰当的。"

因为 dhit（粪便，臭）与 chittah（臭英香）形与声皆近似。

经过这次吵架，当然要搬家了。

小卓别林还是在那次为他父亲进行义演时见到他的父亲的，此后再未见到，他很想看父亲一眼。有一天，他走过肯宁顿路上的三鹿酒馆前门，心里忽然一动，父亲会不会在这儿呢？他想往里面看一下，于是他把酒馆的门推开了一点儿，只露出几英寸宽的一条缝。巧的很，他的父亲正坐在对着门的一个角落里。他大概是看见儿子了，脸上露出了笑容，向儿子招手，意思是让他过去。他开大了门走过去。

父亲对儿子很亲热，这使儿子感到惊奇，因为他感觉父亲一向是不流露感情的，他仔细地看着父亲，他见父亲已经病得很重了，两只眼睛凹陷下去，身体肿得又肥又大。他学了一下拿破仑的姿势，把一只手插在背心口袋里，好像是为了要减轻点儿呼吸困难的痛苦。

"你母亲近来好吗？"查理·卓别林殷勤地问道。

"母亲好。"

"西德尼怎么样？"

"哥哥在河滨马路邮局里当报差。"他如实地回答。

"好！他长大了，你也快些长吧。"查理·卓别林对儿子说，然后把他搂进怀里吻他。

这是小卓别林头一次得到父亲的亲吻，但这也是最后一次。他走了，走到门口，回头看，见父亲正目送着他，嘴边还挂着苦笑。

这是他最后一次见到父亲。

过了三个星期，查理·卓别林被送进了圣托马斯医院。在送之前，是先把他灌醉了，然后再把他送了去，因为他坚持不肯进医院。当他酒醒了，知道自己被送进了医院，就像发了疯似的大闹起来。

他患的是水肿病，一病不起。医生从他的臀部放出了十六夸脱水。

莉莉·哈莱去医院看望前夫多次，每次回来都很伤心。

"你父亲对我说。"她对小儿子说，"等他的病好了，要回到我们这儿来，和我们一起过。过些日子再去非洲过新的生活，摆脱贫困。"

"真的吗?"小卓别林大为高兴。"那样可太好了。我们要去非洲了，我们再也不发愁了。"

"儿子，"母亲又叹了一口气，"你父亲说这种话，不过是安慰我们，让我们高兴。他的病……。"她没有说下去。

有一天，她从医院回来，对约翰·麦克尼尔(John·Macnil)的话大为恼火。

原来，约翰·麦克尼尔牧师去医院，他看到了查理·卓别林，就说:"咳，查理，看了你这副样子，我只能想起那句古老的成语;'种瓜得瓜，种豆得豆'啊。"

恰巧，莉莉·哈莱听见了这句话，她回到家来发牢骚，对着小儿子说:

"去安慰一个病危的人，亏他怎么会说出这样不中听的话来。"

过了几天，查理·卓别林死了，仅活到三十七岁，他还年轻啊。

医院通知了莉莉·哈莱。

莉莉·哈莱手头一文不鸣，这丧葬费从哪儿来呢? 他犯愁了，最后，她想到了戏院的慈善团体"杂耍演员福利基金会"，她也只能这样了。

此时,卓别林家族的人都来了。

查理·卓别林病重住进医院,见不到卓别林家族的人;小卓别林穷苦无依,无奈进入贫民习艺所,见不到卓别林家族的人;他一家人吃了上顿没下顿,看不到卓别林家族的人,此刻却全来了。当莉莉·哈莱提出了要"杂耍演员福利基金会"负责丧葬费时,卓别林家族的人立即闹了起来。

"这样做太丢脸了。"

"怎么能让慈善团体去负担丧葬费呢?"

"这样做丢尽了卓别林家族的脸。"

"还让我们卓别林家族以后怎样去见人?"

"……"

七嘴八舌,一致反对。

"可是,我的手头一个便士也没有,又用什么做丧葬费呢?"莉莉·哈莱无可奈何的解释道。

这一下,众人又哑言了。因为丧葬要花钱,话容易说,拿钱可是要动真格的。"

后来,还是查理·卓别林的小弟弟艾伯特·卓别林(Abat·Chaplin)说话了:"由我付丧葬费。"

他是在非洲办农场的,来到伦敦正巧碰上哥哥去世了,慷慨解囊。

下葬的那天。莉莉·哈莱领着小儿子在指定时间前两小时到了医院,她是想在入敛之前,再看丈夫一眼。西德尼要上班不能来。

棺材里垫了白缎子,缎子边儿上和查理·卓别林脸的周围都是白色的小朵的雏菊。

"这些雏菊是谁放的?"莉莉·哈莱问道。

"一大清早,有一位太太领着一个小男孩来过。"医院管事的说,"这些白色的雏菊就是那位太太放的。"

那位太太是露易斯。

两个小时后,卓别林家族的人都来了,然后,一起去图廷公墓。

莉莉·哈莱、小卓别林与艾伯特·卓别林同坐在第一辆马车上。大家都很拘束,因为这叔嫂二人以前从来未见过面。

艾伯特·卓别林是相当时髦的一个人物,谈吐文雅,对嫂子和侄儿彬彬有礼,但态度却很冷淡。他是个有钱的人,在德兰士瓦拥有大的牧马场、农场,英国殖民者发动英布战争时,英国政府所用的战马都是由他承办,他赚了大笔的钱。

下葬时,下起了倾盆大雨,掘墓人铲起的泥块,再抛在棺材上时,发出了凄厉的沉重的响声。那情那景阴森可怖。小卓别林哭了。

后来,亲属们都把他们带来的花圈和花朵扔入墓穴。

莉莉·哈莱没什么东西可扔,她忽然想起了儿子有一块黑边的手帕。她知道,那是儿子的珍爱之物,可是还是动员儿子拿出来。

"儿子,"当妈妈的悄声道,"把你那块手帕拿出来吧,就算咱们母子俩对你爸爸的心意吧"

小卓别林毫不犹豫的取出了那块他珍爱的手帕,递给妈妈。

莉莉·哈莱将手帕扔进墓穴。

后来,卓别林家族的人,到他们自家开的一个酒馆里去吃午饭。临走之前,他们很客气地问道:

"你们母子二人到哪儿去?"

"这就回家去。"莉莉·哈莱也客气地回答。

于是,母子二人回到家。

家里还有什么?母子二人回到家里以后,菜厨里除了一碟烤牛肉上滴下的油以外,什么吃的都没有。

莉莉·哈莱囊中一文不鸣,早晨她把仅有的两个便士给了西德尼当饭钱。自从查理·卓别林生病以来,她就很少去工作,现在又将近周末,西德尼当报差挣的七个便士早已花光了。

现在,母子二人都挨饿了。

真是车到山前必有路,门口来了一个收破烂的,他大声吆喝着。

莉莉·哈莱出门叫住了收破烂的,然后回到屋里,掂量着先卖点什么东西,以解燃眉之急。她拿起这件放下,又拿起另一件,因为屋里没有值钱的东西,而有几件破烂东西又要使用。

卖破烂在外面等急了,大声催问。

她不得已狠狠心,拿起那个旧的,但还能用的煤油炉子。

买这样的煤油炉子,如果是新的,至少也得花八九个便士。可是那个收破烂的够狠心的了,只给了半便士。

莉莉·哈莱去买了半便士面包回来,母子二人蘸着那点油汁吃了,这就算母子二人的午饭兼晚饭了。

第二天,因为莉莉·哈莱是丈夫的法定继承人,被唤到医院里去。去领丈夫的遗产——遗留下来的东西,那是一套黑色的衣服、上面斑斑点点都是些血迹,一件内衣,一件衬衫,一条黑色领带,一件旧了的睡衣,几双家常穿的软鞋——这些东西加在一起也值不了几个钱——只能卖给收破烂的。

可是,鞋子里却塞满了桔子。她掏出了桔子,一个半镑金币从鞋子里落在床上,这可是意外的天大的喜事。

小卓别林看见金币,乐得蹦起来。

"这是天赐给我们的呀。"莉莉·哈莱喃喃的道。

他们母子二人总算可以吃一顿饱饭了,不至于再象昨天那样了。

小卓别林天生是个做买卖的料,如果他真的成了商人,也许以十二个便士或三个先令或一个金镑做起,逐渐大发,最后很可能成为家资百万英镑、千万英镑的世界闻名的大户,这很可能。

就在他父亲死去以后,他开始做起卖花的生意了。他说尽了好话,向他母亲借了一个先令,到市场买了两束水仙花,放学以后,他忙着把两束水仙花分成许多小束,他就到酒馆去卖花了。如果正常卖出去的话——进价与售价正是二比一,就是说有成倍的利息。

他臂上缠着黑纱——这还是他父亲死那天缠上去的。他的鬼主意,正是想用这块黑纱,来博得别人的同情或可怜而成为他的买主。

他走进酒馆,总是找小姐、太太的桌子走去,因为他认为似乎女人更具有同情心。他的妈妈在穷困的时候还帮助"时髦姑娘伊娃·莱丝托克"的事,使他有了这样的认识。

他见了那些小姐、太太,首先脸上挂满了一脸的愁容,再放低了声音,小声问道:"小姐,买水仙花呀。"或者是:"太太,买水仙花呀。"那些小姐,太太见了他的样子总是问:"你给谁戴孝啊?孩子?"他听了问话,仍是放低了声音,悄悄地说:"给我的父亲。"这时候,那些小姐,太太就真的买他一小束水仙花,而付的钱往往是几倍的价钱,她们是有意施舍,是可怜或同情他,买花仅是一种形式。他在一个星期六的下午就卖了五个先令又八个便士。

如果不是一个偶然发生的意外,他这卖花的生意还会继续做下去的,说不定由卖花攒下钱,再从小做起,小打小闹,进而大打大闹,几十年后说不定就是一个汽车大王、橡胶大王、石油大王、轮船大王、钢铁大王……。当上财团的董事长……。

过了几天,他正从一家酒馆走出来,正碰见他的母亲从酒馆门口路过。

她,作为一个虔诚的基督徒,认为自己的孩子在酒馆里卖花,对她是一种侮辱——耶稣基督也许不这样认为。不过,她没有这样说,而是说:

"孩子,喝酒已经断送了你父亲的生命,在这种地方赚来的钱,只会给咱们带来灾难。"

他被母亲领回家。

从此,他做的卖花生意就结束了。但令他不明白的是,妈妈却留下了他赚来的那些钱。

花卖不成了,但是,他做商人的心不死,他总想做个什么买卖,他常常看到那些空的铺子,他总想在这些地方做点什么生意,赚更多的钱。他也想到从小做起,卖炸鱼呀,卖炸土豆片呀,进而再开一座杂货店。他认为自己能行,只不过没有本钱罢了,那么上哪儿去弄来本钱呢?靠自己去赚,先做工,赚来本钱再干。他下定决心要当商人了。他软磨硬泡,终于说服了他母亲,同意他离开学校,去找一份工作。

还别说,工作找到了。首先,他在一家杂货店里当了一名跑腿的小伙计,他终究是个孩子,一有空闲,他就跑到地下室里去玩,在这里玩既有趣又开心,地下室里堆满了肥皂、蜡烛、淀粉、糖果和饼干,他每天都不止一次的去尝那些糖食,到后来他都吃腻了。

最后，因为他年龄小，贪玩，被杂货店辞退了。

第二天，他在思罗摩尔顿大街保险业医生胡尔（Holl）和金西——泰勒（Jenhi—Teller）开的那家诊所里，当了一个小佣人。这差使原先是西德尼在干，他在临走时推荐了弟弟来接替。这里的待遇还真不少，他每个星期可得到十二先令，做的是侍应生的工作，但是，在医生们下班了，全走了以后，他还得打扫诊所。

做侍应生的工作，他干的很不错，来应诊的那些病人都很满意，都很喜欢他，他又不讨人厌。在打扫诊所时可就发生了问题，倒那些尿瓶子，虽然又臊又脏，他倒不在乎，臊？不过是一阵儿工夫，脏吗？过后洗洗手也就行了，难题是擦那些丈把高的窗子。这工作虽费事，费工夫还倒是小事，难的是他个子小够不着，根本无法擦拭，只能不擦。于是，窗子上的尘土越来越多，诊所里的光线就越来越暗了。到后来，人家已看出他是无法去擦那些窗子，所以就客客气气的告诉他：

"孩子，你年龄太小了，这种活你还干不了。"

他无话可说，只能离开。他是抹着眼泪离开的，他伤心，不是他不想做，而是无能力去做。

金西——泰勒先生见了他的样子，很可怜这个孩子，又叫住了他。

"孩子，你愿意干活的话，到我家里去干点杂活吧，"

"谢谢！谢谢！"他忙不迭地道谢，连脸上的眼泪也未顾得擦。

这样，他又到了金西——泰勒医生家，当了一名小佣人。

金西——泰勒医生娶了一位很有钱的太太，在兰开斯特有一所很大的住宅。这是一个高贵、富有的人家。他进入这家的大门以后，非常高兴。能在这样大的宅院里出出进进，哪怕仅是个佣人，他也觉得很光彩。他在想，如果我一直做下去，等我长大了，说不定就会被主人留下来，当上一名管家。大宅门里的大管家也该是很有面子的，很威风的。

他来到之后，这院里的女仆们都很喜欢他，喜欢他聪明、伶俐，长的又挺好看的，大大的眼睛，卷曲的头发。都把他当个漂亮的孩子来宠爱他，每晚临睡前，这些女仆都要亲吻他，向他道晚安。他更是心花怒放，大为高兴。

可惜，又发生了一件不愉快的事。

有一天。太太吩咐他到地下室去，在那里高高地堆着许多粗板做的箱子，还有一些破破烂烂的东西，太太吩咐他，把那些箱子归理好，整齐的排列，再把那些破烂东西堆在一个角落里。他干了一阵子，在那堆破烂中发现了一个有八尺来长的铁管子，他对它发生了兴趣，无心干活了，他把那个铁管子当成喇叭吹着玩儿。铁管子当然吹不出声点，他用嘴奏出乐曲："34 565.63 321……。他玩得高兴，忘了干活，也没有休息，孩子终究是孩子。

正当他玩得高兴的时候，太太走进来了。她看了他的样子，只注视了一会儿，什么话也没有说，转身走出地下室。

他知道自己错了，就放下铁管，去整理那些破烂。

这事过了三天。金西——泰勒医生把他找去，对他说："孩子，你的年龄太小了。应该去念书，不应该出来干活。"说完，付给他应得的工钱。让他回家。

管家是当不成了。工作也丢了。

此后，他又对售书卖报发生了兴趣，于是他进了 W·H·史密斯的书报商店，干起售书卖报的活。但是，仅干了几天，老板又把他解雇了,原因很简单,他年龄太小。

他在学校念书的时候,读到过描写吹玻璃的文章。他觉得新奇有趣,所以他又到了吹玻璃的工厂。

吹玻璃的活是计件工资,吹一件挣一件的钱,老板才不管你年龄大小,所以收下了他。又是很可惜,他只吹了一天,天还没黑下来,许多人还没下班,他就被热气熏倒了,他在昏迷中,他身边的几个工友将他抬到附近的一个沙堆上。他在沙堆上醒过来,才意识到他干不了这活,他去了,连这一天的工钱也没去领。

他游荡了几天,没找到工作,有一天他看见了一张招工广告:"招雇沃菲代尔印刷和码纸男童工。"正巧,他是在这家印刷所外面看见的广告,此时,他向地下室望去,看见了一个二十多英尺长的大家伙——那是沃菲代尔印刷机,他对此又产生了兴趣。

他应召,进了斯特雷克尔文具印刷所里去工作。

管事的接见了他。

此时,他却吹起这件事来了。

"先生,别看我个子小,我会操作沃菲代尔印刷机。"

管事的还没说什么,叫来头头,让工头领他去干活。

工头把他领到那台机器跟前,那硕大无比的家伙,象一头趴在那里的怪兽。因为它又高又大,他要操作这部机器,必须站在一个五尺高的平台上,他上了平台,这一来,他就像上到了爱弗尔铁塔一样。

他站在平台上看着那台机器。

"揍他呀!"工头说。

"揍他?"他糊涂了,工头让我去揍谁呀?他不自觉地吐出这两个字,两只眼看了看工头,又四下里看了看,不明白工头让他揍什么样的人？

　　工头见了他那个样子，大笑起来，他边笑边说："你从来没管过沃菲代尔吧？看你这样子，是个冒牌货。"

　　他怕工头不要他或嫌他年龄小，连忙道："只要给我一个机会，我学起来挺容易的。"

　　工头没有赶走他，却告诉他操作机器的方法："我方才说揍他，就是让你去拉那根杠杆。"他指着一个杠杆，给他看。"就是这里。一拉杠杆，机器就可以半速度工作。来！你试一试。"

　　他按工头的话去拉那根杠杆。正如工头所言，那个大怪物转动起来了，机器发出了尖厉刺耳的声音，似乎在咬牙切齿，他感觉到，这个怪物似乎要吃人的样子。

　　那些纸也大得惊人，只要用一张，就可将他的整个身体裹在里面。

　　他按照工头的指导，开始工作了，他拿着一把象牙刮刀，拨开那些纸张，捏着纸角把它们揭起来，然后要小心翼翼地，抓紧时间，把它们凑齐在怪物的牙齿跟前，让那怪物咬住它们，把它们吞进又吐出，直到纸张从后边尽头处卷了出来。

　　头一天，由于他初学乍练，还不熟习，所以，那头似乎总吃不饱的怪物总是抢在他的前头，令他神经紧张得几乎都要倒下来，但是，他还是坚持住了。

　　这头一天的试工，他合格了，从此，他又成了斯特雷尔文具印刷所里的工人。每个星期的工资是十二个先令。

　　第二天，他就熟练了，已能与那台大怪物和谐的工作；他不再那么紧张了。

　　不过，印刷所里的工作，工时长，每天天还没亮，就得上工去。他从家里出来，走在街道上，因为天未亮，清晨又有些冷冽，周围的房屋,店铺仅看出轮廓,荒凉寂静,偶尔看见一两个模糊的阴影,给人一种传奇的气氛和探险的情调。

洛克哈特的茶室灯光亮了,开始营业了,有一二个吃早点的工人,向那里移动。他也走进了那间茶室。

在这里会遇见几个同事,大家一起喝着热乎乎的早茶,浑身立即感到暖烘烘的,他产生了一种幸福感。

他工作熟练了,干得很起劲,但是,每到周末,就要洗刷干净那些胶质滚筒上的油墨。高大沉重的滚筒每一个足有一百多磅重,洗刷时非常吃力,这也是他感到头疼的事,不过,他没有退路,还是坚持干下去了。如果没有人来打搅,他也许可能成为一个熟练的印刷工,也许当个技工,技师,工头,还有可能成为一个老板。

但是,他仅在这里工作了三个星期,他就患了流行感冒。

他妈妈便代他辞退了工作,待感冒好了,又逼他去上学了。

这一年他十二岁。

西德尼已经十六岁了。有一天,他很激动地回到了家。

"我找到工作了。"他进门就喊。

小卓别林与他的妈妈都看着西德尼,想知道他又找到了什么工作,但是谁也没有问,都知道西德尼自己会说的。

"有一艘多诺万——卡斯尔轮船公司的船,要驶往非洲,让我在船上当一名号手,在开饭前吹号。"

"这活不错,挺有趣。"他的弟弟小卓别林喜滋滋的说:"我也能干。"

"除了吹号,还要干一些零活。"西德尼道,"再说你会吹号吗?"

他是在"埃克斯默思"号上实习时,学会吹号的。这次派上了用场。

"给多少工资?"当妈妈的问道。

"每月二镑十先令,侍候二等舱里的三桌客人吃饭,还可以得到一些赏钱。"

在上航前,轮船公司给西德尼预支了三十五先令工资。他把钱全交给了妈妈。

他们家有了钱,想到将来也不会缺钱了,日子好过了,他们全家又搬到切斯特街一家理发店楼上的两间屋子里。

西德尼随着船回来了,他一下子就带回来三镑多赏钱,而且又全是银币。他把钱从几个口袋里掏出来放在床上。

小卓别林有生以来,第一次看到了自己家有这么多钱。他高兴极了,把那些钱捧起来,然后让银币一个两个的从下面漏下去,漏光了再捧起来,然后,又把那些银币一个个摞起来。摞得高高的,他玩的爱不释手。

"你好像是个守财奴。"西德尼玩笑地对弟弟说。

"从小这样爱钱,长大了要变成守财奴的。"他妈妈这样说。

他可不再乎,爱钱有什么不好,又不是去偷,去抢。钱是自家的,可以爱吗。所以他不理睬,却对母亲道:

"哥哥回来了,又有了这么多钱,应该好好庆祝一下。"

怎样庆祝? 不过是吃些好东西。

那时正是夏天,母子三人大吃糕饼,大吃冰淇淋,尽兴地吃冰淇淋,他到那家意大利冰淇淋店去买一便士的冰淇淋,带了一只很大的玻璃杯。第二次他又去买一便士冰淇淋时,仍是带了那只大玻璃杯。

店主讽刺地道:

"下次你来时,最好搬一个浴盆,这杯子还小了点儿。"

他对此也不介意，人高兴嘛。

他们在夏天吃的另一种冷饮是果子露牛奶——果子露在撇去了乳脂的牛奶里冒起了泡泡，那味道是很美的。

他们早晨时，还要吃鲱鱼，萨门鱼，鳕鱼——都是熏了的。还要吃烘糕，星期日早晨还要吃松饼和煎饼。

他们恣意地享受，生活够奢侈的了，他们忘记了，用一个旧煤油炉子换了一便士，买了一便士的面包，搭上一点儿油汁吃，以此代替了午餐与晚餐。

西德尼着了凉，也许是冰淇淋吃得太多了的缘故，他躺在床上，他的母亲和弟弟服侍他。

西德尼呆在家里，没有了收入，后来钱又花光了。万幸，公司又雇他第二次出航，并且又预支给他三十五先令。他把钱全部交给了母亲。

可是，只过了三个星期，钱又花光了，尽管莉莉·哈莱做针线活，可他挣的那点儿钱不够维持母子二人的生活，而西德尼还需要三个星期后才能回来。母子二人吃尽用空，又陷入了困境。

小卓别林又想出了主意，他见妈妈有堆旧衣服，他认为可以变钱。

"母亲，把你这几件旧衣服卖了吧，我拿到市场上去卖。"

"孩子，那些东西值不了几个钱。"

"就让我试试吧。"

"好吧。"莉莉·哈莱无可奈何地道。

他找了一条旧被单，包起了那堆破旧的东西，走到纽因顿靶子场，把那一堆不体面的东西摊放在人行道上，然后就开始吆喝："瞧这一件呀！"他一面叫着，一面拿起了一件旧衬衫，然后又拿起了两件旧紧身衣。把两个胳膊向前伸着，提着旧衣，接着吆喝:"再瞧这一件。贱了,贱了,快来买呀,便宜得很。"他见有人向他这里看一眼,马上道:"你愿意出多少钱? ——一先令六便士,"那人转身走了,他却叫道:"再便宜点,一先令三便士。"那人未回头,他又降价了:"一先令两便士,一先令一便士。"

没有人来买。

有些过路的人,见一个小孩在卖旧衣,惊奇的停下来看,然后笑着走了。却无一个人来问价或购买。

他感到很尴尬。

对面的一家首饰室,店里的人从窗子向他这里看。

他没有泄气,仍在不断的吆喝。最后,他终究做成了一笔交易,有一双还不算太旧的鞋罩卖了六便士。

此后,再无人问津。

过了一阵子。

首饰店里的一位先生向这里走过来。

"你这买卖做多久了?"他用很重的俄国口音问道。

尽管他的神情严肃,但是,他仍从他的话里觉察出幽默的意味。

"我是今天刚开始,头一次。"他如实地告诉对方。

他再没问什么,慢腾腾地转过身,对他的两个伙计笑了笑,往回走去。那两个伙计正从窗子里向他这里看着,他们也咧开嘴笑了。

他意识到,这三个人是在嘲笑他,他感到很难堪,于是,他包起了那堆破旧的东西回家了。

妈妈见他又是原包背回来,微笑着道:"一件也没卖掉吧?"

"我把那双鞋罩卖掉了。"

"卖了多少钱。"

"六便士。"

"那是一双很美的鞋罩。"莉莉·哈莱道。"还可多卖一些，至少可卖到八便士的。"

他没有与母亲争辩，说实话，他不知道每一件东西值多少钱。他才十二岁呀。

他们已无钱付房租，但是他们并不担心房租的事。他们采用的办法很简单，每逢收房租的人要上门的那一天，母子二人全躲出去，他们并不怕收租人搬出他们的东西抵房租，因为他们那几件破旧什物值不了几个钱，如果搬的话，即使卖钱也不够付搬运费的。搬运费准比他们欠的房租要多。

但是，最后，他们还是搬回了波纳尔弄三号。

不久，他认识了住在肯尼顿路后面一条马房巷里的那个老头和他的儿子。

他们是贩卖玩具的，原来住在格拉斯哥，后来在各个市镇里流浪，闲时制做一些玩具沿途贩卖。他很羡慕他们那种自由自在的生活。

干他们那一行用不了多少本钱。只要有一先令，就可以开始经营了，可以叫做一先令工厂。他们先是收集一些装鞋的纸盒子，一般鞋铺都巴不得把这种东西送给他们——免得自己费事送到垃圾箱去了。此外再收集一些包装葡萄用的软木屑，这东西也用不着花钱就可以弄到手的。他们在生产时，只需买一便士的胶，一便士的木材，二便士的麻线，一便士的圣诞节粉色纸，三团两便士一团的五彩锡箔箱。总共花上一个先令的本钱，他们就能制出七打小船，每只小船的售价是一便士。全部卖掉就可得七先令。

制做也不难。船的两侧是用从鞋盒子上剪下的原纸做的，然后缝在一块硬纸板做的船底上,在光滑的表面上涂上一些胶水,现洒上一些软木屑。在船桅杆上——仅是一根细的小木棍,糊上一些彩色锡箔,再在中桅与前后帆杠顶端粘上红、黄、蓝等各色的小旗儿。一百多只这样的小玩具船,配上五颜六色的锡箔和旗帜,看上去好看有趣,可以吸引顾客,很容易就售了出去。

小卓别林常到那里去,很快就与他们父子二人混熟了。他就开始给他们帮忙,不久,他自己就学会这门手艺。

可是,他没有再做第二批。这倒不是他不愿做或不想做,而是没有"工厂厂房"。

他们住的顶楼地方很小,他母亲要做活计,她总担心那装胶水的罐子,怕洒出来弄脏了她代人加工的亚麻布罩衫,因为那罩衫常常摊满了大半间屋子,而且她还嫌熬胶水的臭味难闻。

因为她的收入比儿子的多,家用主要靠她,所以儿子只得放弃了自己的手艺。

过了六个星期,西德尼本来应该回来了,仍旧没回来。起初,莉莉·哈莱以为船误了期,并不着急,可是又过了一个星期,仍没回来,她可是大为惊慌,连忙写信去问多诺万——卡斯尔轮船公司办事处,后来,来了一个通知,告诉她说,西德尼患了风湿症,在开普顿上岸就医去了。这个消息,反而使她更为忧虑,影响了她的健康。她继续做她的活计。

未想到,小卓别林也找到了一份工作,放学后,给一家人家教几课舞蹈,每星期收五先令。

就在这个时候,他们家的好朋友搬到了肯宁顿路,住进了华尔科特大厦。这家人就是麦卡西一家。

麦卡西太太以前是一位爱尔兰喜剧演员,和莉莉·哈莱是朋友,后来,她嫁给了沃尔特·麦卡西(Verte·Macacy)会计师。

他们已是七年未见面了。自从莉莉·哈莱因嗓子的原因不得不告别舞台生涯，他们再未见面，现在，隔了七年后，他们两个又重逢了。

麦卡西家也有个小男孩，叫沃利·麦卡西（Veil·Macacy）。他和小卓别林同龄。七年前，他们就在一起玩过。

自从麦卡西一家搬进了华尔科特大厦，莉莉·哈莱很少去看望他们，因为她还要拼命干活，以维持一家人的温饱，但是沃利和小卓别林却成了亲密的好朋友。

小卓别林每天放了学，总是先赶到家问母亲有没有要他跑腿打杂的差事做，如果没有，他就立即跑到麦卡西家去，如果有些小事、零活，他也是赶快做完，然后跑到麦卡西家去。去麦卡西家，已成了他每天的一部分。

两个孩子到了一块，往往都玩演戏的游戏，这一方面因为两个孩子的母亲都曾经是演员，有点遗传基因，另一方面因为小卓别林就曾经在兰开夏八童伶班里演过戏。

玩的时候，小卓别林当舞台管事，一切由他支配，他口头编故事，然后分配角色，多是由他自己扮演剧中的坏人，而让麦卡西演正角好人。他感到演坏人比演好人更有趣儿。

他自己演过戏，又看过许多戏，而他并不把演过或看过的戏复述出来，不是照原样子搬上来，而是重新另编，凭他自己的想象编故事，往往是 A 戏里的头，B 戏里的腿，C 戏里的胳膊，D 戏里的嘴，反正是大拼凑，有时候，他也从他经历过的，看见过的事中找出一些故事，编进戏里，那编的故事是个乱七八糟的大杂烩，反正也没有人干预，他爱怎么编就怎么编，而沃利·麦卡西则一切都听他的。

　　他们一玩就玩个没完没了,一直到吃晚饭的时候,麦卡西太太往往就将他留下来共进晚餐,他也乐于接受,因为麦卡西家的饭菜比自己家要好多了。而且每逢快要到吃饭的时候,他总是千方百计的与麦卡西一家人搭讪,讨好,引话,直到麦卡西家中有提出留他吃饭为止。而麦卡西一家人也都很喜欢他。一家三口人,每个人都曾挽留过他,有时是沃尔特·麦卡西先生,有时是麦卡西太太,有时沃利·麦卡西朋友。

　　但是,有的时候,人家未邀请,他当然不能赖在人家了,只能恋恋不舍地回到自己家里去。

　　他回到家,他妈妈总是很高兴的,也总要给他做些好吃的,有时,用烤肉滴下来的油给他煎一些面包片,有时给他煮一只外祖父给的鸡蛋,再沏上一杯茶。这些东西虽不如麦卡西家的饭菜,比起以前挨饿的时候,总算不错了。

　　有时候,莉莉·哈莱给儿子读书听,有时候和儿子一起坐在窗口,看着路上的过往行人,而且对每一个人都进行评论,给每一个人都编出一个小故事,以此与儿子同享快乐。如果有一个年轻人急匆匆的走过,她就说:"瞧,那个年轻人准是霍番科奇先生(Hopandscotch,影射 Hopand scotch,小孩子独脚跳着踢石子的游戏),这会儿,他是去赌场。如果今个他的运气好,他能为自己的女朋友赢来一辆旧双人自行车。

　　接着,有一个人无精打采,慢腾腾地走了过去。她又编着说:"咳,他这是回家吃饭去,想到了家里一定是只有炖肉和芹菜,那是他最不爱吃的。所以他提不起精神来。"

　　接着,一个人趾高气扬地走过去,她又评论了:"瞧啊,那是一位体面的年轻人,可是,他这时候只惦记着他裤档里的那个破洞眼儿。"

后来，一个人快步如飞的闪了过去，她则又胡编道："看啊，那位先生刚吃了伊诺马子盐（通便的轻泻剂）呀，他这样急是在找厕所。"

她这样做，是为了逗儿子乐，当她听到儿子的笑声，她也很高兴。而她的小儿子很愿意听母亲这样的评论过路人，也是哈哈大笑。

其实，莉莉·哈莱正心事重重，她有满腹的心事，小儿子还小，无法跟儿子说，大儿子虽懂事了，但他不在家，而她也正挂念着大儿子西德尼。她这样做，是让小儿子开心，不要让他也郁郁不欢，而她自己却是——黄莲树下弹琴——苦中作乐。她无心去收拾房间，无精打采，有时久久的沉默，她做出的针线活令那家包活给她做的服装店非常不满意，后来竟不包给她做了。由于积欠了缝纫机的分期付款，人家就来搬走了缝纫机。而那家聘小卓别林教舞蹈的人家，也将他辞退了。每星期五先令的收入没有了。而她对没有活做，缝纫机被搬走，西德尼没信来，小儿子的五先令收入没有了，这一切不如意的事并不表态，似乎不着急，不上火，不评论也不埋怨，她变得冷漠和迟钝了。

他们的朋友，麦卡西太太突然病故了，以前，她曾病了一个时期，身体很快地衰弱下来，医院治疗无效，现在终于逝世了。小卓别林忽发奇想，如果麦卡西先生能娶了他母亲该有多好，这可是一举数得的大好事。他和沃利·麦卡西本来就是朋友，那样，他们就成了朋友和兄弟，而他母亲的那些难题，象没有了工作，没有了收入，家庭生活穷困，房子狭小、阴暗、低矮……以及其他一切不如意的事，都可以一下子就解决了。而沃尔特·麦卡西先生也会有了一位太太，一位持家的主妇，这样好的很，两家人成为一家人。

他可是个敢说敢做的孩子,就在麦卡西太太举行葬礼后不久,他就向母亲提出来了。

"母亲,你应该多去看看麦卡西先生,我敢打赌,他是要娶你的,你应当认真对待这件事。"

莉莉·哈莱听了小儿子的话,只是淡淡的一笑,道:"那么,就让这个可怜的人来求婚吧。"

"只要你打扮得整整齐齐,象往常那样吸引人,他一定会来求婚的。可是,你根本就不肯试一试。"他对母亲已有不满和埋怨的意味了:"你老是坐在这间狭窄又醒醒的屋子里,叫人看了怪害怕。"

小卓别林还不算知事的孩子,他又哪里知道母亲一肚子的心事,又因为营养不良,身体已非常虚弱了。这个要强的女人,第二天,竟支撑着虚弱无力的身子,以超人的力量,打扫干净了那间屋子。

此时,学校正放暑假,无须上学,可是小卓别林还是去了麦卡西家,这倒不是有什么其他目的,他只是不愿在自家住的那间顶楼多呆,因为它狭窄,低矮,似乎让人透不过气来。

他和小麦卡西玩了一会儿,麦卡西父亲留下他吃饭。这在以往是他求之不得的,也是他千方百计所求的,当然会欣然同意,可是,今天,他有一种预感,他想应该立即回到母亲身边去。所以他第一次破例,人家虽留他吃饭,他却谢绝了,他立即向麦卡西一家告别,回家去了。

他刚走到波纳乐弄,就被几个孩子在弄口拦住了。

"你母亲疯了。"一个小姑娘说。

这句话象一个炸雷,炸响在小卓别林的头上。

小卓别林听一个小姑娘告诉他说,他的母亲疯了,他的头轰

的一下子,他不相信,也不愿意相信这是真的。所以他咕哝着
说道:

"你胡说些什么呀?"

"这是真的呀。"另一个孩子说,"她刚才敲我们每一家的门。
把一块煤分给我们,说那是给孩子们的生日礼物。你不信去问
我妈。""是的,她还到我家去了,也是那样说的。"又一个孩子道。

他已不愿再听下去了。对几个孩子看也不看,扭身一路跑
过去,他跨进了敞开着的大门,又飞快地窜上扶梯,冲到了自家
门口,一下子推开了自家的房门。他已累得气喘吁吁,停下来,
缓了一口气,凝神仔细地看他的母亲。

正是夏天的中午,空气令人闷热得难受。

莉莉·哈莱正坐在窗前,大概是听到了房门的响声,她缓慢
地转过身来。她脸色苍白,表情则是痛苦的。

"妈!"小卓别林大喊一声,向妈妈奔过去。

"什么事啊?"莉莉·哈莱声音冷冷地问道。

小卓别林扑在妈妈的膝头上,把脸埋在妈妈的怀里,哭起
来了。

"怎么了?"他妈妈抚摩着儿子的脑袋,仍是声音不高,但却
是亲切地说:"出了什么事情?"

"你的身体……。"小卓别林哽咽着说,却没有说下去。

"我的身体怎么了?"

"你身体不好。"

"这不是挺好嘛,"莉莉·哈莱说着还真的挺了一下身子。
"好啦,好啦。是不是有人欺侮你了?"

莉莉·哈莱一副心事重重的样子,思路好像有些不清。

"不是! 没有人欺侮我。我是说……他们说,邻居那几个孩

子说,"小卓别林不知怎么措辞才好,"他们说,你到他们每一家去——"他终于没有勇气说出母亲疯了,说出了那些疯话,而是不住地哽咽着。

"啊?对了。"她有气无力地说:"我是去找西德尼呀。他们把他藏起来,不让我看他。"

这是疯话。

小卓别林这时候知道孩子们的话是真的了。

"妈妈,别这样说了! 别说了! 别说了!"他啜泣着,心中十分悲伤。"我给你请大夫去。"

莉莉·哈莱似乎没听见儿子的话,她一面抚摸着儿子的脑袋一面说:"你今天到麦卡西家去了吗? 他们一家人都知道西德尼在哪儿,可是,他们把他藏起来,不让我看见他。"

"妈妈!"儿子大声叫着,"让我去请大夫。"

"怎么? 大夫知道西德尼在哪儿吗?"她仍有气无力地说,"大夫也不会告诉我,不让我见他。"

小卓别林已清楚了,必须请大夫来了,妈妈确是病了。他从妈妈的膝头上起来,快步向门口走去。

"你上哪儿去?"莉莉·哈莱盯着儿子看,不明所以地问。她不知道儿子要去干什么。

"我去请大夫,大夫很快就会来的。"小卓别林解释着。

"来了也没用,他不会告诉我的,他们全瞒着我。"她的双眼看着儿子,眼中却无神,有些发呆。

小卓别林已明白妈妈思想混乱,神智不清,不再说什么了,飞快地跑下楼去找房东太太。

"我妈身体不好,我就去请大夫。"他对房东太太说。说完就走。

"我们已经派人去请了。"房东太太说，拦住了小卓别林。

区里的医生来了，他是个脾气暴躁的老年人。

房东太太向医生介绍了莉莉·哈莱的表现，也就是他们的邻居孩子说的那些。

医生听完了房东太太的介绍，照例草草地对莉莉·哈莱的身体作了一次检查。

"她是精神失常，把她送进医院去治疗吧，我没有什么有效的药可用。"医生对房东太太说道。"她的营养不良，是饿坏了的，首先要增加营养。"医生在临行前又补充道。他还写了一张字条是给医院的。

医生走后，房东太太对小卓别林道："还是把你母亲送到医院里去的好，在那里可以吃得有规律一些。"

小卓别林虽无主见，但认为房东太太说的对，既然区里医生与房东太太都说该把妈妈送进医院，他也认为只有送进医院才能医好妈妈的病。当然同意了。

房东太太帮着收拾莉莉·哈莱的衣服，帮他穿好。

此时，莉莉·哈莱非常温顺，象个听话的孩子，让她怎样她就怎样。其实，她是太虚弱了，连大声说话的力气也没有。

疯人有多种类型、有狂躁型、歌唱型、抑郁型……。莉莉·哈莱是因为饥饿与营养不良，所以她是抑郁性，少言寡语，温顺听话。

他们没有钱顾马车，本来是应该雇个马车的。他们家到医院大约有一英里，他们只能步行去了。

当他们走出去时，街坊，邻居的孩子都聚在大门口，用惊奇的目光看着他们。小卓别林则低着头，扶着母亲，他任谁也不看。他怕那些孩子的目光，是同情？可怜？嘲笑？也许都不是的目光。

他们走得很慢,莉莉·哈莱的身体太虚弱了,尽管有儿子扶着,由于儿子的力气小,只能尽力搀扶,却又无力扶得住,所以她的身子仍象喝醉了酒似的,跌跌撞撞,摇摆不定。从他们身边路过的人,以为她一定是喝醉了,正被人扶着送回家里去。

午后的阳光热辣辣的照射着。一个孩子扶着一个病得无力行走、神智不清的母亲去医院,这情景够悲惨的了。

莉莉·哈莱一句话不说,她心里似乎明白是走向哪里去,因为她连说话的力气也没有了。

小卓别林心里也很悲伤,母亲病得这个样子,他却没有钱雇辆马车把母亲送到医院去,而是让母亲一步一步的挪着走到医院去,他此刻没想到别的,只想早一步到医院。

总算到了医院。一位年轻的医生接待了他们。小卓别林将区医生写的条子递给医生。医生看完了条子,很和气的说:"好的,卓别林夫人,请到这边来!"

莉莉·哈莱顺从地走过去。

医生给她检查了身体。然后对小卓别林道:"你妈留在医院里治疗。"他又对护士小姐说:"请把卓别林夫人送到三号病房去。"

护士小姐走过去,扶着她,轻声细语的道:"夫人,请跟我走。"

莉莉·哈莱似乎又意识到了什么?是丢下一个小儿子一个人不放心,还是担心自己的病,还是想念西德尼。她转过身,用痛苦,悲伤的目光看着小儿子。

小卓别林则装出高兴的神气,道:"妈妈,明儿见。"

莉莉·哈莱被护士扶着,扭着头,一边缓慢的移动着脚步一边看着自己的小儿子，一直走出门去。

他从医院往家走的时候，很伤心，知觉似乎已经麻木了，因为他已是孑然一人了，没有可投奔的亲人，也不会有亲人来照顾他，安慰他。

同时，他又像放下了一条心。因为他妈妈进了医院，可以有吃有喝，吃的一定会有营养，也会按时，也能吃饱。这总比没吃没喝，成天独自一人坐在那间狭窄黑暗的屋子里好一些。

他从医院往回走，却没有直接回家。怕回自己的家，他没有勇气回自己的家。因为妈妈不在那个屋子里了。他一路向纽因顿打靶市场走去。他没有目的，这里看看，那里逛逛，在每一个店面的橱窗前，都要逗留一阵子，他又看每一个小摊，在每一处也要站一阵子。一个下午过去了，天已黑了，市场散了，有的店铺已打烊了，他已无处可去，只好回到自己的那间顶楼的家。他上了楼，推开门。看，这间屋子是既空洞又寒碜。一张破旧的椅子上摆了一只洗衣盆，盆里面盛着半盆水，水里浸着一件女式衬衫——那是他妈妈的。还有他的两件衬衫。

此时，他的肚子咕噜咕噜的响起来，他饿了。他想起来了，他从中午一直到现在还没吃饭。午饭、晚饭都没吃。他走到菜厨前，打开来。可是菜厨里只有半包茶叶，另外没有一点可吃的东西。他四处看了看，一览无遗，没有可吃的东西。

壁炉台上放着他妈妈的钱包，他走过去，拿起钱包打开来，里面有三个半便士，一串钥匙和几张当票。桌子角儿上摆着几粒糖果，那是，他从麦卡西家跑回来，伏在妈妈的膝上，问妈妈是不是有病时，妈妈哄他时给他吃的，他当时只顾伤心的哭，只担心妈妈的身体，只忙着去请医生，没有吃而留下来的。

看到这一切，又想到了自己目前的处境，又担心妈妈的病，他伤心地哭了。

他饿了，也太疲乏了，哭着哭着竟然睡着了，而且睡得很熟，一觉睡到太阳出来才醒。

他因为没有脱衣服睡，早晨反而省事了，他一翻身爬起来。

看着阳光照在地板上，屋子虽仅少了一个人却显得那么空，没有了妈妈那亲切的身影和声音又显得非常冷清，他发愁地看着屋子里的一切。

房东太太上楼来了。

"孩子，"她和蔼的道，"在我不曾将这间屋子租出去以前，你还可以住在这里。"

"谢谢！谢谢！"他客气地道，"等我哥哥西德尼回来，我会付清全部所欠的房租。"

"孩子，如果你要吃什么东西，尽管向我要好了。不必客气。"房东太太仍是和蔼地道。

他很想吃东西，哪怕一片面包也好，可是，他有些不好意思说，又客气地道："谢谢！现在我还不饿。"

从此，小卓别林成了流浪儿。尽管还有一间顶楼供他休息，但是，没有人照顾他，没有人抚养他，没有人关心他的饥饱也没有人关心他的冷暖，总之，他已成了无人管的孩子了。

他把盆子里的衣服捞出来，他还不会洗衣服，只好弄掉了一些水，然后放在外面晾起来，再把盆里的水倒掉。

尽管房东太太对他很热情，他尽可能地躲开她，不但早走、晚归，有时还睡在外面。

因为，他明白，如果西德尼短期内再不回来，房东太太很可能将他的情况报告给教区里的负责人，他就会再一次被送到汉威尔学校去，这是他看来最可怕的事情。

　　他每天一整天都在外面逛。因为无目的,又无事,他看见了什么都要仔细的看一阵子。

　　他仔细看过一个老盲人。

　　那老盲人带着耳套,一身衣服已经旧得分不清原来是什么颜色的了。他坐在西敏土特大桥上,背靠着潮湿的墙,手上捧着一本脏得不能再脏的《圣经》,口中似乎在念着什么,只能看见他的嘴唇不住的轻轻的动着,却听不见声音,他的胡子是灰白相间的,已纠缠在一起,他睁开双眼,好像是两个洞,却什么也看不见。

　　他自己虽处境艰难,却对这个老盲人产生了恻隐之心,可是,他自己还没有饭吃,他又哪有能力去帮助这个老盲人呢,只能叹口气罢了。他的心却很难过。

　　他还看见过一个盲艺人领着一个小女孩,那小女孩好像只有七八岁,那个盲艺人大概有五十岁或者六十岁的样子。

　　盲艺人拉着一把旧的手风琴,他与那小女孩合唱着一首民歌。

　　他虽不懂这首民歌,也对音乐一窍不通,但是,他认为这盲艺人与那小女孩唱得很好。琴声伴着歌声,悦耳动听。

　　上述这些情况,他只是因为无事才去仔细观察的,不料,这些东西,后来在他拍摄电影时,竟成为很好的有用的素材。

　　在肯宁顿街有个赶马车的老头子,他认识这个人,他看见过他曾赶着马车在这条街上走。此时,这个老头子的一双脚坏了,已不能赶马车,他穿着一双大号的皮鞋,在街道上拐来拐去地走着,他这时只觉得这样的走法有些好笑。没想到,就是这个老赶车的走路的样子,也成为他绝好的素材,后来,他在电影中的一些步法就是从这个老车夫的步法演化出来的,不过,他则达到了出神入化,引人入胜的地步。

大约是过了一个星期的样子,他认识了几个在肯宁顿路后边一条马房巷里劈柴的人了。这些人的样子好像是流浪汉,在一个阴暗的,少见天日的堆棚里辛勤的劳动着,他们之间,老是那样悄声的说话,整天把那些圆圆的木头劈的劈、锯的锯。砍成了木棒子,然后捆成捆,每捆卖半个便士。

起初,他老是在那敞开的门口踅来踅去,留心看他们干活。

他们先是把大木头锯成一英尺长的段,然后再用斧子劈开,劈成片,再一次劈,全劈成小木棒那样子,然后把这些小木棒再捆起来。他们的工作是非常熟练,他们劈得那么快,几乎让人无法看清就劈成了。他看出了神,觉得干这活儿挺有趣。

过了两天,他就走进门去,搭讪着和他们说话,说过几次话,他就开始帮他们劈柴。

边干活边说话。

"这些木头是从哪儿买来的?"他打听着。

"是从承包拆房的商人那儿买的。"那个老板回答。

他是听别人这样叫他,他才知道的,他大概就是这一些人的头儿了。他的鼻子通红,象是一个患了糖尿病的人的样子,除了一颗虎牙之外,他口中的上牙几乎都掉光了,但是,他的脸上却呈现一种亲切可爱的神气。每当他咧开嘴笑的时候,尽量露出他那颗虎牙,那样子挺滑稽。

"都是自己运回来的吗? 他又问道。

仍是那个老板回答:"是啊,我们得先把这些木头运回来,堆在这里,这至少要花去一天的时间。然后再锯成段,大约也要用一天的时间,再用一天或多一些的时间去劈。"

"何时去卖呢?"他又问道。

"星期五或星期六。如果先劈完了,星期五去卖,如果后劈完了就等到星期六去卖了。"

他们中还有一个沉默寡言的人,人们叫他乔,他为人挺和气,黄面孔,厚嘴唇,话说得很慢。

当天中午,他们就留下小卓别林吃午饭。

将近中午了,那个老板,抬起头来。手里仍拿着斧子,对小卓别林道:"小孩子,"他竟加上了一个小字。"你吃过干酪皮做的威尔士兔子肉(用啤酒溶了干酪皮涂在面包上的一种食品,人们戏称为兔子肉)吗?

"我已经吃过好多次了。"他回答道。

他听了扑哧一笑,然后拿出两个便士,递给小卓别林,你去跑腿,买一便士的干乳酪,一便士的面包。"

小卓别林立即跑到路拐角阿希开的小店里,他这里卖茶叶兼卖杂货。买了干乳酪和面包。

当他买回去干乳酪和面包时,棚子里煮的一罐子茶就快煮好了。

于是,大家就开始吃午饭。

他们这些人都很和气,也很安静,年龄都不满四十岁,但是从神情和动作上看却要老得多。

只有那个老板比较活跃。

这天中午,因为多了一个人吃饭,茶杯让给了小卓别林,不够用了,老板拿起一个牛奶罐,他一边用水冲洗一边咧开嘴笑着道:"用这个当杯子,不是挺好吗?'

小卓别林感到很快乐。自从他母亲去了医院以后,他是头一回这样开心的吃一顿饭。

以后,他天天来这里帮他们干活。尽管那些人说话不多,他却感到和这些人在一块儿挺开心。

第二天中午,他们仍是吃的威尔士兔子肉。老板却又出了新花样,把干酪皮洗刷干净了,冲上了一些水,再加上一点盐和胡椒,又在那里面放了一块肥咸肉和一些洋葱屑儿。

这一顿午餐十分可口。

小卓别林每天都来帮助他们干活,每天都在这儿吃两顿饭——午饭和晚饭,早饭他就节省了。他吃饭时并不客气,也不感到不好意思,因为他是用自己的劳动换来的。他并不想要什么工钱,可是到了周末却给了他六便士。

"孩子。"他这次没用那个小字,"这是你的劳动所得。"

他就不客气的收下了,他很高兴。这是他干活挣来的。

那个黄面孔的乔常发癫痫,每到发病时,老板就烧几张褐色打包纸,放在他鼻子底下,让那些纸烟把他熏醒了,有时候乔发病的时候嘴里会吐出白沫,咬自己的舌头,看那样子很痛苦。等到他清醒后,就露出一副伤心和惭愧的神情。

他很同情乔。

这些劈柴的人,工作是挺辛苦的,从早晨七点钟起开始干活,一直工作到晚七点钟,有时甚至还要更迟一些。

有一天晚上,老板请大家到伦敦城南游艺场看戏。他买的是两便士一张的顶层楼座票。大家都很高兴,因为那明星弗雷德·卡诺(Frde·Karno)在那儿演他的喜剧《早起的鸟》。

小卓别林和乔已洗好了脸,正在等候老板一起走。

那时,乔靠在墙上,小卓别林站在他的对面,大家都是又高兴又激动,可能是因为盼着看戏,太紧张了,乔突然发出一声喊,在墙根儿横着倒下去。他发病了。

"你们走吧,我留下来看护他。"老板对大家说。

乔还能说话,他费力地道:"不用等我,老板也去吧,我过一阵儿就会好的,这你们也知道。"

这些人竟是那么友好,那么有人情味儿,这使小卓别林又有了新的认识。

暑假结束了。上学的事又成了迫在眉睫的急事。他既不想上学,也有些发愁,如果他去上学,那么这一日三餐又怎样解决呢?总不能天天不吃饭吧?少吃顿或少吃一天都能挺过去,如果连续两天都受不了,何况天天不吃饭。

劈柴的那些人也提到了他读书的事。

"小孩子。"老板又加上了小字,"暑假结束了,你该上学去了。"

"是啊,"沉默寡言的乔也说话了,"你不能因为在这里给我们帮忙而误了学习,学习是大事啊。"

其他的人也附和着。

"为了帮我们干活,误了你学习的正事,我们是过意不去的。"

"是的,你该去上学。"

他无话可说。但是,他并未去上学,他不来这里了。他先在街上游荡,看到有学生从学校出来,他立即到了那里,这表示他从学校出来的。

那些劈柴人仍对他很友好。

有一天夜里,他估计房东太太已睡下了,就偷偷地走上楼去,准备睡觉,不料房东太太叫住了他。原来她没睡,正在等着他。

这可把他吓坏了。是不是房东太太已报告了教区负责的人,教区来的通知,让他去汉威尔学校,糟了。

他正在担心的时候,房东太太却很激动的样子,拿出了一份电报。

"这是西德尼给你的电报。"房东太太说着把电报递过来。

他接过一看,电文是:"明晨十时滑铁卢车站盼接。西德尼。"

回来了! 西德尼总算回来了。他心里高兴,几乎要跳起来。但是,他还是礼貌地对房东太太说:"谢谢。西德尼回来了就好了。"

他回到顶楼,这一宿他兴奋的没睡好,这是他天天盼望的事情,今天总算是盼到了。

早晨起来,他用冷水洗了一把脸,因为这些日子他一直这样洗脸。更多的时候是在劈柴人的自来水龙头底下冲一下,用手抹两下就算是洗过脸了,因为不愿意提着一桶水登上三层楼的扶梯,而且还要经过房东太太的厨房。这样的洗脸法,纯属走走形式,应付差事似的,所以他脖子后的污垢仍然存在着,积累着。

他没有钟、表,但他到达滑铁卢车站时,才刚刚九点钟,他不是怕晚了,而是心里着急,急于见到西德尼。自从他妈妈进了医院,他已是很长时间没见着一个亲人了。

他当时的样子够寒酸的,身上的衣服又破又脏,脚上的鞋子张开了大嘴,他的帽子衬里象女人的汗衫似的搭拉在外面,一个十足的流浪儿的形象。

火车到站后,他的两只眼睛睁的大大的,盯住火车站的出口。旅客拥出来,他的一双眼睛在旅客中搜寻,看见了,看见了,他看见了西德尼。

西德尼还没看见他。

西德西提着行李,还有一个脚夫提着一些东西及一条篓子,他还未跑到西德尼跟前,就大声喊起来。

"西德尼! 西德尼!"

西德尼见弟弟这副样子,奇怪了,为什么会是这个样子?

"出了什么事情?"他问道。

小卓别林没有拐弯抹角,直截了当地道:"妈妈精神失常,我们只好把她送进医院了。"

西德尼的脸立即沉下来,他终究年龄大了,懂事了,他克制住自己,沉声问道:"你住在哪儿?"

"还是住在老地方。"

西德尼讲起了自己的事。

"我患了风湿病,船上管事让人把我送到开普顿医院治疗。病好了,才搭船回来。我发起了一次抽彩会,赢了那些士兵许多钱,我已积攒了二十镑。这些钱,够咱们花些日子了,二十个星期是够用的。我不打算再去航海了,打算去演戏。在这二十个星期时间内,我就到戏院里去找工作,一定可以找到的。"

西德尼的话对他的心思,他也是总想着演戏。

"我也要演戏。"他笑着对哥哥道,"自从在兰开夏八童伶班演过戏,我一直忘不了那时的事,我也要当一个演员。"

西德尼没有激动,他只是轻轻拍了拍弟弟的背,说了两个字:"很好。"

兄弟二人到家了。二人是坐着马车回来的,而且还带着一篓子香蕉,惊动了邻居与房东太太,她们向西德尼问长问短,房东太太又对西德尼讲了他母亲的病。

西德尼到家后,先是到街上给弟弟买了一身新衣服。回到家,他提来水,又帮弟弟洗了个干干净净。

当天晚上,哥儿俩打扮得整整齐齐,一起到伦敦城南游艺厅

去看戏。二人坐在正厅里,戏开演了。西德尼道:

"要是妈妈今儿晚上能来了,她不知道该怎么乐呢?"

"是啊。"他附和道,"能跟妈一起看戏是好啊。"

西德尼又一次重复道。

"要是妈今天能来看戏多好啊。"

过了一会儿。

西德尼又重复上面说话的意思,他重复了好几次。

哥儿俩一样的心思,今天晚上,因为没有妈妈和他们一起看戏,二人都感到了不快。

到了探望病人的日子了——探望病人是有固定日期的,不是任何一天,任何时间都可以探望。兄弟二人到凯恩——希尔医院去看望母亲。

二人坐在会客室里,焦急地等待着。他已好长时间没见着母亲了,起初是他没有勇气去看母亲的疯样子,后来,他确实来不了。西德尼则是更长的时间没见着母亲了,他不知道母亲疯到了什么样子。等人是令人焦急的,何况他们等的又是自己的母亲,是多日不见的母亲,又是已有了疯病的母亲。

二人痛苦得几乎无法忍受。两个人四只眼睛盯着房门。二人终于听到了钥匙的响声,门终于开了。

莉莉·哈莱走进来。

事前,医院已通知他们,见了病人不许激动,不要有激情表现出来,不要有热烈的举动,而且还发给他们一张"探病注意事项"单。所以二人不敢扑向母亲,也不敢把亲热、担心、挂念表现出来。

她面色苍白,嘴唇发青,看样子,她认出了来的是两个儿子,但是,他并没有对儿子的到来表示高兴。她以前那种热情洋溢的神态已经消失了。

是一个看护陪着她来的,那个看护员是一个语言无味,但是却又喋喋不休的女人,她一直站在那里准备说话。

"可惜,你们来的不巧。"她面无表情地说:"因为今天她不大舒服。"她又转对莉莉·哈莱道:"亲爱的,你说对吗?"

莉莉·哈莱很有礼貌地向护士瞟了一眼,面带着微笑,别人不知道她这微笑的意思。她是面对着护士,那意思大概是对护士表示:"请你走开好吗?"

"你们要等她身体好一点的时候再来。"护士又补充了一句。

这个烦人的看护,唠叨了一些无用的话,见兄弟二人不理睬她,她也觉得无趣,这才走了。

屋子里只剩下他们母子三人了。

西德尼为了鼓起母亲的兴趣,让他开心,开始讲自己的事,而且是她应该愿意听的事。

"妈妈,我这次的运气真好,太好了,我发起了一次抽彩会,一下子我就赢了许多钱,我已积攒了二十多镑了,够咱们娘仨过二十个星期了。你看,我给弟弟买了一身新衣服。"

莉莉·哈莱只是一面听着一面点头,并无喜悦的表现,似乎反应迟钝,精神恍惚,思虑重重。

西德尼又说下去:

"本来我可以早回来,我想妈妈,也想弟弟,可是我患了风湿病,不得不住进了医院。"

莉莉·哈莱仍似乎无反应,只是轻轻点头,不知她是什么意思,是表示听明白了还是你说的对。

小卓别林则安慰母亲。

"妈妈,你安心养病,很快就会复原的。那时候我和哥哥接你回去。"

"可不是吗，"莉莉·哈莱有些伤心的说，"你们那天下午给我吃一点东西，我就不会有那种事情了。"

兄弟二人听了妈妈这句话，心里象刀剜似地在疼。他们的妈妈是因为挨饿才变成这个样子的。尤其是小卓别林，在以后的好长时间内，他脑海里一直萦绕着那句话："你们那天下午只要给我吃一点儿东西，我就不会有那种事情了。"

后来，当他们临离开医院之前，医生告诉西德尼：

"你母亲这次精神失常，肯定是由于营养不良所致。"

"这样的病难治吗?"西德尼问道。

"现在她虽然有时候清醒，但还需进行适当的治疗。"医生说。

"还要多长时间能复原呢?"又是西德尼问。

"不会太久的。"医生满有把握地道，"大概几个月的时间就可以复原了。"

第三章 人生转折

　　一个偶然的机会,使他当上了演员;被赶到偏僻小镇演戏的卓别林,终于有了成为世界级的大艺术家的机会;十六岁的小卓别林被美人玛丽·多梦的美貌倾倒,第一次萌动春情;玛丽·多梦的美貌勾走了他的灵魂;"借酒浇愁愁更愁,抽刀断水水更流"……

　　波兰籍英国小说家约瑟夫·康拉德(Josef·Kangerd)在给他的朋友写的一封信中说:"生活使他感觉到,自己象一只瞎眼老鼠,被逼到了角落里,它等待着的是打下来的棍子。"

　　当小卓别林母子二人进入兰贝斯贫民习艺所的前后,当他和哥哥在汉威尔学校,当他母亲被送进凯恩——希尔疯人院以后的那段日子,他的处境真象约瑟夫·康拉顿说的那样子,他真的如同瞎眼的老鼠。

　　否极泰来,这句话正应了他的处境。他在杂货店里当过跑腿的小伙计,卖过花,在诊所里当过侍应生,做当地有钱人家的小佣人,卖过报,还当了一天吹玻璃的工人,当过印刷工,卖过破烂,还曾自制过玩具小船去贩卖……,但是他梦寐以求的是当个演员。是遗传基因?是因为他的父母亲全是演员?是因为他五岁就曾登台演过戏?是在兰开夏八童伶班演过戏?到底是什么成为原因,说不清,但他却在做梦时,也想当个演员。

　　在西德尼回来以后,每逢休息的日子,他总要擦亮了他脚上的皮鞋,刷干净身上的衣服,换上一条洁净的硬领,按时到河滨大街贝德福路布莱克默演员介绍所。他是常常去的。

他头一回去的时候,看到那个事务所里挤满了人,全是一些衣冠楚楚的"演员",有男的也有女的,大伙儿全站在那里,一个个全都装腔作势的谈着话。他自惭形秽,战战兢兢,羞羞答答地,远远地站在门房的角落里,似乎怕被人家注意。

他每次去,几乎都是这个样子。他去的次数太多了,鞋也破了,衣服也旧了,他还是去。有一个年轻的职员,到了时间,从里间的办公室走出来,对着那些衣冠楚楚的演员,说着多少天来同样的一句话。

"没有你的工作。"他对一个衣冠整齐的"演员"道。

"也没有你的工作。"

"也没有你的工作。"

他的这句话象一把镰刀,将那些衣冠整齐,一脸傲气,自命不凡的"演员"全刈去了。

这一天。他已记不清来过这里多少次了,他的衣服已破旧了,皮鞋也绽开了线,裂开了一个大口子。

那个演员介绍所的职员照例又从里间办公室出来,又用"没有你的工作"这句话,刈去了那些傲然自负的"演员"。那间事务所立即空下来了,那些人全被刈走了,这里象是一个做完了礼拜的教堂一样。只有他一个人留下来没走。那个职员看见了他,突然停下来,问道:

"你来干什么?"他以为这个十多岁的孩子是到这里来玩的。

他听了职员的问话,感到羞臊,但又不能不说。

"你们需要扮演孩子的角色吗?"那样子活象奥立弗·斯特在央求一点儿薄粥。

"你登记了吗？"

他摇摇头，没有说话，两只眼睛却看着那个职员。

"跟我来。"那职员看了他几眼，却这样说。

职员领他走进隔壁的一间办公室。他拿出一张登记表，开始询问他的姓名，住址以及一些其他的细节。待他在登记表上写完了才道：

"如果需要人，我们会通知你，不必往这儿跑了。"

大约，这以后还不到一个月，他收到了一张明信片。

明信片上写的是："请来河滨大街贝德福路布莱克默演员介绍所。"

他看过明信片高兴得跳起来，他把明信片送到西德尼面前，兴奋的道：

"你看，你看，他们找我去了，一定是有戏演了，我要当演员了。"他说着话，抱住了西德尼。

西德尼看过了明信片也笑了。

"你该打扮得整齐些再去，换上我给你买的那身新衣服。"他看了弟弟脚上的鞋，又补充道："再换上我给买的那双新皮鞋，不要邋里邋踏得象个叫化子。先要给人家一个好印象。哦！对了！谈话时不要孩子气，要装出大人的样子。"他知道弟弟才十二岁多，还是个孩子，应该嘱咐他这些话。

小卓别林换上了新衣服、新鞋，一路高兴的带着小跑赶到了汉滨大街贝德福路布莱克默演员介绍所。是那个领他登记的职员接见了他，直接把他领去见布莱克默先生。

布莱克默先生是个非常客气的人，他见小卓别林进来了，笑容可掬的接待他。没有一点儿架子。

"先生，他就是查尔斯·卓别林。"那个职员介绍道。

"请坐。"

待小卓别林坐下了,布莱克默先生写了一个条子。

"你拿着这个条子。"布莱克默将字条递给小卓别林,道:"到查尔斯·弗罗曼(Charles·Frouman)的办公室里去找 C·E·汉密尔顿先生。"

他高兴了,他找到了汉密尔顿先生。

汉密尔顿见他长得矮小,觉得有趣,又感到奇怪,即问道:"你今年有多少岁了?"

他以为汉密尔顿先生嫌他小而不想要他,所以他当即道:"我今年十四岁。"

他这是谎报了年龄,其实,他才十二岁半。

他意会错了。其实汉密尔顿已看中了这个精明伶俐的孩子,他说:

"我们要演《福尔摩斯》,那个戏里有小佣人比利,需要一个小演员。就是要你扮演比利。"

他听了连忙道:"我能演好,先生,请您放心,我一定能演好的。"

汉密尔顿先生见他那个着急的样子,笑了,他又解释道:

"从秋天开始,我们一共要巡回演出四十个星期。不过,"他话题一转又说下去:"将要在《福尔摩斯》一剧里演主要角色的叫H·A·塞恩斯伯里先生,编了一出新戏,叫《吉姆:一个伦敦人的传奇》,这出戏里面有一个角色要由孩子来扮演,它对你非常合适。怎么样,你也愿演这个戏里报童的角色吗?"

"我愿意,先生,我还曾经卖过报了,我能演好的。"他连忙这样声明。

"你的戏份儿是一星期两镑十先令。现在演《吉姆:一个伦敦人的传奇》是这么多,以后演《福尔摩斯》也是这么多。怎么样?"他看着对方的眼睛问道。

能拿这么多的钱,对他来说,简直不可思议,但是,他装做大人的样,连眼都不眨一下,一本正经的说道:"这我可得回去和我哥哥商量一下。"他就像一个名角在和老板讨价还价。

汉密尔顿大笑起来,觉得这孩子太有趣了。他认为这个查尔斯一定很满意这个戏份了,但又装腔作势说还要回去商量一下,将来这孩子一定能成为一个好演员。他把工作人员都叫出来与他见面。

"这就是咱们的比利,你们觉得怎么样?"他满意的笑着,这样介绍着。

大伙儿都乐了,一个个都满面笑容的看着查尔斯。大家都一致认为这孩子很好,一定能演好《福尔摩斯》中比利那个角色。

查尔斯(从这时起,我们将不再叫他小卓别林,而称他查尔斯)觉得有些奇怪,这是怎么了? 这个世界突然变了,为什么这么多人对他这样亲热,对他这样友好,难道他从此将变成了另外一个人了?

后来,汉密尔顿先生又将一张字条递给他:

"你可以到莱斯特广场的绿厅俱乐部去见一见塞恩斯伯里先生。"

他接过字条,一肚子的高兴,他的目的达到了,愿望实现了,当演员的梦将成为现实,而且戏份还不少,那是每一星期两镑十先令啊。他满怀喜悦,踌躇满志的离开了这里。

他到了绿厅俱乐部,见到了塞恩斯伯里先生,交上了汉密尔顿写的条子。

塞恩斯伯里先生看过了字条,对他也很热情,他也很满意由这个孩子来扮演他写的剧本《吉姆：一个伦敦人的传奇》中的报童桑米。他也把其他工作人员都叫出来，与查尔斯见面：

"这就是咱们的桑米，你们看怎么样？"

这些工作人员也都很欣赏这个"桑米"，大家也都对他亲热的笑着。

"桑米是我写的这出戏里的一个重要角色。"塞恩斯伯里先生拿出桑米的脚本，递给查尔斯，这样说道。

查尔斯有些紧张，实在担心，他怕塞恩斯伯里先生叫他当众念念台词，那样的话，他一定会当场出丑，因为他虽然断断续续的念过书，但是，他几乎是不会阅读，他正在提心吊胆。

塞恩斯伯里先生的话又令他把一颗心放在肚子里了。

"这出戏要过一个星期才开始排练，他先把脚本带了回去，有了空闲的时候再阅读也来得及。"

他放心大胆的离开了绿厅俱乐部，往家走的时候，他竟乘坐了马车。

坐在车上，他万分的高兴，他完全明白了，这一切全是真的，他的理想——长期憧憬的理想，他母亲在以前常常谈到的理想，一个令人羡慕的理想，也是他梦寐以求的理想，当上个演员，就要实现了，脚本已拿到手，只等着排练，演出。他自己相信，他会演得好的。

这一切来得多么突然，多么意外呀？这是活生生的现实。

他一页一页不停地翻着他的脚本——那是一本棕色纸封面的小册子——这是他有生以来拿到手的最重要的文件。这文件对他来说太重要，这是决定他的命运的文件。

车子一路走着的时候，他已意识到贫苦的生活已被他彻底摆脱掉了，他不会再是贫民习艺所里的一个穷孩子，也不会再挨那屈辱的三藤条,他再也不是那个一天只吃一两顿饭的流浪儿,再也不会是一星期只挣六便士的锯木头工,劈木柴的小帮工,再也不是贫民窟中的一个孩子,再也不用担心房东太太把他送进贫民习艺所的学校去了,他将是一个演员了,将是戏剧界的一位人物了。他激动不已,已是热泪盈眶,几乎要哭出来。

他又想到了妈妈,如果妈妈知道了这个好消息,她一定会高兴万分的。可是,她还没有完全复原,现在怎么样了,只盼妈妈快快好起来,好分享他的快乐。

回到家,西德尼正等着他。他把经过详细讲给哥哥听,他讲着讲着眼睛又湿了。

西德尼蹲在床上,摇晃着脑袋,不住地点头,又出神地向窗外望着。最后,西德尼极严肃的道:

"这可是咱们生活中的转折点,要是母亲在这儿和我们一起为这件事高兴,那该有多好啊。"

"是的。"查尔斯道。"我在路上就想到了,如果母亲也能分享我们的快乐那该多好啊。"

"下一个探望日,我们一同去看妈妈,向她报告这个好消息。"西德尼道:"如果妈妈清醒,也一定会高兴的,说不定这个好消息会成为一剂良药,妈妈会逐渐好起来的。"

《吉姆:一个伦敦人的传奇》在德鲁里巷戏院楼上的大厅里排练。由于西德尼极其热心的辅导,加上查尔斯自己细心地练习,所以他每一句台词都念得很准。只有一个名字使他伤透了脑筋。原来的一句台词是:"你以为你是一个什么样的人呀——皮乐庞特·摩根先生?"他老是念不准,而念成了"普特普林特·摩根"。

这个词是:"Pearpornt·Morgen。"

塞恩斯伯里先生纠正之后,叫他记牢了。

经过几次排练,给了查尔斯不少的启发。排练中,给他展开了一个技术的新世界,以前,他虽登过台,唱过歌,演过戏,那时候他还是个孩子,唱歌时年仅五岁,在兰开夏八童伶班演戏时才八岁,他又哪里懂什么舞台技术。这回懂了,如怎样配合时间,怎样停顿,怎样递点子给一个演员,叫他转向或坐下等;这一切他都很容易地学会了。

对查尔斯的表演,塞恩斯伯里先生很满意,他只纠正了他一点错,告诉他,在说话的时候,扭动脑袋,不要作得过火。

排练过几场,塞恩斯伯里先生甚感惊奇。这个查尔斯哪里像一个初登舞台的小孩子,简直与老演员相比并不差什么,这太不可思议了。

"查尔斯,"塞恩斯伯里笑着问道,"你以前演过戏吗?"

"上舞台是曾经上过,不过,那时似乎不叫演戏。"查尔斯也笑着回答。接着他讲了自己五岁时上台代替母亲唱歌的事,又说了他在兰开夏八童伶班的事,还讲了他是如何学布兰斯比·威音斯扮演《老古玩店》里的老者,又是如何结束的。

"了不起。"塞恩斯伯里由衷地夸赞道。

因为正是休息时间,有人提议说,让他再演一次那个《老古玩店》里的老者的表演,塞恩斯伯里同意了。

查尔斯此刻既是盛情难却,又很想露一手,他也不化妆,就学起来,他躬腰驼背,学老者的样子走路,又故作有气无力的学着老人的声音说话。一个十三岁还不到的孩子,竟然学得维妙维肖,大家哈哈大笑,并以鼓掌赞誉。

塞恩斯伯里先生连连地道:"难得! 难得!"稍停,他又加了一句:"查尔斯,你会成为一个名演员的。"

查尔斯见塞恩斯伯里先生及戏班里的其他人对他这样称赞，他很得意。当他往家里走的时候，又认为，他应该得到这样的称赞，能叫大家高兴，是理所当然的事，并没什么奇怪的。

《吉姆：一个伦敦人的传奇》是一出情节剧即故事剧，是模仿英国剧作家亨利·阿瑟·琼斯（Henry·Jose·Jones）的《银皇帝》编写的（其实是他与亨利·赫尔曼——Henry·Halem 合写的。）讲的是一个患了健忘症的贵族，他同一个年轻的卖花姑娘，还有一个叫桑米的报童，住在一间顶楼里。这出戏在查尔斯看来完全是一出正派的戏，姑娘睡在顶楼里的菜橱上，那个贵族——在戏中被称为公爵的人睡在榻上，报童桑米睡在地板上，所以他认为这出戏在道德方面没什么问题。

《吉姆：一个伦敦人的传奇》将在金斯顿戏院试演一个星期，然后再去富勒姆剧院试演一个星期。

这出戏第一幕的布景是在法学院德弗罗苍七号 A，阔绰的律师危詹姆斯·席顿·加特洛克的房间里。

衣衫褴褛的公爵去找这位他从前的情敌，要向他讨几个钱，去救济那个卖花姑娘，因为卖花姑娘在他患健忘症的时候，养活了他，是他的恩人。

詹姆斯·席顿·加特洛克不肯借钱给公爵，二人胡乱的争吵了一阵子，那个被查尔斯称为坏人的加特洛克，出言辱骂公爵：

"滚出去，你和你那个卖花的妍头一起给我饿死吧！"

公爵虽然身体软弱，他不甘受辱，他从桌子上拿起了裁纸刀，那意思好像是要刺那个加特洛克，或者这令加特洛克向他赔礼道歉。可是，在这时候他的癫痫病发作，手里的刀落在桌子上，他自己昏倒在加特洛克的脚跟前。就在这紧要关头，加特洛

克的前妻,也就是这个衣衫褴褛的公爵以前曾一度爱过的那个女人,走进房来。他替公爵求情,她说:

"他追求过我没成功,他打官司又输了,无论如何,你现在得帮他一点忙!"

但是,坏人加特洛克拒绝了。在达到高潮的一场戏里,坏人加特洛克骂他的前妻不忠实,说她和这个流浪汉不清白,还说出了她的种种丑事。她狂怒之下,就拿起了流浪汉手中落下来的那把裁纸刀,刺中了坏人加特洛克。坏人加特洛克则死在他的扶手椅里,这时流浪汉仍旧昏倒在他脚跟前。女人逃跑了,公爵醒过来,发现他的情敌已经死去。他说:

"老天爷呀,瞧我怎么干出这样事情来了?"

因为他并不知道在他昏死之时发生的事情,他还以为是他拿刀刺杀了加特洛克。

戏里的情节继续发展下去。公爵搜查加特洛克的口袋,找到了一只钱包,在包里摸到了几个金镑,一只钻戒,以及一些首饰,他把这些东西一起收起来,放在自己的怀里,在越窗逃走时,他转过身来,对死者说:

"再见了,加特洛克,到底还是亏你帮了我的忙。"

在试演中,观众对查尔斯的表演大为欣赏,他每念一句台词,都引起一阵笑声。他们给这个小演员以热烈的掌声,都认为他演的好。

查尔斯自己对在舞台上自己的动作还不满意,比如在台上真的沏茶那一场,他是弄不明白,不知道应该先在杯里放茶叶还是先冲开水。还有一点是他很感矛盾的,念台词反而比做动作更容易。

《吉姆:一个伦敦人的传奇》的演出并不成功,剧评家毫不留情地批评了这出戏。但是查尔斯的表演却受到了赏识。

戏班里有一位查尔斯·罗克(Charles·Lock)先生,他是阿德尔菲戏院颇有声望的一位演员。查尔斯有好多场戏是和他合演的。

有一天,他拿来一张《伦敦热带时报》对查尔斯说:

"年轻人,你看看这篇文章。"他神情严肃地说:"可别脑袋发胀啊。"

他没有把报纸展开,又说下去:

"年轻人,记住,谦虚是人的美德。如果一个人有一点儿小成就,就沾沾自喜,那么,他以后就很难再进步了。他很难再有所成功。所以一个人,无论何时何地都要谦虚。有了点儿成绩,不要骄傲自满,不要盛气凌人,更不能目空一切。要知道,人外有人,天外有天。记住,年轻人,谦虚、和蔼待人是一个人有修养的表现,也应该从年轻时就学起。

小查尔斯唯唯受教。

这时,查尔斯·罗克先生才展开那张《伦敦热带时报》。报上刊载了一篇剧评,正是评论《吉姆:一个伦敦人的传奇》的。文章对这出戏批评得一无是处,措词尖锐,给予讥讽嘲笑,接下去有这样一段文字,查尔斯·罗克先生,在那段文字下划了一条红杠,文中写的是:"但是,幸而有一个角色弥补了它的缺点,那就是报童桑米,这出戏之所以招人笑,多半是亏了有这个灵活的伦敦流浪儿童,桑米一角虽然在剧中被写得陈腐而平常,但是查尔斯·卓别林这位玲珑活泼的童伶,却把他演得十分有趣。以前我不曾听说过这样的孩子,但是,我希望,在不久的将来会看到他的巨大成就。"

查尔斯将这段话竟逐字逐句的记住了。他回到家,对哥哥说了这篇剧评,也学说查尔斯·罗克先生教导他的话。

西德尼也很高兴,他到街上去买了一打《伦敦热带时报》,他是打算送给亲友,一方面是让大家分享快乐,另一方面也有代弟弟炫耀的意思,给弟弟创一下牌子,扬一下名。

这段时间,查尔斯·卓别林仍住在波纳尔弄,因为在经济上仍然没有大的把握,所以没有搬迁到好的房间去。

《吉姆:一个伦敦人的传奇》只演了两星期,接着就开始排练《福尔摩斯》。

这出《福尔摩斯》戏,与英国作家柯南·道尔写的《福尔摩斯探案》毫无关系,不过,后来一些画家在为《福尔摩斯探案》作插图时,却采用了在《福尔摩斯》一剧中最初扮演福尔摩斯的威廉·吉勒特(William·Jalet)先生在台上的化妆的形象作为蓝本。

查尔斯随着戏班到外地巡回演出了。

在《福尔摩斯》一剧中扮演福尔摩斯的 H·A 塞恩斯伯里先生,虽然演的《吉姆:一个伦敦人的传奇》一剧受到了剧评家的批评,但是,他作为一个演员,却是顶呱呱的。他的化妆,跟《河边杂志》里那些插图活脱一个样儿。他那张脸上有着一副精明的神气,前额突出,显出他是一个聪明颖悟的人。在所有扮演福尔摩斯的角儿当中,他被认为是最杰出的一位,甚至胜过了编写这个剧本和最初扮演福尔摩斯的威廉·吉特勒。

第一次巡回演出,戏班管事决定让查尔斯·卓别林同戏班里做木工的格林先生和管头的格林太太住在一起。

查尔斯·卓别林对这样的安排很不高兴。因为,有时候格林先生和格林太太要喝酒。他不愿意老是凑他们的时间吃饭,并且他也不喜欢他们吃的那些菜。而格林先生夫妻俩也觉得和查尔斯·卓别林住在一起无话可谈,彼此都感到很不痛快,所以，他们在一起只住了三个星期，双方都同意分开住了。

查尔斯·卓别林的年龄小，戏班里没有一个和他年龄相仿的演员或工作人员，管事的也觉得他不适合与班里的其他人同住在一起，所以他就单独住了。

到了一位陌生的城镇里去演出。他举目无亲，一个人住在一个后间里，晚上在演出之前，他难得和班里的其他人见面，他除了闲坐，只能自言自语，周围寂静的环境，让他感到了孤单。

有时候，他到班里演员聚会的酒馆里去，看他们打弹子、打台球……。可是，当他一到了场上，他们的谈话就好像受到了拘束。本来他们说说笑笑，打打闹闹，可是，当他们看见查尔斯·卓别林来了，立即缄口了。

"你们这个样子，不怕当地人笑话吗?"查尔斯·卓别林小心地建议道，"你们不该这样轻浮。"

那些人听了不解释，也不生气，只是皱了皱眉头，仍然我行我素。

查尔斯·卓别林感到了孤寂，开始变得忧郁了。

星期日的晚上，到了北方的城镇里，他沿着灯火已熄的大街上走着，教堂里传来了钟声。他觉得那钟声是凄凉的，他感到自己的孤寂却得不到一点安慰，心中非常悲哀。

平时，他有时去逛逛市场，逛逛商店，买一些肉和其他食品，回到住处，请房东太太烧一些菜。

有时候，他找到了兼管膳宿的人家，就和房东一家人在厨房里吃饭。他很喜欢这样子，因为北方人家的厨房都收拾得干净卫生，灶头是绿色的，炉条擦得闪闪发亮。房东太太烘好了面包，这时候厨房里的熊熊炉火，照见了灶头上摆满了一盘盘不曾烘烤的面包，坐下来和房东太太一家人喝茶，一本正经地尝那刚出炉的热面包,涂上一层新鲜的牛奶吃着,他感到了温暖、亲切,就像在自己家里一样。这一切是可爱的。

查尔斯·卓别林已经习惯了这种生活,如果忽然遇见了戏班里的人,他就会感到非常局促不安,不能很快镇定下来,不能有条有理地回答别人的问题。当他离开的时候,有些人以为这个孩子大概理智已经失常,他们对此却感到担心了。

在他们的戏班里,有个演主角的女演员格丽泰·哈恩(Grcetei·Haane)小姐,她长得美丽动人,对人非常和蔼,但是,每当他看见这位小姐穿过马路,向他这面走过来时,他就赶快扭转身,去看一家店铺的橱窗,或者连忙拐向另一条路,避开这位小姐。

查尔斯·卓别林此时不太注意自己的外表,在生活习惯上变得自由散漫了。在和戏班一起上路时,他往往迟到,多是在最后一分钟赶到了火车站,衣服凌乱,硬领也不戴上,为了这些事情,戏班里的人有些则经常责备他。他对别人的责备,往往是付之一笑,并不说什么,既不解释也不争辩。但是,过后依然如故。

他为了解除寂寞,增加个人的乐趣,买了一只兔子,不论在哪里寄宿,他总是瞒着房东太太,偷偷地把它带到他自己住的屋子里去。

房东太太来到屋子里送早餐,刚进屋她是高高兴兴的,脸上挂着笑,但是,后来她闻到了那股难闻的臊臭气味,她有些迷惘——这是什么味?从哪儿来的这股难闻的味?她不明白,所以很不高兴的走出屋去。

房东太太刚一走,他就把兔子放出来了,它就在屋子里到处跳来蹦去。

后来,过了一些日子,他已经把这只小白兔训练熟了。每次只要听见有人敲门,它就跑回它的笼子里去。他想,如果房东太太发现了他养兔子的秘密,他就让这小白兔给她表演这一招。果不出他所料,房东太太真的发现了他养的兔子。

"怎么？年轻人,你在屋子里养兔子,这不太好吧。"她并未生气,和蔼的说道。"怪不得这屋里有股难闻的气味,一定是它身上发出来的。"

他怕房东太太勒令他扔掉,立即陪着笑道:"太太,它还会表演呢,我可以让它表演给你看。"

它立即表演了,让兔子回到自己笼子里的那套把戏。

房东太太笑了。

"嗯,它倒挺乖的。"

"是啊。"他说明道,"否则我就不会养它了。"

这位房东太太总算开恩,没让他扔掉兔子,也没撵他另找住处。

后来,他们的戏班子到了威尔士的托尼潘迪。

找好了住处,他旧戏重演,他想先通过太太这一关,就不用偷偷摸摸的养了。他又让他的小白兔表演了听见敲门声就逃回笼子里的把戏。

房东太太看完了,并未说什么,只是对着他神秘兮兮的笑了笑。

就在当天晚上,他从戏院回到住处,他先去看他的小白兔,可是,已是兔去笼空,他的小白兔不见了。

他找到房东太太。探问道:

"太太,您看见我的小白兔了吗?"他又加了一句:"它不见了。"

"没看见。"房东太太摇摇头,又接下去道:"大概是它自己逃走了,要不是被什么人偷去了。"

"不可能啊。"他有些不快的道。"我去戏院的时候,笼子是拴好了门的。再说,它已经和我熟了,不会自己走掉的。"

"既然这样,还是被别人偷走的可能性大。"

"可是。"他又怀疑的道:"我的其他东西全未丢,只单单丢了小白兔。"

"这不奇怪。一定是个孩子偷走的。他只爱那东西好玩,所以他不偷你别的东西,单偷走了兔子。"

他不再问了,他似乎明白了,一定是房东太太作了手脚,把他的小白兔送给别人或者放跑了。她没有用强硬的手段,没有让他扔掉,也没有说出不让他住,却用自己的一套办法,解决了这个问题。既不得罪查尔斯,又让他无可挑剔。同时还弄走了兔子,可谓一举三得。

戏班子从托尼潘迪又到了矿业市镇埃布维尔,他们不打算在此多留,只打算演出三天。

查尔斯对埃布维尔的印象不好,认为它是一个阴湿丑陋的市镇,一排一排的房子,外形都很难看,式样都是一律的,每幢房子里有四间点着油灯的小房间。

戏班里的人多数都是去住小客栈。查尔斯·卓别林的运气不错,他在一个矿工家里租到了一间前房,房间虽小,倒还舒适干净,这可比小客栈强多了。晚上散了戏,房东太太总是把他的晚饭放在火炉前面,吃的时候仍然是热的。

房东太太是一位中年妇人,她个子高大,长得很漂亮,但是,她的脸上似乎是带有一种忧郁的神气。早晨给查尔斯·卓别林送来早餐,几乎是一句话也不说,脸上也无笑容,显得忧愁的样子,当然脸上也无怒意。

　　查尔斯·卓别林对这件事感到奇怪,他去厨房要一点水,可是厨房门是从里边挂住的,他敲过门,房东太太才开了门,但是仅开了一道几寸宽的缝子,不仅没让他进去,而且也不让他看清厨房的内部情况,他在想,难道厨房里有什么秘密?难道有见不得人的隐私?

　　第二天晚上,他刚从戏院回来,正在吃夜宵。她的丈夫进来了,这个人和他的妻子年龄差不多大。他这是刚从戏院里看完戏回来,正准备去睡觉,手里端着一支点亮的蜡烛,站在那里和查尔斯·卓别林搭讪着说话。他打听戏班里有多少人?都排了什么戏?演过多少场次了……。最后,他突然住了口,准备说什么,他思考了一会,又道:

　　"喏,这是怎么一回事,我有一样东西,它也许适合你们干的这一行。"他的话很快,很简练,但声音不高。"你见过一种人蛙吗?"

　　查尔斯·卓别林不但没见过什么人蛙,他连这个名也没听见过,他对主人摇摇头:

　　"没见过。它是什么样的?"

　　"这儿来,跟我来,你拿好了这支蜡烛,让我来掌灯。"

　　他跟着房东主人走进了厨房。男主人把那盏灯放在一个菜橱上,菜橱的下半部不是开着两扇门,而是围了一幅帷幕。

　　"喂,吉尔伯特,出来吧!"男主人一边说一边拉开了帷幕。

　　一个半人形的怪物,从橱房里爬了出来。他确实长的非常之怪。他下面没有小腿,上面长了一个大得不相称的扁脑袋,金黄色的头发。苍白可怕的脸,塌鼻子、大嘴巴,肌肉发达的健壮的肩膀和胳膊。他身上穿着一套法兰绒衬衣,裤脚管被剪短到大腿部分,从那里面伸出了十个粗短的脚趾。这个可怕的怪物,看上去大约有二十岁,也可能有四十岁,无法去分清他的年龄。当他抑起头,咧开嘴的时候,露出来一排蜡黄的大板牙。

"喂,吉尔伯特,跳啊!"男主人对那个怪物说。

那个怪物慢慢地俯下身体,用手臂撑着地,向上一纵。

把查尔斯·卓别林吓了一跳,那怪物这一跳,竟纵起了有他的头那么高。

"你看,他有资格列入马戏团吗?"男主人问道,他又加了一句:"这是人蛙呀,是很少见的。"

查尔斯·卓别林原本吓的说不出话来,此时,他稳了稳加快跳动的心脏,然后慢声拉语的道:"我看是可以的。伦敦有几个马戏团。"接着他说出了几个他所知道的马戏团的名字,又道:"你可以先写封信去问一下。"

男主人又要那个怪物再表演几套把戏,一会儿蹦跳,一会儿爬高,一会儿用手撑着一张摇椅的臂竖蜻蜓……。

查尔斯·卓别林觉得吉尔伯特很可怜,什么"人蛙",也不过是长成畸形的人,人怎么可以被当作狗、猴、猫熊等动物那样在马戏团里去耍把戏,供人取笑呢? 但是,他见男主人兴致勃勃,只得言不由衷地道:"表演得挺精彩。"

"他已练了好多年了。"男主人兴致勃勃的说。"他生下来以后,我们见他这个样子,知道他长大了干不了活,就让他练这些把戏了。总不能白养活他呀。"

查尔斯·卓别林心里产生了很大的反感,这个吉尔伯特就是房东的亲生儿子,他不过是畸形,怎么能让他练这些把戏,然后送到马戏团去供人取乐呢,这样的父母不是太不尽人情了吗?不是有些太残酷了吗?

那天夜里,他忽然有些害怕,生怕那个吉尔伯特爬出来。他醒过来去拉那扇门,试试可曾锁好。还好,门拉不动,可见是锁好了的。

第二天早晨,房东太太来送早餐时,脸上的忧郁不见了,好像挺高兴,话也多了一些。

"我知道,你昨儿晚上看到吉尔伯特了。"

"他是你的孩子?"

"是啊,生下来就是那个样子。我们不是虐待他。"房东太太解释道:"留你们戏班的人住在这里,再没地方了,只好暂时让他睡在菜橱底下。"

"你看吉尔伯特能搭马戏班吗?"房东太太向查尔斯·卓别林请教。

"我看是可以的。"他心里并不赞成,但是,为了不得罪房东太太,只能这样回答,反正住几天就走了。这是他聪明的地方。

"我们早就有这个打算,所以才让他练了一些功夫。"

他无话可说。

当戏班离开埃布维尔时,他特意走到厨房里——自从吉尔伯特在查尔斯·卓别林前亮了相,这事对他来说就不保密了。与吉尔伯特道别,他握了握他那长满老茧的大手。

吉尔伯特也亲切地和查尔斯·卓别林握手,互道再见。

戏班在外省巡回演出了四十个星期,又回到了伦敦,接着又在郊区各地演出了八个星期。

《福尔摩斯》的演出盛况空前,所以,第一轮演完后三个星期,戏班又准备作第二轮演出了。

这时候,查尔斯·卓别林与西德尼·卓别林已积攒了一些钱。哥儿俩一核计,搬出了波纳尔弄,在肯宁顿路租了一套更体面的房间。

　　他们象蛇一样,要蜕去自己的皮,消除过去一切贫穷困苦留下的痕迹。

　　西德尼·卓别林很羡慕弟弟的工作,因为他也是想当一个演员的。弟弟也知道哥哥的心愿。为此,他找到戏班管事的。

　　"先生,和您商量个事儿"。他尊敬的对管事说。

　　"什么事? 说吧。"管事的和气的反问道。

　　查尔斯·卓别林虽然不是演主角的,因为他戏演得好,班里的人对他都挺友好,管事的也不例外。

　　"我哥哥西德尼也爱演戏,让他在《福尔摩斯》里演个小配角行吗?"

　　"把你哥哥带来我看看。"

　　查尔斯与西德尼同去见管事。

　　管事见西德尼人物整齐又很精明,当即答应了。他的戏份是每星期三十五先令。所以,在第二轮巡回演出时,他们哥儿俩就在一起了。

　　西德尼的收入不多,但总算偿了他的心愿。而且又和弟弟在一起的。

　　最高兴的还是查尔斯·卓别林。有哥哥和他在一起,他再也不感到孤独了,他再也不忧郁了,成天乐呵呵的。

　　更大的喜讯又传来了。原来是他们的母亲病好了。

　　西德尼每个星期都给他们的母亲写信——查尔斯还是不写,因为他这时写封信还是挺费劲的。

　　就在他们第二轮巡回演出将近结束的时候,他们收到凯恩——希尔疯人院的来信,信中说,他们的母亲已经全部恢复了健康,可以出院了。

　　此时,戏班正在伯克郡的首府雷丁演出。他们立即给妈妈办好了出院手续,并且准备将她就接到雷丁来,和他们哥儿俩住在一起团聚。

为了庆祝这样一件大喜事,他们租了一套特别考究的公寓的房子——包括两间卧室和一间起坐室。在起坐室里有一架钢琴,又在他们母亲的卧室里摆满了鲜花。

他们接到母亲的电报,在家里准备了一顿丰盛的饭菜。然后兄弟二人去车站接妈妈。

两人又是兴奋又是紧张。

怎能不高兴啊,久病的妈妈终于恢复了健康,久未见面的妈妈即将见面。而且将永远在一起,又是已经摆脱了贫困与疾病的团聚。他们想象着妈妈的样子,却怎么也想不出该是什么样了。

兄弟二人提前到了车站。

火车进站了,他们心情激动,又惴惴不安,逐个儿去看那些从火车上走下来的旅客们的脸。到后来,他们终于看到了他们的母亲。

兄弟俩快步迎上去。

莉莉·哈莱面带着微笑,很镇定的向他们走来。

"妈妈!"兄弟俩亲切的大声叫着。这叫声惊动了其他旅客,有些人向他们这边看。

莉莉·哈莱没有伤感,她亲切的与两个儿子打招呼,又吻了两个儿子。两个儿子一人拉住妈妈的一只手,走在两边。

他们有钱了,叫了一辆四轮马车。这又让查尔斯·卓别林想起当年送妈妈去医院的情景,妈妈身体那么弱,连说话的力气都没有,他又是那么小,母子二人却要徒步去医院,走几步就要停下来休息一会儿,因为妈妈走不动。过路人都扭过头来看他们,因为他们母子二人的衣衫也是破旧褴褛的,一副可怜相。

查尔斯已经十四岁了,他自己觉得好像大了许多,再也不能象童年那样坐在妈妈怀里和妈妈亲热了。但是,他却觉得妈妈更可爱了。

在巡回演出期间。莉莉·哈莱就跟着两个儿子到处走。他们有一个随时搬动的家。每到一处,他们就暂租一间或两间房子住几天或一二个星期。

白天,莉莉·哈莱总是去买一些吃用的东西,还要买一些水果和点心。并且也买一些鲜花。她是很喜爱花的,在从前,即使他们过的是穷日子,只要吃上饭,每当星期六,她总是要买回来一束香罗兰。

每天晚上,当两个儿子从戏院里回来,母亲已把香喷喷的饭菜做好了。此刻,母子三人就坐下来吃饭。

母子三人都感到了幸福。

这样过了一个月。莉莉·哈莱提出了她的想法。

"孩子,我打算回伦敦去。"她看着两个儿子说道。

"妈妈,这样不是挺好吗?"查尔斯先提出了异议。"干嘛回伦敦呢?"

西德尼没有出声,他想,妈妈要回伦敦一定有她的道理。

果如他们所料,莉莉·哈莱道:"我打算在你们巡回演出结束之前,先布置好一个家,你们回到伦敦就有一个舒适的家了。再说,"她笑着看着查尔斯,"我跟着你们到处去跑,花费的旅费太多了,我回到伦敦可以节省一些钱,这不是一举两得的好事吗。"

"对了!"查尔斯明白了妈妈的用意,欣然同意。

第二天,莉莉·哈莱一个人回伦敦去了。

第二轮巡回演出结束了，西德尼和查尔斯回到伦敦，奔进自己的新家。

莉莉·哈莱在他们从前住地宾切斯特街那家理发店楼上，租了一套房间，又用分期付款的办法买了一套价值千镑的家具。那几间房子当然不能象凡尔赛宫或白金汉宫那样宽敞，当然也没那样华丽，但是，她却妙手创奇迹，卧室里，起坐室里布置得焕然一新，墙上糊了图案美丽的壁纸，地板擦洗得一尘不染，给那些装桔子的木箱覆盖上印花棉布，这一来，看上去就像是几口小衣橱一样了。

西德尼和查尔斯每星期总共挣五镑五先令，他们把一镑五先令交给了母亲。

一件噩耗传来，他们收到一份简短的正式通知：

"有人发现你们的母亲语无伦次，在马路上徘徊，被送进了凯恩——希尔疯人院。"

这个不幸的消息，像一只大棒打在西德尼和查尔斯的头上。查尔斯觉得象万箭钻心。他痛苦地捂着胸，痛哭失声。

西德尼一言不发，发怔地看着一处，眼珠像定住了一样。

此后几年里，莉莉·哈莱在凯恩——希尔疯人院里日趋衰弱。直到最后，他们哥儿俩经济宽裕了，才将他们的妈妈关进一家私人医院，这是后话了。

最后，他们哥儿俩搭的弗罗曼戏班的巡回演出永远结束了。布莱克本皇家戏院老板哈利·约克（Harley·Jock）先生，从弗罗曼戏班买下了《福尔摩斯》的上演权，到一些更小的城镇里去演出。这个新戏班也邀了查尔斯和西德尼，但是戏份却又减少了，每人每星期只给三十五先令。

搭上了一个下等戏班，戏份儿又减少了，又是去小的城镇里演出，这是太丢面子的事，这种降格令查尔斯·卓别林非常沮丧。

没办法，只能将就了，可是，他们哥儿俩一到了这个戏班，就发现了，这个新搭的戏班比起弗罗曼戏班差远了，简直无法相比。查尔斯对这个新戏班立即产生了歧视心理。

他原来并不打算让这个班的人知道二者优势的对比。然而，在排练的时候，那位新导演啥也不懂，他知道查尔斯是从弗罗曼戏班来的，就向查尔斯问到一些舞台指挥技术技巧，有关怎样递点子，怎样做某些动作等等。

查尔斯·卓别林还是个大孩子，又是个热心人，他就热心的帮助导演，将弗罗曼戏班里的导演技术技巧，毫无保留的全部告诉了导演。

按理，这个戏班里的人应该感谢查尔斯才是，因为他的作法对演戏是有好处的。但是，有些演员他们自己不懂，见查尔斯说得头头是道，反而产生了嫉妒心里，认为他是在炫耀，是自大的表现。

有的人在背后说他："黄嘴丫子没退就帮助导演出点子了。"

有人说他"乳臭未干就狂妄自大。"

后来，一位新的舞台管事出于嫉妒，竟对查尔斯怀恨在心，有一次借口他制服掉了一个扣子，罚了他十先令。

好心不得好报，在这样的环境里够憋气的了。

但是，喜讯又从天而降。

原来《福尔摩斯》一剧的作者威廉·吉勒特陪同玛丽·多梦《Mary·Dsra》来到伦敦，合演他所编的《克拉丽莎》。剧评家很不客气的批评了这个剧本，还批评吉勒特念道白时的姿态。于是吉勒特就编了一出过场戏（在正戏演出前演的配戏，有时叫开幕戏,有时叫垫戏,一般习惯叫过场戏),叫作《福尔摩斯做人难》,在这出戏里,由吉勒特扮演的福尔摩斯不说一句话。这出戏里一共只有三个角色、一个福尔摩斯、一个疯女人,还有一个福尔摩斯的小佣人比利。威廉·吉勒特曾听见有人说过,在弗罗曼戏班里演《福尔摩斯》时,有一个演比利的孩子演得好,他也看过《伦敦热带时报》对《吉姆:一个伦敦人的传奇》的剧评。他即让他的管事给正在外地演出的查尔斯拍了个电报。

他先把电报拿给戏班管事看了。其实戏班管事已经听说了,戏班里几乎人人皆知了。

"你可以复电说'近日即到',我们立即找一个代替你演比利的人。"管事的爽快的答道。他不是想成全查尔斯,而是他不想得罪这位编剧兼大演员威廉·吉勒特先生。

戏班真的在当地找了个比利。这几天可把查尔斯急坏了,就像热锅上的蚂蚁一样,坐卧不安。在戏班找到比利的第二天,他就返回伦敦。

他一到伦敦,立即叫了一辆马车赶往伦敦西区(伦敦西区是富有住宅区,戏院酒馆和时髦商店也集中在这个地方。东区则是贫民区,也就是查尔斯童年所住的地方)约克公爵大戏院。

舞台管事波斯坦斯(Bothtars)先生接见了他。他一见查尔斯的样子——矮小,精明,聪颖的样子就猜到了。

"如果我猜的不错。"波斯坦斯笑着道:"你就是查尔斯·卓别林……。"下边该如何称呼,他无法说了。叫先生?似乎对方年龄也太小了点儿,他有些不知所措了。

查尔斯·卓别林为他解了围,他当却道:"是我,您是波斯坦斯先生了。"因为看门人告诉他到这里来找他。

说过了几句客套话。波斯坦斯就领他去见里吉勒特先生。

在吉勒特先生的扮戏房里,他见到了吉勒特先生。

波斯坦斯指着他对吉勒特先生道:

"先生,这位就是查尔斯·卓别林。"

吉勒特先生挺客气,首先和他握手,接着又客气地道:"请坐。"

他有些受宠若惊,那么大的名角对他这样客气,他怎能不激动呢,他说了声:"谢谢。"然后有些拘束地坐在一把椅子上。身子挺得笔直。

大概是吉勒特先生看见了他有些局促不安的样子,笑着道:"不要拘束,随意些好了。"

他笑了笑。

"你高兴和我一起演《福尔摩斯》吗?"吉特勒先生坐在一张软椅上,亲切地看着查尔斯问道。

"非常高兴,吉勒特先生。"

吉勒特先生又打听了他在外省演出的情况。

他小心地一一作了回答。后来见无话可说,他就告辞了。

"明天上午八点钟开始排练。"吉勒特先生说。

"吉勒特先生,请放心,我不会迟到的。"

第二天,查尔斯在七点一刻钟就到了约克公爵大戏院。他见人还没到齐,就站在一边休息。突然,来了一个漂亮的女人。他并不认识这个漂亮的女人,他听见旁边有人在小声对同伴说:"瞧,玛丽·多梦小姐来了。"他才知道,她——这个漂亮的女人就是大名在外的玛丽·多梦。

她穿着一身非常漂亮的白色夏装,她刚走下一辆双轮马车,发现她的衣服上有一个黑水染的污点。

"喂,"她对管行头的人叫道,"你有什么办法去掉这个污点?”她伸出两个手指,点着衣服上的污点。

“我没有什么妥善的办法。”管行头的人恭敬的答道。

“哦,瞧它叫人多么扫兴啊。”她拿腔作势,娇嗔满面地道。

这个玛丽·多梦有一副漂亮的脸蛋,说她可以倾国倾城并不过分。

但是查尔斯却突然觉得她可恨。他恨她那微噘着的娇嫩的粉红色的嘴唇,他恨她那一口整齐雪白的牙齿,他也恨那令人心醉的下颏,他恨她有一头乌漆黑亮的头发,他恨她那娇嫩粉白吹弹得破的玻璃面孔,他恨她那并未经过描画,弯弯的细如柳叶般的眉毛,他恨她那长长睫毛下的一双棕色的眼睛,他恨她假意着恼,并且在做作当中流露出了那种媚人的神态。他恨她在和那个服装管理员说话时,对站在旁边的他故作未见,理也不理,连一眼都没看,而他就在这近的地方站着,又是双眼紧紧盯着她。

玛丽·多梦的美貌夺走了查尔斯的灵魂,他呆呆的站在那里一动不动。

十六岁的查尔斯·卓别林已经通人事了,他初见这个漂亮女人时,曾一再提醒自己,不要被她迷住啊。但是,此刻的他,所恨的是玛丽·多梦那么美却不理睬他。他对这个美丽的女人已是一见钟情了。

但是,吉勒特为玛丽·多梦定的《克拉丽莎》一剧,却失败了。

剧评家虽然竭力吹捧玛丽·多梦的美丽,但是他们在剧评中又说:“仅凭美貌这一点,并不能使一出伤感戏很紧凑地演到底。”

鉴于上述情况,《克拉丽莎》停演了,此后的一段时间里,吉勒特先生重演了《福尔摩斯》,查尔斯·卓别林仍旧在该剧中演比利。

查尔斯·卓别林,因为他能和大名鼎鼎的大名角威廉·吉勒特在一起演戏,由于当时过分激动,根本就忘了去打听他的待遇,而波斯坦斯先生也没有告诉他。过了一个星期,该是发戏份的时候了,波斯坦斯先生拿着一个装戏份的袋儿,找到了他,他露出了抱歉的神气。

"我真不好意思,给你这么一点儿。"他歉意地笑着道:"可是弗曼办事处的人说,还是照原来的数目:两镑十先令。"

他说着,将装戏份的袋子递过来。

"我很满意。"他客气的说道。接过了戏份儿袋子。

两镑十先令,比起三十五先令是多了,但是,按查尔斯·卓别林当时的演技,以及该戏中的演出质量,给他两镑十先令确实太少了。难怪波斯坦斯感到了抱歉。

在排演《福尔摩斯》的时候,他又遇见了玛丽·多梦。

这个青春期萌动的查尔斯·卓别林,对这个异性而又面貌美丽的小姐,虽然决心不被她迷住。但是他又难以实现自己的决心,他恨她又爱她,恨是由爱而产生的,恨她生得太美,使他不能忘怀,恨她拐走——或说俘虏了自己的灵魂,他更恨自己,恨自己软弱,恨自己无能。

在《福尔摩斯》一剧中,玛丽·多梦扮演艾丽丝·福克纳,但是,查尔斯·卓别林没有一场戏是和她合演的。这又使他产生了遗憾。

他很想引起玛丽·多梦对他的注意,但是,这位美人却从未看过他一眼,也从不和他说句话。他却想主动去和这位美人说话,也更想多看她几眼。如果有可能的话,他真想把自己的眼珠挖出来,粘在玛丽·多梦的脸上——可惜不能。

　　为了能多看美人几眼，和美人说句话，老是等候机会，计算好时间，在排练前，他守候在楼梯口，当玛丽·多梦来到了，他也故作刚到的样子，和她一同上楼，大起胆子说一句话，而这句话又是说的那样呆板，那样冷，又是吞吞吐吐才挤出来的一句："晚上好。"

　　这位美人似乎并未拒人于千里之外，她当即会笑着回答一句："晚上好。"

　　在排练结束时，他也要计算好时间，以便再多看她几眼，再说一句话。

　　也许年轻人都这样，也许查尔斯·卓别林是个例子，他平时的灵气，那灵活聪明的大脑，那种反应敏捷，遇事不慌的机灵劲儿，在见了玛丽·多梦之后，不知道为什么一下子全没有了。他一见了这位美人，心跳就得加快，人也就变得木讷，呆头呆脑了。这大概就是俗话说的灵魂出壳了。

　　查尔斯·卓别林仅十六岁就深深地坠入了情网。

　　《福尔摩斯》一演而红。就在这一时期里，有一次，英国国王爱德华七世的妻子，亚历山德拉王后也到约克公爵大戏院来看戏。同她一起坐在御用包厢里的有丹麦国王克里斯琴九世（Karlisrin Ix）之子，英国王后亚历山德拉（Aleixandra）之弟，现任希腊国王乔治一世（Jochi）和克里斯琴（Karlismin）亲王。

　　当舞台上只剩下福尔摩斯和比利两个人时，正在扮演比利的查尔斯·卓别林发现克里斯琴亲王在向皇上说明剧情，戏正演到紧要关头，全场观众鸦雀无声，全神贯注的在看戏，突然听见了一个人声音洪亮地说："不用你讲给我听！不用你讲给我听！"

　　这显然是皇上嫌亲王喋喋不休的一个劲儿唠叨而发了

脾气。

正在台上演出的查尔斯·卓别林和威廉·吉勒特也被这突然的叫声吓了一跳,戏竟中断了几秒钟。

在此期间,有几位名导演,名演员对查尔斯·卓别林很友好,都赞赏他的演技,其实,十六岁的他,不过是个大孩子罢了,能演得那么好,实在令人赞叹。

著名的舞台导演兼戏院经理迪翁·布西科(Dewen·Bushek)的办事处,就设在约克公爵戏院里,他每次遇见查尔斯·卓别林,总是带着赞许的神情,有时拍拍他的脑袋,有时鼓励他一句:"年轻人,努力吧,你会有出息的。"

在《福尔摩斯》演出结束之前的两个星期,布西科先生把查尔斯·卓别林找到他的办公室。

"小伙子,"布西科亲切的拍了拍他的肩道:"这出《福尔摩斯》再演两个星期就要结束了,你打算去干什么? 还有人邀你演戏吗?"

"没有人邀我演戏,只能另外碰机会了。"他也随便地说,他并不拘束。

"我给你写封信,你去见肯德尔先生,他可是大大有名的演员,我希望你能够在他们新戏里扮演一个角色。你愿意吗?"

"谢谢,谢谢布西科先生。"他高兴地向布西科道谢。

于是布西科先生给肯德尔夫妇写了一封信,介绍查尔斯·卓别林到他们的戏班里去当演员。

当时,肯德尔夫妇——威廉·亨特·肯德尔(ViLlinm·Hent·Kendall)先生和他的妻子玛奇·肯德尔(Machy·Kendall)都是名演员。他们正在圣詹姆斯戏院演戏,他们演的戏很能叫座,这一轮的演出刚要结束。

事前约定卓别林于上午十点钟,到戏院里的休息室与肯德尔太太见面,说是要和她签定表演三十八周的合同。

查尔斯·卓别林提前十五分钟,赶到了圣詹姆斯戏院的休息室。十点钟到了,肯德尔太太却没来。对这位太太不能按时来到,何况约会的时间还是她定的,他很不高兴,这叫失信。

又过去了十分钟,仍不见肯德尔太太的身影。

随着时间的过去,查尔斯·卓别林对肯德尔太太的不满在增加。时间过了一分钟,他的不满增加了一分。

到了十点二十五分,肯德尔太太的高大身影终于出现了。

她终于到了戏院休息室。这个身形高大,神情傲慢的女人,对她自己的迟到,没有一句解释,也没说一句道歉的话,连句客气话也没有。她见到了查尔斯·卓别林头一句话就问:

"你就是那个孩子吗?"

"我们就要到外省去巡回演出一出新戏",她盛气凌人的样子,大声的说着,好像查尔斯·卓别林不是她邀来的演员,而是可以随意支使的奴仆。"我很想听你念一下脚本,可是,这会儿我非常忙。所以,明天早晨你还是在这个时间到这儿来一趟吧。"

这简直是欺人太甚,将人家邀来了,她不按时来,晚了二十多分钟来了,却又一句解释的话不说,反而命令人家第二天再来,真是岂有此理。

"对不起,夫人,"查尔斯·卓别林一肚子的不高兴,但是,他没有说出指责对方的话,他只是冷冷的道:"可惜我不能去市外演出。"

他说完了这句话,略微抬了一下帽子,转身走出了休息室,雇了一辆过路的马车走了。

《福尔摩斯》演完了最后一场。

玛丽·多梦那个美人要回美国去了。深深爱着她的查尔斯·卓别林，此前既未有机会表露，也没有勇气提出，甚至于和她多交谈几句话的机会也没有，此刻，这个美人走了，他的灵魂也将被她带到美国。

那天晚上，他一个人跑到外面一个酒馆里喝了个酩酊大醉。他这是借酒浇愁，他害的是单相思。剃头匠的挑子——一头热，另一头是凉的。

抽刀断水水更流，借酒浇愁愁更愁。

大约过了两三年，查尔斯·卓别林在美国的费城又见到了玛丽·多梦。

那是查尔斯·卓别林所搭的卡诺剧团赴美国演出。卡诺喜剧团新戏院举行开幕典礼，玛丽·多梦是来参加开幕典礼的。她还是那么美丽。

当玛丽·多梦致词时，查尔斯·卓别林已经化好了装，他演丑角，样子很可笑，他站在条幕后面偷看着这个美人，因为他怕难为情，并没让这位美人认出他来。

在伦敦演《福尔摩斯》结束了，查尔斯闲下来。但是，他并未因为不肯与肯德尔太太签约而后悔。他认为做一个人应该有自尊心。

第四章　天才受挫

　　他有过失败,观众往台上扔水果、铜子、跺脚,喝倒
彩……,但他还是成功了。著名丑角韦尔登妒才嫉能,
假戏真作,打得卓别林鼻孔冒血;下了舞台,他警告韦
尔登:"如果你再这样演下去,我也演真的,用哑铃砸出
你的脑浆来!"

　　查尔斯·卓别林闲下来了,正是他的青春期开始。少年时
代的情感正在形成。他向往的是那些轻率、莽撞、富有热情的事
情,有时陷入空想,有时闷闷不乐,对生活一会儿愤恨,一会儿热
爱。他此时的思想正像含苞待放的花蕾,他在这个光怪陆离的
迷宫里四下彷徨。有时想入非非。

　　什么是艺术? 在他的脑海里始终不曾有这个词。演戏吗,
不过是爱好,并且用来挣几个先令来生活罢了。

　　他接触过妓女和私娼,但是,对女人,他只是及时行乐而已,
不能使他长期感到有兴趣。

　　他偶尔也酗酒,喝得酩酊大醉,在大街上摇摇摆摆的走着,
嘴里含混不清的唱着,成为了个地道的小醉鬼。但是,他还是喝
醉的时候少,清醒的时候多。酒也提不起他的兴趣。

　　他需要什么?

　　他所需要的是浪漫惊险的生活。

　　他闲了一个阶段,最后在凯西马戏团里找到了工作,在一出

歌舞短剧中,模仿和取笑大盗迪克·特平和沃尔福迪·博德"医生"。

查尔斯·卓别林善于模仿别人的动作,学语言尤其具有天才。

他在参加亨利·欧文爵士的葬礼时,曾仔细观察过那个自称不流血的外科"医生"的动作。所以他的模仿是相当成功的。他已感觉到他已经不是在演低级笑剧,而是在刻画一个教授或学者式人物的性格。他很聪明,把自己打扮得与博迪一模一样。这一下子,他成了全戏班的红角儿,每星期的戏份儿是一镑。

这个戏班里全是半大孩子,但扮演的却是街头上的大人。其实,他觉得那段戏演的不象样子,但是,他又认为这样可以把自己训练成为一个喜剧演员的机会。

凯西马戏团在伦敦演出时,他们六个演员寄宿在肯宁顿路菲尔兹太太家里。

菲尔兹太太是一位六十多岁的老寡妇,她有三个女儿:老大叫芙蕾德丽卡,茜尔玛是老二,最小的一个叫菲碧。

芙蕾德丽卡嫁了一个俄国细木匠,那个细木匠派头十足,但是长相极丑,一张鞑靼人的大扁脸,象一个螃蟹,一头亚麻色的头发,怎么也梳理不好,一撮亚麻色的小胡子,稀稀拉拉象是山羊的胡子,一只斜巴眼,看人的时候,让人感到他是个心术不正的人。

他们六个人在厨房里吃饭,逐渐跟那家人混熟了。

西德尼每逢来伦敦演出时,也住在那里。

查尔斯·卓别林曾在凯西马戏团演杂技,不慎跌了一跤,后来,他就脱离了凯西马戏团。但是他又回到了肯宁顿路,仍住在菲尔兹家。

　　菲尔兹老太太很和气，做事有耐性，也很勤恳。她是完全靠出租房间的收入来维持一家人的生活。

　　已经出嫁的女儿芙蕾德利卡由她丈夫养活，茜尔玛和菲碧帮助做家务。

　　菲碧这年十五岁，长得很美，鸭蛋形的脸，娇嫩粉白，一对细细的弯眉，一双杏核般的眼，象是会说话，水汪汪的，长长睫毛，鼻子微钩，下面是一张娇滴滴的红嘴唇。这个小美人，无论是在肉体上或是在感情方面，对查尔斯·卓别林都很有强烈的吸引力，但是，查尔斯·卓别林尽管对女孩子有些许多不好的念头，他还是在感情上克制了自己，不敢想入非非，不敢有不良的念头。

　　菲碧为人是很正派的。但是，她对查尔斯却有好感。她虽然比这个英俊、聪明又有些滑稽的男孩子小了两岁，她却象一个姐姐似的关心着查尔斯。尽管查尔斯是房客，这个勤快，善良的女孩子却偷偷地帮助他洗脏了的衣服，帮他擦鞋……。后来二人成了好朋友，但是，他和她之间却没发生什么事情。成为异性的朋友，而不是男女相互欢悦的朋友。

　　菲尔兹一家人，都爱激动，时常为一些小事发生争执，甚至大吵大闹，好像他们并不怕外人笑话，有时在争执时，并不管是否有房客在座。他们似乎把吵架当成了家常便饭。

　　他们家的争吵大多是由于做家务活引发的。

　　在这一家人中，茜尔玛大约已有二十岁的样子，但是，她却不象菲碧那样勤快。一家人中要数他最懒惰。她却总认为自己最尊贵，似乎不应该由她来做家务活，而应该象一个阔小姐那样，有仆妇来侍奉她。可惜她又没有处在那种地位，她每天总是打扮得整齐些，摆摆架子。

芙蕾德丽卡虽然已经结了婚有了丈夫,却仍和菲尔兹太太住在一起。本来,这一家的家务活,应该由姐三个轮流做,或争着做——其实,他们家的家务活也不多,不过是擦洗地板,隔些日子擦一擦玻璃,擦抹餐具,做做饭菜,同时,菲尔兹太太自己也动手做,但是,就是为做这些零碎的小活而争吵。按照菲尔兹太太的安排,姐妹三人,每人做一天家务。轮到老夫人芙蕾德卡做的时候,她主动做了,轮到菲碧做的时候,她也主动做了,只有轮到茜尔玛的时候,她却一点不做,反而说这天不是她的班,尽管菲尔兹太太说明了,昨天是芙雷德丽卡做的,明天才是该菲碧做,今天正该她做的,她却不买帐,一口咬定今天不该由她做,不是往芙蕾德丽卡身上推,就是往菲碧身上推。

他们经常争吵,在吵架中,把个人的委屈和家中的丑事全被抖出来了。

正因为他们吵架不背人,所以查尔斯等人也知道了她们家的事。

CHARLIE CHAPLIN

一生想过浪漫生活

卓别林

鲍荻夫 ◎ 著

二

时代文艺出版社

卓别林

作　　者：鲍荻夫

责任编辑：张秀枫

出　　版：时代文艺出版社

　　　　　（长春市泰来街 1825 号 邮编：130062 电话：86012927）

发　　行：时代文艺出版社

印　　刷：三河市灵山装订厂

开　　本：787×1092 毫米　32 开

字　　数：750 千字

印　　张：35

版　　次：2011 年 5 月第 2 版

印　　次：2011 年 5 月第 2 版第 3 次印刷

书　　号：ISBN 978-7-5387-1064-9

定　　价：208.60 元（全 7 册）

　　丑事就出在茜尔玛身上。因为从菲尔兹太太口中骂出来的话，他们知道了这件丑事。原来茜尔玛曾经和一个男人私奔，那个男人是一个年轻的律师，原是利物浦人，她和那个律师同居以后，她就把自己看成一个高贵的妇人了，认为做家务事会贬低了她的身份。后来，她又和那位律师闹翻了，她无处可去，又不愿找工作，脏活、累活她不干，她又没有一技之长，缺少一艺之精，所以找不到工作，只能又回到娘家来，依靠妈妈的房租来养活她。

　　查尔斯对她没有一点好感。

　　有一天。又是因为做家务活吵起来。菲尔兹太太气愤的骂茜尔玛：

　　"好嘛，既然你是一位太太，那就给我请了出去。再去找你那位利物浦律师去好了。"她又嘲讽的骂道："可惜，他是不会要你的了。"

　　茜尔玛却又反唇相讥："我总算当过太太了。不过……"她没有说下去，因为人家确实不会再要她了。所以她无话可说。

　　菲尔兹太太为了壮自己的声势，她抓起了只茶杯，往地上一扔，茶杯被摔了个粉碎。

　　茜尔玛正坐在桌前，她看了菲尔兹太太的架势，端着架子，脸不红，她顺手从桌子上也抓起一只茶杯。

　　"难道我不会发脾气吗？"

说话间,她也将茶杯往地上一丢,茶杯变成了碎片。

"别以为不会闹事,我不是怕事的人。"

说话间又扔到地上一只茶杯。

"别以为我老实,我怕谁呀。"

又是一只茶杯被扔在地上……

满地都是碎瓷片。

可怜的菲尔兹太太以及芙蕾德丽卡、菲碧都无可奈何的看着她。

茜尔玛却装成若无其事,既不生气也不害羞。

"你们瞧呀,瞧她在干什么呀?"

菲尔兹太大哼哼着道。

茜尔玛理也不理,仍端着架子坐在桌前。

"喏,你扔吧,再给你一些东西扔,看你能不能把这个家全砸碎了。"菲尔兹太太赌气的说,她将一个糖罐递过去。

茜尔玛并不在乎,她接到手,又往地上一丢,糖罐又摔碎了。她连看也不看,仍若无其事的坐着。

这样的打闹,已发生过多次,每一次总是由菲碧来收拾。

有时,她争着把本应该由茜尔玛干的活,她都做了。

有时,她出言相劝,因为她勤快,争着做活,处理又公道,所以全家人都尊重她。连茜尔玛也不好意思和她争吵。因为她多干活,少说话,她是惹不着茜尔玛的,往往是她去争着做家务活,茜尔玛反而拉着不让她干。

这次,又是菲碧出面了。她一声不响的去收拾满地的碎瓷片。地上打扫干净了,茜尔玛也不好意思再扔了。

查尔斯·卓别林在菲尔兹住久了,对他们家的争吵也习惯了,不以为怪了。

　　他失业已有三个月了，生活费全靠西德尼资助。每星期十四先令的膳宿费，由他向菲尔兹太太交付。

　　西德尼在弗莱德·卡诺的戏班里，已成为主要的喜剧演员。他不止一次的向卡诺说明，他的弟弟查尔斯·卓别林有演戏的才能，并且举出了弟弟和威廉·吉勒特以及塞恩斯伯里等名演员在一起演过戏。

　　"他扮演《福尔摩斯》中的比利，曾受到观众以及许多剧评家的好评。"西德尼一再这样说过。

　　卡诺却总是用一句话堵住西德尼的嘴："他年龄太小了。"

　　那时候，在伦敦城内，犹太喜剧演员的演出很受欢迎。查尔斯·卓别林想，如果我也带上个假的大胡子，冒充犹太人，再装成是老人的样子——他学老年人走路，说话是很像的，他的这种模仿才能是一种天才，他在还是很小的时候，在兰开夏八童伶班时，就曾学过《老古玩店》一剧中的老者。

　　西德尼为了支持弟弟这有趣的想法，给了他两镑。他就准备用这些排一出戏，戏里面的歌曲和对话，全是从一本美国笑话书《麦迪逊汇编》里摘出来的。接连几个星期，他一直在进行练习，并表演给菲尔兹一家人看。他们看过后。查尔斯问他们："这个剧怎么样？"

　　"挺好的。"菲碧道，"你努力去做吧。"

　　"小伙子，这出戏挺有趣的。"菲尔兹太太说。

　　芙蕾德丽卡和她的丈夫细木匠虽也认真的看了，却没有表态。

　　茜尔玛却表示了她的态度，她装腔作势地道："嗯，还可以，如能演得再好一些，就能叫座了。"

　　他得到了鼓励，又增加了信心，他准备到福雷斯特游艺场去演出了。

福雷斯特游艺场座落在离迈恩路不远处的犹太区的中心。这是一家小戏院。

他找到了戏院的管事。

戏院的管事认识他，以前他在凯西马戏团的时候，该团曾在这个游艺场演出过，戏院管事认为他演的还不错，所以对他有好感，也就留下了印象。

"我自己排练了一个喜剧，打算到贵院来试演。"他开门见山的对戏院管事说，因为他不会拐弯抹角。

"可以。"戏院管事爽快的一口就答应，"可以试演一星期。"应该说一个星期是够用了，如果试演成功，他可以去大戏院去演了。

"谢谢。"查尔斯·卓别林为戏院管事的爽快与大方而高兴。

"不过……，"戏院管事，看着查尔斯，笑了笑，说了"不过"两个字，把尾音拖下去，过了几秒钟之后，才接下去说："戏院不给你任何报酬。"他此刻才说出他的不大方不爽快。

查尔斯·卓别林是打算从此一鸣惊人，所以对报酬并不计较。

"行。"他却真是爽快，一口答应白演一星期，不收取任何报酬。

事情说定了。查尔斯非常高兴。如果在福雷斯特一演而红，他就要到伦敦的各个所有的大戏院里去轮流上演，用不上一年，他就会青云直上，成为轻歌舞剧中一个挂头牌的名角。

当天晚上，躺在床上他在脑海里描绘着自己的未来。

他的剧在伦敦，在外省全受到欢迎，剧评家在报纸上一篇又一篇的叫好，演出时，观众往台上扔钱——他五岁时代替母亲表演就出现过,扔的全是银币或金币。他成了和威廉·吉勒特或塞恩斯伯里一样的名角,交了许多朋友,这些朋友经常来看他。他也常去看朋友……。朋友们在一起聚会……。

那时候当然不能再住在这里了。要住高级的公寓,地方一定要比这宽敞,否则朋友一来就显得太挤了。

客人来了,当然不能没有女主人。谁来当女主人呢?菲碧?当然,她是最佳人选,她不仅美丽,而且非常勤快,为人又和气,可是,菲碧本人愿意吗?还不知道。不过,菲碧对他的友好,他已知道了,也许会愿意的。先不去想她了,到时候会有的……。

他又想起了妈妈曾给他看过的那张旧戏单。他也会有戏单,那戏单该怎样写呢?他是见过戏单的。他在戏单上应该写:

特　约

喜剧名角　　技艺高超

妙趣横生　　令人捧腹

查尔斯·卓别林

不!不能这样写,因为这个剧团应该是他自己的,不能自己"特约"自己。应该写上:

自编自导　　自己主演

喜剧大师　　技艺高超

妙趣横生　　令人捧腹

查尔斯·卓别林

不!这里还没有说出自己的优点,那就是模仿他人。他再也想不出更恰当的词来写戏单。

不忙,还是等去外省演出的西德尼回来再商量,西德尼会找出恰当的词来,反正还要一段时间——一年,半年,二年……反正来得及。

他就在这为自己描绘未来戴在头上的光环中睡着了

试演是在星期一开始。试演一星期。到了周末,他向戏院管事要来几张戏票,说是给朋友及亲属要的。

戏院管事给他几张戏票。他拿到菲尔兹家,分给他们。此外,他还没有另外的朋友,西德尼又不在家。

"我看,等到你成了名,你就不会再来我们家住了。"菲碧接过戏票,盯着查尔斯的脸这样说。

"一定会来的。"查尔斯很有礼貌地说。他此时又想起了他对未来的描绘,自己有个家,当然不会来这里住。

菲碧的脸上并无笑容,但也无愁容。似乎有些惆怅的表情,也许是一种有失落感的表情。

试演打算在晚上进行。中午十二点,他就把排练唱歌、示意、递点子等一切都张罗妥了。但是,他却没有充分考虑到他的装扮,他一时拿不定主意;究竟应该把自己打扮成什么样子好。在晚上演出前的几小时,他一直在扮戏房里试样。他化了几次妆,他才意识到,无论他粘上多少假胡子,也没有什么办法能瞒去他的年龄,怎么样照镜子看,他也不象个老人。

试演终于开始了。他出场了,开始用犹太口音说他编好了的——就是从《麦迪逊汇编》摘出来的笑话。

他还是太小了,年仅十七岁,没有多少社会知识,缺乏社会经验。他万万没想到,他编的喜剧内容是反犹太的。而他一开场说的几句笑话又是陈旧的——这一点和他的戏的内容一样,他并不知道是陈旧的。不过主要还是这场戏的内容,而不是他的演技,遭到了观众的不满。

他在开场后说完了开场的笑话,台下的观众就开始往台上扔铜子和桔子皮,接着又是跺脚,起哄。

　　一开始他不明白这是怎么回事,以为观众扔铜子,就像他五岁那年一样呢。可是,桔子皮扔上来干什么? 不是钱啊,跺脚干什么? 为什么台下乱哄哄的? 他有些不知所措了,心慌意乱,他把词越说越快,台下的观众无法听清他说的是什么,其实观众已不听了,有些捣乱的观众,有的恶意的嘲笑,有的怪声吆喝,有的喝倒彩,往台上扔铜子和桔子皮的越来越多了。他也不知道自己是怎么糊里糊涂的演完了——也许没演完。他很快下场了。他也不等着去听戏院管事的意见,一直走进扮戏房,卸了装,立即离开了戏院。

　　失败了,他还意识到这一点,他败的很惨,什么一鸣惊人? 到什么大戏院去轮流演出,什么青云直上?

　　他鸣了,确实惊人了,惊得人家观众用桔子皮、用跺脚、用吆喝与怪叫来欢迎你。

　　青云直上吗,还没上去就摔下来了。这一下摔得不轻,岂止是鼻青脸肿,已成了半身不遂了。

　　他不打算再回到福雷斯特去了,他的几本音乐书,他也不要了,他没有勇气去那里取回来。

　　这一次的失败,象一场严霜,他则象一棵青草——还嫩了点的青草,被严霜一下子打蔫了。

　　当他回到肯宁顿路住宿的地方,时间已经很晚,菲尔兹一家人都已就寝了。

　　这样更好,如果他们没睡,说起他在福雷斯特戏场的事,他真无地自容。他悄悄回到自己的住室。

　　第二天早餐时,菲尔兹太太提起了演出的事。

　　"演的怎么样啊?"她问道。"我昨晚没有去看演出,身体有点不舒服。"

"是吗？那么都谁去看了？"查尔斯·卓别林这样问，他心里祷告，一个人也别去才好呢。

"有朋友请我们吃饭，我们也没去。"芙蕾德丽卡说，她似乎有些歉意，因为他没去给这位年轻的房客捧场。

查尔斯看出了她的抱歉的意思，心里说，不必抱歉，没去再好不过了。

"我不想动，也没去。"茜尔玛道，她是个懒猫，不去更好。如果她去了，此时说不定要说出什么不好听的话来呢。

"菲碧去了。"菲尔兹太太说道，"她回来呀，我们问她演出的情形，她说有些疲倦，她要睡觉，所以什么也没说。"她说至此，再一次问道："演的怎么样啊？我想知道。"

"演得还可以，不过，戏还要作一些修改。"

查尔斯·卓别林这样回答，他没有勇气将剧场的实际情况说出来。他虽然承认自己失败了，却不愿意告诉别人，尤其是他已熟悉了一家人。但是，菲碧是去观看演出的，她对自己的说明持什么态度，会不会当场拆穿自己的假话？会不会介绍剧场那种乱哄哄的样子？会不会提起台上的桔子皮，台下观众的吵嚷，怪叫？他担心地看菲碧。

菲碧只顾低着头进餐，她谁也不看，那样子似乎她的疲倦尚未解除，仍要去睡觉的样子。她不说话，查尔斯·卓别林把悬着的心放下来了。

饭后，当菲碧与查尔斯二人单独见着的时候，菲碧仍不提试演的事。

查尔斯在心里暗暗感激菲碧。她小小的年纪——她才十五岁呀，竟这样善良，竟这样善解人意。大概她明白，提起试演的事他会伤心，所以绝口不提，以后也未再提起过。

本来,菲尔兹一家人,都已知道要试演一星期——这是查尔斯告诉他们的。可是只演了一场,没有连续演一星期,他们对此也未再问。似乎他未说过试演一星期的事。

他曾经决定在福雷斯特游艺场试演一星期的消息,写信告诉了西德尼。可是,西德尼却没写信来问试演的结果。

西德尼不在身边,他还感到这是件好事,如果在的话,他如实的向西德尼讲这次试演的情形—— 他当然得如实讲,他会很痛苦。

西德尼一直不问这件演出的事,大概他已猜到了结果,也许是菲碧偷着告诉他了。

这一次试演大大的损伤了查尔斯·卓别林的自尊心,也打击了他的自信。给他留下了难以磨灭的创痕,他这一生也难忘掉这次失败的试演,直到好多年后,他还向朋友讲过这次试演。

但这次失败的试演给了他一个经验教训,他能正确的认识自己。他明白了,他不适于演轻歌舞剧,他不会成为一个轻歌舞喜剧的演员。他缺乏那种接近观众和吸引他们的本领。他又宽慰自己,认为他是一个擅于刻画性格的喜剧演员。不过,他已下定决心,他还要干下去,还要当一个喜剧演员,哪怕是一次再一次的失败,他也不怕了,他要干,要经受一次次失败的痛苦,他一定要干成功,他此时却萌发了一个想法,他认为自己一定会成功的。这是幻想吗?

查尔斯·卓别林在十七岁那年参加了《快乐少校》的演出,他扮演其中少年主角演员。那是一出令人扫兴的戏,所以只演了一个星期。

在戏里扮演男主角妻子的女主角,是一个五十岁的女人,每天晚上演出时,她在台上趔趄着脚走着,查尔斯·卓别林扮演的男主角是一个多情的丈夫,要将这个老女人搂在怀里吻她。而她嘴里喷出了一股子杜松子酒的臭气,令人恶心。

《快乐少校》停演了,查尔斯·卓别林再也不想当这样的男主角了。

他有个邻居叫叶卜莱·辛德拉(Blaise·Cendrars),是个变戏法的,(后来成了法国小说家)。他们二人常常一同出台表演,辛德拉上台去玩他们那五颜六色的彩球,卓别林却戴上高帽子,穿上燕尾服,一副神气十足的架势。

辛德拉对卓别林的评价很高。他说:"卓别林有一种超人的本领,看起来妙不可言。"

卓别林在舞台上动作神速。

辛德拉说:"他那样变幻莫测,让我想起了蜥蜴的舌头。"

可惜,象卓别林这样的人才,却没有人给他提供施展才能的机会。

他闲下来,又开始尝试编写剧本的工作了。他写了一出短小的喜剧,定名为《十二位正直的人》,这是一出比较粗鲁的滑稽戏。讲的是一个陪审团辩论一件毁约案件。陪审团中有一位陪审员既聋又哑,另一位陪审员是个醉鬼,还有一位陪审员是个江湖医生。他把剧情讲给查科特听。

查科特是一个演杂耍的催眠术师,当时,正在准备向一个丑角施催眠术,然后,蒙了那丑角的眼睛,让他驾一辆四轮马车在镇上到处跑,他查科特坐在马车后面,向丑角发送催眠的刺激。他听查尔斯·卓别林读完了脚本,觉得挺有意思。

"这个戏有点意思。"查科特道:"我拿出三镑来,由你来导演,尽快排练熟了,进行试演。"

查尔斯·卓别林挺高兴,他租了一个班子,在肯宁顿路的号角酒馆的聚会室里进行排练。

当时,有个爱挑毛病的演员,他听过了脚本,嘲讽道:

"这个短剧不但写的粗俗,而且很是无聊。"

卓别林问道,

"依你之见该怎样写?"

他一翻眼睛,道:"我是演员,又不是编剧。"

"演员兼编剧不是更好吗?"卓别林笑道:"塞恩斯伯里是一个,威廉·吉勒特也是一个。"他稍停,又道:"你也可以是一个嘛。"

那演员又翻了一下眼球,却没有再说什么。

第三天,他们正在排练时,查科特差人送来一张字条。说他已决定不演《十二位正直的人》了。

卓别林看了字条,没敢向演员宣布这件事,他把字条揣进口袋里,若无其事地继续排练。

到了吃午饭的时候,他把那些人带到他们的宿舍里,才道:

"我哥哥西德尼有话和大家谈。"

他说完了,将西德尼领到卧室里,拿出了查科特的字条给他看。

他看完了字条,问道:"怎么? 你还没告诉他们吗?"

"没有。"卓别林的声音很低。

"你应该告诉他们。"

"我说不出口。"卓别林讷讷地道:"无论如何我说不出口,让他们白白地排练了三天。"

"这又不是你的错。"西德尼大声道:"去! 去告诉他们。"

"这……叫我说什么好呢?"卓别林觉得无话说,他哭了起来。

"不要傻气了。"西德尼说了这一句站起身,走进隔壁房间。

他拿出了查科特的条子,对众人道:"各位先生,女士,今天查科特送来个条子,说他已决定不演《十二位正直的人》了。查尔斯不好意思说,让我来向大家解释一下。你们看,这就是查科特的条子。"他说着话,把那张条子递给他身边的一位演员。

演员还是通情达理的,他们没有一个人埋怨查尔斯。

"这有什么不好意思说的。"一个演员道,"错不在他,而是那个查科特不守信用,毁了约。"

那个曾经发牢骚,说剧本写的不好的那个演员,此刻不但没发牢骚,而且还劝查尔斯。他年龄较大,也是个老演员了,他站起来,走到查尔斯面前,拍了拍他的肩头,又用手抚摸着他的头,大笑道:"孩子,这有什么不好意思的。都怨那个该死的老流氓查科特,他言而无信。"

"是啊。"有人附和着。

西德尼对大家道:"大家都很通情达理,我和我的弟弟都谢谢你们。走,大家难得聚在一起,戏虽然演不成了,大家可以做个朋友嘛。"

他说着话,把大家请到路拐角上的一家酒馆里。大家吃了三明治,喝了酒。大家没有一个埋怨查尔斯的,见他那个不开心的样子,反转过来安慰他。

查尔斯的编剧的生涯,又一次的流产了,

在福雷斯特的演出失败以后,他似乎干什么都不顺手,到处碰钉子。演《快乐少校》,不但剧情不怎么样,他的搭档又是个演技低下,而且可憎的老女人,编《十二位正直的人》,虽然找到了肯于出钱的查科特,结果这个查科特又不守诺言,中途毁了约。

但是,他并未灰心,他认为,命运中的幸福之神,有一天会找到他的。他并未消沉。这就是查尔斯·卓别林的特点。以前那样困苦穷愁的环境中,他虽小也未悲观过,此刻,他仍是乐观的,他在拼命地追求,他在思想上总认为,会有一天,会有机会,让他一展才能的。

机会果然来了。

有一天,西德尼回来告诉他。

“卡诺先生想见见你。”他又补充道:“这大概是你的一次转机,以前我多次向他推荐你,他总是说你还太小。这次,我并没问他,他却要我带你去见他。”

“机不可失,走!”查尔斯来了精神,立即要去见卡诺。

“忙什么?”西德尼笑道,“你看天多晚了,晚上是他最忙的时候。明天再见也不迟。”

第二天。

西德尼与查尔斯一同去见卡诺先生。

卡诺先生的家住在坎们韦尔区科德哈们弄,隔壁就是一个栈房。

“卡诺先生剧团的布景都摊在栈房里。”西德尼指着栈房道:”那里有二十出戏的布景。”

“卡诺先生在家里办公吗?”查尔斯问道。

“是啊。”西德尼答道:“他的办事处也设在那里。”

西德尼领着查尔斯见到了卡诺先生。

“卡诺先生,这就是我弟弟查尔斯·卓别林。”西德尼介绍道。

“查尔斯,这位就是卡诺先生。”西德尼对弟弟道。

“挺精明个小伙子。”卡诺道,“快请坐”

查尔斯向卡诺先生问了好坐下来。他见卡诺先生更象一个精明人。他长得个子不高,可谓短小精悍,皮肤是紫褐色的,一双眼睛炯炯有神,好像老是在估量着别人似的。

"西德尼曾不止一次的对我说,"卡诺先生道,"你的戏演的非常好。你可有把握和哈里·韦尔登先生合演《足球赛》吗?"

"只要给我机会就行,"查尔斯信心十足地道。

卡诺笑了笑,道:"你十七岁很年轻,可是,你的长相看上去比十七岁还要年轻,还是个大孩子。"

查尔斯耸了耸肩,道:"这是一个化妆的问题。"

卡诺大笑起来。

"好吧,好吧,让我们瞧瞧你能够玩点什么吧。"

查尔斯·卓别林那耸肩的动作引起了卡诺的好感,他认为这个孩子的耸肩看起来很滑稽,有趣,象个滑稽演员的样子,将来是会成为一个好的喜剧演员的,所以就有意把他留了下来。

"这……。"西德尼见卡诺同意弟弟搭班子了,就想到戏份儿的事,有道是先明后不争吗。但是,他觉得不好开口,但又不能不说。他只说了个这字,下面不知该怎样措词。

"关于戏份儿的事,还是先说明白的好。"查尔斯却先提出来了。他觉得这没什么不好意思的。他接着说:"当初我陪塞恩斯伯里先生演《福尔摩斯》,后来陪威谦·吉勒特先生演《福尔摩斯》的时候,戏份儿都是先说明了的。"

"对! 对!"卡诺又是大笑。"小伙子,你说得好。我卡诺办事就喜欢痛快。"他稍一停,似乎在琢磨应该给他多少戏份才合适。"这样吧,先试用两个星期,每星期三镑十先令。小伙子,怎么样?"

其实,查尔斯已满意了,但是,他却没有立即答应,也没有喜悦的表示——亏他沉得住气。他却去看西德尼,似乎是在征求西德尼的意见。

西德尼也满意了,他认为能给弟弟一个上台表演的机会,即使戏份儿再少点儿也可以,何况一个初来乍到的大孩子一星期能挣三镑十先令已不算少了。他见弟弟在看着自己,显然是在征求他的意见,他想不应该象当年和汉密尔顿先生那样讨价还价了。他立即表态了。

"还可以吧。"他道,这句话是模棱两可的,说嫌少也行,说合适也行,他又故意问弟弟:"你说呢,查尔斯。"

"既然哥哥说可以,就这样吧。"查尔斯不能不表态了。

"小伙子,如果你的表演令观众满意,我们可以签订一年期的演出合同。"卡诺又作了这样的说明,他虽从未看见过查尔斯的表演,他却认为这个半大孩子能演好的,是块好料子,所以,他此刻虽说试用两星期再签合同,这是他谨慎起见,以防万一。

卡诺本人就是一个杰出的喜剧演员,所以,他一眼就看出了卓别林的耸肩动作很具有喜剧动作,幽默,滑稽。

他原来是在杠子上一个玩把戏的杂技演员,后来,他结识了三个演闹剧的丑角,四个人组成了他的滑稽剧的核心,由此他又创造了许多喜剧人物。他虽然已有了五个戏班在各地巡回演出,但自已仍经常演出。他的剧团里尽是久走江湖的喜剧演员,滑稽演员。

他的剧团,无所谓"艺术喜剧"的传统,他们的特长只是滑稽戏,飞快的表演动作,数不清的行头、布景。

他正忙于使音乐厅趋向机械化。当时伦敦差不多有五十家音乐厅。他首先在他剧团里使用汽车,把演员们运送到各厂音乐厅去上戏,有时,一天晚上要跑四五家。

《足球赛》是一个讽刺闹剧。这是一个快动作的讽刺戏,表演一个流氓收买球门来捣乱的情景,这流氓一角就由卓别林来扮演。

卡诺为了让卓别林演得好,有把握,所以先不让他登台。先让他去看一看别人是怎么演的?自己再琢磨一下该如何演,尽量演得好。

"牧村戏院正在上演《足球赛》,你去那里参观一下,看人家是怎么演的,不过,我可不是叫你亦步亦趋的一味模仿别人,但是,别人的优点还是要学的。"卡诺一板正经的对查尔斯·卓别林说。"给你一个星期的时间,怎么样?"

"谢谢!"卓别林客气地道:"我会虚心学的。"

"我再说一遍。"卡诺又笑了,"借鉴不是模仿,要自己动脑袋。"他敲了一下自己的头:"要用这个去琢磨,要走一条自己的路,"

"先生说的对。"卓别林同意卡诺的意见。

他去了牧村戏院看《足球赛》。可是那丑角演得呆板而不自然,无一点可取之处。他认为他是可以超过他的。他认为演这个角儿,需要更多的模仿取笑的滑稽成分,决不能呆板而要灵活,他在思考自己的演法与动作……

他在正式上台演出前,只有两次排练的机会。

"先生,不能多安排几次吗?"卓别林向剧团管事道。

"不行。"他回答道:"韦尔登先生不愿多安排,他根本就不愿来排练,是我再三说明,说又换了一个演员,要排练,他才答应排练两次。没办法呀。"最后,他又加了一句:"因为排练要打扰韦尔登先生打高尔夫球。"

"演戏重要还是打高尔夫球重要?"卓别林不高兴的嘟囔道。

"唉!"戏院管事叹了一口气,才道:"将就点儿吧。小伙子,你可知道,哈里·韦尔登先生是特邀角,他的包银很高,每星期要拿三十四镑哩。"

卓别林听了,心里暗道:每星期三十四镑的戏份就可以不排练?何况还换了个新角儿?作为名角儿,也不应该这样拿大,演戏不是一个演员的事儿,尽管戏里有主角有配角,但是仅凭一个主角演好了,配角演不好,也不能就算一出好戏。这就是经验中得来的。在演《福尔摩斯》时,他就有了这个体会。如果仅仅演好了福尔摩斯,演不好比利也是不行的。当时,如果塞恩斯伯里或威廉·特勒克演得再好,他卓别林演得不成样子,《福尔摩斯》也不能算上演成功。同样,在《吉姆:一个伦敦人的传奇》中,他演的报童桑米演砸了锅,也不能算作演成功了。

没法子,人家大名角儿不愿多排练,他一个初来乍到的"小"角色儿又能有什么法子?

开始排练了。

卓别林念台词时很慢。

韦尔登对他翻了几次眼珠。

"我真替你担心。"韦尔登口气冷冷地道。"对你担任的角色,你是不是能演得了?"

"我只能试一试了。"卓别林这样道。他对这位大名角儿的不信任,有点反感。他认为即使自己有了毛病、不足,他应该以与人为善的态度指出来、教导才是,而不应该泼冷水。

两次排练,韦尔登都不满意。

卓别林心里也没有底。以前西德尼曾演过这个角色,可惜,他此时已到外省演出去了。如果在家的话,也许可以给自己一些帮助。没法子,只能靠自己去反复琢磨了。

虽然《足球赛》是一场模仿取笑的闹剧,但是,每一次演出都要等到韦尔登出了场,场内才会出现笑声,开始都是为韦尔登的出场作准备,而他本人又是一位杰出的丑角,所以,从他出场开始,台下观众的笑声就不会中断。无怪乎他那么大的架子了。

今天晚上,卓别林就要登台演出了。尽管他已琢磨出了一些他认为比较好的动作技巧,但是他的神经仍非常紧张,紧张得就像是一个时钟上紧了的发条一样。如果演好了,就将重新巩固他当喜剧演员的自信心,就将洗清他在福雷斯特戏院里受到的可怕的羞辱,就将重新抬起头来。如果演砸了锅,后果……他不敢想下去了。他在那巨大的舞台后面,来回踱步,口中默默祈祷,心里面则是焦急之中又夹杂着恐惧……

奏乐了。启幕了!

一个合唱歌舞团在台上载歌载舞。最后,他们全走下场了,舞台上空了。这是叫卓别林出场的提示。

将要出场时,他的情绪很乱。这时候他的思想在飞快的转着,此刻只有一个选择——克服紧张的情绪,如果被紧张的情绪控制着就一切全完了。

他一走上台,由于控制了情绪,所以立刻感到舒畅,头脑非常清醒。

他事先已想好了一个主意,要背着观众后退着上场。所以观众只能看见他的后背。从背后看上去,他是一身整齐的打扮,穿着一件大礼服,戴着一顶大礼帽,下面套着鞋罩,手里拿着一根手杖——这是一个标准的爱德华时代的恶少、无赖、歹角的打扮。

到了台中心,他扭过了身子,观众立即看见了他的红鼻子,也立即发出了笑声,这一来观众就对他有了好感。这也是他事先预料到的。他以为观众先看的背后，见他打扮的整整齐齐，此刻一见他的红鼻子，这对比是鲜明的，必定会有笑声。他的目的达到了。他自由自在的按着他自己琢磨好的技巧表演起来。

他装模作样的耸了耸了肩膀，然后噼啪弹了一下手指，走了一个圆场，在一个哑铃上绊了个跟头。接着，他似乎在无意中把手仗挥在一个练拳用的吊球上，吊球"叭"地反弹到他的脸上。他站立不稳，摇摇晃晃，他的手杖从侧面打在他自己的脑袋上。

观众们哄堂大笑。

这时候他从容自在，有着要不尽的俏头。他竟可以连续五分钟吸引住观众，一句话不说，使观众们笑个不停。他正在模仿反角大摇大摆地走着，他的裤子往下褪，他的一颗钮子又丢了。他低着头，在台上四下里寻找钮子，转了一圈，假意拾起一件什么东西，看了一下，紧接着又把它扔了："瞧，这些该死的兔子！"台下又是一阵笑声。

哈里·韦尔登的脑袋象一轮满月出现在条幕后面，以前，在他出台以前从来没有人笑的。

韦尔登出场了。他一到台中，卓别林故作紧张的假意激动的按住了他的腰，又压低了嗓子道："赶快，这一来可糟了！快给我一根线"他虽故作低声，可是观众还是听得清的。这些在排练中并未练习，全是卓别林随机应变穿插的。

卓别林的表演，已提高了观众的情绪，抓住了观众，为韦尔登的表演创造了条件，他那天上演得非常成功。他们又添了许多俏头——都是不曾排练过的。

落幕后，卓别林已意识到自己演得不错，戏班里的众多演员都和他握手，向他祝贺。当他走进扮戏房去准备卸装的时候，韦尔登只扭过头来冷冷地说一句："演得不错——很好。"

　　那天晚上,他想放松一下他的紧张情绪,所以在返回的时候,他没有坐车,而是想步行回去。他中途停下来,倚在威斯敏斯特桥的栏杆中,俯身看那在黑暗中闪闪发亮的河水在桥底下流过去。他快乐得只想哭,但是怎么也哭不出来,他一再挤眼睛蹙眉头,但是,他就是没有眼泪,一时间,只觉得心里一片空虚。他下了威斯敏斯特桥,向象堡走去,在一家小咖啡馆里喝了一杯茶。

　　他此刻最想找人说说心里话,让对方分享自己的快乐。他成功了,虽然他有过在福雷斯特的失败,今天却成功了,他演的不错,他那些在台上表演的动作,并不是向牧村戏院那个丑角或任何一个剧团丑角学来的,不是向他人模仿来的,而是他自己琢磨出来的。

　　他要向人说,我是经得起挫折的,包括在福雷斯特的失败演出和《十二位正直的人》排练的流产。

　　他要向人说他又一次新生了。他已有这次新生了。在布莱克默演员介绍所,被布莱克默先生介绍给 C·E·汉密尔顿先生,然后与 H·A·塞恩斯伯里先生合演《福尔摩斯》是一次。

　　接到波斯坦斯先生的电报,在伦敦约克公爵大戏院,与威廉·吉勒特先生合演《福尔摩斯》又是一次。

　　他还要向人说:他碰巧了,遇到了好机会。是的,是好机会。

　　他碰巧的事太多了。

　　他的母亲被送到凯恩——希尔疯人院,西德尼又不在家,他走投无路,无衣无食又担心被送进贫民习艺所,他遇到了那些劈柴人。

　　当暑假结束,劈柴人也关心起学校的事,他又怕房东太太报告教区而被送进贫民习艺所时,西德尼将回来的电报又送到了他手上。

他要对人说，他又露了脸，他的演出受到观众的欢迎，但这也不是头一次了。他却认为这决不会是最后一次。

在他五岁那年——他依稀记得这件令他终生不忘的事。他代替了母亲上台表演是头一次。

他在兰开夏八童伶班，杰克逊先生让他模仿《老古玩店》中的老者是一次。

他扮演《吉姆：一个伦敦人的传奇》中的报童桑米是一次。

他与塞恩斯伯里先生主演的《福尔摩斯》中的小佣人比利又是一次。

他与威廉·吉勒特先生演的《福尔摩斯做人难》与《福尔摩斯》中的小佣人比利是一次。

他要对人说的话很多，要述说他此前他的那些困苦，挫折……但是却找不到人去说。西德尼在外省演出，如果他在身边该多好，他就可以把今晚的情形，详细讲给他听，他要说他表演的每一个细节，还要说他是如何琢磨出来的，那样对他来说该是多么大的快慰啊。

他兴奋得没有一点睡意，从象堡又走到肯宁顿门，他又喝了一杯茶。

他到处走着，自己自言自语又是不住的笑，直到清晨五点钟，他已经精疲力尽了，才回去睡。

卡诺先生头一天晚上未到场，第三天晚上来了。那一天，卓别林一出场，观众就报以热烈的掌声。

散戏后，卡诺到了扮戏室，满面笑容的对卓别林说：

"明天早晨到我的办公室来，签订合同。"

他没有再提试用两星期的话。

卓别林没有给西德尼写信,述说每次演出的情形,他只给哥哥拍了一份极简单的电报:

"已签订了一年的合同,每周四镑,祝好,查利。"

《足球赛》在伦敦连续演了十四个星期,然后又到各地巡回演出。

韦尔登扮演的喜剧角色属于痴呆型,他模拟的是那种说话迟钝的兰开夏郡的傻子。演这样的角色,在英格兰北部挺能叫座。但是,到了南部就不大受欢迎了。在布里斯托尔、加的夫、普利茅斯和安普敦等城市里演出时,观众们对韦尔登的表演很冷淡,已经几个星期了,他出场后已没有了笑声,也没有了掌声。把引起观众的笑声和掌声全给了卓别林。

韦尔登几天来一直是闷闷不乐,脾气暴躁,上台表演时也是敷衍塞责。而他把肚子里的气全发泄在卓别林身上。

按着剧情的要求,在戏里演到一些地方时,他是该动手打卓别林的,这种情况在演戏中的术语叫做"打盹儿"。在表演时,他应当假装打在卓别林的脸上,而由另一个人在条幕后面拍一下巴掌。这样子观众听了响声,就以为真的打了。以前在伦敦演出时,一直是这样演的。但是,这几个星期就不同了,有时候,他竟假戏真做,真的打卓别林的嘴巴,而且有时又打得很重。他这样做,是他有了嫉妒心理,因为他得不到掌声,听不到给他的笑声,而卓别林却超过了他。

到了贝尔法斯特演出,韦尔登人更忧郁,脾气更大,更为不满的是剧评家严厉地批评了韦尔登的表演,却大大称赞表扬了卓别林的演技,这使得韦尔登变得更不可理喻了。

就在剧评家的文章在报纸上出现的那天晚上,韦尔登在台上竟狠狠地揍了卓别林一顿,直打得他鼻子流血,痛得他再也没劲头去摔科打诨。

回到扮戏房，卓别林叫住韦尔登。

"我警告你，如果你再敢象今天这样真的动手打我，我要用台上那只哑铃把你的脑浆砸出来，不信你就试试！"

韦尔登虽然生气，但是他看了卓别林的样子，心里也有点怕。他只翻了下眼睛，没有说什么。

"哼！"卓别林轻蔑地哼了一声。

"即使你嫉妒，也不必那样把气出在我身上。"

"我嫉妒你？"韦尔登一扭身子，不再看卓别林。"哼！"他也用鼻子哼了一声，轻蔑地说："单是我这屁股，也要比你浑身的本领大！"

"你的本领就全靠你的屁股。"

卓别林反唇相讥，他说完，对韦尔登看也不看走出扮戏房。

卓别林的警告起了作用，那以后，韦尔登再也未敢那样打他了。

第五章 初涉情海

　　情思困扰着十九岁的卓别林;海蒂·凯莉的美貌、
温柔、善良使他神魂颠倒,不能自制;错乱的神经使他
错失天赐良机,而成为千古恨;法国女神剧场遇到的妓
女又要价昂贵,他愤然离去。

　　西德尼从外省回到了伦敦。哥俩合计好,决定在布里斯顿
路租一套房间,准备花四十镑去买家具陈设。他们到了纽因顿
打靶场一家旧货家具店里。他们告诉老板:

　　"我们打算用四十镑,装饰四间屋子,请帮我们筹划一下。"
卓别林开门见山地说了来意。

　　老板对这笔大买卖当然有兴趣,他花了几个小时的时间,帮
他们选择要买的东西,并建议如何布置。

　　他们租定了一套在布里斯顿路的格伦大厦十五号房,共
四间。

　　他们在前面一间屋子里铺了地毯,在其他几间屋子里铺了
漆布,还买了一套家具,包括一张床和两只扶手椅。他们在起会
室的角落里摆了一架摩尔式回纹细工屏风,用一只黄色灯泡在
它后面照亮,再在对面角落里摆了一个镀金画架,架子上是一幅
嵌在金边框里的蜡笔画。画的是一个裸体模特儿,她站在台上
侧转了脸向旁边望,一个留着胡子的画家正在掸她大腿上的一
只苍蝇。

"这幅画,"卓别林指着蜡笔画道,"再加上那架屏风把我们这间屋子点缀得幽雅绝俗了。"

"我们可是比预算多花了十五镑。"西德尼笑道。

"花得值。"卓别林道,"不是比原先的预算还多买了一架竖式钢琴吗?"

"是值得花的。"西德尼也满意地道。他忽然又想起一件事来。

"给外祖父的钱你送去了吗?"

"没错。"

卓别林拉长了声调。

"每个星期十先令,一次不落。"

这里成了哥俩的安乐窝。后来,他们去外省演出回来后,急于回到这里来享受这里的安乐。

他们又雇了一个女工,每星期来打扫两次房间。

哥儿俩总是坐在那两张大扶手椅里,感到悠然自得。

卓别林又去买了一个四周有皮座儿的浮雕铜炭围。买回来之后,他老是在扶手椅上坐坐,再去炭围边皮座上坐坐,试试它们舒服的程度。

西德尼见了他的样子,总是爱抚的笑笑,不说什么。

卓别林在十六岁那年,一幅剧团的广告画激起了他荒唐的想象。

广告上画的是一个姑娘,站在一座悬崖上,头发被风吹得飘起来。

他看了广告画,就幻想着,他要和那个画上的姑娘一起玩高尔夫球——其实,对那种游戏,他是厌恶的——在被露水打湿了的草地上走着,他们要在一起拉着手,唱着乡间的小调,一时间,他恣意地玩味那种活跃的情感,充沛的精力,自然的美丽。那是荒唐的想象。

但是,青年时代的爱情故事又与此不同了。它往往是千篇一律的那么一套。比如由于一顾一盼,由于初见面时的几句话(往往是几句甚为愚蠢的话),生活就会在几分钟内全部改观,整个大自然就会对青年男女这一对表示同情,让他们发现它那些奥秘中的快乐。也就是所谓的一见钟情,而卓别林在当时,他的遇到的就是那么一套。

即将满十九岁的卓别林,在卡诺的剧院里已经是一个很红的喜剧演员了。

他演《足球赛》走红,深受观众的喜爱。接着,他又主演了一个戏,叫勇士吉米(Fimmy. the. Fearless)。由他扮演吉米。吉米是个年轻人,他做了一连串征服一切的梦,完全想入非非,一觉醒来,他才发现他爸爸拉着一条磨剃头刀用的皮带走进来,把他痛打一顿。

吉米征服这样那样的梦,全是以模仿来表现。卓别林把这个吉米演到了家,他拿出丑角天才,表现了牧童打桩公主之类的幻想奇遇。

他自己最喜欢的一出戏是《不开口的鸟儿》('Mumming Birds')。

他在这出戏里扮演一个喝醉酒的花花公子,闯进剧场里去捣乱,他爬上舞台,跟演员们争论,侮辱音乐师,侮辱舞台监督,侮辱观众和舞台上的人,而他自己却很安静,装得神气十足的样子,口角上吊着一只香烟,头上歪戴着一顶高帽子,还不时的掏出一张大手绢来擤鼻子,他还把那张大手绢挥来挥去,就像一个斗牛士向公牛挥舞红旗似的。

卓别林把这个角色演得精彩之至,他的趣味极高,又稳极了,到了一种不敢让人相信的程度,即使观众也给他逗得如疯似狂了,他自己依然安安静静,若无其事。所以有人说:卓别林在台下的时候,象个医科大学的学生,看上去绝不象一个蹦过来跳过去的滑稽演员。

尽管他红了,演出的戏大受欢迎,然而,他总感到有些什么地方不足。春天来了,又过去了,夏天给他带来的是一片空虚,他需要什么?

他感到日常的工作是那么单调,化妆、演戏、散戏、卸装,每天老是这一套。他感到周围的环境是那么沉闷。

"什么是我的前途?"他常常这样问自己。

他对自己亲眼看到的社会,人际之间的关系,都无兴趣。日常生活中庸俗无聊的事,鸡毛蒜皮的事,他认为全是那么平凡,全是那么琐碎。

"为什么生活着?人活着究竟是为什么?难道就是为了谋生吗,辛辛苦苦,忙忙碌碌到处奔波,难道就是为了有口饭吃,难道就是为了夏天有衣蔽体,冬天有衣御寒吗?再有就是象猫、狗或燕、雀一样再有个窝吗?"

他也常常这样问自己。

他对一切均无兴趣,提不起精神来,为了生活——吃饭、穿衣而工作,似乎毫无价值,也是索然无味的。

他忧郁,他不满。

到了星期日,他总是单独一个人出去散步,到公园里听乐队演奏,没意思,听了一会儿就走开。花圃里那五颜六色的花正开得鲜艳,他看了一会,无聊,又走开去,小孩子在草地上嬉戏,似乎很好玩,可是他仍无意多看。

原来他需要一个女人——不是随便一个什么女人,而是年轻、漂亮、温柔、贤惠,可是,又上哪儿去找? 他的灰姑娘在哪里?

他被情思困扰着。

这大概是处在青春期的年轻人共有的通病。

他需要什么?

他需要一个异性。

他还不知道,这是可遇而不可求的事,不是仅仅靠努力就可得到的。

他遇到了。

当时,他们是在斯特里塞姆帝国戏院演出。

在那些日子里,他们每天晚上都要在两三个游艺场里进行表演,总是乘了剧团里的马车——卡诺想用汽车的计划尚未付诸实现——从一个地方赶到另一个地方。

他们在斯特里塞姆演出的节目,被排在很早的时间,为的是在这里演完了还要赶往坎特伯雷游艺场和蒂沃莉游艺场。

他们开始扮演时,天还未黑。那一天热得厉害,斯特里塞姆帝国戏院,有一半座儿是空着的,但是,卓别林的忧郁对此竟未感到有所减轻。他似乎对上座率的多少并不关心,他也无暇去关心。

有一个叫做"伯克—库茨美国姑娘"的歌舞团,排在他们前面演出。卓别林根本不注意歌舞团里的那些姑娘。但是,就在第二天的晚上,他正呆头呆脑的、漠不关心的站在条幕的后面,忽然有一个姑娘在跳着舞的时候滑了一跤,其他几个姑娘笑起来。其中有一个向旁边望时,与卓别林正对上眼光,她是想要知道这个演员对这件事是否觉得好笑? 可能她是这个意思吧。

但是，突然间，卓别林被她那双闪耀着顽皮光芒的棕色大眼睛吸引住了。这姑娘长的象一只小羚羊，身材苗条，一张端庄、粉白、娇媚、鸭蛋形的脸，一个媚人的、小巧的、红滴滴的嘴，一口洁白如玉、排列整齐的牙齿。

天哪！

在卓别林看来，这姑娘不是人间的凡女，是天上的神仙，因为人世间不会有这么美的姑娘。他就像触了电一样，整个身子全酥了。他的眼睛再也不愿离开那姑娘的脸或身子了，他盯住了她，当然，最好的办法是他把一双眼珠取出来，粘到那姑娘的脸上或身上。

后来，那个姑娘下了场，她打算整理一下她的头发，她掏出一面小镜子。对卓别林一笑道：

"麻烦你，帮我拿一下。"

这样的差事，卓别林简直是受宠若惊了。别说是让他拿着镜子，即使有人说，他给她拿镜子，需要付十个先令或一镑钱给她，他也会乐意接受的。

这差事对于卓别林来说，是上等的享受。头一条好处，是听见了她的声音，那美妙，轻快又清脆的声音象是摇动一串银铃还是百灵鸟在鸣叫，太动听了。如果说那姑娘的脸庞百看不厌的话，那么这声音也是百听不厌的。

第二条好处，这话是对他卓别林说的，玉口莺声地对他讲话，这是多么难得呀，更难得的是这张小口一张开不仅露出那如珍珠般的牙齿，而且在两颊各有一个小酒窝，这更是增添了她的美丽。

第三条好处，他既然是替这位百灵鸟似的姑娘拿镜子，他就可以毫无顾忌的把她的脸看个够，这是多么好的机会呀，真可谓是千金难买的良机。

但是,最后那姑娘理完了头发,又对卓别林一笑,连谢谢二字也没说,收回她的小镜子走了。

这天晚间卓别林失眠了,散了戏以后,往往是喝杯茶,吃点东西,虽然解除了一点疲乏,但却会很快入睡的。但是,今天就无法入睡了。

这都是因为那双棕色大眼睛的姑娘引起的。

当那个姑娘离开戏院时,他的魂儿也被带走了。他强打精神,演过了戏,但在脑海里,那姑娘的面孔、身形一直时时现出来。他在床上就像是在煎饼,翻过来又翻过去,不住地翻动。

他第一次在卡诺剧团演《足球赛》以后,因为获得了成功,他兴奋得走了一宿,清晨才回去。

今天,他相思病害得他一宿在床上翻煎饼,也是清晨五点钟才入睡。

"这是上天赐给我的良机。"卓别林这样对自己说,当然不应该让它失去,应该抓住这次良机。但是,应该如何抓呢?这倒颇费心思,不过,有一点是明确的,他不能放弃这次良机。

经过再三再四的思考,他决定了,这是个大胆的决定,也得要大胆去做。

星期三那天,他壮起了胆子,带着由衷的笑,又很客气地说:

"小姐,星期日休息,我请你到公园或别的什么地方玩玩好吗?"

他说得一本正经,也不知他以往的那些勇气跑到什么地方去了,既不幽默也不诙谐,简直象个老太婆,说出的话刻板,没有多少活气。

姑娘听了卓别林的话大笑起来。

"没抹上这个红鼻子的时候,你是个什么样儿我都不知道。"他笑着这样说。

她停住了笑,那双棕色的大眼睛忽闪了几下。

"你想,我怎么能随便答应你的约会呢?"

"幸亏我的鼻子并不是真的这样红。"

卓别林听了姑娘的回答,尽管没答应赴约,但却听到了大笑,又一次的笑,她的笑,正象初绽放的一朵鲜花,既好看又有香味。真的,卓别林确实从姑娘的笑脸上闻到了一股清新的幽香。所以他的灵气也就来了,是被姑娘的笑与香引发出来的。

"你看我很老吗?"他笑着对姑娘道:"我不但不老,而且也不这样丑。如果说我长得英俊漂亮,风度翩翩并不过分。"

卓别林正在演《不开口的鸟》,他扮演那个喝醉了酒的花花公子,穿着一身燕尾服,扎着一条白领带。因为是丑角,所以抹着红鼻子头,化的妆显得既老且丑。

"你是自夸吧?"

姑娘说这句话时笑容满面,既无怒意,也无恼意,更不是讽刺和嘲笑的意思,是开玩笑的口气。

"何必不信人呢?"

卓别林道。他来了兴致,但是二人见面是在台后,全是上了妆的,无法看清对方的真面目。

"明天晚上我把自己的照片带来,你一看就知道了。照片上的我与真的我一模一样,再也不象另一个人。"

姑娘大笑。

第二天晚上,卓别林真的带来了一张自己的照片。

他对一些事是马马虎虎的,有时也会把已经答应的事忘了,可是,这件事他没忘。

他把照片送到姑娘面前。

"这就是在下的标准照。请你多提意见，不必客气。"

对照片提什么意见？

姑娘听了他的话又大笑。她笑着接过照片来看。

"哦，没想到你挺年轻嘛，"她说，笑容仍挂在脸上。"我还以为你要老得多哩"

"那么，"卓别林歪着脖子，盯住姑娘的脸道："你以为我多大年纪了？"

"至少有三十岁吧。"

卓别林用至多与姑娘说的至少相对应。

姑娘听了又笑了。

"你……。"姑娘未说下去。

"我怎么样？"

"你很逗。"姑娘仍笑着。

"不！"卓别林道，"不是逗，是高兴，是喜欢，是快乐。我是个'不开口的鸟'——指他演的剧。你是个快乐的'百灵鸟'。"

"星期日咱们可以一起玩玩吗？"

卓别林再一次提出约会。

姑娘点点头，仍在微笑。

"星期日下午四点钟，咱们在肯宁顿门见面。"

姑娘仍是点点头，微笑。

"不见不散。"

姑娘依然点头，微笑。

"见了面也不散。"

卓别林的话显得灵活多了，兴之所至，脱口而出。

姑娘又用棕色的大眼睛瞥了卓别林一眼，仍然笑着，却未点头。

这时正是夏天,这个星期日又热极了。尤其是下午三点以后,烈日当空。如果再用"骄阳如火"四个字来形容此时的热,一点也不过分。

因为这是卓别林有生以来第一次和一个心爱的女孩子约会,他不能象平日那样不修边幅,邋里邋遢,应该衣冠整齐洁净,要显得洒脱大方,风度翩翩。他穿了一套黑色的衣服——尽管黑色一点也不能将光线反射回去而是全吸收进来,戴了一条黑领圈,手中拿着一根黑檀木手杖。

他提前十分钟到达肯宁顿门。男女约会,不能让姑娘先等着男人。相反,男人应该先到等着女人。这是不成文的规矩,尽管卓别林是第一次约会,别人也未向他讲过这个规矩,但他还是懂的。

他站在那里,心情紧张的看着每一个从车上走下来的女人——对男人他看也不看,专门看年轻的女人。

卓别林忽然间产生了一个想法。他还没见过那个姑娘卸了装是什么样子,他的想象中的形象模糊了,无论如何费力思索、回忆,也想不起来她的面貌了。他突然又有点害怕。也许她的美丽是伪装的吧? 其实她并不美,仅是化了装才美貌的? 那么她本来是什么样子呢?

他注视着从车上走下来的每一个姑娘,这是个相貌平常的姑娘,这是一个小眼睛的姑娘,这是一个只有稀疏的头发的姑娘,又是一个黑黄牙齿的姑娘,又是一个矮而粗短胖的姑娘。

他一阵心灰意冷。他暗问自己:"我是不是被她在演戏时的化妆欺骗了呢? 是不是被自己的想象蒙蔽了呢? 我会不会为此而大失所望呢?"他倒有些担心了。

差二分四点，一个姑娘跳下了车，直朝卓别林这面走来。

是"她"来了。他的心都冷了，一张大而扁平的螃蟹脸，眼睛挺大，却又过于大了，象是青蛙的眼睛，突出到了眼眶以外，她怎么会成了这个样子？这化妆术也太高明了。

他太失望了，这一下午要陪着这样一个令人讨厌的人在一起，还要装出一副高兴的样子，这可太令人难堪了。

他虽心冷如冰，还不能不顾礼貌，他抬了抬自己的帽子，脸上强挤出——硬是用力挤出来的一丝笑容。

可是，还未等卓别林打招呼，那个姑娘却恶狠狠地瞪了他一眼，径自向前面走去了。

谢天谢地，来的不是她。

他长出了一口气，似乎从肩上卸下了千斤重担，不！是从心上卸下了一副千斤重担，是从胸口上卸下了一副千斤重担，因为似乎已让他喘不过气儿来了。

四点一分钟，一个年轻的姑娘跳下了街车，向前走过来，到了卓别林面前停下了。她戴了一顶式样简单的小午帽，穿了一件镶着铜钮扣的蓝色对襟短上衣，两只手深深地插在外套口袋里，她没有化妆，看上去比往常更美。

"瞧，我来啦。"她说，仍然笑着，露出了那洁白可爱的牙齿。

卓别林一直在担心，在盼望，可是一见到她来了，竟慌乱得连话都说不出来了，他太激动了，是为了她就是原来的她，是为她的美丽而激动。他的灵气又没了，被他的激动吓没了，他不知道说什么才好？他不知此时该做什么？一向那样聪颖的卓别林变得呆头呆脑。

"咱们叫辆车吧。"他匆忙中说出了这么一句话，嗓子还带点沙哑。

如果他不担心，如果他不激动，他的灵气会源源而来，一定会谈笑风生，也一定会妙语如珠的脱口而出。

她微笑着点点头，那意思是一切随你的便。

卓别林叫了一辆车。

二人上了车，卓别林仍然一无主见，脑袋里浑浑的混混的，总不清明。他不住的东张西望，接着又转过身来看姑娘的样子。

"你喜欢上哪儿去？"

"随便上哪儿。"她耸了耸肩头，仍是一副随你的便的样子。

"那么"，卓别林看着她的脸道，"咱们就上西区吃饭去吧。"

"我已经吃过了。"她说。她显得那样镇静。

"那就，再说吧。"卓别林仍有些呆气。在车上，他老是重复一句话。"我知道这件事会给我带来烦恼的——你太美了。"

她不明白卓别林这句话的意思，所以有些惊奇地看着他。

卓别林平常的灵气一扫而光，打算说一些有趣的话，逗笑的话，以便给她留下好印象，但是他一句也说不出来。以往他那些有趣的，逗人笑的话一下子全飞到九霄云外去了。

为了这次约会，他从银行里取出了三镑，打算带她去特罗卡德罗，他以为一到了那里，那种弦歌悦耳、纸醉金迷的地方，姑娘就会把他看成是一位风流人物，他要使姑娘无法克制自己。其实，他并没有涉及到男女之爱，真的，他未想那些，他想得更多的是要和她待在一块儿。

他虽丢了灵气，却将一个新学来的词儿反复地向姑娘说了好几遍。

"你就是我的复仇女神。"

这句话的本意是"命中的魔星"。复仇女神是希腊神话中司天罚的女神，她会给人带来磨难。

姑娘大概不知"复仇女神"指的是什么，所以她用冷静又有些怀疑的眼光看着卓别林。

卓别林一直在卡诺剧团里演丑角，虽然他走红了，受到了观众的喜爱，得到了剧评家的好评，但是，他的周围环境以及他的身份、地位，使他很少有机会接触到优雅和美丽的姑娘。此刻有个美丽的姑娘看上去又娴静又高雅，怎不令他欣喜若狂呢？怎不让他激动呢？

"我们还是去特罗卡德罗吃饭吧。"卓别林再次邀请。

"我们在一起吃一客夹心面包，不是也很好吗？"姑娘微笑着，"又何必去特罗卡德罗去浪费那么多钱呢？"

"不是浪费，"卓别林道，"我愿意和你在一起去享受那里的美味佳肴。"他再一次邀请。

姑娘觉得再推辞就不礼貌了，所以轻轻点一下头。表示同意了。

二人到了特罗卡德罗。这里显然是一家高级酒馆，却座无虚席，高朋满座。侍者端着酒菜穿梭似的来往于各桌之间送酒送菜。

二人总算占到了一个座位。

此刻，卓别林不饿，也不想吃，但是，他还是叫了一席丰盛的菜。他认为应该这样，即使多花点（姑娘用的是浪费二字）也值得。

吃饭时，二人都很严肃，好像是在受罪。卓别林又手忙脚乱，常常拿不准该用哪一件餐具。他把勺子伸到古老肉的盘里，却又把叉子伸到了汤钵里。他叉了一块牛排放在盘子里，拿起胡椒面瓶，却把胡椒倒在了盘子边上。

姑娘看了卓别林张皇失措的样子，又是一笑。

多亏她这一笑。

卓别林的灵魂似乎又归窍了。他自如一些了。他为使自己显得潇洒,一边吃一边吹牛,甚至装出毫不在意的神态去使用那洗指钵(放在桌上,盛了半下水,以备餐后洗手指用)。

这一来,空气才活跃起来,二人都有了满意的笑,互相问的话也多了。二人也都轻松了。

二人高兴地离开了特罗卡德罗。

"我想,我该回去了。"姑娘说。

卓别林不愿二人此刻就分手,但又无理由让她留下,只得道:

"我代你去叫一辆车。"

"我不想坐车。"姑娘道,"吃完饭走一走不是很好吗,我步行回去。"

这对卓别林来说是再好不过了。这是他求之不得的事。

"您住在?"卓别林想知道姑娘的家住在哪里? 但是,还没等他问完,姑娘即答:"住在坎伯韦尔路。"

更好了,坎伯韦尔路离这里很远,两个人可以多在一起了。

二人顺路走去。他们又沿着泰晤士河边走着。

经过了吃饭时的交谈,这时,卓别林已经冷静下来。姑娘也不再感到先前那样拘束了。

这是多么好的夜晚啊。这是个幸福的夜晚,是个迷人的夜晚。

微风吹过来,拂面而过,似在轻轻的抚摸着面孔。泰晤士河水波光粼粼,水上似乎发出一股令人心醉的酒香,路边梧桐叶子轻轻地发出了笑声,路灯发出的光是那么柔和。

这一切都是卓别林的感觉。

他似乎是在天堂里散步,心中充满了喜悦,所以周围的一切在他看来都是那样的顺眼,那样令人感到满意。

姑娘也开口说着,她讲她的女朋友,讲一些日常生活中的趣闻琐事。

她的声音是那么柔和,那么动听,似乎是轻音乐,又似乎是小夜曲。

可是,陶醉在幸福中的卓别林,竟然没有听清她讲了些什么?

卓别林把姑娘送到了家。海蒂·凯莉(Heitty·Kielly)就是这个美丽的姑娘的姓名,她的家到了。尽管卓别林不愿与她分手,也不得不分手了。他们约好了第二天早晨七点钟再见面。

卓别林和海蒂分手后,他又沿着泰晤士河的路走着。他似乎已经着了迷,仿佛被一种慈祥的光辉照亮着,他毫无睡意。在他第一次演《足球赛》后,他喜悦得近乎疯狂,而今天他又幸福得近乎痴呆。他不想睡,他只想走一走。

上次,他演《足球赛》成功,总想对什么人说一说,让别人分享他的快乐,可是,今天他不想对任何人讲——哪怕是他最亲爱的哥哥西德尼,他也不想讲,他只愿把这幸福装在心里。自己慢慢地回味,慢慢地消受。

他被一种热诚的善心感动了,他把那三镑中剩下来的钱,一个不留地全分给了那些睡在泰晤士河边的穷人。

到了第二天。本来约定在七点钟会见,因为八点钟海蒂还要到沙夫茨伯里大街附近的地方去排练。

从海蒂的家到威斯敏斯特桥路地下车站,大约要走一里半路。尽管卓别林是在半夜两点钟才睡着的,但是,天一亮他就起来,赶去与海蒂会面。

坎伯韦尔路是又冷清又肮脏,在平时,卓别林即使有事要走过这里,他也宁肯多走几步路,绕过这条路。

现在不同了,因为海蒂·凯莉的家就住在这条路上。现在坎伯韦尔路,对于卓别林来说,已经只有一种迷人的魅力,似乎蒙上了一种神秘的色彩。

晨雾迷蒙,他走向坎伯韦尔路——卓别林自己认为是一条幸福的路。迷雾中出现了一条身影,"那一定是海蒂"。卓别林尽管还看不清那身影和面目,但他的心灵在告诉他,来的是海蒂。尽管此刻离七点钟——他们约会的时间还差得多,他确信来的是海蒂。

卓别林的心灵感应没错,来的确实是海蒂。

两个人见面了,尽管比约会的时间早得多,但是两个人似乎全未感到意外,他们都在心里有个时间,就是现在会面的这个时间。

二人几乎同时出口说"早安!"

二人靠近了。

还是卓别林胆子大,他抓住了海蒂的手。

海蒂并未有意挣脱,就让他握住。

那只手,啊,是什么样的手? 尽管早晨还有一丝凉意,但卓别林感觉到那手是热的。说热又不太热,只能说是温暖的。海蒂的手似乎比卓别林的手小,这小手不只温暖,而且是那么柔软。

记得,有什么人说过"柔若无骨"四个字。海蒂的手似乎就像没有骨头那样的柔软。

卓别林不想松开。海蒂也就让他那样握着。

两人拉着手,漫步走着。

卓别林的幸福感又充满了他的身心,他想,这就是幸福,这就是生活,人生就应该是这个样子的。他又沉浸在幸福中,海蒂说了些什么,他仍未听清。

他认为他和海蒂的见面、约会、散步,直到最后的结合,都是天机,是上天的赐予,是一种神奇的力量才把他们两个人联系到一起,这是真正的天缘巧合。

他们连续三个早晨在一起会面,散步,谈心。

尽管二人都起得早,但是就整天来说,二人在一起的时间还是短暂的。不过,对卓别林来说,就是早晨这短暂的时间才是最重要的,才是最珍贵的。除此以外所有的时间,不论多长都是无足轻重的。因为只有这短暂的时间,才使他感到了快乐,感到了幸福。

可是……。

许多好事,许多好的东西,就怕这个"可是"或者"但是"两个字。

卓别林——沉浸在幸福与快乐中的卓别林也就在此刻遇到了"可是"两个字,可怕的该诅咒的字眼儿。

到了第四天早晨,可是,海蒂的态度变了。她见到了卓别林时,显得有点冷淡,似乎不象前几天那样起劲,也不象前几天那样亲热,甚至没有和卓别林握手。

卓别林有些愕然。这是怎么了? 难道,老天要把赐予的幸福与快乐收回去了? 他似乎有点不敢相信,但是,事实就摆在面前呀! 他还想尽人力来挽回上天将要收回去的东西,他装做半开玩笑似的,对海蒂道:

"怎么? 你不爱我了吗?"

"你这人,真是想入非非。"海蒂平静地说,"别的且不谈,我还小,今年刚十五岁,而你也只比我大四岁。"

对海蒂话中的意思,卓别林没有听进去。

其实,海蒂先说出自己的年龄小,才十五岁,而卓别林也"仅"比她大四岁,这意思已在明白的说,二人的年龄都小,不用忙着谈什么爱呀、嫁娶呀……。

卓别林却会意错了,因此,他见海蒂两只手仍然象他们第一次见面时的那个样子插在外套口袋里,学着女学生的那种步伐大大方方的走着,他就感到海蒂与他突然疏远了。

这可是错会了海蒂之意。

"你的意思是说,现在你并不爱我呀,是吗?"卓别林这样问道。

"我不知道。"海蒂说。

"不知道"与"不爱你"根本就不是一回事,也不可能是一个意思,但是卓别林已被他自己主观上的想象弄糊涂了,他因为海蒂没有说出"我爱你"或"咱们结婚吧"这样的话,而认为海蒂已不再爱他,其实,海蒂以前也没有说过"我爱你"这三个字。

"我不知道。"这样的说法是海蒂一时的托词,因为她已说过她刚十五岁的话,表示了年龄还小。

卓别林却听不进去,他对"我不知道"这四个字大为震惊。

"如果是你不知道。那就是你不爱我呀!"

卓别林这样问着。

其实,海蒂如果真的不爱他,只需告诉他一声:"我们别再见面了"或"我不爱你"或"你另找女朋友吧"等,说完了,就各自走开就完了。

事实上,海蒂没走开,仍和他一同走着。她确实年龄太小,她想不出更多的话来,有些话她还不好说,所以她对卓别林的话无法回答,一声不响的走着。

卓别林已被迷了窍,他总认为海蒂这个样子是不爱他了。

"你瞧,我猜得多么准。"他故作镇静地说下去:"我对你讲过,我遇到你,这件事会给我带来烦恼的。"

"我不知道。"海蒂又说了一遍这四个字,她想不出更恰当的词。

卓别林要想试探海蒂的真实思想,想试探她对他卓别林究竟好到了什么程度,但是,不论他说多少话,从正面、面正、还是迂回式的试探。

"我不知道。"

海蒂一而再,再而三的用这个词来回答。

卓别林急了,他要海蒂正面回答了。

"你愿意嫁给我吗?"

这样的问话,海蒂不能再说"我不知道"了。

"我年纪还小,才十五岁。"

"那么,如果你必须出嫁的话,你打算嫁我,还是嫁给别人?"

这样的问话,又要海蒂表态。

"我不知道……我喜欢你……。"海蒂表态了,接着又说了个"但是……。"

如果卓别林不是被他一开始的主观上的想法占据着,他该明白,海蒂已说了"我喜欢你"四个字,这就是说"我爱你",但是,目前我们年龄都还小……。

"但是你不爱我。"

此刻的卓别林简直是太笨了,笨得出奇,一个姑娘,已经说出了"我喜欢你"了,难道必须把"喜欢"二字改成"爱"字才算准确吗。

糊涂啊,太糊涂了。

卓别林只觉得心往下沉,一阵阵的发冷。

今天早晨为什么这样凉,街道上为什么这样黯淡而又凄凉?天上为什么布满了阴云?

卓别林觉得周围的一切都是那么令人感到冷寂,令人不开心。

"这都怪我不好。"他们走到了地下车站进口处,卓别林声音嘎哑的说:"我太冒失了。"他低着头,没有去看海蒂的脸,又说:"我想,咱们还是分手吧,以后再也不要会面了。"

如果,这时卓别林抬起头来看一看海蒂的脸,他不会再那么笨了,也不会对她有什么不满了,也会明白海蒂的真实思想了。可惜,他的头仍低着。

海蒂听了"分手"与"不再会面"这两句话,她的脸立即变得煞白,一副失望的样子,好像是非常沮丧。嘴唇都发青,而且有点哆嗦。

卓别林还故作大度的,拉住了海蒂的手,又故作亲切地在她背上轻轻拍了几下,又故用潇洒的口吻说:

"再见了,还是这样儿好。你给我的影响太大了。"

糊涂的卓别林,他拉起海蒂的手却未感觉出她的手是那么凉,而且有点颤抖。这是海蒂的心在颤抖。

"再见。"海蒂吃力地挤出了这两个字。

糊涂的卓别林又未从海蒂的声音中听出来,这两个字是带着哭腔的。

稍停,海蒂又挤出四个字:"我很抱歉。"

海蒂之所以挤出了"抱歉"两个字的意思是,她没有当场答应嫁给卓别林,因为她自己认为年龄还小,谈嫁娶为时还早,所以不能立即答应嫁给他。但是,她已明确的说过了"我喜欢你"。

其实,她又何必抱歉呢?抱歉的应该是卓别林,是他误会极深。从头一句话就开始误会,结果更深了。他听了海蒂说出了"抱歉"两个字心里凉透了,再也提不起精神,说出故作潇洒的话,再也做不出故作大度的动作了。他松开了海蒂的手。

海蒂幽幽地叹了一口气。她心中并不比卓别林好受。

可惜,头脑似乎已经麻木的卓别林,竟没听见海蒂的哀叹。

海蒂慢慢转过身,向地下车站走去,她走了两步,又回过头去看卓别林。她的一双眼睛满含着热泪,只是没有掉下来罢了。

可惜,卓别林仍低着头,他没去看海蒂,当然也就没看见海蒂眼中的泪。

这不是卓别林粗心,他已被悲哀控制了。他只感到心里一片空虚,脑子里一片空白。

当卓别林抬头向地下车站进口处看去时,海蒂的身影已经消失了。

他呆愣的站了一会儿。

他在自问:"我做错了什么?"

他错在一个"急"字上。

他又自问:"我太莽撞了吗?"

是的,不仅是太莽撞,而是太粗心大意。不理解海蒂的心情。

他终于明白了一点,不应该叫海蒂当场表态。

怎么办?

真的再也不要会面了?

这可是他亲口说的呀。

此刻他感到自己是太愚蠢了,怎么能说出这样的话。"不再会面"？这不行，哪怕是丢尽了脸，出尽了丑，也要再见面的。

这一天，他过的太无意思了，已到了"吃饭不香"的地步了。晚间躺在床上，再一次失眠了。这次不是因为快乐，恰巧相反，是因为痛苦。

他反复的不能入睡。海蒂的那一双美丽的大眼睛总在他的脑海里活动。他又自问，是不是我对这件事太热情了？是不是我太认真了？下次见面的时候——不能不见面的。哪怕是海蒂将唾液吐在我的脸上，也是要再见面的，卓别林这样想。那么，下次会面时，我应该淡淡的，冷冷的，不即不离、若即若离的。

我还能见到她吗？她还能愿意见我吗？他又反复的这样想。

他是多么希望快点睡着，一觉醒来将海蒂完全忘掉了。

他入睡了。

可是，第二天早晨醒来，想到的第一件事就是再次去见海蒂。

他匆匆地洗了把脸，立即奔往坎伯韦尔路。

失望了，他失望了。海蒂没有象以前那样走出来。

卓别林没有死心，他在海蒂家的门口走来，再走过去。他说不要再见面，此刻他却急于见到海蒂。

海蒂家的门开了。他离着门有几十步，快步奔过去。可惜，走出门来的不是海蒂，而是她的母亲。

她看见了奔过来的卓别林，立即开口问道：

"瞧，你是怎样对待海蒂的？"她一脸的不高兴，又道："昨天，她哭着回到家，说你永远不要再见她了。"

卓别林是说过不要再见面的，但是，此刻他却感到了委屈。心想，她又是怎样对待我的。不过，他没有这样说，他结结巴巴地道：

"是否可以让我进去再看她一次？"

她连连摇头，又道："不必了，我想你还是别去的好。"

"您大概尚未吃早餐，我也是未吃哩，咱们到酒馆去喝一杯吧。"卓别林恳切的邀请道。

于是，他们二人到路拐角的一家酒店里。

卓别林要了一瓶酒，点了几样菜，二人吃喝着。

吃喝完了。卓别林再一次道：

"我想去看看海蒂。"他怕遭到拒绝又连忙道："我保证不再惹她伤心。"

"既然这样，那么你就去见见她吧。"她同意了，但又补充道："你可千万别再惹她伤心。"

"我发誓，我保证。"卓别林此刻无论什么条件他都答应，只要让他见海蒂就行。

他们走到了海蒂家门口。

海蒂开了门。当她看见卓别林时，脸上立即露出了惊奇的神气，脸上虽未表现什么，却在心中一喜。

卓别林从海蒂的脸上闻出了一股清新的香味。

她似乎呆住了，站在门口未动。

卓别林又误会了，以为海蒂不让他进屋，他的心彻底凉了。以为他们之间的关系彻底完了，再也没希望了。

"你瞧。"卓别林又装成开玩笑的样子，用轻快的口吻道："我又来说再见了。"

海蒂没有说话，仍是那样呆呆地看着卓别林。

过了一会儿。海蒂仍未移动，却轻轻地说："再见。"

卓别林转身走了。他听见街门在他身后轻轻地关上了。

如果卓别林回过头来看一眼——只有一眼就行，他就会发现，街门没有关严，还留下了一条缝，而海蒂就在那条门缝看着卓别林的身影。

当然，这又是一次可惜。

卓别林和海蒂的相识时间很短，二人约会也只有五次，每次约会的时间都不太长，但是，这个海蒂的面庞，身影却在他的脑海里久久不能消失。

卓别林与海蒂的恋爱史只有这么长。

这就是卓别林的第一次恋爱，以失败告终的恋爱。

1909 年，卓别林二十岁，他第一次到了法国巴黎。

巴黎的女神剧场老板比尔内尔先生邀卡诺剧团去作一个月的短期演出。

一听到要出国演出，卓别林非常激动。在出发前的一个星期。卡诺剧团在伍尔维奇演出，那个城镇是阴湿和凄凉的。而卡诺剧团在那里演出的一个星期也是凄凉的。所以，整个剧团的人，当然包括卓别林在内，都很希望能改变一下环境。所以都高兴出国。

剧团订于星期日早晨起程。卓别林差点儿误了车，他一路从站台上跑过去，跳上了最后的一节行李车。

他们一直乘到了多佛尔。打算从这里渡过多佛尔海峡，从加来上岸。

他们横渡多佛尔海峡时，遇到了倾盆大雨，所以无法站到船舱外去看海上的风光。卡诺剧团的人未免感到遗憾。

透过迷雾，看到了法国的土地。对卓别林来说，这是第一次，他很激动。他在提醒自己："那不是美国，那是大陆，是法国。"他对法国向往已久,他一向憧憬那个地方。他就出生在法国。他的父亲有法国人的血统。实际上卓别林家族的原籍就是法国。他们是在雨格诺时代来到英国的。

卓别林有一位叔祖、是他父亲的叔父,时常夸耀说,英国的这一支卓别林家族是一位法国将军的后裔。

他们在加来上了岸。

卓别林一踏上岸,心里暗道:这就是法国了,他用力地踏着步子,用脚在亲吻法国的土地。

这就是法国。

尽管他在英国长大,一直长到十二岁,但他对法国却有一种亲切感。

时间已是深夜,他们从加来乘上车,直奔巴黎。沿途经过的乡村,似乎都不太富裕,显得冷落凄凉。

暮色沉沉的天空下,他们逐渐看见了一片辉煌灿烂的灯火。

"那儿就是巴黎的灯光。"与他们同车的一个法国人介绍说。

卓别林立刻感到那灯光是亲切的。他自己也说不清这是什么原因。他渴望看到巴黎,巴黎就是法国。今天已经见到了,快了,快了,他即将踏上巴黎的土地了。他的思想中认为加来虽也是法国,但巴黎却是法国的法国。巴黎才是真正的法国,而他也即将踏上巴黎的土地。

他把脸贴在车窗上,两只眼睛注视着那一步步靠近的法国巴黎的灯光。

近了,更近了。火车终于驶进了巴黎站——北火车站。

说实在的,巴黎北站并不比伦敦车站好,但是卓别林一切都感到顺眼。看到的一切都感到亲切。

他们从北火车站到诺弗鲁瓦—玛丽街,一路上他又是焦急又是激动，经过每一个路拐角，他都想走下车去。

那时候，是晚上七点钟，咖啡馆里射出了诱人的金色灯光，单瞧摆在外面的那些桌子，就可以看出来，在那里生活的人们多么会欣赏人生。

巴黎仍是莫奈（Maunor）、皮萨罗（Pesalan）和勒努瓦（Lernuna）等画家笔下的巴黎，不过是在街上多添了些新发明的汽车。

正赶上星期日，巴黎市内好像所有的居民都在寻欢作乐，到处是一片喜悦与活跃的气氛。

巴黎的小酒馆、咖啡馆，都是把桌子摆到外面，上面有遮阳的凉棚，人们坐在桌前，喝着咖啡或茶，或者喝着啤酒，或者喝葡萄酒，谈家常，谈生意，也谈些日常生活的小事。当然也有青年男女在淡情说爱。每个人的脸上似乎都是那么开朗，没有一个愁眉苦脸的。

卡诺剧团下榻在若弗鲁瓦——玛丽街上一所不算太大的旅馆。卓别林住的房间是石头地板，他把这间房子叫"我的巴士底"（法国革命前，政治犯禁锢在巴士底狱）。但是，他并未因这个阴暗的房间而减低了他的兴致。

卡诺剧团是星期一在女神剧场上演。今天是星期天，他们可以去那里看戏。于是卓别林随着剧团的一些人到了女神剧场。

他一进女神剧场，就感到了满意。他认为在他所见的剧场中，没有一家有这样的气派。剧场里装饰得金碧辉煌，豪华富丽，到处都是镜子和巨大的水晶枝形挂灯，坐着皮垫的软椅。

剧场里的观众也全是上流社会的人物，其中有珠光宝气的印度王子包着粉红色头巾，法国和土耳其军官戴着有羽毛装饰的头盔……。

有些人在铺着厚地毯的休息室里和花楼里走来走去……。

有的在酒吧间里喝着白兰地……。

那些美丽、优雅的太太、小姐把她们的披肩和皮大衣寄存在衣帽间里,然后袒露出她们雪白的肩膀。

她们大概都是老观众了,是这里的常客了,为了惹人注意,她们都故意在地下休息室和花楼里走来走去。

女神剧场里有一些职业翻译,他们的帽子上都缀有"译员"的标志,在戏院里各处走着,为那些不懂法语的观众解答一些问题。

卓别林在第一天就与一个领班的翻译相识了。他能很流利地说好几国的语言。他们可以用英语交谈。

这一天,他演完了戏,象往常一样,总是一直穿着的那套登台夜礼服,夹在其他人当中,到处溜达。

突然,他的眼前一亮,有一个娇艳的美人儿走过来。

这简直是个标准的美人儿。白鹅一样的颈项,修长的身材,雪白的皮肤,长长的睫毛下面是一双水灵灵的大眼睛,眼睫毛不住地抖动,那灵活的双眼象熟透的葡萄,微微翘起的鼻子下面是一粒娇滴滴、红红的小嘴唇,腰身是那样细,而胸脯又是那样丰满……长得俏丽异常,卓别林见了她,不由得心跳加快,血压上升,几乎不能自持了。

这美人儿穿了一种黑天鹅绒的衣服,使她显得更白皙了。戴了一幅白色的长手套,黑白分明。

卓别林的两只眼睛盯住她不放。

当她登上花楼台阶的时候,她的白手套掉下了一只。卓别林紧走几步,赶快把手套捡起来,双手举着送到那美人儿的面前。

"谢谢!"美人儿绽开红唇,笑着对卓别林道。

"我希望您再掉下来一次。"卓别林顽皮地道。

总算找到了和美人搭话的机会,他岂肯轻易放过。

"您说什么?"

美人儿有点发愣地看着卓别林。

此时,卓别林才想起来,她听不懂英语,而自己又不会说法国话。

这问题不难解决。

卓别林立即去找他新相识的翻译朋友,他找到了领班翻译,开门见山地说道:

"我对一个姑娘很有意思。但是,看上去她要的价钱一定很贵。"

翻译耸了耸肩膀,微笑道:"最多一路易。"

卓别林认为价值是高了点儿,但是,那个美人也太美了。放过了岂不可惜。可谓失之交臂了。贵就贵点儿吧,他对翻译道:"好吧。"他下了决心:"请你帮忙办吧。"

这个翻译当上了皮条匠,由他牵线搭桥,最后,他回来说。

"全都谈妥了,代价是 1 个路易,可是得付她从戏院到她家里的来回车钱。"

这样又等于加价了,他犹豫了一下,问道:

"她住在哪儿?"

"车钱最多是 10 法郎。"翻译交底说出了车价钱。

这样又等于加了半个路易——1 路易约合 20 法郎。他没料到还有这额外的一笔费用。他半开玩笑地问道:

"她不能够走路吗?"他是不大愿意再增加的。

"您听我说。"翻译认真地道:"这位姑娘可是高级的,您必须给她付车钱。否则,她不会答应。"

既然翻译这样说了,他再不拿出这 10 法郎就得不到那美人儿,只能这样了。他勉强答道。

"那就这样吧。"

他又让翻译在一张明信片后面用法语写了几句谈情说爱的话:

"我十分爱您。"

"我对您一见钟情。"

"……"

他准备在适当时候,说出来起到一点粘合作用。

一切妥当之后,他登上了花楼的台阶,在美人儿身边走过去。

美人儿笑了笑。

那笑太迷人了。能勾走一个人的魂。

卓别林转身看了她一眼,低声道:

"今儿晚上。"

"太好了,先生!"那个美人用法语道。

因为卓别林知道那个美人不懂英语,即对那个翻译朋友道:"等我的戏完了再去会她。"他说道:"请你转告她。"

翻译用法语对那个美人讲了。

美人又是一笑。

卓别林的戏演完了,他想到就要和那个美人相会,心里美滋滋的。

他卸完了装。

翻译朋友走过来对他道:

"我去唤那个姑娘，你去叫车，等她来了，车也到了，你们立即可以走了。免得浪费时间。"

"浪费时间？"

卓别林怀疑地问。

翻译朋友没有解释，他只说了"是的"二字就匆匆走了。

果如翻译朋友所言。那个美人来了，卓别林也将车叫来了。

二人坐上车，沿着意大利大街驶去。

卓别林坐在车上，向那美人看去，光影掠过她的脸和细长白皙的脖子。这时候看去更是美丽动人。

想着很快就要和这个美人销魂，他非常高兴。他想说点什么，可是，美人儿不懂英语，他又不会说法语。他偷偷摸出那个翻译朋友写的明信片，看了一眼，转对美人道：

"我十分爱您。"他试着用法文这样说。

美人听了大笑起来。露出了一口整齐雪白牙齿。

"你的法文说得好极了。"

"我对您一见钟情。"卓别林又说了一句明信片上写着的话。

美人儿又大笑。

"你应当用'你'字，这样才显得亲密。不要用'您'字。"

美人纠正道。她说完，不知想起了什么？又大笑起来。

卓别林并未感到不好意思，他此刻却又想到了海蒂，他拿海蒂与这个美人相比较；美人儿有一种成熟的美，美如天仙。海蒂有一种处女的美，美的娴雅。如果单从美貌上比，美人儿超过了海蒂。可是，他又觉得这个美人在什么地方不如海蒂，但是，他又说不出来。

美人儿看了一下手腕上的表。

"我的表停了。"美人道："现在是几点钟？"

"10点过5分。"卓别林看了自己的表,告诉美人儿。

"要快,我12点钟还有一个重要的约会。"美人儿道。她又催促车夫要快些,免得误事。

卓别林有些不解。

"你说的12点钟是明天中午,还是夜间,不是今儿个晚上吧?"

"不!"美人儿道:"是今儿晚上,而不是明天。"

"可是……。"卓别林仍然不明白:"你今儿个晚上不是陪我吗? 怎么会有空去赴约会呢?"

美人听了他的话,显出了吃惊的样子,认真地道:

"哦,不,不,不! 不是通宿儿。"她又大咧咧,恬不知耻的说下去。

"20法郎只是一次吗?"

卓别林这样问了一句。

"一点儿不错。"美人儿仍很认真地说。"你以为花1个路易我会陪你一宿吗? 笑话。1个路易仅是一次,你想得可太美了。"

接着,美人儿从那美丽好看的小嘴竟吐来许多不堪入耳的话。

卓别林对这些肮脏的字眼,心里直恶心,他再也听不下去了。

"请把车停下。"他叫道。

车夫停下车。

卓别林走下去。先对美人道:

"很抱歉。你还是找你那个1路易一次去吧。"

他的话也有些难听。他又转对车夫道:

"这是从这里返回女神剧场的车钱,请你把她拉回那里去吧。"

说着话,他付了车费。

车夫调转马车,飞驶而去。

那个美人儿在车上嘟囔些什么,他听不懂,他也不想听。

他感到失望,也感到伤心。他本想享受一宿的温柔乡的滋味,没想到却遇到了一个长的虽美却又恬不知耻的女郎。这时,他想起了那个翻译说的"浪费时间"4个字的含意。

在法国巴黎女神剧场演出期间,他们上演的几出戏都挺叫座,票房价值不错。比尔内尔原来约定卡诺剧团在此演一个月,因为观众很欢迎卡诺剧团上演的戏,他又打算延期演下去,连演十八个星期,可是卡诺没有答应,因为他已经和别的地方有约在先了。

这时,卓别林的戏份儿每星期是五镑,但是,他把所有的钱全花光了。

巧得很,有一个西德尼的表兄,也就是他生身父亲的亲属,这时还在巴黎。

这个人很有钱,属于上流社会的人物,他找到卓别林来认亲。他带着卓别林玩了不少地方,大把大把地花钱。

他是一个戏迷,为了冒充剧团里的人,可以随便到后台去逛,他竟剃掉了他的胡子。

可惜,后来他不得不回英国去了。哪知他一回到英国,就被他的父亲严厉的训斥一顿,然后就把他送到南美洲去了。这些是卓别林后来才听说的。

卓别林在来巴黎以前,就听说当时海蒂所在的歌舞团正在女神剧场演出。

就在他们抵达巴黎的当天晚上,他就到后台去打听海蒂的消息。他还是想再见见海蒂。

但是,不巧得很,一个跳舞的姑娘告诉他,海蒂所在的那个歌舞团已经在一个星期前就到莫斯科去了。

他正在和那个姑娘谈话,突然听见楼梯上一个人粗声大气地叫着:

"马上给我过来!你怎么可以跟一个不认识的人谈话?"

说话的人是那个和卓别林谈活的姑娘的母亲。

"夫人,"卓别林解释道,"我只是打听一下我的一个朋友的消息,并无别的意思。"

那个夫人似乎对卓别林的话充耳不闻,就像没听见一样,只顾说她的:

"别去跟那个家伙多说。"她仍粗声大气地叫着。"马上给我上来!"

卓别林对这位夫人的粗暴和不可理喻的态度甚为生气。

事情也真巧。

卓别林和那位粗暴的夫人以及她的两个女儿同住在一个旅馆里。

她那两个女儿都是女神歌舞剧团里的演员。

后来,他们熟悉了。卓别林才知道,她那个小女儿十三岁,是舞剧团里的主角,长的非常漂亮,舞也跳得好,但是,那个十五岁的大女儿,不但舞跳得不好,长相也很难看。

那位当母亲的是法国人,胸部丰满,年纪大约在四十岁左右,她嫁了一个苏格兰人,那时候,她的男人在英国。

他们在女神演出以后,她已知道了他的一些情况,主动找到卓别林道歉:

"很对不起。"她笑着道,"那天晚上我不该那样莽撞。当时,我把你当成一个无赖了。请原谅。"

"没什么。"卓别林客气的道,"古话说,'不知者不怪'吗。"

此后,他们竟成了好朋友。

有时,她在自己的住处预备了茶点,把卓别林请到她们的屋子里去喝茶。

有一件事,让卓别林一辈子也没有忘掉,因为那事有些离奇。

有一天的下午,那夫人的两个女儿都出去了,只有她和卓别林在一起喝茶。

那个夫人的举动有些奇怪。

卓别林正在谈他的希望和理想。

"我希望成为一个红丑角,我一生都要给大家带来欢乐和笑声。"

"是的,是的!"

那夫人似乎心不在焉地应和着。

卓别林又讲了他和海蒂的事。

她仍是"是的","是的"连声应和着。不过,他看出了夫人的神情有些特别,她倒茶的时候手不住地哆嗦,把茶泼在了茶桌上。

当卓别林站起来,把他的茶放在茶桌上的时候,那夫人走到他跟前。

"你真可爱。"夫人说了这句话,两只手捧住了卓别林的脸。两眼直直盯住卓别林的眼睛,好像卓别林的眼睛里有什么好看的东西一样。

"象你这样的好孩子,是不应该受人欺侮的。"

其实，卓别林已经二十岁的大人了，哪里还是个孩子。

夫人的眼睛有些迷茫地看着卓别林，显得有些古怪，又好像是在使催眠术。她的声音颤抖起来。

"你知道吗，我爱你就像爱自己的儿子一样啊。"

她说这话时，仍然捧着卓别林的脸。然后，她的脸慢慢地向卓别林的脸凑近，她吻了卓别林。

"谢谢你。"卓别林说着又回吻了那位夫人。

那夫人的眼睛仍旧呆呆地紧盯住卓别林，她的嘴唇在哆嗦，她的眼光凝滞了。

后来，她忽然克制住自己的感情，走过去重新倒了一杯茶。

她的态度变了，嘴角上似乎闪出了笑意

"你太可爱了。"她已有了笑意。"我真喜欢你呀。"

她说过这句话，情绪似乎已平稳了，又小声对卓别林说起来。

"我那个小女儿，"她悄声道："可是个好姑娘，可惜年龄太小，才十三岁。"她停了一下，又说下去："不过，对我那个大女儿你可得留神。她现在出的事很叫我伤脑筋。"

在卓别林演完了戏，回到住处，那个夫人常常邀他到她小女儿的卧房里去吃夜宵——她的大女儿则在外间。

在吃完夜宵后，卓别林在回到自己的房里之前，总是吻了她们母女俩，道过晚安才回去，但是，他又必须穿过大女儿的独睡的外套间。

有一天晚上，卓别林又照例吻别了那母女俩，走过那个大女儿的房间，那个大女儿向卓别林招手。

卓别林以为她有什么事要他帮忙就走过去。

"把你的房门开着。"那个大女儿小声地说道："等她们都睡着了我就过来。"她说完竟抱住卓别林想亲吻一下。

卓别林对她本无好感,平常也很少和她说话,从不和她单独在一起,也不和她谈心。她嫌这个大女儿拿腔作势,又过于风骚。今天他见这个人想要亲吻他,还没等她的嘴凑过来,他用力把她推倒在床上,然后大步走出去。

当然,他也不会给那个骚货留门。

后来,她们在女神剧场的演出结束后,那个大女儿竟跟一个马戏团的驯狗师私奔了,那个驯狗师已经六十岁,是一个魁梧的德国人。而那个大女儿那年才仅仅十五岁。

说实话,卓别林并不是一个文质彬彬的青年,也不是一个老实巴交的青年,当然也不是窝囊废。他像那时候大多数的青年人一样。偶尔也和剧团里的一些人出去玩个通宵。

有时候也和几个同龄人去妓院。

有时候也和一些同伴到酒馆里去狂欢滥饮,吆五喝六。

有时候也和几个年轻人一起捣乱起哄。

有时候也和人打架吵嘴。

有一天晚上,他喝了几杯苦艾酒,竟和一个名叫厄尼·斯通的人动起武来。

厄尼·斯通从前是一个轻量级职业拳击手。

他们两个动了手。

酒馆的堂倌和警察把他们拉开了。

厄尼·斯通和卓别林同住在一个旅馆里。厄尼·斯通的房间就在卓别林房间的上面。

厄尼·斯通被拉开后对卓别林道:"咱们回旅馆里再见。"

清晨四点钟,卓别林摇晃着回到了旅馆,他虽然喝了不少酒,但是还记得厄尼·斯通约他大打的事。他上了楼去敲厄尼

·斯通的房门。

厄尼·斯通打开门，见卓别林没有失约，很高兴。

"进来！快进来！"

卓别林走进屋里。

厄尼·斯通又道："现在，脱下你的鞋，咱们对打别惊吵了别人。"

于是，两个全脱了鞋，又脱光了上衣，就对打起来。你打过来，他攻过去，打了好大一阵子。

厄尼·斯通到底是经过训练的拳击手，把卓别林的下巴很准的打中了几下，但是，卓别林坚持住了，没倒下去。

卓别林的口角流着血，讥讽地道：

"我还以为你的拳很厉害呢，也不过如此而已。"

厄尼·斯通猛地扑向卓别林，但是，他扑了个空。一头撞到墙上。

卓别林见机会来了，想乘机把对手打倒，但是，他的拳攻出无力，打是打中了，但是却象是闹着玩儿，厄尼·斯通并未有什么感觉，只不过象是敲打身上的灰尘而已。所以他没有倒下去。

卓别林并未练过拳击，他不过是靠着身手灵活，但以此对付一个经过训练的拳击手无异是以卵击石了。

卓别林没有打倒厄尼·斯通，他自己却被对手一拳打在嘴上，震动了他的门牙。

这一下子把卓别林打清醒了，他立即叫道："住手！"

厄尼·斯通住了手。

"我可不要你打掉我的牙齿。"

卓别林抹了下口角的血，这样说。

于是厄尼·斯通奔过来，抱住了卓别林？又轻轻拍一下他的背，然后，拉着他一同走到镜子前面。

两人一副狼狈相，反映在镜子里。

厄尼·斯通的脸被打破了。有血流出来，抹得一条一块的，他成了花脸。

卓别林口角还有抹不掉的血，两只手肿得象一副拳击手套。脖颈上也有血。

两个又抱在一起，大笑。

屋内的天花板上，窗帘上，墙壁上都是血——他们也不知血怎么会溅到了那些地方。

早餐时，在舞剧里演主角的小姑娘来送早餐，见了卓别林的样子，吓得尖声怪叫起来。

这打架是卓别林有生以来的第一次，也是最后一次。

有一天，在女神剧场里，翻译朋友来找卓别林。

"有一位著名的音乐家想见见你。"

朋友说："你愿意到他的包厢里去见他吗？"他随便用手向一个包厢一指。

卓别林可不是爱端架子的人。

"这有什么不愿意的。"卓别林说，"你就领我去看他好了。"

卓别林跟随朋友来到包厢。

很巧，在那包厢里还有生得极美的外国小姐和他们坐在一起。另外还有一位俄国芭蕾舞剧里的演员。

他们一到包厢。那位俄国芭蕾舞团的演员就夸奖道：

"你演得很好。"他笑着道："你是一位天生的音乐家和舞蹈家。"

"谢谢，先生。谢谢夸奖。"

卓别林很有礼貌的鞠躬，致谢。同时，他也没忘了偷偷地去瞟那美女儿眼。

那位音乐家站起来,向卓别林伸出了手,他握住了卓别林的手道:

"可不是,您是一位真正的艺术家。"

"谢谢,谢谢夸奖。"

于是卓别林又鞠躬道谢。

又说过几句话。还是称赞卓别林戏演的好,具有天赋等等。

当他们离开包厢后,卓别林问翻译朋友:

"跟那位先生的小姐是谁?"

"她是一位俄国芭蕾舞演员,那小姐叫——。"

他说了一个很长又很难念的名字。

"那位先生叫什么?"

"德彪西(Debussy),"他答道,"大名鼎鼎的作曲家。"

"从来没听过这个名字。"

卓别林确实不知道这位著名的法国作曲家。

那一天,斯坦赫尔夫人谋杀亲夫案闹得满城风雨,但审讯后,却被判无罪。

那一天,男女调情的"蹦蹦舞"风靡一时,舞侣一对对恬不知耻地紧紧地搂着打转儿,做出许多淫荡的,令人不堪入目的样子。

那一天,每镑收入缴六便士所得税的法令尽管令人难以置信,但是,竟然获得通过。

那一年法国著名作曲家、印象主义派音乐创始人德彪西,把他的管弦乐曲《牧神的午后序乐》介绍到英国,但上演时被喝了倒彩,听众们纷纷退出了剧场。

这是一切都不顺利的一年。

第六章　美国之行

　　"我是抱着希望、理想、干一番事业的心情来美国的,没想到却一事无成。"他沮丧地说。在英国,戏单上已把他的名字列在前面,剧场已是伦敦著名的牛津游艺场,钱也多了,可他在美国却败在演戏的舞台上,只好返回英国。"我还要来的,一定会来的。"

　　卡诺剧团回到英国了。卓别林也是满腹愁闷地回到了英国。

　　卡诺剧团又去外省巡回演出。他们经过的地方和巴黎形成了非常鲜明的对照。

　　在北方的城镇中,在那些愁人的星期日的黄昏,所有的店铺都已经打烊,凄凉的钟声好像在谴责人们。

　　大街上那些酗酒的小伙子吵吵闹闹和那些嘻嘻哈哈笑谑的大姑娘,成群结队的就在昏暗的大街小巷到处游逛,无忧无虑、自由自在。这是他们在星期日的唯一的消遣,也是唯一的快乐。

　　乍一从巴黎回来的卓别林,对这一切似乎看不惯了。一直过了近半年的时间,才习惯了。

　　就在这时候,他得到了一条令人高兴的消息。

　　消息是从伦敦办事处传来的。消息说卡诺先生通知,叫卓别林在《足球赛》的第二轮演出时,代替哈里·韦尔登演主角。一直是打不起精神的卓别林,听到了这样的令人兴奋的好消息,立即活跃起来了。

他想，这是福星高照，这又是一个绝好的机会。

在这以前，他在《足球赛》、《不开口的鸟》、《勇士吉米》及其它一些短剧中——他总演过有二十几个短剧。他演的每一个角色，都得到了一致好评，也受到观众的喜爱。但是，在他看来，那些角色上演的成功，也不过是一点小成就，根本不能与这个角色相比。

而且这次上演《足球赛》又是决定在牛津游艺场演出。这可是伦敦市内第一流的游艺场。

"我的名字将首次印在戏单最上边。"卓别林小声自语着。

是的，主角的名字一直是印在戏单最上边的。他自信，他的表演决不会比哈里·韦尔登演的差，而且能比他好。以后，他将成为伦敦全市瞩目的人物，人们要常常提起他，将他查尔斯·卓别林的名字挂在嘴边。他将一举成名。

是的，如果他头一场就演红了，当然会一举成名的。他成了主角，他就可以扩大演剧的范围，到那时候，他就可以向卡诺要一大笔包银、每星期当然不是五镑，十镑也不行，二十镑也不行，三十镑也不行。哈里·韦尔登每星期是三十四镑，他卓别林只要演的比韦尔登好——他有这个信心，那么，他至少要争取三十五镑至四十镑之间的包银，少了，对不起，不干，要去别个剧团。

美好的理想即将实现，美好的未来即将成为现实。

《足球赛》一剧，仍然是原班人马，只不过是由卓别林代替了哈里·韦尔登，另外找一个演员顶替卓别林。他们只需排练一个星期就行了。

对于如何演好这个角色，卓别林曾再三地琢磨。哈里·韦尔登在演出时，说的话是兰开夏口音，他决定演出时学伦敦本地人的口音,这样,一定会受到伦敦观众的欢迎。

可是。

又是这个该死的"可是"。卓别林已不是第一次遭到这个该死的"可是"了。这次又遭到了。

这一天开始排练,卓别林患了喉炎。

在过去曾流行过一个"七十二怕大实话"的小段子、其中的一怕:"唱戏的就怕嗓子哑"。卓别林就遇上了这一怕:喉炎、失音。

他尽了一切办法来挽救他的嗓子。用小声说话、吸药剂、喷药雾。多次地跑到医院里去看喉科医生,一切无济于事。到后来,他已失去了信心,他已完全没有心思去考虑在演出时应该怎样逗趣儿,应该怎样找俏头了。

开演了,卓别林登台了,他拼命地喊,嗓子里的每一条血管,每一根神经都紧张到了极点。但是,无论他如何努力,他也无法让观众听见他在说什么。

台下的观众似乎很熟悉卓别林,因为大多数看过他演的戏,对他也一致有好评,所以,此次他因为喉炎,说不出话来,台下的观众并没有喝倒彩,也没有人往台子上乱扔东西,也没有跺脚起哄的。他们有的人还替卓别林着急,以为他一定是嘴或咽喉有了毛病。有的人虽小声批评着,旁边的人还代他解释:

"这个查尔斯·卓别林戏演得好。今天一定是有了什么毛病,否则不会今天这个样子的。"

戏总算演完了。

卓别林别提有多沮丧了。

卡诺走进了扮戏房,他露出又是失望又是轻蔑的神情。

"谁也听不出你在说些什么。"

"先生,放心,我的嗓子明天就可以好转。"

卓别林象下保证似地说。

但是,事实与他的愿望正好相反。第二天,情形更糟了,他的嗓子不但没有好转,而且因为他把嗓子逼得太厉害,又在台上拼命喊,反而不如前一天晚上了,只能费力地从嗓子眼里挤出来几个字,很有完全失音的危险。

他根本不能上台了。

卡诺不得已只好找了一个临时替角代演。

替角嗓子没毛病,说话没问题,但是,演技可就差远了,不但不如哈里·韦尔登,连哑了嗓子的卓别林也不如。

结果,这出戏只在牛津游艺场演了一星期就结束了。因为没人愿意看,上座率一天低于一天。

约卓别林演的戏全被撤消了。

卓别林对牛津游艺场演出的一场希望与理想全部落空了。

这次打击太重了。并不亚于在福雷斯特那次。他失望了。

接着,他患了流行性感冒。

卓别林已经有一年多没见到海蒂了,他思念她,很想再见海蒂一面,至于为什么要见海蒂,是想娶她吗,是想和她谈情说爱吗,他并不清楚,就是想见海蒂,也许对海蒂无所求。

他患的流行性感冒初愈,身体还很软弱,因为他要见海蒂,所以,他拖着软弱的身体,在一天晚上较晚的时候,他一个人慢步向大街走去,街上显得更凄凉,很少见行人。

当他走到海蒂住的地方时,他失望了,那幢房子空了,外面贴了一张"招租"的告白。

他在那门前停立一会儿,又慢步地、无目标地在那条街上徘徊。他自己也说不清为什么这样,他只是不想很快离开海蒂曾经住过的地方。

突然,夜色中出现了一个人影,穿过马路,正向他这边移动。

"查利,你上这儿来干什么呀?"一个清脆的声音响起来。

说话的人正是海蒂。是她先看清了卓别林,才有此问。

她穿了一件海豹皮黑色外衣,戴了一顶海豹皮的圆帽子。

"我迎接你来了。"卓别林开玩笑地道。

"你很瘦呀!"海蒂笑了笑道。

"我患了流行性感冒,今天刚好些,出来散散步。"

卓别林说着又去打量海蒂。他记得海蒂比他小四岁,那么今年该是十七岁了,她更漂亮了,打扮得更时髦。

海蒂含笑看着卓别林。

卓别林想知道,海蒂既已搬走,又来这里干什么?

"我倒想知道,你上这儿来干什么呀? 如果不是秘密可以告诉我吗?"

"没什么秘密。"她又笑了,"我刚才去看一个朋友,这会儿上我哥哥家去,"她说完,又歪着头问道:"你高兴和我一块儿去吗?"

卓别林就是来看她的,此刻她邀请和他一道,又可以和她在一块儿多待一阵子了,他当然愿意。

"谢谢,乐意奉陪。"

二人一路走去。

"我姐姐结婚了。"海蒂道。

"是吗?"卓别林并不想问,只是敷衍地说。

"她嫁了个百万富翁。"海蒂只顾说下去,"她丈夫是个美国人,名叫弗兰克·J·古尔德。他们一家住在威尼斯。"

"是法国的威尼斯吗?"

"是的。"

"那是个好地方,据说风景优美,气候宜人,是休养胜地。"

卓别林并未去过尼斯,他是听人讲的,此刻说出来,以示自己多闻。

"是吗?"海蒂道,"我还未去过,不过,明天早晨我就要离开伦敦,到那里去和他们同住一个时期。"

他们一同到了海蒂哥哥的家。这里正举行一场小小的家庭舞会,有几个青年男女在屋地上转着。

海蒂把卓别林介绍给她的哥哥。

"卓别林先生,一块儿玩吧。"她哥哥客气地说着。他又把海蒂介绍给他的那几个朋友。

"这是我妹妹,海蒂·凯里。"

此时,立即有一个青年人走过来替海蒂挂起外衣、帽子,然后请她跳舞。

卓别林站在一边,两眼看着海蒂。她柔媚动人,舞步轻盈,显得那么娇艳和妖娆。

卓别林此时觉得对海蒂的热情似乎比以前淡了。他自问,这是为什么呢?难道因为她已经变得和一般女孩子一样平凡了吗?还是别的原因呢?他说不出,也想不出,他又有些怅惘。难道,此时,我对海蒂已处在一个旁观地位了吗?

他又去看海蒂。

她的腰身似乎比以前变得丰满了。

他又去看海蒂的胸脯。

怎么,她已十七岁了,胸部该隆起的地方还是没有突起,平平的,少了那两个小小的圆丘,似乎不吸引人。

以前,他并没有去看海蒂的这些地方,此刻却仔细看着。

我会娶她为妻吗?卓别林自问。此前也就是两年前,他曾经问过海蒂的,他还记得海蒂一般用"我不知道"四个字来回答。

此时,卓别林想,我不结婚,不想和任何一个女人结婚。

他这样想连他自己也感到奇怪。

舞会结束了。

海蒂和卓别林又同路走。

月光皎洁的寒夜,一对青年男女漫步在街头上。如果是一对情侣,那么,夜间的微风虽然有些冷,但他们的心一定是热乎乎的。

事实上,在卓别林方面,已不是两年前了。不过,他对海蒂还是有好感的,他始终也不认为她是坏女人,这是他初恋的情人呀——哪怕是仅有五次的接触,时间又比较短暂。但他在心目中,拿海蒂和那个要价一路易的风骚的美人儿一比,简直是有天壤之别,再拿海蒂和那个他在旅馆里遇到的那个让他留门的,后来又跟一个驯狗的德国人私奔的姑娘比,也很难成比例。海蒂还是纯洁的。不过,此刻,他此刻虽还恋着海蒂却不象两年前那样热烈了。是的,他向海蒂求过婚——如果说那次的谈婚叫做求婚的话。但是,他此刻却不敢再旧话重提。

"你将去过幸福的生活了。"

卓别林这样说,他的口气及神态却带着忧郁和冷漠。

是祝福?是羡慕?是无可奈何?

他自己也说不清的,但是他知道,今后再见海蒂可能很难了。他要到处去演出,要随着剧团各地游动,而海蒂将去威尼斯过贵族小姐般的生活。

"你说得这样悲伤干嘛?"海蒂的语气中是同情还是怜悯?

是恋恋不舍还是忆起往事？

"我心情不痛快。"

卓别林的语气中仍是忧郁的。他似乎想把心事说出来。

"许多许多不如意的事。我又是孤身一人，想找个人说一说心里话都找不到。孤单、寂寞、凄冷一直在笼罩着我。"

卓别怀说着还叹了一口气。

"快别说了，听了你的话我都快要哭出来了。"海蒂忙道。

果然，她的语气中确有了哭韵。

卓别林没有再说下去。没准，他如果再诉苦，说不定海蒂真的会哭起来的。

"她真是个善良的女孩。"卓别林在心里这样说。

两个人分手后。卓别林一个人回到旅馆，他躺在床上，暗道：看样子，我已在海蒂的心中留下了很深的印象，她在关心我的情况，对我的处境，对我的思想她还是同情的。同情是爱情吗？

卓别林弄不明白。海蒂是他初恋的情人，此后，他也没有忘掉海蒂。

至于海蒂是怎么想的？他不得知。他一直到二十九岁才结婚，有人猜测说他始终不忘海蒂。这大概有些道理。

青年男女对于初恋往往是印象很深，而且久久不忘，卓别林对于海蒂大概也是这个样子。不过，他始终没对任何人讲过他对海蒂的感情。

卡诺又让卓别林演《不开口的鸟》了。

说起来，事情就是这么巧，还不到一个月，他的嗓子已完全复原了。

演《足球赛》的经过情形令他十分失望，好容易有了个好机会,偏巧自己的嗓子坏了,而过去了不到一个月,嗓子又好了,这难道是命运?

"大概我不配代替韦尔登吧。"卓别林曾这样认为。否则为什么会那么巧呢?他想尽快把在牛津游艺场演出《足球赛》的那件丢丑的事忘掉,但是,却又无法忘掉。

当初在福雷斯特游艺场演出的那一幕就像一个魔影似的,隐藏在他的脑海里,时不时的就想起来,所以,他的自信心始终未恢复。每逢要他扮演一出戏里的男主角时,他就有一种恐惧的心理,担心演不好。

事实上,他演的不错,就是在代替韦尔登演《足球赛》时,如果不是他的嗓子出了毛病,他肯定会演好的。后来的事实证明,确实是这样。

他五岁时登台代替母亲演出,八岁时在兰开夏八僮伶班模仿《老古玩店》中的老者,都显示了他的才能。此时,他已成熟了,已是二十一岁的成年人了,他的演技已得到许多人的称赞,就连法国作曲家德彪西也认为他是个天才的艺术家。这不过还要有机会。

机会是很主要的。要给他机会,有了条件与机会,他会显示出他的才能的。

就在卡诺要他演《不开口的鸟》之后,一个令人担心又需要作出决定的日子又到了。

他想的是,合同即将满期,应该告诉卡诺先生,应该增加他的戏份了。

卡诺是个精明的人。一开始,虽经西德尼多次推荐,他都不想要卓别林加入他的剧团。可是,当卓别林被他叫到剧团之日起,他竟喜欢上这个年青人了。尤其是在卓别林的表演得到了观众的好评之后,他更舍不得让卓别林走开了。

不过,他对那些他看不中意的人,一向是不留情面的。

记得有一次发生了这样一件事。

在上演他的那些独幕喜剧时,对那些他不中意的丑角演员,在演出时,他认为演的不好,他就会在条幕后面,按着鼻子砸嘴儿,发出令那个演员也能听得很清楚的嘲笑声。

有一次,有一个演员,演的是差点劲儿,他就在条幕后不住的咂嘴、嘲笑。把那个演员气坏了,那个丑角演员下场了,他没有卸装,看到了卡诺,当时就给了他一拳头,把卡诺打了个趔趄。从那以后,他也不敢玩那种下流手段了。

因为他这种下流手法,令被嘲笑的演员太难堪了。

不过,卡诺对卓别林从来没用过这种下流的手段,就是在卓别林代替韦尔登演《足球赛》因嗓子坏了,演砸了,他虽表现出轻蔑的神气,却未敢用咂嘴来嘲笑。

此刻,卓别林要加戏份儿了,他找到了卡诺。

"卡诺先生,我的合同已满期了。"

"是呀,还可以续订嘛。"卡诺带着哭容这样说。

"续订是可以的。"卓别林道,"不过我的戏份得增加。"

卡诺一听卓别林要求增加戏份儿,脸上的笑容收起来了。他有些不自在了。

"怎么? 你要求增加戏份儿?"卡诺变笑容为冷笑道,"你要加薪,可是轮回上演的戏院却要减价,我该怎么办?"他耸了耸肩——他这是跟卓别林学的,正是卓别林第一次见到他耸了耸肩,他才看上卓别林的。

"自从在牛津游艺场演砸了锅,我们听到的只是人家的埋怨。"

卡诺以这样的话来治卓别林。

"埋怨什么呢?"

卓别林故意这样问。

"他们说,卡诺那个剧团不够水平——是个草台班。"

"可是,他们不能为了这件事怪我呀。"卓别林辩解道。

"他们就是怪你嘛。"卡诺以为这一下子抓住了卓别林的小辫子,可以容易地治服他,就不必增加戏份了。

"他们怪我什么?"卓别林问道。

"他们说你演得不行。"

卡诺咳嗽了一声,亮了亮嗓子,对卓别林看也不看地说。

这一下子击中了卓别林的要害,在牛津游艺场,由于他的嗓子有毛病,说话不但嘶哑,音量太小,观众根本无法听清,可是,那不是他演得不好,毛病在于嗓子有病,而卡诺也知道他那时嗓子有毛病,现在他不是又让我演《不开口的鸟》吗?他此时这样提目的不过是想压我的戏份罢了。我不会屈服的,卓别林想到这里,他反而愤怒了。

"卡诺先生,这仅是你的想法,别人并不是这样想的。他们愿意比你这儿出更多的包银。"

卓别林说的是假话,其实并没有人来邀他。

其实,有些小剧团不是不想邀卓别林。第一。他们以为卡诺绝不会放卓别林走;第二,他们以为象卓别林那样的丑角,戏份儿一定很高。他们无力与卡诺竞争,他们也不敢得罪卡诺。

"你听啊,"卡诺仍在说下去他要贬低卓别林,以免受破费。"他们说你的戏演的太坏了,演丑角也不行。"他为了证实他的话,他拿起了电话听筒。"给我接伯明德赛区明星戏院。"

电话接通了。

"喏,你可以自己听听……。"这话他是对卓别林说的。他又对着电话的送话器大声叫道:"我听说,你们那里,上星期卖座不好啊。"

"糟透了!"从话筒里传来了那边的声音。

"你说,这是什么缘故啊?"卡诺咧开嘴,嘴角上挂着讽刺的冷笑。

"戏演的没劲儿!"

"挂头牌的丑角卓别林怎样? 他还不错吧?"卡诺仍是冷嘲热讽的样子,那令人讨厌的冷笑仍挂在嘴上。

"他坏得发了臭。"

卡诺将听筒递给卓别林:"来吧,你自个儿听听吧。"

卓别林满不自在乎的接过话筒,对着话筒大声叫道:"也许是卓别林发了臭。可是他再臭也抵不上你那马桶戏院臭。"

对方竟然没有回嘴。

卓别林又大声对着话筒叫道:"马桶戏院的老板,你为什么不说话?"

对方仍无声息。

卓别林放下了话筒。转过身对卡诺道:"卡诺先生,你也认为坏得发臭吗? 那好,咱们就不必续订合同了,请你另请高明。你走你的阳关道,我走我的独木桥。"他说着话,身子也离开了椅子,作出了要走的架式。

"别急吗,"卡诺起身拉了卓别林一下,"坐下来慢慢商量嘛。"

卓别林也不过是故意拉架子,因为并没人邀他,即使有人邀他,他也不愿离开卡诺剧团,这里的布景道具全是一流的,每个戏里参与演出的演员,大多数是演技较高的,这些,那些小剧团是无法与卡诺相比的。但是，如果卡诺不拉他，他也会真走的，即使一时找不到工作，他不愿受卡诺的压服，何况卡诺用了这种下流、卑劣的伎俩。即使是卓别林发了臭，他也不应该让另外一个人用电话来说这件事。他虽顺水推舟的坐下了，但口气仍然很硬：

"有什么好商量的，你卡诺先生还与一个发了臭的演员商量什么了？"

"这发了臭是别人说的，可不是我卡诺说的。"卡诺陪着笑道。

"卡诺先生，有什么话说吧。我的时间宝贵。"

卓别林故意拿架子。

卡诺虽很精明，但是，他却不是一个能看透别人思想的人，他不知卓别林脑子里在怎样想。

"这个合同……。"

"合同不必续订了，你也用不着留我这个发了臭的演员，我也不愿去那个马桶戏院演出。"

"别激动嘛！"卡诺仍是满脸的笑，小眼睛剩下了一条缝。

他可舍不得卓别林走，自从头一天见到卓别林起，他就看出来卓别林是个天才的喜剧演员，尽管在卓别林代替韦尔登在牛津的游艺场演《足球赛》的砸了锅，他也不满意，但是他心里明白，那不是卓别林的演技不好，而是他的嗓子出了毛病。方才他表演的这一套，目的在于压戏份儿，而不是放去卓别林。

"卓别林先生，你说吧，续订合同你要多少戏份儿？"

卡诺抵消卓别林先生了。

卓别林并不苛求。

"每星期六镑。"卓别林原来是每星期挣五镑，现在只增加一镑。他以为卡诺也许还要多磨一阵嘴皮子,一个先令一个先令往上添。

"六镑就六镑,签合同吧。"

卡诺爽快地答应了。

这一点出乎卓别林的意料。

卡诺剧团美国分部经理河尔夫·里夫斯回英国来了。

大家在窃窃私语,说什么里夫斯这次回来是为了要物色一位演喜剧的主角,要把他带到美国去。

自从卓别林在牛津游艺场演《足球赛》砸了锅以后。他一直想换个环境。他也想到去美国。他从未去过美国,但是听大家议论过。他认为美国是一个富有刺激性和冒险性的地方。他想换一个环境,当然最好是去美国了,他可以在美国重整旗鼓重新振作,干出一番明堂来。此刻听到了大家的议论,又燃起了他希望的欲火,他很想去美国,所以盼望里夫斯能将他看中而选上。

也是凑巧,也是卓别林的运气好。如果不讲命运,也该说机会好。

卡诺剧团新编了一出短剧《溜冰》,由卓别林主演。他演得相当好。

当里夫斯从美国回来的时候,正赶上卓别林等在伯明翰演出。

里夫斯先生来到了伯明翰。

卓别林听说里夫斯先生来了? 又知道他在物色一个演喜剧主角的演员要带着去美国,所以他把所有的绝招儿全使出来了。演得好极了,台下的掌声、笑声不断,只这一次,里夫斯先生就看中了卓别林。他立即给在伦敦的卡诺发了一封电报:

"要带往美国的演员已找到,即卓别林。"

卡诺立即复电：

"去美演员事暂缓，另议。"

这是怎么回事？

原来卡诺对另一出短戏《银猿》发生了兴趣。

《银猿》是取笑一个人被介绍进入秘密社团的事。

其实，这个戏荒唐无聊，全戏没什么精彩的地方。

里夫斯和卓别林一致认为《银猿》这出戏不好。

"你们弄错了。"卡诺坚持地道："美国有很多秘密社团，取笑这类社团的戏，在那里一定会大受欢迎的。"

胳膊拧不过大腿。

被里夫斯看好的《溜冰》，连主演《溜冰》的卓别林也认为这出戏好，但是，卡诺还是主张去美国演《银猿》，由卓别林演。

事情就这样定下来了。

不论是演《溜冰》还是演《银猿》，总之是让卓别林去美国。

俗话说，想嗑睡，有人送来枕头，想娘嫁人，孩他舅就来了。

卓别林正希望换个环境，尤其希望去美国，果然给他提供了去美国的机会。

他自己认为，他在英国已发展到了顶点，再不会有什么出息了。尤其是在牛津游艺场演《足球赛》的失败，更让他感到要换个环境。

还有一点是卓别林自己感到不足，他没有正儿八经读书，虽然进过学校，但是他连小学也没有毕业。如果在演艺场演丑角失败了，他无一技之长、无一艺之精，除了去干一些粗活以外，没有其他事情可做。何况他还有雄心，要干一番事业。去美国是最佳的去处，他认为他到了美国会干出一番事业，会有光明的前景。

启程的前一天晚上,他在伦敦西区漫步,走过荣斯特广场,考文重大街,马尔街和皮卡利街,他沿途停下来,感到很凄凉。他已决定在美国长期住下去,短时间内不会再回到伦敦来,他想,这也许是最后一次看到伦敦了。

他一直走到下半夜两点钟,沿途尽量领略那些寂静无人的街道上的诗意,增添了他的愁思。

远离故土,在美国会干出一番事业吗?前途一定是光明的吗?一切全是未知数。

卓别林这个人很怪,他讨厌那些向人家辞行的俗礼。你去向朋友道别,亲友们再来为你送行,说不完的无用的互相祝福的话——全是无用的废话。祝福并不能就得到福,福是靠个人的努力,适当的机会得到的。所以,他将道别,告辞一类活动全免了。

启程那天,早晨六点钟,他就起身了,他连西德尼也没有惊动——他怕,怕西德尼去送行,两个人也许会哭的——这可不是讨厌俗礼了。他只在桌子上留下了一个字条:

　　启程赴美,将经常给你写信。

　　　　　　　　　　　　　　　　　查利

他们这次去美国,乘坐的是一艘取道加拿大的运牲口的船,不过这次没有带运牲口。

他们所乘坐的船是直赴魁北克的。

时间是八月末九月初。年在 1910 年,这年卓别林二十一岁了。

天气十分恶劣,不巧,船又坏了,幸亏修好了,没有抛锚。这样又耽搁了三天的时间。

船上有许多老鼠,它们竟大胆的在卓别林的舱铺脚头盘踞,似乎并不怕人。后来用两只鞋子扔过去，才将它们驱逐开。

尽管船上的环境不好，卓别林却感到轻松愉快，因为他即将到他向往已久的美国去了，他要在那里干一番事业，要重整旗鼓，要重新振作，在那里有着他的光明的前途。

九月初旬的一天，他们那条船在迷雾中绕过纽芬兰岛，驶进卡博特海峡，又驶进圣劳伦斯湾。他们看见了大陆。

那天下着濛濛细雨，圣劳伦河两岸显得很荒凉。

费去了十二天的时间，总算到了。

从船上看魁北克，好像是哈姆雷特的鬼魂在上面徘徊的那堵城墙。

卓别林在想，加拿大这样，还不知道美国是个什么样子？

当他们的船顺着圣劳伦斯河逆水前进，驶向多伦多时，两岸的田野在一片秋色中越来越美丽了。

卓别林看了这美丽的景色，激起了他的希望。

他们在多伦多口岸换乘火车，到美国的移民局办理入境手续。

在一个星期日早晨十点钟，他们终于到达了纽约。

这就是美国了？

卓别林这样暗自问道。其实，他们在布法罗入境时，就已进入美国了。而人们往往把一个国家的首都当做这个国家的代表。比如，卓别林到了巴黎，就把巴黎看成是法国。尽管美国的首都是华盛顿，但在人们心目中把纽约当成美国。

这样的美国令卓别林有些扫兴。

他们在纽约时报广场走下有轨电车时，他们看到的是什么？

报纸、包装纸、香烟盒……在大街上和人行道边被风刮得到处乱滚，到处皆是，百老汇大街看上去很不齐整，就像一个刚起床还没梳妆打扮的女人。

在每条街道的拐角处——几乎是一处不落,都摆着有搁脚板的椅子,人们只穿着衬衫,很舒坦地坐在那些椅子上,让擦鞋人擦亮他们的皮鞋。

这是什么习惯?难道收拾打扮的事就在马路上进行?

还有许多人,好像是外地来的,他们都无所事事地站在人行道旁,仿佛是一些刚离开火车站的人,趁调换火车的间歇在这里消磨时间。

这就是美国?

没错,纽约是美国的第一大城市。这就是富有冒险性的美国纽约,但卓别林却感到了纽约有些可怕。

与美国的纽约相反,法国的巴黎却给人一种亲切的感觉。尽管卓别林不会说法语,但是,他那次去巴黎,却象是到了家一样,有翻译朋友,他在设有小酒店和露天咖啡座的每一个拐角上,都受到欢迎。人们也是友好、亲切的。

纽约与巴黎不同,这里是做大生意的地方。那高大的摩天大楼,好像是高傲无情地端着架子在傲然而立,它们根本不理普通老百姓的方便。即使是在那些酒吧间里,也没有给顾客们坐的地方,只有一道长长的铜栏杆,可以让顾客在上面搁一下脚,那些大众光顾的冷食店,虽然收拾得很干净,铺着白色的云石,但是一看上去却是那么冷冷清清,一点儿人情味儿也没有。

卓别林在第四十三街附近,即今日纽约时报大厦的地方租了一间后房。

房子是褐色砂石砌成的,房间阴暗龌龊,地下室里是一个洗衣作坊,每天熨平或烘干衣服时,散发着令人厌闻的一股臭气,他感到很不舒服,这样,他就开始怀念伦敦了,怀念在伦敦城内他们租住的那套小屋。

卓别林头一天到饭馆里吃饭闹得很尴尬。

美国人的国语也是英语。美国除了一部分黑人，一部分土著印第安人，还有少部分墨西哥人，波多黎哥人之外，绝大多数是盎格鲁萨克逊人的后裔。但是，他们到北美以后，逐渐形成了一个民族——美利坚。所以他们讲的英语与英国本土人讲的英语有所不同。

卓别林在饭馆点菜说的是英国式英语，而饭馆内的人——顾客以及侍者，全讲美式英语，卓别林听起来，人家说的又快又急，他却说的很慢，就好像是个结巴。他很不好意思，他认为他这个样子，人家是不是会笑话？是不是浪费了饭店里人的时间。

在纽约，生活的节拍是快节奏的。即使是一个做小买卖的，他干起活来也是非常的利落。擦皮鞋的人，那样利落的抖动他手中的擦鞋布。酒吧间的伙计，是那样利落地送上啤酒。然后让那杯酒在光滑的柜台上，一直溜到顾客的面前。卖苏打水的伙计给顾客来一客鸡蛋麦乳精牛奶，那个样子的操作方法与灵活的技巧，就活象一个杂技演员在变戏法，他飞快地抄起一只玻璃杯，抓到了什么就往里放，一些香料，一团冰淇淋，两匙麦乳精，再来一只生鸡蛋，他抓起鸡蛋来，叭的一下就将那只鸡蛋磕碎了，然后加上牛奶，把这些食物装在一个容器里摇动几下子，不到一分钟的工夫，就给顾客端到了桌上。令人目不暇接。

卓别林不习惯这种快节拍的生活。

头一天。在大马路上，有许多人都显得很寂寞孤僻；另一些人则端起了架子大摇大摆，好像那块地方是他们买下来的。有许多人的举动好像冷落生硬。如果有人待人客气和蔼，就是表现了软弱无能的样子。这就是卓别林眼中的纽约人。

但是,一到了晚上,他随着一群穿着夏令衣服的人向着百老汇大街走过去时,他的心才安定下来。

他们是八月下旬离开英国的,那时的伦敦已是有些寒气了,但是,到了纽约以后,却进入了暖情宜人的晚秋,气候约在华氏十八度左右。

他沿着百老汇大街往下走,千百万盏灯亮了,五光十色,象是鲜明亮丽的珠宝一样。在那温暖的黑夜里,卓别林将最初的印象一扫而空,他对美国的认识与初来乍到看到的那种不和谐不同了。他认识到美国的意义了,那些高大雄伟的摩天大楼,那些绚烂悦目的灯光,那些五花八门,争强斗胜的广告,他看得顺眼了。从而燃起了他希望的火焰,激发了他的冒险心情。

他对自己说:"这才是我一直向往的美国。"

美国应该是这个样子的,不应该是在纽约时报广场他看到的那个样子。

"我应该在这里待下去。"他暗自地想道,"我要在这里大干一番。"

百老汇大街上所有的人,在卓别林看来,都象是从事娱乐性行业的人。

演员,玩杂耍的,演马戏的,表演其他游艺的到处都是。在马路上,酒店里,旅馆里,百货公司……他们都在谈论自己的表演。

在这些地方,可以听到许多戏院老板的名字:李·舒伯特,马丁·贝克,威廉·莫里斯,珀西·威廉斯,克劳和厄兰格,弗罗曼,沙科文和康西丁,潘塔吉……。

各行各业的人也在谈论艺术,娱乐。不论是打杂的女佣,还是开电梯的工人,电车上的卖票员,酒吧间的伙计,旅店里侍者,送牛奶的或制面包的，他们谈起话来，都象是一些开戏院的人。

卓别林就看见过这样的人，听见过这样的谈话。

有几位农村慈祥的老太太说："我刚去过西部，给潘塔吉一天演三场。只要有合适的脚本，那孩子将来准会成为一个挂头牌的歌舞剧演员。"

一个看门的说：

"你看到艾尔·乔尔森车在花园里演戏吗？他肯定还有更好的戏，留着给杰克戏院呢。"

每天出版的报纸上，都用整版的篇幅刊载舞台新闻，编排得就像是赛马的表格式预报一样，并且也象报道那些赛跑的马，把轻歌舞剧按照其受欢迎被喝彩的程度，分别列为第一、第二和第三。

卡诺的戏班还没有上演，当然也就没有参加比赛，不过卓别林很想知道，他们的戏演完以后，在表格上将排什么名次。

卡诺戏班约定只在珀西·威廉斯的轮回上演戏院演六个星期。暂时还没有其他戏院来邀他们的戏班继续演下去。卓别休一行，能在美国呆多久，全要由头一次演出来决定，如果一炮打响了，戏演红了，也许会留得长久些，也许会长期留下去。卓别林也希望是这样，但是，如果戏演砸了，那么，六个星期后，他们就得卷铺盖回英国去了。这又是卓别林害怕出现的结果，他还愿意留下来。

卡诺戏班租了一个房间，作为排练场，用一个星期的时间去排练《银猿》。

演这出戏的戏班子里，有一个绰号叫"怪物"的老活克。他是著名的德鲁里卷丑恶角，他已年过七旬开外了。虽然有着一条低沉宽亮的嗓子，但是，在排练时发现他嗓音不准，发音不清，而这次排练时,主要是由他来解释剧情。他却说不好。

比如"要做出这火的拾笑举动,adlibi—tum"这样一句话,他无论如何也不会说。头一天晚上,急忙中他把这句话说成了"Ablib—blum",后来,他又把这句话说成了"ablibum",他始终也未说对过。

卡诺在美国名气很大,所以报纸上把卡诺班的戏码排在第一流演员上班。

卓别林虽主演《银猿》,却讨厌这出戏。但是,既然卡诺主张演,当然就得演了,卓别林尽管认为这出戏不能叫座,他当然也还要尽力把它演好。

当然,他也在暗自祷告,应该象卡诺说的那样？这出戏"最合美国人的胃口",受到观众的欢迎。

就要演出《银猿》了,卓别林在条幕后面已看见了台下的观众不少。他又有些紧张了,他这是第一次到美国来演出,可千万别象在福雷斯特那样。他的手里捏着一把汗。

有些美国演员在条幕后面看着《银猿》的演出,卓别林感到局促不安。

卓别林出场了。

他一出场说的一句笑话,在英国会被认为是非常拾笑的。并且可以被用来预测以下各场是否会演得成功的。

那是一个露营的场面。卓别林拿着一只茶杯,从帐蓬里走了出来。

> 阿奇(由卓别林主演):早晨好!
>
> 赫德森:你可以给我一点水吗？
>
> 阿奇:当然可以。你要水干什么？
>
> 赫德森:我要洗澡。

（观众中此时只发出轻微的笑声，接着是一片冷冰冰的静寂。）

　　赫德森：阿奇，你昨儿晚上睡得好吗？

　　阿奇：哦，睡得糟透了，我梦见一条毛毛虫在追我。

这时，台下仍是一片孤寂，没有笑声，没有掌声。于是，他们只能就这样沉闷的演下去了。

卓别林向条幕后扫了一眼。那些美国演员的脸越拉越长了。还没等这出戏演完，这些美国演员全走光了。

卓别林当初在英国时，就对卡诺说过："《银猿》是一出沉闷无聊的戏。"卡诺却认为这出戏在美国能叫座。

到美国后，在排练《银猿》时，卓别林又提出自己的意见。

"卡诺先生，咱们还有其他许多有趣的独幕剧，可以演吗？"

"你说哪些戏？"卡诺翻着小眼睛不高兴地问。

"象《溜冰》啊，《漂亮窃贼》啊，《邮局》呀，还有《议员珀金斯先生》都不错嘛。"

卓别林说出了几出好戏。

"不！"卡诺坚持道，"《银猿》肯定会打炮的。"

有一个演员说：

"头一出戏最重要，如果头一炮打不响，以后就难演下去了，是不是先演《溜冰》，待演出以后再演《银猿》？"

"你说了算还是我说了算？"

卡诺非常不高兴地大声道。

当然是班主说了算，此后，再无人敢提先不演《银猿》了。

演出失败了，丢人现眼，正象有的演员说，在英国丢人也还罢了，现在跑到外国丢人来了。

全剧团的人没有一个是高兴的。

最初,人们都埋怨卡诺,认为他不该坚持演《银猿》,可是,过了几天,人们就改变了态度。因为他们发现,大概是英国人和美国人不一样,他们对喜剧的态度不一样,即使是热情洋溢、妙趣横生的喜剧,如果在英国,早已是笑声不断,充满了整个剧场,但是,美国的观众看过之后仍然是冷漠沉默,只偶然听到轻微的笑声,而卡诺班的演员,可以说全部很卖力气。

喜剧演员听不到观众的笑声,确实是令人难堪的事,他们就像是一伙逃犯。在戏院里偷偷地进进出出。接连六个星期,他们忍受着那种羞辱。其他戏班的演员,都躲着他们,就像他们是得了瘟疫,情绪传染了似的。

当他们聚在条幕后面,准备继续演下一场时,一个个全部垂头丧气、含羞带愧那种情形,就像是排列好了。等候押赴刑场去枪决一样。

卓别林作为一个主角,得到这样的冷遇,心里更不好受。他感到孤独,他感到了自卑,幸好他一人单独住开,所以不与同伴通声气,否则,如果有一个人提起这样的屈辱,心里更难以承受。另外,这样他的自卑感也不至于再影响到别的人。

白天,他总是沿着那些漫长的没有尽头、不知通向何处,又把人引向何处的大街漫步,到动物园、公园、小旅馆或博物馆里解闷。

自从他们的戏演砸了,没有得到重新的收获,卓别林的心态变了。他觉得纽约是非常可怕的。它那些建筑物太高了也太大了,它那种物竞天择的气氛压倒了他们这些外国来的人。看上去,五马路上那华丽的房屋并不是什么住宅,而是一些表彰什么功绩的纪念碑。那些高大的建筑和那些时髦商店好像是在向他们这些失败的外国人示威,好像在说:

"我多么高大，你们是渺小的。"

"我多么雄伟，你们是软弱的。"

有一天，卓别林又看见了美国的又一面。

他由于为了解闷，到处溜达，那天，他穿过麦迪逊广场的公园，走进了美国纽约的贫民区。

他看见了有好些奇形怪状的孤苦老人，他们坐在板凳上，呆滞的神情中透出了绝望，两眼瞪着双脚。后来，他又继续向前走，到了二马路和三马路。那里的穷人看来都是那样生硬、冷漠、容易发怒——大概是心情不好吧。

那些人，有在地下爬的，有尖着嗓子叫的，有哭的，有笑的，有挤在门口附近或太平梯上的，也有涌上街头的。看了那景象，他感到很沮丧，于是，他又急急地回到百老汇大街。

此刻的卓别林又对纽约——美国产生了又一个想法。

纽约并不可怕，那些高大的建筑物后面就藏着臭水沟。伦敦有东区、纽约也有个贫民窟。

他观察美国人，发现他们很多——或说更多的是乐观主义者，他们想到了什么就干什么。老是不知疲倦地进行尝试。他们衷心向往的是"名利双得"。此外再有"意外成功"、"一鸣惊人"、"倾销存货"、"捞了钞票就跑"、"改换行业"，所有这些都是不安本分的想法，但这些想法却启发了卓别林。使他的精神振作起来了。也许是一个矛盾的现象吧。

卡诺戏班演出失败，他既感到了沮丧却又感到了轻松。

沮丧是他一炮打红的希望破灭了。

轻松是感到了没有束缚了。戏演不成可以改行嘛，为啥死守着演戏这一行呢，他又不想成一个艺术家，可以另外找机会嘛，机会总会有的。

他暗暗打定了一个主意,以后不论发生了什么情况,他一定要在美国待下去,这种想法他在英国启程前就产生了。此刻又坚定了这个想法。

演戏砸了锅,又无处可去,也没有知心朋友可交谈,为了排遣心中的不快,他想到了读书。

何不借此机会读一读书,既可排遣心中的不快,又可学得一些文化知识,可谓一举两得。

卓别林这样想,随即到旧书铺里去,买了一些课本——一本凯洛格(Kellegg)的《修辞学》,一本英文文法,一部拉丁英文字典——他下定决心,要好好研究这几本书。

可惜,他没有坚持到底。他只是把那些书略翻了翻,便把那些书收藏在箱子里——束之高阁,一古脑儿忘掉了。

他第二次去美国时,才又再拿出来看。这是后话了。

卓别林这次来美国,还认识了一个后来成为新闻记者的沃尔特·温切尔。

那时候,沃尔特·温切尔还是一个半大孩子。

卓别林他们到达纽约后的第一个星期,在戏剧报上看到一出叫《格斯·爱德华的学生时代》的戏。是由一个童伶班演的,沃尔特·温切尔就在这童伶班里演戏,他年龄虽小,样子却很老练。他演的戏挺能吸引人。

这个小沃尔特·温切尔说话非常快,叽里呱拉的样子。他最拿手的还不是演戏,而是赌香烟画片。他不但赌瘾大,而且赢的时候多。他老是要和那些赌场的或其他的人赌画片儿。当时,那种画片拿到了联合雪茄烟商店里去,可以调换各式奖品,从小的镀镍的咖啡壶起,一直大列钢琴都可以兑到。

可惜,后来沃尔特·温切尔长大了,说话变了不说,他当了新闻记者,为纽约《轻歌舞剧消息报》写专栏文章,曾任纽约《画报》戏剧编辑。但他的不可教之处是他写的报道却往往有失实之处。

尽管卡诺剧团的演出遭到了失败,但是戏剧界的人对卓别林却给予极好的评价。《剧艺报》的赛姆·西尔弗曼在谈到卡诺剧团演的戏,提到了卓别林,他在文中写道:

"那个剧团里至少还有一个很能逗笑的英国人,他总有一天会使美国人对他倾倒的。"

这个预言还真的实现了。后来的卓别林岂止是令美国人倾倒,英国人、法国人、意大利人……以至全世界的人,全一致对他倾倒。

卡诺剧团里的人都灰心丧气了,人人都在想,演满了六个星期,就是吹灯拔蜡卷铺盖,打道回英国了。

但是,事情又有了变化。

在第三个星期,他们在五马路戏院演出时,那里的观众多数是当总管和仆役的英国人。

出乎卡诺戏班所有的人的意外,那天即星期一晚上一开演,就赢得一个满堂红,卓别林的每一句笑话,都把观众逗得哄堂大笑。

剧团里的每一个人原来预料出现的冷落场面没有出现,所以大为惊奇。每一个人的心里都感到喜悦,这是他们到美国来以后,第一次的喜悦。

卓别林当然更高兴,他来了劲头,也愉快了,放松了紧张的神经,当即把全部精力都放在演戏上,所以,这天晚上他演得很成功。

正是这次的成功,他们才没有在六个星期后卷铺盖回英国。

因为有一位戏院的经纪人，就是这天晚上看了卓别林的演出。他看中了。所以，他邀卡诺戏班去西部给沙利女和康西丁轮回上演，演出二十个星期。

他们准备演低级的轻歌舞剧，每天要演三场。

虽然第一次巡回演出时，他们并没有一演而红，但是，和其他的戏班子比起来，成绩还算过得去，还比其他的戏班子强多了。

在那个年代，美国的中西部还是可爱的。那些地方生活的节拍比较缓慢，气氛富有浪漫色彩，每一家药铺或酒吧间的门口，都摆着一个摇骰子的桌子，顾客或来赌的人，可以赌店里出售的任何东西。

每逢星期日早晨，大街上一直可以听到骰子在空洞中发出亲切悦耳的声音，卓别林就曾不止一次的用一角钱赢到了价值一块钱的东西。

那些地方的生活费用也很低。小旅馆里，让你一个人单独住一间房，每天还管三顿饭，一个星期才收七美元。食品卖的也非常便宜。戏班里的那些人，主要是到酒吧间，吃柜台上卖的便餐。只要花上五分钱，就可以喝一杯啤酒，再在柜台上挑一样可口的菜。那些菜有猪蹄圈，成肉片，土豆色拉，沙丁鱼和通心粉，还有干酪烘制的布丁，各色各样的香肠片，碎猪肝红肠，意大利香肠，以及热狗（指类红肠的面包）等。

戏班里有的人贪图便宜，就吃得很多，把盆子罗起了一大堆，直到伙计跑来干涉他们，说：

"喂，你们要把这一大堆盆子运到哪里去？是准备运到克郎代克河吗？"

卡诺戏班一共有十五个人，这些人除了付去火车卧铺票费外,每个人至少可以在自己的戏份儿里省下一半的钱。

卓别林的戏份儿是一星期七十五美元,他一星期留下二十五美元花用,按时把五十美元存进了曼哈顿银行。

卡诺戏班演出的目的地是太平洋沿岸地区。那一次还有一个马戏团的戏班和卡诺戏班排在一起。他们同路前往。

卓别林结识了一个得克萨斯州人。这个人年轻漂亮,他是演空中飞人的。

他们很谈得来。

"伙计,"他把卓别林称作伙计,"我现在三心二意不知该怎么办。"

"什么怎么办?"

卓别林问他。

"我想改行当一个职业拳击家,又想与伙伴继续演空中飞人。总拿不定主意,不知该怎么办?"

"你当不了拳击家。"

卓别林笑道。

每天早晨,卓别林和他一起练拳,虽然卓别林长的比他身子矮,体重也比他轻,但是,卓别林却能够随意击中他,所以卓别林才说,他不可能成为职业拳击家。

"业余练练总可以吧?"

"当然可以。我就是业余练练。"卓别林道,"我却不想当职业拳击家。"

他们二人练完了拳,总是一块儿出去吃午饭。

"我的家是得克萨斯州的普通农民家庭。农社的生活是满好的。我看,我不演空中飞人,你也不要那个丑角了,咱们合伙去农社养猪,准会挣大钱。

"养猪要很多本钱吧?"

卓别林问道,他的心活了,他也想去农社养猪,过一下农社里的田园生活。

"我已经攒了一千美元。"

"我也有一千美元吗。"卓别林说,其实他存的钱还略差了点儿。

"有两千美元就可以了。先买二千英亩土地。"

"多少钱一亩?"

卓别林是一窍不通,他问道。

"在阿肯色买土地,也不过每亩花五角钱。"

"剩下的钱全买猪了。"

"不,还要搭猪舍,还要搭人住的房屋,还要买一些应用的东西。"

"一个母猪一年生多少头小猪?"

"不能按年算。一头母猪二年可生五窝,至少四窝。"

"那么一窝能生多少头?"

"多少不等,七八头,八九头或十几头都可能,它又不能全成活。"

"那么一窝就算成活五头总可以吧?"

"那没问题。"

两个人一句接一句的议论着,按他们二人的如意算盘,五年后每人可以赚十万美元。

"我们俩将是大富翁了。"

两个人作着发财的黄金梦。

坐在火车上,他们从车窗往外看出去,看到了那些养猪场。两个人就激动得不得了,好像他们的养猪即将实现,腰缠十万美元的大富翁就要当上了。

他们俩吃饭、睡觉、做梦都想到了猪，平常谈话说的是猪，睡觉梦着猪，猪已成了他们唯一的话题。

就在这以后不久，卓别林买了一本养猪的书。书中写有关阉猪的技术，养猪中有关公猪、母猪、猪仔该如何饲养，如何管理，相当繁琐与麻烦，多亏他看了这本书，知难而退，否则他真的有可能放弃了演戏，而成为一名养猪的"专家"，发展成"富翁"。

这次他们卡诺剧团巡回演出，卓别林随身带了小提琴和大提琴。

他从十六岁起，每天他都要在卧室里练琴，每天都练四小时至六小时。每星期他都请剧团里的乐队指挥教他，或者请乐队指挥介绍的人教他。

卓别林有个与众不同的特点，他是用左手执琴弓拉琴，所以他用的提琴上的弦都是按左手拉的需要装的，低音和音柱都更换了位置，与右手拉琴的人用的琴正好相反。他的本意是在将来能成为一位首席小提琴手，他自己的打算是，即使当不上首席小提琴手，如果能在轻歌舞剧团里拉琴也行。

后来随着年龄的增长，他开始认识到他练这一行艺术永远也不会出色，所以他就放弃了。

他们到了美国另一个大城市芝加哥。

1910 年的芝加哥，以它的丑恶吸引了人们，偏僻、污秽，它是一个仍然保持着边疆时代精神的一座城市，一个繁华的、热闹的，象美国作家卡尔·桑德所描写的"钢与烟"的都会。

在卓别林的想象中，它附近是一望无垠的旷野，有点儿象俄国的大草原。这城市有着剽悍的拓荒者那种使人感到生气勃勃的喜悦精神，然而骨子里又隐藏着那种男性孤寂的苦闷。由于要减轻这种肉体上的痛苦，一种风靡全国的所谓歌舞剧就应运而生了。演这种歌舞剧的是一伙举动粗野的丑角，再配上二十来个合唱团的姑娘。这些姑娘有的长得漂亮，有的已经是憔悴色衰。那些丑角有的很会招人笑，而演出的戏则多数是猥亵的色情喜剧，内容是粗俗的戏谑。剧中的气氛突出了"男子汉"的重要性，穿插了一些两性之间的纠纷。

但是，事情就是这样的矛盾。观众们看了那些戏，非但没有去想到色欲，反而会对剧中的情节表示同情。芝加哥到处都上演这类的戏。有一出戏叫《华特生肉庄》。扮演这出戏的是二十个中年妇女，她们长得其胖无比，一律穿着短裤出场。据广告宣称，这些女演员的体重加起有好几吨重，他们在戏院外面贴的照片上装出了一种羞答答的神气，但是，这种戏人看了只会感到愁闷。

到了芝加哥，卡诺戏组的多数人住在瓦巴希大街上的一家旅馆里，这所旅馆虽然显得冷落和寒酸，但是却另具有一种浪漫色彩，因为演歌舞剧的姑娘大多数都在那个旅馆里。

卓别林他们每到一所城镇里，总是直接赶往戏班子姑娘住的旅馆里——他们全是年轻的小伙子，他们的目的是很明显的——异性相吸嘛——他们有意与那些比较美丽的、比较年轻的姑娘勾搭，先是说说话，然后相约溜溜大街，进而……。那些姑娘也和这些象卓别林那样的年轻小伙子的想法大概差不多，她们并不拒绝和他们接近谈笑、逛街，在一起喝杯茶或咖啡，或吃一餐饭，但是，他们却从未发生过那种令青年男女都感到快乐，而外人知道了会嗤之以鼻的那种并不算丑的丑闻。彼此之间是清白的。

尽管卓别林等小伙子并未能勾搭上一个姑娘，甚至连亲吻、搂抱都未捞着过,但是,他们还是愿意和那些姑娘同住一个旅馆。每到一处,他们全是观望着,不论姑娘们住哪个旅馆,他们则象是臭苍蝇一样立即跟了去。

在那些姑娘中,有一个年轻、漂亮的。她与众不同,不知是什么原因,从来不跟别人合群。遇见卓别林等小伙子,总是显得不好意思,说她是忸怩作态吧,又不太象,因为她见了男人总是脸红,头也低了下去。如果说她见了男人害羞似乎也不应该,在歌舞团里的人,上台表演时,露胸露腿的给人看,怎么会见了男人就会害羞呢? 实在令人不解。

卓别林对这个姑娘有意,有时在旅馆的休息室里,他几次故意从她身边走来走去,走进走出,但是,那姑娘没有勇气与她搭话——他碰一鼻子灰——而那个姑娘却也没示意来鼓励他先说话。

从芝加哥去往太平洋沿岸演出,这个姑娘一直和卓别林他们坐一次车。去西部演出的歌舞团,往往都是去着同一条路线,并且在同一个城镇里演出。

有一次,卓别林经过的车厢里,看见那个姑娘,和卡诺戏班里的一个演员在谈话,卓别林没有听清他们说些什么。

后来,那个演员走过来,坐到卓别林身边。

"她是一个什么样的姑娘啊?"

卓别林好奇地问。因为他始终未琢磨透那个姑娘。

"是一个非常可爱的姑娘。"

"可爱是可爱,只是——。"卓别林苦笑道,"却没有人敢伸手,她象朵玫瑰花,尽管是无刺的玫瑰,却令人不敢去采摘,去抚摸,去闻一下香味……。"

"不要说了。她是个可怜的孩子,我真替她难过。"

"可怜？为什么？你又难过什么？"卓别林不解地问。

那个演员向卓别林靠近了一点儿，压低了声音，凑近他的耳朵道：

"你可记得，谣传演戏的姑娘里有一个害了梅毒？咳！就是她呀！"

卓别林不由一怔，怎么？那姑娘害了梅毒？难道她象妓女一样，和许多男人发生性关系？

其实，这是卓别林的不是，那个姑娘可能是和一个患上梅毒的男人发生过性关系——哪怕是只有一次，也可以染上梅毒的。

到了西雅图，那姑娘不得不离开歌舞团进了医院。

这时，几乎所有的各个歌舞剧团的所有演员都替她募捐，一个不落都捐了钱。这一来，她的这件不光彩的事，所有的人都知道了。

那姑娘还是幸运的，当时新发明了一种治梅毒的药，叫洒尔弗（即六〇六）注射剂，治好了她的病，后来，她又回到了歌舞团。

在那些日子里，美国各地妓院区比比皆是。

芝加哥的万国妓院，更是远近闻名。据说连外国也知道。

这个妓院是两个中年的老姑娘艾物利姊妹开设的——姑娘开妓院，这本身就是一件天下奇闻。相传，这个妓院之所以名扬四海，是因为它那里的妓女几乎世界各国的女人都有——这又是一大奇闻。房间是用各种不同风格装饰和陈设的，土耳其式的，日本式的，路易十六时代式的，甚至还有一个阿拉伯帐篷式的。它是全世界最讲究的，也是价格最昂贵的。百万富翁，实业巨子，内阁阁员，参议员和法官，都是那里的嫖客。开完了会的人，为了庆祝达成某项协议，往往把那个妓院包下来，玩它一个晚上。据说有一个贪色的富翁，在那里面住了三个星期，日以继夜地狂欢作乐,挥金如土。

卓别林一行人越往西走,他越感到了西部那些地主的可爱。

从火车窗向外望去,只看见大片的荒野,景色虽然凄凉暗淡,但这样的地方却令人充满了希望。空阔的地方有益于人的灵魂,也有益于人的遐想。还能够开阔人的视野。

他们经过一些城市。如克利夫兰,圣路易斯、明尼阿波利斯、圣得罗、堪萨斯城、丹佛、比尤特,比林斯……到处都呈现出一片兴旺发达的景象,他给了卓别林很大的鼓舞。

在西行及在各城镇的演出中,卓别林和其他几个歌舞团的许多演员都成了朋友。每到一个城镇里,他们总是六七个人或八九个人在一起,到妓院区里去会集。有时候,他们赢得开妓院的老鸨子的欢心,她就会关上了窑子门,包给他们,偶尔也有一些姑娘,当上了演员,跟着他们跑到临近的城镇去了。

可惜,卓别林一直没能拐走一个。

在蒙大拿州的比尤特,有整个一条长马路和几条横街都属妓院区,那里开了上百家下等妓院。它们那里面的姑娘,年龄最小的只有十六岁,每次收费一美元。

美国姑娘一美元一次,而卓别林在法国遇见的那个美人儿,一次就收费二十法朗——一路易,另外还要加上十法朗的车费。二者对比,孰贵孰贱?

比尤特妓院区的女人,被夸为中西部最漂亮的,其实,这话并不虚假。只要你看见一个打扮得很时髦的漂亮姑娘,你就可以十拿九稳地说,她是从妓院区出来买东西的。她们到了外边,总是目不斜视,举止大方。如果不知情的外地人,乍一见到这些女人,一定把她们当成名门贵妇或大家闺秀,绝不会和倚门卖笑,夜夜陪着许多男人同宿的淫贱的妓女划在一起的。

　　许多年以后,卓别林和英国剧作家萨姆塞特·英姆争论他的短篇小说《汤普森小姐》改编成为剧本《雨》一出戏里,女主人公莎娣·汤普森这个人物,那时候,珍妮·伊格尔斯扮演的莎娣,穿了一双松紧鞋,打扮得那么难看。他就曾对英姆说,如果蒙大拿州比尤特的窑姐儿那样打扮,她再也别想有生意了。

　　1910年,蒙大拿州的比尤特,仍旧是一个"尼克·卡特"式的城镇。那里的矿工都穿着长统靴,戴着西部牛仔戴的那种圆顶宽边呢帽,俗称两加仑帽或十加仑帽,拿着红手巾。

　　那里的治安情况不好,有些人大白天的就在街头开枪,互相射击。

　　卓别林就曾亲眼看见一个老年胖警察局长,追着射击一个逃犯,最后,那个犯人被困在一条死胡同里,还好,他没有被打伤。

　　卡诺戏班及几个歌舞团仍然是边走边演边往西行。

　　越往西,卓别林的心情越感到轻松。经过的那些城市更清洁了,他们要经过温尼伯、塔科马、西雅图、温哥华、波特兰。温尼伯和温哥华的观众,大多是英国人,尽管卓别林当时一心向往美国,但是,他总觉得在英国观众面前演出是一件愉快的事。

　　他们此行演出的最后目的地——美国西海岸的加里福尼亚州终于到达了。

　　这个阳光和煦的乐园,站在太平洋海岸、绵延千里、到处都是桔树村,葡萄园以及棕榈树。

　　旧金山是美国通往东方的出口,那个城市里的物品价廉物美。他们在那儿第一次尝到了法国普罗旺斯式田鸡腿。扮梅松饼和鳄梨——一种形似梨、原皮绿黄色,有的是深青色,棱大,肉嫩黄、鲜美。

他们是 1906 年到达旧金山,那地方经过了 1906 年的那场大地震,或者象当地人说的,经过了那场大火,尽管破坏相当严重,但是,他们到达时,城市已经重新修建起来,虽然街道上还留下了一两条裂缝,但毁坏的痕迹已经看不出来了,每样东西都是崭新的、漂亮的。卓别林就住在一所新建的小旅馆里。

卡诺戏班在皇后戏院上演。戏院老板舒德·格劳曼和他的父亲都很和气,并且都爱交朋友,由他们印出的戏报上,单独登出了卓别林的名字,但是戏报上没提卡诺。

英国著名笑星、新星

查尔斯·卓别林

主演喜剧

《银　猿》

旧金山的观众真好,虽然《银猿》是一出很沉闷无聊的戏,但是在演出时,场场客满,剧场内观众笑声不绝。

格劳曼经理非常高兴,他对卓别林说:

"你什么时候在卡诺戏班里演完了,就回到这儿来,让咱们一块儿演出。"

"谢谢!"卓别林道,"我会记住您的好意。"

卓别林在这以前从来不曾看到人家这样高兴的,在这里,给人一种乐观和奋发向上的精神。

与旧金山相反,洛杉矶却是一个丑陋的城市,那里天气闷热,居民面有菜色,好像是患有贫血症似的。气候虽然温暖得多,但是空气不及旧金山的清新。

将来有一天,等到好莱坞只剩下了威尔曼尔大街上年代日久的柏油坑时,得天独厚的加利福尼亚州北部仍然会继续繁荣下去的。

他们又到了盐湖城演出。

盐湖城是约瑟夫·史密斯（josephf·smis）在 1830 年创立基督另一个派别——摩门教的发源地。摩门教过去以主张一夫多妻为特征。

卓别林忽然想起了《圣经》的《创世记》和《尘埃及让》中的记载："摩西率领以色列人出埃及，雅典改名以色列……。"

盐湖城是一个空落落的城市，它好像是一片海市蜃楼，在烈日的热气中荡漾。

城里边那样宽阔的街道，也只有那些走过了大平原的人，或生活在大平原的人才会设计、建筑出来。

盐湖城以及那里的观众，也象摩门教徒一样，显得冷漠和严肃。

卡诺戏班给沙利文和康西丁轮回上演戏院演完了《银猿》，在盐湖城演完了最后一场就结束了。他们回到了纽约，他们已准备起程回英国了。但是威廉·莫里斯先生，那时正在和其他几个轻歌舞剧团抢生意，决定邀卡诺戏班再演六个星期。他的戏院在纽约第四十二街，他要求演出卡诺戏班所有的戏目。

这次演出与初来时的演出大不相同。他们演的是《英国游艺场之夜》，演出后大受欢迎。

那个星期的一个晚上，一个年轻人和他的朋友约了两个女友出来玩，为了消磨时间，无意中走进了威廉·莫里斯的美国音乐厅，正巧看到了卓别林演的戏，当时正演《英国游艺场之夜》。卓别林扮演戏里的酒鬼，他演得好极了。把一个真正的酒鬼演得活灵活现，淋漓尽致。

其中一个年轻人对朋友说：

"要是有一天我当上了老板，我就要邀那个角儿（他向卓别林指了指)演戏。"

说这个话的那个年轻人,当时在 D·W·格里菲斯的影片公司里当一名临时演员,一天领五美元的戏份儿。他叫麦克·孙奈特(Mack·Sennett)。

这个年轻人没有好容貌,到 1912 年,他创办了基斯顿电影制片厂,他当导演又当制片人,以摄制粗鲁的滑稽影片出名,影片一时被称为"麦克·孙奈特片。"果如他所言,他的制片厂真的把卓别林请去了,在 1914 年的一年之中,卓别林就演了三十五部共计四十七本(其中有三个半卷本)。

这是后话了。

卡诺戏班在纽约给威富·莫里斯演了六个星期,由于演出了全部戏码,所以深受欢迎,卖座极盛。于是沙利文和康西丁轮回上演戏院再一次邀他们再去作二十个星期的巡回演出。

卡诺戏班的第二轮巡回演出即将结束了,最后三个星期,将先后在旧金山圣选戈和盐湖城上演,然后就要回英国去了,一想到离开美国回英国去,卓别林就感到闷闷不乐。

他是抱着希望、理想、干一番事业的心情来美国的,没想到,来此却一无所成——是的,他的演技受到了观众的欢迎,也得到了剧评家的好评,但是,这些并未能将他留在美国。最后,还是要随戏班回到英国去。

离开旧金山的前一天。卓别林怀着郁闷的心情,沿着市场街散步,走到一家小店门口,店里挂着窗帘,外面钉了一块牌子:

"擅看手相,纸牌算命——卦金一元。"

他看了看牌子,走了进去,觉得有点儿急促。一个年四十岁左右的胖女人从里面一间屋子里走出来接待他,嘴里还嚼着没吃完的饭。

她象办例公事那样指了指墙根儿对着门口的一张小桌子，对他看也不看地说道：

"请坐！"

她自己说话时，坐在卓别林的对面，她的举动有些显得急促。

"把这些牌洗一洗，对着我签三次，然后请把您的手摆在桌上。"

她平静地，不带一点感情地说道。

卓别林照她的话做了。

胖女人把牌翻过来，在桌上铺开了，仔细地看了一阵，然后又看卓别林的手。

"您现在打算出远门，那就是说，您要离开美国。"她这回是看着卓别林说的，"但是，不久您还要回来的，要干另一行——和您现在做的事不同。"

她说到这里，迟疑了一下，显得有些迷惑不解的样子。

"嗯！几乎是相同的，但又不是一样的。照我看来，您干新的这一行大吉大利，前途无限光明。"

她又迟疑了一下。

"但是，我还是不知道这是一行什么职业。"

她对着卓别林看了有几秒钟，没有出声，随即又拉住了卓别林的手。

"哦！可不是嘛，您要结三次婚，头两次不够美满。但是您最后生活得很幸福。你嘛——婚后有三个孩子。"

她又仔细地去看卓别林的手。

"这是一只发财的手呀，是的，您将来会成为一位百万富翁。"

后来,她又看卓别林的脸,她相了一会儿。

"您将来害支气管炎寿终,享年八十二岁。请你一元卦金。"她第一次笑了一下,"您有什么问题要问的吗?"

"没有了。"卓别林大笑起来,"我想还是别多麻烦您了。"

尽管卓别林并不完全相信这位胖女人的话,但是,"大吉大利"、"前途无限光明"以及"发财的手"、"百万富翁"这些让人听了开心的话,听过之后还是挺舒服的。

盐湖城的治安状况并不比比尤特好多少。报上刊登的都是些拦路抢劫的和洗劫银行的新闻。到夜总会和咖啡馆去的人,常常会遇到几个用袜子蒙着脸的匪徒,被胁迫着靠墙快站好,让他们把这些人袋里所有的钱及贵重物品抢劫一空,有一次,一天晚上就发生了三次抢劫案。全市居民都恐慌起来。

卓别林就遇到了这样一件事。

他们演完了戏,常常是到附近的一个酒吧间里去喝酒,偶尔也认识了那里的一些顾客。

一天晚上,酒吧间里来了一个胖子,面孔圆圆的,样子很愉快,与胖子同来的还有另外两个人。三个人当中,胖子的年纪最大。他走到卓别林的桌前。

"你们这几个人,不就是在皇后戏院演那出英国戏的嘛?"

卓别林等人笑着点点头。

"我说我认识你们吗! 喂! 哥儿们,过来呀!"

他唤过了他那个伙伴,给他们介绍了,然后请他们喝酒。

"来! 我作东,咱们好好喝一场。"

胖子说着话,唤来侍者,要了酒,又点了许多菜。

"我也是英国人。"

胖子自我介绍。

"你的话里已经听不出一点儿英国口音了。"

"我来的年头多了,已经有三十年了,口音能不变吗?"

胖子说话和气,有一张红润的脸,一双炯炯发亮的小眼睛。他又说下去。

"我今年已五十二岁。二十二岁来到这里,整整三十年了。"

胖子这样说,好像慨叹,但是,他并无悲伤与忧郁,仍是快乐的样子。

"再未回过英国吗?"

"三年前回了一次老家。可是,老家全变样了。"

"你没想留在老家吗?"

"老家已没什么亲人,没什么可留恋的,这不,又回到了美国。"他举起了酒杯,"来! 干一杯。"

夜深了,胖子的两个朋友和卓别林的同伴都到柜台那面去了。桌子前只剩下了卓别林和胖子。

胖子并没有介绍自己是谁,姓什么,叫什么,他那个朋友也叫他胖子。

"这地方不错。"

胖子又说下去,他把卓别林当成了知心朋友。

"我三十年前来到这儿,一个吸血鬼他妈的叫我到蒙大拿的铜矿里,差点儿送了命。后来,我变得聪明了。"他又举起了酒杯,"来! 咱们兄弟投缘,再干一杯。"干了杯,他又说下去:"干我这一行买卖倒不错。"他做了一个伸手抓、搞的动作。"嘿,现在有兄弟们捧我的场。"

胖子从袋里掏出一大把钞票。

"当心呀!"卓别林开玩笑似地道,"当心着了人家道。"

　　胖子看了卓别林一眼,十分狰狞的目光中闪出了会意的微笑。接着又眨巴了一下眼睛。

　　"这些娃娃,我才不把他们放在心上哩!"

　　胖子仍似乎在大咧咧地说。

　　卓别林见胖子那么一眨眼,他被一种莫明的恐怖控制住了。这一眨眼里有许多贪意。

　　胖子仍笑嘻嘻地盯住卓别林。

　　"明白了吗?"

　　卓别林会意地点点头。

　　接着,胖子把嘴凑到卓别林耳边,轻声而又坦率地告诉他心里话。

　　"看见那两个小子吗?"

　　胖子悄声儿说,他指的是他那两个朋友。

　　"那是我的伙计,两个笨蛋——没有一点儿头脑,可有的是胆气。"

　　卓别林提心吊胆,此刻如果胖子犯了事或他的话被人听见,可就不得了,不但胖子会被警察抓走,他自己也说不清,要受到牵连的。他把手指放在唇边,暗示他的话会被别人听见。

　　"不要紧兄弟,今儿夜里我们就开路。"他又接下去说,"你听我说,咱们都是英国人,都是从那雾城里来的——对吗? 我有好几次看见你在伊村斯顿区市国戏院里,那样儿胡打乱摔,"他扮了个鬼脸儿,"兄弟,你那碗饭可不是好吃的呀,"

　　卓别林大笑起来。

　　后来,二人谈得更投机了。

　　"你和我,咱们多个生死朋友吧。我一见兄弟你,就喜欢你,你是个好人。"

"好啊,可是,兄弟就要回国了。"卓别林搪塞道。

"那么,把我在纽约的住址告诉你,想到了老朋友,我要写信给你。"

胖子确实喜欢卓别林。

"我们不会在美国待几天了,你写的信还没等我接到就已回英国了。"

总算幸运。卓别林再没有听到他的消息。

第七章　锋芒初露

　　他终于又回到了美国这块黄金土地上。美国老板让他演个丑角，他灵机一动，向别的演员借了一双大皮鞋，由于个小脚小，怕鞋掉下来，只好左右反穿，配上又紧又短的上衣，再胡乱地从同事唇上揪下那撮小胡子戴上，自配一根手杖，使整个地球都笑得前仰后合的"查利"就这样很随便地诞生了！

　　卡诺剧团一行人离开美国了。卓别林这次来虽然没能留下来，但是他并不感到有什么遗憾，他暗自对自己说，我还要来的，一定会来的。至于怎么样到美国去，什么时候去，他并没有一定的计划。

　　另外，他也想念英国，想念伦敦了。他想念他和西德尼的那个很舒适的一套房。自从他去了美国，他住过的那套房间已成为他日夜思念的地方，就像一个教徒思念朝圣的地方一样，那套房间已成为他心目中的耶路撒冷了。

　　他已很久没收到西德尼的信了。只记得，西德尼在最后一封信里说，已经把外祖父接到那儿去住，也没有提及他们的母亲。他在想，不知他们的母亲现在怎么样了？是不是快要复原了？

　　他到达伦敦时，西德尼到车站去接他。

　　兄弟二人久未见面，又是拥抱，又是互相捶打着对方的背，表示亲热。

当走出车站，叫来街车时，西德尼才告诉卓别林。

"咱们原来的那套住房我已经退掉了，现在到我家去吧。"

"怎么你退掉了房子？怎么到你家里去？"

卓别林有些不解地问道。

"是的，我已经结婚了，就退掉了那套房子，又另租了房子。"

西德尼有些不好意思地说。

"你这个家伙，结了婚为什么不在信中告诉我？"

卓别林埋怨道。

西德尼作了解释。

"我决定结婚时，你来信说将启程回国，写了信怕你收不到，信未到人已经回来了。"

虽说西德尼结婚是件喜事，但是卓别林却高兴不起来。他和西德尼住的那套房子，他在家时，是他们的安乐窝，他到了美国以后，魂思梦想的也是那套房子，在他还没到家时，就已想到了他那个家。那是他的避风港，那里给了他许多享受与安慰，每当戏散后，他回到那里去享受一下舒适的生活，解除了一天的疲劳，感到了由衷的喜悦，可是现在没有了，他已没有家了，成了个无家可归的人了。

尽管当天西德尼为他准备了接风的小小的家庭宴会，尽管他的嫂子很热情也很贤惠，但是，他总提不起精神来。

第二天，他又在布里克斯顿租了一间后房。这房子比起他原来住的那套房间有天壤之别。他感到了忧郁。他在想，我不会久留在此，我要尽快去美国。

由于西德尼已经结婚，并且每天晚上都要工作，所以他很少探望哥哥。

　　到了星期日,卓别林和西德尼一同去看望他们的母亲。

　　据西德尼告诉弟弟,说他母亲的病情一直不见好。

　　二人到了医院,看护小姐告诉他们,他们的母亲病情仍没好转,前一晌老是吵闹,不停地唱赞美诗,曾被关在软壁病房里。

　　西德尼走进母亲病房,卓别林却没有勇气进去。他怕看见母亲的样子会使他更伤心。

　　西德尼从病房出来时,显得很愁闷,皱着眉头,一脸苦相。

　　"医生给妈妈施了冰水淋浴刺激疗法,她脸色发青。"

　　"既然这样,把妈妈转送到私人医院去吧,那里一定好些。"卓别林这样说。

　　"可是——"西德尼忧心忡忡地说,"那要很多钱,我的工资——"

　　"我积攒了一些钱,足够用了。"卓别林道。

　　于是,兄弟二人将母亲转送到英国喜剧演员丹·伦诺曾经住过的医院。

　　夏天到了。英国的夏季是美丽的,是别的地方所没有的,那浪漫的色彩,是其他地方看不到的。

　　英国的风俗习惯,熟悉的生活,亲密的孩子,这一切又都使卓别林感受到了故乡的可爱。

　　尽管他始终不曾忘记他与西德尼合住的那套房间,但也不是一直愁闷的。

　　卓别林的老板,卡诺戏班的班主卡诺先生,邀请他乘坐他私人的可供住家的那艘船去塔格岛度周末。

　　那是一艘设备考究的船。上面装有红木镶板,辟了好几间客厅。一到晚上,船上四周围五颜六色的灯通明,既热闹又好看。

那是一个可爱的晚上,是一个温暖的晚上,饭后,他们坐在上甲板彩色灯底下喝着咖啡、吸着烟。

这是纯英国风味,此时的卓别林再不留恋其他国家了。

大家都沉浸在幸福中。

忽然,听见有人扯着一条恶俗的油滑的假嗓子尖声怪叫。

"啊呀呀,瞧我这条漂亮船啊,大伙儿瞧啊,瞧我的漂亮船呀! 还有这些灯,哈! 哈! 哈!"

到后来,那叫喊声变成了恶意的嘲谑的狂笑。

卓别林及卡诺等人在打量是谁这样的放肆。

他们看见一个男子,身穿白色法兰绒上衣,坐在一条划艇上,一个妇人斜倚在后座上。这样一对情侣,好像是《笨拙》周刊上的漫画人物。

卡诺从拦杆上探出了身子,向他大声咂嘴。

但是那个男子在继续狂笑。

"现在咱们只有一个办法。"

卓别林道。

"什么办法?"

"以其人之道还治其人之身。"卓别林笑道,"我们也必须做得象他那样的恶俗。"

"象他那样子?"

卡诺不明白卓别林的意思。

"看我的。"

卓别林说完,立即破口大骂,把那些村野的、粗俗的、令人难于入耳的话全骂出来了。

那个女人大概觉得无法呆下去了,才让那个男人悄悄把船划走了。

"卓别林真有你的。"卡诺笑道,"你把他治服了。"

"这个混蛋那样子的大笑,狂喊,发泄情感,并不是为了批评我们的趣味低级,他是有一种势利偏见。"

"势利偏见?"

卡诺不明白卓别林的话中含意。

"是的"卓别林道,"他在认为我们是下等人,不配有这样的船,认为我们是在作风头,应当受到他的嘲笑。"

"可我们的船是花钱买来的,而钱又是我们自己挣来的,不是抢来的,也不是骗来的。有何可嘲笑的?"

"那个混蛋决不这样认为。"

卓别林一本正经地道。他又说:

"这一类的混蛋,是英国人中的败类,他们往往轻易的就作出判断,老是将别人的社会看成是低级的。"

"嗯!"卡诺点头赞同。"他这样的划分阶级是不应该的。"

"他可不那么想。那个混蛋,你可以问问他,他敢不敢对着白金汉宫这样大声狂笑,大喊大叫:'啊呀呀,瞧我住的多么大的房子呀?'或者是向皇室加冕所乘的汽车大声叫嚷:'瞧呀,我的车有多么的大呀?'他不敢的。"

卓别林学着那个男人的声音象极了。卡诺及大伙大笑。

卡诺剧团从美国回来后重新登台,在伦敦各游艺场连演了十四个星期。演出的戏仍然大受欢迎,观众们的反映非常好,但是卓别林却一直在思考一个问题。我爱英国,那么我还要不要去美国呢? 他想来想去,觉得还是要去美国。他认为自己出身低,在那个讲究出身的英国社会生活是较难的,永远不会得志……。

机会来了。

卡诺剧团又被邀请去美国巡回演出。卓别林听到这个消息，他觉得他又有了出头的希望。

星期日，西德尼、查尔斯哥俩去看他们的母亲。

莉莉·哈莱的身体比转院前略好一些了。二人的心里略放点心了。

西德尼也要去外省演出，他们在西德尼动身前，共进晚餐。但是这一餐饭，吃的并不愉快。

西德尼走了。

卓别林也要走了。他在启程的前一天晚上，又去伦敦西区漫步。虽说就要去美国了，而他又愿意去，可是一想到要离开英国、离开伦敦，思想上就有些不安。他好像预感到，此次去美国，大概要好久好久再回来，所以又有些留恋。

他走着，不住的看着，心里对自己说："我也许是最后一次看到伦敦的这些街道了。"

这也许就是俗话说的"故土难离"吧。

卓别林一行人，这次乘坐的轮船是"奥林匹克"号的二等舱，先去纽约，然后再转赴美国西海岸演出。

这次旅行与上次比顺利多了，天气晴朗，船也没有发生故障。卓别林的心情也很好。他对美国感到了亲切，他虽然是个外国人，但是他在美国已交了许多朋友。他想，我就要会见那些朋友了。

卓别林这个人的优点是爱交朋友，善于交朋友。他交朋友并不选择对方的出身高低。出身高的，他不去巴结，出身低的，他并不嫌弃。只要双方谈得来。就可成为朋友。

上次来美国他就交了许多朋友,那次是初交,再见面就会成为更亲密的朋友了。比如,在蒙大拿州比尤特那个在酒吧间当伙计的爱尔兰人,在明尼阿波里斯那个殷勤好客的百万富翁地产商人,在圣保罗那个曾经和卓别林亲热了一个星期的美丽的姑娘,还有塔马科那个对人和气的牙科医师,旧金山的格劳曼一家人,盐湖城那个苏格兰矿山主麦卡比……。

所以,他不但喜欢纽约,还渴望到西部去。

他们到了美国纽约,在去太平洋沿岸之前,他们先在一些小的城镇演出,多是芝加哥和费城郊区以及福尔河和德卢斯等工业城镇里的那些小戏馆儿。

卓别林仍然象以前那样,他一个人单独在外面寄宿。他一是怕与那些同伴成天在一起没完没完了的东拉西扯令人厌烦,二是可以清静的静下心来多学一点知识,他上次来美国就有学习的决心,书也买了,由于心绪不佳,所以把书放在箱子里,没有学下去。这回又想要学习了。

那时候卡诺戏班中,也有一些人想学习。不过,各人的学习目的不同罢了。有的人学习知识是为了丰富自己,有的人是出于爱好,有的人是为了有用,而卓别林则不同了,他仅是打算用知识来作护身符,装点面门,免得由于愚昧无知而受到别人的轻视。而这些天又常去逛旧书店,购买自己需用的书。

在费城,卓别林于无意中找到了一部罗伯特·英格索尔(Loebet·lngosoll)的《论文演说集》。对于他来说,这是个惊人的发现,英格索尔的无神论,与卓别林的思想相投,不谋而合。当他读到《相约》中描写的那种可怕的残酷,他认为那是对人类精神的侮辱。后来,他又找到了爱默生(Emerson)的作品。他读了爱默生《论文集》中的《谈独立》一文,他立即认识到自己继承了宝贵的生得权。接着,他又读到了叔本华(Scnopenhaner)的著作。他买了三卷《世界是意志和表象》,但是,他却没有阅读,一直没有读,也许这倒是个好结果。否则,叔本华的唯心主义,宣扬的悲观主义和神秘思想,也许会对卓别林起到消极影响。

他除了读政论,哲学,还读了一些文学作品。他读过沃尔特·惠特曼(Wolt·Huetom)的《草叶集》。他对这位美国诗人的诗感到困惑,认为他的满腔热情过分激动,他作为一位民族诗人又过分地神秘了。

有时候,在休息时间,他喜欢看美国小说家 S·L·克莱门斯(Clemens)笔名 Twain(马克·吐温)的小说。他写的书幽默、有味。他还读过埃德加·阿伦·坡(Aedoga·Aleine·pe)的书以及霍桑(Hawthorne)、华盛顿·欧文(Washington·lrving)和威廉·黑菲利特(Willoni·Hazlitt)的作品。

第二轮巡回演出期间,他读了不少书,尽管没有读更多的古典作品,没有实现自己的计划,但是他充分体会了演戏行业下层中那种沉闷。

在轮回上演的戏院中,演低级轻歌舞剧,使人灰心丧气,一星期演七天,每天演三场,有时甚至要演四场。就在这拼命苦干的生活中,卓别林对美国所抱的希望,他的渴求一时都烟消云散,相比之下,在英国演轻歌舞剧,就像到了天堂一样。他们当初在英国每星期只演六天,每天只演两场,那可要轻松多了。不过,还有一点很尽人意,在美国他们挣的多一些,可以多攒下一点钱。

他们在内地一连演了五个月,卓别林对那种沉闷无聊的生活,已经是心恢意懒了,有些厌倦了。

剧团决定,要在费城休息一个星期。卓别林听了万分高兴。他正想改变一下环境,这个休假正可有些生活上的变化。

他已积攒下许多钱,他要乘这次休假,痛痛快快地花一下,尽量地享受这一星期富有浪漫色彩的闲适的生活。

挣了钱就是花的。等到有那么一天没活干的时候,又得省吃俭用地过日子,还不如趁现在较富裕先花掉一些。"今朝有酒今朝醉,明朝无酒明朝愁"也并不是一个坏主意。

他到了一个大商店,买了一件昂贵的睡衣和一只时髦的旅行箱,总共花了七十五美元。

店员十分客气地说:

"我们可以给你送去吗? 先生。"

卓别林并不用人家送。

"谢谢,不用了。"

可是,他听了店员的那句话,心里感到十分舒畅,仅凭这句话,就使他产生了一种优越感。

他打算去纽约。他要洗掉演下等歌舞剧的那种积闷和郁烦,他要摆脱掉干这一行的单调生活。

他到了纽约,去阿斯特旅馆定了一间相当豪华的房间。

他穿着那件下摆裁成圆角的时髦上衣,戴着圆顶帽,拿着手杖,提上那口新买来的手提箱。这样的装束,当然不能去住背街上那种小旅馆的。

他走进阿斯特旅馆,看到休息室里装潢的富丽堂皇,旅客们一个个衣着华贵,昂首挺胸,趾高气扬,旁若无人,他心里不免有点儿心虚——他并不是腰缠万贯的百万富翁,不过是仅打算享受那么一两天豪华的生活,所以他到柜房去登记时,双腿微微儿有点哆嗦，好在无人注意。

房钱是每一天美金四元五角。

"要不要预先付款？"

卓别林有点胆怯地问。

办事员十分客气，他殷勤地说：

"哦，不用，先生，不必预先付款。"

登记完了，侍者送他去自己登记的房间，代他提着手提箱——其实箱子不重，他满可以自己提。

走过那间金碧辉煌、豪华富丽的休息室，他心里非常激动。

侍者将他送进房间走了。

他站在房里只想哭。

这就是我住的屋子吗？以前看看也难，可今天就要住在这里了。他没有坐下来，他四下张望着，看那一尘不染，高大光亮的玻璃窗，看那马赛克嵌的墙壁，他又走进浴室里去，仔细看那些精致考究的水龙头以及洁白、光滑的浴盆。他打开水龙头，试了试那凉水，又打开另一个水龙头试那热水……

多么豪华的生活，今天，他小小的卓别林，一个轻歌舞剧班的丑角，也可以享受这豪华的生活了。

他在屋里走动了近四十分钟，这才在浴室洗了澡，梳好头发，换上他的新浴衣，他要充分地享受这用四元五角美金的代价换来的奢侈生活……

闲着干什么？读点书？忘记带来了，此刻懒得出去跑旧书铺，看一份什么报纸？他又不好意思打电话叫送一份报纸来。他无奈，只得端了一把椅子，放在房中央，坐下来，四处看着。桌、椅、沙发大概全是法国货或菲律宾产的，那精巧的电话机大概是德国货。

过了一会儿，没什么可看了。在这间富丽豪华的屋子里，他感到了孤单，产生了莫名的忧郁。

又过了一会儿，他又振作起来，打扮好了，走下楼去。他问清了大餐厅的所在，一个人走进大餐厅。

这时候离吃晚饭还早，整个大餐厅里只有两三个人在用餐，几乎所有的座儿都空着。

茶房领班把卓别林领到窗口的一张桌子前。

"您坐这儿好吗？先生。"

"哪儿都行。"

卓别林用悦耳的英国口音说。此时，他显得潇洒大方。

突然间，侍者们一窝蜂地赶到了他跟前，给他送来了水，递上菜单，端上黄油和面包。

其实，卓别林此刻并不觉得饿，但是，他还是装模作样的，点了清炖肉汤，烤子鸡，法式牛排以及餐后吃的香草冰淇淋。侍者又递给他一张酒单，他仔细地看了一阵子，然后点了半瓶香槟。

卓别林心里只想着他今天是个"上层阶级"的人了，是个"富翁"，只顾演他的架子，一心想着今天的派头，却无心品尝那些酒菜，竟未吃出菜的味道来。

吃完了饭，他大方的掏出一块钱来，放在桌子上，又故作潇洒的样子。

"这是给你们买酒喝的。"

一块钱的小费在那时候是特别阔气的人才能拿出手的。

侍者们全是陪着笑脸，连声致谢。

当他向餐厅外走的时候，侍者们又一致向他鞠躬。他很高兴，觉得这一块钱花的值得。

他没有目的的走回了住房，待了一会儿，觉得无卿，在洗手间洗了手,又走出去了。

这是一个夏天的晚上,天气温凉适宜,微风拂面,令人身心舒适。主要还是卓别林心里痛快,所以感到环境也好。

他在大街上,任意地走着,品味着来纽约后的这一幕幕。他无意中走到了大都会歌剧院,那里正在上演《汤豪舍》。他以前只在轻歌舞剧中看过它的片断,知道这出戏是德国作曲家里夏德·瓦格纳根据条顿骑士汤豪舍的故事编出的一出歌剧,他还没看过大歌舞剧的演出。虽然平常他不喜欢这出戏,他还是买了一张票——这也是摆阔的需要了,在二楼厅座里占了一个位子。

这是一个德国的歌舞团在这里演出,歌剧里演员说的是德语,他一句也听不懂,剧中情节也看不明白。但是,当那死去的皇后在朝圣者会唱队的乐声中被抬过场时,他竟伤心地哭了。

是同情还是引发了自己过去的愁苦?他说不明白,他是已无法控制自己的感情,他不顾邻座观众对他的注视与疑惑,他离开座位,因为情绪上受到了很大的震动,所以他步履蹒跚的走到了戏院外面。

到了商业区,他受不了百老汇大街那繁华喧闹的刺激,挑选黑暗、人少的街道走。

他不想立即回到旅馆,他害怕室内那令人眼花缭乱的装饰。

他无目的的走着。过了一阵子,不知有多少时间,他自己也不知道走了多少街道。他的心情平静下来了。此刻,他的精神和肉体都已经疲惫不堪了。他这时才打算回去睡觉。

他平静后,看清了街道,准备回旅馆睡觉,当他刚要走进旅馆时,忽然迎头遇见了海蒂的哥哥阿瑟·凯利。因为他是海蒂的哥哥,卓别林和他交了朋友,他以前一直是在海蒂所在的那个歌舞团里任管事,他们已有好几年未见面了。

"查利!你上哪儿去呀?"阿瑟·凯利先招呼起来。

"我正要回去睡觉。"

卓别林故作漫不经意地向阿斯特旅馆那面点点头。

阿瑟可能是见卓别林衣着时髦,又住在高级大旅馆里,立即很热情地道:

"请到我的住处喝杯咖啡,谈一谈,我们已好几年未见了。"

阿瑟说着话还拉了卓别林的胳膊一下,表示了是真诚的邀请。随即他又将他身边的两个朋友介绍给卓别林。

"走吧!"

阿瑟又一次亲热的提议,并且又拉了卓别林一下。

卓别林觉得一来是盛情难却,不能不去,二来是他还想知道海蒂的消息——她嫁人没有?现在何处?作什么工作?

他们一行四人来到了麦迪逊大街,阿瑟住的公寓里,

进了屋,卓别林已看出了,这是一套很舒适的房间——比起他和西德尼在伦敦合住的那套他当作安乐窝的房间还要舒适得多。

大家随意地坐下来,喝着咖啡、东拉西扯地闲谈起来。

卓别林很想知道海蒂的情况,阿瑟却绝口不谈,只字不提。

阿瑟听说卓别林住在阿斯特旅馆里,很想知道他的底细,他却又守口如瓶。只是很随意地,用平淡的口吻说:

"我是来纽约度两三天假期的。"

此外的事一字也不透露。

从闲谈中,卓别林得知,今天的阿瑟和他当年住在坎韦尔格时的阿瑟已大不相同了。他现在是他姐夫弗兰·J·古尔德的助手,已经成为一个很阔绰的大商人了。他大谈社会上的生意

经,这使卓别林感到很无聊。

阿瑟又提到他的一个朋友,并有意夸赞他那个朋友。

"他是个有教养的小伙子,我知道他家庭出身是很好的。"

这话引起了卓别林的反感,也不禁哑然失笑。他暗道:"你个阿瑟竟这样关心人的出身门第。且以门第论人,你阿瑟当初又是什么出身门第?"今天的阿瑟,已不是当年的阿瑟,他们之间已没有了共同的语言了。

卓别林至此,不愿再多留就告别回到阿斯特旅馆里睡觉去了。

尽管卓别林在每宿四点五美元的住房里睡过了,总算享受到了高阶层的生活,但是,这并未给他带来更多的快乐,他却感到了孤单和郁闷。这一天的舒适的生活并不使他留恋。他需要朋友,他要见到他的在戏班里的伙伴,那些与他朝夕相处,生活是朋友,演戏是搭档的伙伴。此时,他又急于见到那些伙伴了。尽管他有点讨厌再去干那种沉闷的工作,但是,他又去干什么呢?既然想到了这些,他已不愿在纽约多留一天,所以,他第二天起身回费城去了。

卓别林回到费城后,信步走到戏馆里,正巧,里夫斯先生收到了一份电报,他拆那封电报时,正巧卓别林在他身旁,他边拆边对卓别林道:

"我不知道这封电报会不会是拍给你的?"

电报拆开了,电文是:

"你班内有无卓福英或与此姓相似之人?如有,请其与百老汇大街隆加克大厦二十四号凯塞与鲍曼事务所联系。"

在卡诺戏班里并无姓卓福英的人。

"这大概就是指的卓别林。"里夫斯先生猜测地说道,"你何不回一封电报问个清楚?"

卓别林又是一阵激动。因为据他所知隆加克大厦座落在百老汇大街中段,大厦里满都是律师事务所。同时,他又记起了,他有一位阔绰的伯母,就住在美国的什么地方,那么,会不会是她的伯母故去了,给他留下了一大笔遗产,要由他来继承,所以律师事务所才到处寻找"卓福英"即"卓别林"呢? 这完全有可能,这可是天上掉下来的财富,他将成为百万富翁了,哪怕是十万美金也不错。

于是他立即给凯塞与鲍曼事务所发了一个电报:

　　本戏班有一位卓别林,是否即是你们要找的人?

电报发出后,卓别林坐立不安,焦急地盼望回电。

当天就收到了回电:

　　可否请卓别林先生速来我事务所?

卓别林喜出望外,激动万分,一宿也没睡安稳。

第二天,他满怀希望的去了纽约。

从费城到纽约只需两个半小时。尽管时间不算长,可是,卓别林还是嫌火车走得太慢。他恨不能一步就到达纽约。可是,时间并不因为他的着急而加快步伐,没办法,他只能等车到站。

他坐在车里,闭上双目,幻想着将出现的一幕。

凯塞与鲍曼也许是两个人,也许是一个人,那人一定是个严肃的、认真的一位老人——一定是五十或六十岁的人,接待他,请他坐下,然后,他打开文件夹,那一个一个蓝色封皮的文件夹,拿出一份遗嘱。他坐在律师的对面一张椅子上,对,不能是沙发,是一张椅子,没有扶手的椅子。律师则展开遗嘱读着。

遗产会有多少? 几百万? 当然是美金,至少也是几十万?

那么到底是几百万还是几十万？总之不会太少。也许……，没有什么也许，三五百或一二千的遗产是不会的，那个阔绰的伯母怎么会只有那么少的遗产？不会的。

纽约终于到了。

卓别林急匆匆的赶到了隆加克大厦二十四号，找到了凯塞与鲍曼事务所。

他到了事务所，大失所望。

凯塞与鲍曼事务所并不是什么律师事务所，而是一家电影制片公司的事务所。

俗话说，既来之，则安之，既然已经来了，尽管这里不是律师事务所，也该弄清他们要他来的目的。所以，卓别林向事务所的办事员出示了他收到的两封电报，并自我介绍。

"我就是卓别林。"

办事员很客气。

"卓别林先生，凯塞先生在办公室恭候着您，请这边走。"

办事员将卓别林请到了凯塞先生的办公室。

办事员立即介绍："这位就是卓别林先生。"

他指着卓别林说，又转而介绍道：

"这位即是敝公司凯塞先生。"

办事员走了。

凯塞先生请卓别林坐下。

"卓别林先生，"凯塞开门见山地道，"您在第四十二街的美国音乐厅演过戏吗？"

"演过。"卓别林道，"演的是《英国音乐厅之一夜》，原名叫《不开口的鸟儿》。"

"您演的什么角色？"

"扮演戏中的酒徒。"卓别林如实的回答。他不明白凯塞问这些干什么。不过他似乎有预感,也许这些事对他今后的前途有关系。

"这就对了。"凯塞先生道,"麦克·孙奈特(Mack·Sennett)先生看过您演的戏,他很想邀您去代替福特·斯特林(Ford·Stelin)先生。"他笑了笑,又说道:"可能孙奈特先生记错了,所以,第一封电报才写了'卓福英'。闹了点儿小笑话。"

卓别林并不感到可笑,他以为这拍电影的新生活,新的工作也许会给带来好运气,这事本身就够刺激的了。

他在此以前,也曾想到过拍电影的事。他曾和本戏班老板里夫斯提过,要合伙买下卡诺剧团所有的独幕剧上演权,用来拍成电影。但是,里夫斯顾虑重重,不敢贸然从事,因为他们几个人对拍电影全都是外行。

今天,他的理想即将实现,尽管还是给老板打工,但总可以拍电影了。他在想,如果他拍了一年电影,然后再回去演轻歌舞剧,就完全可能成为国际上有名的红角儿了。电影的宣传价值比起歌舞剧来可要高出一大截。

凯塞先生见卓别林面上有喜色,又问道。

"你可曾看过基斯影片公司的滑稽影片?"

"看过一些。"卓别林确实看过一些,不过,他对那些滑稽影片并不十分喜欢。那些影片里都是些胡打混闹,乱七八糟的玩意儿,不过他很喜欢影片中那个名叫玛蓓尔·瑶尔芒的姑娘,她一双黑黑的大眼睛,显得那么漂亮,如果影片中没有这个漂亮姑娘穿插其中,那些影片简直不值一顾。不过,他没有把这些说出来。

"那么,卓别林先生,您愿意来本公司演电影吗?"

"可以试试。"卓别林故作不在意地道。其实他是非常愿意的。他一直想改变环境,那么拍电影当然是一种新奇的生活,也许环境也是有趣的。

"那么,就来签个合同吧。"凯塞道,"您要拍三部电影,每星期的工资是一百五十美元。"

卓别林在卡诺戏班的戏份儿是每星期七十五美元。凯塞尔提出的数目,比他的原工资整整多出一倍。他本来已非常满意了,但是,他抱着张嘴三分利,不给也够本的思想,有点吞吞吐吐地道:

"我的工薪一星期至少要二百美元。"他把价说出来了,却去看凯塞先生,他要知道对方的反应。

"这一点我不能作主,要由孙奈特先生决定。我即刻通知在加州(指加利福尼亚州)的孙奈特先生。请您听候我们研究的结果吧。"

事情只能这样了。

卓别林回到了费城。在等候凯塞的回音时,他又心神不定。是不是讨价太高了,人家不要了?悔不该不知足,但是,事已至此悔也无益,听天由命吧。

回信终于来了,还好,没有说嫌要价高而不用,但是,也没有答应他讨的价格——每星期二百美元。回信的内容写的很明白:

卓别林先生大鉴:

敝公司愿意和您签订为期一年的合同,薪水待遇是头三个月,每星期一百五十美元,其余的九个月每星期一百七十五美元。合同将从您在原戏班在你们从沙利文和康西丁轮回剧院的演期结束时开始。

尊意如何？请复函。

基斯顿影片公司

孙奈特

卓别林从出生到现在,他从来不曾挣过这么多钱,他还有什么不同意的？所以他立即写了一封回信,大意是,一切按着公司及孙奈特先生的意见办。

事情就这样定下来了。

是天缘凑巧,也是上帝保佑。

卡诺戏班巡回演出到了洛衫矶。他们在皇后戏院演出时大受欢迎。

演出的是一出喜剧,叫《俱乐部之夜》,卓别林扮演戏中的一个老态龙钟的酒徒,看上去至少有五十岁。巧的是孙奈特先生必去看那出戏。

卓别林下场了,孙奈特先生到了化妆室去看望他。

"卓别林先生,你演的很好。"孙奈特先生记住了他的名姓,不再叫"卓福英"了。

"谢谢夸奖。"

卓别林谦虚地道。

他是头一回见到这位赏识他的人,见他长得很魁梧,厚唇、大嘴、窄脑门儿、大腮邦子,这个长相给他留下了很深的印象。不过他也在担心,唯恐这位大老板对他有什么不满意,而不用他去拍电影了。他也在想,将来与这位老板共事能十分融洽吗？所以他一直十分紧张。

其实,孙奈特对卓别林的演技是十分赞赏的。正是他慧眼识珠,正是他这个伯乐,看中了卓别林这个千里马。

"卓别林先生,您什么时候能到我们公司工作呢？"

孙奈特这样随便地问道。

九月份的第一个星期,我们卡诺戏班的合同期满了,那时,"卓别林恭敬地回答,"我将去贵公司开始工作。"

"很好。"

孙奈特满意地点点头。

合同终于到期了。

这是在堪萨斯城。

卓别林就要和戏班分手了。戏班将返回英国,而他则要去洛衫矶。

回英国,那是自己的故乡,而去洛衫矶则要靠自己去打天下。

他又踌躇起来。

是去还是留?是返回英国还是去洛衫矶?

还在 1910 年以前,他自己不是向往美国吗?第一次返回英国,自己不是还想着再来美国吗?第二次来了之后,自己不是在想要留下吗?他在第二次来美国启程的前一段,在伦敦街头漫步时,也是要留在美国的。当他乘坐"奥林匹克"号船,在进入纽约港时,他看到了那座自由女神像,不是也在心里暗自发过誓,我要征服美国。现在,机会来了,难道要打退堂鼓吗?要退缩吗?不能,决不能,尽管自己还没有把握,但是他有信心。

"闯吧!凭自己一个去闯吗?是的,就是要一个人打天下。"

决心定下来了。

在演出最后的一场之前,卓别林叫了一些酒菜,请大伙喝。

尽管他有些与大伙依依不舍,他还是劝大家喝。并说:

"这是我的小意思,就算与大家告别吧。咱们在一起相处了几年,我平时有些不对之处,请大家包涵吧。"

大伙儿都挺好,均有依依惜别之情,许多人说了一些祝福的话。

卡诺戏班里有个叫阿瑟·丹多的演员,不知道什么原因,他不喜欢卓别林。但是在前一天,他悄悄地对卓别林说:

"戏班里要赠给你一件小小的礼物。"

他说得一本正经。

卓别林听了很是感动。

其实根本没这回事。

等大家喝完了酒,走出装妆室,小弗雷德·卡诺(卡诺先生之子)老实地告诉卓别林:

"卓别林先生,你可知道。丹多原来准备了一篇演说词,他先发表演说,然后将礼物送给你,但——那是开你的玩笑。你请大家喝酒,大伙儿对你又很友好,丹多就没有勇气玩那套把戏了,大概他一方面不好意思,另方面怕引起大家对他的不满。"

"那么,所谓的礼物……。"

卓别林很想知道这个玩笑的内容。

"他放在化妆台上的镜子后面了。"小弗莱德·卡诺说。

卓别林为了要知道玩笑的内容,就返回化妆室,在镜子后面找到了那件"礼物"。

原来是一个空烟盒,外面包了层彩纸,里面装了一些化妆用剩下的油彩头。

卓别林开始了他的又一种与前不同的新生活,工作是新的,环境是新的,同事也是新的。在新的工作环境里,是什么样子?他一无所知,因为他从未拍过电影。而相识的人只有一个——孙奈特。据说凯塞尔先生是基斯顿滑稽影片公司的股东之一,并不是演职人员。

他就是抱着步入一切皆新的，又有些忐忑不安的心情离开了堪萨斯城，又匆匆忙忙的赶到了洛杉矶。

他到洛杉矶之后，在一家叫大北旅馆的小客栈里开了一个房间。

吃过晚饭，闲着无事，又很无聊，他就去卡诺剧团从前演过戏的皇后剧院去看第二场戏。

他刚找好了座位坐下，看座的人认出了他，立即走过来。

"卓别林先生。孙奈特先生和玛蓓尔·瑙尔芒小姐坐在后面两排。您可要和他们坐到一起去？"

"谢谢，他们坐在哪儿？"

卓别林很高兴，他没想到他在来到的头一天就会碰上孙奈特，这样太好了。免得他再去打听着找他了。

"请跟我来。"

看座儿的将卓别林领到孙奈特身边。

卓别林与孙奈特是认识的，但与玛蓓尔·瑙尔芒却是初次见面。相互悄声介绍了，就坐下来看戏。

戏散场了。他们走出戏院，沿大马路走过去几步，在一家德式地下餐馆里吃夜宵喝酒。

"我还以为你年纪要大得多哩。"

孙奈特见卓别林这样年轻——他才二十五岁。感到很惊奇。

卓别林知道孙奈特的喜剧演员都是一些样子挺老的人。弗雷德·梅斯已经五十开外，福特，斯特杖也四十多了。他想，大概孙奈特先生见我年轻，怕演不好而不放心，所以他连忙回答。

"我化了妆以后，可以要多么老就有多么老。"

孙奈特没有再说什么。

玛蓓尔·瑙尔芒却似乎轻轻点点头，不过似乎不明显。她是个稳重的姑娘，即使当时有什么看法，她也不会说出来，因为卓别林与她才认识还不到三个小时，而且他又是新来的演员——一场戏未拍的新演员。吃完了夜宵，孙奈特又叮嘱卓别林："你不必立即开始工作，应当先到伊登代尔的电影制片厂去，熟悉一下那里的人。"

"是！"

卓别林恭敬地答应着。

他们一行人离开了餐馆，一起坐上了孙奈特的那辆漂亮的跑车，而孙奈特先生先将卓别林送到了客栈。

第二天，卓别林吃完早饭，乘电车去洛衫矶郊区伊登代尔。

他到了伊登代尔一看，他心里在打鼓了，怎么？这就是电影制片厂吗？他认为无论如何也看不出来。

那里似乎是一块尚未定型的地方。就连它自己似乎也未打定主意，究竟是要做一个普通的住宅区？还是要成为一个半工业区？那儿有的地方堆积着木材，有的地方抛弃着一些废铜烂铁，此外还有一些看上去似乎是无人管理的小农场，临公路的地方盖了一两间木头房子的商店。

破破烂烂，令人看了就像是走到了一处破烂的又无人的破烂场。

他经过多次询问，才走到基斯顿电影制片厂的对面。

制片厂占了一片有一百五十英尺见方的土地，外面围了一道绿色的栅栏，里面是一些破破烂烂的房子。要进去时，必须先走完一条花园小路，穿过一所平房——整个儿那片地方，看上去和伊登代尔一洋，也是不曾定型的。

他站在对面的公路上向它呆呆地看了一会儿,他在想,进去还是不进去?

吃午饭的时间到了,从平房里涌出了一大帮人,都是演员——因为全都未卸装,有男的,也有女的,还有基斯顿"警察"。(专饰演笨拙警察的演员)。他们穿过公路,走进一家小卖部,出来时,都在吃着三明治和热狗。有一些人扯着嗓子追着另一些人在大声叫喊:

"喂,汉克,加油呀!"

"叫斯利姆赶快呀!"

卓别林忽然感到难为情,他连忙走到路拐角,离那地方远点儿。他留心看着平房,看孙奈特或玛蓓尔·瑙尔芒小姐会不会从那里走出来? 过了一会儿,他始终没看见那两个他熟识的人。

他在那儿又站了半个小时,仍未见到孙奈特先生或瑙尔芒小姐。

他没有勇气走进去,他有些不好意思见那些他未见过的人。他只盼望孙奈特先生或瑙尔芒小姐能走出来,结果没有。最后他决定回旅馆去了。

第二天,他又去了。又到了制片厂外面,但是,他仍然没有勇气走进去。仍然是站了一阵子回到了旅馆。

到了第三天,还没等卓别林去制片外面站班,孙奈特先生打来了电话。

"卓别林先生。"孙奈特先生在电话中有些担心地问道,"您为什么已过了两天还未来呀?"

"这两天身体不适,今天好多了。"

卓别林只得撒谎了。

"您今天能来吗?"

"完全可以。"

卓别林只能这样说了。

"来吧，就来吧，我们等着你。"

卓别林只能第三次到了制片厂。他大着胆子走进了那所平房。

"我要见孙奈特先生。"他对着那些上了装的职员及一些演员这样说。

当即有一个人答道。

"请跟我来。"

他们那些人，只是对卓别林看了一根，又各自忙自己的事，既无惊奇又无注意，这使他定下心来，他暗道，这两天的担心是多余的，早知这样，第一天就应该主动找到孙奈特先生。

孙奈特先生见到了卓别林挺高兴。

"走！卓别林先生，咱们去制片厂。"孙奈特先生说着站起身来，立即将卓别林带到制片厂去。

卓别林是第一次看见制片厂，他立即被那里的情景吸引住了。柔和的光线，均匀地布在整个场地上。日光从一幅幅宽阔的白色亚麻布上面折射下来，被分散开了，于是给每样东西添了一种虚无缥缈的色彩。"这样分散光线，是为了在日光下拍电影。"孙奈特见卓别林不住地端详那种情况，就做了说明。

孙奈特给卓别林介绍了两个还没参与拍演的演员。

卓别林立即对拍电影的过程发生了兴趣。

一排并列着三个场地景，三个喜剧班子正分别在各个场地上拍电影。那情形就像是在观看世界展览会一样。

卓别林看到了那个美丽的姑娘玛蓓尔·瑙尔芒，她正在一个场地上拍地影，她正在乒乒乓乓地捶一扇门，口中还叫喊着：

"让我进来呀!"接着摄影机停了,一场戏拍完了。

卓别林从未想到,原来电影就是这样零七碎八的拍成功的。

福特·斯特林这时候也还在另一个场地上拍电影。孙奈特先生招呼卓别林。

"走! 去那边见见斯特林,也就是您将接替的那个人。"

孙奈特将二人相互介绍了。

"斯特林先生即将离开基斯顿,将和环球公司搭班子了。"

孙奈特似乎有些不舍的样子,无可奈何地说。

卓别林发现斯特林在这里的人缘挺好,受到大家的欢迎,场地所有的人都跟他好,他们围着他的场子看,并对他友好地热情地笑着。

孙奈特又将卓别林拉到一边去,对他解释拍电影的手法。

"我们没有现成的剧本——想到了什么笑料,就随故事的自然发展演下去。最后形成一个追赶打闹的场面。这就是我们笑剧主要的结构。"

这个法似乎挺有趣,可是,卓别林认为一味的追追打打、赶赶闹闹不可能显示出演员的个性来。尽管他对电影还一窍不通,但是,他认为电影和演戏应该是同一个理,不应该埋没了演员的个性,演剧中没有什么比演员的个性更重要了,电影也应该如此。不过,他当时没提出他自己的见解——他是初来乍到,何况今天又是第一天。但是,此时他却下定决心,今后我自己拍片子,一定要拍出演员的个性来,决不能仅以打打追追来赢得观众。

那一天,卓别林从这一片场地走到另一片场地,看那几个班样拍电影,他看出来了,几个场地好像都是在模仿福特·斯特林。他看过后有点不自在。因为福特·斯特林的那种风格和他本人根本不一样,也可以说正好相反。

斯特林扮演一个处境尴尬的荷兰人,在整个一场戏里都说着一口荷兰话,词儿是临时现编的,这样是很逗人笑,但是一经拍成电影,这种笑的成分全没了(因为那时候电影还没有用上配音、全是无声影片——亦即所说的默片)。

卓别林想,还不知道孙奈特先生要我怎样演?他看过我的戏,该知道我不适于演斯特林那一类型的喜剧。因为二人的风格是完全不一样的,也可说是完全相反的。不过,他没有说出来。这不仅因为是他头一天来到这里,他还发现,在这个制片场里,每一个故事,甚至每一个镜头,都是有意或无意地在为福特·斯特林设计的。就连罗斯科·阿巴克尔那样的演员也是走的斯特林的路子。

他看过了之后发现,这个电影制片厂的前身,是一个农场。玛蓓尔·瑙尔芒的化妆室设在一间旧平房里,隔壁另一间房是给普通女演员化妆用的。平房对面的建筑,从前肯定是一个牲口棚,现在改成一个统间,作为化妆室,在那里面化妆的只是一些小演员和"基斯顿警察",其中大部分人都是从前在马戏班或轻歌舞剧演丑角的——当然是一些配角的小演员或表演职业性拳击赛的人。主角演员则另有化妆室,那是一所牲口棚式的建筑,在从前也许是存放马具或农具的房间。麦克·孙奈特在那里,福特·斯特林和罗斯科·阿巴克尔的化妆室也在那里。卓别林作为福特·斯特林的代替者,当然也在那里了。

这里除了玛蓓尔·瑙尔芒以外,还有几个美丽的姑娘。

人们,男人们,尤其是年轻的男人们,每到一处,首先入眼的是女人,尤其是美丽的女人,这不仅仅是卓别林一个人这样子。爱美是人的天性,年轻男人更爱异性的美,这不奇怪。

在二千多年前,中国有位大哲学家、大教育家孔子(Contucius)就说过:"食色性也。"

食指的是吃饭,人活着吃饭是一种天性,也可以说是自然规律。

性指的是男与女的欢悦,也是一种天性,也是一种自然规律。

在这制片厂里有一种优美与丑陋混合而成的奇特无比的气氛。

孙奈特没有分派卓别林演什么角色。所以他只能闲着,每天在制片厂里到处溜达。他盼望着尽快排戏,可是,孙奈特先生似乎忘了排戏的事,一句不提,有时候,卓别林见孙奈特在场地上走过去,他注意地看着孙奈特先生,可是,孙奈特并不特别注意卓别林,一走而过。这个样子,卓别林心里不安,他怕孙奈特不要他了。也许孙奈特后悔了?不好意思说终止合同?他胡思乱想,一直不安。

他每天的心情好坏,是孙奈特先生的表情决定的。如果孙奈特先生碰见他,对他笑一笑,或者打个招呼,他的心就定下来了。如果孙奈特对他没有笑,也没有打招呼——也许根本就没注意到他,他就提心吊胆了。

制片厂里的其他一些人,对卓别林则抱着观望的态度,自从他们知道了这个年青人是到厂里来代替福特·斯特林的,就一直很注意他,观察他的一举一动,一言一行,也有人认为这个年青人能够胜任福特·斯特林原来的角色,但更多的人都抱着怀疑的态度,也有的人认为他根本就不行,他连福特·斯特林的一个指头也不如。他们则认为孙奈特没有挑选好对象。也有人认为孙奈特瞎了眼,怎么挑了这么个人。他能逗人笑吗?也有人认为这个小伙子是块好材料。孙奈特则是慧眼识珍珠。总之，厂里的人对他褒贬不一。

星期六那天，孙奈特见到了卓别林，对他很亲切。

到办公室领你的薪水去呀！"

卓别林对薪水此时并不特别关心，他急于要投入拍电影的工作。

"孙奈特先生，我想和你谈一谈有关模仿福特·斯特林的问题，不知……。"

"别着急嘛，咱们以后再谈。"

孙奈特先生打断了他的话。

九天过去了。

卓别林是个待不住的人，让他闲下来，比投入紧张的工作还痛苦。他是个宁愿忙碌的工作也不愿闲下来的人。"

福特·斯特林却在安慰他。

这天下班后，福特诚恳地邀请他。

"走！卓别林，我们去喝一杯。"

福特·斯特林对卓别林不称先生，而直呼其姓，就像中国人称呼小王小李一样，这样显得亲切，且不称"您"，而称"你"。

于是，卓别林坐上福特的车，到了市里的亚历山德里亚酒馆，和他的几个朋友碰碰头。

在福特的朋友中，有一个叫埃尔默·埃尔斯沃思的人。卓别林一见到这个人就很不喜欢他，这个人很粗俗。

在大家喝酒时，埃尔斯沃思竟然当着福特先生的面半玩笑的样子在讥讽嘲笑卓别林：

"我知道你要顶替福特的位子了，可是，你能逗人笑吗？"

卓别林感到很尴尬，尤其是当着福特的面，竟问出这样的话来，他又不能不回答，他只讪讪地说：

"这我可不敢夸口。"

福特却很客气，他说：

"你还没看到在皇后戏院扮演的那个酒鬼吗？非常逗人笑。"

福特这是给卓别林解围，其实他也认为卓别林会成为一个好的喜剧电影明星。他说的是实话，并不是瞎捧。

但是，埃尔斯沃思对福特的话也似乎不相信。

"嗯，他还没把我逗笑过呢。"

埃尔斯沃思是一个大块头，浑身臃肿，他带有一副愁闷和猥琐的神气，有着一张光溜溜的大脸，一双忧郁的三角眼，眼睛里总显出象是有多少愁苦的样子。一张皮肤松弛的大嘴，他一笑就露出了已缺的两颗门牙，其余的牙齿是黑黄色。

福特·斯特林悄声告诉卓别林。

"你别看他长相不怎么样，他可是一位文学、经济和政治学权威人士，是国内知识最渊博的一个人，并且是富有幽默感的人"。

卓别林并不欣赏埃尔斯沃思的这些优点，因为他总是嘲讽他。

又一天晚上。他是在亚历山德里亚酒馆里，埃尔斯沃思又拿卓别林来解闷了，又开始讥讽嘲笑。

"你这个英国佬，已经开始拍戏了吗？演了个什么角啊？"

"还没开始。"

卓别林惶悚不安的笑着回答。

"我说呀，你最好能逗人笑。"

埃尔斯沃思咧开那张皮肤松弛的大嘴，嘴角上挂着冷笑，这样说。

卓别林已被这个埃尔斯沃思先生嘲笑许多次了,吃了他不少苦头,他要回敬他几句,把他自己配的药,回敬给他自己服下去。

"是呀。"卓别林面带笑容,轻松地说,"如果是我能够有一半儿象您的这副长相这样逗人笑,我那就成功啦。"

"啊呀! 这句俏皮话可真够挖苦的,对吗? 单凭这句话,我就得请你喝一杯。"

埃尔斯沃思自我解嘲地说,这时,他的嘴上不是挂着冷笑了,而是换上了一种无可奈何的苦笑。

机会来了,卓别林盼望已久的机会终于来了。

他工作了,让他排演了,也就是让他拍电影了。

那天,孙奈特先生出去拍外景。玛蓓尔·瑙尔芒和福特·斯特林的班子也都跟着去了,电影制片厂里剩下没几个人了。地位仅决于孙奈特的基斯顿厂总导演亨利·莱尔曼(Henry·Learm)先生准备拍一部新片子,他让卓别林在这片子里面扮演一个新闻记者。

莱尔曼是个很爱虚荣的人,因为他自己导演了几部机械性质的笑片很成功,受到了观众的欢迎,得到了好评,就沾沾自喜。他老是说拍电影不需要什么个性,又说他的影片之所以能招人笑,那不是靠了演员的个性,而完全是靠了机械的效果和剪接的技巧。

当时,厂子里没有电影脚本,没有电影故事,而演这个新闻记者的角色,需要用演喜剧的手法来拍一部模拟印刷厂的真实情节故事影片。

卓别林穿了一件大礼服,戴了一顶大礼帽,贴上了两撇翘胡子。

已经要开拍了,莱尔曼还在皱起眉头在想笑料。

卓别林是初来乍到,对工作很热心,见莱尔曼皱起的眉头始终未舒展开,可见他虽冥思苦想,还未想到笑料。这个热心的卓别林就凑过去,给他提了一些有笑料的点子。

莱尔曼不但没有采纳卓别林提出的有笑料的点子,反而产生了一种嫉妒心里,他以为,象卓别林这样的年轻人知道的太多对他来说并不是什么好事。他是总导演,一个二十几岁的新来乍到的演员知道的东西比总导演还多,这是不祥之兆。因此,他与卓别林之间就产生了矛盾。

卓别林哪里知道莱尔曼的鬼心眼儿。他还是积极投入到拍演中。在会见报馆编辑的那一场里,他加进了他所有能想得出来的俏头,甚至他还向班子里的其他人提出了笑料点子,这部片子只拍了三天就完成了。卓别林认为他们这一回拍了许多非常逗笑的镜头。

后来,他看到了制成的片子,他大为伤心,原来剪接的人,将所有他演的招笑的地方全剪去了,把影片割裂得面目全非,几乎让人认不出来了,他不明白,他们这些人为什么这样做?

其实这是莱尔曼干的,因为他决不能让一个年轻人,一个新来的演员,一个名不见经传的人,在拍电影中高过他这个总导演。

就在卓别林扮演新闻记者的第二天。孙奈特先生拍完外景回来了。

那一天,福特·斯特林占了一片场地,阿巴克尔占了一片场地。三个班子同时拍戏。整个场地上都挤满了人。卓别林没有什么事情可做,他穿着日常的衣服,在看热闹,他又有意站在孙奈特先生看得见的地方。

孙奈特先生站在玛蓓尔身边,嘴里叼着一只雪茄,正在仔细打量一个旅馆休息室的布景。

"咱们现在需要一点笑料啊。"

孙奈特先生说着,转过身来面对着卓别林。

"你来扮一个丑角,什么样儿都行,随你自己的意去装扮。"

卓别林一时不知该扮成什么样子才好。不过,他不喜欢新闻记者的那身装束。他在走向化妆室的路上,边走边想。忽然间他想出了一个主意。

要穿一条鼓鼓囊囊的裤子和一双大鞋子,拿一根手杖,戴一顶圆顶礼帽,要让每一件东西看上去全显得不合式,裤子要松泡泡的,上衣要紧绷绷的,礼帽要小的,鞋子要大的。

他想妥当了,于是,他向一个叫阿巴克(Arbuckle)的胖子演员借来了一条对他来说肥大得荒唐的裤子,他又向福特·斯特林借了那双大皮鞋,由于皮鞋过大,只好左右反穿才不会掉下去,他又找了一件又小又紧的上衣,胡乱张罗到一顶太小的小礼帽。最后,他想,他应该装扮得年老还是年轻呢? 后来,他想起来了。孙奈特希望他是一个年纪老得多的人,所以又向一个叫玛克·史温(Mack·Swain)的同事借来他用的假胡子——不是借,是直接从嘴上址下来的。因为这是一撮小胡子,又是牙刷式的,这样,既可显得他年老,又不会遮住他的表情。

他对这样装扮,一开始心中无数,不知道应该是什么样子性格。但是他在打扮完了以后,他对着镜子看了一阵子,已经体会到该是一种什么样的人了,已经对这样的人有了了解。等到他走上场,那个人物就活生生地出现了。

他站在孙奈特面前,装出了他所扮的人物的样子,大摇大摆地走着,一面挥动着他手中的手杖,在他面前来回踱步,笑料和俏头纷至沓来,不断地在他脑海中涌现。

孙奈特的成功秘诀,就在于他富有热情,他是一位同情的看客,一看到他觉得好笑地方就动情地大笑。他站在那里,看了卓别林的表演,咯咯咯地笑得直哆嗦,他这个样的表情,鼓舞了卓别林,于是,他就对孙奈特先生解释他扮演的这个剧中人物的个性。

"你瞧,这个家伙的个性是多方面的,他是一个流浪汉,一个绅士,一个诗人,一个梦想者。他感到孤独,永远想过浪漫的生活,做冒险的事情。他会指望你会把他当成一位科学家。一个音乐家,一个公爵,一个玩马球的。然而他只会去捡香烟头,或者抢孩子的糖果。当然,如果看准了机会,他也会对着太太小姐的屁股上踢一脚——但只有在他非常愤怒的时候才会那样。"

由于他心情舒畅,所以把他对这个人物的个性说了个淋漓尽致。

他这样表演了十分钟。孙奈特就一直笑了十分钟。

"很好。"孙奈特道,"这就上场去吧。看你在场地上能玩点儿什么出来。"

他在莱尔曼导演的戏里,虽演成了新闻记者,他并不知道剧情是什么样子。同样,在这场戏里,他虽化了装,仍然不知道剧情是什么。他只知道,这出戏里穿插的是玛蓓尔·瑙尔芒和她丈夫以及一个情人之间的纠纷。

无论演一出什么样的喜剧,演员的态度是最为重要的,而要抱有某种态度也并不是一件很容易的事情。

在旅馆休息室里的那一场戏里,卓别林感觉到自己是一个骗子。这骗子冒充一个客人,但实际上他只是想要找一个安身之处的流浪汉。他走进休息室,绊倒在一位太太的脚上。他转过身去,对那位太太抬了抬他的帽子,表示道歉,他刚扭转身,又绊倒在一个痰盂上,于是,他又转过身去向痰盂抬了抬他的帽子。摄影机后面的人都大笑起来。

这时候,已经有一大群人聚集在他们这个场地了,其中不但有其他班子里的演员,离开了他们自己的场地,跑过来看他的表演,而且有场面上的工作人员,木匠,管戏装的,制布景的……。这对卓别林确是一种鼓励。

排演结束时,许多围观的人都在哈哈大笑。不一会儿,他看见福特·斯特林也勾过了别人的肩头,向这方面张望。拍摄完毕,他知道自己演得不错。围观人之多,笑声之多就是证明,喜剧嘛,就应该有更多的笑声。

那天下了班,他到了化妆室去卸妆时,福特·斯特林和罗斯科·阿巴克尔也正在那里卸装。大家全未说什么,但是,可以觉出来那种气氛中充满了矛盾心情。福特和罗斯科都很喜欢卓别林,但是此刻,卓别林似乎觉察出他们在内心里是有着矛盾的。

这一个镜头很长,一共拍了七十五英尺胶片。后来孙奈特先生和莱尔曼先生争论应不应该全放映,因为通常的一个镜头一般是难得超过十英尺的。

"既然是逗笑的,长短又有什么关系呢?"

卓别林说出了自己的意思。

"那么,这次不妨破例,就不要剪掉了,放它七十五英尺试一下。"

孙奈特这样说。

莱尔曼似乎不太同意,但是,这是孙奈特的意见,他不好反对。

由于卓别林的这一身装束，已经使他本人受到了感染，他当即决定，以后，不管再演什么戏，他要永远穿这身衣服及鞋子，还有帽子以及嘴上的胡子。

从此一套不合乎任何时装式样，不合乎任何时代风气的装束出现了。

一个英国批评家对卓别林在演任何戏时穿的那身行头评论说："他是全世界找钱吃饭人物的典型肖像，那顶小礼帽和那根手杖，仿佛是斯文气派的象征，给这幅肖像加上了一笔嘲讽的情趣。"

也就是从这以后，电影观众——全世界的电影观众就认识了卓别林——是那肥大的荒唐的裤子，是那与裤子非常不协调的又短小又紧的上衣，是那双大得出奇又左右反穿的皮鞋，头上那顶小礼帽，再加上唇上的小胡子和手杖，这就是卓别林，是电影界，也是整个艺术界独一无二的，既是空前的——卓别林是独创，也是绝后的，再照猫画虎，就令人厌烦了。

一个"查利"诞生了。

那天傍晚，卓别林和一个小演员一同搭电车回旅馆。那个小演员说：

"伙计，你这一炮可打响了，以前从来没有一个人在摄影场上招得大伙儿那样笑过，连福特·斯特林也没获得过这么多的笑声。你总瞧见他那脸了吧。盯住你瞧，多么有意思！"

"但愿在影片上映时他们也那样笑就好了。"

卓别林这样说着，他克制着自己的得意。

第八章　发迹美国

　　他获得了巨大的成功，男人、女人都非常喜欢他，宠爱他；他爱上了玛蓓尔，吃惊她美丽的大眼睛和微翘的红唇，更欣赏她幽默、娇憨的神态；在化妆室里，他乘机吻了她，她也兴奋地回吻了他……

　　卓别林穿着那套特别装束的影片还未上演。

　　过了几天，在亚历山德里亚酒馆里，卓别林听见了福特对他的夸奖。他正在向孙奈特的朋友埃尔默·埃尔斯沃思讲他的表演。

　　"你瞧，那家伙也不知从哪儿弄来一条鼓鼓囊囊的肥大裤子，又不知从那儿借来一双大皮鞋——其实就是他的。一双扁平脚，你从来也没见过那样肮脏，又那样拖沓，一副可怜相的小瘪三，他那样儿抓痒，就好像是胳肢窝里捉毛虱似的——可他真会逗人乐呀。"

　　他一边说还一边模仿着。

　　卓别林听了福特的话，心内暗喜。他扮演的人物与众不同，是美国人所不熟悉的，甚至连他自己也不熟悉，但是当他一穿上那身服装、鞋帽，提起手杖，就觉得会实有其人，感觉到那是一个活生生的人物。也不知什么原因，就连卓别林自己也感到奇怪，只要他装束成那个酸样子，他立即就会产生一些荒唐古怪的念头，而这些念头，在他化妆之前，却从未想到过——连做梦也未想到过。

　　卓别林和一个制片厂的小演员混得相当熟，每天下班后，当他们一同乘电车返回去时，那个小演员总是详细地叙说这一天当中，电影制片厂里的人对卓别林有些什么反应——一个义务情报员。

　　这是因为卓别林对那些忠厚老实，仅靠挣几个钱养家糊口，或是对拍电影特别爱好而到制片厂里来当一个小演员的人，只要他不奸诈，不投机取巧，不坑蒙拐骗，不溜须拍马，不蝇营狗苟，他一直是很友好很热情的对待他们，从不摆大演员的架子，也从不对他们吆五喝六的乱叫乱支使。所以，那些正直的小演员都愿和他接近，愿意和他说知心话。

　　这个小演员对卓别林表演的一些俏头还提出了想法。

　　"你那一个俏头可妙极了，在洗指钵里醮湿了手指，再在那个老头子的大胡子上擦干净——厂子里的人，从来也没有见过那种玩艺儿。"

　　他一件件地说给卓别林听。卓别林听了十分得意。

　　每逢孙奈特给卓别林导演时，他就感到了自由自在，没有束缚。正因为没有现成的电影脚本，一切都是由他在场子上按着自己的想法表演。同时，由于大家都不能对自己的表演有绝对的把握——导演也是如此，这样，卓别林自己就认为他自己并不比导演知道得少，因此，他对自己就有了信心。他时常提出自己的见解，孙奈特则立刻加以采纳。这样，他就相信自己具有创作能力，是能够自己编写故事的。的确，他这是由于受到了孙奈特的鼓舞。但是，他当时只是使孙奈特满意了，还不能使大伙儿都满意。

　　拍第二部影片，卓别林又是由莱尔曼导演。

莱尔曼即将离开孙奈特了,去搭斯特林的班子,但是,他为了酬谢孙奈特,在合同期满后再多工作两个星期。这次卓别林和他合作,又给他出了许多主意,提供了许多笑料和点子。

莱尔曼对卓别林的意见总是笑嘻嘻的听着,结果却一条也不采纳。

"在戏院里,你那样演也许会逗人笑,但是,这里不是戏院,是电影制片厂啊。"他不止一次的这样说。

其实,他坚持的都是一丝不变的老一套,他一再强调。

"在制片厂里,咱们可没时间象你提的那样演,咱们必须不停地活动——拍滑稽影片就是要不停地你追我赶。"

"幽默总是幽默,不应该一概而论吧,"卓别林提出自己的见解与他争论着,"不论是在电影厂里还是在舞台上,应该是一样的。"

"不!"莱尔曼仍坚持着,"应该按基斯顿的老办法行事,一切动作都得快——也就是说,要快步飞跑,爬上屋顶和电线杆,爬上电车,跳到河里,扎进码头边的水里……懂吗,记住一个字:'快'!"

卓别林无法说服他,他是导演,所以必须遵守他自己一个人物笑片的那些原则——这是天大的笑话。但是,卓别林偶尔也插进去一两段自己做的有趣的动作。然而象以前一样,他总是在剪接室里,把它们剪接得面目全非。

嫉妒往往会扼杀人才。

卓别林心里明白,莱尔曼在孙奈特面前不会说他的好话。

莱尔曼走后,卓别林又被派去跟另一位导演尼古拉斯先生拍片子。

这位尼古拉斯先生,年纪已过六十岁了,老气横秋,又是个老资格,自从电影问世以来,他就从事这一行业。

卓别林仍跟他合不来。因为这位老先生只有一个俏头,那就是揪住一个丑角的脖子,把他从这一场赶到那一场。

卓别林也做一些动作,而且是一些细腻的动作。他却听也不听。

"咱们没时间呀!"他大声嚷嚷,"懂吗,咱们没时间,咱们要快。"

他走的是基斯顿的老路子,和莱尔曼、斯特林同一条路子。

卓别林却仍然按照自己的想法加了一些俏头。

这一下子坏了,这位老先生就去找孙奈特了。

"我没法跟那个你带来的小混蛋继续合作。"

正在这几天。孙奈特导演的《玛蓓尔奇遇记》,也就是卓别林第一次穿上那身奇特的装束演的那部影片上演了。

卓别林怀着忐忑不安的心情,提心吊胆的,在观众中去看那部电影,他是想听一听观众的评论。

电影开演了,福特·斯特林一出现,观众立刻是一阵骚动,发出了笑声。但是,对卓别林出场却是一片冰冷的沉寂。看到他在旅馆休息室里做的那些所有的滑稽动作,观众几乎都不笑。但是,影片继续放映下去时,他们开始小声笑了,接着是大声笑了。影片将近结束时,又是两次哄堂大笑。

卓别林悬着的心放下来了,同时,他发现,观众并不歧视新演员。

卓别林自己放心了,他也对拍喜剧电影有了信心。

但是他不知道孙奈特是不是对他所作的努力感到满意。

事实证明。孙奈特对他不满意。

大约过了两天,孙奈特来找卓别林,开门见山地说:

"你听我说,他们都在埋怨,说没法跟你合作。"

卓别林向他解释:

"孙奈特先生,我对工作认真,是一心想把影片拍好,能叫座。"

"你呀,"孙奈特先生口气很冷地说道,"你只要能按着我们的话去做,我们就心满意足了。"

既然他不听卓别林的解释,也就是说还要去你追我赶,还要追一个"快"字,一切动作快快快。

卓别林不便再和孙奈特争论。他也不再解释了,因为他看出来了,再解释也没有用。只能去按照基斯顿的老办法办。

不料,第二天,卓别林又和尼古拉斯拌嘴了。这次他大发雷霆。

"随便哪一个每天领三块钱的临时演员都能够做你叫我干的这些活儿。"卓别林又转对大家说,"我为的是要拍一些好影片,不单单被你们到处赶来赶去,最后从电车摔下来。我不能就这样每星期拿一百五十。"

这一下可把尼古拉斯"老爹"(这是卓别林等一些演员给他起的绰号)气得发昏。

"这一行我已经干了十多年。"他气急败坏地说:"你他妈的又懂得些什么?"他嘴里喷着吐沫星子。

卓别林还想说服他,可是没用,他连听也不听。

他又想说服班子里的其他的人,但是,他们也不同意卓别林的意见。

一个老演员发表了意见。

"哦,他知道,他知道,他干这一行,资格要比你老多了。"

看起来,他们只讲资格,不讲影片的实际效果。

卓别林先后已拍了五部影片,尽管那些嫉妒他的人在剪接室里大刀阔斧的删剪,聪明的卓别林仍然设法在其中几部影片里保留下了他自己想出的滑稽动作。因为他已熟悉了他们的剪片方法,于是,他总把逗笑的动作和俏头安排在出场和进场的时候,他知道,他们要剪去这些镜头将是十分困难的。

卓别林又是个有心人,他一有空闲时间,就去学制片艺术,在洗印间和剪接室里跑进跑出,留心看剪片工作人员怎样剪接那些片子。

卓别林见那几个导演确实拍不出好片子,他就起意要自编自导自演笑片,他找到了孙奈特。

"孙奈特先生,我打算自己编故事,自己做导演,同时也当演员。"

卓别林提出了自己的计划。

孙奈特却不同意。

"不行!你还是老老实当你的演员吧,不要异想天开。你即刻到玛蓓尔的班子去,听她的指挥。"

这一下子可把卓别林气坏了。尽管玛蓓尔是个美丽的好姑娘,但是他认定美人不一定就能当好导演。但这是孙奈特亲口分派的,他不能违逆。

他十分不高兴的来到玛蓓尔的班子,正如卓别林所料,玛蓓尔确实不是一个好导演,所以头一天他们就发生了不可避免的争吵。

事情是这样的:

当时他们在洛衫矶郊区拍外景。其中有一个镜头,玛蓓尔要卓别林拿着水龙带在公路上浇水,后来坏人的汽车在路面上滑了过去。这样做根本不会逗人笑,并无俏头可言。

卓别林提出了自己的想法。

"玛蓓尔小姐,您看这样行吗? 我先站在水龙带上,水就放不出来了。我再俯身去看水龙带的筒,故作是找原因,无意中脚就离开了水龙带,水当然就喷出来了,喷了我一脸。"

卓别林边说边学着样子。这本是个很逗笑的场面。可是玛蓓尔却立刻打断了他的话。

"咱们没时间了。还是照着我的话去演吧。时间不多呀。"

这叫什么话,笑剧笑剧,顾名思义,剧中的人物更多的动作都应该引人发笑才对,这与时间又有什么关系? 难道为了抓紧时间演出,就不要逗笑的动作了? 那叫什么笑剧。

玛蓓尔不采纳卓别林那个很好的建议他已很不高兴,又说了"没有时间了"这句话,更使他火上加油。

莱尔曼这样说是出于嫉妒,也许还出于过于自信,尼古拉斯老爹说这句话是他古板,墨守成规,而且他也不懂更多的喜剧俏头,你玛蓓尔这样美丽的姑娘也说"咱们没有时间了",卓别林已无法忍受,他发火了。

"对不起玛蓓尔小姐,我不能照你的话去做,我不相信你有资格指导我。"

玛蓓尔·瑙尔芒长得美丽动人,她才刚二十岁,班里的人,甚至全电影制片厂的人都喜欢她,她是大伙的宠儿,卓别林自从见到她那天起,就对她有好感——美丽的姑娘是招人爱的,这些日子来,他对这位美丽的姑娘已产生了爱慕,他是很想追追她,可谓有着丝丝柔情,但是,这是在拍电影,是工作,不是在谈情说爱。是不应该迁就落后与保守,应该是革新与改进,所以他顶撞了她,而且他又说是玛蓓尔说的不对。

摄影场是在大路当中,卓别林离开那里,走到人行道边上坐下,对任何人也不看一眼。

玛蓓尔坐在摄影机旁边,不知道这事该怎么办才好。

摄影人员以及全体演员立刻围在玛蓓尔的周围,大概是在商量对策。

后来玛蓓尔告诉卓别林,当时有两个临时演员想打卓别林一顿,她拦住了。她认为那样更不妥。

过了一会儿。

玛蓓尔派了她的副导演走过来,对卓别林说:

"导演让我问你,是否打算拍下去?"

卓别林听了这话,走到大路对面玛蓓尔的身边,对玛蓓尔道:

"对不起。"卓别林先道歉,然后又道,"我根本看不出您的主意是有趣和好笑的。但是,如果您允许我在笑料方面出一点主意的话……。"

玛蓓尔并不与之争辩,也不再听他的说明与解释,立即打断了卓别林的话。

"既然你不肯照着我的话去做,那么咱们就回制片厂去吧。"

当然,这种场面很不好,令人尴尬,因为导演与主演弄僵了,又没人出来转环,也只能回厂了。何况此刻已是下午五点多钟了。

卓别林对玛蓓尔的带有威胁性的话毫不在意,他只耸一耸肩膀。

这一天,他们的工作并未受到多大损失,因为他们从上午九点就开始工作,此刻已是太阳快要落山的时候了。

到了制片厂里,卓别林到化妆室去卸妆,他正在洗油彩时,孙奈特冲进了化妆室。

"他妈的这是怎么回事?"

卓别林并未急,他开始解释。

"影片里缺少笑料,我提了一些办法,可是瑙尔芒小姐什么意见都不肯听。"

"叫你怎么演,你就怎么演,要不就给我请出去,我可不管什么合同不合同。"

看样子孙奈特是什么也不愿听。

卓别林好心未得好报,他听孙奈特说出了要他'请出去'的话,并不惊慌,他神情很镇静。

"孙奈特先生,我来这儿以前,同样是在混饭吃,如果你要辞我的工,那么,就请辞吧。但是,我是工作认真的。我和你同样心急,想要拍一部好影片。"

孙奈特一句话不说,砰地一声关上门走了。

那天晚上,和他那个朋友一同乘电车回去时,把这件事说给他听了。

"太可惜了。你这一阵子,在咱们厂里演得挺不错嘛。"

"你看他们会辞掉我吗?"

卓别林心里虽然担心,但表面上却不表现出来。

"那是毫不奇怪的。孙奈特先生离开你的化妆室的时候,简直象发了疯一样。难道你不知道他和瑙尔芒小姐很要好?你和莱尔曼争论,你把尼古拉斯老爹气了个半死,孙奈特从未发过这么大的火,这次看样子把他气坏了"。

"好吧,反正我不在乎。我腰包里已经有一千五百元,除了回英国的盘缠,还有多余的哩。不过,我明儿还是得到制片厂去一趟,如果他们不要我……那也是活该了。"

卓别林虽然这样说,其实他还是愿意继续拍电影。因为拍电影这一行已引起他极大的兴趣,但是,他也绝不能在这种情况下去找孙奈特。他还要有自己的尊严——做人的尊严,宁肯被辞掉,也不去向别人请求怜悯。

第二天。卓别林照常来到制片厂。

八点钟有一次排演,他不知道该怎么办。是上了装去参加排演呢?还是等候孙奈特兑现他自己的话。最后,他定下来了,既然孙奈特已那样说过了,我就等着他撕毁合同,所以他也不上装,坐在化妆室里等着。静候"佳"音。

大约是在七点五十多分钟,孙奈特打开卓别林化妆室的门,人并未走进来,只是把头探进来。

"查利,我有几句话和你谈一谈。咱们到玛蓓尔的化妆室里去吧。"

他的声音听来特和气,而且不叫查尔斯而叫成查利(查利是查尔斯的爱称)。

"可以,孙奈特先生。"

卓别林答应着,站起来,随着走出化妆室。

卓别林想着有些奇怪,昨天孙奈特是怒气冲天,今天为什么又改变了呢?他心中十分疑惑。

两个人跟着到了玛蓓尔的化妆室。她到试片房里看样片去了。

二人分别坐下了。

"你听我说。"孙奈特陪着笑脸道,"玛蓓尔很喜欢你,我们都喜欢你,都认为你是一位优秀的演员。"

卓别林见孙奈特一改昨天的倨傲,反而亲切得又有些捧的意味,他软下来了,应该见好就收,就着坡下驴。

"我当然十分尊重瑙尔芒小姐。但是我不认为她是一位好导演,她目前还不配当导演——她的年纪毕竟太轻了,她的舞台经验,她拍戏的技巧究竟所知道的也太少了。"

"不管你有怎样的想法,你还要宽宏大量,在这方面帮帮忙吧。"

孙奈特说着话还拍了拍卓别林的肩膀,以示亲热。

"我一向就是这样尽力而为的嘛。"

卓别林不卑不亢地说。

"好吧,那你就勉为其难,和玛蓓尔合作下去吧。"

孙奈特仍是陪着笑脸。

卓别林又提出了自己的打算。

"你听我说,如果你让我自个儿导演,就不会再有这些麻烦了。"

孙奈特沉吟了一下。

"如果拍出来的片子不能上映,这笔费用由谁来付呢?"

"我来付。"卓别林当即爽快地道,"我把一千五百元钱存在随便哪一家银行里,如果我拍出的片子不能上映,那笔钱就是你们的。"

孙奈特思索了一会儿。

"你有电影故事吗?"

"当然有,你要多少有多少。"

卓别林并非吹牛,他确实有许多电影故事,而且还全是有趣儿的故事,如果拍成电影,一定叫座。这些,莱尔曼以及尼古拉斯"老爹"等那些导演是无法与之相比的。

"好吧。"孙奈特说,"和玛蓓尔拍完了这部片子,我另作安排吧。"

他们十分友好地握了手。

后来，卓别林去向玛蓓尔道了歉。

那天晚上，孙奈特又请卓别林与玛蓓尔坐车出去吃饭。

第二天，玛蓓尔对卓别林和气极了，而且主动跑过来向他讨主意。摄影人员以及其他演员对这种情况都迷惑不解。昨天与今天为什么出现了两个截然不同的玛蓓尔。

凡知道孙奈特发火，又见他对卓别林这样尊敬、友好，也是迷惑不解。只一夜之间，为什么会有这么突然的一百八十度大转变？

卓别林自己也不明白孙奈特的态度为什么有突然的改变。前倨后恭，判若两人。

这件事当然要有个关键，有个契机，否则不会出现的。

原来孙奈特已经打算在那个星期结束就终止他的公司与卓别林的合同，解雇卓别林。

说来也巧，就在卓别林与玛蓓尔吵架的第二天早晨，孙奈特收到了纽约办事处来的电报。催他赶快多拍几部卓别林的影片，因为那里大量需要这些片子。

基斯顿影片公司每次发约的影片，平均为二十拷贝。如果能印到三十拷贝，那已经被认为是相当成功的。上一部影片，也就是卓别林所拍的第四部影片，已经印到四十五拷贝，所要求添加的订货单还是有增无减。

孙奈特收到这样的电报，他还能终止合同吗？他不但不能辞掉卓别林，反而害怕卓别林走了，他岂能不变得和气？

过了几个月以后，卓别林也摸清了上述的情况。

在那个年代里，导演的技巧是很简单的。他只需要为演员的出场与下场辩清了左右方向就行了。如果一个演员在上一个镜头结束时，向右边走下场，那么他在下一个镜头出现时，就要从左边走上场；如果一个演员在上一个镜头结束时，是面对着摄影机从银幕上消失，那么他在下一个镜头出现时，就要背朝着摄影机在银幕上出现，当然这些都是基本规则。

但是，我们说过卓别林是有心人，他既然爱上了拍电影的行业，就一心钻进了这一行。

随着经验的积累，他发现摄影机的位置不但能影响观众的心理，而且能说明一场电影的情节，实际上它也是决定电影风格的一个关键。如果摄影机离开得稍许太近一点儿，或者是稍许太远一点儿，它就可以增强或者削弱影片的效果。由于精简动作非常重要，所以，除非是有什么特别的理由，否则就不应该让一个演员走太多的路，走路的动作是缺乏戏剧性的。因为摄影机的位置，应当影响电影的组织，同时，要使演员出场显得好看。摄影机的位置，给电影增添了变化，并没有一条固定的规则，可以说明特写镜头比远景镜头更能起强调作用。采用特写镜头是一个情感问题，在某些场合，这样反而能够起更大的强调作用。

卓别林的这种认识是独到的，也是他的经验谈。

在他早期演的笑片《溜冰》那出戏里，就有一个实际例子。

流浪汉（由卓别林扮演）走上溜冰场，跷起一只脚溜冰，他一路滑过去。围着转圈儿，跌倒在一群人当中，闹得笑话百出。结果一大堆人都在摄影机的前景中倒在冰上，而流浪汉却溜到了溜冰场的后边，变成了背景中一个极小的影子，坐在一群观众当中，若无其事地看着他所引起的一场骚乱。然而，流浪汉在远处显出的一个小影子，反而要比给他拍一个特写镜头更招人笑。

这是卓别林独到的见解，对后来的拍电影有着重要的指导意义。

卓别林开始导演他自编自演的第一部影片——《遇雨》。

他虽然对孙奈特说的很有信心,但是,这究竟是他的第一次自编自导自演,而且他到电影制片厂的时间还不长,也只演过几部片子,以前他又从未到过制片厂,更别说当导演了。所以他也没有多大把握,心里也有点儿发慌。

他让孙奈特看他第一天拍的影片。孙奈特没有提出有什么不妥的地方。这使卓别林放心了。

片子全部拍完了,开始试片,卓别林悬着一颗心。他想知道孙奈特的反应如何,所以他一直等在那儿。

孙奈特从试片房出来了,他没有提《遇雨》怎样,却说:"怎么?你准备拍下一部片子了吗?"

他是带笑说的。

卓别林的那颗悬着的心放下来了。这说明他的第一次自编自导自己主演的影片成功了。

《遇雨》并不是一部轰动全国的影片,但是它挺招人笑,并且很能卖座。

第一部有了,接着还会有第二部。从此以后,卓别林就自编自导所有的笑片。每拍好一部片子,孙奈特给他二十五元额外津贴,作为奖励。

这样的报酬当然是太少了。因为卓别林是身兼二职——导演与主演员,因为那时候基斯顿影片公司不用电影脚本,所以没有编剧一职。不过他并不计较这些。

孙奈特这时候已把卓别林当成了自家人,每天晚上都请他吃饭。卓别林总是向孙奈特介绍他想出的一些奇奇怪怪的主意,这些主意,他认为只有他本人明白,别人都不容易理解,他就讲给孙奈特听,他听了总是哈哈大笑,结果就采用了它们。

卓别林已成为观众中最受欢迎的演员了。观众只要看到基斯顿滑稽影片公司的广告,就排着队买票。

影片放映时,只要看卓别林在影片上出现,还没有看见他做什么动作,他们就已经发出欢畅的笑声。

卓别林到电影院去,夹在观众中,看见他这样受观众的喜爱,心里十分得意。他想,如果能这样生活一辈子,也就心满意足了。

他每星期的薪水加上津贴是二马克。

自从他埋头工作,就很少再有空去亚历山德里亚酒馆了,也没机会再碰到那很爱挖苦人的埃尔默·埃尔斯默思先生了。

但是,又过了几个星期,卓别林在街上遇见了他。

"喂,你听着。"他兴致很高地说,"我最近看了几部你演的影片,说真的,你演得太好了,你有一种独特的风格。是的,独特的风格。我这并不是瞎捧你。你真会逗笑!早先你为什么不说呀?"

他是诚恳地赞扬卓别林。

后来,他们二人竟成了非常要好的朋友。

卓别林在基斯顿电影制片厂学到了许多东西。但是,他也教会了制片的人学会了不少东西。在他初到制片厂的时候,制片厂的人对技巧、舞台艺术以及表演手法,都知道得很少。卓别林则将他在戏院学来的东西或他自己悟出来的东西介绍给他们。他们对自然手势也懂得很少。每逢要遮散后果,导演总是叫三四个演员,闹闹哄哄的,排成一溜儿面对着摄影机站着,如果做哑剧表示"我要娶你的女儿",演员总是做一些容易看懂的手势:先指自己,再指左手无名指(戴结婚戒指的手指),然后指那个姑娘。他们做手势时,很少顾到含蓄与效果。卓别林在这些方面就显得非常出色。他也毫无保留地将自己所知介绍给他们。

卓别林自己明白,在演那些哑剧式的影片——因为是无声电影,他在许多方面占了便宜,他就像一位地质学家一样,进入了矿藏丰富,待人开发的领域。他可以尽情在这片广阔的电影原野上纵横驰骋一个时期,这是他一生事业中最具有刺激性的时期,因为他现在开始发现一些神奇奥妙的东西。

基斯顿时期——尽管卓别林只在这里干了一年,但却是奠定他从事电影事业的基础时期。也正是这一时期,才使他走上了从事电影事业的路,一直到他的整个一生。

卓别林不但戏演得好,他的人缘也好,在基斯顿电影制片厂里,所有的人都和他混得很熟,都喜欢他。临时演员,场地工作人员,服装管理员,摄影师……都亲热的叫他"查利"。他虽然并不喜欢跟所有的人都那么热乎,但是见到别人这样亲热的对待他,他很高兴。其实,他也知道,所有的人都这样亲热的对待他,也是因为他在事业上成功了。

卓别林认为他自己得到了初步的成功,对自己的计划又满怀信心,是受到了孙奈特先生的启发。所以他感谢孙奈特先生。